Orlando Syrg Taschenbuch 12023

OR
SY
TA

RAT ACBO

Reihe

Alte Tradition

Azurcelesteblueoscuro

herausgegeben

von

Joerg K. Sommermeyer & Orlando Syrg

Exemplarische Werke der Weltliteratur

herausgegeben von

Joerg K. Sommermeyer

FSC
www.fsc.org
MIX
Papier aus verantwortungsvollen Quellen
Paper from responsible sources
FSC® C105338

Über dieses Buch

»Das Wehen der Luft das Rieseln des Wassers das Wachsen der Getreide das Wogen des Meeres das Grünen der Erde das Glänzen des Himmels das Schimmern der Gestirne halte ich für groß; das prächtig einherziehende Gewitter, den Blitz, welcher Häuser spaltet, den Sturm, der die Brandung treibt, den feuerspeienden Berg, das Erdbeben, welches Länder verschüttet, halte ich nicht für größer.« (Adalbert Stifter, Bunte Steine, Vorrede, unten S. 139)

In seinen Landschaftsbeschreibungen, propagiert dieser „Pionier der Moderne" nur scheinbar Idyllen. Stifter ist demütig vor dem *„Plan der Dinge"*, er trauert um *„Verlorenes und Nicht-Erreichbares"*, nichts ist ihm zu klein, vielleicht vermag man sogar in unseren lärmenden Tagen bei der Lektüre seiner Werke *„die einzelnen Minuten zu hören, wie sie in den Ozean der Ewigkeit hinuntertropfen"*.

Der Autor

Adalbert Stifter, österreichischer Schriftsteller, Maler und Pädagoge, wurde am 23. Oktober 1805 in Oberplan/Böhmen geboren und starb am 28. Januar 1868 in Linz. Er zählt zu den großen deutschsprachigen Autoren nicht nur des Biedermeier. Stifter schuf Erzählungen und Novellen (Sammelbände *»Studien«* und *»Bunte Steine«*) sowie die monumentalen Romane *»Der Nachsommer«* und *»Witiko«*. Ausführlicher Biographischer Abriss des Herausgebers Joerg K. Sommermeyer: unten, S. 235 ff.

Der Herausgeber

Joerg K. Sommermeyer (JS), geb. am 14.10.1947 in Brackenheim, Sohn des Physikers Kurt Hans Sommermeyer (1906-1969). Kindheit in Freiburg. Studierte Jura, Philosophie, Germanistik, Geschichte und Musikwissenschaft. Klassische Gitarre bei Viktor v. Hasselmann und Anton Stingl. Unterrichtete in den späten Sechzigern Gitarre am Kindergärtnerinnen-/Jugendleiterinnenseminar und in den Achtzigern Rechtsanwaltsgehilfinnen in spe an der Max-Weber-Schule in Freiburg. 1976 bis 2004 Rechtsanwalt in Freiburg. Zahlreiche Veröffentlichungen. JS (Joerg Sommermeyer) lebt in Berlin und Lahnstein.

Orlando Syrg, Berlin, 5. März 2023

Joerg K. Sommermeyer (Hg.)

Adalbert Stifters Ausgewählte Prosa I

Waldwanderung, Der sanftmütige Obrist, Margarita, Abdias, Kalkstein, Bergkristall, Katzensilber

Ausgewählt, durchgesehen, revidiert und mit
einem Biographischen Abriss herausgegeben
von
Joerg K. Sommermeyer

Orlando Syrg

MMXXIII
1. Auflage 2023
Orlando Syrg, Berlin und Lahnstein
(vormals Freiburg i. Brsg.)
Orlando Syrg Taschenbuch
ORSYTA 1 2023
Reihe Alte Tradition Azurcelesteblueoscuro
RAT ACBO 35

Auswahl, Durchsicht, Revision, Herausgabe und Biographischer Abriss:
Joerg K. Sommermeyer
Umschlaggestaltung: JS

Lektorat, Satz und Layout: Fritz Pernicke, JS, Hans Ohnson, Leon Alt, Gabi Michaelis, Florian Böttcher, Vera Wintherklayn, Willi Schmeißer, Georg Stefano, Isabella Willenberg, Ulf Sömmering

Herstellung und Verlag: BoD – Books on Demand, Norderstedt
Made in Germany
ISBN: 9783746098944

Inhalt

Studien

[6 Bände, Gustav Heckenast, Pest / Leipzig 1844-1850]

Seiner Mutter und seinen Geschwistern
widmet diese ersten Versuche
der Verfasser

Vorrede

In beifolgenden Versuchen wird dem Publikum eine Sammlung loser Blätter vorgelegt, die sich zu verschiedenen Zeiten von meinem Schreibtische verloren hatten. Es lag eigentlich nie in meiner Absicht, als Schriftsteller aufzutreten, sondern wie die meisten Menschen eine Lieblingsspielerei haben, der sie sich zur Erheiterung hingeben, so liebte ich es, an gegönnten Stunden mich in Bildern und Vorstellungen zu ergehen, wie sie eben der Gemütslage zusagten, und solche Dinge zu Papiere zu bringen: allein wie es mit jeder Liebhaberei geht, dass man sie nämlich immer weiter treibt, so ging es auch hier. Die Zeit am Schreibtisch ward endlich die liebste und gewünschteste, und wie jede heimliche Liebe zuletzt eine offene wird, wird es auch die Schriftstellerei und ist man einmal so weit, dass man mehrere zerstreute Blätter in den Händen des Publikums weiß, so ist der Schritt ein ganz leichter, dass man sie sammelt und ein Buch daraus macht, ob mit Recht oder zu Unrecht, weiß ja der Verfasser selber nie, da er aus seinen Arbeiten zuletzt doch immer nur das Gewollte herauslieset, nicht das Gewirkte. Auf diese Weise entstanden folgende Bände, und auf diese Weise wünscht der Verfasser, dass man ihr Erscheinen entschuldige.

Auf eine vorteilhafte Zusammenstellung der Arbeiten habe ich nicht gesonnen, sondern ich ließ sie so folgen, wie sie entstanden sind, dass sich dem, der das Buch seiner Durchsicht würdigt, zeige, ob ein Fortschritt zu bemerken sei oder nicht. Die Fehler, welche mir durch zugekommene Urteile bekannt geworden sind, habe ich, soweit ich sie einsah, zu verbessern gesucht, da ich den ganzen Stoff umarbeitete, – die andern, die ich nicht einsah, oder deren Vermeidung außer den Grenzen meiner Kräfte lag, sind freilich stehen geblieben. Auf Schriftstellertum macht das Vorliegende keinen Anspruch, Sondern sein Wunsch ist nur, einzelnen Menschen die ungefähr so denken und fühlen wie ich eine heitere Stunde zu machen, die dann vielleicht weiter wirkt und irgendein sittlich Schönes fördern hilft. Ist dies gelungen, dann ist der Zweck dieser Blätter erreicht, und sie mögen vergessen werden – ist doch selbst die glänzendste Tat der Gegenwart eigentlich nur ein Baugerüst der Zukunft, und wird abgebrochen, so wie diese Zukunft fertig ist aber eben darum geht auch nicht das kleinste Körnchen verloren, das in der Gegenwart ein wahrhaft Gutes setzt; denn der ganze Bau der Ewigkeit ruht mit auf diesem Körnchen.

Und möchten die vorliegenden Schriften nur die kleinsten aus solchen kleinen Körnchen enthalten, dann bereut der Verfasser nicht die Zeit, die er auf ihre Abfassung verwendet, und nicht die Gefühle, womit ihn Gott während der Arbeit belohnt hat.

Wien, im Mai 1843,
A. Stifter

Der Hochwald

2. Waldwanderung

Es sind noch heutzutage ausgebreitete Wälder und Forste um das Quellengebiet der Moldau, dass ein Bär keine Seltenheit ist, und wohl auch noch Luchse getroffen werden; aber in der Zeit unserer Erzählung waren diese Wälder über alle jene bergigen Landstriche gedeckt, auf denen jetzt gereutet ist, und die Walddörfer stehen mit ihren kleingeteilten Feldern, weißen Kirchen, roten Kreuzen und Gärtchen voll blühender Waldbüsche. Wohl acht bis zehn Wegestunden gingen sie damals in die Breite, ihre Länge beträgt noch heute viele Tagreisen.

An dem Laufe eines frischen Waldwassers, das so klar wie flüssiges Glas unter nassgrünen Erlengebüschen hervorschießt, führt ein gewundenes Tal entlang, und in dem Tal geht heutzutage ein reinlicher Weg gegen das Holzdorf Hirschbergen, das seine malerischen hölzernen Waldhäuser zu beiden Seiten des Baches auf die Abhänge herumgestreut hat. Diese Abhänge prangen mit Matten der schönsten Bergkräuter, und mit mancher Herde, deren Geläute mit einzelnen Klängen sanft emporschlägt zu der oben harrenden Stille der Wälder. Damals aber war weder Dorf noch Weg, sondern nur das Tal und der Bach, jedoch diese noch schöner, noch frischer, noch jungfräulicher als jetzt, besetzt mit hohen Bäumen der verschiedensten Art. An der einen Seite des Wassers standen sie so dünne, dass sich der grüne Rasen wie ein reines Tuch zwischen den Stämmen dahinzog, ein Teppich, weich genug selbst für den Fuß einer Königstochter. Aber kein Fuß, schien es, hat seit seinem Beginn diesen Boden berührt, als etwa der leichte Tritt eines Rehs, wenn es zu dem Bach trinken kam, oder sonst zwischen den Stämmen und Sonnenstrahlen lustwandeln ging. Heute aber war der Tag gekommen, wo die Heerschar der Gräser und Blümlein dieses Rasens, ungleich ihren tausendjährig stillen und einsamen Ahnherren, zum ersten Mal etwas anderes sehen sollten, als Laubgrün und Himmelsblau, und etwas anderes hören, als das Gemurmel der Wellen.

Klare, liebliche, silberhelle Menschenstimmen – Mädchenstimmen – drangen zwischen den Stämmen vor, unterbrochen von dem teilweisen Anschlage eines feinen Glöckleins. – – Gleichsam wie lauschend dem neuen Wunder hielt die Wildnis den Atem an, kein Zweig, kein Läubchen, kein Halm rührte sich – die Sonnenstrahlen traten ungehört auf das Gras und prägten grüngoldne Spuren – die Luft war unbeweglich, blank und dunkelblau – nur der Bach, von seinem Gesetz gezwungen, sprach unaufhörlich fort, flüchtig über den Schmelz seiner Kiesel schlüpfend wie über eine bunte Glasur. Näher und näher klangen Stimmen und Glöcklein. Plötzlich sprang eine Gestalt vor – elfig, wie einst Libussas Mutter, in schneeweißem Kleide saß sie auf schneeweißem Pferdlein, das so zartfüßig wie ein Reh, kaum den Rasen eindrückend, halb hüpfend, halb spielend seine Last wie eine schwebende Feder zwischen den Stämmen hervortrug; – zwei Demanten leuchteten voran, neugierig das fernere Geheimnis des Waldes suchend. Johannas Augen waren es, die heiter, glänzend, freudig vorausflogen, um die Schönheit des Tages und die ausnehmende Lieblichkeit des Plätzchens vorweg zu genießen – auch das Pferdchen, Luft gewinnend zwischen den hochschaftigen, weitstehenden Bäumen, spielte neckisch vorwärts, baumelnd und neigend mit Kopf und Hals, als wollte es zu eigener Freude recht oft das silberne Glöcklein erklingen lassen, das es an himmelblauem Band um den Nacken trug. Hinter Johanna erschien nun auch Clarissa, auf einem ähnlich gezäumten Pferd, das aber hellbraun und ohne den kindischen Schmuck des Glöckleins war. Sie trug ebenfalls ein weißes Kleid.

Auch der stattliche alte Ritter wurde sofort sichtbar, und ihm zur Seite ein schöner blonder Jüngling, oder vielmehr fast noch ein Knabe, der oben angeführte Felix, der Bruder der Mädchen, beide zu Pferde, und endlich noch ein fünfter Reiter, ein hoher Mann mit sprechendem Antlitz, nachlässig edel sein Pferd zwischen den schlanken Waldsäulen vorwärts geleitend –

und, wie es schien, in seine dunklen Augen nachdenklich einprägend die so schönen vor ihm schwebenden schuldlosen Gestalten.

Die Waldblumen horchten empor, das Eichhörnchen hielt auf seinem Buchenast inne, die Tagfalter schwebten seitwärts, als sie vordrangen, und die Zweiggewölbe warfen blitzende grüne Karfunkel und fliegende Schatten auf die weißen Gewänder, wie sie vorüberkamen; der Specht schoss in die Zweige, Stamm an Stamm trat rückwärts, bis nach und nach nur mehr weiße Stückchen zwischen dem grünen Gitter wankten – und endlich selbst die nicht mehr – aber auch der Reiter tauchte in die Tiefe des Waldes und verschwand, und wieder nur der glänzende Rasen, die lichtbetupften Stämme, die alte Stille und Einöde und der dareinredende Bach blieben zurück, nur die zerquetschten Kräutlein suchten sich aufzurichten, und der Rasen zeigte seine zarte Verwundung. Vorüber war der Zug – unser lieblich Waldplätzchen hatte die ersten Menschen gesehen.

Immer entlang dem Waldbach, aber seinen Wassern entgegen geht der Zug, sich vielfach windend und biegend, um den tiefer hängenden Ästen und dem dichteren Stande der Bäume auszuweichen. – Sie betrachten und vergnügen sich an den mancherlei Gestaltungen des Waldes. Die vielzweigige Erle geht am Wasser hin, die leichte Buche mit den schönfarbigen Schäften, die feste Eiche, die schwanken Halme der Fichten stehen gesellig und plaudern bei gelegentlichen Windhauchen, die Espe rührt hierbei gleich alle ihre Blätter, dass ein Gezitter von Grün und Silber wird, das die Länge lang nicht auszutaumeln und auszuschwingen vermag – der alte Ahorn steht einsam und greift langarmig in die Luft – die Tannen wollen erhabne Säulengänge bilden, und die Büsche, Beeren und Ranken, gleichsam die Kinder, sind abseits und zurück in die Winkel gedrängt, dass mitten Raum bleibe für hohe Gäste. Und diese sind auch gekommen. Frei und fröhlich ziehen sie das Tal entlang.

Wer die Gesichter der Mädchen ansieht, wie sie doppelt rein und zart neben dem dunkeln Grunde des Waldlaubes dahinschweben, wie sie blühend und vergnügt aus dem wallenden weißen Schleier des Kopfschmuckes herausblicken – der hätte nicht gedacht, dass sie sich noch kürzlich so sehr vor diesen Wäldern fürchteten und scheuten. Johanna blieb fast immer an der Spitze, wie sie ihrer Natur gemäß sich vorher unmäßig fürchtete, so freute sie sich auch jetzt unmäßig – und von dem zarten Rot, das sie sich beim Abschied vom Hause in die Augen geweint hatte, war keine Spur mehr sichtbar.

Die Pracht und Feier des Waldes mit allem Reichtum und aller Majestät drang in ihr Auge und legte sich an ihr kleines Herz, das so schnell in Angst, aber auch so schnell in Liebe überfloss – und jeder Schritt gab ihrer Einbildungskraft neuen Stoff, war es nun ein seltsamer Strauch, mit fremden glühend roten Beeren überschüttet, oder war es ein mächtiger Baum von ungeahnter Größe – oder die schönen buntfarbigen Schwämme, die sich an Stellen schoben und drängten, oder war es ein plötzlich um eine Ecke brechender Sonnenstrahl, der die Büsche vor ihr in seltsames grünes Feuer setzte und aus unsichtbaren Waldwässerchen silberne Funken lockte, – oder war es endlich dieser oder jener Ton, der als Schmelz oder Klage, als Ruf oder Mahnung aus der Kehle eines Waldvogels tief aus den ferneren geahnten Waldschoßen drang. – Alles fiel in ein schon aufgeregtes, empfangendes Gemüt. Clarissas edles Angesicht lag liebreich ruhevoll dem Himmel offen, der zwischen den Ästen festlich wallend sein Blau hereinhängen ließ und erquicklich seine Luft um ihre lieben sich färbenden Wangen goss; – wie ein schöner Gedanke Gottes senkte sich gemach die Weite des Waldes in ihre Seele, die dessen unbewusst in einem stillen und schönen und sanften Fühlen dahinwogte. Selbst der alte Freiherr empfand sich in der freien Luft wie gestählt und von einem frischen Hauche seiner Jugend angeweht.

So ritten sie alle vorwärts, und wenn auch die Bäume und Gesträuche oft stellenweise sich zusammendrängten und sich ihnen entgegenstellten, so fanden sie doch immer wieder einen

Ausweg, der sie vorwärts geleitete, tiefer und tiefer in das Tal hinein, das die Wiege des ihnen begegnenden Baches war.

Der Vater, wo es die Stellen zuließen, ritt gerne an die Seite der Mädchen und sprach und kosete mancherlei mit ihnen. Felix war bald vorne bei den Schwestern, bald hinten bei dem nachdenklichen Reiter.

Endlich wurde der Boden so ansteigend und der Waldbestand so dicht, dass das Weitervordringen immer beschwerlicher ward, bis sie zuletzt zu einem Felsen gelangten, der jede weitere Aussicht zu verstellen schien; aber eben dieser Felsen war auch das glücklich erreichte Ziel, das sie vor der Hand mit ihrer Wanderung anstrebten; auch war der Gegenstand, den sie hier antreffen sollten, bereits allen Augen sichtbar. Ein alter Mann saß in der Nachmittagssonne an dem glänzenden Gestein und hatte den Kopf in seine Hände gestützt, als schlummere er, oder denke nach. Zu seiner Seite lag ein Feuergewehr und ein langer Waldstock. Die Mädchen stutzten, und eine heftige Furcht schien Johannen zu fassen, obwohl sie wusste, dass man einen Führer erwarte. Bei dem Annähern der Reitergesellschaft, insbesondere der zögernden Mädchen, stand er auf und entblößte sein Haupt, indem er den breiten beschattenden Hut von demselben herabzog – schneeweiße Haare wallten den Blicken der Mädchen entgegen, zurückweichend von einer Stirn, die hoch und schön gewölbt, aber tiefbraun und von den Linien des Hochalters gefurcht war – zwei große treuherzige Augen sahen zu ihnen hinauf, in ihrer Schwärze seltsam abstechend gegen die zwei schneeweißen Bogen, die sich über ihnen spannten. – Auf den harten Wangen lag Sonnenbrand, Alter und Gesundheit.

Von aller Furcht erlöst, erwiderte Johanna zierlich seinen Gruß, und bei dem zweiten und dritten Blick musste sie ihm schon gut sein – eine solche eherne Einfalt und Güte prägte sich in der ganzen Gestalt aus, wie er dastand und sie alle mit den klugen Augen ansah.

Man war nach und nach abgestiegen, und der alte Freiherr trat auf den Erwartenden zu, schüttelte ihm die Hand, die der andere ohne Zögern dargereicht hatte, und sagte freudig: »Gott grüße dich, Gregor, Gott grüße dich tausendmal; so haben wir uns doch noch einmal in diesem Leben gesehen – aber, Knabe, alt sind wir geworden, seit wir in dem Jungwald zum letzten Male miteinander jagten – alt, alt –.«

Freilich waren sie alt geworden, das sahen die jungen Begleiter alle, die seitwärts standen und sämtlich ihre Blicke auf die zwei Greise hefteten. – Es war ein schöner Anblick, wie sie dastanden, beide so ungeheuer verschieden, und beide doch so gleich. Der Freiherr, wie gewöhnlich, im schwarzsamtnen Kleid, der andere in dem gröbsten grauen Tuch; der Freiherr, obwohl gebräunten und gefurchten Antlitzes, doch fast mädchenhaft weiß gegen die dunkle Sonnenfarbe des andern, ein Stubenbewohner gegen den Genossen des Mittagsbrandes und des Sturmes; der eine ein Sohn der Waffen, die er einst geführt mit Grazie und Kraft, jetzt zum Dank von ihnen geschmückt; der andere ein Bruder des Felsens neben ihm. Siebenzig Jahre sind Regen und Sonnenschein vergeblich auf beide gefallen, sie sind beide nur ein wenig verwittert – der eine mit dem Anstand der Säle, der andere mit dem der Natur; aber schön sind sie beide, und ehrwürdig beide, beide der Abglanz einer großgearteten Seele, und das Haarsilber liegt mit all der Unschuld des Alters auf ihrem Haupte.

»Ja«, erwiderte Gregor, »wir mögen wohl um eine Handvoll Jahre gealtert sein. Herr, – Eure braunen Haare sind seitdem auch alle ganz weiß geworden. Ich bin sehr erfreut, Euch noch einmal zu sehen, Ihr wart damals ein freundlicher, zugänglicher Herr.«

»Und du ein lustiger, goldtreuer Jäger. Siehe, das habe ich nie vergessen, und wie mir der Knabe da von dir erzählte, dass er dich in dem Walde gefunden, und dass du ihn so lieb habest, so erfreute sich mein altes Herz darüber, und ich dachte, er wird wohl des Vaters nicht vergessen haben, und deshalb, Gregor, gebe ich dir meine Kinder in den Schutz – Gott gab mir den Gedanken, dich dazu auszuwählen, als alten, wohlbekannten Freund und Kameraden. Siehe, diese zwei Mädchen sind mein; sie werden dir recht gut sein, und die Hand und das Haupt ehren, so über ihnen wacht.«

Des alten Mannes Augen erglänzten, wie von einem melancholischen Strahl der Freude, als er dieses hörte, und seine Blicke, wie zwei Adler, gegen die Mädchen kehrend, sagte er: »Sie sind zwei schöne Waldblumen; es wäre schade, wenn sie verkämen.« – Und er konnte seine Augen ordentlich gar nicht zurückziehen, als ihm die sanften, glänzenden Blicke der zwei schönen Wesen vor ihm begegneten.

»Tritt näher, Johanna«, sagte der Freiherr, »und reiche diesem Manne die Hand; er wird nun längere Zeit bei euch leben.«

Johanna tat es augenblicklich. Der alte Mann reichte die seine fast verschämt zögernd hin, und es war eine seltsame Vermählung, ein lieblicher Gegensatz, als sich ihre weiche, kleine Hand, wie eine Taube, in die Felsen seiner Finger dockte, – auch Clarissa reichte ihm ungeheißen ihre schöne Rechte, und auch Felix und der fremde Ritter hießen ihn willkommen.

Der alte Jäger hatte sichtliche Freude an den Mädchen; das sah man an der Art, wie er dem Freiherrn alle die Anstalten auseinandersetzte, die er zum Weiterkommen getroffen habe. Von hier aus sollen die Pferde zurückgeschickt werden, sobald des Freiherrn Beauftragter eingetroffen, dann gehe man über den Hirschfelsen zu Fuß, und jenseits warte schon eine zweisitzige Sänfte für die Jungfrauen. Die Männer müssen sie alle zu Fuße begleiten.

Als er noch sprach, kamen drei Männer über den Felsen herüber, die den Freiherrn ehrerbietig grüßten. Sie waren die Bestellten. Sofort wurden ihnen die Pferde übergeben mit der Weisung, sie zurückzuführen bis Pernek, um dort auf weitere Anordnung zu warten. Johanna umarmte fast ihr kleines weißes Rösslein, und dieses, als betrübe es sich um seine Herrin, ging traurigen Auges und gesenkten Hauptes hinter seinem Führer.

Man nahm an dem Felsen ein kleines Mahl, und eine andere Wanderung begann nun. Der Schutz des Vaters und des fremden Reiters, den der Freiherr immer bloß mit dem Namen ›Ritter‹ anredete, hörte auf, und es begann der des alten Jägers, dem der Freiherr mit vielem Lachen erzählte, wie ihn seine törichte Tochter Johanna für einen furchtbaren Wildschützen gehalten, der in dem entsetzlichen Walde sein Unwesen treibe – und wie sie ihn nun mit so freundlichen Augen ansehe, und in den Wald nun begierig wie in eine liebliche grüne Fabel eindringe. Nur ein kurzer, für Sänften ungangbarer Felsensteig war zu erklimmen, und sie traten wieder auf einen Rasenplatz hinaus, wo zwei Männer mit einer Sänfte harrten. Die Mädchen stiegen ein, und mit dem alten Jäger an der Spitze schlug die Gesellschaft einen Weg ein, der mit dem Tal der Hirschberge einen rechten Winkel bildete.

Die Nachmittagssonne war schon ziemlich tief zu Rüste gegangen und spann schon manchen roten Faden zwischen den dunklen Tannenzweigen herein, von Ast zu Ast springend, zitternd und spinnend durch die vielzweigigen Augen der Himbeer- und Brombeergesträuche – daneben zog ein Hänfling sein Lied wie ein anderes dünnes Goldfädchen von Zweig zu Zweig, entfernte Berghäupter sonnten sich ruhig, die vielen Morgenstimmen des Waldes waren verstummt, denn die meisten der Vögel arbeiteten, oder suchten schweigend in den Zweigen herum. Manche Waldlichtung nahm sie auf und gewährte Blicke auf die rechts und links sich dehnenden Waldrücken und ihre Täler, alles in wehmütig feierlichem Nachmittagsdufte schwimmend, getaucht in jenen sanftblauen Waldhauch, den Verkünder heiterer Tage, daraus manche junge Buchenstände oder die Waldwiesen mit dem sanften Sonnengrün der Ferne vorleuchteten. Soweit das Auge ging, sah es kein ander Bild, als denselben Schmelz der Forste, über Hügel und Täler gebreitet, hinausgehend bis zur feinsten Linie des Gesichtskreises, der draußen am Himmel lag, glänzend und blauend wie seine Schwester, die Wolke. Selbst als sie jetzt einen ganz baumfreien Waldhügel erstiegen hatten, und der alte Gregor der wundervollen Umsicht halber sogar die Sänfte etwas halten ließ, ging der Blick wohl noch mehr ins Weite und Breite, aber kein Streifchen nur linienbreit wurde draußen sichtbar, das nicht dieselbe Jungfräulichkeit des Waldes trug. – Ein Unmaß von Lieblichkeit und Ernst schwebte und webte über den ruhenden dämmerblauen Massen. – Man stand einen Augenblick stumm, die Herzen der Menschen schienen die Feier und Ruhe mitzufühlen; denn es liegt ein Anstand, ich möchte sagen ein Ausdruck von Tugend in dem von Menschenhänden noch nicht berührten Antlitz der Natur, dem sich die Seele beugen muss, als etwas Keuschem und Göttlichem, – – und doch ist es zuletzt wieder die Seele allein, die all ihre innere Größe hinaus in das Gleichnis der Natur legt.

Die Gemüter der Mädchen, wie sie so dasaßen in ihrer Sänfte und wie zwei Engelsbilder aus einem Rahmen herausschauten, erweiterten sich und hoben sich, und fast war alle Sorge um zu Hause verlassene Erdengüter von ihnen abgefallen – die Blumen ihrer Herzen, die Augen, schauten glänzend hinaus in die schöne Welt, und waren selbst schöner als sie – auf ihrem schmalen Brettchen mussten sie jede den einen Arm um die andere schlingen, und die Herzen, die sich fast gegenseitig schlagen hörten, hätten sich gerne noch fester aneinander gedrückt, um sie nur zeigen zu können, die unbegrenzte Fülle von Liebe und Güte, die sie zueinander hatten.

Der alte Gregor tupfte endlich mit der Hand an den Sänftenrand, und zeigte rechts hinüber auf einen machtvollen schwarzblau hereingehenden Waldrücken, von grauen Felsenbändern schräge gestreift, die aber kaum sichtbar waren in dem Funkeln und Dämmern der Luft. »Seht«, sagte er, »das ist das Ziel unserer Reise, und wir müssen heute noch fast bis auf zwei Drittel gegen seine Scheidelinie hinauf. Der Platz hier hat etwas wunderlich Zutunliches, und ich wusste, dass er euch gefallen müsse, aber die Sonne neigt sich der Wand zu, und wir müssen weiter.«

»Ja, ja«, fuhr er fort, als man die Sänfte wieder aufgenommen hatte und die andere Seite des Waldhügels hinabging – »ja, ja, schöne Jungfrauen, der Wald ist auch schön, und mich dünkt manches Mal, als sei er noch schöner, als die schönen Gärten und Felder, welche die Menschen machen, weil er auch ein Garten ist, aber ein Garten eines reichen und großen Herrn, der ihn durch tausend Diener bestellen lässt; in ihm ist gar kein Unkraut, weil der Herr jedes Kräutlein liebt und schätzt er braucht auch ein jedes für seine vielen tausend Gäste, deren manche lecker sind und ganz Besonderes verlangen. – Sehet, da habe ich draußen – es sind wohl einige Wegestunden von hier – da habe ich auch ein paar Kühe, viele Ziegen, auch Hafer- und Gerstenfelder – jetzt gehört alles meinem Enkel – der pflegt und hegt es – – aber wenn ich damals, vor zwanzig, dreißig Jahren, von meinem Hauswesen so des Sonntags in den Wald heraufging in die Länge und Weite immer tiefer, so allerlei sinnend, oft auf das Wild gar nicht einmal Acht habend, so war das ein lieblicherer, anmutigerer Tag, als die ganze andere Woche, und öfter wollte es mich bedünken, als hätte ich da eine schönere Vesper gefeiert, als die hinaus in die Nachmittagskirche, aber auch in das Schenkhaus gegangen sind; denn seht, ich habe mir immer mehr und mehr ein gutes Gewissen aus dem Wald heimgetragen. Es kann ja auch nicht anders sein; – denn wie ich nachgerade mutiger wurde, und weiter und weiter herein kam, auch mehr Zeit hatte, da mein Sohn Lambrecht das Hauswesen überkam – seht, da fing ich an, allgemach die Reden des Waldes zu hören, und ich horchte ihnen auch, und der Sinn ward mir aufgetan, seine Anzeichen zu verstehen, und das war lauter Prachtvolles und Geheimnisreiches und Liebevolles von dem großen Gärtner, von dem es mir oft war, als müsse ich ihn jetzt und jetzt irgendwo zwischen den Bäumen wandeln sehen. – – Ihr schaut mich mit den schönen Augen seltsam an, Jungfrau – aber Ihr werdet, wenn Ihr länger hier bleibt, schon auch etwas lernen; denn Eure Augen sind schön und klug. In allem hier ist Sinn und Empfindung; der Stein selber legt sich um seinen Schwesterstein, und hält ihn fest, alles schiebt und drängt sich, alles spricht, alles erzählt, und nur der Mensch erschaudert, wenn ihm einmal ein Wort vernehmlich wird. – Aber er soll nur warten, und da wird er sehen, wie es doch nur lauter liebe, gute Worte sind.« – – –

Johanna sah mit unverhohlnem Erstaunen in das Antlitz des alten Waldsohnes, und es begann ihr ordentlich immer schöner zu werden. Man war mittlerweile wieder ins Tal zu einem rauschenden, springenden Bach gekommen, und Gregor musste sein Gespräch abbrechen, weil er hier wieder Anordnungen behufs des Weitergehens zu machen hatte.

»Vater, Vater«, sagte Johanna leise, »welch einen seltsamen Menschen habt Ihr uns hier beigegeben!« – »Kind, dies ist ein Kleinod der Wüste«, erwiderte der Vater, »niemand weiß dies weniger, als er selber; du wirst oft auf seine Worte horchen wie auf Klänge silberner Glocken, du wirst von ihnen vieles lernen – und er wird euch eine Stimme der Wüste sein, wenn ihr fern von der Heimat in der Einsamkeit leben müsset. Wir haben vor Jahren manche Tage miteinander verlebt, damals war er kühner und feuriger, aber die wunderlichen Gedanken seines Herzens spannen sich schon damals, wie ein seltsamer ausländischer Frühling, aus ihm heraus, und wenn wir so oft einen langen Nachmittag miteinander allein zu einem fernen Jagdzug gingen, und er zutraulich wurde und das Band seiner Reden und Phantasien löste, so warf er Blüten und Bäume, Sonne und Wolken durch einander, und abenteuerlich Glauben und Grübeln, dass es mir oft nicht anders war, als würde aus einem alten schönen Dichtungsbuche gelesen. Manche höhnten ihn, und gegen diese verschloss er wie mit Felsen den Quell seiner Rede, aber ich habe ihn jederzeit geliebt, und er mich auch. Er war es, der mir einst den schönen einsamen Platz zeigte, zu dem wir eben auf der Wanderung sind, und den vielleicht kein Mensch weiß, und er ist es auch, der nicht um Geld und Geldeswert, sondern ebenfalls aus alter Liebe zu mir, und neuer zu euch, wenn ihr sie nicht verscherzet, sich entschlossen hat, die Zeit eures Waldaufenthaltes bei euch zu wohnen, um mit dem Reichtum seiner Erfahrungen zu eurem Schutz behilflich zu sein.«

Der Gegenstand, von dem die Rede war, trat indessen wieder hervor, als ziehe es ihn zu der Gegenwart der lieblichen Wesen, die ihm anvertraut werden sollten. Der Bach, an dem man jetzt entlang und ihm entgegen stieg, war nicht das klare Waldwasser aus dem Tal der Hirschberge, sondern ein wild einherstürzender, schäumender Bergbach mit goldbraunem, durchsichtigem Wasser. Man ging immer an seinen Ufern, und die Männer mit der Sänfte stiegen rüstig von Stein auf Stein, wie sie so weiß auf dem schwarzmoorigen Grund umherlagen, von dem Wasser geschlemmt und gebleicht. Das Land hob sich sanft der blauen Waldwand entgegen, auf die Gregor gezeigt hatte. Man eilte sichtlich; denn am Rande der Wand, die, wie man ihr näher kam, immer größer und kühler emporstieg, spielten schon die Strahlen der Abendsonne in breiten Strömen herein und legten einen mattroten Goldschein weithin auf die gegenüberliegenden Waldlehnen. Am kühlblauen Osthimmel wartete schon der Halbmond. Der Boden fing an, sehr merklich emporzusteigen und wilder und wilder zu werden. Manch zerrissner Baumstamm stand an ihrem Weg – mancher Klotz war in das Wirrsal der Ranken und Schlingkräuter geschleudert, um dort zu vermodern, oder auch öfters kamen sie zwischen mannshohen Farrenkräutern durch, oder Himbeergesträuchen, die oft mit Beeren bedeckt waren, von fern zu sehen, als hätte man ein rotes Tuch über sie gebreitet.

Da sie gelegentlich wieder an einer Espe vorüberkamen, deren Blätter, obwohl sich kein Hauch im ganzen Wald rührte, dennoch alle unaufhörlich zitterten, so sagte Clarissa zu dem Alten, wenn er die Zeichen und die Sprache der Wälder kenne und erforsche, so wisse er vielleicht auch, warum denn gerade dieser Baum nie zu einer Ruhe gelangen könne, und seine Blätter immer taumeln und baumeln müssen. »Es sind da zwei Meinungen«, entgegnete er, »ich will sie euch beide sagen. Meine Großmutter, als ich noch ein kleiner Knabe war, erzählte mir, dass, als noch der Herr auf Erden wandelte, sich alle Bäume vor ihm beugten, nur die Espe nicht, darum wurde sie gestraft mit ewiger Unruhe, dass sie bei jedem Windhauch erschrickt und zittert, wie jener ewige Jude, der nie rasten kann, sodass die Enkel und Urenkel jenes übermütigen Baumes in alle Welt gestreut sind, ein zaghaft Geschlecht, ewig bebend und flüsternd in der übrigen Ruhe und Einsamkeit der Wälder. Darum schaute ich als Knabe jenen gestraften Baum immer mit einer Art Scheu an, und seine ewige Unruhe war mir wie Pein. Aber einmal, es war Pfingstsonntags Nachmittag vor einem Gewitter, sah ich (ich war schon ein erwachsener Mann) einen ungemein großen Baum dieser Art auf einer sonnigen Waldblöße stehen, und alle seine Blätter standen still; sie waren so ruhig, so grauenhaft unbeweglich, als wären sie in die Luft eingemauert, und sie selber zu festem Glas erstarrt – es war auch im ganzen Wald kein Lüftchen zu spüren und keine Vogelstimme zu hören, nur das Gesumme der Waldfliegen ging um die sonnenheißen Baumstämme herum. Da sah ich mir denn verwundert den Baum an, und wie er mir seine glatten Blätter, wie Herzen, entgegenstreckte, auf den dünnen, langen, schwanken Stielen, so kam mir mit eins ein anderer Gedanke: wenn alle Bäume, dacht ich, sich vor dem Herrn geneigt haben, so tat es gewiss auch dieser, und seine Brüder; denn alle sind seine Geschöpfe, und in den Gewächsen der Erde ist kein Trotz und Laster, wie in den Menschen, sondern sie folgen einfältig den Gesetzen des Herrn, und gedeihen nach ihnen zu Blüte und Frucht – darum ist nicht Strafe und Lohn für sie, sondern sie sind von ihm alle geliebt – und das Zittern der Espe kommt gewiss nur von den gar langen und feinen Stielen, auf die sie ihre Blätter, wie Täfelchen, stellt, dass sie jeder Hauch lüftet und wendet, worauf sie ausweichen und sich drehen, um die alte Stellung wieder zu gewinnen. Und so ist es auch; denn oft habe ich nachher noch ganz ruhige Espen an windstillen Tagen angetroffen, und darum an andern, wo sie zitterten, ihrem Geplauder mit Vorliebe zugehört, weil ich es gut zu machen hatte, dass ich einstens so schlecht von ihnen gedacht. Darum ist es aber auch ein sehr feierlicher Augenblick, wenn selbst sie, die so leichtfertige, schweigt; es geschieht meistens vor einem Gewitter, wenn der Wald schon harret auf die Stimme Gottes, welche kommen und ihnen Nahrung herabschütten wird. – Seht nur, liebe Jungfrauen, wie schmal der Fuß ist, womit der Stiel am Holze und das Blatt am Stiele steht, und wie zäh und drehbar dieser ist – sonst ist es ein sehr schönes Blatt.«

Bei diesen letzten Worten hatte er einen Zweig von einer der Espen gerissen und ihn Clarissen hingereicht.

»Es ist ein Zeichen, dass wir eine schöne Nacht bekommen«, fuhr er fort, »da diese Zweige so munter sind; vor dem Nachtregen werden sie gern ruhiger.«

»Kommen wir denn in die Nacht?« fragte Johanna.

»Wenn es auch geschähe«, antwortete der Jäger, »so steht ja schon dort am Himmel der aufnehmende Mond, der so viel Licht gibt, dass gute und achtsame Augen genug haben. Aber ich denke, dass wir ihn gar nicht mehr brauchen werden.«

Das Laubholz wurde seltener, und die ernste Tanne und Fichte zog ständeweis gegen die Bergbreiten – der rote Sterbeglanz des Tages auf dem jenseitigen Joch ging langsam gegen die Bergscheide empor, und aus dem Tal hoben sich die blauen Abendschatten – der Halbmond wurde jede Minute sichtlich glänzender an seinem bereits stahlblauen Osthimmel. Der Freiherr drängte sich durch Farrenkraut und Schlinggewächse, um an der Seite der Sänfte zu bleiben.

Felix war mit dem Ritter in tiefem Gespräche begriffen und ziemlich weit hinten geblieben. Der Bach war stellenweise gar nicht mehr sichtbar und hörbar, weil er unter übergewälzten Felsenstücken hinfloss.

So mochte die Wanderung noch eine halbe Stunde gedauert haben, und eine dichtere Finsternis blickte schon aus den Tiefen der Fichtenzweige, die sich so nahe drängten, dass sie häufig die Sänfte streiften – da blitzte es sie mit einem Male durch die Bäume wie glänzendes Silber an. Sie stiegen einen ganz kleinen Hang nieder, und standen an der weit gedehnten Fläche eines flimmernden Wassers, in dessen Schoße bereits das zarte Nachbild des Mondes wie ein blödes Wölklein schwamm. Ein leises Ach des Erstaunens entfuhr den Mädchen, als sie den schönen See erblickten, da sie derlei in dieser Höhe, die sie erstiegen zu haben meinten, gar nicht vermuteten ein flüchtig Schauern rieselte durch Johannas Glieder, da dies ohne Zweifel jener Zaubersee sei, von dem sie gehört hatte. – Die hohen Tannen, die dem Ufer entlang schritten, schienen ihr ordentlich immer größer zu werden, da sie gemach und feierlich den einfärbigen Talar der Abenddämmerung angetan und von ihren Häuptern fallen ließen, wodurch sie massenhafter und somit größer wurden. – Die jenseitige Felsenwand zeichnete sich schwach silbergrau, wie ein zartes Phantasiebild, in die Luft, zweifelhaft, ob sie nicht selbst aus Luft gewoben sei; denn sie schien zu schwanken und sich nach dem Takte zu neigen, aber es waren nur die Wasser, die sich abendlich bewegten.

Der Vater hieß die Mädchen aussteigen, und mit Freuden verließen sie das enge tragbare Gefängnis. Ein Floß lag am Gestade, und trug ein erhobenes Gerüst mit Sitzen für die Gesellschaft. Man bestieg ihn, und die zwei Sänftenträger, und noch zwei andere Männer, die man bei dem Floße stehend vorgefunden, lenkten das Fahrzeug in den See hinaus, gerade auf die Felswand zu. Die Waldmassen traten zurück und verschränkten sich dem Auge nach und nach zu einer hohen, dichten, schwarzgrünen Mauer, die das Wasser umfängt – die Felswand trat näher, und stieg so mauerrecht aus dem See empor, dass man nicht absah, wie zu landen sein werde, da wohl kein handgroß Steinchen dort liegen möge, um darauf stehen zu können: allein zur größten Überraschung in diesem Land der Wunder tat sich den Mädchen auch hier wieder eines auf. Wie man der Wand sich näherte, wich sie zurück und legte ein liebliches Rasenland zwischen sich und den See, und auf dem schönen Grün desselben sahen die Mädchen nun auch ein geräumiges hölzernes Haus stehen, nach Art der Gebirgshäuser gebaut und alle seine Fenster schimmerten sie gastlich silbern an, schwach erglänzend von dem Schein der weißen aufblühenden Rosenknospe des Mondes.

Das Reiseziel war erreicht. Weibliche Diener der Mädchen stürzten gegen das Ufer, Hand und Kleider ihrer holden Gebieterinnen küssend, und voll Freude, dass sie endlich gekommen. Das sämtliche Dienstgesinde, das aus zwei Mägden und drei Knechten bestand, wurde einige Tage vorher mit der größten Mühseligkeit über die Felsenrücken herübergebracht, da man den weiteren, aber leichteren Weg durch den Urwald noch nicht wusste, den Gregor erst für den Freiherrn ausgekundschaftet hatte. Mit freundlichen Worten dankten die Mädchen den Sänftenträgern und Ruderern, und dann, der Freiherr Johannen, der Ritter Clarissen am Arme nehmend, führten sie dieselben die Treppe hinan in eine Art Tafelzimmer, wo für alle, die Diener und Träger mit eingeschlossen, ein Abendmahl bereitet stand. Nach Beendigung desselben und tausend Gutenachtwünschen führte der Freiherr mit schmerzlich freudigen Gefühlen seine Töchter in die zwei für sie bestimmten Gemächer. Ein Ruf der Überraschung und ein doppeltes Umschlingen der schönen Arme lohnte ihn; denn bis zum Erschrecken ähnlich waren die Zimmer denen, die sie zu Wittinghausen bewohnt hatten. Der Vater küsste beide auf die Stirn, wünschte ihnen eine friedensreiche, gute erste Nacht und ging zur Tür hinaus – die Mägde wurden sogleich entlassen – und nun, als die Tür verriegelt war, gleichsam als hätte ein Hemmnis bisher die Flut gewaltsam zurückgehalten, brach sie vor: die Mädchen stürzten sich in die Arme, Herz an Herz verbergend, ja fast vergrabend ineinander, und sich die zarten Siegel der Lippen anpressend so heiß, so inbrünstig, so schmerzlich süß, wie zwei unglückselig Liebende, und fast eben so trennungslos. – – – Also ist es wahr, die Heimat, das gute Vaterhaus ist preisgegeben und verloren, all ihr früher Leben ist abgeschnitten, sie selbst wie Mitspieler in ein buntes Märchen gezogen, alles neu, alles fremd, alles seltsam und dräuend – in dem drohenden Wirrsal kein Halt, als gegenseitig die warmen Lippen, das treue Auge und das klopfende Herz.

Aber als bei den Mädchen Tränen und Kosen in Ruhe übergegangen, traten sie auf den hölzernen Söller, der vor ihren Fenstern lief, heraus, und blickten noch, ehe sie schlafen gingen, in die kühle beruhigende Nacht. Der See lag zu ihren Füßen, Stücke schwarzer Schatten und glänzenden Himmels unbeweglich haltend, wie erstarrte Schlacken – der Wald dehnte seine Glieder weithin im Nachtschlummer, die feuchten Mondesstrahlen spannen von Berg zu Berg, und in dem Tal, woher die Wanderer gekommen sein mochten, blickte ruhender Nebel auf.

Gute Nacht, ihr lieben, schönen, fürchtenden Herzen, gute Nacht!

Die Mappe meines Urgroßvaters

Dulce est,
inter majorum versari habitacula
et veterum dicta factaque
recensere memoria.
Egesippus

3. Der sanftmütige Obrist

Ich saß nämlich vor drei Tagen bei einem Weibe, das noch jung und unvermählt ist, und redete viele Stunden zu ihrem Sinne, dass sie ihn ändere. Als ich sie nicht abzubringen vermochte, lief ich in den Wald, an welcher Stelle eine Birke steht, und wollte mich daran erhängen. Ich werde es später schreiben, wie ich so übermütig mein Heil an das Weib gebunden habe, dass ich meinte, ohne ihr nicht sein zu können, aber sie sollte es nur sehen, dass ich alles zerreiße, und dass ich sie strafe, das falsche, wankelmütige Herz; – vorher aber muss ich nur das von dem Obrist eintragen. Ich lief von ihr in mein Haus, riss ein buntes Tuch vom Tisch, lief durch den Garten, sprang über den Zaun und schnitt dann den Weg ab, indem ich über Allerbs Hofmark und durch die Wiesen der Beringer ging. Dann traf ich auf den Fußsteig, der an den Mitterwegfeldern geht – dort eilte ich eine Weile fort. Ich hatte aus dem Tuch eine Schlinge gemacht und trug es im Busen versteckt. Dann bog ich wieder links vom Weg ab, strebte unter den dünnen Stämmen des ausgebrannten Waldes der Dürrschnäbel hinauf, drang durch den Saum des Kirmwaldes, streifte an dem Stangenholz, an den Tannenbüschen, an den Felsblöcken vorbei und sprang auf den Platz hinaus, wo die vielen Birken stehen und der grüne Rasen dahingeht. – – Als ich nun da war, harrte ich gleichwohl noch ein wenig, und alle Bäume sahen mich fragend an. Es war auch ein breiter, grauer Fels da, der nicht weit davon viele Klaftern hoch emporstand, und von dem die Sonnenstrahlen ohne Geräusch wegprallten, dass alle Steinchen funkelten und glänzten. Auch war eine wolkenleere, finsterblaue Luft bis in die Baumzweige herunter. – Ich schaute nicht um, gleichsam als stünde einer hinter mir. – – Dann dachte ich: da hat vor wenig Augenblicken eine Feldgrille gezirpt, ich wolle noch so lange warten, bis ich sie wieder höre. – Aber ich hörte sie nicht.

Das Himmelblau rückte immer tiefer in die Wipfel. Von dem Baum ging der starke Ast seitwärts, auf den ich gedacht hatte, und ließ dann das Moos wie einen grünen Bart hängen, derlei diese Bäume gern haben, und weiter draußen gingen die dünnen Zweige nieder, die mit den vielen kleinen Blättern besetzt waren. – Die Grille zirpte nicht.

Aber der Obrist war mir nachgelaufen, als er mich hatte in den Wald heraufgehen gesehen, und griff mir jetzt, den ich gar nicht herzutreten gehört hatte, ganz leise an die Schulter. Ich erschrak sehr, sprang um den Baum herum und schaute zurück. Da sah ich den alten Mann stehen, mit den weißen Haaren auf seinem Kinn und Scheitel.

Er redete zuerst und sagte: »Warum erschreckt Ihr denn so sehr?« Ich aber antwortete: »Ich erschrecke nicht, und was wollt Ihr denn von mir, Obrist?« Er wusste anfangs nicht, was er sagen sollte – aber dann fing er langsam an und erwiderte: »Nun – – ich habe Euch heraufgehen gesehen, und da meinte ich, dass ich Euch auch nachgehen könnte, weil Ihr diese Stelle ganz besonders zu lieben scheint, – und dass wir da vielleicht miteinander redeten – – ich hätte Euch etwas zu sagen – – aber wenn Ihr wollt, so können wir es auf ein andermal lassen.« – »Nein, nein, redet gleich«, sagte ich, »redet, so lange Ihr wollt, ich will Euch geduldig anhören und nicht zornig werden. Aber wenn Ihr geendet habt, dann müsst Ihr mich lassen, weil ich hier noch ein Geschäft habe.« – »O nein, Doktor«, antwortete er, »ich will Euch nicht stören, wenn Ihr ein Geschäft habt – mein Ding kann warten – – ich habe nur gemeint, wenn es sich so zufällig ergäbe – – ich lasse Euch schon. – Es tut nichts; weil ich einmal da bin, so kann ich gleich in den Reutbühl hinübergehen; der Knecht sagt ohnedem, dass sie mir Holz stehlen. Wenn Ihr mich ein andermal anhören wollt, so werde ich schon fragen lassen, wann Ihr zu Hause seid, wollet Ihr aber gar freundlich sein, so besucht lieber Ihr mich einmal, weil ich in meiner Stube leichter reden würde als in einer fremden. Aber nicht, dass Ihr das für eine Unartigkeit aufnehmet, ich kann auch gerne zu Euch kommen, lasst es mir nur in diesen Tagen sagen, wie es Euch besser gefällt. Tut nun Euer Geschäft – tut es im Namen Gottes und denkt nur immer, dass ich Euer Freund gewesen bin, der Euch stets Gutes gewollt hat. – – Ich habe fast gemeint, dass Ihr hier oben an dieser Stelle wieder lesen werdet, wie Ihr sonst gerne tatet; aber ich sehe, dass es nicht so ist. – – Noch eins muss ich sagen: habt Ihr denn nicht auch im Heraufgehen gesehen, Doktor, wie heuer das liebe Korn gar so schön stehet; es legt sich auf diese Jahreszeit schon so hoch und dunkel, dass es ein Wunder ist. Ich will von dem Reutbühl durch die Mitterwegfelder gehen und dort den Neubruch betrachten, wo heuer zum ersten Male Weizen steht. Dann gehe ich wieder nach Hause. – Lebt jetzt wohl, und besucht mich bald.«

Diese oder ähnliche Worte hat er gesagt; denn ich habe sie mir nicht genau merken können. – Dann zauderte er noch ein wenig – dann tat er aber höflich sein Barett ab, wie er es gewohnt ist, und ging davon. Er scheint auf keine Antwort gewartet zu haben, und ich habe auch keine geben gewollt. Ich schaute ihm nach und sah, wie er immer weiter hinter die Baumstämme zurückkam, bis es wieder war, als wenn gar niemand da gewesen wäre. – Ich wartete noch ein wenig, dann nahm ich das Tuch aus meinem Busen und warf es mit Ingrimm weit von mir weg in die Büsche. – Dann aber blieb ich noch auf der Stelle stehen, und getraute mir nicht, aus dem Wald zu gehen. Ich schaute die Dinge an und bemerkte, dass es schon unterdessen sehr Nachmittag geworden war. Die Baumblätter regten sich schwach, die weißen Birkenstämme standen einer hinter dem andern, und zwischen ihnen kam die tiefe Sonne herein und umzirkelte sie, dass sie vergleichbar waren dem matten Schein silberner Gefäße.

Ich blieb noch recht lange im Wald.

Es war endlich die Zeit des Abendgebetes gekommen, und manche Tannenäste wurden rot. – Siehe, da klang auf einmal hell und klar, wie ein Glöcklein, die Stimme der Grille und klopfte mit einem silbernen Stäblein an mein Herz – gleichsam mit einem feinen, silbernen Stäblein klopfte das missachtete Tier an mein Herz, als sagte es mir deutliche menschliche Worte. Beinahe hätte ich mich gefürchtet.

Und wie ich dann von der Stätte fortging, klang auch das Abendlied der Ammer, es klang so dünn und dicht neben mir, als flöge das Vöglein heimlich mit und zöge ein zitternd Goldfädlein von Zweig zu Zweig. – Und wie ich weiter gegen die Felder hinauskam, lichtete und lohete der Wald immer mehr und mehr – die Augen des Himmels sahen herein, und die dünnen Stämme waren wie feurige Stäbe. Und wie ich nun gänzlich hinauskam, lag die ruhige Saat des Kornes da, welche der Obrist angeschaut hatte – weithin lag sie dunkelgrün und kühl da, nur die Spitzen waren ganz ein wenig rot gestreift von dem Widerschein des Himmels. Die Wiesen droben waren schon dunkel und wie mit grauem Reif bedeckt, und hinter dem Wald draußen war die Sonne untergegangen.

Als ich zu Tal gekommen und an mein Haus getreten war, führte der Knecht meine zwei schwarzen Pferde aus der Schwemme heim, und grüßte mich; ich aber ging in die Stube, wo die Bücher sind, und aß des Abends keinen Bissen mehr.

Des andern Tages war ein Sonntag, es war der vorgestrige Tag, und ich fuhr um fünf Uhr früh zum Erlebauer hinaus, weil es sich am Tag zuvor mit ihm so verschlimmert hatte; aber er war besser, und ich ließ ihm wieder von dem Trank zurück. Die Inwohnerin des alten Klum war besser, ebenso die junge Mechtild mit dem Gallenfieber. Um neun Uhr war ich schon bei allen gewesen und ging dann in die Kirche zu dem sonntäglichen Gottesdienst. Nachmittags weinte ich sehr.

Da sendete ich noch in der Nacht zu dem Obrist und ließ ihm melden, dass ich morgen kommen würde, wenn es ihm genehm wäre. Ich wolle zuerst die Kranken versorgen, und dann würde ich hinaufgehen, wenn er zu Hause sei, das ist gegen zehn Uhr, oder um weniges später. Er solle mir zurücksagen lassen, wenn er da nicht könne und es anders wolle. Aber der Obrist vermeldete mir durch meinen Knecht, dass er mit vieler Freude auf mich warten werde, und dass ich keinen Kranken übereilen solle. Er werde den ganzen Tag in seinem Hause oder in seinem Garten herum sein, dass ich ihn leicht finde.

Dann legte ich mich nieder und gab vorher dem Knecht noch, in Anbetracht, dass heute Sonntag war und er den Gang getan hatte, ein Glas Wein. – Ach Gott – der Keller war schon fertig, und ich wollte ein großes Haus darauf bauen – und ich weiß nun nicht, für wen ich es baue. Ein recht großes, schönes Haus wollte ich bauen, weil mich Gott so gesegnet hat, und weil mein Vater doch nur ein Kleinhäusler gewesen ist, mit einer Hütte und Steinen darauf, wie sie noch überall auf den Waldhöhen herum stehen. Nur der Obrist ist gekommen und hat: ein Haus mit steinernen Mauern gebaut, das nun als Vorbild weithin gegen die Fichten leuchtet. Dann las ich noch bis Mitternacht in Hochheimbs Buch.

Am andern Morgen, da ich schon lange nicht mehr schlafen konnte, stand ich sehr früh auf, und fuhr, als noch der Tau lag, durch den Wald am Bach hinunter, dass ich meine Kranken besuche. Das Wasser rollte kühl über seine Steine und an den Gräsern dahin. Es ging bald die Sonne auf und brachte einen recht schönen, lieblichen Vormittag. Dieser trocknete die Nässe von den Nadeln und von all' den vielen Kräutern, die nichts anderes zu tun hatten, als recht eilends in dieser Frühlingswärme zu wachsen. Als ich wieder nach Hause gekommen und die Pferde in den Stall gebracht waren, legte ich einen besseren Rock an und begab mich auf den Weg zu dem Obrist. Da ich um die Ecke des Holzes bog und an den Gerstenfeldern des Maierbacher ging, die er heuer so schön hat, sah ich schon das Haus, wohin ich wollte, freundlich und weiß herabschimmern – es schimmerte so lange, als ich an dem Abhang dahin ging, und wie ich den weichen Grashügel emporstieg, wo die vielen Eschen stehen, kamen die zwei Wolfshunde herabgelaufen, tanzten um mich und heulten freudig, weil sie mich schon so lange nicht gesehen hatten. Der Obrist selber war im Garten, und ich sah ihn durch die Stäbe der Umzäunung. Er hatte den grünen, samtenen Rock an, den er so liebt, und die goldene Kette um, von der glänzende Funken weggingen. Als wir die Barette abgetan hatten, ging er mir entgegen und verneigte sich. Ich verneigte mich auch. Dann geleitete er mich durch den Garten an den vielen grünen Büschen hin, die er zieht, und führte mich in das Haus hinein. Wir kamen im Gang an der Tür vorüber, die in Margaritas Zimmer führt. Die feine, gelbe Rohrmatte lag auf der Schwelle.

Als wir in seiner Stube angelangt waren, sah ich, dass er seine grünseidenen Vorhänge über die Fenster herabgelassen hatte, wodurch eine unliebe Totendämmerung um alle Dinge floss. Er schritt gegen die Fenster, zog die Vorhänge empor, ließ sie dann wieder nieder, und zog sie doch endlich empor. Sodann nahm er mir die Handschuhe und das Barett, legte beides auf sein Bett, und stand dann da, und hatte die weißen Haare so genau und reinlich zurückgekämmt wie immer. Er hatte noch nichts geredet, ich auch nicht.

Endlich nahm er das Wort und sagte: »Das ist ein schöner Tag, Herr Doktor.« – »Ja, ein sehr schöner«, antwortete ich. »Ist die alte Sara schon besser, und was macht der Erlebauer?« »Die Sara ist ja schon seit drei Wochen nicht mehr krank, und der Erlebauer wird auch schon besser.« – »Das ist gut; es wäre schade um den Mann gewesen, er ist sehr tätig und hat fünf lebende Kinder.« – »Gestern hat er die Krisis überstanden, und die nützliche Luft wird ihn bald heilen.« – »Habt Ihr noch viele Kranke?« – »Nicht sehr viele.« – »Der Meilhauer hat ja auch einen Fuß gebrochen.« – »Freilich, weil er sich nicht wahrt; eine Buche hat ihn gestreift.« – »Im Taugrund wars?« – »Im Taugrund.« – »Ihr kommt ja jetzt öfter in den Haslung hinunter, ist es wahr, dass sie das Gehäng reuten [roden]?« – »Lauter Felder, seit sie sich los gekauft haben.« – »Und in den drübigen Hofmarken mähen sie schon Heu?« – »Es ist kein Halm mehr auf den Wiesen.« – »Das ist ein gesegnetes, schönes Jahr. Wenn uns der Herr noch weiter hinaus behütet und das Verheißene gut einbringen lässt, dann kann sich mancher helfen. – Wollt Ihr Euch denn nicht ein wenig auf das Sitzbett niederlassen, Doktor?«

Nach diesen Worten nötigte er mich auf das Sitzbett, das er vor dem Tisch hat, und setzte sich zu mir. Nachdem er die Falten an dem Teppich glatt gestrichen und die Brosamen herabgestreift hatte, sagte er plötzlich: »Das ist recht schön, Doktor, dass Ihr gekommen seid, und wieder hier sitzt, wie so oft; darum sagt mir auch geradewegs, ob Ihr denn auch auf mich zürnet?« – »Nein, Obrist«, antwortete ich; »nein, ich weiß es schon, dass Ihr mir nichts getan habt. Ihr seid ja ein freundlicher Mann gegen jedes Geschöpf. Ihr habt allen Leuten im Walde herum wohl getan, und wenn einer undankbar war, so seid Ihr hingegangen und habt ihm eine neue Güte erwiesen. Wie sollte ich Euch zürnen? Nein, eher muss ich Euch jetzt sagen, was ich noch nie gesagt habe: Ihr seid der beste und sanfteste Mensch, den ich auf der Welt kennen gelernt habe.« – »Bin ich das«, erwiderte er, »so macht mir die Freude, Doktor, und tut Euch kein Leid an.« – Mir rollten die Tränen hervor, und ich sagte, dass ich es nun nicht mehr tun wolle.

»Ich bin vorgestern«, sagte er, »mit großer Angst durch den Reutbühl gegangen; denn der Mensch vermag hierin nichts zu ändern, und ich ließ Euch in Gottes Hand zurück. Als die Sonne untergegangen war, stand ich an dem Fenster und betete – und da sah ich Eure Gestalt am Saum des Kornes nach Hause gehen, wie manches Mal an andern Tagen, wenn Ihr mit einem Buch unter den Birken gewesen seid – und es kam eine recht ruhige, freundliche Nacht in mein Haus. – Seht, da ich damals von Euch fort gegangen war, bin ich im Reutbühl auch an unsere Föhrenpflanzung gekommen, die Ihr im vorigen Frühling mit mir angelegt habt, und habe gesehen, dass kaum ein einziges Pflänzchen ausgegangen ist; manche sind schon sehr hoch und ballen mit ihren Wurzeln das Steingerölle. – Am andern Tag bin ich von der Stube in den Stall gegangen, vom Stall in den Garten, und von da wieder herein – und habe über die kleinen Felderhügel geschaut, und über die Spitzen der Wälder, in denen Ihr vielleicht fahren werdet oder sonst etwas tun. Da kam in der Nacht Euer Knecht und brachte mir große Freude. – Ich hatte es ja nun in der Hand, ich kannte Euch, Ihr seid so oft zu mir gekommen, und ich wusste es ja, dass Ihr Euch herausreißen würdet.«

Ich konnte den Mann nicht anschauen, und sagte, weil ich schon so viel eingestanden hatte, dass ich so zerdrückt sei und die Tage her keinem Menschen, nicht dem Knecht, nicht der Magd und keinem Tagelöhner in die Augen sehen könne. »Das ist unrecht«, antwortete er, »und es wird sich ändern. Tut ihnen Gutes, seid ein rechter Arzt, und Ihr werdet wieder ihresgleichen. Auch wissen sie ja nichts.« – »Aber ich weiß es.« – »Ihr werdet es vergessen.« – »Und mit einer solchen Schwermut fahre ich an den Fichten und Tannen vorüber, dass in meinen Augen stets das Weinen ist. Ich bin gleich recht gern zu meinen Kranken gegangen, auch zu denen, die schon besser sind, auch zu dem alten Keum bin ich gegangen, der sterben muss, weil er das Zehrfieber hat, und habe ihn ein wenig getröstet.« – »Das ist immer so«, antwortete der Obrist, »dass aus dem harten Stein Zorn der weiche Funken Wehmut kommt. So fängt Gott die Heilung an.« – »Schont mich vor der Welt, Obrist.« – »Redet nicht so. Nur der Herr im Himmel und ich haben es gesehen, und beide schweigen. Lasst nun die Zeit fließen, und es werden Hüllen nach Hüllen darauf kommen. Die Seele hat einen Schreck erhalten, und wird sich ermannen. Es ist nun alles gut, lassen wir es gehen, und reden von andern

Dingen. – Sagt mir, Doktor, habt Ihr denn den Thomas abgedankt, dass gestern ein anderer Knecht zu mir gekommen ist?« – »Nein, aber er ist jetzt bloß bei den Pferden. Den andern habe ich zu den Geschäften im Haus und zum Botengehen genommen. Er ist der Sohn des Inbuchsbauer.« – »Ich kenne ihn, er hat die Füllen des Gregordubs gehütet. Ihr müsst ja jetzt viele Leute in Eurem Hause haben?« – »Nur noch zwei Mägde.« – »So habt Ihr das Bauen einstweilen eingestellt?« – »Nein, ich habe es für das heurige Frühjahr nur noch nicht begonnen. Wir waren erst ein wenig an dem großen Brunnen, aber seit der Bernsteiner im Steinbühel den Keller gräbt, habe ich ihm alle meine Leute hinüber gehen lassen. Er will bis zum Schützenfest fertig sein.« – »Ich war schon lange nicht in Pirling, und wusste nicht, dass er graben lässt. Im Steinbühel muss er wohl stark in die Felsen sprengen.« – »Sie schießen ja schon drei Wochen, und alle Leute, die ich sonst hatte, sind dabei beschäftigt.« – »Ich möchte auch manches in meinem Haus ändern, und wenn der Grunner zu empfehlen ist, so müsst Ihr ihn mir einmal herauf schicken. Mit dem ganzen Hintereck möchte ich gegen den Eichenhag hinausfahren, auch möchte ich eine neue Stiege und einen neuen Kellereingang machen lassen.« – »Meinen Brunnen wenigstens hat der Grunner vortrefflich herausgebaut.« – »O Doktor, Ihr habt eine schöne Lage in der Biegung des Tales; Ihr seid noch jung, und wenn Ihr Euch bestrebt, so kann es ein schönes Besitztum werden, das seinen Herrn und seine Frau erfreut, wenn einmal eine einzieht. Meine Tage sind schon wenige, ich gehe dem Grab entgegen, und wenn Margarita einmal fortzieht, wer weiß, in welche Hände dies Gebäude kommt, das ich so eifrig aufgeführt habe. – – Lieber Doktor, ich möchte noch recht gerne von etwas Längerem und Ausführlicherem mit Euch reden.« – »So redet.«

»Ihr werdet jetzt vielleicht seltener zu mir kommen, und da denke ich, ist es billig, dass Ihr auch meine Fehler wisst, denn Ihr habt mich bisher zu viel geachtet – auch könnte Euch die Sache vielleicht nützlich sein. Ich möchte Euch nämlich von meinem früheren Leben erzählen, und wenn ich geendet habe, möchte ich noch gern eine Frage und eine Bitte an Euch tun – vorausgesetzt, wenn Ihr nämlich Zeit habt, mich anzuhören.« – »Ich muss nur abends noch zur Haidelis hinaus, und vor dem Schlafengehen noch den Erlebauer sehen, sonst habe ich heute nichts mehr zu tun. Sprecht also nur, Obrist, wie Ihr es für gut haltet, und fragt dann und bittet, was Ihr wollt.«

»Wisst Ihr noch, ich habe vorgestern im Birkenstand zu Euch gesagt, dass ich etwas mit Euch zu reden hätte – das war aber damals unwahr; sondern da ich Euch von hier forteilen, nach Hause gehen und dann über den Zaun und die Wiesen gegen den Wald schreiten sah, ahnte mir Böses; ich lief Euch nach, um ein Unglück zu verhüten; aber da Ihr mich oben von dem Platz fortdrängtet, wusste ich mir nicht zu helfen und sagte nur die Worte – allein seitdem habe ich es mir so ausgebildet, dass ich mit Euch von meiner Vergangenheit reden möchte, die gewesen ist, ehe ich in dieses Tal gekommen bin. Nehmt es nur nicht übel, dass ich alt bin, und etwa weitschweifig in meinen Worten.« – »Nein, Obrist«, sagte ich; »sind wir nicht manchen Abend im Wald gegangen, und habe ich nicht gezeigt, dass mir Eure Worte lieb und angenehm waren?« – »Ja, das ist wahr, das habt Ihr getan; darum mag ich auch jetzt gerne zu Euch reden. Ihr habt mich vor einer Weile den sanftesten Menschen geheißen, den Ihr auf Erden gekannt habt – ich muss Euch bekennen, dass es mir wohl tat, dass Ihr das gesagt habt. Ihr seid der zweite Mensch auf dieser Erde, der es sagte; der erste hat vor vielen Jahren gelebt, und ich werde Euch später von ihm erzählen. Ihr werdet dann einsehen, dass mir diese gute Meinung von euch beiden lieber ist, als von allen andern Menschen auf der Welt. – Nun zur Sache. Habt Ihr nie von einem Grafen Uhldom gehört?« – »Meint Ihr den berüchtigten Casimir Uhldom?« – »Dieser berüchtigte Casimir Uhldom bin ich.« – »Ihr?« – »Ja, ich. Spieler, Raufer, Verschwender – und jetzt das, was Ihr seit einigen Jahren kennt.« – »Nein, das ist nicht möglich – als ich noch auf der Schule war, gingen zwar unbestimmte, aber unheimliche Gerüchte von dem Grafen.« – »Sie sind vielleicht wahr; ich bin nicht gut gewesen. Manches war ich im besseren Sinn, als es die Leute wussten, das Schlimme kannten sie zu genau, manch Gutes, wie ein Schlimmes, und das Beste gar nicht – und das bin ich fast durch Kummer geworden. Hört mich ein wenig an: Als mein Vater starb, war ich sechzehn Jahre alt, mein Bruder zwanzig. Die ganze Zeit war er immer der bessere gewesen, ich der schlimmere. Als nun die Leute beisammen waren und das Testament geöffnet wurde, war er auch der Erbe, ich enterbt. Ich habe damals noch nicht gewusst, ob er gefehlt habe oder nicht; aber ich hieß ihn einen Schurken, und nahm mir vor, in die weite Welt zu gehen. Es erschien mir dazumal ein leichtes, Befehlshaber zu werden und ein großer Feldhauptmann, wie der Waldstein und die andern im Dreißigjährigen Krieg. Ich ging mit dem wenigen Geld, das von Rechts wegen mir gehörte, vom Hause fort und bot dem Brandenburger meine Dienste an, ich bot sie dem Kurfürsten von Bayern an, und dem Pfalzgrafen, aber es war überall nichts; sie wollten mich entweder ins Volk stecken, oder in eine Soldatenschule tun, und beides litt ich nicht. Daher ging ich weiter und eines Tages, als jede Welle des schönen Rheines im Sonnenschein blitzte und glänzte, kam ich nach Frankreich hinüber. Ich dachte, dem König Ludwig meinen hoffnungsreichen Degen zu Füßen zu legen. Viele Tage wanderte ich durchs fremde Land und durch die fremde Sprache, bis ich eines Abends, da eben ein stiller Regen vom grauen Himmel fiel, in die finstere Stadt Paris einzog. Ich glaubte damals noch gar nicht, dass es mir fehlschlagen könnte. Ich verstand die Sprache wenig, kannte keinen Menschen in der Stadt, aber dennoch drang ich vor und wurde zum König geführt. Er fragte mich, was ich zuerst lernen würde, und ich antwortete: die Sprache. Er lächelte und sagte, dass er meiner gedenken wolle. Ich fing nun an, die Sprache zu lernen und auf die Antwort des Königs zu warten. Als mir das Geld ausging und ich nur mehr ein einziges Goldstück hatte, dachte ich mir, dass ich nun in ein Spielhaus gehen müsse, um eines zu gewinnen. Ich wusste ein solches Haus; es stand in einer langen, des Abends immer sehr schön erleuchteten Gasse, und ich hatte es bisher nur von außen gekannt. Als es wieder Abend war, ging ich in die Gasse und schaute es wieder von außen an. Da fuhr ein Wagen quer an mir vorüber in das Haus hinein und bespritzte mich mit dem Kot der Straße. Unter dem Torweg hielt er an, der Schlag wurde aufgerissen, ein schön gekleideter Mann stieg aus, ging die Treppe hinauf, und ein Diener trug ihm ein Kästchen nach. Ich ging nun auch durch die Pforte des Hauses, ging über die Treppe hinauf, wo Bildsäulen standen, kam in den Saal, wo Menschen liefen, und schaute eine Weile zu. Dann ging ich hinzu, legte mein Goldstück auf eine Karte, wie ich die andern hatte tun gesehen, und nach einer Zeit schoben sie mir mehrere Goldmünzen hin. Ich war nicht stark überrascht und setzte wieder. Das Spiel kannte ich nicht; es wurden nur immer Karten herabgelegt, immer die nämlichen zwei ruhigen Worte gesagt, wie der Perpendikel einer Turmuhr, und die Leute schoben Goldstücke hin und her. Als endlich der Mann am obern Ende des Tisches sein Kästchen zuschloss, hatte ich mehrere Hände voll Goldstücke in der Tasche. Es war indessen nach Mitternacht geworden, ich ging nach Hause und schüttete das Geld in mein Barett, das ich auf einen Stuhl geworfen hatte. Am andern Tage lechzte ich darnach, dass es Abend würde. Als man die Kerzen anzündete, ging ich schon in dem Saal auf und nieder, und es trat ein fremder Herr zu mir und sagte, dass er auf mich wetten werde. Ich verstand dies damals nicht und ließ alles geschehen. Wieder gewann ich an dem Tag, wie vorher, und am andern Tage wieder. Ich lernte bald das Spiel verstehen und versuchte nach und nach, es zu leiten und zu beherrschen. Mehrere Männer schlossen sich an mich an und suchten das Glück in ihren Kreis zu bannen. Ich gewann, verlor unbedeutend, und mein Wohlstand begann sich zu heben. Ich ging nun in schönen Kleidern und Federhut durch die Straßen, das schönste Pferd in Paris war mein, und drei fast gleich schöne standen noch im Stalle. Der Mantel war wie der eines Herzogs, und der kleine Degen hatte Diamanten im

Knopfe. Damals hätte ich auch falsch gespielt, wenn ich verstanden hätte, es zu machen. Meine Freunde und Spielgesellen führten mich zu den Leuten, die in den großen Palästen wohnten, welche ich sonst nur von außen hatte ansehen dürfen, man sagte mir schöne Dinge; die Mädchen wollten mir wohl; ich liebte die Pracht und lernte die dortige Art und Sitte. Wenn Männer beisammen waren, suchte ich Händel zu erregen, und ermutigte mich dann im Zweikampf; denn außer bei den Karten brachte ich die meisten Stunden auf dem Fechtboden zu. – So war es mit meinem Spiel. – – Da sagte einmal ein langer, blasser Mann, den ich immer gescheut, und dass ich aufrichtig bekenne, den ich gefürchtet hatte, dass ich doch nur ein Lump sei, der vom Pariser Strolchengold lebe. Er hatte die Worte zu mir selber gesagt; ich antwortete ihm nichts darauf, aber ging nach zwei Tagen zu dem Herrn Armand Pelton, dem derzeitigen Vorsteher des Armenwesens, und übergab ihm an Gold und Schmuck und Kleidern, wie auch an Pferden und Reitgeräten alles, was ich hatte. Nur hundert Ludwigsstücke hielt ich zurück und einen grauen, schlechten Klepper, den ich mir am Tag zuvor gekauft hatte. Seht, Doktor, ich habe noch die Scheine von jener Begebenheit, und werde Euch dieselben zeigen.«

Als der Obrist diese Worte gesagt hatte, stand er auf und suchte im Laden seines Schreines. Er sammelte aus demselben mehrere Schriften, trat wieder zu mir und breitete sie auf dem Tisch aus. Es waren richtig lauter Empfangsbriefe über verschiedene Summen und Stücke, welche der Graf Casimir Uhldom, Spieles wegen, der Armensache übergeben hatte, und welche durch die Namen der Väter bestätigt wurden, in deren Hände das Gut niedergelegt worden war. Als er mir mit dem Finger auf alles gewiesen hatte und der Punkt abgetan war, schob er die Papiere auf dem Tisch zurück und sperrte sie nicht wieder ein. Dann fuhr er fort:

»Ich lud am Nachmittag den langen, blassen Mann zum Zweikampf, und sagte ihm keine Ursache; aber da ich ihn durch die Schulter gestochen hatte, hielt ich ihm diese Schriften vor die brechenden Augen und schrie ihm zu, wer ich sei. Ich hielt ihn damals für sterbend und war damit zufrieden. Aber er starb nicht, ich lernte ihn viele Jahre darnach von neuem kennen, achtete ihn damals sehr hoch, und ich glaube, er mich auch. Als ich vom Kampfplatz fortging, spießte ich eine andere Schrift, die mir vom König war zugeschickt worden und mir einen schlechten Platz im Heer anwies, auf meinen Degen und warf sie weg. Ich hasste nun den König, und begriff, dass ich unter die deutsche Reichsarmee gehörte. Als am andern Morgen die Sonne aufging, war ich schon weit von Paris; sie schien mir in das Angesicht, und ich ritt auf dem grauen Klepper Deutschland zu. Ich hatte ein schlechtes Lederkoller an und die hundert Ludwigsstücke darin. Am siebenten Tag ging ich wieder über den Rhein.
Damals sagten sie, dass ich ein arger Verschwender gewesen sein müsse, der vom Reichtum auf solch schlechtes Zeug gekommen; ich aber lachte, schaute in die dunkelgrünen Wogen des Rheins, und glaubte auch da noch nicht, dass es mir fehlschlagen könne. Ich erkannte, dass ich auf einem Irrweg gewesen sei, und dass ich nun einen andern betreten müsse. Daher beschloss ich, wie der Herzog von Friedland ein Kriegsheer aufzurufen und mit demselben die Länder wieder zu erobern, die uns der König früher entrissen hatte. Ich gedachte hierbei des Zufalls, dass, wenn ich als Feldherr in Paris einzöge, etwa bei demselben Fenster ein Mägdlein herabschaue, bei dem ich sonst mit ihr gestanden und so vergnügt gewesen war, wenn sie mich ihren lieben kleinen Grafen genannt hatte. Ich schämte mich recht jener kindischen Zeit und ihrer Bestrebungen. – Als aber nach zwei Jahren die neuen Entwürfe auch noch nicht in Erfüllung gegangen waren, fing ich an, in unserem Heer von unten auf zu dienen. Jetzt rückte die Zeit langsamer, und die Mühe lohnte sich nur um Haarbreite nach Haarbreite; aber aus Ehrsucht, weil mir schon nichts anders gelassen war, tat ich auch das Jetzige gut, dass ich den andern zuvorkomme und die übermeistere, die neben mir waren. So wurde ich nach und nach sechsundzwanzig Jahre alt und bekannter unter den Vorstehern des Hee-

res. Da geschah es, dass ein Oheim starb, der letzte unserer Verwandten, und mir ein beträchtliches Vermögen hinterließ. Zu gleicher Zeit verliebte ich mich auch. Ach Gott, lieber Doktor, es sind jetzt viele, viele Jahre vergangen – und verzeiht mir die Worte, die ich sagen werde – ich war gerade so schwärmend wie Ihr, ich war ausschweifend in Hass und Freundesliebe, ich war eben so strebend und vom Grund aus gutherzig wie Ihr. Seht nur, oft habe ich gemeint, ich müsse alle Sterne an mich herunter ziehen und alle Weltteile auf dem Finger tragen. Daher tat ich mein Herz weit auf, ließ das Gefühl eingehen, und hatte meine Ergötzung daran. Ehe ich aber zur Besinnung gelangte, war ich betrogen. Ein Freund und Vertrauter, den ich auf Freiwerbung sandte, führte sie selber zum Altar. Ich wollte ihm auf das Gut, wohin er sie geführt hatte, nachreisen, um ihn zu erstechen, aber ich tat es dann nicht, und nahm mir vor, mich selber zu töten. In unserem Hause war ein langer, schmaler Gang, wie sie in Soldatenhäusern gewöhnlich sind, und zwischen den Fenstern waren starke Pfeiler. Als es Nacht geworden war und die Kameraden schliefen, nahm ich eine Büchse, die ich abends geladen hatte, ging auf den Gang und stellte mich in den Pfeilerschatten, weil doch zuweilen Mannschaft vorbeiging, dass sie mich nicht sehen könnten. Als sich nach einer Weile nichts mehr rührte, stellte ich die Mündung nach meiner Kehle und griff mit der Zehe um das Zünglein. Aber ich musste es übel gemacht haben, denn es knackte etwas, und das Eisen schürfte an meinem Hemdknopf; da sprang plötzlich ein gemeiner Mann unserer Rotte, der mich ausgekundschaftet hatte und aus Furcht im Mauerschatten näher gekrochen war, empor, stieß mir das Rohr von der Kehle und flüsterte: ›Herr Graf, ich schweige, aber das müsst Ihr nicht mehr tun.‹ Ich wollte vor dem Mann auf die Knie niederfallen, so erschrocken war ich und so verworren. Ich sagte, dass ich ihn recht lieb habe, und dass ich ihm eine Menge Geld geben wolle. Er nahm am andern Tage das Geld, und hat niemals einem Menschen etwas gesagt. – Ich ließ nun diese Gedanken fahren und verschlug aufs Gegenteil, das heißt, ich fragte nach nichts mehr und ließ kein Übel auf mich eine Wirkung tun. Auch setzte ich mir vor, die gemachte Erbschaft zu verschleudern. Wir saßen nun manche Nacht beisammen, viele Freunde und lustige Gesellen – es strahlten die Kerzen, es klangen die Gespräche, und es verrauschte das Gut. Nach sechs Jahren war ich wieder so arm wie vor dem Tode meines Oheims. – – – Damals fing endlich der Krieg an, und was bisher in einem Haus, in einer Stadt beisammen gewesen war, kam auseinander und wurde oft länderweit getrennt. Ich war in den Jahren über dreißig, und die Sachen begannen eine Wendung zu nehmen. Das Feldleben war manchmal recht ernsthaft, und ich war manche Nacht, wenn die öde Luft durch den Himmel strich, traurig über die Welt und traurig über alle Dinge. Es sollte noch erst alles kommen, was mein Leben mir versprochen hatte, und es war doch schon der größte Teil desselben dahin. Zuweilen fiel mir meine Mutter ein, die längstens gestorben war, und ihre schönen blauen Augen – zuweilen der Bach auf unserer Wiese, an dem die schönen Weiden gestanden waren. – – So zog die Zeit dahin; wir machten keine großen Eroberungen, und der Feind, der jenseits stand, machte auch keine. – In Westfalen war es endlich, wo ich dazumal ein Mittel für mein Heil gebrauchen lernte, das ich zuerst aus Scherz angefangen, und dann aus Ernst bis auf den heutigen Tag nicht mehr aufgegeben habe. Ich würde Euch gerne raten, Doktor, dass Ihr es auch anwendetet; denn ich glaube, dass ich schier alles, was ich geworden, durch dieses Mittel geworden bin. Es besteht darin, dass einer sein gegenwärtiges Leben, das ist, alle Gedanken und Begebnisse, wie sie eben kommen, aufschreibt, dann aber einen Umschlag darum siegelt und das Gelöbnis macht, die Schrift erst in drei bis vier Jahren aufzubrechen und zu lesen. Ein alter Kriegsmann riet es in meiner Gegenwart lachend einer Jungfrau an, die gerade in Liebeskummer befangen war, und sagte, dass es in diesen Fällen eine gute Wirkung tue. Ich lachte mit und dachte gleich in meinem Innern, dass ich das Ding auch versuchen würde – und wie oft habe ich seitdem den toten Mann gesegnet, dass er es sagte, und den Zufall, der es ihn im rechten Augenblick sagen ließ. Ich ging sehr eifrig darüber und habe gleich alle freie Zeit, die uns gegeben war, verwendet, um aufzuschreiben, was ich mir nur immer dachte, und was ich für die Zukunft beschlossen hatte. Ich machte die Dinge sehr schön, faltete alle Papiere gleich groß und schrieb von außen den Tag ihrer Verfertigung darauf. In den Feldlagern, wo sie mir oft recht unbequem waren, schleppte ich die versiegelten Päcke mit mir herum. – Als ich den ersten öffnete – es geschah nicht nach drei, sondern erst nach fünf Jahren, weil ich eine Weile von meinen Sachen getrennt gewesen war – ich lag eben verwundet darnieder, von allem Nötigen entblößt, keinen Freund und Teilnehmer an der Seite – nach Mitternacht hatte ich mir den Pack hergeben lassen – und als ich ihn nun öffnete und las, so lachte und weinte ich fast in einem Atem durcheinander; denn alles war anders geworden, als ich einst gedacht hatte; vieles besser, manches schlechter – aber jedes irdischer und wahrer, als es sich einmal vorgespiegelt hatte; meine Ansichten waren gewachsen und gereift, und ich hatte die heftigste Begierde, sie gleich wieder in einem neuen Pack niederzuschreiben. Ich ließ mir Papier und Schwarzstift aus dem Ledersack suchen, der unter dem Bett lag, und schrieb auf dem Kopfkissen neben meinem Angesicht die ganze Nacht. Ach, ich wusste damals noch nicht, weil es das erste Päckchen war, das ich geöffnet hatte, dass es mir bei jedem so ergehen würde, auch bei dem, das ich jetzt so eilig und inbrünstig niederschrieb. – – Es ist merkwürdig, Doktor, dass ich so alt geworden bin, und dass ich mir erst durch diese angeratene Beschäftigung eine Denkweise, eine Rede- und Handelsweise zugebildet habe; denn aus Schriften und Büchern zu lernen, ist mir erst im späten Alter zuteil geworden; damals hatte ich kaum Zeit, das Notdürftigste niederzuschreiben – oft schrieb ich auf meinen Knien, oft auf einer Trommel oder auf einem Baumstamm. Ich habe nachher schwere Schlachten gesehen, ich habe das menschliche Blut wie Wasser vergeuden gesehen, ich zeichnete mich aus, wie sie sagten, das heißt: ich half mit in diesen Dingen; aber ein Päckchen erzählte mir später meine damaligen Gefühle, die um vieles besser waren als die Auszeichnung, und die ich hatte zurückdrängen müssen, um meine Pflicht zu tun. Ich lernte nach und nach das Gute von dem Gepriesenen unterscheiden, und das Heißerstrebte von dem Gewordenen. Manches Päckchen segnete, manches verurteilte mich, und so wurde ich widerstreitender Weise mitten im Krieg und Blutvergießen ein sanfterer Mensch. Ich weiß es nicht, wäre ich es auch ohnedem geworden, weil die Jahre wuchsen, oder ist es mir erst durch die Schriften eindringlicher ins Herz gekommen. Ich fing mit der Zeit auch an, im Leben auszuüben, was ich im Geiste denken gelernt hatte. Seht, Doktor, diese Kette, die ich heute umgetan habe, weil ich die Unterredung mit Euch für einen Festtag halte, ist selber ein Zeugnis davon. Ich habe einmal unter Einsetzung meines Lebens dasjenige von tausend Feinden gerettet, die man im Begriff war zusammenzuhauen. Ich habe die Rettung begonnen, weil ich nicht leiden konnte, dass so viele Menschen, die an nichts schuld sind, wie blöde Tiere getötet würden, die uns zwar auch nicht beleidigen, deren Leben wir aber zu unserer Nahrung bedürfen. Zwischen den Kugeln beider Teile habe ich die Unterwerfung verhandelt und den Ergebungsbrief, gegen die gezückten Säbel unserer Rotten reitend, zu unserm Führer gebracht. Sie wurden dann bloß gefangen, und ihr König wechselte sie später aus. Wenige Jahre vorher hätte ich noch selber den Befehl gegeben, lustig einzuhauen, und hätte es für eine Heldentat gehalten. Die tausend Männer sandten mir nach vielen Jahren den erlesenen Waffenschmuck, den Ihr oben in meinem Eichenschrein gesehen habt, ihr König tat selber den Degenknopf dazu, der so schön in Silber gefasst ist, und der Kaiser, da ihm die Nachricht von der Begebenheit zu Ohren gebracht worden war, verlieh mir die Kette, die ich hier um habe.«

Nach diesen Worten hielt der Obrist eine Weile inne. Er stand auf und ging in den Raum des Zimmers vor. Die Schriften, die noch immer auf dem Tisch gelegen waren, nahm er weg und sperrte sie wieder ein. Zuletzt ließ er noch die grünen Fenstervorhänge herab, die er früher aufgezogen hatte. Ich glaubte, dass er es darum tue, weil doch die Sonne zu uns herüber zu rücken schien. Dann setzte er sich wieder zu mir und sagte: »Ich will Euch nun auch das Ende von meinem Lebenslauf erzählen. Die Jahre sind wieder vergangen, aber immer eines schneller als das andere, und ich bin nach und nach Obrist geworden. Da ich wieder verwundet wurde, erhielt ich ein Ruhegehalt und durfte hingehen, wo ich wollte. Ich habe einmal auf meinen Kriegszügen ein schönes Tal gesehen, das zwischen hohen Bergen lag; in dieses schaffte ich meinen Körper und meine Habe, um an dem Ort zu bleiben. Ich fing dort an, die Bücher zu sammeln, die jetzt da sind, und die Gemälde, deren Art ich in den Niederlanden kennen und lieb gewinnen gelernt hatte. Manches ist teuer gekommen, Ihr würdet es kaum denken, und es reute mich schon oft, dass ich auf meine Freude so viel verwende, das nach meinem Tod andern zugute kommen sollte; – aber sei es nun, wie es sei. – In dem Tal bekamen meine Päckchen immer mehr Gleichmäßigkeit, bis im Alter eines wie das andere wurde. Ich richtete mich häuslich ein, und legte rückwärts hinaus den Garten an, in welchem mir meine Pflanzen wuchsen, die ich liebe, weil sie unschuldig den Willen Gottes tun.«

Hier setzte der Obrist wieder aus, dann fuhr er fort: »Ich habe früher von einem Menschen geredet, der der erste war, der gesagt hat, dass ich ein gutes Herz habe, wie Ihr heute der zweite, und ich habe versprochen, dass ich Euch von ihm erzählen werde, damit Ihr seht, wie sehr es mich von beiden freute. Der Mensch hat mit mir in dem Tal gelebt, es war ein Weib – mein eignes Weib ist es gewesen – und von ihm möchte ich Euch noch etwas sagen, wenn Ihr nämlich nicht müde werdet, mich anzuhören. Ich weiß es nicht, war sie besser oder schlechter als tausend andere ihres Geschlechtes – ich habe die andern zu wenig gekannt – aber einen Vorzug hatte sie vor allen, die da leben, und dieser war, dass ich sie sehr geliebt habe. Oft war es mir, als sei ihr Leib meiner, als sei ihr Herz und ihr Blut das meinige und als sei sie mir statt aller Wesen in der Welt. Ich hatte sie am Rhein kennengelernt, wo sie von Verwandten hart gehalten wurde. Da ich eingerichtet war, holte ich sie herüber. Sie hatte mich nicht geliebt, aber sie war mitgegangen. Da sie am Vermählungstag unter ihren Angehörigen als verzagende Braut stand, sah sie nach meinen Augen, als wenn sie darin Treuherzigkeit suchte. Ich habe sie in mein Haus geführt, und habe sie auf der Schwelle desselben geküsst, was sie nicht erwiderte. Da ich sie in der Stube auf meinem Stuhl sitzen sah, noch den Hut auf dem Haupt und die Oberkleider an: nahm ich mir vor, dass ich sie ehren und schonen werde, wie es mein Herz vermag. Ich rührte nun ihre Hand nicht an, ich ließ sie in dem Hause gehen, und lebte wie ein Bruder neben ihr. Da sie allgemach sah, dass sie hier walten dürfe, dass sie stellen dürfe, wie sie wolle, und dass niemand etwas dagegen sage, da sie, wenn ich von der Jagd nach Hause kam – denn ich ging damals noch zuweilen – fragte, wie dieses und jenes stehe, und wie sie es machen solle: sah ich, dass die Pflanze des Vertrauens wuchs, – und daneben auch noch eine andere; – denn ihre Augen glänzten von Zufriedenheit – und so ging ihr die Seele verloren, bis sie sonst nirgends war als in mir. Es ist nur ein verachtet Weib gewesen, das die Worte gesagt hat: ›Wie dank ich Gott, dass du so gut, so gar so gut bist‹, – und kein Lob meiner Obern, keine Freude des Sieges ist früher so in mein Herz gegangen als die Worte des verachteten Weibes. Und als nach diesem schon viele Jahre vergangen waren, als ihr schon Mut und Vertrauen gewachsen war, als sie in meiner sichern Gattenliebe und Ehrbezeugung ruhen konnte: war sie noch demütig wie eine Braut und aufmerksam wie eine Magd – es war eben ihr Wesen so – und deshalb musste geschehen, was geschah. – – Es ragten in der Gegend viele Schneeberge und blaue Spitzen, hinter unserem Haus rauschten Bergeswässer und standen Wälder, in denen oft Monate lang niemand ging. Alles dieses zu durchforschen, lockte mich die Lust, und einmal tat ich die Bitte, sie möge mich doch zuweilen begleiten, wenn ich etwa seltne Alpenblumen suchen ginge, oder einen Baum, ein Wasser, einen Felsen zeichnete, wie ich es damals zu lernen anfing und häufig ausübte. Nach ihrer Art sagte sie es bereitwillig zu – und nun ging sie oft zwischen turmhohen Tannen, an brausenden Bächen oder über harte Felsen mit mir, und sie war noch schöner und blühender neben den Bergen, als sie es zu Hause war. Wenn ich dann zeichnete, saß sie hinter mir, schlug Nüsse auf oder ordnete die gesammelten Waldblumen zu einem Strauß, oder plauderte mit ihrem Hündchen, das ebenfalls unser steter Begleiter war und von ihr an schwierigen Stellen sogar getragen wurde, oder sie legte aus meinem Wandersack unser Nachmittagsbrot zurecht; – oft saß sie neben mir und fragte, wie dieser und jener Stein heiße und warum diese und jene Blume nur immer im Schatten wachse. So wurde in den Wochen, was anfangs nur Gefälligkeit gegen mich war, ihre Lust und ihre Freude – sie wurde sogar stärker; denn wie die Sonne des Waldes die Blumen, Beeren und die Früchte reift, tat sie es auch mit ihr, dass ihr die Lippen und Wangen glühten, wie an einem Kinde, und dass sie mir mit den schweren Alpenschuhen, die ich ihr hatte machen lassen, auf hohe Berge folgen konnte, bis an den Rand des Eises gelangte und mit Entzücken in die Länder hinaussah, wo die Menschen ihre Werke treiben, davon kein Merkmal zu uns heraufkam. Ich hatte meine hohe Freude daran – und sie hatte ihre Freude daran – Es musste wohl so sein, damit sich alles erfüllte. – – Kennt Ihr das, was man in hohen Bergen eine Holzriese nennt? – Ihr werdet es kaum kennen, da man sie hier nicht braucht, weil nur breite, sanfte Waldbiegungen sind. Es ist eine aus Bäumen gezimmerte Rinne, in der man das geschlagene Holz oft mit Wasser, oft trocken fortleitet. Zuweilen gehen sie an der Erde befestigt über die Berge ab, zuweilen sind sie wie Brücken über Täler und Spalten gespannt, und man kann sie nach Gefallen mit dem rieselnden Schneewasser anfüllen, dass die Blöcke weiter geschoben werden. – An einem sehr schönen Septembertag bat mich mein Weib, ich möchte sie doch auch wieder mit auf die Berge nehmen; denn sie hatte mir endlich ein Kind geboren, ein Töchterlein, und war drei Jahre bei demselben zu Hause geblieben. Ich gewährte ihr freudig den Wunsch, sie rüstete sich, und wir waren desselben Tages so hoch gewesen, dass sie mir einige Stämmchen Edelweiß pflücken und auf den Hut stecken konnte. Im Nachhausegehen verirrten wir uns ein wenig; denn die Ähnlichkeit der Wände und Spalten hatte uns getäuscht. Wir stiegen in dem Geröll eines ganz fremden Sandstromes nieder, ob er uns etwa in das Tal abführe, oder ob er jäh an einer Wand aufhöre und uns stehen lasse. Das letztere geschah auch; denn als wir um einen Felsen herum wendeten, sahen wir es plötzlich vor unsern Augen luftig blauen; der Weg riss ab, und gegenüber glänzte matt rötlich eine Kalkwand, auf welche die Strahlen der schon tief stehenden Sonne gerichtet waren; – aber auch eine solche Riese, wie ich früher sagte, ging von unserm Stand gegen die Wand hinüber. Ich erschrak ein wenig und sah nach meiner Begleiterin um; aber diese war sehr fröhlich über die gefundene Verbindung, und wir gingen daran, zu untersuchen, ob die Riese in einem guten Stand sei und zwei Menschen zu tragen vermöge. Dass sie erst kürzlich gebraucht wurde, zeigten da, wo sie an den Felsen angeschlachtet war, deutliche Spuren geschlagenen und abgeleiteten Holzes; denn ihre Höhlung war frisch wund gerieben, auch lagen noch die Blöcke und Stangen umher, womit man die Stämme zuzuwälzen gewohnt ist, und die Fußtritte, die uns eigentlich in dem Bett des Gerölls nieder gelockt hatten, schienen von derselben Handlung herzurühren. In dem Augenblick des Überlegens hörten wir es aus einem Seitengraben, dessen Dasein wir früher gar nicht bemerkt hatten, knistern und brechen, als ob es Tritte wären, – und wirklich kam nach einigen Sekunden ein Mann heraus, den der erste Anblick sogleich als einen Holzarbeiter erkennen ließ, wie sie im Gebirge ihr mühsames Werk treiben. Er trug einen ledernen Sack und eine eiserne Kochschüssel; in der Hand hatte er die abgetanen Steigeisen und den Gebirgsstock, der langschaftig ist und vorn eine eiserne Spitze und einen Widerhaken hat. Er erschrak, da er uns sah, weil er hier keine Menschen zu finden gehofft hatte. Ich aber sagte ihm, dass wir uns verirrt hätten, und dass wir sehr gerne wissen möchten, ob die Riese gangbar wäre und zwei Menschen als Steg dienen könnte. ›Freilich kann sie dienen‹, antwortete er, ›vor einem Augenblick sind alle meine Kameraden hinübergegangen, fünf an der Zahl; ich musste nur umkehren, weil ich die Schüssel am Feuerplatz vergessen hatte. Sie warten an der Wand auf mich. Ihr werdet es gleich hören.‹ – Nach diesen Worten tat er einen Ruf mit der hohen Stimme des Gebirgjauchzens, dass es in allen Spalten klang: von drüben antworteten sie, dass es ebenfalls klang. Es war fast schön, da auch der Abend rings um uns herum war. Ich schlug nun vor, dass wir jetzt alle drei miteinander über die Riese gehen könnten. Er willigte ein und sagte, dass wir die Frau in die Mitte nehmen sollten. Er richtete den Alpenstock so, dass ich ihn vorne und er hinten nahm, damit sich die Frau daran wie an einem Geländer halte. Das Hündchen hatte sie sich nicht nehmen lassen selber zu tragen. So gingen wir auf die Brücke, die in der Abenddämmerung wie eine gezogene Linie war. Ich hörte, da wir auf dem Holz gingen, nur seine Tritte mit den schwerbeschlagenen Schuhen, die ihrigen aber nicht. Als wir noch ein Kleines von dem Ende der Riese waren, sagte der Holzknecht leise: ›Sitzt nieder‹, – auch empfand ich, dass der Stock in meiner Hand leichter werde, – ich schaute plötzlich um – und denkt Euch: ich sah nur ihn allein. Es kam mir ein schrecklicher Gedanke, aber ich wusste nichts weiter, meine Füße hörten in dem Augenblick auf, den Boden zu empfinden, die Tannen wogten wie Kerzen an einem Hängeleuchter auf und nieder dann wusste ich nichts mehr.«

Hier hörte der Obrist zu reden auf und schwieg eine Weile. Ich dachte anfangs, dass er sich nur sammeln wolle, aber als ich genauer hin schaute, sah ich in der Dämmerung, dass ihm schnelle Tränen, eine nach der andern, über den weißen Bart herab träufelten, und dass er sich sehr still hielt, damit ich es nicht bemerke. Ich konnte vor gebrochenem Herzen auch nichts reden, und begriff nun, warum er die Fenstervorhänge herabgelassen hatte. Ich wollte die Schamhaftigkeit des alten Mannes nicht stören und sah nicht hin. Nach einer Zeit wischte er mit seinem Ärmel über Bart und Antlitz, und setzte dann gefasst seine Rede fort: »Sie lag unten zerschmettert. Still sich opfernd, wie es ihre Gewohnheit war, ohne einen Laut, um mich nicht in Gefahr zu bringen, war sie hinabgestürzt. Nicht einmal der Holzknecht hatte ihren Zustand erraten, bis sie das Geländer losließ, das wir ihr gemacht hatten, und mit der Hand in der Luft zu greifen anfing. Da rief er ihr zu, sie solle sich setzen – aber es war zu spät. Wie ein weißes Tuch, sagte er, war es an seinen Augen vorübergegangen, und dann habe er nur mich allein gesehen. Ich wankte auch vor seinen Blicken, und wäre gleicherweise hinabgefallen, wenn er mir nicht einen Stoß gegeben hätte, durch den ich die noch wenigen Schritte vorwärts taumelte, die von der Riese übrig waren, und an ihrem Ende unter dem vielen Holz niederstürzte, das dort lag, und das man an dem Tag herübergeleitet hatte. – Als ich aus meiner Ohnmacht wieder erwachte, verlangte ich heftig, in den Abgrund niederzusteigen; denn ich konnte sie mir nicht tot denken, und dachte: wer weiß – etwa ist ihr das Bewusstsein wieder gekommen, sie liegt unten und beginnt jetzt erst zu sterben. Allein es war indessen schon ganz Nacht geworden, ich fand mich an einem großen Feuer liegen, und einige Holzknechte standen und saßen umher. Andere waren auch fortgegangen. Durch mein Flehen und meine Versprechungen, noch mehr aber, weil ich allein in der Finsternis hinabzuklettern anhob, ließen sie sich bewegen, einen Versuch zu machen, ob man über die Wand hinabgelangen könne. Es waren auch von andern Orten Holzarbeiter herbeigekommen, weil die Stelle ein Zusammenkunftsplatz war, und sie saßen an dem Feuer, wärmten sich, und hörten an, was geschehen war. Der eine erinnerte sich dieses, der andere eines andern Weges, auf dem es möglich sein müsse – aber es war immer umsonst, und die ganze Nacht verging unter fruchtlosen Bemühungen. Endlich, da ich tausend Mal zum Himmel geschaut hatte, erblassten die fürchterlichen Sterne, und das schwache Grau des Morgens war in der Luft. Nun, da wir besser sahen, gelang es wirklich mit Hilfe von Stricken und Stangen bis auf den Grund hinabzukommen. Allein wir fanden die Gegend nicht, und erst, als die Sonne schon fast hoch in das Tal hereinschien, entdeckten wir sie. Es lag ein Häufchen weißer Kleider neben einem Wachholderstrauch, und darunter die zerschmetterten Glieder. – Es war nicht möglich: von dieser Höhe kann kein Mensch herunterfallen und nur einen Hauch des Lebens behalten. Kaum so dünn wie ein Strohhalm anzusehen, schwebte die Riese weit über uns. – Wir gingen näher, und denkt Euch – auf den Kleidern saß das Hündlein, und war lebend und fast unversehrt. Das Weib hatte es vielleicht während des Falles empor gehalten und so gerettet. Aber es musste über Nacht wahnsinnig geworden sein; denn es schaute mit angstvollen Augen umher und biss gegen mich, da ich zu den Kleidern wollte. Weil ich schnell mein Weib haben musste, gab ich zu, obwohl ich mir das Tierchen hatte aufsparen wollen, dass es einer der Knechte mit der Büchse, die sie zuweilen tragen, erschieße. Er hielt schräge hin, damit er die Leiche nicht treffe – und das Hündchen fiel herab, kaum dass es ein Füßlein rührte. – Ich beugte mich nun nieder und riss das weiße Mieder auf, das sie anhatte; aber die Schulter war schon kalt, und die Brust war so kalt wie Eis. – – O Herr! Das könnt Ihr nicht ermessen – nein, Ihr wisst es jetzt noch nicht, wie es ist, wenn der Leib, der so lange das Eigentum Eures guten Herzens gewesen ist, noch die Kleider anhat, die Ihr am Morgen selber darreichen halfet, und jetzt tot ist, und nichts mehr kann, als in Unschuld bitten, dass Ihr ihn begrabt.«

Hier hielt der Obrist wieder inne; dann aber fuhr er fort: »So ist es auch geschehen. Wo der Bach seinen schmalen Ausgang hat, ließ ich sie aus dem Tal bringen, und kam gegen Mittag in mein Haus. Der Ruf hatte das Unglück schon verbreitet. Mehrere Menschen standen auf meiner Gasse, und gute Freunde wollten mich in einen Wagen tun und fortführen, bis alles vorüber wäre. Ich aber meinte, dass dieses gegen die eheliche Treue sei, und blieb bei ihr. Bloß da die Frauen kamen, sie zu waschen und umzukleiden, ging ich an der Gesindestube vorbei zurück in das Stüblein gegen den Garten, wo mein Kind war. Ich nahm das Mädchen bei der Hand, führte es durch den hintern Gang auf die Gasse, tat es in den Wagen, den die Freunde herbeigeschafft hatten, und ließ es zu einer entfernten Bekannten führen, damit das Kind nicht sähe, was hier geschieht, und sich einmal daran erinnere. Als sie mich riefen, ging ich wieder vor in das Zimmer, wo die Menschen waren, und setzte mich nieder. Sie lag in dem weißen Gewand, das sie sonst hatte, auf ihrem Bett, und der Schreiner legte seinen schwarzen Zollstab zusammen, und ging hinaus. Gegen Abend kam der Sarg, der sonderbarer Weise in dem rechten Maß schon fertig gewesen war, und man legte sie hinein, wo sie lang und schmal ruhen blieb. Als nach und nach die Neugierigen und die andern fortgegangen waren und ich fast allein blieb, ging ich hin, faltete ihr die Hände anders, als es die Frauen getan hatten, und gab ihr ein Kreuz. Ich legte auch noch von ihren Blumen, die noch da standen, etwas um das reine, unbewegliche Haupt. Dann setzte ich mich nieder und blieb sitzen, wie Stund an Stund verging. Damals dachte ich oft an das alte Volk der Ägypter, dass sie ihre Toten einbalsamierten, und warum sie es getan. Ich habe in ihrem Zimmer keine Wachslichter anzünden und keine schwarzen Tücher spannen lassen, sondern ich hatte die Fenster geöffnet, dass die freie Luft hereinsah. Am ersten Abend waren am Himmel draußen viele rote Lämmerwolken gewesen, dass im Zimmer lauter rote, sanfte Rosen schienen; und nachts, wenn die Lampe brannte, waren weiße auf ihren Geräten, und auf ihren Kleidern – – und wenn sie in dem Nebenzimmer draußen still waren und beteten, weil sie die Leiche fürchteten, rückte ich ihr das Hauptkissen, weil das Angesicht schief zu sinken begann. – Am zweiten Morgen wurde sie begraben. Es kamen die Träger, und ich ging mit ihnen. Auf dem Kirchhof standen viele Leute, und der Pfarrer hielt eine Rede. Dann taten sie sie in die Erde, und warfen die Schollen auf sie. Als alles vorüber war, und drüben jenseits der Häuser die alten Wälder standen und eine fremde, leere Luft über sie floss, versuchte ich nach Hause zu gehen. Auf den Feldern gegen die Haselbestände hinauf ackerten sie und säten das Wintergetreide in die Erde. Ich ging durch den Garten, wo die Herbstblätter fielen, in das sehr stille Haus. In der Stube standen noch die Sessel in derselben Ordnung, wie sie den Sarg getragen hatten, aber sie war nicht darauf. Ich setzte mich in einer Ecke nieder und blieb sitzen. An dem Fenster stand noch ihr Arbeitstischchen, und die Läden unserer Kästen machte ich nicht auf. Wie viele Afterdinge, dachte ich, wird die Welt nun noch auf meine Augen laden, nur sie allein, sie allein nicht mehr. – Und wie es lange, lange so stille war, und die Dienstboten aus Ehrfurcht draußen nur flüsterten, tat sich ungeschickt die Tür auf, und mein Töchterlein ging herein, das schon vor einer Stunde zurückgekommen war und sich nicht aus ihrem Stüblein getraut hatte. Auf ihrem Mund war die Knospe der Rose, die sie eben begraben hatten, und in dem Haupt trug sie die Augen der Mutter. Und wie sie schüchtern vorwärts ging und mich so sitzen sah, fragte sie: ›Wo ist Mutter?‹ Ich sagte, die Mutter sei heute früh zu ihrem Vater gegangen, und werde recht lange, lange nicht zurückkommen. Da sie sich auf das Wort beherrschen wollte, wie sie gewöhnt worden war, und sich aber doch auf dem Gesichtchen die schwachen Linien des Weinens zusammenzogen, da riss ich sie an mich und weinte mich selber recht zu Tode. – Dann schien die Sonne, wie alle Tage, es wuchs das Getreide, das sie im Herbst angebaut hatten, die Bäche rannen durch die Täler hinaus – – nur dass sie allein dahin war, wie der Verlust einer goldenen Mücke. – Und wie ich in jener Zeit mit Gott haderte, hatte ich gar nichts, als dass ich mir fest dachte, ich wolle so gut werden wie sie und wolle tun, wie sie täte, wenn sie noch lebte. Seht, Doktor, ich habe mir damals eingebildet, Gott brauche einen Engel im Himmel und einen guten Menschen auf Erden: deshalb musste sie sterben. – Ich ließ einen weißen Marmorstein auf ihr Grab setzen, auf dem ihr Name, der Tag ihrer Geburt und ihr Alter stand. Dann blieb ich noch eine lange Zeit in der Gegend; aber als die Berge nicht zu mir reden wollten und die Pfade um die Wiesenanhöhen so leer waren, nahm ich mein Kind und ging mit ihm fort in die Welt. Ich ging an verschiedene Orte, und suchte an jedem, dass mein Töchterlein nach und nach lerne, was ihm gut tun möchte. – Ich habe vergessen, Euch zu sagen, dass mir mein Bruder schon früher geschrieben hatte, dass ich zu ihm kommen möchte, weil er so krank sei, dass er die Reise zu mir nicht machen könne, und er habe dennoch sehr Notwendiges und Wichtiges mit mir zu reden. Ich ging, da ich mein Haus hinter dem Rücken ließ, zu ihm – und zum ersten Mal seit dem Tod unseres Vaters sah ich wieder die Anhöhen um das Schloss und die Weiden an dem Bach. Er gestand mir, dass er damals einen Betrug gestiftet habe, und dass er jetzt recht gern mit dem vergelten und gut machen werde, was noch da sei. Ich rächte mich nicht – er stand in dem Saal vor mir, ein dem Tode verfallener Mann, ich machte ihm gar keine Vorwürfe, sondern nahm von den Trümmern des Vermögens, dessen Bücher er mir aufschlug, das wenigste, was meine Pflicht gegen mein Töchterlein noch zuließ, damit ich es nicht seinem armen Sohn entzöge, den ihm sein Weib geboren hatte, das noch bei ihm auf dem Schloss war – und dann fuhr ich in einem Bauerfuhrwerk mit meiner Tochter wieder über die Brücke des Schlossgrabens hinaus, und hörte zum letzten Mal die Uhr auf dem Turm, die die vierte Nachmittagsstunde schlug. – Es ist weiter in meinem Leben nichts mehr geschehen. – Ich bin endlich nach einer Zeit in dieses Tal gekommen, das mir sehr gefallen hat, und ich blieb hier, weil so schöner ursprünglicher Wald da ist, in dem man viel schaffen und richten kann, und weil eine Natur, die man zu Freundlicherem zügeln und zähmen kann, das Schönste ist, das es auf Erden gibt.«

Der Obrist hörte mit diesen Worten zu reden auf, und blieb eine bedeutend lange Zeit neben mir sitzen und schwieg. Ich schwieg auch.

Endlich nahm er wieder das Wort und sagte: »Ich habe nichts als Margarita, sie gleicht ihrer verstorbenen Mutter im Angesicht und in der ganzen Art so sehr, wie man es kaum glauben sollte, – – Doktor, tut mir nicht weh in meinem Kind.« – »Nein, Obrist, das tue ich nicht – – ich reiche Euch die Hand, dass ich es nicht tue.« Bei diesen Worten reichte ich ihm meine

Hand, er gab mir die seine auch, und wir schüttelten sie uns gegenseitig zum Zeichen des Bundes.

Dann blieben wir noch eine Weile sitzen, ohne zu sprechen. Endlich stand er auf, ging ein wenig im Zimmer herum, und trat sodann an das Fenster, dessen grünseidenen Vorhang er aufzog. Es war keine Sonne mehr an den Gläsern, aber eine ganze Flut von Frühlingshelle schlug durch sie in das Zimmer herein.

»Seht, wir werden heute ein Gewitter bekommen«, sagte der Obrist, der an dem Fenster stehen geblieben war und hinausschaute, »es geht ein dichter, dunstiger Himmel über den Kirmwald herüber, und am Rand des Reutbühls ziehn sich diese milchigen Streifen, was alle Mal ein Anzeichen von einem Gewitter ist.«

Ich stand auch auf und trat zu ihm. Die friedliche, schöne, in sanfte Gewitterschwüle gehüllte Gegend schaute zu uns herein und grüßte huldvoll an das Herz.

Wir standen und genossen der freien Luft, die beim Fenster hereinströmte, das er nun auch geöffnet hatte.

Über eine Weile sagte er wieder: »Ich möchte Euch gerne zu Margarita führen – Ihr müsst miteinander reden, redet gut miteinander, dass sich alles einfach löse. Ich habe gewusst, dass es so sein wird, wie es jetzt ist. Ihr habt beide gefehlt. Margarita tat auch nicht recht, aber sie konnte nach ihrer Art nicht anders, so wie Ihr nicht anders konntet. Geht hinüber zu ihr, sucht sie nicht zu bewegen, tröstet sie eher – aber sprecht nur miteinander, ich meine, dass es gut ist. Nicht wahr, Doktor, Ihr tut das?«

Wir blieben nach dieser Rede beide noch eine Zeit lang stehen, ich hatte keine rechte Antwort und schwieg daher verlegen, er drang auch nicht in mich.

»Nun? soll ich Euch zu ihr führen?« fragte er endlich recht sanft. »Ja«, sagte ich. Und nach diesen Worten nahm er mich unter den Arm und führte mich hinaus. Wir gingen über den Gang, und dann über die feine, gelbe Rohrmatte ihrer Schwelle hinein. Sie war in dem ersten Zimmer nicht. »Wartet hier ein wenig«, sagte er, »ich werde hinein gehen und sie Euch senden. Vielleicht könnte sie nicht in der Lage sein, Euch zu empfangen. Wenn sie aber erscheint, werde ich selber nicht wieder herauskommen, sondern mit dem Schlüssel das Bücherzimmer öffnen und durch dasselbe in meine Wohnung zurückkehren.« Er ging durch die halbgeöffnete Tür in das anstoßende Zimmer, und wahrscheinlich auch in das fernere.

Ich blieb heraußen stehen, und es war sehr still. Endlich, da ich eine Weile gewartet hatte, bewegte sich schwach der halbe, etwas offen stehende Türflügel – und sie trat heraus. Ihre Augen waren auf mich gewendet – –

– Morgen Margarita. –

4. Margarita

Ehe ich weiter gehe und eintrage, was geschehen ist, will ich noch des Obrists gedenken und mir seine Seele vor Augen halten – ich muss den Mann hoch ehren, und will es in diesem Buch niederschreiben, wie er ist. Was der Obrist sagte und tat, habe ich bisher nicht nach meinem Gedächtnis allein aufgeschrieben, sondern nach der Handschrift, die er mir gelassen, und die er über diese Dinge aus seinen versiegelten Päcken genommen hat, wie ich ihn ja selber in diesem meinem Buche nachzuahmen versuche. Was ich weiter sage und eintrage, weiß ich ja schon längst, aber es ist mir nie so klar und deutlich vor die Augen gekommen als an diesen Tagen. Wie gut er ist, nicht nur gegen mich, sondern auch gegen alle andern, wie einfach und schön er ist, zeigt sich ja viel deutlicher in dem, was er tut, als es mit allen andern Worten je gesagt werden könnte.

Da hat er oberhalb des Eichenhags die Senkung gereutet, die er sich gekauft hatte, und in der nur saures Moos, geflecktes Gras und die einzelne herbe, rote Moosbeere zwischen den dünnen Föhrenstämmen wuchs, die auch in der Nässe nicht fortkommen wollten, und hat dann Gräben schlagen lassen, hat unversumpfbares Erlenholz hineingeworfen und sie wieder überwölbt, hat Abzugskanäle und Auslaufgräben mauern lassen, hat das Ganze mit Pflügen umgerissen, durch mehrere Jahre Sämereien hineingebaut, und hat jetzt eine Wiese daraus, die rechts oben an der Ecke des Meierbacher Weizenstückes beginnt, hinter den Eichen hinübergeht und, wenn man von den Sillerhöhen herabkommt, weithin mit ihrem schönen, dunklen Grün leuchtet, wo ehedem nur kaum das Grau der kleinen Föhrenbäumchen zu schauen gewesen war, und jetzt oft schon das gelblich rote Eichenlaub abfällt, wenn daneben noch die schöne, grüne Tafel schimmert. Weil aber die Wiese von dem Haus des Obrist aus nicht sichtbar ist, und überhaupt eine sanft geschwungene Wiege bildet, in der man Menschen und Tiere nicht sehen kann, außer wenn man von den Höhen der Siller herabkommt, so haben sich die Buben, welche in unsern Gegenden gewohnt sind, auf Rainen, Gemeindeplätzen und Stoppeln einige oder die andern Stücke Rinder herumzuhüten, die Wiese ausersehen, um ihre Tiere besser und schneller zu nähren, als es sonst irgendwo der Fall gewesen wäre. Das fette Gras und die Geborgenheit mochte manchen verleitet haben, seine Pfleglinge hineinzulassen und dem frischen Weiden derselben zuzuschauen. Als man dem Obristen diese Sache hinterbracht hatte, wurde er sehr zornig und sagte, er sehe nicht ein, warum er sich so geplagt habe, um aus dem schlechten Grund ein schönes, gezähmtes, menschliches Erdenstück zu machen, wenn es jetzt so missbraucht und heimlich herabgewürdigt werde. Er wolle bei Gelegenheit selber hinaufgehen und sich Recht verschaffen. – Demzufolge ging er eines frühen Morgens, als sich wieder Verdacht zeigte, es möchte an seiner Wiese Frevel begangen werden, durch die Eichen, die hinter seinem Haus einen so schönen Hag bildeten, hinauf, und da er aus den letzten Bäumen ins Freie herausgetreten war, sah er auf seiner Wiese vier schöne, dunkelrotbraune Rinder weiden und einen in Grau gekleideten Buben nicht weit davon stehen. Die Nässe tat den Füßen des Obrists von jeher nicht gut, aber dennoch ging er mit den Lederstiefeln sacht in den sehr starken Frühtau, der auf den Gräsern der Wiese lag, hinein, um den Buben zu haschen, der mit dem Rücken gegen ihn stand. Er setzte die Füße in dem hohen Gras, in welchem Wasser und Spinnfäden hingen, vorwärts, bis er nur mehr einen Büchsenschuss weit von dem Buben entfernt war. Da fiel ihm ein, derselbe möchte zu sehr erschrecken und etwa krank werden, wenn er ihn plötzlich ergriffe. Darum machte er ein kleines Geräusch, dass er es höre und davonlaufen könne. Der Hirtenknabe hatte scharf gehört, er wendete sein Angesicht bei dem Geräusch, und da er den ehrwürdigen Obrist bis auf die Knie im Grase wandeln sah, warf er sich herum und ergriff die Flucht. Er rannte, wie ein leichtfüßiges Reh, durch die Wiese, schwang sich über den Graben, lief immer fort, gegen die Siller hinüber, verschwand unter den Gesträuchen, die sich da gegen die Tiefe und die Felder hinabziehen, und der Obrist stand mit dem schönen Gewand im Gras. Er trieb nun die vier Rinder aus der Wiese hinaus, er trieb sie gegen das Gereute hinan, wo Weidegrund ist, und leitete sie zwischen den zerstreuten Haselbüschen, die dort stehen, auf die Weide, bis er überzeugt war, dass sie nun nicht mehr auf die Wiese zurückkehren und auch niemanden anderm auf ein Grundstück gehen könnten. Dort verließ er sie und ging nach Hause. Weil er den Rückweg auf einem staubigen Weg machte und außer den Stiefeln auch manche Kleiderzipfel nass waren, kam er sehr beschmutzt nach Hause. Dem Knecht sagte er nichts über den Erfolg seines Feldzugs.

Die Sache breitete sich aber aus, und wenn jetzt ein Bube sich verleiten ließ, hinter dem Wald in die schöne Wiese mit einem Rind hineinzukommen, stand er immer so, dass er das Gesicht zum Eichenhang wendete, wo der Obrist herauszukommen drohte.

Wirklich kam der Obrist einmal eines sehr frühen Morgens aus den Eichen heraus, als eben ein Knabe zwei Kühe auf der Wiese hütete. Der Knabe sah den Obrist kommen, konnte die Kühe nicht schnell genug wegschaffen, und ergriff, sie im Stich lassend, die Flucht. Diesmal trieb der Obrist die Kühe nicht auf die Haselweide ins Gereut hinauf, sondern als Pfand in sein eigenes Haus, wo er sie im Stall anhängen ließ. Gegen Mittag kam ein Weib, eine Witwe, aus dem Sillerwald gebürtig, zu ihm ins Haghaus herauf und sagte, dass ihr die Kühe gehörten, die er gepfändet habe, dass sie ihr einziges Gut seien, dass sie den Buben schon gestraft habe, weil er in fremdes Eigentum gegangen sei, dass er es nicht mehr tun werde, und dass sie bitte, der Obrist möchte ihr die Kühe ausliefern lassen, weil sie und ihr Knabe davon leben. Der Obrist ließ ihr die Kühe, die gut gefüttert worden waren, herausgeben, und gab ihr auch, wenn sie etwa als ein Weib mit dem Nachhausetreiben nicht zurecht kommen könnte, einen Knecht mit, der ihr helfen musste. Weil aber später die Gerichte von dieser Sache Kenntnis nahmen und, obwohl der Obrist erklärte, dass er auf allen Schadenersatz verzichte und der Witwe alles schenke, doch von derselben mit Auslassung des Schadenersatzes den Wiesenfrevelbetrag, der von den Gesetzen auf solche Fälle gesetzt ist, unabwendbar verlangten, blieb dem Obristen nichts übrig, als der Witwe die Summe zu schicken, dass sie dieselbe den Gerichten erlege.

Weil er auf diese Weise nicht immer in das Gras gehen, Rinder nach Hause treiben und den Leuten den Grundfrevelbetrag geben wollte, und weil er auch dem Altknecht, der sagte, man solle nur die Sache ihm überlassen, sie doch nicht überließ, weil er sie nicht recht machen könnte, so fing er im Winter, ehe die Erde fror, einen Zaun um die Wiese zu ziehen an, fuhr im nächsten Frühjahr damit fort, bis, ehe die Blümchen weiß und gelb die ganze Wiese überzogen, dieselbe von allen Seiten mit einem starken, stattlichen, hohen Gehege umgeben war. Er hatte die Pfähle aus Eichen gemacht und unten anbrennen lassen, dass sie doch eine gute Zahl von Jahren hielten. Die Spelten zu den Mittelstücken waren Tanne, schlank gespalten und gut ineinander geflochten – eine Art, wie man bei uns bis dahin die Zäune nicht gemacht hatte, und wie sie ihm in andern Ländern, die er früher besucht hatte, vorgekommen waren. Zur Einfahrt der Wagen auf die Wiese hatte er eine Holzgittertür machen lassen, die mit einem eisernen Schloss verschlossen war. Schlüssel dazu wurden sieben verfertigt, die an einem schnell in die Augen fallenden Pfosten der Scheune hingen, damit niemand mit dem Aufsperren in Verlegenheit komme, wenn etwa einer, der schon einen Schlüssel in der Tasche habe, in den Feldern damit herumgehe. Wie er überhaupt gerne baute, hatte er auch kurz darauf, als er den Zaun angefangen hatte, schon seine Freude daran, er nahm mehr Arbeitsleute, ging täglich mehrere Male hinaus, ordnete alles an, sah zu, dass es recht gemacht werde, und legte nicht selten Hand an, um den Leuten zu zeigen, was sie nicht wussten. Ich stand öfter bei ihm auf der Wiese, wenn ich ihn zu besuchen hinaufkam; die verschiedenen Feuer rauchten, an denen die Pfähle angebrannt wurden, und wir sprachen von mannigfaltigen Dingen. Als der Zaun fertig war, ging er freudig herum, rieb nach seiner Art die Hände und sagte: »Jetzt wird keiner mehr hereintreiben. Ich hatte sehr unrecht mit der Wiese. Da sieht man gleich, wenn man nicht das rechte Mittel wählt; da ist man genötigt, in die schiefen Folgen einzugehen, und wird in lächerliche Handlungen verwickelt. Nun ist alles gut.«

Auch die Wiese liebte er jetzt mehr als früher, da er sich so lange mit ihr beschäftigt hatte, und sie sah in den folgenden Jahren noch schöner und noch grüner aus als in allen vorangegangenen.

Seine Leute sagten, er werde durch solche Dinge sein Ansehen einbüßen, wenn er so schwach sei, wenn er sich missbrauchen lasse, und wenn er nicht einmal ein Beispiel der Strenge aufstelle; aber er büßte es nicht ein, und wurde vielmehr von jedermann in der Gegend verehrt und geliebt. Seine Hausgenossen selber, wenn er lächelnd einen Fehler verwies und mit Gründen in denselben einging, nahmen sich in Acht, dass sie in Zukunft diesen Fehler nicht mehr machten. Freilich machten sie dafür einen andern. Er war aber auch zuweilen in Fällen, wo es sein musste, unbeweglich, und gab nicht nach, wenn man auch mehrere Jahre an ihm Versuche machte. So war es der Fall mit der Sillerbrücke. Kein Mensch kann eigentlich, wie es niemand so weiß wie ich, der ich zu meinen Kranken auf allen Wegen herum muss, an dem Sillerbruch, wo sie auch aus Nachlässigkeit den Waldsturz mit so vielen Blöcken und Steinen ins Tal niedergehen ließen, über den reißenden Bach gelangen, der vom oberen Wald herabgeht, Steine, Gerölle mitführt, Holz und Schlamm wälzt, dass ich ihn nach Regen wild und gelb niederhadern sah, als wollte er alles zerreißen und zerschleudern – kein Mensch kann eigentlich hinüber gelangen, wenn nicht in heißen Sommern die Steine meistens trocken liegen und das Waldwässerlein zahm und dunkel zwischen ihnen auf dem schwarzen Moossamt, den es selber macht, dahingeht und dann sind auch noch solche Ausbrüche, Vertiefungen, Löcher, Knollen, dass kein Rad durchsteigen und sich herausheben kann. Die vom Gehäng, von Haslung, von Sillerau, von dem oberen Astung, der Meierbacher, die Erlehöfe, der Obrist und ich selber – wir alle nehmen das Holz von dem obern Pufter, und wir nehmen es gern, weil er unerschöpflich ist, weil dort die schönste Weißbuche steht und in der Wildnis sich der Brennstoff recht kräftigt und stärkt – endlich kommt es auch ein Sechstel billiger. Aber wir müssen an dem Sillerbruch damit vorbeifahren und müssen über den Bach kommen. War es nicht in dem Sommer vor drei Jahren eine Qual, wo weithin jenseits die Hölzer geschichtet lagen, manches mühselig durchgeschleppt, manches an bequemern Orten sogar geworfen werden musste? Der Graf draußen, weil er zur Herstellung der Brücke, die vorlängst zu Grunde gegangen war, seinen Teil durch Herkommen beitragen musste, bewies den Umwohnern zwei Jahre lang, dass eine Brücke an jener Stelle gar nicht nötig sei, und die Leute glaubten es fast – sie mussten ja dann das Wenige, was ihnen zum Baue auflag, auch nicht entrichten; aber der Obrist bewies ein Jahr entgegen, dass es ein schreiendes Übel sei, was da bestehe, dass die Leute bei den mühevollen Plagen, mit denen sie größtenteils selber ihr Holz an jener Stelle weiterschaffen, ihre Zeit und ihre Gesundheit verlieren, und dass es eine Schande für die menschliche Vernunft ist, zu sagen, es sei etwas zweckmäßig, was jedem Zweck Hohn spricht – er fuhr unablässig zum Amt, wir, er und ich, standen zusammen, bis wir es zuletzt durchgesetzt hatten. Der Bau wurde aufgetragen, und die Schuldigkeiten waren nach und nach endlich auch alle entrichtet. Da ging der Obrist her und gab von seinem Geld so viel, dass man von beiden Seiten Anläufe aufmauern und die Brücke hoch über dem Bach aus Stein aufführen konnte. Er lässt jährlich nachschauen und ausbessern, wenn etwas beschädigt ist, und erklärt jährlich dazu, dass es seine Schuldigkeit nicht ist, damit es sich nicht verjähre und auf seinem Haghaus als Dienstbarkeit sitzen bleibe.

Als ich von Prag zu Fuß fortging, weil ich meine Lernzeit, die ich der Heilwissenschaft widmen musste, zu Ende gebracht hatte, und ein Pergament in dem Ränzlein trug, das mich zum Doktor der hohen Kunst ernannte und mich der Zunft der Heilmänner einverleibte, als ich viele Tage lang sacht durch das schöne Land der Böhmen gegen Mittag ging, von wo mir die Bläue des Waldes immer deutlicher und näher entgegen schimmerte – als ich endlich diesen Wald und die Gegend meiner Heimat erreicht hatte, um mich dort bleibend anzusiedeln und den Menschen Gutes zu tun: da war ich der Einzige in dem Wald, der etwas anderes gesehen hatte als eben den Wald – die andern waren da aufgewachsen, und sahen, was sie alle ihre Jugendzeit gesehen hatten. Wer einmal Berge, auf denen die geselligen Bäume wachsen, dann lange dahinziehende Rücken, dann das bläuliche und dunkle Dämmern der Wände und das Funkeln der Luft darüber lieb gewonnen hat, der geht alle Male wieder gern in das Gebirge und in die Wälder. Ich kam nicht in die Gegend meiner Heimat zurück, um mich da zu bereichern, sondern um in all diesen Tälern, wo die Bäche rinnen, und auf den Höhen, wo die Tannenzacken gegen die weiße Wolke ragen, zu wirken und denen, die da leben, Wohltaten zu erweisen. Ich war sehr jung. In dem Land weit herum war kein eigentlicher Arzt, sondern manche Frau, die in verschiedenen Dingen erfahren war, riet Mittel und gab sie den Leuten – mancher Bürger oder Bauer war in den Ruf gekommen und half bei verschiedenen Schäden – mancher Krämer kam mit einer Tragbahre und hatte Fläschchen mit Dingen und Säften, die die Leute kauften und in ihren Hausschrank stellten als Mittel für allerlei Fälle, die in den Jahren hinum vorkommen konnten. Mancher, der in eine tiefe und heftige Krankheit verfiel, starb auch in der Einöde der Wälder dahin, wo ihn ein Mann, der Erfahrung hatte, hätte retten können. Als ich zu der grauen Hütte meines Vaters kam, die nicht dort stand, wo mein jetziges Haus sich befindet, das ich zum Schutz gegen die Winde und das Wetter in die sanfte Niederung herabgestellt habe, sondern hoch oben auf dem Hügel, der jetzt hinter dem Garten, den ich anlege, empor steigt, wie es alle die Waldhäuser gewöhnlich sind, die man auf den Hügel hinbaute, wo man zu reuten angefangen hatte, dass sich um sie herum Wiesen und Felder ausbreiten, und sie dann mit den vielen kleinen Fenstern, die in das Holz der Wand gesetzt sind, im Sonnenschein des Waldes weithin leuchten – – als ich in der grauen Hütte angelangt war, auf deren flachem Dach, wie auf den andern, die vielen Steine liegen, sagte ich gleich: »Gott grüße Euch, Vater, seid willkommen, Schwestern, ich werde jetzt immer bei euch bleiben, ihr müsst mir das Seitenkämmerlein ausräumen, dessen zwei helle Fenster auf den hohen, fernen Wald hinausschauen, da will ich die Sachen hineintun, die in Kisten von Prag kommen, will die Fläschchen aufstellen, werde darin wohnen und die Leute, die krank werden, heilen.«

Der Vater stand seitwärts, und getraute sich nicht, weil er nur ein Kleinhäusler war, der ein Gespann Kühe und etwas Wiesen und Felder hatte, wovon er lebte, den Sohn zu begrüßen, der ein Gelehrter geworden war und da heilen wollte, wo niemals ein Doktor oder ein Arzt gesehen worden war. Der Sohn hatte aber einstweilen das Ränzchen abgeworfen, hatte das Barett und den Knotenstock auf die Bank gelegt, und nahm den Vater an der Hand, legte den Arm um den groben Rock seiner Schulter und küsste ihn auf die Wange, aus der die Spitzen des weißen Bartes stachen, und an der das schlichte, weiße Haupthaar niederging. Der Vater weinte, und der Sohn tat es schier auch. Dann nahm er die Schwestern, eine nach der andern, und sagte: »Sei mir gegrüßt, Lucia, sei gegrüßt, Katharina, wir bleiben alle beisammen und werden gut leben.«

Dann ging es sogleich ans Ausräumen. Die Schwestern fingen an, die Schreine zu leeren, die da standen, der Vater trug selber manches Frauenkleiderstück, das ihm in die Hände kam, hinaus, der Hirtenbub Thomas, der jetzt mein Pferdeknecht ist, und den der Vater damals hatte, dass er als Bub in der kleinen Wirtschaft helfe, kam auch gegen Abend nach Hause und half mit. Es wurde der große Schrein, der immer seit Menschengedenken in dem Gemach gestanden war und den größten Teil desselben eingenommen hatte, mit dem Beistand des Thomas, des Vaters, der Schwestern und mit meiner eigenen Hilfe hinausgebracht, der Tisch, der in dem größeren Zimmer stand, wurde hereingestellt, dass ich darauf schreiben könnte, der Vater wollte sich derweil, bis ein neuer verfertigt würde, mit einem anderen fürs Essen behelfen, der bisher immer in dem Vorhaus gestanden war und zusammenzufallen drohte – ein Kästchen, das in der großen Stube bisher gedient hatte, dass Nägel, Bohrer und dergleichen darin lagen, wurde in das Gemach gestellt, damit ich meine Fläschchen mit den Arzneien, wenn sie ankämen, hineintun könnte – Lucia hatte unterdessen auch ein Weib aus den unteren Häusern heraufgeholt, und man fing an, den Fußboden zu waschen und zu scheuern. – – Mitten unter diesem Treiben wurde ich zu meinem ersten Kranken gerufen. Der Knecht des Meilhauer lag schon mehrere Tage darnieder, und alles, was ihm die Hausleute und die Bekannten rieten, hatte nicht helfen wollen. Man hatte gehört, dass ich heute Nachmittag gekommen sei, und schickte einen Boten herauf, dass ich kommen und helfen möchte. Ich machte mich auf und ging den Weg, der gar nicht kurz ist, durch den Wald, durch den Taugrund, durch die Weidebrüche und die ebenen Felder hinunter. Es brannten schon die Lichter, als ich anlangte. Der Mann, der im Bett lag, hatte ein Fieber, das er durch starke Verkühlungen sich zugezogen hatte. Ich konnte nicht wirksam darauf eingehen, weil ich meine Notwendigkeiten, die mir dienen sollten, noch nicht hatte, aber ich tat mit Wasser, mit Umschlägen, mit Wärme- und Kälteverhältnissen und mit Vorschrift für die Nahrung alles, was ich tun konnte. Die Menschen standen alle herum und schauten mich an, weil sie noch nie einen Arzt gesehen hatten. Da der helle Sternenschein an dem Himmel stand und ganz leichte Nebel um die Gründe woben, ging ich nach Hause. Über die frischen Höhen hin stand die feuchte Nachtluft des Waldes, die ich schon wieder entwöhnt war, weil in der Stadt eine trockene und staubige geherrscht hatte. Sonst war es aber warm genug; denn die Zeit ging noch kaum gegen Anfang des Herbstes.

Als ich wieder in unsere Hütte kam, brannte ebenfalls auf der Leuchte ein lustiges Feuer, welches die ganze große Stube taghell erleuchtete. Als ich eintrat, wurde eine Kerze angezündet. Katharina führte mich, da sie dieselbe trug, in mein Zimmer und zeigte mir dessen Einrichtung. Wo der große Kasten gestanden war, war jetzt recht viel Raum, und das Zimmer schien selber viel größer, als es sonst gewesen war. Auf der Stelle des Kastens stand jetzt ein Bett – schneeweiße Tücher waren über dasselbe gespannt, und es harrte auf mich, um in der Nacht meine ermüdeten Glieder aufzunehmen. Der Tisch, den man mir gegeben, war ebenfalls schneeweiß gescheuert, und auf dem Fußboden knisterte der Sand, den man in der Feuchte einstweilen aufgestreut hatte. Die beiden Fenster waren offen, in dem großen Ofen brannte ein Feuer, damit das ganze Gemach lüfte und trockne. Ich dankte Katharina, sagte, es sei recht schön, und ging wieder in die größere Stube hinaus. Der Vater fragte mich, weil bei uns alle Leute sich kennen und Anteil aneinander nehmen, wie es dem Knecht des Meilhauer gehe. Ich sagte, dass das Fieber entzündlich sei, dass ich jetzt noch nicht viel sagen könne, dass ich morgen schon sehen werde, und dass ich hoffe, ihn bald herauszubringen.

»Tue das, Sohn«, antwortete der Vater, »tue das.«

Den gebrechlichen Tisch, der im Vorhaus war, hatte man in die Stube hereingebracht, und er stand mit weißen Tüchern aufgedeckt und mit Tellern und Essbestecken beladen da. Dass er nicht breche, hatte man an den einen Fuß, der der schlechteste war, einen Stab angebunden, der die Tafel stützte. Nun wurde das Abendmahl aufgetragen, und wir setzten uns alle dazu. Es war sogar eine Flasche Wein da, die der Vater neulich, da er wohl meine Ankunft, aber nicht den Tag wusste, zur Feier derselben nach Hause gebracht hatte, da er auf dem Lande draußen gewesen war. Als das Mahl verzehrt und der Wein getrunken war, begaben wir uns alle zur Ruhe. Die Schwestern hatten rückwärts ein Kämmerlein, das gegen den Garten hinausging, und in dem die zwei Betten standen und ein Kasten, in den sie ihren Putz oder etwa andere Schätze taten, die sie gelegentlich bekamen. Der Bub Thomas ging ins Heu, und der Vater legte sich ins Ehebett, das in der großen Stube stand, und aus dem ihm die Gattin schon längstens, dass ich mich ihrer kaum mehr entsinne, weggestorben war. Ich schloss meine zwei Fenster, schürte im Ofen die noch übrige Glut auseinander, dass es nicht zu warm werde, und bat Gott, als ich mich zum ersten Male in mein Bett niederlegte, dass er mein hiesiges Wirken segnen wolle.

Am andern Morgen frühe ging ich zu dem Knecht des Meilhauer hinab. Als ich wieder zurückkam, waren an meinem Fenster zwei sehr schöne, weiße Vorhänge, die gestern noch nicht gewesen waren, und die Katharina aus irgendeinem schönen Linnen gemacht hatte. Ich freute mich darüber und dankte ihr sehr. Es warteten bereits wieder viele Leute, die in verschiedenen Dingen meinen Rat und meine Hilfe verlangten. Ich redete recht freundlich mit ihnen und nahm die kleine Gabe, die sie darboten, an. Ich hatte jedes einzeln in mein Gemach kommen lassen, auf dessen Tisch noch nicht einmal ein einziges Blatt Papier lag, sondern nur mein Stock und mein Barett. Der Vater hatte viel Freude und ging mit einem sonnenscheinhellen Gesicht im Haus herum. Bei den Schwestern schien es auch, als hätten sie schönere Gewänder an, als ich es sonst an ihnen zu sehen gewohnt war. Nachmittags bestellte ich bei dem Schreiner, der nicht weit von uns wohnte, einen Tisch, das erste, was ich aus meinem Erwerb anschaffen und aufbauen lassen wollte: dann ging ich zu jenen Kranken, die vormittags nicht zu mir hatten kommen können, sondern nur die Bitte geschickt hatten, dass ich sie besuchen möchte.

So ging es nun fort. Nach einigen Tagen kamen die Kisten, die ich in Prag mit Dingen meines Berufes gefüllt und einem Fuhrmann empfohlen hatte. Ich packte sie aus und richtete mein Zimmer damit ein. Es war recht schön; die Fläschchen standen in dem Kästchen, und auch außer demselben auf dem Tisch herum – die anderen Sachen kamen in Laden des Kastens oder des Tisches, bis der Arzneischrein fertig wäre, den ich mir wollte machen lassen, und zu dem ich schon die Zeichnungen angefangen hatte. Die Bücher wurden außen auf dem Kasten aufgestellt, und auf den Tisch wurde Papier zum Schreiben getan und Tinte und Federn, dass ich mir aufzeichnen konnte, was ich jedem Kranken gegeben habe und wie ich bisher mit ihm verfahren sei, dass ich nicht irre und Unheil anrichte. Nachmittag schien die Sonne recht freundlich in das Gemach, ich zog die Vorhänge zu, wenn ich nach Hause kam, und dann war es dämmrig und lieb um alle Dinge, weil weiße Vorhänge das Licht nicht brechen, sondern bloß milder machen; nur dass doch hie und da ein Sonnenstrahl hereinbrach und einen Blitz auf den weißen Boden legte. Die Zimmerwände waren zwar nur von Holz, aber sie waren nach innen sehr gut gefügt und an einigen Stellen mit Schnitzwerk versehen. Nach hinten zu war eine Bank, die an der Wand und an dem Ofen hin lief, und alles war recht reinlich und klar. Auch die äußere Stube und die andern Räume der Hütte hielten die Schwestern viel reiner, als das alles sonst gewesen war. Das Holz um die Hütte herum, das schon im Sommer für das Bedürfnis des Winters nach und nach gesammelt wurde, war immer sehr genau geschichtet, und die Gasse war alle Tage gekehrt. Lucia, die eine gute Köchin zu sein vermeinte, brachte bessere Gerichte auf den Tisch, zu denen auch ich bereits einen Teil beizutragen im Stande war.

Der Knecht des Meilhauerbauers ist in zwei Wochen gesund geworden, er ist an einem Sonntag zu mir heraufgekommen und hat mir von seinem Lohn ein wenig Geld geben wollen, ich habe es aber nicht angenommen, in Anbetracht, dass er ein Knecht ist.

Damals war es in der Gegend nicht so, wie es jetzt ist, obwohl nur wenige Jahre vergangen sind. Die Veränderungen sind dennoch bedeutend gewesen. Es mochte sich einst ein großer, undurchdringlicher Wald über all' die Berge und Täler ausgebreitet haben, die jetzt meine Heimat sind. Nach und nach hat sich die eine und andere Stelle gelichtet, je nachdem entweder ein mächtiger Kriegsfürst oder anderer Herr große Stücke Eigentum in dem Wald erhalten und Leute hingeschickt hat, dass sie an Stellen, die sehr bequem lagen, Holz fällen und aufschichten sollten, damit er aus seinem Besitz Nutzen ziehe – oder ein armer Mann um weniges Geld in der Wildnis sich einen Platz gekauft hat, den er reutete, auf dem er sich anbaute, und von dem er lebte, – oder ein Teerbrenner, ein Pechhändler die Erlaubnis erhielt, an abgelegenen Orten, die sich kaum durch Jagd oder sonst etwas nutzbar machen konnten, seine Beschäftigung zu treiben, wo er sich dann anbaute und verblieb, – oder einem Wildschützen, einem Wanderer, einem Vertriebenen ein Plätzchen gefiel, an dem er sich ansiedelte, und von dem aus er wirkte. Es soll auch einen Mann gegeben haben, der eine Wünschelrute besaß, mit der er Metalle und Wasser in der Erde entdecken konnte; er ist aber sehr arm geblieben, und nachdem sie ihn draußen hatten steinigen wollen, ist er in die fernste Tiefe des Waldes entflohen. Von ihm soll sich der Anfang der oberen Brentenhäuser herschreiben. Alle diese, die sich an vereinzelten Stellen des Waldes befanden, oder wenigstens viele von ihnen hatten Nachkommen, die sich nicht weit von den Eltern ansässig machten, und so mag es gekommen sein, dass die verschiedenen Häuser oder Orte, die an den einzelnen Hügeln des Waldes zerstreut liegen, entstanden sind. Es wird wohl ein jeder, der sich eine Hütte baute, die tieferen Orte des Waldes, die feucht und dumpfig sind, gemieden und sich einen höhern, luftigen ausgesucht haben. Dort lichtete er den Wald um die Hütte, legte sich eine Wiese an, davon er ein paar Rinder nährte, ließ seine Ziegen und Lämmer in das Gesträuch des Waldes gehen, und machte sich wohl auch ein Feld und ein Gärtchen, das er bearbeitete. Daher kam es, dass jetzt so gerne die Waldhäuser, schier jedes allein, auf einem Hügel liegen, und von Hügel zu Hügel, von grünem Abhang zu Abhang aufeinander hinüber grüßen. Sie sind alle aus Holz gebaut und haben flache Bretterdächer, auf denen die großen, grauen Steine liegen. Wenn man auf einem Berg steht, sieht man die Fenster dieser Häuser glänzen, und wenn man tief in den Wald zurückgeht und auf einen Kamm steigt, von dem man die Häuser nicht mehr sehen kann, so steigen von verschiedenen Stellen aus der Dämmerfarbe des Waldes Rauchsäulen auf, die ihre Lage bezeichnen. So eine Hütte war auch die meines Vaters, sie lag ziemlich weit von dem Dunkel der Tannen, gute Wiesen gingen gegen sie her, und von ihr streckte sich ein grüner Hang hinab, der sehr feucht war, aber mit einem Grün prangte, das den Schein des Smaragdsteines erreichte. Hinter der Hütte war ein Garten, in welchem Gemüse wuchsen und sogar einige Blumen gezogen wurden. Während ich in Prag war, hatte der Vater auch auf dem trockenen Grund ein Feld bereitet, das der Bub Thomas mit Hilfe der Schwestern besorgte.

So war es genau noch, als ich nach der Beendigung meiner Wissenschaften in meine Heimat zurückkehrte. Von dem hinteren hohen Wald, der noch in der ursprünglichen Schönheit und Unentworrenheit prangte, ging ein angenehmer Waldwinkel herum, es blickte schon hie und da ein hellgrüner Fleck, und wenn Ernte war, ein goldener aus der finstern Farbe des Waldes hervor, die Flecke wurden immer mehr, je weiter man gegen das Land hinaus kam, bis endlich, wo es ebener wurde, wallende Felder gingen, mancher Kirchturm schimmerte und glänzte, und sich nur schmale Streifen vom Gehölz dahinzogen. In dem Waldwinkel, weil er sich sehr günstig bog und sich gegen die Sonne lehnte, war es im Sommer sehr warm, ja oft heißer, als man es sich denken kann, aber im Winter auch sehr kalt, es war hoher Schnee und ein Gestöber, wie man es sich ebenfalls nicht zu denken vermag. In jedem Tal und in jeder Krümme des Waldlandes zog und rauschte ein Bächlein, und floss zwischen den Gebüschen, die in dem Talgrund und in den Rinnen standen, wie warme, feuchte Waldluft, bis draußen, wo die Getreide begannen, breite Bäche flossen, ein Fluss wandelte und eine trockne Luft über die Felder und die Häuser der Menschen ging. Die Waldbewohner nannten jenen fruchtbaren Strich nur immer das ›Land draußen‹.

Als ich, um mein Amt auszuüben, nach Hause kam, hatte sich der Anbau der Felder schon viel näher und unterbrechender in die Wälder hereingezogen, allein in der Gegend, wo das Haus meines Vaters lag, breitete sich noch immer viel weiter das Dunkel und Dämmer des Waldes aus, als der Schimmer und der Glanz des Getreides.

Aber etwas anderes hatte sich verbessert, dessen Nutzen ich sehr bald, als ich mich in der Gegend aufhielt, empfinden lernte. Es waren, da ich als Knabe fortzog, schier keine anderen Wege als nur Fußwege durch die Gehölze und auf den Höhen herum. Wo man fahren konnte, hatte sich der Weg nur durch Gewohnheit gebildet, indem man nämlich die Gründe, wo ein Wagen gehen konnte, benützte, und sich so die Gleise bildeten, auf denen dann in der Zukunft die Wagen folgten. Aber da der Boden der Gleise ungleich dicht war, entstanden Gruben und Vertiefungen, welche das Fahren zu einer schweren Arbeit machten, wenn man Holz oder etwas anderes nach Hause zu schaffen hatte. Dass man sich auf einen Wagen setzen und sich auf demselben fortfahren lassen könne, bloß zu dem Behufe, dass man nicht gehen müsse, davon hatten die Waldbewohner keinen Begriff. Es wäre auch beschwerlicher und viel langsamer gewesen als das Gehen; sie setzten sich nur auf einen Wagen, wenn derselbe zufällig leer war, um etwas fuhr, und hauptsächlich auf einem schmalen, von Gestrüpp begrenzten und morastigen Weg ging, dass man nicht an seiner Seite gehen konnte. Dann saß derjenige, der das Gespann lenkte, fast stehend auf dem obersten Rand der Leiter oder des Brettes, das den Wagen schloss, und ließ sich hin und her wiegen, wenn die Räder in Gruben niedergingen oder aus denselben emporstiegen. Die Bewohner der Ebene aber hatten in der Zeit, durch das Beispiel und die Belehrungen eines Mannes angeregt, der unter ihnen große Besitzungen hatte, angefangen, ganz ordentliche Straßen zu bauen, wie man sie immer in den Ländern sieht, wo die Fuhrleute fahren und die Waren gehen. Sie bauten diese Straßen nicht etwa bloß von Ort zu Ort, sondern, da sie den Nutzen derselben einsehen lernten selbst in die Felder und wo überhaupt öfter ein beladener Wagen zu gehen hat. Die Schönheit dieses Dinges lenkte die Augen auf sich. Die Waldleute, da sie öfter hinauskamen und sahen, wie die Wagen auf den breiten, festen und fast gewölbten Fahrbahnen dahinrollten, als ob die Tiere ledig gingen, freuten sich darüber, und bauten zwar im Gebirge keine Straßen, weil sie sagten, das geht bei uns nicht, aber sie warfen doch in die Gruben ihrer Wege Steine, ebneten die Oberfläche, räumten manches Gestrüpp weg, dass neben den Gleisen ein Fußweg wurde, und konnten den Morast auf ihren Wegen nicht mehr leiden, oder dass sich irgendein Bach eine Strecke des Weges zum Rinnsal erkor. Da sie bald sahen, welche große Beschwerde im Fahren sie dadurch beseitigten, und welche Mühsal nun aufgehört habe, da sie auch bald merkten, welche Ersparnis an Zeit, Zugvieh und Wagengeschirr eingetreten war, blieben sie bei der einmal angefangenen Weise, und besserten immer auch die kleinste schadhafte Stelle, die sich zeigte, sogleich wieder aus. Ich hatte eine große Freude, wenn ich so meines Wegs zu einem Menschen ging, der sehnsüchtig nach mir verlangte, und mir ein Landmann begegnete, der einige Steine auf seinem leeren Wagen hatte, mit dem er vom Feld nach Hause fuhr, welche Steine er auf dem Feld oder auf dem steinigen Rain desselben aufgeladen hatte, damit er sie in irgendeine Vertiefung werfe, die er auf dem Weg bemerkt hatte. Ich sah auch schon den langstieligen Hammer, den er mit führte, dass er die größeren, die sich nicht fügen wollten, zerschlage und damit die kleineren Unebenheiten verquicke. Durch diese Reinlichkeit in ihren Wegen und durch den strengeren Sinn, der sich nunmehr dafür kundgab, wurden sie aber auch weitergeführt. Mancher fing an, sein Haus und dessen Umgebungen reiner zu halten als sonst, hie und da entstand eine steinerne, weißgetünchte Wand statt der früheren hölzernen, an Sonntagen zeigten sich manche nettere und schmuckere Gewänder, und wenn die Zither klang, so wurden zwar keine neuen Weisen, denn diese blieben in Jahrhunderten fort immer dieselben, aber die alten wurden lieblicher und freundlicher gespielt.

In diesem Zustand fand ich die Dinge, als ich in meiner Heimat ankam, um meine Tätigkeit zu beginnen. Es kamen immer mehr Leute, die von mir Rat und Hülfe verlangten. Ich sprach mit allen sehr freundlich, und wenn ich auf meinen vielen Gängen vor manchem Haus oder mancher Hütte vorbei kam, wo ich bekannt war, entweder noch von meiner Kinderzeit her, oder weil ich ihnen jetzt schon einen Dienst zu leisten im Stande gewesen war, ging ich hinein und redete mit ihnen entweder von ihren eigenen Angelegenheiten, oder von andern verschiedenen Dingen. Oftmals saß ich in der Abendsonne auf der Bank vor einem Haus, und sprach oder spielte mit den Kindern, und ging dann, wenn der Himmel recht schön golden war, von den vielen Bäumen begrüßt und von dem langsamen Sausen der Föhrennadeln begleitet, durch den Kirmwald nach Hause. Die Gebirgsbewohner sind sehr verständig, und meistens sind sie auch heitere, umgangswürdige Leute. Ich war wohl noch sehr jung, fast bei weitem zu jung für einen Arzt; aber sie hatten als zu einem Landeskinde Zutrauen zu mir und fragten mich zuweilen auch bei anderen Dingen als bei Krankheiten um Rat.

Ich gewann die Gegend allgemach immer lieber, und wie ich mich früher manchmal aus der Stadt in den Wald gesehnt hatte, so war es auch jetzt wieder gut, wenn ich von Pirling, was doch nicht gar weit ist, oder von Gurfeld, von Rohren, von Tanberg, wohin ich öfter gerufen wurde, nach Hause fuhr und das Grün der Tannen wieder von den Höhen herab grüßte, manches Bächlein, das zwischen den Waldklemmen ging, mir rauschend entgegensprang, mancher Birkenstamm von den Bergen leuchtete, mancher dorrende Holzklotz am Weg lag, weil man hier nicht besonders darauf zu achten hat, und manche Baumversammlung sich immer dichter folgend am Wege stand, die wehenden Äste oberhalb hinüberstreckend und unten an einem Stamm irgendein Bildchen enthaltend. Wenn ich von den schönen, fast gerade laufenden Straßen der Ebene hereinkam, war es mir wie ein gutes Heimatgefühl und tat mir beinahe wohl, wenn sie abbrachen und unsere schmalen, krummen, hin und her gehenden Wege anfingen, auf denen man langsamer fahren musste.

Weil ich gleich in dem ersten Herbst zu sehr vielen Leuten gerufen wurde, die weit auseinanderlagen, dass ich es mit Gehen nicht erzwingen konnte, und weil die Fuhrwerke in den Bergen nicht zu haben sind, oder selber auf den Feldern zu tun haben, oder zu meinem Zwecke nicht taugten, kaufte ich mir selber ein Pferd, ließ in Pirling ein Wägelchen machen, und gedachte, mich in Zukunft dieser Dinge zu bedienen. Ich hatte noch im späten Herbst, da die Erde schon gefroren war, angefangen, an unsere Hütte noch einen schönen Stall aus guter doppelter Bretterverschalung bauen zu lassen, deren Zwischenraum ich zuerst mit Moos ausfüllte. Hinten wurde auch noch ein kleines Hüttchen aufgeführt, darin das Wägelchen stand und noch ein schmaler Schlitten Platz hatte, den ich ebenfalls zu bauen im Begriffe war. Der Wirt am Rothberg hatte einen Goldfuchs. – Wie gerne war ich oft dort gesessen, wo der rötliche Stein aus der Erde hervorgeht, der Bach mit lebendigem Lärmen zwischen den Bergen herausrauscht, und drüben das Haus mit den vielen Fenstern herüberschaut, wenn ich müde von dem vielen Herumgehen in den Krümmungen der Waldgräben herauskam, den Stock und das Barett neben mir an den Stein legte, um mich auf einen ersehnten Trunk abzukühlen und mir die stattliche und behagliche Wirtschaft zu betrachten. Die Brettersäge kreischte hinten im Tal, der Bach sprudelte schneeweiß zwischen den schwarzen Waldsteinen hervor, der Platz vor dem Wirtshaus war so geräumig, mehrere Bänke liefen an der Wand hin, und Leute gingen in dem Haus aus und ein, um Geschäfte zu tun. Wie oft lag der glänzendste Sonnenschein auf der Wirtsgasse, an der der schönste Fahrweg des Waldes vorbeiging, und beleuchtete die vielen Fenster, die auf den Weg hinausschauten. Wie oft aber stand auch die Sonne schon tief, machte die Holzverzierungen am Wirtshaus, die Bänke und die Ranken, die an der Wand hinaufgingen, rot, und legte sich schief gegen den Waldrücken hinüber, dass er einen langen Schatten auf den Rothberg warf, an dem sich die Waldhäuser wie graue Punkte hinunterzogen. Dann ging ich, wenn ich mir alles betrachtet hatte, wenn die Hitze des Körpers vergangen war, und wenn die müden Füße ein wenig erquickt waren, über den Steg, trat auf die Gasse des Wirtshauses und trank mein Glas, das man mir herausgebracht hatte, denn gewöhnlich sah man mich auf meinem Stein schon sitzen und richtete das, was ich brauchte, zurecht. Dann redete ich ein wenig mit Martin, dem Wirt, wenn er nicht etwa zufällig abwesend war, oder mit einem Gast, oder mit sonst jemandem aus dem Hause. Wenn Sonntag war und die Nachmittagsgäste die Gasse füllten, saß Josepha, die Tochter des Wirtes, gern auf dem Wiesenhang hinten, wo ein kleines Hügelchen ist, auf dem ein Apfelbaum steht, und ein Hüttchen, Tischchen und Bänklein ist, und spielte Zither. Sie spielte sehr gut. Gewöhnlich standen ein paar Mädchen aus der Nachbarschaft bei ihr, und es trödelten ein paar Kinder zu ihren Füßen. Abends, manchmal auch in ganz finsterer Nacht, manchmal nachmittags, wenn es noch heiß war, ging ich dann an dem Buchenbestand durchs Tal des Haidgrabens zum Waldhang hinauf, wo unser Häuschen stand. – Wir redeten öfter, nämlich Martin und ich, dass es auf die Länge der Zeit nicht so dauern könne, wenn ich auf allen Wegen, die mich zu meinen Kranken führen, zu Fuß gehen sollte, dass die Mühsal endlich zu groß werde, ja dass sie immer wachse, wenn meine Arbeit sich ausdehne und Leute in allen Richtungen nach Beistand verlangen. Es ist auch eine strenge Pflicht, dass man ihnen den Beistand leiste, und wenn man zu Fuß geht, kann man nicht so viel des Tags verrichten, als etwa Not täte, und wenn die Hilfe schleunig geleistet werden solle, kann man leicht später kommen, als sie noch fruchtet. Er sagte öfter, ich solle mir ein Wägelchen und ein Pferd anschaffen, und auf den Wegen, wo es leicht gehe, fahren; es blieben noch genug Pfade übrig, die ich doch zuletzt zu Fuße wandeln oder erklimmen müsse. Ich antwortete ihm darauf, dass ich in unserer Hütte noch keinen Platz habe, um ein Pferd und ein Wägelchen unterbringen zu können, und dass ich daher noch eine Weile warten müsse. Aber mit der Zeit, setzte ich hinzu, wenn mich Gott segnet und die Leute mir vertrauen, werde ich es schon tun, und es ist meine Schuldigkeit, dass ich es tue, damit ich in größerer Entfernung und schleuniger wirken könne.

»Ach unser Doktor«, sagte der Josikrämer, der einmal zufällig bei einem solchen Gespräch zugegen war, »geht schon noch eine Weile, er ist jung und rüstig. Wenn ich mit meinem Packe auf allen Wegen bin, so sehe ich ihn auch, wie er durch den Wald oder in den Feldern geht und seinen Stock in den Sand stößt.« – »Ja, das Gehen durch Wald und Feld ist schön«, antwortete ich, »man kann nicht begreifen, wenn man in einer Stadt ist, dass es dort Leute gibt, die immer in der Stube sitzen, oder durch ihren Beruf in einem Laden oder Gewölbe gehalten werden, und nur des Abends unter ein paar schlechte Bäume gehen, und sagen, dass sie sich da erholen und Luft genießen. Aber wenn man von der Hast getrieben wird, wie etwa ein Mittel, das man gab, gewirkt haben mag, wenn man nicht weiß, wie viel schlechter der wird, der einen rufen ließ, derweil man durch Wald und Feld geht, und wenn noch einer wartet, der weit droben, jenseits der entgegengesetzt liegenden Höhen wohnt, und wenn man nach Hause kömmt, einen weglassen musste, der doch auch vielleicht heute gehofft hatte, dass man komme, und wenn man denkt: hast du auch alles recht gemacht, du musst gleich in den Büchern nachsehen; dann ist das Gehen zuweilen doch sauer, und ein ermüdeter Körper ist auch nicht so verständig wie ein ausgeruhter und rüstiger. Aber es tut nichts, es tut nichts, es geht schon noch eine Weile, wie Ihr gesagt habt, ich werde nicht müde – und oft ist ja ein Stein, ein umgestürzter Baumstrunk, ein Blick über all' die blauen Wälder in Weite und Breite – und dann geht es schon wieder. Wisst Ihr, Josi, wie wir selber einmal beieinander gesessen sind, Ihr mit Eurem Packe, und wie Ihr mir erzählt habt? Auch ist ja der Drang nicht immer gleich stark. Vor zwei Wochen war die Gesundheit so gesegnet, dass ich eine Freude hatte, es blühte alles rund herum, dass ich Zeit hatte, an Dingen, die ich machen lassen wollte, zu zeichnen, dass ich, wo sie schon etwas arbeiteten, dabei stehen und zuschauen konnte, ferner, dass ich an Gehen so Not litt, dass ich mehrere Stunden lang spazieren ging, am öftesten hinauf ins Eichenhag, wisst Ihr, wo die gar so schönen Stämme stehen, ich glaube, die schönsten in unserer ganzen Gegend. – Am Rande des Hages wäre ein Platz zu einer Ansiedlung, der ausgezeichnetste Platz, wenn man die Fenster gegen die Felder hinab richtete, wo jetzt der Meierbacher reuten lässt, und gegen den Waldhang, wo unser Haus ist, und weiter weg gegen die Felder, die jenseits unseres Hauses am Mitterweg gegen die Dürrschnäbel und den Kirmwald hinaufgehen.«

So sprach ich damals im Allgemeinen, und die Männer gaben mir ungefähr recht.

Den Goldfuchs, welchen der Rothberger Wirt hatte, kannte ich sehr wohl. Ich war in der ersten Zeit einige Male mit ihm gefahren, und später, da sich meine Tätigkeit ausbreitete, und wenn mich größere Entfernungen verlangten, hatte ich den Buben Thomas hinabschicken müssen, dass der Vetter Martin den Fuchs in Bereitschaft hielte. Wir nannten ihn immer Vetter, weil er wohl ein Verwandter von uns war, aber in solcher Entfernung, dass dieselbe niemand mehr angeben konnte. Mein Vater war immer erfreut, wenn ihn der Wirt Vetter nannte, und jetzt schien es mir, dass der Wirt es nicht ungern sehe, wenn ich ihn mit Vetter anredete.

Als der kleine Stall fertig war, den ich im Herbst zu bauen angefangen hatte, ging ich zu Vetter Martin hinab und redete mit ihm, ob er mir den Goldfuchs zu kaufen überlassen wolle. Da er gerade nichts dagegen hatte und wir über den Preis einig geworden waren, wurde der Fuchs samt allem Geschirr, das zu ihm gehörte, von einem Knecht sogleich in den Waldhang in den neuen Stall hinaufgeführt. In kurzer Frist darauf kam auch das Wägelchen aus Pirling in die Hütte, die dafür an unser Häuschen angebaut worden war, und so hatte ich nun Wagen und Pferd, mit denen ich jetzt selber und ganz allein auf den Gebirgswegen herum fuhr, deren Verbesserung ich erst jetzt recht erkannte. Den Wagen richtete ich so ein, dass ich meine Bücher, meine Werkzeuge und selbst andere Dinge, die ich etwa brauchte, darin unterbringen konnte. Mitten darin saß ich und fuhr. Da der Schnee erschien und sich in den Wegen hielt, wurde der Schlitten hergerichtet. Wie oft, wenn ich im ersten Winter nach Hause kam, wenn ein rechtes Gestöber war und den Schnee, hoch wie Häuser, in den Waldlehnen zusammenjagte, oder wenn eine große Kälte war und die Sterne so scharf am Himmel standen, als wäre ihr Glanz selber fest zusammen gefroren, stand schon der Bub Thomas, wenn er meine Schellen hörte, vor der Tür der Hütte, und nahm mir das Pferd ab, den guten Fuchs, um es erst ein wenig um die Hütte herumzuführen und dann in den Stall zu tun. Die Schwester Katharina nahm mir, wenn ich in die Stube trat, in der der hellste Glanz von der lodernden Leuchte her herrschte und die sanfteste Wärme vom Ofen ging, den Pelz ab, in dem Eis oder Schnee hing, zündete Kerzen an und führte mich in mein Zimmer, in dessen Ofen auch die Tannenscheite krachten, oder ein nachgelegter Buchenstock langsam in wärmeverbreitende Glut zerfiel. Ich hatte nämlich in den Ofen von innen eine große Tür brechen lassen, und damit ich das Feuer sähe, das ich so liebe, dieselbe mit einem feinen Metallgitter zu schließen eingerichtet. Lucia kochte, und der Vater ging in dem knarrenden Schnee um die Hütte herum in die Wagenlaube, und brachte die Sachen herein, die in den Schlitten gepackt gewesen waren. Ich tat die Kleider ab, legte ein bequemes Hausgewand an, und saß unter den Meinen.

Meine Wirksamkeit breitete sich immer mehr und mehr aus. Ich nahm die kleinen Gaben, welche die Leute geben konnten, an; von den Armen nahm ich gar nichts, außer es war irgendein Kleines, von dem ich wusste, dass es ihnen nicht abgehe, und dass die Zurückweisung sie kränken würde. Von den Reichen forderte ich mehr, und wie unbemerkt die Dinge flossen, so war doch Gottes Segen dabei, und die Wohlhabenheit mehrte sich immer mehr.

Im Frühling konnte ich schon von Allerb ein gutes Stück Grund und Feld kaufen, das unter unserer Hütte lag, und wenn man vom Hang hinabkommt, recht schön eben fortläuft. Weil es dort unten viel wärmer und von Winden gesicherter ist, weil der Boden nach oben sich hin breitet, und lieblich hie und da manche Bäume stehen, wollte ich ein Haus dahin bauen, in welchem ich alle meine Lebenszeit zu wohnen beschloss. Ich hatte den ganzen Winter daran gezeichnet, um mein Vorhaben recht klar und reinlich darzustellen und es dem Baumeister begreiflich machen zu können. Ich konnte ebenfalls im Frühjahr den Bau schon ein wenig beginnen, insofern die Räume bestimmt und Baubedürfnisse herbeigeschafft wurden. Ich wollte dem Vater und den Schwestern mehrere recht schöne Stübchen herrichten lassen.

Der Gregordubs hatte zwei Füllen, welche im Alter nur um wenige Tage verschieden waren, und welche so gleichmäßig schwarz waren, dass keines auch nicht ein einziges weißes Härchen besaß. Freilich war die Farbe in der noch etwas vorherrschenden Wolle noch nicht anders als dunkel graubraun, aber sie zeigten, dass sie glänzendschwarze Pferde werden würden. Ich kaufte ihm die Füllen ab, und wollte sie mir recht vorzüglich für meine Zukunft erziehen. Ich nahm außer dem Buben Thomas noch einen Gehilfen für ihn auf, und beide mussten mir auf die Füllen sehen, aber die Ernährung und das sonstige Verfahren mit ihnen befahl ich selber an. Für den Sommer wurde noch ein Notstall für sie erbaut, und für den Winter würde ich schon sehen, was zu tun sei.

Der Bau konnte im Sommer schon sehr gefördert werden. Ich wollte im Zusammenhang mit dem ganzen Plan doch zuerst eine Stube für mich vollständig fertig haben, dass ich noch im Winter darin wohnen könnte, dann einen Stall, worin zuerst die drei Pferde in Sicherheit wären, eine Hütte für Wagen und Schlitten, und dann jene Räume, die zu diesen Dingen noch notwendig wären.

Die Einrichtung war im Herbst schon fertig. Aber ehe der Winter einbrach, starb der Vater und starben die zwei Schwestern. Ich hatte ihnen nicht helfen können, wie sehr ich gewollt. Die gute Katharina war die letzte gewesen. Die Hütte stand nun allein. Ich konnte sie nicht ansehen und die Schwelle nicht überschreiten.

Obwohl ich wusste, dass die Mauern noch feucht waren, und obwohl ich wusste, dass die feuchten Mauern schädlich sein können, ließ ich doch alle meine Sachen von der Hütte in die fertige Stube herabbringen, um da zu wohnen. Ich ließ die drei Pferde in den neugebauten Stall führen, der Knecht Thomas musste mit herab, der andere blieb in der Hütte, um die Kühe zu versorgen, die noch da waren, und das Kalb, welches wir aufzuziehen angefangen hatten. Ich hätte sie verkaufen sollen, man redete mich darum an, aber ich konnte sie nicht weg tun. Ein Weib, welches uns kochen sollte, wurde aufgenommen, und schlief in einem Kämmerlein neben der Notküche. Bei Tage, wenn ich aus war, ließ ich in allen Öfen, die schon zu benützen waren, heizen und dazu die Türen und Fenster öffnen. Des Nachts stellte ich überall, wo jemand schlief, auch in den Stall, ein weites Gefäß, in welchem Pottasche war, die wir gerade vorher glühend gemacht und wieder abgekühlt hatten, damit sie die feuchten Dünste, die aus der Mauer kamen, einsaugen möchte.

Es ist ein trauriger Winter gewesen. Die Leute in der ganzen Gegend waren recht freundlich und gütig gegen mich, weil ich allein war – und wenn ich nach Hause kam, zündete ich die Kerzen an, und saß in meiner Stube und schaute in die Bücher, oder schrieb ein, was heute notwendig geworden war.

Im Frühjahr fand ich eine Quelle, von der ich dachte, dass sie heilsam sein müsse. Sie enthält Salze, ich versuchte das Wasser und fand, dass Dinge darin seien, welche in den Quellen sind, die man als heilsam bekannt gemacht hatte.

Das Bauen wurde im Frühling auch wieder begonnen, da die Fröste die Erde verlassen hatten und nicht zu befürchten war, dass wieder einige kommen könnten. Im Herbst war wieder viel mehr fertig als im vorigen, und das bereits früher Fertige konnte besser eingerichtet werden. Es war das Haus, wenngleich Teile fehlten, welche in meiner Zeichnung auf dem Papier standen, dass sie nach und nach hinzugefügt werden sollten, doch für unkundige Augen so, als wäre es fertig. Wir führten die drei Kühe – denn das Kalb war unterdessen auch eine geworden – von der Hütte herab und nahmen Geräte, die notwendig oder im brauchbaren Zustand waren, mit. Der Knecht, der das Jahr oben gewohnt hatte, kam auch ins Haus herunter.

Da dieses geschehen war, ließ ich die Hütte abbrechen. Von dem Schnitzwerk, das in meiner Kammer gewesen war, ließ ich vieles in meinen Stuben, namentlich in meinem Schreibgemach anbringen; das andere hob ich so auf. Auch manche weitere Dinge, welche mir gefielen, und welche dem Gedächtnis meiner kindlichen Jahre merkwürdig waren, ließ ich nicht zerbrechen, sondern in mein Haus tragen und an verschiedenen Orten aufstellen. Da die Kälte des Herbstes kam und die Wiesen von dem weißen, schönen Reif starrten, sah man die Hütte nicht mehr; das Auge ging über den Platz frei weg bis zum Wald, der weiter oben anfängt und den weißen Abhang mit seiner schwarzen Farbe schneidet. Nur wer näher gegangen wäre, würde an den Fußtritten, die von denen herrührten, die die Hütte abgetragen hatten, dann an den Verletzungen des Rasens, die er durch das vielfältige Hinwerfen von Balken und

Brettern erlitt, und endlich an dem schwarzen Erdfleck, der sich hinbreitete, die Stelle erkannt haben, wo die Hütte gestanden war. Ich hatte die Erde auflockern lassen und warf Grassamen hinein, dass er im künftigen Frühling zum Vorschein komme. Die Steine, welche auf dem Dach gelegen waren, und diejenigen, welche den Feuerherd der Küche und der Öfen bildeten, ließ ich zu mir hinabbringen, um sie im nächsten Jahr in meine Gartenmauer einsetzen zu lassen, dass ich sie alle Zukunft vor Augen hätte. – So war also jetzt ein ganz anderer Stand der Dinge, als ich gedacht und so lieb gehofft hatte.

Im selben Herbst bekam ich auch Ursache, mit dem Wasser, welches ich gefunden hatte, zufrieden zu sein. Es kam im Monat Julius der Inbuchsbauer aus dem oberen Astung zu mir herunter; er hatte seinen Buben bei sich, der früher die Füllen des Gregordubs gehütet hatte, und bat mich, ich möchte dem Bub an zwei Tagen in der Woche etwas zu Mittag zu essen geben, die andern Tage hätte er schon bei guten Leuten gefunden, und der untere Beringer habe erlaubt, dass er in seinem Heu schlafen dürfe. Die Keum Anna sei recht schlecht gewesen, ihr Fuß habe sich verschlimmert und große Schmerzen gebracht. Da habe sie aus dem Heilwasser, welches im Grundbühel hervorfließe, getrunken, und habe in demselben Wasser, das sie ihr beim Klum gewärmt hätten, den Fuß gebadet, und sei jetzt ganz gesund. Deswegen habe er auch gemeint, dass er den Gottlieb herabführen müsse, dass er herunten bleibe, von dem Wasser trinke und sich in demselben bade, ob es ihn etwa auch herstellen könne. Ich sah den Buben an, und es war schier kein menschlicher Anblick, welch' hässliche Wunden an seinem Hals und an seinem Genick hervorgebrochen waren. Ich kannte den Fall mit der Keum Anna sehr wohl, und sagte, wie es ganz natürlich war, dass ich dem Buben schon die zwei Tage zu Mittag und aber auch zu Abend zu essen geben werde, und dass ich mich auch schon noch weiter um ihn umschauen wolle. Der Inbuchsbauer ist sehr arm. Er ist nur dem Namen nach ein Bauer, in der Tat aber ein armer Waldhäusler in der größten Wirrnis des oberen Astungs, ohne Weib und andere Angehörige. Als er sah, dass sein Bub herunten bleiben konnte, ging er getröstet heim. Ich nahm den jungen Menschen in meine Stube, fragte ihn aus und untersuchte seinen Körper. Der Ekel ist ein seltsam' Ding, und er darf nicht gelten und gilt auch nicht, wo wir einem Menschen helfen können, der auch eine Vernunft hat und seinen Schöpfer verehren kann. Ich wusch mir meine Hände, nahm andere Kleider, und ging an der Siller hinunter spazieren. Durch die Bäume klangen recht heiter die Meißelschläge herein, mit denen die Pfosten zu meinen Türen gehauen wurden. Der Bub nahm das Wasser, wie ich es ihm vorgeschrieben hatte. Nach einer Weile sagte ich: »Was wirst du denn zu den verschiedenen Leuten essen gehen, und wer weiß, was sie dir auch geben, das das Wasser und meine Arzneien wieder zu Grunde richtet. Komm' alle Tage zu mir und esse bei mir.« – Der Bub dankte recht schön, und kam alle Tage zu mir. Er bekam in einem Kämmerlein, das hinter der Küche lag, und das wir bestimmt hatten, wenn einmal noch ein weiblicher Dienstbote mehr ins Haus käme, dass er dort wohne, ein weiches Tischchen, das der Zimmermann zusammengenagelt hatte, einen weichen Stuhl, und dasjenige zu essen, was ich meinen Leuten vorgeschrieben hatte, dass er bekommen solle. Er besserte sich nun sehr. Gegen Herbst sagte ich zu ihm: »Es möchte nun bald im Heu zu schlafen zu kalt werden, komm' ganz zu mir, ich werd' dich schon unterbringen.« – Wir hatten Räume genug, die nach und nach fertig geworden waren, und die wir nicht brauchten, weil wir unser so wenig waren. Ich suchte eine Kammer aus, die schon im vorigen Jahr getüncht worden war. Sie lag, wenn man von dem Tor links über den Hof ging, allein, weil die Stube, die daneben entstehen sollte, die zum Garten hinausging, und die ich vorhatte mit schönen Tragebalken und anderer Schnitzerei zu verzieren, noch nicht fertig war, und Blöcke und Bretter und Erdhaufen in derselben herum lagen. Die Haushälterin, die alte Maria, richtete einen Strohsack zurecht, gab anderes Bettzeug, das wir nicht brauchten, dazu, und brachte eine Lagerstätte zu Stande, die recht war. Das Gestell war aus Brettern, die wir hatten, zusammengeschlagen worden. Seinen Stuhl und Tisch bekam er aus dem Kämmerlein, in dem er bis jetzt gegessen hatte, hinüber. In dieser Stube saß er nun, wenn er nicht in der Gegend, wie ich ihm vorgeschrieben hatte, herum ging. Gegen Michaelis, wo es kalt wurde, sagte ich zu ihm, jetzt müsse er mit dem Gebrauch des Wassers aufhören, und auch sonst werden wir bis zum Frühjahr nichts anwenden. Er war, wie ich meinte, vollkommen hergestellt. Die Verletzungen am Hals und am Genick waren geschlossen, ohne eine Spur zurückzulassen, und die Augen waren heiterer und glänzender, und die Wangen röteten sich. Sein Vater war zweimal herunten gewesen. Spät im Herbst, da sie meine väterliche Hütte abtrugen, war er wieder da, und wollte den Buben nach Hause nehmen. Ich aber sagte ihm, droben im Astung würde sein Sohn wieder allerlei essen, was ihm schädlich sein könnte, er solle auch im Winter bei mir bleiben, wir wollen schon sorgen, er solle von den vielen Spänen und Splittern, die im Sommer hindurch von den Bäumen, die meine Zimmerleute bearbeitet hatten, abgefallen sind, sich so viel sammeln und aufschichten, als er wolle, damit er sich in dem grünen Öfelein, das in seiner Kammer stehe, einheizen könne. Der Vater nahm es an. Es ist unglaublich, wie sehr mir beide dankten – und oft, wenn ich in späterer Zeit von meinen Geschäften nach Hause kehrte, sah ich den Buben, wie er sich die Späne an der Mauer seiner Stube und hauptsächlich dort aufrichtete, von woher im Winter der Wind und das Gestöber kommen würden. Ich gab ihm später auch noch eine Truhe in seine Kammer, damit er sich die neuen Hemden und die Kleider, die ich ihm hatte machen lassen, aufbewahren könne.

Ich bekam jetzt wieder mehr Leute in mein Haus. Der Bub Thomas pflegte die Pferde, den Fuchs, und die zwei jungen Tiere, die wirklich so schön und glänzend schwarz geworden waren wie Agat, und die, weil sie nicht gern im Stall blieben, polterten, emporstiegen und Dinge herunterbissen. Die wenigen Stunden, die sie auch im Winter täglich herumgeführt wurden, reichten ihnen doch nicht hin, weil sie im Sommer schier die meiste Zeit im Freien zugebracht hatten. Außer seiner Beschäftigung mit den Pferden arbeitete Thomas noch mancherlei im Haus herum. Dann war da der Knecht, welcher im vorigen Jahr die Kühe gepflegt hatte. Er grub den ganzen Garten um, der erst hergerichtet wurde, er besorgte mein Holz, nagelte manches an, wenn es irgendwo herunterbrach, und tat auch noch andere schwere Arbeit; die Kühe pflegte er ebenfalls. Und es gab die Haushälterin Maria, welche die Speisen, die Wäsche, die Kleider, die Zimmerreinigung und dergleichen besorgte, und endlich zwei Mägde, und darunter eine, der ich im vorigen Jahr auch in einer Todeskrankheit geholfen hatte.

Wir mussten einen schweren Winter überstehen. So weit die ältesten Menschen zurückdenken, war nicht so viel Schnee. Vier Wochen waren wir einmal ganz eingehüllt in ein fortdauerndes graues Gestöber, das oft Wind hatte, oft ein ruhiges, aber dichtes Niederschütten von Flocken war. Die ganze Zeit sahen wir nicht hinaus. Wenn ich in meinem Zimmer saß und die Kerzen brannten, hörte ich das unablässige Rieseln an den Fenstern, und wenn es licht wurde und die Tageshelle eintrat, sah ich durch meine Fenster nicht auf den Wald hin, der hinter der Hütte stand, die ich hatte abbrechen lassen, sondern es hing die graue, lichte, aber undurchdringliche Schleierwand herab; in meinem Hof und in der Nähe des Hauses sah ich nur auf die unmittelbarsten Dinge hinab, wenn etwa ein Balken emporstand, der eine Schneehaube hatte und unendlich kurz geworden war, oder wenn ein langer, weißer, wolliger Wall anzeigte, wo meine im Sommer ausgehauenen Bäume lagen, die ich zum weitern Baue verwenden wollte. Als alles vorüber war und wieder der blaue und klare Winterhimmel über der Menge von Weiß stand, hörten wir oft in der Totenstille, die jetzt eintrat, wenn wir an den Hängen hinunterfuhren, in dem Hochwald oben ein Krachen, wie die Bäume unter ihrer Last zerbrachen und umstürzten. Leute, welche von dem jenseitigen Land über die Schneide herüberkamen, sagten, dass in den Berggründen, wo sonst die kleinen, klaren Wässer gehen, so viel Schnee liege, dass die Tannen von fünfzig Ellen und darüber nur mit den Wipfeln herausschauen. Wir konnten nur den leichteren Schlitten brauchen – ich hatte nämlich noch einen machen lassen –, der etwas länger, aber schmäler war als der andere. Er fiel wohl öfter um, aber konnte auch leichter durch die Schluchten, welche die Schneewehen bildeten, durchdringen. Ich konnte jetzt nicht mehr allein zur Besorgung meiner Geschäfte herumfahren, weil ich mir mit allen meinen Kräften in vielen Fällen allein nicht helfen konnte. Und es waren mehr Kranke, als es in allen sonstigen Zeiten gegeben hatte. Deswegen fuhr jetzt der Thomas immer mit mir, dass wir uns gegenseitig beistünden, wenn der Weg nicht mehr zu finden war, wenn wir den Fuchs aus dem Schnee, in den er sich verfiel, austreten mussten, oder wenn einer, da es irgendwo ganz unmöglich war durchzudringen, bei dem Pferd bleiben und der andere zurückgehen und Leute holen musste, damit sie uns helfen. Es wurde nach dem großen Schneefall auch so kalt, wie man es je kaum erlebt hatte. Auf einer Seite war es gut; denn der tiefe Schnee fror so fest, dass man über Stellen und über Schlünde gehen konnte, wo es sonst unmöglich gewesen wäre; aber auf der andern Seite war es auch schlimm; denn die Menschen, welche viel gingen, ermüdet wurden und unwissend waren, setzten sich nieder, gaben der süßen Ruhe nach, und wurden dann erfroren gefunden, wie sie noch saßen, wie sie sich niedergesetzt hatten. Vögel fielen von den Bäumen, und wenn man es sah und sogleich einen in die Hand nahm, war er fest wie eine Kugel, die man werfen konnte. Wenn meine jungen Rappen ausgeführt wurden und von einem Baum oder sonst wo eine Schneeflocke auf ihren Rücken fiel, so schmolz dieselbe nicht, wenn sie nach Hause kamen, wie lebendig und tüchtig und voll von Feuer die Tiere auch waren. Erst im Stall verlor sich das Weiß und Grau vom Rücken. Wenn sie ausgeführt wurden, sah ich manchmal den jungen Gottlieb mitgehen und hinter den Tieren herbleiben, wenn sie auf verschiedenen Wegen herumgeführt wurden, aber es tut nichts, die Kälte wird ihm nichts anhaben, und er ist ja in den guten Pelz gehüllt, den ich ihm aus meinem alten habe machen lassen. Ich ging oft in die Zimmer der Meinigen hinab, und sah, ob alles in der Ordnung sei, ob sie gehörig Holz zum Heizen haben, ob die Wohnung überall gut geborgen sei, dass nicht auf einen, wenn er vielleicht im Bette sei, der Strom einer kalten Luft gehe und er erkranke; ich sah auch nach der Speise; denn bei solcher Kälte ist es nicht einerlei, ob man das oder jenes esse. Dem Gottlieb, der nur mit Spänen heizte, ließ ich von den dichten Buchenstöcken hinüberlegen. Im Eichenhag oben soll ein Knall geschehen sein, der seines Gleichen gar nicht hat. Der Knecht des Beringer sagte, dass einer der schönsten Stämme durch die Kälte von unten bis oben gespalten worden sei, er habe ihn selber gesehen. Der Thomas und ich waren in Pelze und Dinge eingehüllt, dass wir zwei Bündeln, kaum aber Menschen gleich sahen. Dieser Winter, von dem wir dachten, dass er uns viel Wasser bringen würde, endigte endlich mit einer Begebenheit, die wunderbar war, und uns leicht die äußerste Gefahr hätte bringen können; wenn sie nicht eben gerade so abgelaufen wäre, wie sie ablief. Nach dem vielen Schneefall und während der Kälte war es immer schön, es war immer blauer Himmel, morgens rauchte es beim Sonnenaufgang von Glanz und Schnee, und nachts war der Himmel dunkel wie sonst nie, und es standen viel mehr Sterne in ihm als zu allen Zeiten. Dies dauerte lange – aber einmal fiel gegen Mittag die Kälte so schnell ab, dass man die Luft bald warm nennen konnte, die reine Bläue des Himmels trübte sich, von der Mittagseite des Waldes kamen am Himmel Wolkenballen, gedunsen und fahlblau, in einem milchigen Nebel schwimmend, wie im Sommer, wenn ein Gewitter kommen soll – ein leichtes Windchen hatte sich schon früher gehoben, dass die Fichten seufzten und Ströme Wassers von ihren Ästen niederflossen. Gegen Abend standen die Wälder, die bisher immer bereift und wie in Zucker eingemacht gewesen waren, bereits ganz schwarz in den Mengen des bleichen und wässrigen Schnees da. Wir hatten bange Gefühle, und ich sagte Thomas, dass sie abwechselnd nachschauen, dass sie die hinteren Tore im Augenmerk halten sollen, und dass er mich wecke, wenn das Wasser zu viel werden sollte. Ich wurde nicht geweckt, und als ich des Morgens die Augen öffnete, war alles anders, als ich es erwartet hatte. Das Windchen hatte aufgehört, es war so still, dass sich von der Tanne, die ich keine Büchsenschusslänge von meinem Fenster an meinem Sommerbänkchen stehen sah, keine einzige Nadel rührte; die blauen und mitunter bleifarbigen Wolkenballen waren nicht mehr am Himmel, der dafür in einem stillen Grau unbeweglich stand, welches Grau an keinem Teil der großen Wölbung mehr oder weniger grau war, und an der dunkeln Öffnung der offen stehenden Tür des Heubodens bemerkte ich, dass feiner, aber dichter Regen niederfalle; allein wie ich auf allen Gegenständen das schillerige Glänzen sah, war es nicht das Lockern oder Sickern des Schnees, der im Regen zerfällt, sondern das blasse Glänzen eines Überzugs, der sich über all' die Hügel des Schnees gelegt hatte. Als ich mich angekleidet und meine Suppe gegessen hatte, ging ich in den Hof hinab, wo Thomas den Schlitten zurecht richtete. Da bemerkte ich, dass bei uns herunten an der Oberfläche des Schnees während der Nacht wieder Kälte eingefallen sei, während es oben in den höheren Teilen des Himmels warm geblieben war; denn der Regen floss fein und dicht hernieder, aber nicht in der Gestalt von Eiskörnern, sondern als reines, fließendes Wasser, das erst an der Oberfläche der Erde gefror und die Dinge mit einem dünnen Schmelz überzog, derlei man in das Innere der Geschirre zu tun pflegt, damit sich die Flüssigkeiten nicht in den Ton ziehen können. Im Hof zerbrach der Überzug bei den Tritten noch in die feinsten Scherben, es musste also erst vor Anbruch des Tages zu regnen angefangen haben. Ich tat die Dinge, die ich mitnehmen wollte, in ihre Fächer, die im Schlitten angebracht waren, und sagte dem Thomas, er solle doch, ehe wir zum Fortfahren kämen, noch den Fuchs zum untern Schmied hinüberführen und nachschauen lassen, ob er scharf genug sei, weil wir heute im Eis fahren müssten. Es war uns so recht, wie es war, und viel lieber, als wenn der unermessliche Schnee schnell und plötzlich in Wasser verwandelt worden wäre. Dann ging ich wieder in die Stube hinauf, die sie mir viel zu viel geheizt hatten, schrieb einiges auf, und dachte nach, wie ich mir heute die Ordnung einzurichten hätte. Da sah ich auch, wie Thomas den Fuchs zum untern Schmied hinüberführte. Nach einer Weile, da wir fertig waren, richteten wir uns zum Fortfahren. Ich tat den Regenmantel um und setzte meine breite Filzkappe auf, davon der Regen abrinnen konnte. So machte ich mich in dem Schlitten zurecht und zog das Leder sehr weit herauf. Der Thomas hatte seinen gelben Mantel um die Schultern und saß vor mir im Schlitten. Wir fuhren zuerst durch den Taugrund, und es war am Himmel und auf der Erde so still und einfach grau, wie des Morgens, sodass wir, als wir einmal still hielten, den Regen durch die Nadeln fallen hören konnten. Der Fuchs hatte die Schellen an dem Schlittengeschirr nicht recht ertragen können und sich öfter daran geschreckt, deshalb tat ich sie schon, als ich nur ein paar Mal mit ihm gefahren war, weg. Sie sind auch ein närrisches Klingeln, und mir war es viel lieber, wenn ich so fuhr, manchen Schrei eines Vogels, manchen Waldton zu hören, oder mich meinen Gedanken zu überlassen, als dass ich immer das Tönen in den Ohren hatte, das für die Kinder ist. Heute war es freilich nicht so ruhig, wie manchmal das stumme Fahren des Schlittens im feinen Schnee war, wie im Sand, wo auch die Hufe des Pferdes nicht wahrgenommen werden konnten; denn das Zerbrechen des zarten Eises, wenn das Tier darauf trat, machte ein immerwährendes Geräusch, daher aber das Schweigen, als wir halten mussten, weil der Thomas in dem Riemenzeug etwas zu richten hatte, desto auffallender war. Und der Regen, dessen Rieseln durch die Nadeln man hören konnte, störte die Stille kaum, ja er vermehrte sie. Noch etwas anderes hörten wir später, da wir wieder hielten, was fast lieblich für die Ohren war. Die kleinen Stücke Eises, die sich an die dünnsten Zweige und an das langhaarige Moos der Bäume angehängt hatten, brachen herab, und wir gewahrten hinter uns im Wald an verschiedenen Stellen, die bald dort und bald da waren, das zarte Klingen und ein zitterndes Brechen, das gleich wieder stille war. Dann kamen wir aus dem Wald hinaus und fuhren durch die Gegend hin, in der die Felder liegen. Der gelbe Mantel des Thomas glänzte, als wenn er mit Öl übertüncht worden wäre; von der rauen Decke des Pferdes hingen Silberfranzen hernieder; wie ich zufällig einmal nach meiner Filzkappe griff, weil ich sie unbequem auf dem Haupt empfand, war sie fest, und ich hatte sie wie eine Kriegshaube auf; und der Boden des Weges, der hier breiter und, weil mehr gefahren wurde, fester war, war schon so mit Eis belegt, weil das gestrige Wasser, das in den Gleisen gestanden, auch gefroren war, dass die Hufe des Fuchses die Decke nicht mehr durchschlagen konnten, und wir unter hallenden Schlägen der Hufeisen und unter Schleudern unseres kleinen Schlittens, wenn die Fläche des Weges ein wenig schief war, fortfahren mussten.

Wir kamen zuerst zu dem Karbauer, der ein krankes Kind hatte. Von dem Hausdach hing ringsum, gleichsam ein Orgelwerk bildend, die Verzierung starrender Zapfen, die lang waren, teils herabbrachen, teils an der Spitze ein Wassertröpfchen hielten, das sie wieder länger und wieder zum Herabbrechen geneigter machte. Als ich ausstieg, bemerkte ich, dass das Überdach meines Regenmantels, das ich gewöhnlich so über mich und den Schlitten breite, dass ich mich und die Arme darunter rühren könne, in der Tat ein Dach geworden war, das fest um mich stand und beim Aussteigen ein Klingelwerk fallender Zapfen in allen Teilen des Schlittens verursachte. Der Hut des Thomas war fest, sein Mantel krachte, als er abstieg, auseinander, und jede Stange, jedes Holz, jede Schnalle, jedes Teilchen des ganzen Schlittens, wie wir ihn jetzt so ansahen, war in Eis, wie in durchsichtigen, flüssigen Zucker, gehüllt, selbst in den Mähnen, wie tausend bleiche Perlen, hingen die gefrornen Tropfen des Wassers, und zuletzt war es um die Hufhaare des Fuchses wie silberne Borden geheftet.

Ich ging ins Haus. Der Mantel wurde auf den Schragen gehängt, und wie ich die Filzkappe auf den Tisch des Vorhauses legte, war sie wie ein schimmerndes Becken anzuschauen.

Als wir wieder fortfahren wollten, zerschlugen wir das Eis auf unsern Hüten, auf unsern Kleidern, an dem Leder und den Teilen des Schlittens, an dem Riemenzeug des Geschirres, und zerrieben es an den Haaren der Mähne und der Hufe des Fuchses. Die Leute des Karbauers halfen uns hierbei. Das Kind war schon schier ganz gesund. Unter dem Obstbaumwald des Karhauses, den der Bauer sehr liebt und schätzt, und der hinter dem Haus anhebt, lagen unzählige kleine schwarze Zweige auf dem weißen Schnee, und jeder schwarze Zweig war mit einer durchsichtigen Rinde von Eis umhüllt und zeigte neben dem Glanz des Eises die kleine frischgelbe Wunde des Herabbruchs. Die braunen Knösplein der Zweige, die im künftigen Frühling Blüten- und Blätterbüschlein werden sollten, blickten durch das Eis hindurch. Wir setzten uns in den Schlitten. Der Regen, die graue Stille und die Einöde des Himmels dauerten fort.

Da wir in der Dubs hinüberfuhren, an der oberen Stelle, wo links das Gehänge ist und an der Schneide der lange Wald hingeht, sahen wir den Wald nicht mehr schwarz, sondern er war gleichsam bereift, wie im Winter, wenn der Schnee in die Nadeln gestreut ist und lange Kälte herrscht; aber der Reif war heute nicht so weiß wie Zucker, dergleichen er sonst ähnlich zu sein pflegt, sondern es war das dumpfe Glänzen und das gleichmäßige Schimmern an allen Orten, wenn es bei trübem Himmel überall nass ist; aber heute war es nicht von der Nässe, sondern von dem unendlichen Eis, das in den Ästen hing. Wir konnten, wenn wir etwas aufwärts und daher langsamer fuhren, das Knistern der brechenden Zweige sogar bis zu uns herab hören, und der Wald erschien, als sei er lebendig geworden. Das blasse Leuchten des Eises auf allen Hügeln des Schnees war rings um uns herum, das Grau des Himmels war beinahe sehr licht, und der Regen dauerte still fort, gleichmäßig fein und gleichmäßig dicht.

Wir hatten in den letzten Häusern der Dubs etwas zu tun, ich machte die Gänge, da die Orte nicht weit auseinander lagen, zu Fuß, und der Fuchs wurde in den Stall getan, nachdem er wieder vom Eis, das an ihm rasselte, befreit worden war. Der Schlitten und die Kleider des Thomas mussten ebenfalls ausgelöst werden; die meinigen aber, nämlich der Mantel und die Filzkappe, wurden nur von dem, was bei oberflächlichem Klopfen und Rütteln herabging, erleichtert, das andere aber daran gelassen, da ich doch wieder damit in dem Regen herumgehen musste und neue Lasten auf mich lud. Ich hatte mehr Kranke, als sie sonst in dieser Jahreszeit zu sein pflegen. Sie waren aber alle ziemlich in der Nähe beisammen, und ich ging von dem einen zu dem andern. An den Zäunen, an den Strunken von Obstbäumen und an den Rändern der Dächer hing unsägliches Eis. An mehreren Planken waren die Zwischenräume verquollen, als wäre das Ganze in eine Menge eines zähen Stoffes eingehüllt worden, der dann erstarrte. Mancher Busch sah aus wie viele ineinander gewundene Kerzen, oder wie lichte, wässrig glänzende Korallen. – Ich hatte dieses Ding nie so gesehen wie heute.

Die Leute schlugen manche der bis ins Unglaubliche herabgewachsenen Zapfen von den Dächern, weil sie sonst, wenn sie gar groß geworden waren, im Herabbrechen Stücke der Schindeln oder Rinnen mit sich auf die Erde nahmen. Da ich in der Dubs herumging, wo mehrere Häuser um den schönen Platz herum stehen, den sie bilden, sah ich, wie zwei Mägde das Wasser, welches im Tragen hin und her geschwemmt haben würde, in einem Schlitten nach Hause zogen. Zu dem Brunnen, der in der Mitte des Platzes steht, und um dessen Holzgeschlacht herum schon im Winter der Schnee einen Berg gebildet hatte, mussten sie sich mit der Axt Stufen hineinhauen. Sonst gingen die Leute gar nicht aus den Häusern, und wo man doch einen sah, duckte er sich oben mit dem Haupt vor dem Regen in sein Gewand, und unten griff er mit den Füßen vorsichtig vorwärts, um in der unsäglichen Glätte nicht zu fallen.

Wir mussten wieder fort. Wir fuhren mit dem Fuchs, den wir wieder hatten scharf machen lassen, durch die ebenen Felder hinüber gegen das Eckstück, welches die Siller am höher stehenden Wald einfasst, und wo mehrere Holzhäuser stehen. Wir hörten, da wir über die Felder fuhren, einen dumpfen Fall; wussten aber nicht recht, was es war. Auf dem Rain sahen wir einen Weidenbaum gleißend stehen, und seine zähen, silbernen Äste hingen herab, wie mit einem Kamm niedergekämmt. Den Waldring, dem wir entgegenfuhren, sahen wir bereift, aber er warf glänzende Funken und stand wie geglättete Metallstellen von dem lichten, ruhigen, matten Grau des Himmels ab.

Von den Holzhäusern mussten wir wieder zurück über die Felder, aber schief auf dem Weg gegen das Eidun. Die Hufe unseres Pferdes hallten auf der Decke, wie starke Steine, die gegen Metallschilde geworfen werden. Wir aßen bei dem Wirt etwas, weil wir zu spät nach Hause gekommen sein würden, dann, nachdem wir den Schlitten, das Pferd und unsere Kleider wieder frei gemacht hatten, fuhren wir wieder ab, auf dem Weg, der zu meinem Haus führte. Ich hatte nur noch in den letzteren Eidunhäusern etwas zu tun, und dann konnten wir auf dem Weg hinüberfahren, wo im Sommer die Eidunwiesen sind, im Winter aber alle die fahren und gehen, die im Waldhang und oberen Hag Geschäfte haben. Von da konnten wir gegen den Fahrweg einlenken, der durch den Taugrund und nach Hause führt. Da wir uns auf den Wiesen befanden, über deren Ebene wir jetzt freilich klafterhoch erhoben fuhren, hörten wir wieder denselben dumpfen Fall, wie heute schon einmal, aber wir erkannten ihn wieder nicht, und wussten auch nicht einmal ganz genau, woher wir ihn gehört hatten. Wir waren sehr froh, einmal nach Hause zu kommen; denn der Regen und das Feuchte, das in unserm ganzen Körper steckte, tat uns recht unwohl, auch war die Glätte unangenehm, die allenthalben unnatürlich über Flur und Feld gebreitet war und den Fuß, wenn man ausstieg, zwang, recht vorsichtig auf die Erde zu greifen, woher man, wenn man auch nicht gar viel und gar weit ging, unglaublich ermüdet wurde.

Da wir endlich zum Taugrund kamen und der Wald, der von der Höhe herüberzieht, anfing, gegen unsern Weg herüberzulangen, hörten wir plötzlich in dem Schwarzholz, das auf dem schön emporragenden Felsen steht, ein Geräusch, das sehr seltsam war, und das keiner von uns je vernommen hatte – es war, als ob viele Tausende oder gar Millionen von Glasstangen durcheinander rasselten und in diesem Gewirre fort in die Entfernung zögen. Das Schwarzholz war doch zu weit zu unserer Rechten entfernt, als dass wir den Schall recht klar hätten erkennen können, und in der Stille, die in dem Himmel und auf der Gegend war, ist er uns recht sonderbar erschienen. Wir fuhren noch eine Strecke fort, ehe wir den Fuchs anhalten konnten, der im Nachhauserennen begriffen war und auch schon trachten mochte, aus diesem Tag in den Stall zu kommen. Wir hielten endlich und hörten in den Lüften gleichsam ein unbestimmtes Rauschen, sonst aber nichts. Das Rauschen hatte jedoch keine Ähnlichkeit mit dem fernen Getöse, das wir eben durch die Hufschläge unseres Pferdes hindurch gehört hatten. Wir fuhren wieder fort und näherten uns dem Wald des Taugrundes immer mehr, und sahen endlich schon die dunkle Öffnung, wo der Weg in das Gehölz hineingeht. Wenn es auch noch früh am Nachmittag war, wenn auch der graue Himmel so licht schien, dass es war, als müsste man den Schimmer der Sonne durchsinken sehen, so war es doch ein Winternachmittag, und es war so trüb, dass sich schon die weißen Gefilde vor uns zu entfärben begannen und in dem Holz Dämmerung zu herrschen schien. Es musste aber doch nur scheinbar sein, indem der Glanz des Schnees gegen das Dunkel der hintereinander stehenden Stämme abstach.

Als wir an die Stelle kamen, wo wir unter die Wölbung des Waldes hineinfahren sollten, blieb der Thomas stehen. Wir sahen vor uns eine sehr schlanke Fichte zu einem Reif gekrümmt stehen und einen Bogen über unsere Straße bildend, wie man sie einziehenden Kaisern zu machen pflegt. Es war unsäglich, welche Pracht und Last des Eises von den Bäumen hing. Wie Leuchter, von denen unzählige umgekehrte Kerzen in unerhörten Größen ragten, standen die Nadelbäume. Die Kerzen schimmerten alle von Silber, die Leuchter waren selber silbern, und standen nicht überall gerade, sondern manche waren nach verschiedenen Richtungen geneigt. Das Rauschen, welches wir früher in den Lüften gehört hatten, war uns jetzt bekannt; es war nicht in den Lüften; jetzt war es bei uns. In der ganzen Tiefe des Waldes herrschte es ununterbrochen fort, wie die Zweige und Äste krachten und auf die Erde fielen. Es war um so fürchterlicher, da alles unbeweglich stand; von dem ganzen Geglitzer und Geglänze rührte sich kein Zweig und keine Nadel, außer wenn man nach einer Weile wieder auf einen gebogenen Baum sah, dass er von den ziehenden Zapfen niederer stand. Wir harrten und schauten hin – man weiß nicht, war es Bewunderung oder war es Furcht, in das Ding hineinzufahren. Unser Pferd mochte die Empfindungen in einer Ähnlichkeit teilen, denn das arme Tier schob, die Füße sachte anziehend, den Schlitten in mehreren Rucken etwas zurück.

Wie wir noch da standen und schauten – wir hatten noch kein Wort geredet – hörten wir wieder den Fall, den wir heute schon zweimal vernommen hatten. Jetzt war er uns aber völlig bekannt. Ein helles Krachen, gleichsam wie ein Schrei, ging vorher, dann folgte ein kurzes Wehen, Sausen oder Streifen, und dann der dumpfe, dröhnende Fall, mit dem ein mächtiger Stamm auf der Erde lag. Der Knall ging wie ein Brausen durch den Wald und durch die Dichte der dämpfenden Zweige; es war auch noch ein Klingeln und Geschimmer, als ob unendliches Glas durcheinander geschoben und gerüttelt würde – dann war es wieder wie vorher, die Stämme standen und ragten durcheinander, nichts regte sich, und das still stehende Rauschen dauerte fort. Es war merkwürdig, wenn ganz in unserer Nähe ein Ast oder Zweig oder ein Stück Eis fiel; man sah nicht, woher es kam, man sah nur schnell das Herniederblitzen, hörte etwa das Aufschlagen, hatte nicht das Emporschnellen des verlassenen und erleichterten Zweiges gesehen, und das Starren, wie früher, dauerte fort.

Es wurde uns begreiflich, dass wir in den Wald nicht hineinfahren konnten. Es mochte irgendwo schon über den Weg ein Baum mit all seinem Geäst liegen, über den wir nicht hinüber könnten, und der nicht zu umgehen war, weil die Bäume dicht stehen, ihre Nadeln vermischen und der Schnee bis in das Geäst und Geflecht des Niedersatzes ragte. Wenn wir dann umkehrten und auf dem Weg, auf dem wir gekommen waren, zurück wollten, und da sich etwa auch unterdessen ein Baum herübergelegt hätte, so wären wir mitten darinnen gewesen. Der Regen dauerte unablässig fort, wir selber waren schon wieder eingehüllt, dass wir uns nicht regen konnten, ohne die Decke zu zerbrechen, der Schlitten war schwerfällig und verglaste, und der Fuchs trug seine Lasten – wenn nirgends etwas in den Bäumen um eine Unze an Gewicht gewann, so mochte es fallen, ja die Stämme selber mochten brechen, die Spitzen der Zapfen, wie Keile, mochten niederfahren, wir sahen ohnedies auf unserm Weg, der vor uns lag, viele zerstreut, und während wir standen, waren in der Ferne wieder dumpfe Schläge zu vernehmen gewesen. Wie wir uns umschauten, woher wir gekommen, war auf den ganzen Feldern und in der Gegend kein Mensch und kein lebendiges Wesen zu sehen. Nur ich mit dem Thomas und mit dem Fuchs waren allein in der freien Natur.

Ich sagte Thomas, dass wir umkehren müssten. Wir stiegen aus, schüttelten unsere Kleider ab, so gut es möglich war, und befreiten die Haare des Fuchses von dem anhangenden Eis, von dem es uns vorkam, als wachse es jetzt viel schneller an als am Vormittag, war es nun, dass wir damals die Erscheinung beobachteten und im Hinschauen darauf ihr Fortgang uns langsamer vorkam als am Nachmittag, wo wir andere Dinge zu tun hatten und nach einer Weile erst sahen, wie das Eis sich wieder gehäuft hatte – oder war es kälter und der Regen dichter geworden. Wir wussten es nicht. Der Fuchs und der Schlitten wurde sodann von dem Thomas umgekehrt, und wir fuhren, so schnell wir konnten, gegen die uns zunächst gerichteten Eidunhäuser zurück. Es war damals am oberen Ende, wo der Bühl sachte beginnt, noch das Wirtshaus – der Burmann hat es heuer gekauft und treibt bloß Feldwirtschaft – dorthin fuhren wir über den Schnee, der jetzt trug, ohne Weg, in der geradesten Richtung, die wir einschlagen konnten. Ich bat den Wirt, dass er mir eine Stelle in seinem Stall für meinen Fuchs zurecht räumen möchte. Er tat es, obwohl er ein Rind hinüber auf einen Platz seines Stalles hängen musste, wo sonst nur Stroh und einstweilen Futter lag, das man an dem Tag gebrauchen wollte. Den Schlitten taten wir in die Wagenlaube. Als wir das untergebracht und uns wieder von der angewachsenen Last befreit hatten, nahm ich einiges aus dem Schlitten, was ich brauchte, und sagte, ich werde nun zu Fuß den Weg nach Hause antreten; denn ich müsse in der Nacht in meinem Hause sein, weil manches zu bereiten ist, das ich morgen bedürfe, und weil ich morgen einen andern Weg einzuschlagen hätte, da ich die Kranken in dem oberen Land besuchen müsste, die mich heute nicht gesehen hatten. – Den Taugrund könne ich umgehen, ich wolle durch das Gebühl, dann durch die Wiesen des Meierbacher links hinauf, sodann durch die kleinen Erlenbüsche, die gefahrlos sind, hinüber gegen die Hagweiden und von dort zu meinem Haus hinunter, das in dem Tal steht.

Als ich das so gesagt hatte, wollte mein Knecht Thomas nicht zugeben, dass ich allein gehe; denn der Weg, den ich beschrieben hatte, wäre hüglig und ging an Höhen von Wiesen hinauf, wo gewiss überhängende Schneelehnen sind, und wo in dem glatten Eis das Klimmen und Steigen von großer Gefahr sein möchte. Er sagte, er wolle mit mir gehen, dass wir einander an den Meierbacher Wiesen emporhelfen, dass wir einander beistehen und uns durch das Geerle hinüberziehen möchten. Unsere Fahrangelegenheit könnten wir bei dem Wirt dalassen, er würde ihm schon sagen, wie der Fuchs zu füttern und zu pflegen sei. Morgen, wenn sich das Wetter geändert hätte, würde er um den Fuchs herübergehen, und zu meiner Fahrt, wenn ich zeitlich fort wollte, könnte ich die Pferde des Rothbergerwirtes nehmen, um die ich den Gottlieb oder jemanden hinabschicken möge, wenn ja sonst Gott einen Tag sende, an dem ein Mensch unter den freien Himmel herauszugehen sich wage. – Ich sah das alles ein, was mein Knecht Thomas sagte, und da ich mich auch nicht ganz genau erinnerte – man schaut das nicht so genau an – ob denn wirklich überall da, wo ich zu gehen vor hatte, keine Bäume stünden, oder ob ich nicht einen viel weiteren Umweg zu machen oder gar wieder zurückzugehen hätte, wenn ich nicht vordringen könnte; so gestattete ich ihm, dass er mit gehe, damit wir unser zwei sind und die Sache mit mehr Kräften beherrschten.

Ich habe in meinem Schlitten immer Steigeisen eingepackt, weil ich oft aussteigen und über manche Hügel hinauf, die in unserem Lande sind und steile Hänge haben, zu Kranken gehen muss, wo ich, wenn Glatteis herrscht, gar nicht oder mit Gefahr und Mühe auf den Wegen, die niemand pflegt, oder die verschneit und vereist sind, hinaufkommen könnte. Weil es aber auch leicht möglich ist, dass etwas bricht, so führe ich immer zwei Paare mit, dass ich in keine Ungelegenheit komme. Heute hatte ich sie nicht gebraucht, weil ich immer an ebenen Stellen zu gehen hatte, und weil ich die Füße nicht an immer dauernde Unterstützung gewöhnen will. Ich suchte die Steigeisen aus dem Schlitten heraus und gab Thomas ein Paar. Dann steckte ich aus den Fächern des Schlittens die Dinge und Herrichtungen zu mir, die ich morgen brauchen sollte. An dem Gestell des Schlittens oberhalb der Kufe dem Korb entlang sind Bergstöcke angeschnallt, die eine sehr starke Eisenspitze haben und weiter aufwärts einen eisernen Haken, um sich damit einzuhaken und anzuhängen. Am obersten Ende des Holzes sind sie mit einem Knauf versehen, dass sie nicht so leicht durch die Hand gleiten. Weil ich aus Vorsicht auch immer zwei solche Stöcke bei mir habe, gab ich dem Thomas einen, nachdem er sie abgeschnallt hatte, und einen behielt ich mir. So gingen wir dann, ohne uns noch aufzuhalten, sogleich fort, weil an solchen Wintertagen die Nacht schnell hereinbricht und dann sehr finster ist. Der Thomas hatte darum auch die Blendlaterne aus dem Schlitten genommen und hatte sich mit Feuerzeug versehen.

Auf dem offenen Feld, ehe wir wieder in die Nähe des Taugrundes kamen, gingen wir ohne Steigeisen bloß mit Hilfe der Stöcke fort, was sehr beschwerlich war. Als wir in die Nähe des Waldes kamen und uns das fürchterliche Rauschen wieder empfing, bogen wir links ab gegen die Wiesen des Meierbacher hin, die eine Lichtung durch den Wald bilden, und die uns den Weg darstellen sollten, auf dem wir nach Hause gelangen könnten. Wir erreichten die Wiesen, das will sagen, wir erkannten, dass wir uns auf dem Schnee über ihrer Grenze befanden, weil die Rinde nun sanft abwärts zu gehen begann, wo unten der Bach sein sollte, über dem aber zwei Klafter hoher Schnee, oder noch höherer, stand. Wir wagten, da der Grund nicht zerrissen ist und die Decke mit ihrem Glänzen ein gleichmäßiges Abgehen zeigte, das Hinabfahren mit unseren Bergstöcken. Es gelang gut. Wir hätten wohl mittelst der Steigeisen lange gebraucht hinabzukommen, aber so gelangten wir in einem Augenblick hinunter, dass die Luft an unseren Gesichtern und durch unsere Haare sauste. Wirklich glaubten wir, da wir wieder aufgestanden waren, es habe sich ein kleines Windchen gehoben, aber es war nur unsere Bewegung gewesen, und ringsum war es so ruhig, wie den ganzen Tag. Wir legten nun in dem Grund unsere Steigeisen an, um über die Höhe und den bedeutenden Bühel emporzukommen, in denen sich die Wiese hinüber gegen die Erlengebüsche legt, auf die wir hinausgelangen wollten. Es ist gut, dass ich aus Vorsicht die Spitzen der Steigeisen immer zuschleifen und schärfen lasse; denn wir gingen über den Bühel, der wie eine ungeheure gläserne Spiegelwalze vor uns lag, so gerade hinauf, als würden wir mit jedem Tritt an die Glätte geheftet. Als wir oben waren und an dem Rand des Geerles standen, wo man ziemlich weit herum sieht, meinten wir, es dämmere bereits; denn der Eisglanz hatte da hinab, wo wir heraufgekommen waren, eine Farbe wie Zinn, und wo die Schneewehen sich überwölbten und Rinnen und Löcher bildeten, saß es wie grauliche Schatten darinnen; aber die Ursache, dass wir so trüb sahen, musste der Tag sein, der durch die weißliche, feste Decke des Himmels dieses seltsame, dämmrige Licht warf. Wir sahen auf mehrere Wälder, die jenseits dieser Höhe herum ziehen: sie waren grau und schwarz gegen den Himmel und den Schnee, und die Lebendigkeit in ihnen, das gedämpfte Rauschen, war fast hörbar – aber deutlich zu vernehmen war mancher Fall, und dann das Brausen, das darauf durch die Glieder der Bergzüge ging.

Wir hielten uns nicht lange an diesem Platz auf, sondern suchten in die Büsche der Erlen einzudringen und durch sie hindurchzukommen. Die Steigeisen hatten wir weggetan und trugen sie über unsern Rücken herabhängend. Es war schwer, durch die Zweige, die dicht aus dem Schnee nach allen Richtungen ragten, zu gelangen. Sie hielten uns die starren Ausläufe wie unzählige stählerne Stangen und Spieße entgegen, die in unsere Gewänder und Füße bohrten und uns verletzt haben würden. Aber wir gebrauchten unsere Bergstöcke dazu, dass wir mit ihnen vor uns in das Gezweig schlugen und Eis und Holz so weit zerschlugen und weich machten, dass wir mit Arbeit und gegenseitiger Hilfe durchdringen konnten. Es dauerte aber lange.

Als wir endlich heraus waren und an den Hagweiden standen, wo wir hinunter in das Tal sahen, in dem mein Haus ist, dämmerte es wirklich, aber wir waren schon nahe genug, und besorgten nichts mehr. Durch die allgemeine dicke, weißgraue Luft sahen wir mein Haus, und ein gerader bläulicher Rauch stieg aus demselben empor, wahrscheinlich von dem Feuer kommend, an dem Maria, die Haushälterin, unser Mahl in Bereitschaft richtete. Wir legten hier wieder die Steigeisen an und gingen langsam hinunter, bis wir auf ebenem Boden waren, wo wir sie wieder wegtaten.

Vor den Türen der Häuser, die in der Nähe des meinigen sind, standen Gruppen von Menschen und schauten den Himmel an. »Ach, Herr Doktor«, riefen sie, »ach, Herr Doktor, wo kommt Ihr denn an diesem fürchterlichen Tage her?« – »Ich komme von der Dubs und von den Eidunhäusern«, sagte ich, »mein Pferd und den Schlitten ließ ich zurück, und bin über die Meierbacher Wiesen und die Hagweiden gekommen, weil ich nicht mehr durch den Wald konnte.«

Ich blieb ein wenig bei den Leuten stehen. Wirklich war der Tag ein furchtbarer. Das Rauschen der Wälder war von ringsum bereits bis hierher zu hören, dazwischen tönte der Fall von Bäumen, und folgte immer dichter aufeinander; ja sogar von dem hohen obern Wald her, wo man gar nicht wegen der Dicke des Nebels hinsehen konnte, war das Krachen und Stürzen zu vernehmen.

Der Himmel war immer weißlich, wie den ganzen Tag, ja sein Schimmer schien jetzt gegen Abend noch lichter zu werden; die Luft stand gänzlich unbewegt, und der feine Regen fiel gerade herunter.

»Gott gnade dem Menschen, der jetzt im Freien ist, oder gar im Wald«, sagte einer von den Umstehenden. »Er wird sich wohl gerettet haben«, sagte ein anderer; »denn heute bleibt niemand auf einem Weg.«

Ich und Thomas trugen starke Lasten, die schier nicht mehr zu halten waren, deswegen nahmen wir Abschied von den Leuten und gingen unserm Hause zu. Jeder Baum hatte einen schwarzen Fleck um sich, weil eine Menge Zweige herabgerissen war, als hätte sie ein starker Hagelschlag getroffen. Mein hölzernes Gitter, mit dem ich den Hof von dem Garten, der noch nicht fertig war, abschließe, stand silbern da, wie vor dem Altar einer Kirche; ein Pflaumenbaum daneben, der noch von dem alten Allerb herrührte, war geknickt. Die Fichte, bei welcher mein Sommerbänklein steht, hatten sie dadurch vor Schaden zu bewahren gesucht, dass sie mit Stangen, soweit sie reichen konnten, das Eis herabschlugen – und wie der Wipfel sich gar schier zu neigen schien, ist der andere Knecht, Kajetan, hinaufgestiegen, hat vorsichtig oberhalb sich herabgeschlagen und hat dann an die obersten Äste zwei Wiesbaumseile gebunden, die er herabhängen ließ, und an denen er von Zeit zu Zeit rüttelte. Sie wussten, dass mir der Baum lieb war, und er ist auch sehr schön, und mit seinen grünen Zweigen so bebuscht, dass sich eine ungeheure Last von Eis daran gehängt und ihn zerspellt oder seine Äste zerrissen hätte. Ich ging in meine Stube, die gut gewärmt war, legte alle Dinge, die ich aus dem Schlitten zu mir gesteckt hatte, auf den Tisch, und tat dann die Kleider weg, von denen sie unten das Eis herabschlugen und sie dann in die Küchenstube aufhängen mussten; denn sie waren sehr feucht. Sobald ich mich anders angekleidet hatte, erfuhr ich, dass Gottlieb zum Wald des Taugrundes hinabgegangen und noch immer nicht zurückgekehrt sei, weil er wisse, dass ich durch den Taugrund mit meinem Schlitten daher kommen müsse. Ich sagte dem Kajetan, dass er ihn holen solle, dass er sich noch jemand mitnehme, wenn er einen finden könne, der ihn begleite, dass sie eine Laterne und Eisen an die Füße und Stöcke in die Hand nehmen sollen. Sie brachten ihn später daher, und er war schier mit Panzerringen versehen, weil er nicht überall das Eis von sich hatte abwehren können.

Ich aß ein wenig von meinem aufgehobenen Mahl. Die Dämmerung war schon weit vorgerückt und die Nacht bereits hereingebrochen. Ich konnte jetzt das verworrene Getöse sogar in meine Stube herein hören, und meine Leute gingen voll Angst unten im Haus herum.

Nach einer Weile kam Thomas, der ebenfalls gegessen und andere Kleider angetan hatte, zu mir und sagte, dass sich die Leute der Nachbarhäuser versammeln und in großer Bestürzung seien. Ich tat einen starken Rock um und ging mittelst eines Stocks über das Eis zu den Häusern hinüber. Es war bereits ganz finster geworden, nur das Eis auf der Erde gab einen zweifelhaften Schein und ein Schneelicht von sich. Den Regen konnte man im Gesicht spüren, um das es feucht war, und ich spürte ihn auch an der Hand, mit welcher ich den Bergstock einsetzte. Das Getöse hatte sich in der Finsternis vermehrt, es war ringsherum an Orten, wo jetzt kein Auge hindringen konnte, wie das Rauschen entfernter Wasserfälle, – das Brechen wurde auch immer deutlicher, als ob ein starkes Heer oder eine geschreilose Schlacht im Anzug wäre. Ich sah die Leute, als ich näher an die Häuser kam, stehen, aber ich sah die schwarzen Gruppen derselben von den Häusern entfernt mitten im Schnee, nicht etwa vor den Türen oder an der Wand. – »Ach Doktor helft, ach Doktor helft«, riefen einige, da sie mich kommen sahen und mich an meinem Gang erkannten. »Ich kann euch nicht helfen, Gott ist überall groß und wunderbar, er wird helfen und retten«, sagte ich, indem ich zu ihnen trat.

Wir standen eine Weile beieinander und horchten auf die Töne. Später vernahm ich aus ihren Gesprächen, dass sie sich fürchteten, dass bei Nacht die Häuser eingedrückt werden könnten. Ich sagte ihnen, dass sich in den Bäumen, insbesondere bei uns, wo die Nadelbäume so vorherrschend sind, in jedem Zweig, zwischen den kleinsten Reisern und Nadeln das unsäglich herunterrinnende Wasser sammle, in dem seltsamen Frost, der herrsche, gefriere und durch stetes nachhallendes Wachsen an den Ästen ziehe, Nadeln, Reiser, Zweige, Äste mit herabnehme, und endlich Bäume biege und breche; aber von dem Dach, auf welchem die glatte Schneedecke liege, rinne das Wasser fast alles ab, um so mehr, da die Rinde des Eises glatt sei und das Rinnen befördere. Sie möchten nur durch Haken Stücke des Eises herabreißen, und da würden sie sehen, zu welch geringer Dicke die Rinde auf der schiefen Fläche anzuwachsen im Stande gewesen sei. An den Bäumen ziehen unendlich viele Hände gleichsam bei unendlich vielen Haaren und Armen hernieder; bei den Häusern schiebe alles gegen den Rand, wo es in Zapfen niederhänge, die ohnmächtig sind, oder losbrechen, oder herabgeschlagen werden können. Ich tröstete sie hierdurch, und sie begriffen die Sache, die sie nur verwirrt hatte, weil nie dergleichen oder nicht in solcher Gewalt und Stärke erlebt worden war.

Ich ging dann wieder nach Hause. Ich selber war nicht so ruhig, ich zitterte innerlich; denn was sollte das werden, wenn der Regen noch immer so fort dauerte und das Donnern der armen Gewächse in so rascher Folge zunahm, wie es jetzt, wo schier alles am Äußersten war, geschah. Die Lasten hatten sich zusammengelegt; ein Lot, ein Quäntchen, ein Tropfen konnte den hundertjährigen Baum stürzen. Ich zündete in meiner Stube Lichter an, und wollte nicht schlafen. Der Bub Gottlieb hatte durch das lange Stehen und Warten am Taugrund ein leichtes Fieber bekommen. Ich hatte ihn untersucht, und schickte ihm etwas hinunter.

Nach einer Stunde kam Thomas und sagte, dass die Leute zusammengekommen seien und beten; das Getöse sei furchtbar. Ich erwiderte ihm, es müsse sich bald ändern, und er entfernte sich wieder. Ich ging in dem Zimmer, in das das Lärmen, wie tosende Meereswogen, drang, auf und ab, und da ich mich später auf das lederne Sitzbett, das da stand, ein wenig niedergelegt hatte, schlief ich aus Müdigkeit doch ein.

Als ich wieder erwachte, hörte ich ein Sausen oberhalb meinem Dache, das ich mir nicht gleich zu erklären vermochte. Als ich aber aufstand, mich ermannte, an das Fenster trat und einen Flügel öffnete, erkannte ich, dass es Wind sei, ja, dass ein Sturm durch die Lüfte dahin gehe. Ich wollte mich überzeugen, ob es noch regne, und ob der Wind ein kalter oder warmer sei. Ich nahm einen Mantel um, und da ich durch das vordere Zimmer ging, sah ich seitwärts Licht durch die Tür des Gemachs herausfallen, in welchem Thomas schläft. Er ist nämlich in meiner Nähe, damit ich ihn mit der Glocke rufen könne, wenn ich etwas brauche, oder falls mir etwas zustieße. Ich ging ins Gemach hinein und sah, dass er am Tische sitze. Er hatte sich gar nicht niedergelegt, weil er sich, wie er mir gestand, zu sehr fürchtete. Ich sagte ihm, dass ich hinuntergehe, um das Wetter zu prüfen. Er stand gleich auf, nahm seine Lampe, und ging hinter mir die Treppe hinab. Als wir unten im Vorhaus angekommen waren, stellte ich mein Licht in die Nische der Stiege und er seine Lampe dazu. Dann sperrte ich die Tür auf, die in den Hof hinausführt, und als wir aus den kalten Gängen hinaustraten, schlug uns draußen eine warme, weiche Luft entgegen. Der ungewöhnliche Stand der Dinge, der den ganzen Tag gedauert hatte, hatte sich gelöst. Die Wärme, welche von der Mittagsseite herkam und bis jetzt nur in den oberen Teilen geherrscht hatte, war nun auch, wie es meist geschieht, in die untern herabgesunken, und der Luftzug, der gewiss oben schon gewesen war, hatte sich herabgedrückt und war in völligen Sturm übergegangen. Auch am Himmel war es, soviel ich sehen konnte, anders geworden. Die einzelne graue Farbe war unterbrochen; denn ich sah dunkle und schwarze Stücke hie und da zerstreut. Der Regen war nicht mehr so dicht, schlug aber in weiter zerstreuten und stärkeren Tropfen an unser Gesicht. Als ich so stand, näherten sich mir einige Menschen, die in der Nähe meines Hauses gewesen sein mussten. Mein Hof ist nämlich nicht so, wie es gewöhnlich zu sein pflegt, und damals war er noch weniger verwahrt als jetzt. Das Mauerwerk meines Hauses ist nämlich von zwei Seiten ins Rechteck gestellt, und das sind die zwei Seiten des Hofes. Die dritte war damals mit einer Planke versehen, hinter der der Garten werden sollte, in den man durch ein hölzernes Gitter hineinging. Die vierte war die Einfahrt, damals auch Planke, nicht einmal gut gefügt, und mit einem hölzernen Gittertor versehen, das meistens offen stand. In der Mitte des Hofes sollte ein Brunnen werden, der aber damals noch gar nicht angefangen war. Es kam daher leicht an, dass Menschen zu mir in meinem Hof treten konnten. Sie waren im Freien gestanden und hatten in großer Angst den Zustand der Dinge betrachten wollen. Als sie das Licht in den Fenstern meiner Stube verschwinden sahen und gleich darauf bemerkten, dass es an den Fenstern des Stiegenhauses heruntergehe, dachten sie, dass ich in den Hof kommen würde, und gingen näher herzu. Sie fürchteten erst rechte Verheerungen und unbekannte Schrecken, da nun der Sturm auch noch dazu gekommen sei. Ich sagte ihnen aber, dass dies gut ist, und dass nun das Ärgste bereits hinter uns liege. Es war zu erwarten, dass die Kälte, die nur unten, nicht aber oben war, bald verschwinden würde. Es könne nun, da der Wind so warm sei, kein neues Eis mehr entstehen, ja das alte müsse weniger werden. Der Wind, wie sie meinten und fürchteten, könne auch nicht mehr Bäume stürzen, als in der Windstille gefallen sind; denn als er sich hob, sei er gewiss nicht so stark gewesen, dass er zu der Wucht, mit der mancher

Stamm schon beladen gewesen war, so viel hinzu gegeben hätte, dass der Stamm gebrochen wäre, wohl aber sei er gewiss schon stark genug gewesen, um das Wasser, das locker in den Nadeln geschwebt hatte, und die Eisstücke, die nur mit einem schwachen Halt befestigt gewesen waren, herabzuschütteln. Der nächste, stärkere Stoß habe schon einen erleichterten Baum gefunden und habe ihn noch mehr erleichtert. So sei die Windstille, in der sich alles heimlich sammeln und aufladen konnte, das Furchtbare, und der Sturm, der das Zusammengeladene erschütterte, die Erlösung gewesen. Und wenn auch mancher Baum durch den Wind zu Fall gebracht wurde, so wurden doch gewiss weit mehrere durch ihn gerettet, und der schon im Äußersten stehende Stamm wäre auch in der Windstille, nur um eine kleine Zeit später, gefallen. Und nicht bloß herabgeschüttelt habe der Wind das Eis, sondern er habe es auch durch seinen warmen Hauch zuerst in den zarteren Geweben, dann in den stärkeren zerfressen, und habe das dadurch entstandene und auch das vom Himmel gefallene Wasser nicht in den Zweigen gelassen, wie es eine bloß warme, aber stille Luft getan hätte. Und in der Tat, obwohl wir durch das Sausen des Sturmes hindurch das frühere Rauschen der Wälder nicht hören konnten, waren doch die dumpfen Fälle, die wir allerdings noch vernahmen, viel seltener geworden.

Nach einer Weile, in welcher der Wind immer heftiger und, wie wir meinten, auch immer wärmer geworden war, wünschten wir uns eine gute Nacht, und gingen nach Hause. Ich begab mich auf meine Stube, entkleidete mich, legte mich ins Bett, und schlief recht fest bis an den Morgen, da schon der helle Tag am Himmel stand.

Als ich erwacht war, stand ich auf, legte die Kleider an, die ich am Morgen gerne habe, und ging an die Fenster. Der Sturm hatte sich noch gesteigert. Ein weißer Schaum jagte am Himmel dahin. Der blaue Rauch, der aus der Hütte des Klum herausging, zerflatterte, wie ein zerrissener Schleier. Wo sich ein Stück einer schwarzen Wolke hinter einem Wald hervorragend sehen ließ, wälzte es sich am Himmel hin, und war gleich wieder nicht sichtbar. Es schien, als sollte jeder Dunst verjagt werden und sogleich das reine Blau zum Vorschein kommen; allein es quoll der weiße Qualm immer wieder heraus, als würde er in der Tiefe des Himmels erzeugt; und bräunliche und graue und rötliche Stücke jagten in ihm dahin. Die Dächer der Nachbarhütten schimmerten nass; in den Mulden des Eises, das über dem Schnee lag, stand Wasser, und wurde gekräuselt und in feinen Tropfen in die Lüfte zerspritzt; das andere nasse Eis glänzte schimmernd, als wäre die Weiße des Himmels darauf geworfen, die Wälder ragten finsterer und die schwarze Farbe des Sturmes gewinnend gegen den Himmel, und wo ein näherer Baum seine Äste im Winde wiegte, stand oft augenblicklich ein langer Blitz da und verschwand, und selbst über die ferneren Wände der Wälder lief es noch zu Zeiten wie verlorenes Geschimmer und Geglänze. In meinem Hof war es nass, und die einzelnen, aber großen Tropfen schlugen gegen die andere Wand meines Hauses und gegen ihre Fenster; denn die meinigen waren dem Wind nicht zugekehrt und schauten gegen Sonnenaufgang. Bei der Fichte, an der mein Sommerbänklein steht, das aber jetzt wegen der großen Überhüllung des Schnees nicht zu erblicken war, sah ich, wie sie Leitern anlegten und der Kajetan hinaufkletterte, um die zwei Wiesbaumseile loszulösen.

Die Gefahr, in welcher wir schwebten, war nun eine andere und größere als gestern, wo nur für die Wälder und Gärten ein großer Schaden zu fürchten gewesen war. Wenn das Wasser von dem außerordentlich vielen Schnee, der in dem Winter gefallen war, auf einmal los gebunden wird, so kann es unsere Felder, unsere Wiesen und unsere Häuser zerstören. Der Wind war noch wärmer, als in der vergangenen Nacht; denn ich öffnete die Fenster des Ganges, um ihn zu empfinden. Wenn einmal die dichte Eisdecke, die sich gestern wie zum Schutze auf die Erde gelegt hatte, durchfressen ist, dann wird der Schnee, das lockere Gewirr von lauter dünnen Eisnadeln, schnell in Tropfen zerfallen, die wilden Ungeheuer der Waldbäche werden aus den Tälern herausstürzen und donnernd die Felder, die Wiesen, die Flächen mit Wasser füllen; von allen Bergen werden schäumende Bänder niedergehen; das beweglich gewordene Wasser wird, wo Felsen und jähe Abhänge emporragen, die Lawinen, welche Steine, Schnee und Bäume ballen, die Bäche dämmen und vor sich ein Meer von Wasser erzeugen.

Ich legte meine Kleider an, aß schnell mein Frühmahl und bereitete mich zu dem heutigen Tagewerk. Ich ging zum Knaben Gottlieb hinab, um nachzuschauen; aber er war ganz gesund und sah sehr gut aus. Ich sendete zu dem Vetter Martin, dem Wirt am Rothberg, hinunter, dass er mir heute ein Fuhrwerk leihe, denn durch den Taugrund war der Weg durch gestürzte Bäume verlegt und konnte so bald nicht befreit werden, obwohl nun keine Gefahr mehr unter den Bäumen herrschte. Von dem Rothberg herauf war aber alles frei geblieben; denn die Buchen mit ihren zähen Ästen hatten die belasteten Zweige zwar bis auf die Erde hängen lassen, waren aber doch dem Zerbrechen widerstanden. Auf dem Weg, auf welchem wir gestern gekommen waren, konnte Thomas nicht in das Eiden und zu dem Fuchs hinübergelangen, weil das Eis nicht mehr trug; und ein tiefes, gefährliches Versinken in den wässrigen Schnee hätte erfolgen müssen. Er sagte, er wolle es gegen Mittag versuchen, bei den gestürzten Bäumen vorbei zu klettern und so in das Eiden zu kommen. Von den Rothberghäusern war zeitlich früh schon ein Bote heraufgekommen, der mir Nachricht von einem Kranken zu bringen hatte, und dieser hatte mir auch gesagt, dass es durch den Haingraben und an dem Buchengehäng von dem Rothberg herauf frei geblieben war.

Während ich auf den Knecht wartete, den mir der Wirt am Rothberge mit einem Fuhrwerk senden sollte, untersuchte ich die Eisrinde des Schnees. Sie war noch nicht zerstört, aber an vielen Stellen in der Nähe meines Hauses so dünn, dass ich sie mit meiner Hand zerbrechen konnte. In muldenförmigen Gräben rann das Wasser auf der glatten Unterlage bereits sehr emsig dahin. Der Regen hatte ganz aufgehört, höchstens dass noch mancher einzelne Tropfen vom Wind geschleudert wurde. Der Wind aber dauerte fort, er glättete das Eis, auf dem er das dünne Wasser dahinjagte, zu dem feinsten Schliff, und löste durch seine Weichheit unablässig alles Starre und Wassergebende auf.

Der Knecht des Wirtes am Rothberg kam, ich nahm mein Gewand gegen den Wind zusammen und setzte mich in den Schlitten. Ich habe an diesem Tage viele Dinge gesehen. Statt dass es gestern auf den Höhen und in den Wäldern gerauscht hatte, rauschte es heute in allen Tälern, statt dass es gestern an den Haaren des Fuchses niedergezogen hatte, flatterten sie an dem heutigen Pferd in allen Winden. Wenn wir um eine Schneewehe herumbiegen wollten, sprang uns aus ihr ein Guss Wasser entgegen, es raschelte in allen Gräben, und in den kleinsten, unbedeutendsten Rinnen rieselte und brodelte es. Die Siller, sonst das schöne, freundliche Wasser, brauste aus dem Wald heraus, hatte die fremdartig milchig schäumenden Wogen des Schneewassers, und stach gegen die dunkle Höhle des Waldes ab, aus der sie hervorkam, und in der noch die gestürzten Bäume übereinander und über das Wasser lagen, wie sie gestern vom Eis gefällt worden waren. Wir konnten nicht durch den Wald fahren, und mussten durch die Hagweiden den Feldweg einschlagen, der heuer zufällig befahren war, weil die Bewohner von Haslung ihr Holz von dem Sillerbruch wegen des vielen Schnees nicht durch den Wald, sondern auf diesem Umweg nach Hause bringen mussten. Wir fuhren durch den geweichten Schnee, wir fuhren durch Wasser, dass der Schlitten beinahe schwamm, und einmal musste das Tier von dem Knecht mit größter Vorsicht geführt werden, und ich musste bis an die Brust durch das Schneewasser gehen.

Gegen Abend wurde es kühler, und der Wind hatte sich beinahe gelegt.

Als ich mich zu Hause in andere Kleider gehüllt hatte und nach dem Thomas fragte, kam er herauf zu mir und sagte, dass er mit dem Fuchs noch glücklich nach Hause gekommen sei.

Er habe die gestürzten Bäume überklettert, man sei mit Sägen mit ihm gegangen, um wenigstens die größeren Stücke vom Weg zu bringen, und als er zurückgekommen war, sei es schon ziemlich frei gewesen. Über die kleineren Stämme und über die Äste habe er den Schlitten hinübergeleitet. Aber der Bach, der im Taugrund fließt, hätte ihm bald Hindernisse gemacht. Es ist zwar nicht der Bach da, aber an der Stelle, wo unter dem Schnee der Bach fließen sollte, oder eigentlich gefroren sein mag, rann viel Wasser in einer breiten Rinne hin. Als er den Fuchs hineinleitete, wäre derselbe im Schnee versunken, der in dem Grund des Wassers ist, weshalb er ihn wieder zurückzog und selber durch Hineinwaten so lange versuchte, bis er den festen Boden des heurigen Schlittenwegs fand, auf welchem er dann den Fuchs und den Schlitten hindurchgeführt habe. Später wäre es nicht mehr möglich gewesen; denn jetzt stehe ein ganzer See von Wasser in den Niederungen des Taugrundes.

Ähnliche Nachrichten kamen aus verschiedenen Teilen meiner Nachbarschaft; von der Ferne konnte ich keine bekommen, weil sich niemand getraute, unter diesen Umständen einen weiteren Weg zu gehen. Selbst zwei Boten, die mir von entfernten Kranken Nachricht bringen sollten, sind ausgeblieben.

So brach die Nacht herein und hüllte uns die Kenntnis aller Dinge zu, außer dem Wind, den wir über die weiße, wassergetränkte, gefahrdrohende Gegend hinsausen hörten.

Am andern Tag war blauer Himmel, nur dass einzelne Wölklein nicht schnell, sondern gemach durch das gereinigte Blau dahinsegelten. Der Wind hatte fast gänzlich aufgehört, und zog auch nicht mehr aus Mittag [Süden], sondern ganz schwach aus Untergang [Westen]. Auch war es kälter geworden, zwar nicht so kalt, dass es gefroren hätte, doch so, dass sich kein neues Wasser mehr erzeugte. Ich konnte auf meinen Wegen fast überall durchdringen, außer an zwei Stellen, wo das Wasser in einer solchen Tiefe von aufgelöstem und durchweichtem Schnee dahinrollte, dass es nicht möglich war, durch zu gehen oder zu fahren. An einem andern Platz, wo es zwar ruhig, aber breit und tief in der Absenkung des Tales stand, banden sie Bäume zusammen und zogen mich gleichsam auf einem Floß zu einem gefährlichen Kranken hinüber. Ich hätte die andern zwar auch gerne gesehen, aber es war doch nicht so notwendig, und morgen hoffte ich schon zu ihnen gelangen zu können.

Am nächsten Tag war es wieder schön. Es war in der Nacht so kalt gewesen, dass sich die stehenden Wässer mit einer Eisdecke überzogen hatten. Diese schmolz am Tag nicht weg, wohl aber zerbrach sie, indem die Wässer in die unterhalb befindliche Grundlage des Schnees schnell einsanken und versiegender wurden. Es war doch gestern gut gewesen, dass ich zum Kumberger Franz auf dem Floß hinübergefahren bin, denn das Mittel, welches ich ihm dagelassen hatte, hatte so gut gewirkt, dass er heute viel besser war und fast die Gefahr schon überstanden hatte. Auch zu den andern zweien konnte ich schon gelangen. Man konnte zwar nicht fahren, weil es unter dem Wasser zu ungleich war, aber mit einer Stange und meinem Bergstock, den ich daran band, konnte ich durchgehen. Die nassen Kleider wurden, nachdem ich die zweiten, die ich mitführte, im Gollwirtshaus angelegt hatte, in den Schlitten gepackt.

Am nächsten Tag konnte ich auch schon wieder durch den Taugrund in das Eidun und in die Dubs hinübergelangen.

Es kamen nun lauter schöne Tage. Eine stetige, schwache Luft ging aus Sonnenaufgang [Osten]. Nachts fror es immer, und bei Tage taute es wieder. Die Wässer, welche sich in jenem Sturm gesammelt hatten, waren nach und nach so versiegt und versunken, dass man keine Spur von ihnen entdecken konnte, und dass man auf allen Wegen, die sonst im Winter gangbar sind, wieder zu gehen und anfangs mit Schlitten und später mit Wagen zu fahren vermochte. Ebenso hatte sich die unermessliche Menge Schnee, die wir so gefürchtet hatten, so allmählich verloren, dass wir nicht wussten, wo er hingekommen ist, als hie und da offene Stellen zum Vorschein kamen, und endlich nur mehr in Tiefen und Schluchten und in den höheren Wäldern die weißen Flecke lagen. – In den ersten Tagen nach jenem Ereignis mit dem Eis, als die Leute sich allgemach wieder auf entferntere Wege wagten, konnte man die Zerstörungen erst recht ermessen. An manchen Orten, wo die Bäume dicht standen und wegen Mangel an Luftzug und Licht die Stämme dünner, schlanker und schwächer waren, dann an Gebirgshängen, wo sie mageren Boden hatten, oder durch Einwirkung herrschender Winde schon früher schief standen, war die Verwüstung furchtbar. Oft lagen die Stämme wie gemähte Halme durcheinander, und von denen, die stehen geblieben waren, hatten die fallenden Äste herab geschlagen, sie gespalten oder die Rinde von ihnen gestreift und geschunden. Am meisten hatte das Nadelholz gelitten, weil es zuerst schon, namentlich, wo es dicht steht, schlankere, zerbrechlichere Schäfte hat, dann weil die Zweige auch im Winter dicht bebuscht sind und dem Eis um viel mehr Anhaltsstellen gewähren, als die der anderen Bäume. Am wenigsten wurde die Buche mitgenommen, dann die Weide und Birke. Die letztere hatte nur die feinsten herabhängenden Zweige verloren, die wie Streu herumlagen; – wo ein Stamm dünn genug war, hatte er sich zu einem Reif gebogen, derlei Reifen man dann im Frühling viele herumstehen sehen konnte; ja noch im Sommer und selbst nach mehreren Jahren waren manche zu sehen. Allein, wie groß auch die Zerstörung, wie bedeutend auch der Schaden war, der in den Wäldern angerichtet wurde, so war dieses in unserer Gegend weniger empfindlich, als es in andern gewesen wäre; denn da wir Holz genug hatten, ja, da eher ein Überfluss als ein Mangel daran herrschte, konnten wir das, was wirklich zu Grunde gegangen war, leicht verschmerzen, auch mochten wir zu dem nächsten Bedürfnis nehmen, was gefallen war, wenn man nämlich dazu gelangen konnte, und es nicht in Schluchten lag oder an unzugänglichen Felsen hing. Größer aber und eindringlicher noch mochte der Schaden an Obstbäumen sein, wo die Äste von ihnen gebrochen waren, und wo sie selber gespalten und geknickt wurden; denn Obstbäume sind ohnedies in der Gegend seltener als sonstwo, und sie brauchen auch mehr Pflege und Sorgfalt, und gedeihen langsamer, als es selbst nur wenige Stunden von uns der Fall ist, in der ebeneren Lage draußen, in Tunberg, in Rohren, in Gurfeld, und selbst in Pirling, das näher an uns ist und an unseren Waldverhältnissen schon Teil nimmt.

Von den Gruppen von Bäumen, die in meiner Wiese und in der Nachbarschaft herumstehen, und die ich so liebe, haben mehrere gelitten. Einige sind geknickt, haben ihre Äste verloren, und drei Eschen sind ganz und gar umgeworfen worden.

Im Thurwald, der vielleicht der höchste ist, den man vom Hag und vom Hang sehen kann, ist eine Lawine herabgegangen und hat das Holz genommen, dass man jetzt noch den Streifen mit freiem Auge erblicken kann.

Als einige Zeit vergangen war und die Wege an den Orten wieder frei wurden, hörte man auch von den Unglücksfällen, die sich ereignet hatten, und von wunderbaren Rettungen, die vorgekommen waren. Ein Jäger auf der jenseitigen Linie, der sich nicht hatte abhalten lassen, an dem Tage des Eises in sein Revier hinaufzugehen, wurde von einer Menge stürzender Zapfen erschlagen, die sich am oberen Rand einer Felswand losgelöst und die weiter unten befindlichen mitgenommen hatten. Man fand ihn mitten unter diesen Eissäulen liegen, da man sich am nächsten Tag trotz des Sturmes und der Schneeweiche den Weg hinauf zu ihm gebahnt hatte; denn der Jägerjung wusste, wohin sein Herr gegangen war, er nahm die Hunde mit, und diese zeigten durch ihr Anschlagen die Stelle, wo er lag. Zwei Bauern, welche vom Rothberg, wo sie übernachtet hatten, durch die Waldhäuser in die Rid hinübergehen wollten, wurden von fallenden Bäumen erschlagen. Im untern Astung ertrank ein Knabe, der nur zum Nachbar gehen wollte. Er versank in dem weichen Schnee, welcher in der Höhlung des Grundes stand, und konnte nicht mehr herauskommen. Wahrscheinlich wollte er, wie man erzählte, nur ein klein wenig vom Weg abweichen, weil derselbe schief und mit glattem Eis belegt war, und geriet dadurch in den Schnee, der über einer weiten Grube lag, und unter den am ganzen Tag das Wasser hineingerieselt war und ihn trügerisch unterhöhlt hatte. Ein Knecht aus den Waldhäusern des Rothbergerhanges, der im Wald war und das beginnende Rauschen und Niederfallen der Zweige nicht beachtet hatte, konnte sich, als er nicht mehr zu entrinnen wusste, nur dadurch retten, dass er sich in die Höhlung, welche zwei im Kreuz aufeinander gestürzte Bäume unter sich machten, hineinlegte, wodurch er vor weiteren auf die Stelle stürzenden Bäumen gesichert war und von fallendem Eis nichts zu fürchten hatte, da es auf dem Rund der großen Stämme zerschellte oder abgeschleudert wurde. Allein das wusste er nicht, wenn ein neuer, starker Stamm auf die zwei schon daliegenden fiele, ob sie nicht aus ihrer ersten Lage weichen, tiefer niedersinken und ihn dann zerdrücken würden. In dieser Lage brachte er einen halben Tag und die ganze Nacht zu, indem er nasse Kleider und nichts bei sich hatte, womit er sich erquicken und den Hunger stillen konnte. Erst mit Anbruch des Tages, wo der Wind sauste und er von fallendem Eis und Holz nichts mehr vernehmen konnte, wagte er sich hervor und ging, teilweise die Eisrinde schon durchbrechend und tief in den Schnee einsinkend, zum nächsten Weg, von dem er nicht weitab war, und gelangte auf demselben nach Hause.

Auch den Josikrämer hielt man für verunglückt. Er war im Haslung am Morgen des Eistages fortgegangen, um durch den Dusterwald in die Klaus hinüberzugehen. Allein in der Klaus ist er nicht angekommen, auch ist er in keinem der umliegenden Orte, nachdem er vom Haslung bereits drei Tage weg war, erschienen. Man meinte, in dem hohen Dusterwald, dessen Gangweg ohnedies sehr gefährlich ist, wird er ums Leben gekommen sein. Er war aber von den letzten Höhen, die von Haslung aus noch sichtbar sind, hinabgegangen, wo das Tal gegen die wilden Wände und die vielen Felsen des Dusterwaldes hinüberläuft und sich dort an der Wildnis emporzieht, dann ist er schräg gegen die Wand gestiegen, die mit dem vielen Gestein und den dünn stehenden Bäumen gegen Mittag schaut, und wo unten im Sommer der Bach rauscht, der aber jetzt überfroren und mit einer unergründlichen Menge von Schnee bedeckt war. Weil der Weg längs des Hangs immer fortgeht und über ihn von der Höhe bald Steine rollen, bald Schnee in die Tiefe abgleitet, so hatte der Krämer seine Steigeisen angelegt; denn wenn sich auch auf der Steile nicht viel Schnee halten kann, vor dem Versinken also keine große Gefahr war, so kannte er doch den Regen, der da niederfiel und gefror, sehr gut, und fürchtete, an mancher Schiefe des Weges auszugleiten und in den Abgrund zu fallen. Da er, ehe es Mittag wurde, bei dem Kreuzbild vorbeiging, das vor Zeiten der fromme Söllibauer aus dem Gehänge hatte setzen lassen, hörte er bereits das Rasseln und das immer stärkere Fallen des Eises. Da er weiter ging, die Sache immer ärger wurde und zuletzt Bedenklichkeit gewann, kroch er in eine trockene Steinhöhle, die nicht weit vom Weg war, die er wusste, und in der er sich schon manchmal vor einem Regen verborgen hatte, um auch heute das Gefahrdrohendste vorübergehen zu lassen. Weil er solche eisbildende Regen kannte, dass ihnen gewöhnlich weiches Wetter zu folgen pflegt, und weil er mit Brot und anderen Lebensmitteln versehen war, indem er gar oft sein Mittagsmahl in irgendeinem Walde hielt, so machte er sich aus dem Ding nicht viel daraus. Als er am andern Morgen erwachte, ging ein Wasserfall über seine Steinhöhle. Der Wind, welcher von Mittag kam, hatte sich an der Wand, die ihm entgegenschaute, recht fangen können, und da die Bäume wegen dem Gefels dünner standen, so konnte er sich auch recht auf den Schnee hineinlegen und ihn mit seinem Hauch schnell und fürchterlich auflösen. Der Krämer sah, wenn er seitwärts seines Wassers am Eingang der Höhle hinüberblickte, dass allenthalben an den Hängen weiße, schäumende, springende Bänder niederflatterten. Hören konnte er nichts wegen dem Tosen des eigenen Wassers, das alles übertäubte. Auch sah er unten manchen Schneestaub aufschlagen von den unaufhörlich an allen Orten niedergehenden Lawinen; denn am oberen Rand der Wand geht schief eine Mulde empor, in welcher im Winter ein unendlicher Schnee zu liegen pflegt, der erstens aus dem Himmel selbst darauf fällt und dann von der noch höher liegenden schiefen, glatten Wand darauf herabrollt. Aus diesem Schnee entwickelte sich nun unsägliches Wasser, das alles über den Hang, an dem der Weg des Krämers dahinging, niederrann und zu der Tiefe zielte, in der sonst der Wildbach fließt, jetzt aber ein unbekannt tiefes Gebräu von Schnee und Wasser stand. An den Bäumen zerstäubte manches Stück Schnee, das oben auf dem nassen Boden sachte vorgerückt war und sich losgelöst hatte. Der Krämer blieb außer dem ersten Tag noch die zwei folgenden in der Höhle. Er hatte, um sich gegen die Kälte wehren zu können, die ihn bei seiner langen Ruhe überfiel, aus seinem Pack ein Stück grobes Tuch heraussuchen und sich daraus ein Lager und eine Decke machen müssen. In der Klaus ist er aber dann auch nicht angekommen, sondern man sah ihn am vierten Tag nach dem Eissturz nachmittags mit seinem Pack an dem Hag vorübergehen. Er ging nach Gurfeld hinaus, um sich sein Tuch, das er gebraucht hatte, wieder zurichten zu lassen.

Spät im Sommer fand ich einmal auch die zusammengedorrten Überreste eines Rehs, das von einem Baum erschlagen worden war.

Ich werde die Herrlichkeit und Größe jenes Schauspiels niemals vergessen. Ich konnte es vielleicht nur allein ganz ermessen, weil ich immer im Freien war und es sah, während die andern in den Häusern waren und, wenn sie auch durch einen Zufall hineingerieten, sich bloß davor fürchteten. Ich werde es auch schon darum nicht vergessen, weil sich im Frühling darauf etwas angefangen hat, was mir auf ewig im Herzen bleiben wird. – – Ach du guter, du heiliger Gott! das werde ich gewiss nie, nie, nie vergessen können!

Es verging der Schnee so gemach, dass alles offen und grüner wurde als sonst, und dass in den tiefsten Tiefen schon die Bäche zu einer Zeit wieder rauschten, wo wir sonst noch manche weiße Inseln auf den Feldern sahen. Es wurde bald warm, und die Wässer des Schnees, die wir so gefürchtet hatten, waren nicht vorhanden. Sie waren entweder in die Erde eingesickert, oder rannen jetzt in den schönen, plätschernden Bächen durch alle Täler dahin. Die Bäume belaubten sich sehr bald, und wunderbar war es, dass es schien, als hätte ihnen die Verwundung des Winters eher Nutzen als Schaden gebracht. Sie trieben fröhliche junge Schossen, und wo einer recht verletzt war und seine Äste gebrochen ragten, und wo mehrere beisammen standen, die sehr kahl geschlagen waren, kam eine Menge feiner Zweige, und es verdichtete sich immer mehr das grüne Netz, aus dem die besten, fettesten Blätter hervor sprossten. Auch die Obstbäume blieben nicht zurück. Aus den stehengebliebenen Zweigen kamen die dichten Büschel großer Blüten hervor; ja wo die feineren Zweige fehlten, saßen in den Augen der dicken, selbst der Stämme, Büschel von Blüten, waren sehr groß und hielten sich fest, da sie doch sonst in anderen Jahren, wenn sie auch kamen, klein blieben und wieder abfielen.

Als der erste Schnee wegging und der spätere, den mancher Apriltag noch niederwerfen wollte, sich nicht mehr halten konnte, als die Erde schon gelockert und gegraben werden konnte, kam der Obrist in unsere Gegend. Er hatte sich schier das ganze obere Hag eigentümlich gekauft, und begann an dem Eichenhag die Grundfesten eines Hauses aufwerfen zu lassen. Es war beinahe genau die Stelle, von der ich schon früher zuweilen gedacht hatte, dass hier eine Wohnung sehr gut stehen und recht lieblich auf die Wälder herum blicken könnte. Ich kannte den Obrist nicht. Ich wusste nur – und ich hatte es beim Wirt im Rothberge gehört, – dass ein fremder, reicher Mann in Unterhandlung um das obere Hag sei, und dass er sich ansässig machen wolle. Später sagte man, dass der Handel geschlossen sei, und man nannte auch die Summe. Ich hielt nicht viel darauf, weil ich solche Gerüchte kannte, dass sie bei wahren Veranlassungen gewöhnlich sehr gern über die Wahrheit hinausgehen, und ich hatte auch keine Zeit, mich an der wahren Stelle um den Sachverhalt zu erkundigen, weil jener Winter gerade viel mehr Kranke brachte als jeder andere. Im Frühling hieß es, dass schon gebaut werde, dass Wagen mit Steinen fahren, dass man im Sillerwald das Bauholz behaue, welches der Zimmermann in Sillerau schon im vorigen Herbst hatte fällen lassen, und dass man bereits die Grundfesten grabe. Ich ging eines Nachmittags, da ich Zeit hatte, hinauf, weil es von meinem Haus nicht weit ist, und weil ich ohnedies gerne dort hinübergehe, wenn ich zum Spazieren eine kleine Zeit habe. Es war wahr, ich fand eine Menge Menschen mit Ausgrabungen an dem Platz beschäftigt, wo man das Haus bauen wollte. Die meisten kannten mich und lüfteten den Hut oder grüßten auf andere Weise. Viele von ihnen hatten bei mir gearbeitet, als ich in dem nämlichen Zustand mit meinem neuen Haus war. Hier aber wurde mit viel mehr Händen und mit viel mehr Mitteln zugleich angefangen, als wollte man in sehr kurzer Zeit fertig werden. Ich sah auch schon eine Menge Baustoff herbeigeschafft, und in einer hölzernen Hütte wurde vielfach an den künftigen Tür- und Fensterstöcken gemeißelt. Sogar der Garten, der neben dem künftigen Hause sein sollte, wurde schon seitwärts des Eichenhags abgesteckt. Ich sah den Baueigentümer nirgends, und als ich fragte, antwortete man mir, er sei jetzt selten gegenwärtig, er sei nur einmal gekommen, habe alles besichtigt, und habe dann den weitern Verlauf des Werkes dem Baumeister aufgetragen. Wenn es aber wärmer werde, dann werde er ganz hierher kommen, werde in einem hölzernen Hause wohnen, das er sich neben dem Eichenhag errichten lasse, und werde im Herbst schon ein paar Stuben des neuen Hauses beziehen, die zuerst fertig sein und bis dahin gehörig austrocknen werden.

Ich sah mir die Sache, wie sie hier begonnen wurde, sorgfältig an, und der Plan, wie ihn mir der Werkführer auseinandersetzte, gefiel mir sehr wohl. Ich fragte gelegentlich auch nach dem Bauherrn und erfuhr, dass es ein alter Obrist sei. Weiter wussten die Leute selber nichts von ihm. Dann ging ich wieder in meine Wohnung hinunter.

Ich baute selber in diesem Frühjahr wieder weiter. Da wir bereits genug Steine im Vorrat zusammengeführt hatten, wurde die Gartenmauer angefangen. Die lieben, schönen Obstbäumchen, die ich hatte bringen lassen, schlugen in dem allgemeinen warmen, feuchten Frühling sehr gut an; die Blätter waren auf ihre Art fast zu groß und zu dunkel, und die Zweige waren strotzig und breiteten sich in kurzer Zeit sehr breit um die Stämmchen aus. Auch die Gemüsebeete, die ersten, die ich hatte, dehnten sich schön grün in den Strahlen der Sonne hin. Die Blumen, die Rosensträucher nämlich, die Flieder und andere – alles, alles begann sich zu rühren. Wegen der Tulpen, wegen der Zucht der Hyazinthen durch Samen und wegen der Nelken und anderer musste ich mich erst mit dem Kaufherrn in Gurfeld bereden; denn alles konnte nicht auf einmal sein. Die Stuben im oberen Stock sollten diesen Sommer alle hergerichtet, mit Öfen versehen und fertig sein, dass ich daran gehen könnte, sie mit Geräten zu schmücken. Ich wollte alle Stuben des Stockwerks zu meiner Wohnung bestimmen, das will sagen: die Eckstube, zu der man aus der roten Gartentür, zu der ich immer den Schlüssel führe, hinauf kann, sollte mein Schlafgemach sein, wie sie es jetzt schon ist, nur mussten alle Geräte noch anders werden. Außer dem Bett mussten allerlei Gerüste zu Schreibereien und Büchern darin sein, damit ich gleich meine Geschäfte in Ruhe versehen könne. Daran soll das wahre Schreibgemach und auch Wohngemach stoßen. Es werden wohl noch viele Jahre vergehen, ehe ich mir werde das Schreibgerüst schnitzen lassen können, auf das ich sinne, an dem ich schon mehrere Jahre zeichnete und es änderte, und zu dem jetzt immer noch nicht angefangen worden ist. Aber es wird kommen, und die Kästen werde ich mir selber zeichnen und machen lassen. Dann sollen die anderen Zimmer hergerichtet und geordnet werden, dass man von einem in das andere gehen könne. Die achteckige Kammer, die ich am Anschlusse der zwei Seiten des Hauses eigens habe machen lassen, ist wie eine Kapelle, und könnte, wenn man wollte, zu einer dienen. Wo man speisen soll, wenn ich allein bin, oder wenn Leute bei mir als Gäste sind, diese Stube soll zur Erde sein, links, wo die vorzüglichste Treppe vom Hof hinaufführt, und wo rechts der Gang ist, in dem man zur Küche und zur Speisekammer gelangen kann. An der andern Tür, die weiter hinten im Hof ist, und von welcher auch eine Stiege ins Haus hinaufführt, neben dem Thomas vorbei, der nahe an meinem Gemache schläft – an dieser Tür soll hinterwärts der Kammer, wo jetzt Gottlieb ist, gegen den Garten hin eine Stube gemacht werden, in der ich Getäfel und alle Schnitzerei anbringen lassen werde, die ich liebe. Vielleicht, dachte ich, wenn Gott mein Wirken segnet, lasse ich mir mehrere Zimmer täfeln, weil es so schön ist. Neben dem Kajetan, und an der Scheuer und Wagenlaube sollte erweitert werden, weil ich wieder einen Acker für mich gekauft hatte.

Ach! Alles im ganzen ersten Stockwerk sollte desselben Sommers fertig sein, und jetzt, da ich dies schreibe und schon der dritte Sommer ist, sind kaum die weißen Fenstervorhänge da, welche mir Maria, die alte Haushälterin, heraufbrachte, und welche ich, weil sie mich sehr darum bat, gutwillig annahm.

Wann werden die Dinge fertig sein, an denen ich so viel Freude hatte, – ich muss es sagen, bei denen mir das Herz vor Freude hüpfte?!

Der schönste Frühling kam, alles drängte, blühte und schauerte vor Fülle. Alle Hügel waren grün, die Felder wogten; auch die neuen, die man erst heuer am Mitterweg hinauf, wohin die Fenster des Hauses des Obrists recht schön werden schauen können, angelegt hatte, wallten in der schönen blaugrauen Farbe des Korns. Die schöne Fichte an meinem Sommerbänkchen war bedeckt mit den kleinen gelben, wohlriechenden Blütenzäpfchen; alles Laubholz schwankte in den neuen, lichteren, grüneren Kronen; selbst die ferneren Nadelwälder standen nicht so schwarz da, sondern gewannen durch die neuen Ansätze, die sie im Beginn der wärmeren Jahreszeit treiben, das sanftere Dämmern und das weichere Ferngrün, in dem sie im Frühling stehen; und wenn man in ihnen ging, so war überall ein frisches Harzduften, und sie rührten sich gleichsam in allen Zweigen und Ästen von dem Schreien und Singen und Lärmen der Vögel. Wir hatten unsere jungen Rappen heraus getan, und übten sie schon teilweise im Fahren, aber nur sehr wenig, dass sie nur lernten, dass sie sich zusammen gewöhnten, sich im Sommer und Winter einübten und im künftigen Jahr abwechselnd gebraucht werden konnten. Der leichte Wagen, den ich für sie bestellt hatte, und in dem ich alle die Fächer und Einrichtungen, wie ich sie brauche, selber angegeben hatte, sollte noch im Anfang des Sommers fertig werden, und es war in der Wagenlaube schon der Platz bestimmt, auf dem er stehen sollte. Wir hatten viele Leute, die im Haus arbeiteten, dass es in der Vollendung voranschreite; alles regte sich, wenn ich nach Hause kam und zusah. Und wenn dann das Abendbrot vorüber war und sich alle entfernten, schaute ich oft wie schön, wie freudig und wie schmerzlich in die helle, rote Glut der Abendwolken, wie sie hinter dem schwarzgezackten Rand des entfernten Waldes hinauszogen, ehe ich dann ein Licht anzündete, die Vorhänge herabtat, und auf dem Papier anzeigte, was ich heute erfahren habe, und was ich morgen unternehmen sollte. – In dem Knaben Gottlieb hatte ich mich nicht getäuscht. Wie gleich meine Meinung gewesen war, dass er wieder gesund werden würde, so hat es sich bestätigt. Er war eigentlich von Natur aus gesund, und nur durch schlechte Nahrungsmittel war er so herabgekommen gewesen. Er sah jetzt aus wie eine Rose, war heiter, und wenn er so bleibt, dachte ich, werde ich ihn im Sommer das Heilwasser gar nicht mehr trinken lassen. Ich bin ihm darauf gekommen, dass er sich immer sehr gern etwas bei den Füllen zu tun machte; er liebte die Tiere, das mag daher rühren, weil er sie früher nebst anderen bei Gregordubs gehütet hatte. Er hätte gerne die Rappen überhaupt auf sich genommen, aber das taugte nicht für ihn. Ich nahm einen Mann, der täglich zu uns kommen musste, dass er ihn unterrichte, und ich ließ ihm von meinen Kleidern einen neuen Anzug machen. Ich gebe ihn schon nicht mehr weg. Die Pferde habe ich alle und im Ganzen Thomas anvertraut, weil er den Fuchs bisher so geliebt und ihn so geschickt behandelt hat. – In jenen Tagen kam die Nachricht, dass der Obrist mit seiner Tochter in seiner neuen Heimat angelangt ist. Sie haben sich eine hölzerne Hütte recht bequem gebaut. Dieselbe hat drei Zimmer, eine schöne Küche und eine große Stube für die Mägde. Ein Diener, der mit dem Obrist gekommen ist, hat einen Verschlag neben der Stube seines Herrn, in dem er schläft. So wollen sie sich behelfen, bis einige Zimmer des neuen Hauses zu bewohnen sind, in welche sie dann einziehen werden. Diese Dinge habe ich gehört, und habe nicht weiter darauf geachtet. Ich hatte wohl früher schon die Hütte selber aufschlagen gesehen, und hatte bemerkt, dass der Bau des Hauses aus der Erde hervorgerückt sei; aber da ich länger nicht zu der Stelle hinaufgekommen war, wusste ich nicht, wie weit die Sache jetzt sei, und kam auch ferner nicht hinauf.

An einem Sonntag in der Kirche sah ich sie zum ersten Mal, den Vater und die Tochter. Ich fahre gern, wenn ich Zeit habe, zum Hauptgottesdienst hinaus, sonst muss ich mit dem Frühgottesdienst vorlieb nehmen, den ich im Sommer, wo ich zeitig ausfahre, oft schon weit von meinem Haus entfernt, in einer Ortskirche anhöre. Der sehr alte Pfarrer von Sillerau, der eben, als ich aus meinem Wagen stieg, vom Pfarrhaus in die Kirche hinüberging, sagte zu mir: »Seid Ihr mit Eurem neuen Nachbar herüber gefahren, Doktor?« – »Nein«, antwortete ich, »ich kenne ihn noch gar nicht.« – »So ist er allein herausgekommen«, sagte der Pfarrer; »denn da steht ja schon sein Wagen, er kommt jeden Sonntag, und da ich Euch heute auch hier sehe, meinte ich, Ihr seid gleich hintereinander herausgefahren.« – »Ich habe freilich diese Sonntage nicht herkommen können«, antwortete ich, »weil es zu viele Hilfsbedürftige gab, und ich war genötigt, mein göttliches Wort bald in dieser Kirche zu suchen, bald in jener; in der Dubs, im Haslung, und einmal war ich gar schon in Pirling draußen.« – »So ist es, so ist es«, sagte der alte Pfarrer, »Ihr habt viel zu tun und müsst an manchen Orten helfen. Der Kirchen gibt es ja auch andere. So sind die Kranken wieder mehr geworden?« – »Nein«, antwortete ich, »sie sind um viele weniger als in der vorigen Woche; der Frühling hilft mir, und in dieser guten Luft werden alle gesund, dass ich eine große Freude habe. Darum konnte ich ja heute mit Ruhe zu Euch herausfahren.« – »Das ist schön, das ist schön. Nun so werdet Ihr Euren neuen Nachbar in der Kirche sehen. Er ist ein sehr vorzüglicher Mann, und gar nicht stolz, wenn auch alle Leute sagen, dass er sehr reich und vornehm sei. – Ich wünsche Euch einen sehr gesegneten Morgen, Doktor.« Mit diesen Worten verbeugte sich der Pfarrer, und ging, das schneeweiße Haupt ein wenig vorgebeugt, über den schönen Rasenplatz, der vor der Kirche ist, dem kleinen Pförtlein zu, das in die Sakristei führt.

Ich hatte ihm sehr ehrfurchtsvoll gedankt, und blieb noch ein wenig, um den Wagen des Obrists anzuschauen. Es waren braune Pferde vorgespannt, nicht mehr gar jung; aber schön gehalten, und sehr frisch. Der Wagen war wohl gebaut und gut. Der Knecht sagte mir, dass er später ausspannen und in die Kirche gehen werde, wie es mein Thomas auch immer tut. Die Pferde stehen in dem trocknen und reinen Stall des Wirtes gut genug. Die vielen und mancherlei Wägelchen der Bauern, die von der Ferne zur Kirche gefahren kommen, bleiben angespannt auf der Gasse, die Tiere werden angebunden, und einige Leute des Wirts sind auch schon angewiesen, über sie die Aufsicht zu führen.

In der Kirche sah ich den Obrist. Ich erkannte ihn sogleich vor den andern. Er saß mit seiner Tochter vorn im Querstuhl. Mein Sitz ist in der Mittelreihe neben den Bewohnern des Hanges. Ich habe ihn mir erst recht spät nach dem Tode meines Vaters bestellen können. Der Obrist hatte einen schwarzen Rock von Sammet an, darauf sein weißer Bart, den er gestutzt trug, mit sanftem Scheine niederfiel. Sein Haupthaar sah ich mit Freude an: es war länger, als man es gewöhnlich trägt, war glänzend weiß und fiel sehr reinlich gekämmt gegen den Nacken zurück. Daraus sah das Angesicht mit den vielen feinen Falten und den weißen Augenwimpern heraus. Seine Tochter war auch in Sammet, aber in dunkelgrünen gekleidet. Ihre braunen Haare waren über der Stirn abgeteilt. Ich kann die bestaubten Perücken, die man aufsetzt, nicht gern anschauen, darum gefiel es mir, dass beide so gekleidet waren.

Als ich aus der Kirche kam, mich in meinen Wagen gesetzt hatte und nach Hause fuhr, sah ich sie, da ich einmal umschaute, hinter mir in einiger Entfernung nachfahren. Allein, da mein Thomas auf die Vortrefflichkeit unseres Fuchses stolz ist, und wahrscheinlich wusste, dass die Braunen hinter uns liefen, holten sie uns nicht ein. Wo der Weg dann abwärts lenkt gegen Tal ob Pirling, fuhren sie seitwärts hinüber gegen das Hag, wo ihr Haus steht. Die Braunen liefen gut, wie wir es sehen konnten, sie hielten die schöne Richtung, und es flog unter ihnen der Staub des Feldwegs auf.

Man hat den Ort, wo mein Haus steht, immer den Hang oder auch Waldhang genannt. Dies war noch so, als mein Vater seine Hütte bewohnte, auch noch so, als ich nach Prag ging; aber wie die Häuser mehrere wurden und Zahlen erhielten, nannten sie uns Tal ob Pirling. Dieses erscheint darum so, weil wir, obwohl wir in einem Tale sind, viel höher liegen als Pirling, zu dem unsere Wässer hinabfließen. Ich kann mich an eines nicht gewöhnen, und sage und schreibe, wie das Volk, bald das eine, bald das andere: Hang oder Tal ob Pirling.

Da die Kranken immer weniger wurden, gleichsam als wollte der Frühling alles gut machen, was der Winter, namentlich sein Ende, Übles getan hatte, das so viele Krankheiten, wenn auch wenig Tod gesendet hatte – so gewann ich Zeit, nicht bloß bei der Arbeit in meinem Hause nachzuschauen, sondern auch manchmal in der Gegend herumzugehen, wie ja das Gehen meine Gewohnheit ist, und wie ich, wenn die Kranken weniger sind, in den Wäldern herumgehen muss, Pflanzen anschauen und nach Hause nehmen, oder unter einem Baume sitzen, etwas lesen, oder etwas auf ein Papier aufschreiben, oder gar nur auf die Täler und Waldrücken hinausschauen, die so schön sind, und auf denen das liebe Blau liegt, und aus deren Schoß manchmal ein dünner, lichter, freundlicher Rauchfaden aufsteigt. So kam ich einmal durch das Eichenhag, das ich sehr liebe, hervor und wollte den Bau des Hauses ein wenig anschauen. Da ich im Gras stand, kam der Obrist über ein Brett zu mir herüber, lüftete sein Barett, grüßte mich und sagte: »Ihr seid der junge Arzt, von dem in der ganzen Gegend so viel Gutes gesagt wird.« – »Ich bin der Arzt«, sagte ich, »jung bin ich auch, und wenn die Gegend Gutes sagt, so vergisst sie, zuerst dem zu danken, von dem alles Gelingen kommt; ich kann nichts tun, als das Gelernte anzuwenden. Wenn ich Dank verdiene, so könnte es eher sein, weil ich auch zuweilen außer meinem ärztlichen Beruf mich bestrebe, den Leuten einiges Gute zu tun.« – »Weil ich Euch hier bei meinem angefangenen Werke sehe«, fuhr der Obrist fort, »so erlaubt, dass ich Euch eine Bitte vortrage. Ich will hier, in dieser ursprünglichen Gegend, den Rest meines Lebens verbringen. Darum möchte ich mit einigen Nachbarn, mit denen ich in Beziehungen geraten werde, und die ich nach ihrem Rufe schon im Voraus schätzen muss, in liebe Bekanntschaft und freundlichen Umgang kommen. Erlaubt mir daher, dass ich Euch in diesen Tagen in Eurem Haus einen Besuch abstatte, der mir als dem Ankommenden und Fremden geziemt, und der als Anfang guter Nachbarschaft gelten möge. Meine Tochter müsst Ihr entschuldigen. Ich werde sie nicht mitbringen; denn da Ihr unvermählt seid, möchte es sich nicht schicken, dass ich sie Euch ins Haus führe. Sagt mir, wenn ich Euch in Euren Arbeiten am wenigsten beirre?« – »Ich werde es mir zur Ehre rechnen, Euren Besuch zu empfangen«, antwortete ich, »und weil Ihr so gut seid, Euch nach meiner Zeit richten zu wollen, so wählt die Nachmittagszeit um zwei Uhr, drei Uhr, oder vier Uhr; vormittags bin ich nie zu Hause, weil ich zu denen muss, die auf mich harren.« – »Ich werde zu dieser Zeit kommen«, antwortete er. »Ihr baut ja auch«, fuhr er fort, »da Ihr also an dieser Sache Anteil nehmt, so beseht ein wenig diese Anlage, Ihr werdet schon daraus zum Teil entnehmen können, wie das Ganze werden wird. Ich möchte für mich und die Meinigen für diesen Herbst schon ein Plätzchen fertig haben, darin ich den Winter notdürftig zubringen könnte. Denn seht, ich habe den Entschluss, dass ich nicht wieder fortgehen und mein angefangenes Werk allein stehen lassen mag. Im nächsten Sommer wird dann weitergearbeitet. Unter

Dach und Fach aber möchte ich bis Mitte dieses Sommers sein.« – Er begleitete mich, da ich nach diesen Worten in den Bau hineinging, selber in denselben, und setzte mir, da wir darin herumgingen, den allgemeinen Plan auseinander. Da wir noch Verschiedenes, aber hauptsächlich über das Bauen gesprochen hatten, beurlaubte ich mich und nahm meinen Weg nach Hause. Er begleitete mich bis an die Grenze seines Besitztums, die durch abgesteckte, weit auseinander stehende Pfähle angezeigt war. – Das war also der Anfang dieser Bekanntschaft. Ich erkannte im Hinabgehen zum Hange gleich, dass er viel geschickter, ineinandergreifender und auch viel schneller baue als ich. Er musste in dem Dinge bedeutend mehr Erfahrung besitzen. – Als ich zu Hause angelangt war, besuchte ich noch meine Leute, diese grüßten mich freundlich, und arbeiteten lustig fort, während die warme Luft durch die leeren Räume meiner Zimmer strich und schöne weiße Frühlingswolken über den Wald her bei den Fenstern hereinschauten. Kajetan trieb die Rinder zum Gittertor herein, die Mägde trugen Wasser, weil der Brunnen, der mitten in meinem Hofe sein sollte, immer noch nicht angefangen war, und Thomas hörte ich aus dem Stall, wo er mit den Pferden beschäftigt war, bis in meine Stube herauf singen.

Nach zwei Tagen kam der Obrist zu mir zum Besuche. Er war vom Hag herabgegangen. Er hatte wieder einen dunklen Rock, dazu die weißen Haare gut standen; auf dem Haupt hatte er aber kein Barett, sondern einen Hut, wie sie bei den Soldaten in der Armee gebräuchlich waren, und in der Hand trug er ein Rohr mit einem schönen Knopf. Ich führte ihn in meine Stube hinauf; denn ich hatte ihn kommen sehen und war ihm entgegengegangen. Wir setzten uns nieder und redeten eine Weile. Er fragte mich um meine Wirksamkeit, und ich setzte ihm dieselbe auseinander. Dann sprachen wir über die Leute, wie sie so im Walde vorkommen, und wie sie fügsam oder unfügsam sind. Wir sprachen von den Pflichten der Kirche und Schule, und von denen der Bürger und Untertanen. Bei dieser Gelegenheit erfuhr ich, dass er sein Besitztum so erkauft habe, dass es ganz frei ist, ohne Hörigkeit und Lasten, die er schuldig sei. Als er aufstand, zeigte ich ihm mein Haus, wie er mir das seinige gezeigt hatte, und sagte ihm, was ich für Pläne hatte. Er lobte alles und sagte doch hie und da etwas, aus dem ich lernen konnte. Ich zeigte ihm auch meine jungen Pferde, die ihm sehr gefallen hatten. Er musste viel mit Pferden umgegangen sein. Die Rinderzucht des Kajetan lobte er auch, und bat mich, wenn ich überhaupt Kälber aus diesem Schlage weggebe, dass ich ihm einige zukommen lassen möchte, er würde sich aus dieser Zucht einen Anfang zu der seinigen wählen. Ich versprach es ihm gerne.

Als er fortging, begleitete ich ihn ebenfalls, wie er mich begleitet hatte. Ich ging mit ihm bis über die Stelle hinauf, wo die Hütte meines Vaters gestanden war. Dort sagte ich ihm, dass hier die Grenze meiner Besitzung sei, und dass ich mich hier beurlauben werde. Als wir Abschied nahmen, als er mir die Hand reichte, als wir so beisammen standen, er, der alte Mann, und ich, der ganz junge – als ich ihm dann, da er fort war, ein wenig nachschaute und darauf wieder zu meinem Haus hinabging, dachte ich, es ist gut, dass dieser Mann gekommen sei, dass ich mit ihm reden könne, dass ich mit ihm umgehe und von ihm etwas lerne.

Nach zwei Tagen, ebenfalls Nachmittag, wo ich wieder ganz frei war, erwiderte ich seinen Besuch. Ich habe nämlich nicht dafür gehalten, dass mein zufälliges Zusammentreffen mit ihm bei seinem Baue für einen Besuch zu rechnen sei. Ein alter Diener, den ich fragte, führte mich in das hölzerne Haus hinein. Der Hauptgang des Hauses, der an der Küche vorüberführte, hatte zwei Türen gegenüber, die eine rechts, die andere links. Der Diener führte mich durch die Türe rechts zu dem Obristen hinein. Er saß auf einem niederen Holzstuhl und fütterte selber die zwei schönen Wolfshunde, die ich dazumal zum ersten Mal sah, und die mich jetzt so lieben. Die Hunde knurrten mich an, weshalb er einige Worte zu ihnen sagte, auf die sie sich sogleich, wie im Verständnis, beruhigten. Das Zimmer war sehr leicht, nur aus genagelten Brettern aufgeführt, einige Koffer standen da, Papiere und Bücher lagen herum, und die wenigen Geräte waren aus weichem Holz zusammengeschlagen.

Der Obrist stand auf, als er mich hereingehen sah, legte die Dinge, die er in der Hand hatte, weg und sagte: »Seid gegrüßt, Doktor, ich muss die eingebildeten Narren manchmal selber füttern, sie meinen, was sie nicht Gutes bekommen, wenn ich ihnen etwas hineinschneide. Wir sind ein wenig weit spazieren gewesen. Wir waren durch das ganze Eichenhag hindurch und gar oben auf den Weiden. Da habe ich selber erst spät mein Mittagmahl gehalten, und dann meinen zwei Begleitern das ihrige gegeben. Ich wollte Euch zum Sitzen einladen, wenn hier etwas wäre, worauf man mit gutem Fug sitzen könnte.«

Ich legte mein Barett ab und saß auf einen hölzernen Stuhl neben dem tannenen Tisch nieder, an dem er stand. Der Obrist gab den zudringenden Hunden noch schnell den Rest, den er bei meinem Eintritt weggelegt hatte, rückte sich dann einen zweiten Stuhl an den Tisch und setzte sich zu mir. – Wir sprachen wieder von verschiedenen Dingen, wie es bei einem solchen Besuch der Fall zu sein pflegt. Dann sagte er, er wolle mir seinen Bau zeigen, wie ich ihm den meinigen gezeigt hätte. Wir gingen in das Haus, sahen herunten alles an, und stiegen dann auf die Gerüste und betrachteten den bisherigen Fortgang. Er führte mich auch in die Hütte, wo die Steinmetzarbeiten gemacht wurden, und zu dem Platz, wo man mit Kalkbrennen und mit Löschen desselben beschäftigt war. Ich sah, wenn der Mann in diesem Sommer mit dem Haus fertig werden wolle, dass dies auf die Weise kaum gehe, wie es bisher betrieben worden war. Und in den Herbst und Winter hinein konnte er ja doch nicht in den Bretterstuben wohnen bleiben, wenn die Gemächer, die er im neuen Haus beziehen wollte, nicht gehörig ausgetrocknet wären. Ich trug ihm daher an, ich wolle ihm für diesen Sommer alle meine Leute, welche bei der Förderung meines Hauses arbeiteten, überlassen, da er sonst doch keine andern bekäme. Bei mir wäre es einerlei, ob ich sie habe oder nicht. In meinen Stuben, die einmal zu unserer Unterkunft eingerichtet wären, könnten wir fortwohnen, sie bedürfen keiner weitern Vorrichtung, und die andern Gemächer könnten heuer so gut leer bleiben und unvorgerichtet, wie sie es im vorigen Jahr gewesen sind. Im nächsten Sommer würde ich sie dann schon machen lassen, und er und ich, wir könnten uns dann die Leute teilen, wie wir es für zweckmäßig fänden. – Der Obrist sah ein, dass dieser Vorschlag gut sei, und nahm ihn sehr gerne an. – Als er mir noch die ganze Bretterhütte gezeigt hatte, wie sie eingerichtet sei, freilich schlecht und nur zu dem augenblicklichen und sommerlichen Bedürfnis auslangend, da wir auch in dem Behältnis gewesen waren, in dem derweil die Braunen standen und der Wagen aufbewahrt wurde, gingen wir wieder in sein Gemach, wo ich ihn zuerst mit den Hunden angetroffen hatte. Als wir uns im Gang befanden, aus dem man durch die Tür rechts in sein Gemach kommt, öffnete er die Tür links, die gegenüber war, und rief hinein: »Margarita, komm' dann auf einen Augenblick zu mir herüber.« – Nach einem kleinen Weilchen, als wir wieder an dem tannenen Tisch saßen, ging sie zur Tür herein. Sie war heute in ganz weißen Kleidern, und diese Kleider hüllten sich recht gut um ihren Körper. Da sie näher trat, war sie im ganzen Angesichte sehr errötet. Der Obrist stand auf, ich auch sogleich, er nahm sie bei der Hand, stellte sie vor mich und sagte: »Margarita, das ist der Arzt, der unten im Hang wohnt. Er ist ein sehr rechtschaffener Mann. Wenn wir ihn auch noch nicht näher kennen, so spricht doch der allgemeine Ruf nur lauter Gutes von ihm. Du wirst in ihm, wie ich mir zu hoffen getraue, in Zukunft unsern guten Nachbar und unsern Freund verehren.« – Dann sagte er, indem er sich zu mir wendete: »Dies ist meine Tochter Margarita, sie hat nur mich allein, und wohnt jetzt mit mir in dieser Bretterhütte, und wird dann mit mir im Haus wohnen, wenn es einmal fertig geworden ist.« – Sie hat zu diesen Worten nichts gesagt, sondern nur die Augen niedergeschlagen und sich verneigt. »Du kannst nun schon wieder hinübergehen in dein Zimmerchen, mein Kind«, sagte er. Worauf sie sich noch einmal verneigte, und fortging.

Wir blieben noch eine Weile beieinander sitzen, und dann nahm ich Abschied und ging nach Hause.

Am nächsten Tag sagte ich meinen Arbeitern, was ich für ein Abkommen mit dem Obrist getroffen habe, und dass sie nun fürder bei ihm arbeiten werden, der ihnen in Anbetracht der Nötigkeit des Dinges einen etwas größeren Lohn geben wolle als ich, wenn sie in den neuen Vertrag willigen wollten. Wir hätten es, nämlich er und ich, so ausgemacht. Sie willigten alle ein, und zogen dieses Tages mit ihren Werkzeugen und Vorrichtungen von mir fort, und standen am folgenden Tag bei ihm ein.

Nachdem wir diese zwei Anfangsbesuche gemacht hatten, wobei wir beide in unsern schönsten Kleidern waren, ging die Sache schon in einem leichteren Geleise. Die Krankheiten des Winters hatten sich so glücklich gehoben, und der Gesundheitszustand des schönen Sommers war so vorzüglich geworden, dass ich viel Zeit frei hatte und zu meinem Belieben verwenden konnte. Das Bauen hatte für mich eine solche Annehmlichkeit gewonnen, und meine Zimmer und mein Haus erschienen mir so leer, seit ich die Leute zum Obrist hatte hinaufgehen lassen, dass ich öfter selber ins Hag hinaufging, um dem Bauen zuschauen zu können. Die Sache ging jetzt wirklich sichtbar rascher, seit er die mehreren Hände gewonnen hatte, als früher, obwohl es da auch, wie ich schon gesagt habe, viel schneller vonstatten ging als einstens bei mir. Der Obrist kam auch häufig zu mir, und wir sahen sehr bald schon nicht mehr darauf, wer dem andern einen Besuch aus Höflichkeit schuldig sei oder nicht, sondern wie es einen anmutete, dass er zu dem andern gehen sollte, nahm er sein Barett und ging. Es ist eine wahre Freude für mich geworden, die Gespräche dieses Mannes anhören zu können, und es tat mir auch wohl, von dem, was ich dachte, was ich erforschte, und was ich für die Zukunft vor hatte, zu ihm reden zu können. Ich war jetzt gewöhnlich vor meinem Mittagsmahl schon mit meinen Tagesgeschäften fertig, und ging nachmittags, wenn die Sommersonne wie ein glänzendes Schild zu den Abendwäldern sachte hinüberging, gerne zu ihm hinauf, um die Zeit bis zum lauen Abend mit ihm zubringen zu können, worauf ich wieder heim ging, um mich bei meinen Forschungen und bei meinen Vorbereitungen für den folgenden Tag zu beschäftigen. Wenn ich eines Tages länger aufgehalten war, und vielleicht nach dem Essen etwas mehreres anzuordnen hatte als gewöhnlich, weil da die Boten warteten, die ich mit Mitteln zu den verschiedenen entfernten Kranken schicken musste, von denen sie gekommen waren, kam er schon herunter und sagte, er wolle sehen, ob ich krank sei, oder ob ich so viel zu tun hätte, dass ich nicht zu ihm hinaufkommen könnte. Wenn er dann sah, dass ich nur so viel zu schaffen gehabt hatte, dass ich nicht zu ihm kam, war es ihm schon recht.

Seine Tochter Margarita war sehr schön. Ich habe einmal eine in Prag gekannt, Christine, die Tochter eines Kaufherrn, die sehr schön gewesen ist, aber Margarita war viel schöner.

Das einzige, was in meinen Sachen dieses Sommers gefördert wurde, war der Wagen, welchen ich für die zwei jungen Pferde bestellt hatte, und welcher ankam. Wir versuchten die Tiere darin, und der Obrist war herunten, und gab uns in vielen Kleinigkeiten hierbei seinen Rat, der uns außerordentlich zum Vorteil war. Er nahm einmal sogar selber die schlanken Rappen in die Leitriemen zusammen und fuhr mit ihnen so geschickt den Weg entlang, als wären sie seine Wolfshunde, die ihm sehr folgen. Der Wagen war schön, leicht, und war in seinen Einrichtungen und in seiner Gestalt zu meiner Zufriedenheit ausgefallen. Der Obrist zeigte dem Thomas mehrere Anstalten, wie er die jungen Pferde behandeln solle, damit sie im besten Gedeihen fortlebten.

Mehrere Tage nach der Sonnenwende wurde das Dach aufs Haus des Obrist gesetzt. Es war der Richter der oberen Häuser, worunter das Hag gehört, zugegen, es war der alte Pfarrer von Sillerau mit dem Wagen des Obrists abgeholt worden, es war der Gutsherr von Tunberg mit seiner Frau und seinen Töchtern hereingekommen, es war der Vetter, der Wirt vom Rothberg, zugegen, und es waren mehrere Bauern und Nachbarn, die in den Waldhäusern herum wohnen, eingeladen worden. Als die letzte Sparre aufgerichtet worden war, an welcher der Fichtenwipfel befestigt war, an dem die bunten Bänder wallten, vorzüglich rot- und blauseiden – ich wusste damals noch nicht, warum diese Farben – als man unten die erste Latte angenagelt hatte, dann sogleich an ihr die nächst obere, und als es mit den vielen Händen, die beschäftigt waren, im Taktschlag rasch aufwärts ging, bis endlich die oberste und letzte am First befestigt war, und die drei Daraufschläge als Zeichen, dass es nun vollendet sei, nach den rollenden Axtschlägen noch einzeln erschollen waren, da erhob sich ein Zimmergeselle neben dem Fichtenwipfel in seinem Sonntagsstaat, von dessen Hut zwei lange, rote und blaue seidene Bänderenden herunterhingen, am Rand des Brettes stehend, das man über die obersten Querbalken der Sparren gelegt hatte, und sagte den Zimmermannsspruch auf uns herunter, die wir im Gras standen und hinaufschauten. Als er mit dem Spruch fertig war, nahm er eine Kristallflasche, die hinter ihm auf dem Brett gestanden war, schenkte sich aus der Flasche einen Wein, der in derselben enthalten war, in ein Glas, das er in der Hand hielt, und trank den Wein auf uns heruntergrüßend aus. Dann warf er das leere Glas hoch in einem Bogen in das Eichenhag hinüber, dass es in den Ästen zerschellte. Hierauf reichte er die Flasche dem zunächst hinter ihm auf dem Brett Stehenden, welcher sich auch in ein Glas schenkte, austrank und das leere Glas in das Eichenhag warf. Und so taten alle hintereinander auf dem Brett stehenden Gewerksgesellen, bis es auf den letzten kam. Dieser nahm die Flasche, die bei ihm leer geworden war, zu sich, alle gingen sie auf den Querbalken seitwärts, kletterten an den Latten zum Rand des Daches herunter, kamen auf die Gerüste und gingen aus der letzten Stufe zu uns auf den Anger heraus. Die leere Flasche wurde dem Bauherrn übergeben, weil in sie Dinge verschiedener Art getan, sie dann verschmolzen und in den Grundstein vergraben werden sollte, wenn man sein Fest feiern würde. Als dieses geschehen war, wurde auf mehreren Tischen, die aus rohen Brettern in verschiedenen Gestalten zusammengeschlagen worden waren, ein Imbiss aufgesetzt. Alle, welche aus der Gegend helfen gekommen waren, standen an einem Tisch. Es ist nämlich Sitte, wenn an einem neuen Haus gelattet wird, dass alle aus der Gegend, denen es gefällig ist, zusammenkommen und helfen. Es ist da eine Auszeichnung, wenn man mit den Äxten, mit deren umgekehrten Häuptern die Lattennägel eingetrieben werden, einen schnell rollenden Taktschlag machen konnte, und wenn man sich dann in der Nachbarschaft zu rühmen vermochte, dass man ein Dach von so und so viel Geviertklaftern in so und so kurzer Zeit eingelattet habe. Am zweiten Tisch stand der Zimmermeister mit seinen Gewerken und tat auch einen Spruch, als alle ihre Gläser gefüllt hatten und sie eben an den Mund setzen wollten. Am dritten Tisch standen wir, die Geladenen, nebst dem Obrist, und an die andern Tische konnte gehen, wer da immer aus der Umgegend kam, namentlich die Armen, und sich Wein zum Trinken einschenken und einen Bissen vom Tisch zum Essen nehmen wollte. Als der Spruch des Zimmermeisters aus war, und als man die ersten Trinkhöflichkeiten herumgebracht hatte, durften wir auch zum Tisch der Gewerke gehen, es durften die andern herüberkommen und alle untereinander gehen und miteinander sprechen. Als der Imbiss aus war, und als man insbesondere den ärmeren gekommenen Gästen Zeit gelassen hatte, alles, was auf ihren Tischen war, zu verzehren, ging man auseinander, und von den Werkleuten wurden die Tische eben so schnell auseinander geschlagen, als sie gestern auf dem grünen Rasen, wo früher keine Spur gewesen, entstanden waren.

Am darauf folgenden Tag begann man die Deckung des Daches, und es wurden die Stuben, die der Obrist im Winter zu bewohnen gedachte, und welche bereits eingedielt waren, im Innern vorgenommen, dass sie herausgeputzt würden, dass man die Kamine verziere, die Fenster setze, und wenn die Mauern gehörig ausgetrocknet wären, sie mit einer sanften Farbe übertünche. – Der Sommer war aber auch so überaus günstig, wie selten einer über unsere schönen Wälder herabgekommen ist. Es war oft eine Reihe von Tagen hintereinander einer schöner als der andere, und wenn auch Wolken erschienen, so dienten sie bloß zur Verzierung des Himmels, indem sie am Tag in Silber und Edelsteinen schimmerten und abends in rotbrennenden Bändern und Schleiern über die Bäume, über die Berge und über die Saaten hinaus standen. Und weil der viele Winterschnee so langsam geschmolzen ist, so war trotz der langen Regenlosigkeit keine Dürre, sondern die tiefe, innere Feuchtigkeit der Erde machte ein Grün auf unsern Wäldern und Feldern, dass einem das Herz lachte, und die Quellen und Bäche der Täler hüpften und sprangen ohne Abgang des Wassers, als würden sie heimlich immer wieder von Geistern oder Engeln genährt.

Als das Haus des Obrists eingedeckt war, als alle Dielen und Fußböden gelegt waren, als man von außen die Mauern herab beputzt und die Fenster eingesetzt hatte, sah es, noch ehe die heißen Tage des Erntemonats vorübergegangen waren, von außen aus, als ob es schon vollkommen fertig wäre. Die Gerüste und all' die Balken und rohen Werkzeuge des Baues waren entfernt, und das Haus blickte, von dem dunklen Eichenhag sich abhebend, so schön auf die Waldstreifen und auf die Mitterwegfelder hinaus, wie ich es vorhergesehen hatte, dass es sein würde. Es ward fortan nur mehr im Innern fortgebaut, und gereinigt und verziert. Selbst der Garten ward sofort umgegraben und mit einem Gitter eingehegt, weil der Obrist noch im Herbst allerlei Knollen, Pflanzen und Bäume setzen wollte, dass er sich im nächsten Frühling darüber freuen könnte. Er schien zu eilen, weil er sich alt fühlte, und doch die wenigen Stunden seines Abends in seinem fertigen und herausgeputzten Haus zubringen wollte.

Als die goldgelben Wagen des Kornes und der Gerste in die Scheuern gingen, kamen eines Tages auch andere Wagen, die mit Truhen und Verschlägen bepackt waren. Sie enthielten Sachen des Obrists, mit denen er in die fertigen Gemächer seines Hauses einziehen wollte. Als die Dinge abgepackt, herausgenommen und nach ein paar Tagen gestellt waren, führte er mich in die Zimmer hinein. Das Haus des Obrists hat kein Stockwerk wie das meinige, sondern die Wohnungen sind an der Erde und nur um einige Stufen gehoben, weil unter ihnen Vorratskammern, Obstlagen und andere derlei kühle Behältnisse angebracht waren, deren kleine, vergitterte Fenster nur wenig oberhalb des Sandes des Gartenwegs herausschauten. Das Innere des Hauses enthält einen Gang, dessen eine Seite durch sehr große Glasfenster geschlossen ist, außer denen ein gläsernes Haus ist, in welchem Gewächse stehen. Die andere Seite enthält die Türen zu den Wohnungen; eine zu zwei Zimmern des Obrists, eine andere zu denen Margaritas. Zwischen beiden ist das Bücherzimmer; man kann aber durch dasselbe vom Obrist zu Margarita kommen. Das eine Ende des Ganges, gleich neben Margaritas Tür, ist durch ein großes Zimmer geschlossen, das viele und große Fenster hat, weil das Zimmer ebenfalls bestimmt ist, im Winter Blumen und Gewächse zu enthalten. Das andere Ende führt in drei Zimmer, die noch nicht fertig sind. Zu beiden Enden des Ganges stehen sehr schief hinüber auf einer Seite die Gemächer der Diener, die Küche und anderes, auf der anderen der Pferdestall und das Wagenbehältnis. Die Scheuer ist weiter zurück gegen das Eichenhag, und neben ihr werden Ställe für andere Tiere gebaut. Als mir der Obrist seine zwei Zimmer gezeigt hatte, führte er mich auch zu Margarita hinüber. Hier verkündete sich die Reinlichkeit schon von außen; auf der breiten Schwelle, die zwischen dem Türfutter der sehr dicken Mauer ist, lag eine feine gelbe Matte aus Rohr, die genau in den Raum passte, und diente, dass man sich die Sohlen abwische. Der Obrist klopfte an, und es ertönte ein Herein. Wir gingen hinein und fanden sie mitten im ersten Zimmer stehen, und wahrscheinlich im Begriff, zu sehen, wie all die Sachen stünden, und ob nichts abgeändert werden müsse. Eine Dienerin ging eben von ihr und hatte verschiedene Dinge auf dem Arm. Das Zimmer war ganz rein gefegt, es war kein Stäubchen, und die Dinge standen in vollkommener Ordnung. Die braunen Haare Margaritas legten sich so schön ans Haupt, und die braunen Augen blickten so klar wie das

Zimmer. Das Mädchen ist so gesund, dass man nicht denken kann, wie es eine Krankheit beginnen sollte, hier Eingang zu finden. Sie zeigte uns die Sachen, wie sie gestellt seien, und fragte uns, ob es so bleiben könnte. Als wir beide sagten, dass es sehr gut sei, antwortete sie, dass sie die Dinge alle Tage anschauen werde, und da müsse sich schon zeigen, ob man es ändern solle. Wir gingen auch in das zweite Zimmer. Da stand hinter hohen, geschlossenen Vorhängen ihr Bettlein. Auf einem kleinen Tischlein war ein Kruzifix von sehr guter Arbeit. Gegenüber war ein Kasten, in dem nette Bücher standen, und daneben war ein Tischlein, wo sie lesen konnte und ihre kleinen Aufsätze schreiben. Der Obrist führte mich durch das Bücherzimmer in seine Wohnung zurück. Es waren aber noch keine Bücher in dem Zimmer, sondern die Wände standen ganz leer.

In diesem Sommer trockneten die Mauerwerke so schnell, dass man es kaum glauben sollte; desungeachtet schliefen der Obrist und Margarita immer in der hölzernen Hütte, und waren nur am Tage, wo alle Fenster offen standen, in ihrer Wohnung. Alles, sagte der Obrist, sollte so trocken sein, als es nur immer möglich ist, und dann würden sie erst im späten Herbst, wenn es in der Bretterhütte bereits zu kalt würde, ganz und gar in ihre Wohnung hinübergehen. Auf gleiche Weise hielt er es mit den Dienstbotenzimmern und dem Stall, die auch schon fertig und zu beziehen waren.

Als die Arbeit an dem Haus und deshalb auch die Aufsicht immer weniger wurde, gingen wir an den Nachmittagen, weil die Hitze sich milderte und die sanfteren Tage des Herbstes heranrückten, sehr viel in der Gegend herum. Wir gingen täglich spazieren. Ich führte den Obrist an manche Stellen der Wälder, wo der Eistag des Winters große Zerstörungen angerichtet hatte und die dorrenden Bäume noch übereinander lagen; denn ich kannte viele Stellen sehr gut, und fand sie, wenn ich auf meinen Gängen die Wälder in verschiedenen Richtungen durchschnitt, oder oft ohne allen Weg über einen Bühel oder eine Waldschneide gerade herüberging. Wir waren auch in der Höhle im Dusterwald gewesen, in welcher der Josikrämer drei Tage und Nächte des Winters hatte zubringen müssen. Margarita war meistens mit uns. Wir gingen öfter durch das ganze Eichenhag hinaus, wir gingen über die Weidebrüche, in die entfernteren Ortschaften, auf einen Berggipfel, so zwar, dass schon manchmal die Sterne flimmerten und oberhalb uns das leise, nächtliche Laub raschelte, wenn wir auf einem Waldweg zurück zum Haus des Obrists gingen.

Zuweilen besuchten sie mich auch in meinem Haus. Als Margarita zum ersten Mal herunten gewesen war, zeigte ich ihr meine schwarzen Pferde, ich zeigte ihr auch meinen Hühnerhof, wo die Geflügel zwischen einer großen Einzäunung herumgehen können, und ich zeigte ihr dann den Vorrat der Scheuer, und die schönen Kühe, welche Kajetan und die Magd pflegen und zu meiner Zufriedenheit so rein halten. Als sie die Kälber sah, sagte sie, wenn ich schon dem Vater eines geben wolle, wie es beabsichtigt sei, so sollte ich ihm doch dieses geben. Sie hatte eines ausgesucht mit sehr schönem weißem Kopf, mit weißer Fahne und dunkelbraunen Lenden. Sie gehen nicht häufig mit einer solchen Zeichnung in unsern Waldweiden herum. Ich sagte ihr, dass ich wohl selber gedacht habe, dieses würde ich hinaufsenden, und sobald der Stall im Hag oben im wohnlichen Zustand wäre, würde das Kalb geschickt werden und mit ihm ein anderes, das fast eben so aussähe, nur im Augenblick nicht hier sei, damit ein Anfang gemacht würde zu schönen, glänzenden, zutunlichen Rindern.

Als der Winter hereinbrach, war er so milde, wie ich mich nicht erinnere, je einen solchen in unserem Land erlebt zu haben. Der Obrist und Margarita zogen im späten Herbst, da sonst lange schon Reife und Fröste auf unseren Wiesen gewesen waren, heuer aber noch immer eine milde Spätsonne herunter lächelte, in ihre Wohnung. Sie wendeten auf meinen Rat ebenfalls das Mittel der ausgeglühten Pottasche an; aber dieselbe zeigte, wenn sie eine Zeit in der Wohnung gestanden war, so wenig Zuwachs an Wasser, dass die äußeren Dicken der Mauern gewiss als vollkommen trocken angesehen werden konnten. Der Obrist ließ im Winter immer in seinen noch nicht fertigen Räumen ein wenig fortarbeiten.

Weil sich mit dem Eintritt der nasseren und trüberen Jahreszeit, wie immer, die Übel der Menschen vermehrten, so minderte sich meine freie Zeit, und ich konnte weniger in der Gesellschaft meiner Nachbarn sein. Einmal, da ich in der tiefen Nacht vom Weg der Weiden herabging, weil ich in dem Gehänge gewesen war, und da ich links von mir in dem dichten herabrieselnden Winterregen das Eichenhag nur undeutlich, wie einen schwarzen Dunst, sehen konnte, daneben aber deutlich und klar ein Licht glänzte, glaubte ich, es sei das von dem Zimmer des Obrists, wo er etwa mit Margarita sitze und lese oder sonst etwas Ähnliches tue. Deshalb beschloss ich, auf das Licht zuzugehen und ein wenig beim Obrist zu bleiben. Allein ich kam, da ich doch auf bekanntem Boden ging, in die Wiesen des Meierbacher, und dann gar in ein Gesumpf, das nach meiner Meinung eigentlich nicht da sein sollte. Als ich mit jedem neuen Schritt immer mehr hinein gekommen wäre, kehrte ich um, damit ich den festen Boden wieder gewinne, den ich verlassen hatte. Ich begriff nun, dass ich von einem Irrlicht getäuscht worden war, und dass ich mich gar nicht da befinden müsse, wo ich glaubte. Solche Lichter entstanden manchmal in der Senkung, wie sie früher war, ehe sie der Obrist hatte reuten lassen, und sie wurden zu verschiedenen Zeiten gesehen. Sie wanderten da gleichsam bald an diesen Ort, bald an jenen, oder sie entstanden vom Ursprung an bald hier, bald da. Plötzlich, wenn man auf eins recht hin schaute, war es gar nicht da, dann ging es an dem Gehege hinunter, wie eine Laterne, kam aber am Ende des Geheges nicht heraus, und konnte überhaupt nicht gesehen werden. Auf einmal stand es weit unten an den Eschen, als wartete es. Ich kenne derlei Lichter sehr wohl, weil ich oft in der Nacht herumgehen muss, wie die hiesigen Menschen nicht tun, sondern in ihren Häusern bleiben – in mancher feuchten Nacht des ersten Winters, des späten Herbstes, des schädlichen Märzen, oder nach Mitternacht im Sommer, wenn die weißen, sanften Streifen sich an den Wiesen ziehen. Als ich auf den Platz zurückgekommen war, an dem ich von meinem Weg weg auf die Wiese gegangen war, war es gleichwohl nicht derselbe Platz – es standen wohl die drei Föhren da, die früher da gestanden waren, aber es war nicht, als ob es dieselben drei Föhren wären, auch konnte ich mich nicht entsinnen, dass ich meines Wegs genau geachtet hätte, da ich an eine Kranke dachte, die mir sehr am Herzen lag. Ich hatte von meinem Großvater gelernt, dem es auch wieder ein alter Schwede sagte, der nach dem Krieg als erster Ansiedler in das Haslung gekommen war, dass man, wenn einem ein bekannter Weg anfange, wirrig und entfremdet zu sein, sogleich umkehren und zurückgehen solle, bis alles wieder ein Ansehen gewinne, das man vollständig kenne; dann soll man ein wenig stehen bleiben, und dann den gewünschten Weg aufs Neue einschlagen. Ich ging also von den drei Föhren an noch weiter zurück. Die dunklen Büsche, die sich im Regen duckten und aneinander kauerten, gingen an mir vorüber, dann standen zerstreute Fichten, welche in schmalem Buschwerk von unten bis oben bewachsen sind, und ein schwarzer Zaun ging neben mir. Ich kannte alles nicht. Als ich an die Stelle zurück gekommen war, wo sich das Geleise vom Weg trennen und gegen den Sillerwald hinübergehen solle, war das Geleise gar nicht da. Ich ging also noch weiter zurück, und zu meiner Verwunderung führte es aufwärts. Plötzlich stand ich ganz oben auf der Schneide des Abhanges, und plötzlich erkannte ich, dass ich mich ja noch gar nicht unterhalb des Eichenhags befinde, wo man auf das Haus des Obrists hinübersehen könne, sondern dass ich noch weit oberhalb desselben war, und zwar auf der Schneide des Gehänges der Weidebrüche, ich erkannte auch, dass das Irrlicht in der Senkung gestanden war, und dass ich in das Sumpfwasser derselben hineingegangen sei. Das Irrlicht war aber während meines ganzen Rückweges, auf dem ich mich öfter umgeschaut hatte, nicht mehr sichtbar gewesen, sondern überall lag die gleichförmige schwarze Finsternis. Als ich noch auf dem Abhang stand und herumschaute, erzeugte sich ein etwas lichter Streifen am Himmel, und ich sah, dass das nicht das Hag gewesen sei, was ich dafür gehalten habe, sondern dass eine Herbstwolke an dem entfernten Dürrwald gehangen und ihn wie einen näheren Waldklumpen gezaubert hatte. Als ich noch immer schaute, stand plötzlich mein Irrlicht wieder weit von mir entfernt drüben – es stand in derselben Richtung, aber auf einem andern Grund, nicht auf der Stelle, wo ich es früher gesehen hatte. Ich starrte recht deutlich in das Licht hinein. Und wie die lange, schlanke, weiße, ruhige Flamme drüben stand, oder auch wie ein feuriger Engel, der ein weißes Kleid an hat, und wie der hohe, finstere Wald dahinter stand, und wie die Nacht so leise fortregnete, und immer schwieg und finster war, und wie sich überall ringsherum niemand befand als ich allein: war es fast schön anzusehen, wie es war. Weil ich nun das bekannte Ansehen der Gegend hatte, das mein Großvater und der Schwede verlangen, trat ich meinen gewünschten Weg wieder an. Ich ging den Pfad, der neben dem schwarzen Zaun lag, hinunter – jetzt kannte ich ihn recht wohl – die dunklen Büsche, die sich früher verstellt hatten, waren mir auch sehr bekannt, und ich hatte sie früher oft gesehen. Ich ging des Weges nacheinander dahin. Und wie ich neben den Schlehenbüschen war, die wie ein schwarzer, kriechender Zug fortwanderten, und wie die Erlen, die von meinem Weg links standen, durch das Licht gingen, ich aber an das Fieber der Maria Hartens dachte, das mir stets im Sinn und im Herzen war, duckte das Lichtlein einmal ganz leicht nieder, und war verschwunden. Es kam auch gar nicht wieder zum Vorschein. Ich ging des Weges vollends hinab, und wie sich das wirkliche Eichenhag, das ich nun sah, um mich hinüber schob, kamen erst die wahren Lichter von dem Hause des Obrists zur Erscheinung sie standen in einer Reihe recht klar, recht vernehmlich und recht freundlich da. Ich ging aber nicht mehr hinüber, weil ich auch sehr beschmutzt war, sondern ich ging sofort in mein Haus hinunter, und las in derselben Nacht noch recht lange in vielen meiner Bücher wegen der armen Maria.

So hatte ich oft verschiedene Zufälle auf meinen Wanderungen.

Als der Winter weiter vorrückte und der Schnee schon eingefallen war, ging ich öfter, wenn ich erst spät nach Hause kam, wie es bei der Jahreszeit fast täglich der Fall war, noch am Abend oder in der Dunkelheit der Nacht in das Haghaus hinauf. Der Obrist hatte in das Bücherzimmer eine sehr große Heizung machen lassen, darin man die Scheite, welche hineingetan wurden, durch ein feines Gitter hindurch lodern sehen konnte. Auch hat er Geräte von denen, welche angekommen waren, hineingestellt, dass man auf ihnen herumsitzen und den Schein des Feuers auf dem Fußboden anschauen konnte. Als dann die große Lampe kam, die, auf den Tisch gestellt, das ganze Gemach mit Licht erfüllte, sahen wir Schriften an, wovon der Obrist manche aus verschiedenen alten und merkwürdigen Zeiten hat, oder Bücher, in denen etwas gelesen wurde, oder wir saßen bloß vergnügt in der so freundlichen Stube und redeten von den verschiedensten Dingen der Welt. Und wenn ich dann nach Hause ging und ein Gestöber war, oder die weiche Schneefläche vor mir lag, die in der trübsten Nacht einen feinen Schimmer gab, begleiteten mich gern die zwei Wolfshunde, sie gingen oft bis zum Hügel mit, auf welchem die Eschen stehen, und liefen dann zurück, dass es im Schnee stäubte und ich, wie ich zu meinem Haus hinunterging, noch manchen einzelnen Laut von ihrem Jauchzen vernehmen konnte.

Im Winter kamen auch Verschläge an, in denen Bilder waren, welche der Obrist in verschiedenen Zeiten seines früheren Lebens erworben hatte. Wenn ich dann an einem schönen, klaren Wintertag hinaufkam, zeigte er mir sie, lehrte sie mich kennen und ihre Vollkommenheiten empfinden. Einige sehr schöne hing Margarita in ihren Zimmern auf, die anderen wurden in den Zimmern des Obrists an verschiedenen Stellen, die er recht sorgfältig auswählte und prüfte, aufgemacht. Ich habe nie so schöne Dinge gesehen, oder ich habe sie in den früheren Zeiten meines Lebens nicht erkannt. – Als der Frühling kam, der heuer so früh eintrat, wie ihn niemand vermutete, fing der Obrist, als nur erst der Schnee weg war und die Erde weich wurde, sogleich alle seine Arbeiten wieder an. Er ließ das Eichenhag, insoweit es sein Eigentum war, reinigen, das dichtere, unnützere Gestrüppe musste weg, der Boden wurde von den hässlichen Abfällen befreit und, dass er schönes Gras treibe, mit eisernen Rechen gerechet. Die dürren Bäume wurden umgehauen, und wo einer auch nur einen verdorrten Ast zeigte, wurde derselbe an ihm, wie man es kaum an einem Obstbaum tun könnte, mit der größten Sorgfalt weggesägt. Die Senkung, wie ich es schon am Eingang dieser Schrift gesagt habe, ein lichtbraunes, faules Moor, darauf nur die kleinen Sumpfföhren und die roten Moosbeeren wuchsen und ein gelbes Gras war, dessen Spitzen braun wurden, hatte er sich gekauft, und fing an, es, wie ich schon oben aufgeschrieben habe, zu einer Wiese umzugestalten. Auch seine Felder, die er zugleich mit dem Hausplatz gekauft hatte, wurden in Arbeit genommen und zur Saat vorbereitet. Er hatte deshalb Knechte genommen und Zugtiere gekauft, und ihnen die vorgerichteten Wohnungen, die in dem heiteren Winter gut austrocknen konnten, in seinem Haus eingeräumt. Er wollte den Anbau des Weizens in dieser Gegend emporbringen, den höchstens nur einige, gleichsam wie zum Versuch im Kleinen, begonnen hatten. Deswegen hatte er Sommerweizen aus anderen harten und winterlichen Berggegenden kommen lassen, um ihn zu versuchen, wie er hier anschlage. Die Wintersaat hatte er im Herbst so gut gemacht, wie man es in diesen Wäldern eigentlich nicht zu sehen gewohnt ist. Auch der Garten, um den das Holzgitter gemacht worden war, wurde bearbeitet, und die Glasdecken, unter denen die Frühgemüse und andere Dinge wachsen sollten, über ihre mit Dünger ummauerten Gruben gelegt.

Um diese Zeit kamen auch die Bücher an. Mehrere große Truhen aus weichem Holz wurden abgeladen, in denen sie waren. Sodann wurden sie ausgepackt. Der Obrist hatte die traulichen Geräte, unter denen wir den Winter zugebracht hatten, aus der Stube fortgeschafft, und Haufen von Büchern lagen herum. Die mehreren Schreine, in welche sie kommen sollten, waren fertig geworden und wurden an den Wänden an ihren Stellen aufgestellt. Wenn der Obrist nicht Zeit hatte, weil ihn die verschiedenen Arbeiten bald hierhin, bald dorthin riefen und bei sich behielten, half ich selber die Bücher ordnen und an ihre gehörigen Plätze stellen. Eine solche Bücherei wäre eigentlich meine rechte Freude. Oft stand ich auf der Doppelleiter, die man hatte machen lassen und deren Füße mit Tuch überzogen waren, dass sie den Boden nicht beschädigen, und stellte die Bücher, eines nach dem andern, auf verschiedene Plätze, wie es mir tauglich schien, und wie sie sich der Natur zufolge reihen sollten. Margarita stand unten, und reichte sie mir. Dann schrieben wir auf, wie wir sie gestellt haben, dass man sie wieder finden könne, und dass aus diesen Zetteln eine allgemeine Übersicht zu verfassen sei, daran man sogleich den Stand und Ort jedes Buches ersehen möge, wenn man es suche. Später sollten wieder, wie der Obrist vorhatte, wenn nur einmal die Bücher in Ordnung wären, recht vertrauliche und liebliche Geräte in die Stube kommen, insbesondere mehrere gute und weiche Sitze, der große Lampentisch und andere Dinge, die uns schon einfallen würden, damit wir den kommenden Winter wieder in dieser Stube unter den Büchern und beim Schein der großen Heizung recht freundlich zubringen könnten.

Margarita hatte jetzt noch mehrere Bilder in ihre Zimmer bringen und dort aufhängen lassen. Sie führte mich zu manchen hin und zeigte mir, wie ihr dieses daran gefalle, und dann dieses, und dieses.

Da die warmen Tage heranrückten und das weiche grüne Gras die Hügel bedeckte, obwohl der harte Obstbaum noch keine Knospe trieb, und nur erst das niedere Gesträuch an den Bächen, dann die Holunder, die Weiden sich mit kleinen Blättern und grauen Kätzchen bedeckten, wurde das Fest der Grundsteinlegung des Hauses gefeiert. Es waren ungefähr die nämlichen Menschen zugegen, wie damals, da der Zimmermannsspruch bei der Aufstellung des

Dachstuhles abgehalten wurde. Man öffnete die Marmorplatte des Steines, der unterm Haupteingang des Hauses lag, welcher Eingang durch ein Vorgemach in den Blumensaal führte, aus dem man dann in den Gang kam, an den die Wohnzimmer des Obrists und Margaritas grenzen. Unter der gehobenen Marmorplatte kam ein hohler Würfel, ebenfalls aus Marmor, zum Vorschein, der durch eine sehr starke Glasplatte geschlossen war. Als man auch diese Platte gehoben hatte, zeigte sich der hohle Raum, der bestimmt war, die Gedenksachen, die man hineintun wollte, aufzunehmen. Der Raum war ganz mit Glas, welches nämlich gar keiner Art Fäulnis unterliegt, gefüttert. Man stellte die Flasche, aus welcher der Zimmermann bei seinem Dachstuhlspruch Wein eingeschenkt hatte, in den hohlen Raum. In der Flasche waren alle Silber- und Goldmünzen enthalten, welche jetzt gangbar sind, und ihr Gepräge war vom letzten Jahr, dann war ein viereckiges Goldstück dabei, eigens zu dem Zweck gemacht, dass darein der Jahrestag der Grundsteinlegung geschnitten wurde, dann lag noch ein Pergament in der Flasche, auf welchem die notwendigen Dinge des Herganges aufgeschrieben waren. Die Flasche ist am Munde ihres Halses mit einem Glasstück zugeschmolzen worden. Da dieses Denkmal hineingestellt worden war, legten viele der Anwesenden auch noch Dinge dazu, die sie entweder schon deshalb mitgebracht hatten, oder die ihnen erst jetzt einfielen: ein Buch, einen kleinen Ring, eine Mundschale von Porzellan, einen Uhrschlüssel, beschriebene Blätter, einer warf eine Rose hinein, die er aus einem Gewächshaus mit hierher gebracht hatte, und die Mädchen und Frauen taten Bänder hinein, dass man einst wisse, was dazumal in diesen Dingen für eine Mode geherrscht habe. Als dieses vorbei war, legten die Gewerke die Glasplatte wieder auf die Öffnung, dass sie sehr gut gefügt war, dann wurde die Fügung, die rings um das Glas lief, mit einem dichten Kitt verstrichen, der erhärtet und dann keine Luft, keinen Regen und keinen Dunst durch sich hindurch lässt. Über der Glasplatte wurde der Deckel aus Marmor in seinen Falz getan, und derselbe ebenfalls mit Kitt verklebt, worauf über der Platte der gewöhnliche Stein gelegt wurde, mit dem der ganze Gang und rings ein Streifen des Hofes gepflastert ist, dass man nicht mehr unterscheiden konnte, unter welcher Stelle die Dinge ruhten, die man eben unter die Erde getan hatte. Hierauf begaben sich alle Menschen, die herum gestanden waren, in das große Blumenzimmer, das man zu einem Erquickungssaal eingerichtet hatte. Es waren von den Gewächsen, welche der Obrist selbst in diesem Winter schon im Zimmer gehabt hatte, ringsum grüne Gestelle gemacht worden, und wo Blößen gewesen wären, wurden sie mit solchen Zweigen bedeckt, welche schon die ersten und zarten grünen Frühlingsblätter zeigten. In der Mitte des Zimmers stand ein Tisch, auf welchem sich Wein und einige Speisen befanden. Der alte Pfarrer von Sillerau sprach ein Gebet um Segen für die Speisen, wovon er dann die Veranlassung nahm, weshalb man zu diesen Speisen versammelt sei, und Gott auch um Segen für das Haus und alle, die es je bewohnten, anflehte. Sofort schloss er dann mit einer Anrede an die Versammelten, und bat sie mit einigen Worten, dass sie immer so friedlich, so einig und so nachbarlich gesinnt bleiben möchten, wie sie es heute sind, wo sie sich zu dieser gemeinschaftlichen feierlichen Angelegenheit wohlwollend eingefunden hätten. Hierauf wurde von dem Imbiss unter verschiedenen Gesprächen etwas verzehrt, und dann entfernten sich die Gäste, einer früher, der andere später, bis der letzte vom Obrist Abschied genommen hatte, und er wieder mit seinen Leuten allein war, die daran gingen, das Blumenzimmer in den Stand zu setzen, in dem es vor der Feierlichkeit gewesen war. Ich bin gleich nach dem Gebet des Pfarrers fortgefahren, weil ich noch zu viel zu tun hatte, und der Schluss des Ganzen ist mir nachher von Margarita und dem Obrist erzählt worden. Die Armen sind dieses Mal auf eine andere Weise und gewiss auf eine für sie weit bessere bedacht worden. Der Obrist hatte unter sie, in Anbetracht, dass der Winter zu Ende ging und die Vorräte des vergangenen Jahres leicht nicht denen des künftigen die Hand reichen könnten, heimlich verschiedene Notwendigkeiten gebracht und sie denen gegeben, die ihrer am bedürftigsten zu sein schienen. – Der Obrist, deucht mir, hat solche Feste wie die zwei, die er jetzt gegeben hatte, nur darum veranstaltet, dass die Nachbarschaft zusammen kam, dass er sich mit ihnen in ein Verhältnis setze und zeige, wie er freundliche Gesinnungen pflegen wolle, und freundliche Gesinnungen sich erwecken. Nach diesem Fest war es bei ihm wieder so still wie vorher, und blieb fortan still.

Nur die Arbeiter hatte er im Hause, die zu den Dingen notwendig waren, die noch hergerichtet werden mussten, dass das Haus gleichsam als fertiges betrachtet werden konnte. Dann hatte er noch an Gesinde im Haus, was er zur Bearbeitung und Herrichtung der Grundstücke und zur Versehung der Hausarbeit brauchte. Ich hatte ihm auch heuer an Leuten wieder überlassen, was ihm nötig sein mochte, ohne dass er um die Abtretung etwas wusste. Ich förderte in meinem Hause so viel wie gar nichts, ich bin noch jung und kann alles nachholen, er aber ist alt, hat an dem, was er hier angefangen hatte, Freude, und soll sie noch so viel genießen, als es in dem Überrest des Lebens möglich ist, den er noch hat.

Es war von Besuchen und Leuten, die kommen sollten, bei ihm nun gar nichts vorhanden; nur ich allein, wie der Frühling mit aller Pracht und Herrlichkeit hereinbrach und mir, wie gewöhnlich, eine große Verminderung meiner Berufsgeschäfte brachte, ging beinahe täglich zu ihm hinauf – und ich glaube, dass ich sehr gerne gesehen worden war; denn wenn ich doch eines Tages verhindert wurde, weil etwas Unversehenes ausbrach, dass ich bis tief in die Nacht zu fahren oder gehen hatte; oder wenn ich wegen einer Angelegenheit, die mir schwer denken machte, bei den Büchern oder in eigenem Nachdenken sitzen musste, dass ich nichts verfehle; so sandte er gleich jemanden herab, um fragen zu lassen, ob ich wohl sei, oder ob sonst etwas Wichtiges eingetreten wäre, dass ich nicht gekommen sei. Ich ließ ihm immer die Ursache genau zurücksagen. Nur eins fiel mir ein, das mir großes Denken verursachte: er kam jetzt schier gar nicht mehr zu mir herab, während er doch früher öfter mit Margarita bei mir gewesen war und alle meine Anstalten angeschaut hatte – ja sie waren sogar manchmal bei dem großen Behältnis der Arzneien gestanden und hatten gefragt, was dieses und jenes sei, wie es zusammenhänge, was es wirke, und welche Tugenden in ihm eingeschlossen seien, was ich immer gern und mit Freuden beantwortete; und von manchem Kranken musste ich mit ihnen reden, wie er jetzt sei, und wie ich vorhabe, mit ihm im Weiteren zu verfahren. Der Obrist ließ sich sogar zuweilen das Buch zeigen, in dem die Krankheit stand, und las mit Aufmerksamkeit darinnen. – Mit der Aufrichtigkeit, die ihm eigen ist, sagte er mir einmal selber die Ursache, warum er nicht mehr herabkomme, damit es nämlich nicht dem ähnlich sähe, dass er seine Tochter gleichsam wie eine angetragene Braut zu mir herabführe, und die Leute solches redeten. Als ich meinte, weil ich täglich zu ihm hinaufgehe, könnten sie ebenso gut sagen, ich gehe als Bräutigam zu Margarita, antwortete er, das könnten sie tun, daran sei nichts Übles. – Ich ging also täglich ins Haghaus hinauf, wie es meine Berufsgeschäfte gestatteten, und wie meine Zeit aus war, die ich an diesem Tage zu meinen Pflichten anwenden musste. Eine liebliche, eine schier unaussprechlich schöne Zeit war auf uns herabgekommen, meine Felder standen in wirklicher Pracht, die des Obristen auch, und wir hatten unsere Freude daran. Ich zeigte Margarita einmal meine Rappen, weil ich schon zuweilen mit ihnen fuhr, und sie liebte die schönen, schlanken und herrlichen Tiere, die so lustig und jugendlich, und fromm und folgsam waren. Wir gingen weit und breit in den Feldern und Wäldern herum. Ich nannte Margariten die kleinen Blümchen, die oft da waren, die kleinsten, die ein Äuglein aufmachen, das man im winzigen Grün nicht sieht; und sie wunderte sich darüber, dass ich das Ding nennen könnte; worauf ich sagte, dass alles seinen Namen habe, diese kleinsten, unscheinbaren Dinge so gut und oft einen so schönen wie die großen und prächtigen, die wir in unserem Garten haben. Da sie sagte, ich möchte ihr alle Namen sagen und möchte ihr die Blümchen und Kräuter zeigen, tat ich es: ich nannte ihr die einzelnen, wie sie in unserer Gegend sind, und zeigte ihr sie, wenn die Gelegenheit der Blüte gekommen war; dann wies ich ihr die Geschlechter, in denen sie nach gemeinsamen Kennzeichen zusammengehören, und sagte ihr, wie sie in schönen Ordnungen auf unserer Erde stünden. Wir pflückten Sträuße, trugen sie nach Hause, bewahrten manches auf, ich nannte es, erzählte sein Leben, das es gerne führe, die Gesellschaft, in der es sein will, und anderes, das die Menschen wissen. Sie merkte auf, wiederholte es und lernte die Eigenschaften kennen und erzählen. Dann meinte sie, wie oft das kleine Ding jetzt, das in dem Gras der Berge stehe, das sie sonst nicht angeschaut und fast verachtet hatte, eigentlich schöner sei als andere große im Garten, die oft nur die eine schöne Farbe haben, und nur groß sind. – Ich nannte ihr aber nicht bloß die Gewächse, die wir sahen, sondern auch die Steine, manche Erden und die kleinen Flimmer, die hie und da auf unserem Weg lagen; denn ich hatte diese Dinge nicht nur einstens sehr gerne gelernt und aus meinen Büchern sehr oft wiederholt, sondern ich trieb sie auch fort, da ich in meine Heimat gekommen war und unter ihnen herumging Ich liebte sie wie meine Gesellschaft, die ich bei meinem Beruf um mich habe. Margarita hatte ein flaches schwarzes Täfelchen bei einem ihrer Fenster im ersten Zimmer machen lassen, darauf lagen nun viele Steinchen, glänzende Stückchen und andere solche Dinge, und sie legte Zettelchen, darauf sie die Namen geschrieben hatte, dazu.

Da der Obrist nirgends etwas Zweckloses oder gar Zweckwidriges leiden kann, ohne dass er den Versuch machte, es seinem Zwecke, zu dem er es dazusein erachtete, wieder zuzuwenden, machte er mir auch in diesem Frühling einen Vorschlag, den ich zuerst seltsam nannte, und der mir dann sehr gefiel. Es liegt abseit des Reutbühls, gleich dort, wo man zu ihm aus dem Kirmwald hinüberkommt, eine steinige Stelle, die ziemlich weit hingeht, wo etwas Lehm, magerer Grund und sehr klein geklüfteter Fels, fast Geröll, ist. Die Leute nennen den Fleck das Steingewände, obwohl er eben und keine Wand ist; aber es ist in der Gegend gebräuchlich, jeden solchen Fleck ein Steingewände zu nennen. Dieses Steingewände nun schlug mir der Obrist vor mit ihm gemeinschaftlich zu kaufen, da es jetzt leicht und billig zu haben sei. Auf meine Frage, was wir denn mit dem unfruchtbaren Grunde tun würden, antwortete er, der Grund sei nicht mehr unfruchtbar, die unendlich feine Zerklüftung zeige, dass die Verwitterung in ihrem Fortgang beginne, und dass der Grund vielleicht zu einer Föhrenpflanzung sehr tauglich sei. Als ich wieder fragte, was wir denn mit einer Föhrenpflanzung täten, da überall herum ohnedies so viele Wälder ständen, die bereits viel besseres Holz hätten, als Föhren zu liefern vermöchten, sagte er: »Die Föhrenpflanzung wird noch stehen, wenn viele andere Wälder, daraus wir jetzt Holz nehmen, verschwunden sind und in Felder und Wiesen verwandelt wurden. Die Föhrenpflanzung wird stehen, weil sie dann noch nicht zu einem Feld- und Wiesengrund wird tauglich sein, aber Holz werden die Menschen aus ihr nehmen, wenn Holz schon kostbarer geworden ist als jetzt. Und wenn die Föhren ihre Nadeln fallen lassen und unter sich die Feuchte und den Regen halten, wird sich der Grund verbessern und lockern, und in tausend Jahren kann vielleicht auch die Föhrenpflanzung in Feld verwandelt werden, wenn alsdann die Menschen dichter wohnen und ihnen das Erträgnis des Feldes wertvoller erscheint als das Holz, das die Föhren liefern.«

Ich willigte freudig ein, als er dies gesagt hatte, und schämte mich, einen so kleinen Zweck gehabt zu haben.

Wir erstanden recht leicht und um ein billiges Geld das Steingewände, und mancher Nachbar, der davon hörte, hielt die Sache für eben so unklug, als ich sie selber anfangs gehalten hatte. Der Obrist schickte einen Mann hinaus, der in den Abständen, in denen die Pflänzchen zu stehen kommen sollten, kleine Vertiefungen in die Steine machen und sie unten lockern musste. In diese Vertiefungen wurde dann Erde getan, aber eine nur um ein kleines bessere, als sonst in den Rissen des Steingewändes war, damit die Pflänzlein, wenn sie die ersten

Wurzeln in dem guten geschlagen und dasselbe gewöhnt hätten, nicht dann stürben, wenn sie ihre Fasern in den Fels treiben müssten. Der Obrist wählte den Samen dann von Föhren, die oberhalb des Gehänges in noch steinigerem Grund standen, als der unsere war, damit ihm der bessere Grund wohltue und er in demselben gut anschlagen möge. An einem Tag legten wir mit Hilfe mehrerer Leute den Samen in die mit Erde gefüllten Vertiefungen und deckten ihn wohl zu. Margarita hatte vorher die schönsten Körner ausgesucht.

Der Obrist hatte auch noch einen andern Plan, der ihm aber viel schwerer auszuführen schien, woran er aber demungeachtet nicht verzagte, wie es ja schon seine Natur war. Er wollte die Leute der Gegend vermögen, aus den obwohl gut erhaltenen Wegen doch noch bessere, nämlich gleich Straßen zu machen. Er sagte, er hoffe auf die Zeit. Vorerst aber legte er als Beispiel ein Stück einer solchen Straße auf seinem Grund an, wo nämlich der Weg von Sillerau durch ihn nach Haslung führt, auf welchem Wege doch so manche Menschen Gelegenheit hatten, zu gehen und zu fahren und das neue Ding in Augenschein zu nehmen.

Aus dem Frühling war endlich Sommer geworden. Der Baum des Waldes, der Strauch des Hages, das Obst der Gärten, das Gras der Wiesen und die Frucht der Felder, alles stand recht schön. Ich hatte, wenn ich um drei Uhr oder auch um vier Uhr morgens aufbrach, bis gegen Mittag all' meine Dinge abgetan, und brachte den Nachmittag im Haghaus zu. Wenn ich hinaufging und die Hunde mir nicht entgegensprangen, wusste ich, dass der Obrist nicht zu Hause, sondern mit ihnen auf irgendeiner Stelle seiner Felder sei. Wenn dann unter dem Gesinde, das sich rührte, oder unter den Knechten, die die Arbeit taten, Margarita mit ihrem feinen Strohhut stand, gingen wir miteinander, den Vater zu suchen, oder wir gingen auch im Feld oder im Wald dahin und redeten von verschiedenen Dingen. Ich legte ihren Arm sanft auf den meinigen.

Eines Tages gingen wir auf dem Weg des Lidenholzes. Sie war in dem aschgrauen, geglänzten Gewand, das so schön ist. Sie trägt nicht die Kleider, wie es jetzt die Frauen so anfangen, dass sie von den Hüften wegstehen, sondern sanft hinabgehend, dass die junge Gestalt freundlich ausgedrückt ist. Das Lidenholz wurde vor vielen Jahren an vielen Stellen ausgehauen, dass man überall die Durchsicht hat und an vielen Plätzen auf freien, mit Stöcken und hohem Gras besetzten Flächen dahingeht. In den Holzschlägen wachsen verschiedene Blumen gemischt, und oft seltnere und gewiss schönere, als man sie auf gewöhnlichen Wiesen zu finden vermöchte. – – Da fragte ich Margarita, ob sie mich recht liebe. – – Wir standen vor einer Grasstelle, wo die hohen, äußerst dünnen Schäftchen aus derselben emporstanden und oben ein Flinselwerk trugen, grau oder silbern, in welchem die Käfer summten oder Fliegen und Schmetterlinge spielten. Aus dem Holzschlag ragte mancher einzelne Baum hervor, der wieder emporgewachsen war; und jenseits, von ferne herüber, schaute der blaue Duft des Kirmwaldes, der ganz ruhig war. So still war es, dass man zuzeiten durch die blaue, heitere Luft, wie ein sehr schwaches, entferntes Donnern, gar das Schießen von Pirling herüber hören konnte, womit der untere Wirt von Pirling, der alte Bernsteiner, einen Keller in die Felsen des Steinbühel sprengt. – – Margarita, als sie meine Frage vernommen hatte, schlug die Augenlider über die sehr schönen braunen Augen herab, sah in die Schäftchen nieder, wurde ganz glühend im Gesicht und schüttelte leise das Haupt. – – Ich sagte kein Wort, und wir gingen auf dem Weg wieder dahin. Wir sammelten aus den Blumen, die wir der Mühe wert hielten, einen Strauß. Margarita nannte die Namen derselben, und wo sie einen nicht wusste, nannte ich ihn. Wir kehrten auf dem Weg bald wieder um und gingen nach Hause. Sie hatte den Arm, den ich am Ausgang des Waldes, da wir auf die Wiese kamen, wie sonst in den meinigen getan hatte, auf demselben sanft ruhen lassen.

Als wir ins Haus kamen, fanden wir den Obrist im Bücherzimmer. Er saß vor dem Tisch, hatte etwas Wein vor sich, und von den runden weißen Broten, die er so gerne isst. Er sagte, dass er auf dem Feld sich sehr viel Hunger gesammelt habe, und dass er hier sein Nachmittagsbrot halte. Margarita setzte sich neben ihm auf einen Stuhl, redete einige Worte, schwieg dann, und sann. Ich blieb auch nicht lange, sondern, als er mit seiner Erquickung fertig war und in den Garten ging, nahm ich Abschied und begab mich auf den Heimweg. Als ich über den Hügel, wo die Eschen stehen, hinabwandelte, ging die Sonne, wie ein prachtvolles goldenes Schild, zwischen mehreren Bergen von Wolken unter, die sogleich zu brennen anhoben. Durch den ganzen Himmel war Herrlichkeit, und auf die ganze Erde war Herrlichkeit gebreitet. Ich war in meinem Innern so selig, wie ich es gar nicht auszudrücken vermochte.

Da ich in meinen Hof hinein ging, kam mir der Bub Gottlieb entgegen und zeigte mir sein Buch, in das er schreibt, und wie er schon große Fortschritte gemacht habe. Ich erzählte ihm, was ich eigentlich hatte verschweigen wollen, dass ich ihm schon ein Stück Wiese gekauft habe, das er einst bekommen wird, und dass ich schon für ihn sorgen werde, wenn er gut lernt und ein ordentlicher, braver Mann wird, der sich eines Geschäftes annimmt. – Dann ging ich in meine Stube.

Es kam jetzt eine schöne Zeit. Ich liebte meine Kranken, es tat mir das Herz oft viel weher, wenn ich ein Kindlein im Bette liegen sah, die armen Augen auf mich geheftet, und wenn ich nicht im Stande war, die Krankheit zu beschleunigen, dass das unschuldige Wesen bald befreit werde – oder wenn ich einen Jüngling sah, dessen rosige Wangen durch das Fieber noch röter und dunkler und von harter Farbe wurden, und er mich bat, ich möchte ihm nur etwas geben, dass die Hitze aufhöre; denn dann sei er schon ganz gesund; ich aber einsah, dass durch diese Hitze, die er so leicht wegzubringen vermeinte, leichtlich seine ganze heitere rosenfarbene Zukunft abgeschnitten werden möchte – oder wenn ich zu einem alten Mütterlein kam, das niemand mehr hatte, dem alle weggestorben waren, das in Ergebung auf den Tod wartete, und dennoch, wenn ich fortgehen wollte, den Blick auf mein Auge heftete, ob sie darin Hoffnung lesen könnte. Ich gab manchmal dem Kranken die Arznei und ein Stück Geld dazu, dass er sich eine Suppe verschaffen konnte.

Als ich am andern Tag, da ich die Frage an Margarita getan hatte, wieder in das Haghaus hinaufgekommen war, ging sie mir entgegen, nahm mich bei der Hand und führte mich in ihr Zimmer hinein. Sie führte mich an das Tischchen, auf welchem die Steine lagen, daneben heute die Zettel umgekehrt waren, und sagte die Namen aller Steine her, ohne einen einzigen zu fehlen. Dann führte sie mich zu ihrem Bücherschrein, wo auf dem Tisch die Pflanzen lagen, die wir gestern gebracht hatten. Sie sagte auch die Namen aller, ohne ebenfalls einen zu fehlen. Dann gingen wir mit dem Obrist auf seine Niederwiese hinüber und sahen zu, wie Heu gemacht wurde, und wie man eben das gut getrocknete nach Hause führte. Sie zeigte mir auch ihre Hühner und das andere Geflügel, und führte mich in den Stall, und zeigte mir die zwei Kälber, wie sie schön seien, und wie sie sich jetzt schon völlig ausgewachsen hätten. Wenn sie groß würden und wieder Nachkommen hätten, dann würde das andere Vieh nach und nach weggetan, und nur, das von ihnen gekommen, behalten.

Ich brachte ihr, wenn ich in Tunberg oder in Pirling draußen gewesen war, bald eine Blume mit, bald ein Steinchen, das sie noch nicht hatte, oder ein Band, oder sonst etwas, zum Beispiel ein Ding, wo hinein sie ihre Nadeln und Scheren legen konnte. Sie fing auf einem seidenen Tuch Blumen zu sticken an, und sagte, das würde über die große Tasche gespannt werden, in welcher ich immer meine Papiere hatte; dann machte sie mit Gold und Seide ein Ding auf mehrere Bänder, und erklärte mir, das müsse auf die Halsgeschirre der Rappen getan werden, wenn ich einmal im Winter im Putze mit ihnen ausführe.

Wir fahren an allen Sonn- und Festtagen in die Kirche nach Sillerau. Da sahen alle Menschen nach ihrer Schönheit hinüber, wenn sie in dem Querstuhl vorn neben ihrem Vater saß. Er hatte an allen großen Festtagen die goldene Kette um, die ihm der Kaiser einmal gegeben hatte, und sie hatte alsdann ein seidenes Gewand mit einem kleinen Zipfel als Schleppe. Mir war sie aber immer lieber, wenn sie in ihrem Hausgewand neben uns im Bücherzimmer war, oder in Feld und Wald, und nicht so sehr darauf Acht zu geben hatte, als auf das seidene.

Gegen Ende des Sommers kletterte ich einmal um eine seltene Blume auf die Schneide des Dusterwaldes, weil ich wusste, dass sie dort um diese Zeit blühe, und brachte sie ihr. Sie hatte eine sehr große Freude darüber. – So ging der Sommer dahin. Wir wandelten wieder, wie im vorigen, in allen Wäldern, Wiesen und Feldern herum, nur dass wir heuer oft noch viel weiter waren, als im vorigen Jahr, und manchen beschwerlichen Weg machten, um irgendeinen Platz zu besuchen, von dem man Pracht und Schönheit der Wälder überblicken konnte, oder wo die schauerliche Majestät war, da sich Felsen türmten, Wasser herabstürzten und erhabene Bäume standen.

Ich hatte den ganzen Sommer hindurch nicht mehr gefragt, ob sie mich liebe. Einmal aber, im späten Herbst, da wir im Eichenhag draußen bei der großen Eiche ihres Vaters standen, alle Gesträuche schon die gelben Blätter fallen ließen, nur die Eichen noch ihren rostbraunen Schmuck recht fest in den Zweigen hielten, fragte ich sie wieder: »Margarita, habt Ihr mich wohl lieb?« – »Ich liebe Euch sehr«, antwortete sie, »ich hab Euch über alles lieb. Nach meinem Vater seid Ihr mir der liebste Mann auf der Welt.« Sie hatte dieses Mal die Augen nicht niedergeschlagen, sondern sie sah mich an, aber auf die Wangen ging doch ein recht schönes, sanftes Rot, als sie dieses sagte. »Ich liebe Euch auch recht innig«, antwortete ich, »ich liebe Euch mehr, als alle andern Menschen dieser Erde, und da mir alle Angehörigen gestorben sind, so seid Ihr auf dieser Welt das Höchste, das ich liebe. Ich werde Euch auch in alle Ewigkeit lieben, Euch ganz allein, hier auf dieser Welt, so lange ich lebe, und im Jenseits wieder.«

Sie reichte mir ihre Hand. Ich fasste sie, und wir drückten uns die Hände. – Wir ließen dann dieselben nicht los, sondern hielten uns an ihnen. Wir blieben noch länger stehen, schwiegen, und sahen in das verdorrte Gras nieder. Einzelne gelbe Blätter lagen von den Gesträuchen, die unter den Eichen wuchsen, und die schwach wärmenden Sonnenstrahlen der späten Jahreszeit spielten zwischen den Stämmen und den Zweigen rötlich herein. Dann gingen wir in das Haghaus, und sie musste dem Vater an dem Tag noch lange vorlesen. Ich hörte zu, und ging in der Nacht nach Hause.

Ach – es war jetzt so schön auf der Erde – so mit Worten unaussprechlich schön. Ich kniete einmal auf den Schemel, der in meiner Stube vor dem Fenster ist, nieder, da draußen Nacht war und unendlich viele Herbststerne am Himmel glänzten, und dankte Gott für mein Glück. Seit meine Angehörigen gestorben waren, war keine so schöne Zeit gewesen.

Ich ging jeden Tag ins Haghaus hinauf. Selbst als der Winter gekommen war, und als ich nicht nur den Vormittag, wie sonst, sondern meistens auch den Nachmittag in meinen Geschäften zubringen musste – denn erstens konnte ich wegen der großen Finsternis nicht früh genug ausfahren, und zweitens hatten sich die Krankheiten vermehrt – ging ich doch noch immer, wenn nur die Nacht nicht zu weit vorgerückt war, in das Haus hinauf, und sah die letzten Scheite in der großen Heize im Büchergemach verglimmen. Wenn ich zuweilen ganz durchnässt nach Hause kam, weil nicht selten vom Wagen oder Schlitten weg noch durch wilde Schneehaufen oder Wässer zu einer Hütte, in der ein Kranker lag, zu klettern war, kleidete ich mich um, dass ich wieder alles am Körper trocken hatte, und trat meinen Weg am verschneiten Feld des Meierbacher und über den Eschenhügel hinauf an.

Wenn das Gedränge der Ratholenden geringer war, und ich gesagt hatte, dass ich morgen schon am Nachmittag bei scheinender Sonne kommen würde, so stand sie unter der Tür des Hauses, machte wegen des Glanzes der Wolken und des Schnees, der auf den Höhen lag, mit ihrer Hand einen Schirm über die Augen und sah der Fläche nach hinab. – Sie sagte mir nachher, dass sie nach mir ausgeschaut hatte.

So floss der Winter nach und nach vorwärts. Wir lasen etwas aus den Büchern oder aus den seltenen Schriften des Obrists, deren er eine ganze Sammlung hat, oder wir sprachen von verschiedenen Dingen. Der Obrist fragte um alle möglichen Verhältnisse der Menschen des Waldes, und wenn ich ihm sagte, was mir bekannt war, sah ich, dass er alles ohnehin schon am richtigsten wusste. Oft war wohl auch ein Mann aus der Umgegend da, der Obrist setzte ihm ein Glas Wein und Brot vor, und ehe die Nacht weit vorwärtsrückte, machte sich der Besuchende wieder auf, und begab sich nach Hause.

Wenn solche lichte Nachmittage waren, wie ich oben sagte, sahen Margarita und ich sehr gerne die Bilder an, die da waren. Sie zeigte mir vieles und erklärte mir vieles; denn hier wusste sie mehr als ich, weil sie seit ihrer Kindheit immer die Bilder um sich gehabt und vom Vater die Einsicht in dieselben bekommen hatte – es ist unglaublich, welch Wunderbares und Schönes in diesen Bildern liegt. Manchmal gingen wir dann hinaus und sahen die Wolken und andere Dinge an, und erkannten und freuten uns, dass sie auf den Bildern so gemacht waren, wie sie sind. Ein anderes Mal sagte sie mir wieder alles auf, was sie von mir gelernt hatte, und fragte mich, ob es so recht sei.

Zu verschiedenen Zeiten tat der Obrist Entwürfe und Zeichnungen auf den Tisch, wie er dieses und jenes ändern, dieses und jenes verzieren, dieses und jenes neu anlegen wolle. Wir schauten die Sachen an, sie waren sehr schön, und immer so reinlich gezeichnet, als hätte sich ein junger Mensch mit großem Eifer und großer Freude dazu gesetzt. Ich bekam bei diesen Dingen mehr Einsicht, als ich früher hatte, und änderte den Riss, den ich zu verschiedenen Zeiten zu meinem Schreibgerüst gemacht hatte, dass es in festem Eichenholz geschnitzt würde, wieder ganz und gar ab. Ich nahm mir vor, den Riss, ehe die Arbeit in Holz angefangen würde, dem Obrist zu zeigen.

Ein paar Male war er mit Margarita auch sogar bei mir herunten, und das letzte Mal ließ ich seine Braunen heimlich ins Haghaus zurückgehen und führte ihn dann mit Margarita mit meinen Rappen hinauf, da sie zum ersten Male die schönen Bänder, die ihnen von Margarita gemacht worden waren, auf sich hatten.

Manchmal, wenn wir so an späten Abenden beieinander saßen, draußen strenge Kälte herrschte, und herinnen in der Heize die großen Blöcke glommen, ihren roten Schein mit dem weißen der Lampe im Raum des Zimmers mischten, der Obrist an seinem schönen weißen Bart von der Glut rosenfarben angeleuchtet im Armsessel saß, und ich und Margarita nebeneinander ihm gegenüber: so legte sie gerne ihre Hand auf die meine, wir fassten unsere Hände, und hielten uns längere Zeit dabei, während von ganz fremden Dingen der Welt draußen, oder von anderen, die uns schon näher angingen, die Rede war. Der Obrist hat dieses gesehen, er hat aber nie etwas darüber gesagt. Wenn andere eine Neigung zueinander haben, suchen sie dieselbe zu verheimlichen, wir aber taten dieses nicht, sagten aber auch nichts, und lebten so miteinander fort. Wir haben auch zu uns selber nichts mehr von unserer Zuneigung gesagt, seit jenem Abend, wo wir im Eichenhag einander vertrauten, dass wir uns sehr lieben. Ich hatte nicht den Mut, sie von dem Obristen zu meinem Weibe zu begehren – es kam mir auch vor, dass es noch nicht Zeit sei. Er, obwohl er es wusste, redete nie von Dingen, die hierher einen Bezug haben könnten, sondern war immer freundlich und heiter, und sprach von allem, das in dem Reich seiner Betrachtungen war, oder dem er zu einer Handlung oder irgendeiner Gestaltung, wie sie ihm geläufig war, eine Zuversicht abzugewinnen vermochte. – So war der Winter endlich dahin und wieder der Frühling gekommen, die liebliche Freude unserer Wälder. Da geschah etwas, das alles änderte.

Zwar der Obrist ist nicht geändert worden. Wenn ihm sogar etwas Böses angetan wird, so erkennt er es für einen Irrtum, hat Mitleid und trägt nicht nach. Ist nicht die schöne Unterredung, die er mit mir hatte, selber ein Beweis davon?

Ich habe mich so gerne bei der Zeit meiner Ankunft verweilt, ich habe mich gerne bei der Zeit verweilt, in der ich zu bauen und zu wirtschaften angefangen habe; es war eine einfache, schuldlose Zeit – ich weilte gerne dabei, wie der Obrist gekommen ist, mit ihr, der Lieben, der Guten; es war eine glückselige Zeit – – alles ist aus – und sie, gerade sie hat mir so große Schmerzen gemacht; aber es ist nicht sie, ich erkenne es jetzt wohl, sondern ich, ich allein. – Es liegt die lange, schwere Zeit vor mir, und viele Jahre wird es brauchen, bis ich mich in sie hineinlebe.

Ich will alles eintragen.

Als die Tage der Blüten gekommen waren – mein Vogelkirschbaum, der liebe, große, kronenreiche Baum, den ich noch von Allerb auf mich gebracht hatte, war mit einem ganzen weißen Meer von Blüten bedeckt; in den Wäldern, wo man noch durch das dünnbelaubte Zweiggitter den Himmel sah, fuhr ich doch oft schon durch eine Wolke von Duft und Blumenstaub, der durch die Räume ging – alles – alles war so schön – und siehe, dacht ich, welch ein Sommer wird erst auf diese Weise hereinrücken – – und nun sag ich, welcher wird kommen! –

Als, wie ich oben anfing, die Zeit der Blüten über uns war, fand sich in dem Haghaus ein Besuch ein, auf den alle nicht vorbereitet waren. Es kam Rudolph, der Bruderssohn des Obrists. Einen schöneren Jüngling würde man sich wohl kaum denken können. Es gingen von dem rosenfarbenen Angesicht die dunklen, schwarzen Haare zurück, und die großen Augen blickten sehr wohlgebildet aus dem Gesicht. Sein Vater und seine Mutter waren schon vor längerer Zeit gestorben. Er war gekommen, um eine große Summe, die in Vorschein gekommen, und verloren geglaubte Schuldgelder, die eingegangen waren, mit dem Oheim zu teilen, dem einstens unrecht geschehen war. Der Obrist nahm ihn mit vielen Freuden auf, zeigte ihm große Liebe und gab ihm viele Geschenke, die er als Denkmale seines Aufenthaltes bei seinen Verwandten auf sein Schloss mitnehmen und aufheben sollte. Von der Summe aber nahm er nicht den Teil, den ihm der Jüngling geben wollte, sondern, wie in früherer Zeit, wieder das Wenigste, das sich noch mit seinen Pflichten gegen Margarita vertrug. Rudolph lebte mit einem Mann, einem Amtmann seines Vaters, den er sehr liebte und ehrte, ganz allein auf dem Schloss, und bewirtschaftete sein Vermögen. Mir wurde er, da ich in jenen Tagen hinaufkam, vorgestellt, und er war immer sehr bescheiden und ehrfurchtsvoll gegen mich. Da man ihn sehr bat, blieb er viel länger beim Oheim, als er sich eigentlich vorgenommen hatte.

Als ich einmal in dem Lidenholz heimlich auf die Wulst der Felsen, die sich da in der Nähe des Holzschlages überneigen, geklettert war, weil ich dort mehrere sehr seltene Steinbrechen wusste, die in Blüte gehen sollten, und die ich Margarita bringen wollte: sah ich plötzlich auf dem Weg durchs Lidenholz unter mir Margarita und Rudolph herausgehen. Ein schöneres Paar ist gar nicht auf der Erde. Er war um eine halbe Hauptlänge höher als sie, war so schlank wie sie, das feine Gewand war so anspruchslos an ihm, und die schwarzen Augen blickten sanft und milde; sie schimmerte neben ihm so klar, wie immer, hatte das weiße Gewand an, und wurde durch ihn fast schöner als gewöhnlich. Mir stürzten die bitteren Tränen aus den Augen – – wer bin ich denn, was bin ich denn? – – ich bin nichts – gar nichts. – – Ich wäre hinabgeklettert, ich hatte die Felsen umschritten und wäre zu ihnen hingegangen – aber ich konnte es jetzt noch nicht. – Sie wandelten neben den Blumen hin, die in dem hohen Gras des Holzschlages standen, sie wandelten neben dem zarten Gesträuch und Gestrüpp, das sich manchmal an den Weg herandrängt – er sprach zu ihr, sie sprach zu ihm – er hatte ihren Arm in dem seinigen, sie legte ihre Hand auf die seine, drückte sie und streichelte dieselbe sanft.

Ich wollte nun gar nicht zu ihnen hinabgehen, sondern ich nahm meinen Stock, den ich in die Gräser niedergelegt hatte, und zerschlug mit demselben alle Steinbrechen, die in der Tat noch nicht blühten, dass der Ort wild und wüst war. Dann stieg ich rückwärts am Felsen wieder hinab, wo ich hinaufgekommen war – denn an anderen Stellen ist die Wulst kaum zugänglich – ich stieg so schnell hinab, dass ich mir die Hände blutig riss. Dann ging ich nicht nach Hause, obgleich das Mittagessen auf mich wartete. Ich war gerade darum recht bald zu meinen Kranken gefahren, und war bald zurückgekommen, damit ich zu den Steinbrechen gehen und ihr die Blumen, wenn ich einige fand, noch vor dem Essen bringen könnte. Jetzt waren keine Blumen notwendig und jetzt war es nicht notwendig, dass ich nach Hause zu meinem Essen ging. Ich stieg vielmehr vom Lidholz immer mehr nieder gegen die Talrinne, in der das Lidwasser geht, das kaum jemand besucht, weil es so eng zwischen den Waldwänden hingeht, ein seichtes Wasser ist und überall wilde Steine liegen, dass kein Weg in der Länge der Talrinne möglich ist. Vorwärts gegen die grauen Felsen, die manchmal aus dem Schwarz und Grün der Wand hinaussteigen, schaut das Gedämmer und die Ruhe des Kirmwaldes herein, der sich aber auch immer drehte und hin und her rührte, wie ich abwärts stieg, bis er verschwand und an den hohen Strebnissen des Grases, des Nachwuchses, der dürren Stämme, der Steine nichts niederschaute als der einzige schwermütige Himmel. Ich ging ganz tief bis in den Kessel zurück, wo das Wasser ruhig im Grunde steht und seine stahlblauen Flecke zwischen den grünen Inseln, die auf ihm schwimmen, hervorleuchten – daneben steht der feuchte Stamm der Tanne, und der graubraune Fels, von dem das Wasser beständig, wie ein Firnis, niederglitzert. Auf dem Weg dahin hatten mich die blauen Scheine unseres Waldenzianes gegrüßt und die breiten grünen Augen des Huflattichs, wo mein Fuß in den weichen, brodigen [nassen, schmutzigen] Waldboden einsank: ich beachtete sie nicht.

Ach, ich bin ja sonst nicht so zornig – es ist meine Art nicht so. Ein Rückfall in meine Kindheit musste es sein, wo mich, wie der Vater sagte, meine früh verstorbene Mutter verweichlichte, dass ich oft, wenn mir ein Hindernis entgegenkam, mich zu Boden warf und tobte. – Ich stieg von dem Lidkessel durch das Sandgeröll empor, indem ich die Hand wieder in die Gesträuche schlug, dass sie blutete, und mich an den hervorstehenden scharfen Steinen hielt, dass ich nicht niederrollte. – Ich kam an dem Rotheck heraus, wo sich die Okersteine am Gipfel des Berges in die Luft drängen und der Blick in die jenseitigen Länder geht; wo sich die lange Linie des Rothberges hinzieht und die dortigen Waldbühel blau an blau hinaus gehen. Das Haus des Vetters Martin war nicht sichtbar, am Himmel streckten sich weiße, stehende Wolken hin, und auf meinem Boden war der Sand so rot gefärbt, dass ich mir die Schuhe beschmutzte, wie ich darüber hinging und gegen meine Linke abneigend wieder in die finstere Gesellschaft der Tannen einbog.

Ich hatte mir nun alles fest gesetzt, wie ich tun solle. Ich ging in der großen Krümmung des Waldes herum, dass ich fast gegen Abend oberhalb des Eichenhags herauskam, durch das ich in das Haus des Obrists ging. Er selber war nicht zu Hause. Margarita, sagten sie, sei im Garten. Ich schritt durch das Hoftor in den Garten, sah sie aber dort nicht, und vermutete sogleich, dass sie in das angrenzende Feld hinausgegangen sein möge, weil das Hintergitter des Gartens offen stand. Ich sah sie wirklich, da ich das Gitter erreicht hatte und den Blick in das Freie tat, an dem breiten Wiesensaum, der neben dem Korne lief, wandeln, wie sie in der lauen, schönen Abendsonne den langen Schatten über das Getreide warf. Sie war allein – es war dies nichts Wunderbares – aber ich verwunderte mich darüber. Nur die zwei schönen Wolfshunde ihres Vaters gingen ruhig neben ihr, sie lieben das Mädchen sehr, gehen ihm immer zu, und sind viel ruhiger, wenn Margarita in unserer Gesellschaft ist. Als ich in der Öffnung des Gartengitters erschien und sie mich erblickten, sprangen und tanzten sie lustig auf mich zu, und auch Margarita ging etwas schneller mir entgegen, da sie merkte, dass ich auf sie zueile. Sie hatte das weiße Kleid an, war so schlank und schön wie am Vormittag, und trug das reine Angesicht meinen Augen entgegen, so schimmernd und sanft, wie es am Vormittag gewesen war. – Sie nahm zuerst das Wort und sagte: »Ach – Ihr seid nun da – wir waren schon in Sorge, dass Euch etwas zugestoßen sein könnte; denn der Vetter Rudolph ist fort, und ist am Nachmittag noch bei Euch gewesen, um Abschied zu nehmen – da sagten Eure Leute, dass Ihr wohl mit den Pferden schon nach Hause gekommen, aber wieder fortgegangen und dann nicht einmal zum Mittagessen zurückgekehrt seid. Der Vater meinte, Ihr würdet wohl zu einem Hilfsbedürftigen gemusst haben, und es sei alles an der Sache nicht auffallend. Er hat den Vetter Rudolph bis zum Wirtshaus am Rothberg begleitet, wohin die Reisepferde bestellt sind, dann wird er mit unseren Pferden wieder heimkommen.« – »Margarita, Ihr liebt mich gar nicht!« antwortete ich. Sie richtete ihre Augen auf mich und sagte: »Wie kommt denn diese Rede zu Euch? – Ich liebe Euch ja mehr, als Ihr ahnen könnt; ich bin so freudig, wenn Ihr heraufkommt, es tut mir leid, wenn Ihr fortgeht, und ich denke an Euch, wenn Ihr fern seid.« – »Ihr liebt mich nicht«, sagte ich wieder, und sie mochte bemerken, wie es in meinem Gesicht vor Schmerz zuckte. »Was ist Euch denn«, sagte sie, – »Ihr könnt ja eigentlich nicht so reden. – Seid Ihr krank? Ihr müsst wohl einen weiten Weg gemacht haben, ich sehe es an Euren Kleidern. Habt Ihr schon etwas gegessen?« – »Nein, ich habe noch nichts gegessen«, antwortete ich. »Nun so kommt nur schnell in das Haus herein«, erwiderte sie, »ich werde Euch etwas geben, es sind noch Dinge genug da, Ihr müsst gleich etwas essen!« – »Ich esse nichts«, antwortete ich. – »So wollt Ihr etwa mit Vater reden«, sagte sie, »kommt, wir wollen uns auf die Gartenbank setzen, wo man den Weg weit übersieht, auf dem er kommen wird.« – »Ich will nicht mit dem Vater reden«, antwortete ich, »aber Euch habe ich etwas zu sagen, dass Ihr nämlich den Vetter Rudolph viel, viel mehr liebt als mich.« – »Ich liebe den Vetter Rudolph«, sagte sie, »weil es sich gebührt, aber ich liebe Euch mehr – ihn liebe ich anders – und Ihr müsst selber sagen, ob er es nicht wert ist, da er sich so schön gegen uns, seine Verwandten, gezeigt hat?« – »Ja, ja, er ist es wert, und Ihr werdet ihn immer mehr und mehr, und endlich sehr lieben«, erwiderte ich. »Ich werde ihn auch sehr lieben«, entgegnete sie, »wenn er noch öfter wird zu uns gekommen sein, wie er es gesagt hat.« – »Nun, so ist es gut, und wir sind in Ordnung«, antwortete ich. – Jetzt gingen wir eine Weile schweigend nebeneinander her, bis wir zum Gartengitter gekommen waren, wo die Rosen stehen, deren Reiser wir miteinander eingelegt hatten. Dort blieb sie stehen, wendete ihr Gesicht und ihre Augen auf mich und sagte: »Ich bitte Euch, lieber, teurer Freund, seht, ich bitte Euch aus der innersten Inständigkeit meines Gemütes, lasset diese Dinge und diese Worte aus Eurem Herzen fahren.« – »Ich lasse ja die Dinge alle«, antwortete ich, »Ihr liebt mich nicht, und ich lasse die Dinge aus meinem Herzen fahren.« – »Ich habe im Eichenhag zu Euch gesagt«, erwiderte sie, »dass ich Euch außer meinem Vater mehr liebe, als alle andern Menschen auf der Erde.« – »Ja, Ihr habt es gesagt«, antwortete ich – »ob es aber auch wahr ist!?« – Auf diese Rede erwiderte sie gar nichts. Sie sagte kein Wort mehr. Sie ging durch das Gartengitter hinein, und ich auch. Sie zog einen Schlüssel aus der Tasche ihres Kleides, machte das Gitter zu und sperrte mit dem Schlüssel das Schloss. Dann ging sie auf dem geraden Weg durch den Garten, der gegen das zweite Gitter führt, durch das man in den Hof des Hauses gelangt, ich ging immer neben ihr, und es war mir, als ob sie scheu von mir wegwiche. Als wir das Gitter erreicht hatten, ging sie durch dasselbe in den Hof, tat es hinter sich zu, aber sperrte es nicht ab, weil es nie abgesperrt wird. Im Hof redete sie wieder das erste Wort, indem sie sagte: »Wenn Ihr auf den Vater warten wollt, so will ich mich zu Euch auf die Bank setzen und so lange warten, bis er da ist.« – »Ihr könnt ihm in meinem Namen eine gute Nacht sagen«, antwortete ich, »ich gehe nach Hause.« – »So werde ich es tun«, sagte sie, indem sie stehen blieb. – Ich wendete mich von ihr, ging neben dem Blumensaal durch das große Tor hinaus und schritt auf dem Weg zu meinem Haus hinunter. – Am nächsten Tag hatte ich nur zum Erlebauer zu fahren, der etwas bedeutend krank war, dann zur Mechthild, die ein Gallenfieber hatte, und dann noch zu einigen andern von geringer Bedeutung. Ich fuhr sehr früh morgens aus, damit ich bis Mittag mit all' meinen Kranken und mit dem Schreiben, das notwendig geworden war, fertig wäre.

Als ich die Suppe, die ich als einzige Speise an diesem Mittag zu mir nahm, gegessen hatte, ging ich ins Haghaus hinauf. – Ich ging zuerst zum Obrist, der in einem Buch las. Er stand auf, grüßte mich wie sonst, und war um gar nichts anders, als er sich stets gegen mich benommen hatte. Er sagte mir nach einigen gewöhnlichen Worten, dass gestern sein Vetter Rudolph fortgereist sei, dass er mich noch gesucht, aber nicht gefunden habe, und mir daher durch ihn die schönsten Grüße zum Abschied sagen lasse. Er fügte dann noch hinzu, dass der junge Mann ein vortrefflicher Mensch sei, dass er sich freue, dass nun der Hader in der Verwandtschaft ein Ende habe, und dass, wenn der Jüngling in seiner Gesinnung so fortfahre, aus ihm ein einfacher, gutherziger und starker Mann hervorgehen könne. Ich pflichtete den Worten bei, wie sie auch in der Tat ganz der Wahrheit gemäß waren. Von unsern andern Dingen sprach der Obrist kein Wort. Nach einer Weile der Unterredung sagte ich, dass ich zu Margarita hinübergehen müsse. Er stand auf, und ich beurlaubte mich. Es war mir zu allen Zeiten erlaubt gewesen, allein zu Margarita hineinzugehen, und der Obrist hatte es nie so eingerichtet, dass dieses nicht geschehen durfte. Ich ging durch den Gang zu ihr hinüber. Als ich die Tür geöffnet hatte, sah ich sie an ihrem Tischchen stehen, und sie schien mich erwartet zu haben. Sie war manchmal, wenn sie wusste, dass ich zu ihrem Vater hineingegangen sei, voll Freude herübergekommen; heute war das nicht der Fall gewesen. Sie war recht schön gekleidet, aber das Gewand war ein anderes als gestern. Auf dem Wandtisch neben der Tür lag noch der welke Strauß Feldblumen, den sie gestern gepflückt hatte, und seine Stängel waren noch mit demselben Feldgras gebunden, das sie gestern genommen hatte. Ich erkannte, dass er einige Blumen enthielt, die in unserem Kräuterbuch noch nicht waren, oder die wir schlecht gepresst hatten. – Als ich bis zu ihr vorwärtsgekommen war und in ihre Augen geblickt hatte, sagte sie: »Ich habe Euch heute erwartet, und da muss ich Euch die Worte sagen, die ich mir in der Nacht gedacht habe, und die Euch zu wissen notwendig sind. Ich habe recht gern Eure Gattin werden gewollt, der Vater hat Euch auch in hohem Grade lieb; – aber da nun alles anders geworden ist, muss ich Euch sagen, dass es nicht mehr geschehen kann.« – Ich sah sie an. Da ich in das Haghaus hinaufging, wusste ich noch nicht, was ich sagen werde, nur die Empfindung war mir klar, dass ich heute recht bald, so bald als möglich hinaufgehen müsse; aber als Margarita die obigen Worte gesagt hatte, erschrak ich sehr. Ich nahm sie bei der Hand, die sie mir gerne ließ, und führte sie gegen das Fenster vorwärts. Sie setzte sich auf das gepolsterte Bänklein, das in der Fenstervertiefung steht, weil sie dachte, dass ich mit ihr reden wolle. Ich setzte mich auf das andere Bänklein, ihr gegenüber, und redete zu ihr. Ich redete sehr lange – aber was ich sagte, weiß ich nicht mehr, und kann es nicht in dieses Buch schreiben. Was sie antwortete, weiß ich auch nicht mehr; aber das weiß ich, dass es nicht so war, wie ich wollte, und dass sie ihren Entschluss nicht änderte. Dann schwieg sie ganz, und wie ich eifriger und hastiger fortredete, verstummte sie immer mehr, und als ich endlich sehr heftig und dringend wurde, sagte sie plötzlich die Worte: »Da muss ich den Vater um Hilfe rufen.« Auf diese Worte sprang ich auf und sagte: »Nein, das dürft Ihr nicht tun, das sollt Ihr nicht nötig haben – es ist schon alles gut, gut, gut.« – Und da war es, wo eine solche Vergessenheit aller Dinge des Himmels und der Erde über mich kam!! – Ich wendete mich um, ging zur Tür hinaus, gewann durch das Tor das Freie und eilte zu meinem Haus hinunter. – Es war nun alles gleich. Ich wollte die Dinge der Welt zerreißen, vernichten, strafen. – Ich hab' es im Anfang dieses Buchs eingeschrieben, wie ich in den Kirmwald zu einer Birke hinaufgeeilt bin, die mir in den Gedanken gekommen war, und wie mir der Obrist an jene Stelle nachgegangen war und mit mir in dem Walde geredet. – – – Es ist eine sehr lasterhafte Tat gewesen,

die ich habe begehen gewollt, und sie hat meine Seele tief erschreckt. Ich habe sonst meine Geschäfte ruhig getan, und weiß nicht, wie ich dazu gekommen bin, dass ein solcher Gedanke in meinem Haupt entstehen konnte. – Ich weiß es heute noch nicht. – – Ich muss mein Amt mit noch größerem Eifer verwalten, ich muss in die tiefsten Dinge desselben niedersteigen, und muss die größten Schwierigkeiten und die kleinsten Pflichten desselben tun, damit wieder alles ausgeglichen werde. – Ich habe diese Sache darum auch gleich am Anfang dieses Buches geschrieben, weil sie mich so erschreckt hat, dass nur eine Möglichkeit gewesen ist, dass ein solches Beginnen in meinen Sinn und in meine Denkweise kommen konnte!! – Ich bin sehr traurig gewesen. Am Abend bin ich nach Hause gegangen und habe mich ins Bett gelegt – nicht zum Schlafen. Den nächsten Tag habe ich mit mir allein zugebracht. Am folgenden bin ich zum Obrist hinaufgegangen. Er hat mir seine Lebensgeschichte erzählt, und hat mich sehr erschüttert. Dann hat er mich gefragt, ob ich zu Margarita hinübergehen wollte, um mit ihr gütig zu reden; und da ich eingewilligt hatte, führte er mich durch den Gang und über die gelbe Rohrmatte in ihr erstes Zimmer hinein. Als sie in demselben nicht war, sagte er, ich solle hier warten, er werde sie holen – dann werde er selber nicht mehr herauskommen, sondern durch das Bücherzimmer in seine Stube zurückgehen. Er kam auch nicht mehr heraus – es öffnete sich schwach der halbe Türflügel, den der Obrist hinter sich offen gelassen hatte, und Margarita trat heraus. Ihre Augen waren auf mich gerichtet. Sie war so einfach schön, wie das Ding, wovon sie den Namen hat; denn Margarita heißt ja in der alten Römersprache die Perle. Der Obrist hatte nichts von dem gesagt, was ich hatte tun wollen, ich erkannte es wohl; denn sie hätte mich nicht mehr angesehen. Sie ging bis in die Mitte des Zimmers hervor, wo ich stand, ich reichte ihr die Hand, wie wir es gewöhnlich taten, wenn wir in früheren Zeiten zusammengekommen waren, sie nahm die Hand an, und dann ließen wir sie wieder los. – »Margarita«, sagte ich, »Euer Vater hat bei Euch fürgesprochen, dass ich zu Euch herüberkommen und mit Euch reden dürfe. Wir werden nun nicht mehr so oft zusammenkommen, und werden nicht so oft miteinander durch die Felder und Wälder gehen wie bisher – – ich werde weniger ins Haghaus heraufgehen können, als es in den vergangenen Zeiten der Fall gewesen ist – – fürchtet Euch nicht, ich werde heute nicht so reden wie vorgestern, sondern gut und ruhig – ich werde Euch um nichts bitten.« – Sie hatte während dieser Worte nicht geantwortet, obwohl sie in Zwischenräumen gesagt worden waren, sondern war vor mir gestanden, und hatte ihre Arme an ihrem Kleid niederhängen lassen.
»Margarita«, sagte ich dann wieder, »verzeiht mir!« – »Ich habe Euch nichts zu verzeihen«, antwortete sie, »Ihr habt mir nichts getan.« – – Während wir diese Worte sprachen, kam der Obrist wieder durch das Bücherzimmer zu uns herüber, und trug etwas in der Hand. Da er bis zu uns gelangt war, legte er es auf den Tisch und sagte: »Hier sind einige getrocknete Stämmchen Edelweiß. Sie sind die Hälfte von denen, welche mir meine Gattin gepflückt und auf den Hut gesteckt hat, als sie an ihrem letzten Tag mit mir auf dem hohen Gebirge gewesen war. Ihr werdet beide diese Pflanze nicht kennen, da sie hier nicht wächst, und werdet sie daher auch nicht in euren Kräuterbüchern haben. Ich gebe euch diese mehreren Stämmchen, teilt sie untereinander, und bewahrt euch dieselben auf.« – Als er dies gesagt hatte, drehte er sich um und begab sich wieder durchs Bücherzimmer in seine Stube. Ich ging an den Tisch und sah das Edelweiß an. Es waren zwölf Stämmchen. Ich legte sechs auf diese Seite und sechs auf jene Seite und sagte: »Margarita, ich habe die Pflanzen auseinander geteilt; diese hier sind die Eurigen, diese die meinigen. Ist es so recht?« – »Ja«, sagte sie. – – Hierauf schwiegen wir wieder eine Weile – dann sagte ich: »Ich werde jetzt mein Amt recht eifrig erfüllen und allen Hilfsbedürftigen, nah und ferne, den willfährigsten Beistand leisten.« – »Ja, tut das, tut das«, sprach sie lebhaft. – Dann fuhr ich fort: »Denkt zuweilen an mich, Margarita, und wenn auch alles anders wurde, lasst doch mein Bild in mancher Zeit vor Eure Augen treten.«

»Ich habe geglaubt, dass Ihr sehr gut und sehr sanft seid«, antwortete sie. – »Ich bin es«, sagte ich, »ich bin es, Margarita, nur könnt Ihr es jetzt noch nicht sehen, und könnt es jetzt noch nicht glauben. Drum lebt wohl, Margarita, lebt recht wohl.« – »Wartet noch ein wenig«, sagte sie. – Dann trat sie an den Tisch, nahm jene Abteilung des Edelweißes, die ich als die ihrige bezeichnet hatte, legte sie auf meine Seite und sagte: »Nehmet dieses.« – Ich sah auf sie, konnte aber ihr Angesicht nicht sehen, weil sie sich abgewendet hatte. »Margarita«, sagte ich, »lebt recht wohl.« – Ich konnte nicht hören, dass sie etwas antwortete, sah aber, dass sie mit der Hand winkte.

Es war nun alles vorüber. Ich nahm das Edelweiß, das sie mir gegeben hatte, vom Tisch, tat es in das Buch, das ich immer bei mir trage, und ging zur Tür hinaus. Ich schritt zum letzten Mal über die gelbe Rohrmatte, ich ging durch die große Blumenstube, in welcher manche fremdartige Gewächse standen, und trat aus derselben auf den Grundstein hinaus, den wir mit so vieler Freude und Fröhlichkeit gelegt hatten. Dann kam ich durch den Torbogen ins Freie. Ich wollte den Obrist nicht mehr besuchen, sondern langsam meine Wege gehen. Aber ich sah ihn, da ich herausgekommen war, in dem feinen Gras des Rasens stehen, der sich vor den Fenstern seines Hauses hinbreitet. Wir gingen aufeinander zu. Anfangs sagten wir gar nichts, dann aber sprach er: »Wir werden Euch ein wenig begleiten.«

Es waren nämlich auch seine zwei Hunde bei ihm. Er ging ein Stück des Weges, den ich eingeschlagen hatte, mit mir, dann sagte er: »Lasst eine Zeit verfließen. Wie ich Euch schon in meiner Stube gesagt habe, so wiederhole ich es auch hier, ihr habt beide gefehlt. Denkt an meine Gattin: sie stürzte ohne den leisesten Angstruf in den Abgrund, damit sie mich nicht erschrecke. Margarita gleicht ihr sehr. Sogar darin ist sie ihr ähnlich, dass sie eine solche Vorliebe für weiße Kleider hat, obwohl ihr niemand erzählt hat, dass es bei ihrer Mutter auch so gewesen ist. Sie ist eben so stark und eben so demütig und zurückweichend vor dem harten Felsen der Gewalttat.«

Ich antwortete im Augenblick nicht auf diese Rede. Es war heute das erste Mal gewesen, dass der Obrist von dem Stand der Dinge zwischen mir und Margarita gesprochen hatte. Wir gingen noch eine Weile nebeneinander, bis ein Weg seitwärts gegen seine Wiese hineinging. Dort beurlaubte er sich, und wandelte auf dem Weg, der ihn gegen die Wiese führte, mit seinen Hunden dahin.

Der Pfad aber, den ich eingeschlagen hatte, war nicht der zu meinem Hause hinunter, sondern der, welcher von dem Haghaus weg durch die Felder emporgeht und dann in die Weidebrüche einlenkt, wo man im Sommer die Rinder hütet. Ich schlug den Pfad darum ein, weil ich noch zur Haidelis gehen musste, die krank ist, und weil der Weg durch die Weidebrüche zu ihr führt. Ich ging nicht zum Essen nach Hause; denn ich dachte, ich könnte ja in das Gollwirtshaus gehen, wenn mein Leib etwas verlangte, oder sonst irgendwohin, wo mein Weg mich vorbeibringt.

Als ich zwischen die Haselstauden der Weiden hinaufgekommen war und nicht gesehen werden konnte, blieb ich ein wenig stehen. Ich richtete mir das Barett zurecht, welches schief gesunken war, und sagte mir gleichsam selber die Worte: »Wenn dir nun in Zukunft noch ein Widerstand in den Weg kommt, Augustinus, den du nicht überwinden zu können meinst, so denke an den Obrist und an seine standhafte Tochter.« Dann ging ich wieder zwischen den Haselbüschen weiter. – Ich hatte jetzt niemanden mehr als meine Kranken, und es schien mir in dem Augenblick, als warteten sie alle auf mich.

Ich sollte zwar erst gegen Abend zur Haidelis hinaus, und hatte mir vorgenommen zu fahren; aber da es doch etwas weit ist, so dachte ich, werde ich bei langsamem Gehen, wenn auch der Tag noch hoch steht, doch erst gegen Abend hinkommen. Ich mochte von dem Obrist nicht nach Hause gehen und meine Pferde holen. Ich ging langsam – langsam und denkend durch die Wälder dahin. – Auch war ich ein wenig bei dem hinteren Wirt im Schlagholz und aß etwas von der Kost, die an seinem Mittagstisch übriggeblieben war.

Als ich von der Haidelis weg durch andere Wälder nach Hause ging und die Sonne schon ziemlich nahe gegen ihren Untergang neigte, schien es sich erfüllen zu wollen, was der Obrist heute gegen Mittag vorausgesagt hatte, denn von der Scheide des Hochwaldes herüber, von woher im Winter die Wolken mit dem Regen gekommen waren, der den schrecklichen Eissturz gebracht hatte, zog es sich wie Gewitterbildung zusammen, und die Sonne musste sich auch im Abend durch zerstückte und an ihren Enden anbrennende Wolken hinunterarbeiten. Ich betrachtete mir so, als ich ins Freie gekommen war, das Zurechtrichten und die Vorbereitungen am Himmel.

Zu meinem Haus ging ich nur hinzu, um den Fuchs anspannen zu lassen, damit ich noch zum Erlebauer hinausführe, zu dem ich vor Abend musste, und wieder zurückkäme, bevor das Gewitter ausbräche.

Als ich mit dem Thomas durch die letzten Bäume des Taugrundes zurückfuhr, leuchteten schon die Blitze durch die Zweige herein und zogen manchmal über den fernen Wald ihre geschlungenen Geißellinien. Auch am Abendhimmel war es nun anders. Wo die Sonne zwischen rotschimmernden Wolken und blassgelb leuchtenden Stücken heiteren Himmels untergegangen war, war nun alles zusammengeflossen, und aus der dunkeln Lagerung der Wolken brach zuzeiten Feuer hervor. Ich habe darum den Fuchs zu dieser Fahrt genommen, weil er das himmlische Feuer nicht scheut. Die jungen Rappen entsetzen sich davor.

Als ich vom Weg ablenkte und durch mein Gitter in meinen Hof hineinfahren wollte, sprengte in der Dämmerung, in der die ruhigen Bäume standen und die Blitze zuckten, ein Mann herbei und rief mich an, ich möchte augenblicks kommen, ich sei bei dem untern Aschacher sehr notwendig. Sie tragen ihn eben vom Schwarzholz herein, wo ihn ein fallender Baum fürchterlich verwundet habe. Er, der dieses sage, sei selber dabei gewesen, sei voraus gelaufen, habe ein Pferd genommen und sei hergeritten, um den Doktor in größter Schnelle zu holen. Ich befahl dem Thomas umzulenken, und wir fuhren hinter dem Boten, der vor uns herritt, zu dem wohlbekannten Haus des untern Aschacher hinab, wohin es nicht weit war. Als wir ankamen, hatten sie ihn schon da, er lag auf dem Bett, und sie hatten ihm die Kleider vom verwundeten Fuß geschnitten. Es war durch die Tanne, die sie umschnitten und die dann fiel, nur die Haut vom Fuß gestreift worden, aber nie habe ich so furchtbar und grässlich menschliches lebendes Fleisch entblößt gesehen. Der Mann wäre gestorben, wenn ich damals im Kirmwald meine Tat verübt hätte! Sie hätten ihm Pflaster auf die Verwundung getan und den Brand gelockt. – Ich befahl, Wasser vom Brunnen zu holen, und ließ ihm von dem Eis zukommen, das ich immer in der Grube unter meinem Haus aufbewahrt halte.

Das Gewitter ist nicht hereingebrochen. Als ich mit dem Thomas auf dem schlechten Feldweg zurückfuhr, zogen seine regenlosen, schwarzen Stücke über den Lidwald hinaus, man hörte schier keinen Donner, und nur die zeitweisen Blitze zielten gegen die ferneren Länder hinaus, die von uns gegen Morgen liegen.

Es verging eine ängstliche, unruhige Nacht. Ich war sehr düster!

Abdias

[Österreichischer Novellenalmanach, Wien 1843]

I. Esther

Es gibt Menschen, auf welche eine solche Reihe Ungemach aus heiterem Himmel fällt, dass sie endlich dastehen und das hagelnde Gewitter über sich ergehen lassen; so wie es auch andere gibt, die das Glück mit solch' ausgesuchtem Eigensinn heimsucht, dass es scheint, als kehrten sich in einem gegebenen Fall die Naturgesetze um, damit es nur zu ihrem Heil ausschlage.

Auf diesem Weg sind die Alten zum Begriff des Fatums gekommen, wir zu dem milderen des Schicksals.

Aber es liegt auch wirklich etwas Schauderndes in der gelassenen Unschuld, womit die Naturgesetze wirken, dass uns ist, als lange ein unsichtbarer Arm aus der Wolke und tue vor unsern Augen das Unbegreifliche. Denn heute kommt mit derselben holden Miene Segen, und morgen geschieht das Entsetzliche. Und ist beides aus, dann ist in der Natur die Unbefangenheit, wie früher.

Dort, zum Beispiel, wallt ein Strom in schönem Silberspiegel, es fällt ein Knabe hinein, das Wasser kräuselt sich lieblich um seine Locken, er versinkt – und wieder nach einem Weilchen wallt der Silberspiegel, wie vorher. – – Dort reitet der Beduine zwischen der dunklen Wolke seines Himmels und dem gelben Sand seiner Wüste: da springt ein leichter, glänzender Funke auf sein Haupt, er fühlt durch seine Nerven ein unbekanntes Rieseln, hört noch trunken den Wolkendonner in seine Ohren, und dann auf ewig nichts mehr.

Dieses war den Alten Fatum, furchtbar letzter, starrer Grund des Geschehenden, über den man nicht hinaus sieht, und jenseits dessen auch nichts mehr ist, sodass ihm selber die Götter unterworfen sind: uns ist es Schicksal, also ein von einer höhern Macht Gesendetes, das wir empfangen sollen. Der Starke unterwirft sich auch ergeben, der Schwache stürmt mit Klagen darwider, und der Gemeine staunt dumpf, wenn das Ungeheure geschieht, oder er wird wahnwitzig und begeht Frevel.

Aber eigentlich mag es weder ein Fatum geben, als letzte Unvernunft des Seins, noch auch wird das Einzelne auf uns gesendet; sondern eine heitre Blumenkette hängt durch die Unendlichkeit des Alls und sendet ihren Schimmer in die Herzen – die Kette der Ursachen und Wirkungen – und in das Haupt des Menschen ward die schönste dieser Blumen geworfen, die Vernunft, das Auge der Seele, die Kette daran anzuknüpfen und an ihr Blume um Blume, Glied um Glied hinabzuzählen bis zuletzt zu jener Hand, in der das Ende ruht. Und haben wir dereinstens recht gezählt, und können wir die Zählung überschauen: dann wird für uns kein Zufall mehr erscheinen, sondern Folgen, kein Unglück mehr, sondern nur Verschulden; denn die Lücken, die jetzt sind, erzeugen das Unerwartete, und der Missbrauch das Unglückselige. Wohl zählt nun das menschliche Geschlecht schon aus einem Jahrtausend in das andere, aber von der großen Kette der Blumen sind nur erst einzelne Blätter aufgedeckt, noch fließt das Geschehen wie ein heiliges Rätsel an uns vorbei, noch zieht der Schmerz im Menschenherzen aus und ein – – ob er aber nicht zuletzt selber eine Blume in jener Kette ist? Wer kann das ergründen? Wenn dann einer sagt, warum denn die Kette so groß ist, dass wir in Jahrtausenden erst einige Blätter aufgedeckt haben, die da duften, so antworten wir: So unermesslich ist der Vorrat darum, damit ein jedes der kommenden Geschlechter etwas finden könne, – das kleine Aufgefundne ist schon ein großer, herrlicher Reichtum, und immer größer, immer herrlicher wird der Reichtum, je mehr da kommen, welche leben und enthüllen, und was noch erst die Woge aller Zukunft birgt, davon können wir wohl kaum das Tausendstel des Tausendstels ahnen. – – Wir wollen nicht weiter grübeln, wie es sei in diesen Dingen, sondern schlechthin von einem Mann erzählen, an dem sich manches davon darstellte, und von dem es ungewiss ist, ob sein Schicksal ein seltsameres Ding sei, oder sein Herz. Auf jeden Fall wird man durch Lebenswege wie der seine zur Frage angeregt: ›Warum nun dieses?‹ und man wird in ein düsteres Grübeln hineingelockt über Vorsicht, Schicksal und letzten Grund aller Dinge.

Es ist der Jude Abdias, von dem ich erzählen will. Wer vielleicht von ihm gehört hat, oder wer etwa gar noch die neunzigjährige gebückte Gestalt einst vor dem weißen Häuschen hat sitzen gesehen, sende ihm kein bitteres Gefühl nach – weder Fluch noch Segen, er hat beides in seinem Leben reichlich geerntet – sondern er halte sich in diesen Zeilen noch einmal sein Bild vor die Augen. Und auch derjenige, der nie etwas von diesem Manne gehört hat, folge uns, wenn es ihm gefällt, bis zu Ende, da wir sein Wesen einfach aufzustellen versucht haben, und dann urteile er über den Juden Abdias, wie es ihm sein Herz nur immer eingibt.

Tief in den Wüsten innerhalb des Atlasses steht eine alte, aus der Geschichte verlorene Römerstadt. Sie ist nach und nach zusammengefallen, hat seit Jahrhunderten keinen Namen mehr, wie lange sie schon keine Bewohner hat, weiß man nicht mehr, der Europäer zeichnete sie bis auf die neueste Zeit nicht auf seine Karten, weil er von ihr nichts ahnte, und der Berber, wenn er auf seinem schnellen Ross vorüberjagte und das hängende Gemäuer stehen sah, dachte entweder gar nicht an dasselbe und an dessen Zweck, oder er fertigte die Unheimlichkeit seines Gemüts mit ein paar abergläubischen Gedanken ab, bis das letzte Mauerstück aus seinem Gesicht, und der letzte Ton der Schakale, die darin hausen, aus seinem Ohr entschwunden war. Dann ritt er fröhlich weiter, und es umgab ihn nichts, als das einsame, bekannte, schöne, lieb gewordene Bild der Wüste. Dennoch lebten außer den Schakalen, der ganzen übrigen Welt unbekannt, auch noch andere Bewohner in den Ruinen. Es waren Kinder jenes Geschlechtes, welches das ausschließendste der Welt, starr bloß auf einen einzigen Punkt derselben hinweisend, doch in alle Länder der Menschen zerstreut ist und von dem großen Meer gleichsam auch einige Tropfen in diese Abgelegenheit hinein verspritzt hatte. Düstre, schwarze, schmutzige Juden gingen wie Schatten in den Trümmern herum, gingen drinnen aus und ein, und wohnten drinnen mit dem Schakal, den sie manchmal fütterten. Es wusste niemand von ihnen, außer die anderen Glaubensbrüder, die draußen wohnten. Sie handelten mit Gold und Silber und mit andern Dingen vom Land Ägypten herüber, auch mit verpesteten Lappen und Wollzeug, davon sie sich wohl selber zuweilen die Pest brachten und daran verschmachteten aber der Sohn nahm dann mit Ergebung und Geduld den Stab seines Vaters, und wanderte und tat, wie dieser getan, harrend, was das Schicksal über ihn verhängen möge. Ward einmal einer von einem Kabylen erschlagen und beraubt, so heulte der ganze Stamm, der in dem wüsten, weiten Land zerstreut war – und dann war es vorüber und vergessen, bis man etwa nach langer Zeit auch den Kabylen irgendwo erschlagen fand.

So war dies Volk, und von ihm stammte Abdias her.

Durch einen römischen Triumphbogen hindurch an zwei Stämmen verdorrter Palmen vorbei gelangte man zu einem Mauerklumpen, dessen Zweck nicht mehr zu erkennen war – jetzt war es die Wohnung Arons, des Vaters des Abdias. Oben gingen Trümmer einer Wasserleitung darüber, unten lagen Stücke, die man gar nicht mehr erkannte, und man musste sie übersteigen, um zum Loch in der Mauer zu gelangen, durch welches man in die Wohnung Arons hineinkonnte. Innerhalb des ausgebrochenen Lochs führten Stufen hinab, die Simse einer dorischen Ordnung waren und in unbekannter Zeit aus unbekanntem zerstörenden Zufall hierher gefunden hatten. Sie führten zu einer weitläufigen Wohnung hinunter, wie man sie unter dem Mauerklumpen und dem Schutt von außen nicht vermutet hätte. Es war eine Stube mit mehreren jener kleinen Gemächer umgeben, wie sie die Römer geliebt hatten, auf dem Boden aber war kein Estrich, oder Getäfel, oder Pflaster, oder Mosaik, sondern die nackte Erde, an den Wänden waren keine Gemälde oder Verzierungen, sondern die römischen Backsteine sahen heraus, und überall waren die vielen Päcke und Ballen und Krämereien verbreitet, dass man sah, mit welchen schlechten und mannigfaltigen Dingen der Jude Aron Handel trieb. Vorzüglich aber waren es Kleider und gerissene Lappen, die herabhingen, und die alle Farben und alle Alter hatten und den Staub fast aller Länder von Afrika in sich trugen. Zum Sitzen und Lehnen waren Haufen alter Stoffe. Der Tisch und die andern Geräte waren Steine, die man aus der alten Stadt zusammengetragen hatte. Hinter einem herabhängenden Busch von gelben und grauen Kaftanen war ein Loch in der Mauer, welches viel kleiner war als das, welches die Stelle der Tür vertrat, und aus dem Finsternis heraussah, wie aus einer Grube im Schutt. Man meinte nicht, dass man da hineingehen könne. Wenn man sich aber gleichwohl bückte und hindurchkroch, und wenn man den krummen Gang zurückgelegt hatte, der da folgte, so kam man wieder in ein Zimmer, um das mehrere andere waren. Auf dem Fußboden lag ein Teppich aus Persien, und in den andern waren ähnliche oder gleiche, an den Wänden und in Nischen waren Polster, darüber Vorhänge, und daneben Tische von feinem Stein und Schalen und ein Bad. Hier saß Esther, Arons Weib. Ihr Leib ruhte auf dem Seidengewebe von Damaskus, und ihre Wange und ihre Schultern wurden geschmeichelt von dem weichsten und glühendsten allen Zeugs, dem gewebten Märchen aus Kaschmir, so wie es auch die Sultana in Stambul hat. Um sie waren ein paar Zofen, die schöne Tücher um die klugen, schönen Stirnen hatten und Perlen auf dem Busen trugen. Hierher trug Aron alles zusammen, was gut und den armen Sterblichen schmeichelnd und wohltätig erscheint. Der Schmuck war auf den Tischen herum gelegt und auf den Wänden zerstreut. Das Licht sandten von oben herab mit Myrten verrankte Fenster, die manchmal der gelbe Wüstensand verschüttete, – aber wenn es Abend wurde und die Lampen brannten, dann glitzerte alles und funkelte und war hell und strahlenreich. Das größte Kleinod Arons außer dem Weib Esther war ihr Sohn, ein Knabe, der auf dem Teppich spielte, ein Knabe mit schwarzen, rollenden Augenkugeln und mit der ganzen morgenländischen Schönheit seines Stammes ausgerüstet. Dieser Knabe war Abdias, der Jude, von dem ich erzählen wollte, jetzt eine weiche Blume, aus Esthers Busen hervorgeblüht. Aron war der reichste in der alten Römerstadt. Dies wussten die andern, die noch mit ihm da wohnten, sehr gut, da sie oft Genossen seiner Freuden waren, so wie er von ihnen auch alles wusste; aber nie ist ein Beispiel erhört worden, dass es der vorüberjagende Beduine erfuhr, oder der träge Bey im Harem: sondern über der toten Stadt hing schweigend das düstere Geheimnis, als würde nie ein anderer Ton in ihr gehört, als das Wehen des Windes, der sie mit Sand füllte, oder der kurze, heiße Schrei des Raubtiers, wenn die glühende Mondesscheibe über ihr stand und auf sie niederschien. Die Juden handelten unter den Stämmen herum, man ließ sie und fragte nicht viel um ihren Wohnort – und wenn einer ihrer andern Mitbewohner, ein Schakal, hinauskam, so ward er erschlagen und in einen Graben geworfen. Auf seine zwei höchsten Güter häufte Aron alles, wovon er meinte, dass es ihnen gut sein könnte. – Und wenn er draußen gewesen war, wenn er geschlagen und von Wohnort zu Wohnort gestoßen worden war, und wenn er nun heimkam und genoss, was die alten Könige des Volkes, vornehmlich jener Salomo, für die Freude des Lebens hielten, so empfand er eine recht schauerliche Wollust. Und wenn ihm auch zuweilen war, als gäbe es noch andere Seligkeiten, die im Herzen sind, so meinte er, es sei ein Schmerz, den man fliehen müsse, und er floh ihn auch, nur dass er dachte, er wolle den Knaben Abdias eines Tages auf ein Kamel setzen und ihn nach Kahira zu einem Arzt bringen, dass er weise würde, wie es die alten Propheten und Führer seines Geschlechtes gewesen. Aber auch aus dem ist wieder nichts geworden, weil es in Vergessenheit geraten war. Der Knabe hatte also gar nichts, als dass er oft oben auf dem Schutt stand und den weiten, ungeheuren Himmel, den er sah, für den Mantelsaum Jehovas hielt, der einstens sogar auf der Welt gewesen war, um sie zu erschaffen und sich ein Volk zu wählen, mit dem er aß, und mit dem er umging zur Freude seines Herzens. Aber Esther rief ihn wieder hinab, und legte ihm ein braunes Kleidchen an, dann ein gelbes, und wieder ein braunes. Sie legte ihm auch einen Schmuck an, und ließ die Schönheit der Perle um seine dunkle feine Haut dämmern, oder das Feuer des Demanten daneben funkeln – sie legte ein Band um seine Stirne, streichelte seine Haare, oder rieb die Gliedlein und das Angesicht mit weichen, feinen, wollenen Lappen – öfters kleideten sie ihn als Mädchen an, oder die Mutter salbte seine Augenbrauen, dass sie recht feine schwarze Linien über den glänzenden Augen waren, und hielt ihm den silbernen gefassten Spiegel vor, dass er sich sähe.

Nachdem die Jahre, eines nach dem andern, vergangen waren, führte ihn der Vater Aron eines Tages hinaus in die vordere Stube, legte ihm einen zerrissenen Kaftan an und sagte: »Sohn, Abdias, gehe nun in die Welt, und da der Mensch auf der Welt nichts hat, als was er sich erwirbt, und was er sich in jedem Augenblick wieder erwerben kann, und da uns nichts sicher macht als diese Fähigkeit des Erwerbens: so gehe hin und lerne es. Hier gebe ich dir ein Kamel und eine Goldmünze, und bis du nicht selber so viel erworben hast, davon ein einzelner Mensch sein Leben hinbringen kann, gebe ich dir nichts mehr, und wenn du ein untauglicher Mann wirst, so gebe ich dir auch nach meinem Tode nichts. Wenn du es tun willst und nicht zu weit entfernt bist, so kannst du mich und deine Mutter in Zeiten besuchen – und wenn du so viel hast, davon ein Mensch leben kann, so komme zurück, ich gebe dir dazu, dass ein zweiter und mehrere andere auch zu leben vermögen, du kannst ein Weib bringen, und wir suchen euch in unserer Höhle noch einen Raum zu machen, darinnen zu wohnen und zu genießen, was euch Jehova sendet. Jetzt, Sohn Abdias, sei gesegnet, gehe hin und verrate nichts von dem Nest, in dem du aufgeätzet worden bist.«

So hatte Aron gesprochen und den Sohn hinaus geführt zu den Palmen, wo das Kamel lag. Dann segnete er ihn und tastete mit seinen Händen auf dem lockigen Scheitel seines Hauptes. Esther lag drinnen auf dem Teppich, schluchzte und schlug mit den Händen den Boden. Abdias aber, da nun der Segen vorüber war, setzte sich auf das vor ihm liegende Kamel, das sich, sobald es seine Last spürte, aufrichtete und den Jüngling in die Höhe hob, und wie dieser das Fächeln der fremden, wie aus der Ferne kommenden Luft empfand, sah er noch einmal den Vater an, und ritt dann gehorsam von dannen.

Von nun an ertrug Abdias das Peitschen des Regens und Hagels in seinem Angesicht – er zog Land aus, Land ein, über Wasser und Ströme, aus einer Zeit in die andere – er kannte keine Sprache, und lernte sie alle, er hatte kein Geld, und erwarb sich dasselbe, um es in Klüften, die er wieder fand, zu verstecken, er hatte keine Wissenschaft, und konnte nichts, als, wenn er auf seinem hagern Kamel saß, die feurigen Augen in die große, ungeheure Leere um sich richten und sinnen, er lebte sehr dürftig, dass er oft nichts anderes hatte als eine Hand voll trockner Datteln, und doch war er so schön, wie einer jener himmlischen Boten gewesen ist, die einstens so oft in seinem Volk erschienen sind. So hat auch einmal jener Mohammed, wenn er Tage lang, Wochen lang allein war bloß mit seinem Tier in dem weiten Sand, die Gedanken gesonnen, die dann eine Flamme wurden und über den Erdkreis fegten. Sonst war Abdias ein Ding, das der blödeste Türke mit dem Fuß stoßen zu dürfen glaubte, und stieß. Er war hart und unerbittlich, wo es seinen Vorteil galt, er war hämisch gegen die Muslims und Christen – und wenn er des Nachts sich mitten in der Karawane auf den gelben Sand streckte, so legte er recht sanft sein Haupt auf den Hals seines Kamels, und wenn er im Schlummer und Traum sein Schnaufen hörte, so war es ihm gut und freundlich, und wenn es irgendwo wund gedrückt wurde, versagte er sich das liebliche Wasser, wusch damit die kranke Stelle und bestrich sie mit Balsam.

Über die Stätte war er gewandelt, wo die alte Handelskönigin Karthago gestanden war, den Nil hatte er gesehen, über den Euphrat und Tigris war er gegangen, aus dem Ganges hatte er getrunken – er hatte gedarbt und gewuchert, zusammengerafft und gehütet – er hatte seine Eltern nicht ein einziges Mal besucht, weil er immer so weit weg gewesen war – – und nachdem fünfzehn Jahre vergangen waren, kam er wieder zum ersten Mal in die verschollene Römerstadt. Er kam in der Nacht, er kam zu Fuß, weil man ihm sein Kamel geraubt hatte, er war in ganz zerrissene Kleider gehüllt, und trug Stücke eines Pferdeaases in der Hand, um davon den Schakalen zuzuwerfen, dass er sie von seinem Leib hielte. Auf diese Weise gelangte er zu dem römischen Triumphbogen und zu den zwei alten Palmenstämmen, die noch immer dastanden und in der Nacht schwarze Linien in den Himmel zogen. Er pochte an die aus Rohr geflochtene Tür, die dreifach vor dem Mauerloch war, das den Eingang bildete, er rief und nannte seinen Namen und den seines Vaters – und er musste lange warten, bis ihn jemand hörte und den alten Juden weckte. Es standen alle im Haus auf, als sie hörten, wer gekommen sei, und Aron, als er durch die Tür mit ihm zuerst geredet hatte, öffnete dieselbe und ließ ihn ein. Abdias bat den Vater, dass er ihn in den Keller führe, und als er dort die Rohrtür hinter sich verschlossen hatte, zählte er ihm goldene Münzen aller Länder auf, die er sich erworben hatte, eine große Summe, die man kaum erwarten konnte. Aron sah ihm schweigend zu, bis er fertig war, dann schob er die Goldstücke auf dem Stein zusammen und tat sie wieder handvollweise in den ledernen Sack, in dem sie Abdias gebracht hatte, und legte den Sack seitwärts in ein Loch, das zwischen Marmorfriesen war. – – Dann, als bräche die Rinde plötzlich entzwei, oder als hätte er mit der Vaterfreude warten müssen, bis erst das Geschäft aus war, stürzte er gegen den Sohn, umarmte ihn, drückte ihn an sich, heulte, segnete, murmelte, betastete ihn und benetzte sein Angesicht mit Tränen.

Abdias aber ging, da dies vorüber war, wieder in die Vorstube hinauf, warf sich auf einen Haufen Matten, die da lagen, und ließ den Quell seiner Augen rinnen – er rann so mild und süß; denn sein Leib war ermüdet bis zum Tode.

Der Vater aber ließ ihn von seinen Lumpen entkleiden, man legte seinen Körper in ein linderndes, reinigendes Bad, rieb dann die Glieder mit köstlichen und heilsamen Salben und kleidete ihn in ein Feierkleid. Dann wurde er in die inneren Zimmer gebracht, wo Esther auf den Polstern saß und geduldig wartete, bis ihn der Vater hereinführen würde. Sie stand auf, da der Angekommene unterm Vorhang des Zimmers hereinging – aber es war nicht mehr der süße, weiche, schöne Knabe, den sie einst so geliebt hatte, und dessen Wangen das so sanfte Kissen für ihre Lippen gewesen waren; sondern er war sehr dunkel geworden, das Antlitz härter und höher und die Augen viel feuriger –; aber auch er sah die Mutter an – sie war nicht minder eine andere geworden, und das unheimliche Spiel der Jahre zeigte sich in ihrem Angesicht. Sie nahm ihn, da er bis an ihre Seite vorwärtsgekommen war, an ihr Herz, zog ihn gegen sich auf die Kissen und drückte ihren Mund auf seine Wangen, seine Stirn, seinen Scheitel, auf seine Augen und auf seine Ohren.

Der alte Aron stand seitwärts mit gebücktem Haupt, und die Zofen saßen in dem Gemach daneben hinter gelbseidenen Vorhängen und flüsterten. – Die andern aber, die noch zu dem Haus gehörten, gingen draußen an ein anderes Geschäft, das ihnen anbefohlen worden war. Obgleich die Nacht von ihrer Mitte bereits gegen Morgen neigte und die bekannten Bilder der Sterne, die am Abend von Ägypten herübergekommen waren, schon jenseits der Häupter standen und gegen die Wüste hinabzogen, musste noch die Ankunft nach der Sitte gefeiert werden. Man schlachtete bei Kerzenschein ein Lamm, briet es in der Küche und setzte es auf den Tisch. Sie gingen alle hinzu, aßen alle davon, und man gab auch dem Gesinde zu essen. Hierauf begaben sie sich zur Ruhe und schlummerten lange bis an den andern Tag, da die Wüstensonne schon auf die Trümmer niederschien, wie ein großer, runder Diamant, der täglich ganz allein am leeren Himmel funkelte. – Von da an waren Freudenfeste durch drei Tage. Es wurden die Nachbarn herbeigerufen, das Kamel, der Esel und der Hund des Hauses waren nicht vergessen, und für die Tiere der Wüste wurde ein Teil in die entfernten Gegenden der Trümmer hinausgelegt; denn es reichten die Mauerstücke weit in der Ebene fort, und was die Menschen von ihnen übergelassen hatten, dazu kamen die Tiere, um Schutz zu suchen.

Als die Feste vorübergegangen waren, und noch eine Zeit verflossen war, nahm Abdias aufs Neue Abschied von den Eltern; denn er reiste nach Balbek, um die schönäugige Deborah zu holen, die er dort gesehen, die er sich gemerkt hatte, und die mit all den Ihrigen zu seinem Stamm gehörte. Er reiste als Bettler, und kam nach zwei Monaten dort an. Zurück ging er als bewaffneter Türke mitten in einer großen Karawane, denn das Gut, das er mit sich führte, konnte er nicht in Klüften verstecken, und konnte es, wenn es verloren ginge, nicht wieder erwerben. Damals war in allen Karawansereien die Rede von der Schönheit des reisenden Muslim und der noch größern seiner Sklavin; – aber die Rede, wie ein glänzender Strom gegen die Wüste, verlor sich allgemach, und nach einer Zeit dachte keiner mehr daran, wo die beiden hingekommen wären, und es redete keiner mehr davon. Sie aber waren in der Wohnung des alten Aron, es wurden in den Gewölben unter dem Schutt Zimmer gerichtet, die Vorhänge gezogen und die Polster und Teppiche für Deborah gelegt.

Aron teilte mit dem Sohn sein Gut, wie er es versprochen hatte, und Abdias ging nun in die Länder hinaus, um Handel zu treiben.

Wie er einst gehorsam gewesen war, so trug er jetzt aus allen Orten zusammen, was nach seiner Meinung den Sinnen der Eltern wohl tun könnte, er demütigte sich vor den eigensinnigen Grillen des Vaters und litt das vernunftlose Scheltwort der Mutter. – Als Aron alt und blöde geworden war, ging Abdias in schönen Kleidern, mit schimmernden und gut bereiteten Waffen, und er machte mit seinen Kaufgenossen draußen Einrichtungen, wie es die großen Handelsleute in Europa tun. Da die Eltern unmündige Kinder geworden waren, starben sie eines nach dem andern, und Abdias begrub sie unter den Steinen, die neben einem alten Römerknauf lagen.

Von jetzt an war er allein in den Gewölben, die unter dem hochgetürmten Schutt neben dem Triumphbogen und den zwei Stämmen der verdorrten Palmen sind.

Nun reiste er immer weiter und weiter, Deborah saß mit ihren Mägden zu Hause und harrte seiner, er wurde draußen bekannter unter den Leuten, und zog die schimmernde Straße des Reichtums immer näher gegen die Wüste.

II. Deborah

Als nach dem Tod Arons und Esthers einige Jahre vergangen waren, bereitete es sich allgemach vor, dass es nun anders werden sollte in dem Haus neben den Palmen.

Das Glück und der Reichtum häuften sich immer mehr. Abdias war eifrig in seinem Werk, dehnte es immer weiter aus und tat den Tieren, den Sklaven und den Nachbarn Gutes. Aber sie hassten ihn dafür. Das Weib seines Herzens, welches er sich gewählt hatte, überschüttete er mit Gütern der Welt und brachte ihr, obwohl sie unfruchtbar war, aus den Ländern die verschiedensten Dinge nach Hause. Da er aber einmal in Odessa krank geworden war und die böse Seuche der Pocken geerbt hatte, die ihn ungestalt und hässlich machten, verabscheute ihn Deborah, als er heimkam, und wandte sich auf immer von ihm ab; denn nur die Stimme, die sie gekannt hatte, hatte er nach Hause gebracht, nicht aber die Gestalt, – und wenn sie auch oft auf den gewohnten Klang plötzlich hin sah – so kehrte sie sich doch stets wieder um und ging aus dem Haus; sie hatte nur leibliche Augen empfangen, um die Schönheit des Körpers zu sehen, nicht geistige, die des Herzens. Abdias hatte das einst nicht gewusst; denn als er sie in Balbek erblickte, sah er auch nichts als ihre große Schönheit, und da er fort war, trug er nichts mit als die Erinnerung dieser Schönheit. Darum war für Deborah jetzt alles dahin. – Er aber, da er sah, wie es geworden war, ging in seine einsame Kammer und schrieb dort den Scheidebrief, damit er fertig sei, wenn sie ihn begehre, die nun von ihm gehen würde, nachdem sie so viel Jahre bei ihm gewesen war. Allein sie begehrte ihn nicht, sondern lebte fort neben ihm, war ihm gehorsam, und blieb traurig, wenn die Sonne kam, und traurig, wenn die Sonne ging. Die Nachbarn aber belachten sein Angesicht und sagten, das sei der Aussatzengel Jehovas, der über ihn gekommen wäre und ihm sein Merkmal eingeprägt habe.

Er sagte nichts, und die Zeit schleifte so hin.

Er reiste fort, wie früher, kam wieder heim, und reiste wieder fort. Den Reichtum suchte er auf allen Wegen, er trotzte ihn bald in glühendem Geize zusammen, bald verschwendete er ihn, und wenn er draußen unter den Menschen war, lud er alle Wollüste auf seinen Leib. – Dann kam er nach Haus und saß an manchem Nachmittag hinter dem hochgetürmten Schutt seines Hauses, den er gerne besuchte, neben der zerrissenen Aloe, und hielt sein bereits grau werdendes Haupt in beiden Händen. Er dachte, er sehne sich nach dem kalten, feuchten Weltteil Europa, es wäre gut, wenn er wüsste, was dort die Weisen wissen, und wenn er lebte, wie dort die Edlen leben. – – Dann heftete er die Augen auf den Sand, der vor ihm dorrte und glitzerte – und blickte seitwärts, wenn der Schatten der traurigen Deborah um die Ecke einer Mauertrümmer ging, und sie ihn nicht fragte, was er sinne. – Aber es waren nur flatternde Gedanken, wie einem, der auf dem Atlas wandert, eine Schneeflocke vor dem Gesicht sinkt, die er nicht haschen kann.

Wenn Abdias nur erst wieder hoch auf dem Kamel saß, mitten in einem Tross, befehlend und herrschend: dann war er ein anderer, und es funkelten in Lust die Narbenlinien seines Angesichts, die so unsäglich hässlich waren, und daneben glänzten in Schönheit die früheren Augen, die er behalten hatte, – ja sie wurden in solchen Zeiten noch schöner, wenn es um ihn von der Wucht der Menschen, Tiere und Sachen schütterte – wenn sich die Größe und Kühnheit der Züge entfaltete und er mit ihnen ziehen konnte, gleichsam wie ein König der Karawanen; denn in der Ferne wurde ihm zu Teil, was man ihm zu Hause entzog: Hochachtung, Ansehen, Oberherrschaft. Er sagte sich dieses vor und übte es recht oft, damit er es sähe – und je mehr er befahl und forderte, um so mehr taten die andern, was er wollte, als wäre es eben so, und als hätte er ein Recht. Obwohl er fast ahnte, dass es hier das Gold sei, welches ihm diese Gewalt gebe, so hielt er sie doch fest und ergötzte sich in ihr. Da er einmal den reichgekleideten Herrn Melek-Ben-Amar, den Abgesandten des Bey, den dieser zu ihm in die Stadt Bona geschickt hatte, um ein Anleihen zu erzwingen, recht lange hatte warten und recht inständig hatte bitten lassen, bis er ihm willfahrte, war er fast in seinem Herzen gesättigt. Als er von da eine Reise durch Libyen machte, kostete er auch das Glück der Schlachten. Es waren Kaufleute, Pilger, Krieger, Gesinde und Leute aller Art, die sich zu einer großen Karawane zusammengetan hatten, um durch die Wüste zu ziehen. Abdias war in seidenen Kleidern und glänzenden Waffen unter ihnen; denn seit er hässlich war, liebte er den Glanz noch mehr. Am siebenten Tag des Zuges, da schwarze Felsen um sie waren und die Kamele mit den Fußsohlen die Hügel weichen Sandes griffen, flog eine Wolke Beduinen heran. Ehe die in der Mitte, wo das große Gepäck war, fragen konnten, was es sei, knallten schon am Saum der Karawane die langen Rohre und zeigten sich Sonnenblitze von Klingen. Sogleich wurde von denen in der Mitte ein Geschrei und ein Jammer erhoben, viele wussten nicht, was zu tun sei, viele stiegen ab und warfen sich auf die Knie, um zu beten. Da erhob sich der hagere Jude, der gleichfalls in der Mitte bei den großen Warenballen geritten war, auf seinem Tier und schrie Schlachtbefehle, die ihm einkamen. Er ritt gegen das Gefecht hinvor und zog seine krumme Klinge: da waren die weißen Gestalten mit den eingemummten Köpfen, und mehrere der Karawane mit ihnen im Kampf. Einer wandte sich sogleich gegen ihn, mit der Klinge über den Hals des Kamels nach seinem Kopf holend, aber Abdias wusste in dem Augenblick, was zu tun sei: er duckte sich seitwärts an den Hals des Kamels, stieß sein Tier dicht an den Feind und stach ihn, dass ein Blutbach über das weiße Gewand strömte, vom Sattel. Auf die nächsten feuerte er seine Pistolen. Dann rief er Befehle, die seine Nachbarn einsahen und befolgten – und wie die andern sahen, wie es gehe, wuchs ihnen der Mut, immer mehr kamen herbei, und wie nur erst der zweite und der dritte von den Feinden fiel, da flog eine wilde Lust heran, der Teufel des Mordens jauchzte, und die ganze Karawane drängte vor. Abdias selber wurde emporgerissen, er hatte sein schwarzes Angesicht hoch gehoben, seine Narben waren Feuerflammen, die Augen in dem dunkeln Antlitz weiße Sterne, der Mund rief weit tönend und in Schnelle die tiefen Araberlaute aus, und wie er, die Brust gleichsam in Säbelblitze tauchend, immer tiefer hineinritt, hatte er den dunklen, dürren Arm, von dem der weite Seidenärmel zurückgefallen war, von sich gestreckt, wie ein Feldherr, der da ordnet. Im dünnen Schatten des Rauches, der sich bald verzogen, weil keiner mehr Zeit zum Laden hatte, und in den Blitzen der fürchterlichen Wüstensonne, die oben stand, änderte sich nun schnell das Bild der Dinge: die früher angegriffen hatten, waren jetzt die Bedrängten und Mitleidswürdigen. Sie sahen nach Rettung. Einer drückte zuerst das lange Gewehr sachte an seine Gestalt, beugte sich vor und schoss in Flucht aus dem Kreise – ein anderer warf die Waffen weg, die Zügel auf den Rücken vorwärts und ließ sein Heil dem edlen Pferd, das mit Windesflug in die Wüste trieb – wieder andere, in Vergessenheit der Flucht, wurzelten im Boden und flehten Gnade. Aber alles war vergeblich. Abdias, der befohlen hatte, konnte nicht mehr lenken, die Flut schwoll über, und die früher gebeten hatten, tobten jetzt und stießen denen, die auf den Knien lagen und baten, das Messer ins Herz. – – Abdias hielt, da endlich alles aus war und die Sieger die Toten und Verwundeten und die Satteltaschen an ihren Tieren plünderten, auf seinem Kamel und warf den blutigen Säbel von sich weg. Ein Türke, der in der Nähe kauerte, missverstand die Bewegung und sah sie für einen Befehl an: er wischte die Klinge an seinem eigenen Kaftan ab und reichte sie dem tapfern Emir wieder.

Als man nach dem Gefecht weiterzog und alle Tage das einsame Bild der Wüste war, dachte Abdias: wenn er nun den Bey tötete, wenn er selber Bey würde, wenn er Sultan würde, wenn er die ganze Erde eroberte und unterwürfe – was es dann wäre? Es waren unbekannte Dinge und standen mit düsterm Winken in der Zukunft. – Allein er wurde nicht Bey, sondern, wenn wir uns so ausdrücken dürfen, auf jener ganzen Reise, die noch weit herum ging, schwebte schon ein trauriger, dunkler Engel über ihm. Man war wieder in die blühenden Länder der Menschen gekommen, er hatte in vielen Richtungen zu gehen, er schloss sich bald an diese, bald an jene Karawane an, und öfters – wie es nun Menschen manchmal ist – wenn er so in der Ferne zog, fiel ihm plötzlich ein: wenn nur zu Hause kein Unglück geschehen ist – aber er strafte diese Gedanken immer wieder selber, indem er sagte: »Was kann denn zu Hause geschehen? Zu Hause ist ja gar kein Unglück möglich.« – – Und er zog hierauf noch Öde aus Öde ein, hatte Geschäfte abzutun und tat sie mit Glück, sah manche Gegenden und Städte, und es waren mehrere Monate vergangen, bis er nach all den Kreislinien wieder einmal das Blau der Atlasberge schimmern sah und hinter ihnen seine Heimat ahnte. Er zog ihr zu. Er ließ seine schönen Kleider in einem Dorf, wo in einer Grotte eine Synagoge war, und in einer schönen, heitern Sternennacht löste er sich von der letzten Karawane, mit der er gezogen war, ab, und wandte sich seitwärts gegen die Ebene, über die man zu den Bergen und jenseits derselben zu der alten Römerstadt gelangen konnte. Da schwang sich der Engel von seinem Haupt; denn es war geschehen, was da sollte. Da Abdias nämlich als zerlumpter Mann auf dem Kamel reisend ganz allein im Sande ritt und sich bereits dem Ziel seiner Wanderung näherte, sah er eine schwache blaue Dunstschicht über der Geisterstadt stehen, gleichsam einen brütenden Wolkenschleier, wie sie oft ihr Phantom auf die Wüste werfen allein er achtete nicht darauf, da auch der andere Himmel sich milchig zu beziehen anfing und die heiße Sonne wie ein rotes, trübes Auge oben stand, was in diesen Gegenden immer das Herannahen der Regenzeit bedeutet. Aber da er endlich zu den wohlbekannten Trümmern gelangte und in die bewohnten Teile derselben einritt, sah er, dass man die zerstörte Stadt noch einmal zerstört hatte; denn die wenigen elenden Balken, die einst von weiten Landen herbeigeschleppt und aufgerichtet worden waren, lagen herumgestreut und rauchten – schmutzige Asche von Palmenblättern, den Dächern der Hütten, lag zwischen schwarzen, von Feuer genässten Steinen – er ritt schneller – und wie er zum Triumphbogen und den zwei verdorrten Palmenstämmen gekommen war, sah er fremde Männer, welche Dinge aus seinem Haus trugen – ihre Maultiere waren schon sehr bepackt, und aus dem Schlechten, was sie in den Händen hatten, erkannte er, dass es das letzte sei, was sie trugen. An den Palmenstämmen aber hielt Melek-Ben-Amar hoch zu Ross, und mehrere Männer waren um ihn. Als Abdias schnell sein Tier zum Niederknien gezwungen hatte, abstieg, gleichsam um zu retten herbeilief und den Menschen erkannte, grinste dieser mit dem Angesicht auf ihn herab und lächelte Abdias mit dem unbeschreiblichsten, inbrünstigsten Hohn und Hass fletschte ihm auch die Zähne entgegen – aber er hatte jetzt nicht Zeit, sondern sprang an ihm vorbei in die vordere Stube, wo die alten Kleider lagen, um zu sehen – – aber hier waren etliche Nachbarn, die aus Schadengier herbeigelaufen waren, um sich zu weiden – – und wie diese jetzt den unvermutet herbeigekommenen Abdias gewahr wurden, jubelten sie laut und schreiend, ergriffen ihn sogleich, schlugen ihn, spien ihm ins Gesicht und riefen: »Da bist du nun – du bist es, du, du!! – – Du hast dein eigen Nest beschmutzt, du hast dein eigen Nest verraten und den Geiern gezeigt. Weil du in ihren eitlen Kleidern gegangen bist, haben sie's geargwöhnt, der Grimm des Herrn hat dich gefunden und zermalmt, und uns mit dir. Du musst ersetzen, was genommen ward, du musst alles ersetzen, du musst es zehnfach ersetzen, und mehr.«

Abdias, gegen so viele Hände ohnmächtig, ließ gewähren und sagte kein Wort. Sie zerrten ihn wieder gegen die Tür und wollten neuerdings schreien und ihn misshandeln. Da kam der Abgesandte des Bey mit mehreren Soldaten herein und rief unter die Juden: »Lasst den Kaufmann fahren, sonst wird jeder von euch an einen Spieß gesteckt, so wie er hier steht. Was geht es euch an, dass er ein Hund ist; denn ihr seid es auch. Wollt ihr fahren lassen, sag ich?«

Darauf wichen sie zurück. Die Söldner Meleks durchsuchten nun Abdias' Kleider und nahmen ihm alles, was ihnen gefiel – er litt es sehr geduldig – dann sagte Melek zu ihm: »Du hast sehr übel getan, Abdias-Ben-Aron, dass du in diesem Versteck da Habe und Abgaben unterschlagen hast, wir könnten dich strafen, aber wir tun es nicht. Lebe wohl, edler Kaufmann, wenn du einmal des Weges in unsere Stadt bist, so besuche uns, wir werden dir die Pfänder deiner Schuldforderung zeigen und dir die Zinsen bezahlen. – Jetzt gebt ihn frei, dass er wieder anschwelle und Früchte trage.«

Und mit Lachen und mit Schreien ließen sie von ihm ab er litt es auch sehr geduldig, und hatte sich nicht gerührt, nur dass er bei dem Hohn die Augen scheu seitwärts drehte, wie ein ohnmächtiger Tiger, der geneckt wird. – – Aber wie sie draußen waren, aufstiegen und über den Sandhügel davonreiten wollten, sprang er eines Satzes nach, riss die Pistolen aus dem Halfter seines Kamels, wo man sie, als man die anderen Packsäcke abgeschnitten, auf dem magern, verachteten Tier vergessen hatte, und feuerte beide auf Melek ab. Allein er hatte ihn nicht getroffen. Da kehrten mehrere Soldaten um, schlugen ihn mit ihren Spießen über den Rücken und die Lenden, und ließen ihn für tot liegen. Dann ging der Zug wieder durch die Trümmer fort gegen jene Seite der Ebene hinaus, die mit kurzem schlechten Gras bewachsen ist und den nächsten Weg zu den bewohnten Ländern hat. Abdias blieb auf dem Sand liegen und regte sich nicht. Als man aber keinen einzigen Laut vom Schreien der Fortreitenden mehr hören konnte, zog er sich vom Boden empor und schüttelte die Glieder. Er ging wieder zum Kamel, das noch auf den Knien lag, nahm von den tiefer gelegenen Stellen des sehr geflickten Halfters zwei kleine Pistolen heraus, die dort verborgen waren, und begab sich damit in seine Wohnung. Dort standen sowohl an den Palmen als auch in der Stube noch mehrere seines Stammes, die zusammengelaufen waren, und harrten, was jetzt zu tun sei. Er ging sachte durch die Tür hinein, drückte sich an die Wand und rief mit heiserer Stimme: »Wer von euch nur noch einen Atemzug lang hier verweilt, ja wer nur mit dem Fuß zuckt, als wollte er der letzte sein, der fortgeht, den schieße ich mit dieser Waffe nieder, und seinen Nachbarn mit der andern – dann kann geschehen, was da wolle – gepriesen sei der Herr!«

Er war während dieser Worte bis in die Tiefe der Stube zurückgeschlichen und hatte die Sterne des Sehens auf sie gerichtet. Sein hässlich Antlitz funkelte in maßloser Entschlossenheit, die Augen strahlten, und einige behaupteten nachher, sie hätten in jenem Augenblick auch ganz deutlich einen unnatürlichen Schein um sein Haupt gesehen, von dem die Haare einzeln und gerade emporgestanden wären wie feine Spieße.

Sie zauderten noch ein wenig, und gingen dann einzeln zur Türe hinaus. Er schaute ihnen nach und knatterte mit den Zähnen, wie eine Hyäne der Berge. Als endlich der letzte seinen Fuß über die Schwelle gezogen hatte und unsichtbar wurde, murmelte er: »Da gehen sie, sie gehen – warte, es wird eine Zeit kommen, Melek, dass ich mit dir auch noch abrechne.«

Draußen mochten sie überlegen: ›wenn er der Mann sei, der sie ins Verderben gebracht, so könne er ihnen auch wieder emporhelfen, er muss ersetzen, sie wollen ihn sparen und in der Zukunft zwingen.‹ Er hörte ihre Worte herein und horchte mit den Ohren darauf hin. Aber sie wurden immer weniger, und endlich ließ sich gar nichts mehr vernehmen, ein Zeichen, dass sie alle fortgegangen sein mochten.

Abdias stand noch eine Weile und atmete lange und tief. Dann wollte er nach Deborah sehen, die ihn jetzt wieder dauerte. Er steckte die Pistolen in seinen Kaftan, stieg über den Haufen Gewandes, das sonst vor dem Eingang zu dem innern Zimmer gehangen war, jetzt aber auf der Erde lag, griff sich durch den Gang, in welchem die Lampe herabgeworfen worden war, und trat in die Gemächer hinein. Da fiel das Licht durch die Fenster oben, die mit Myrten umrankt waren, auf den Estrich des Bodens herab: allein es waren nun keine Teppiche und Matten mehr da, sondern die an allen Stellen nach Schätzen aufgewühlte Erde und die nackten Steine der tausendjährigen Mauern sahen ihn wie eine Mördergrube an. Er fand wirklich Deborah in dem größeren Gemach, wo sie sonst gerne gewesen war, und – siehe, wie seltsam die Wege und Schickungen der Dinge sind: sie hatte ihm gerade in dieser Nacht ein Mägdlein geboren – aus Schreck der Mutter war es zu früh gekommen, und sie hielt ihm nun dasselbe von dem Haufen lockerer Erde, auf dem sie lag, entgegen. Er aber stand in dem Augenblick wie einer, der von einem furchtbaren Schlag geschüttelt wird, da. Nichts als die einzigen Worte sagte er: »Soll ich denn nun nicht nachreiten und das Kind in die Spieße der Soldaten schleudern?!«

Nach einem kleinen Weilchen Harrens aber ging er näher, hob es auf und sah es an. Dann, ohne es wegzutun, begab er sich in das anstoßende Gemach, und sah lange und scharf gegen einen Winkel und die dort gefügten Steine, dann kam er heraus und sagte: »Ich habe es gedacht, ihr Toren, ich habe euch also genug heraußen gelassen – o ihr siebenfachen Toren!«

Dann fiel er auf die Knie nieder und betete: »Jehova, Lob, Preis und Ehre von nun an bis in Ewigkeit!«

Sodann ging er wieder zu Deborah und legte das Kind zu ihr. Er griff mit dem Finger in ein Wasser, das in einem Näpfchen nicht weit von ihr stand, und netzte ihr die Lippen, weil kein einziger Mensch, keine Wehmutter, kein Diener und keine Magd in der ganzen Wohnung war. Und als er dies getan hatte, sah er noch genauer auf sie hin und streichelte, neben ihrem Haupte kauernd, ihre kranken, bereits alternden Züge – sie aber lächelte ihn seit fünf Jahren wieder zum ersten Male mit dem düsteren, traurigen Antlitz an, als sei die alte Liebe neu zurückgekehrt – indes sah wieder der hässliche Kopf eines Nachbars, der vielleicht die Gierde am wenigsten zähmen konnte, sogar bei dieser innern halbzerbrochenen Tür herein, aber er zog sich wieder zurück – Abdias achtete nicht darauf, es fiel ihm von den Augen herunter wie dichte Schuppendecken, die darüber gelegen waren es war ihm mitten in der Zerstörung nicht anders, als sei ihm das größte Glück auf Erden widerfahren – und wie er neben der Mutter auf dem nackten Boden saß, und wie er den kleinen wimmernden Wurm mit den Händen berührte, so wurde ihm in seinem Herzen, als fühle er drinnen bereits den Anfang des Heils, das nie gekommen war, und von dem er nie gewusst hatte, wo er es denn suchen sollte – es war nun da, und um Unendliches süßer und linder, als er sich es je gedacht. Deborah hielt seine Hand, und drückte sie und liebkoste sie – er sah sie zärtlich an – sie sagte zu ihm. »Abdias, du bist jetzt nicht mehr so hässlich wie früher, sondern viel schöner.« Und ihm zitterte das Herz im Leibe.

»Deborah«, sagte er, »es ist kein Mensch da, der dir etwas reichen könnte, hast du nicht vielleicht Hunger?« – »Nein, Hunger habe ich nicht«, antwortete sie, »aber Mattigkeit.« – »Warte, ich will dir etwas bringen«, sagte er, »das dich stärkt, und ich will dir auch Nahrung reichen, die dir vielleicht doch abgeht, und ich will dein Lager besser bereiten.«

Dann stand er auf, und musste sich erst ein wenig dehnen, ehe er fortgehen konnte; denn die Schmerzen waren während der kurzen Ruhe recht stark gekommen. Dann ging er hinaus und brachte von den schlechten Kleidern, die draußen lagen, einen Arm voll herein, und bereitete neben ihr ein besseres Lager, auf das er sie hinüberhob, dann deckte er noch sein von seinem Leib warmes Oberkleid auf sie, weil er meinte, es friere sie; denn sie war so bleich. Sodann ging er zu dem Platz, wo die Zündsachen lagen, die dienten, um Feuer anzufachen. Sie lagen unberührt dort, weil sie schlechte Dinge waren. Er zündete ein Kerzlein an, tat es in die Hornlaterne, und stieg draußen über eine Treppe unter der Erde hinab, wo der Wein zu liegen pflegte. Er war aber aller herausgelassen und verschüttet. Aus einer kleinen Lache, die auf der Erde stehen geblieben war, brachte er ein wenig in ein Gefäß. Dann holte er Wasser aus der Zisterne. Denn das in dem Näpfchen war schon sehr warm und auch etwas stinkend geworden, und mit dem Gemisch von Wein und frischem Wasser benetzte er ihre Lippen und sagte, sie solle mit der Zunge das Nass nur wegnehmen und hinunterschlucken, es würde ihr für den Augenblick schon helfen. Als sie dies getan und mehrere Male wiederholt hatte, stellte er die Gefäße mit Wein und Wasser wieder hin und sagte, er wolle ihr nun auch Nahrung bereiten. Er suchte aus seinen herumgestreuten Reisesachen eine Büchse hervor, in der er stets den verdichteten Stoff einer guten Brühe mit sich führte. Dann ging er in die Küche hinaus, um etwa nach einem Blechgefäß zu schauen, das ihm dienen könnte. Und als er ein solches gefunden hatte, kam er wieder herein, tat Wasser und den Stoff in dasselbe, zündete eine Weingeistflamme an und stellte es auf einem Gestell darüber. Er blieb bei dem Gefäß stehen, um zu merken, wie sich das Ganze auflösen würde. Deborah musste jetzt viel wohler und ruhiger sein; denn wenn er hinblickte, sah er, dass sie über die Augen, mit welchen sie ihm zuschaute, öfter die Lider herabfallen ließ, als wollte sie schlummern. In dem ganzen Haus war es sehr still, weil alle Zofen und Diener fortgelaufen waren. Als sich sein Brühstoff in dem warmen Wasser vollends aufgelöst hatte, nahm er das Gefäß wieder weg, um alles ein wenig abkühlen zu lassen. Er kniete neben ihrem Angesicht nieder und saß nach Art der Morgenländer auf seine Füße. »Deborah, bist du schläfrig?« fragte er. »Ja, sehr schläfrig«, antwortete sie. Er hielt das Gefäß noch ein wenig zwischen den Händen, und da es gehörig lau geworden war, reichte er ihr den Trank und sagte, sie solle schlürfen. Sie schlürfte. Es musste ihr auch wohlgetan haben, denn sie sah noch einmal mit den schlaftrunkenen Augen zu seinem Angesicht, wie er so neben ihr saß, empor, und entschlummerte dann wirklich sanft und süß. Er blieb noch eine Weile sitzen und schaute hin. Das Kindlein, mit den weiten Ärmeln des Kaftans zugedeckt, schlummerte gut. Dann stand er auf und stellte das Gefäß beiseite.

Die Zeit dieses Schlafes wollte er benützen, um zu sehen, was denn noch in der Wohnung liegen könne, dass man es zu einer Einrichtung gebrauche, die in der ersten Zeit forthelfe – auch wollte er, wenn es anginge, draußen kurz umsehen, ob er keines seiner Diener oder Dienerinnen erblicken könne, dass sie eine Weile wachten, indes er fortgehe und um Nahrung wenigstens für die nächsten Augenblicke sorge. Er ging durch die Zimmer, kam wieder heraus zu Deborah, und wie er herumsuchte und immer auf das Schloss der Tür hinsah, wie er es denn machen solle, dass er schließen könne, wenn er fortgehe denn alles hing halb zerrissen und zerbrochen herab kroch sein abessinischer Sklave Uram herbei. Er zog sich an der Erde fort und richtete die Augen fest auf Abdias, weil er eine furchtbare Züchtigung erwartete, da er, als die Plünderer kamen, mit den andern fortgelaufen war. Aber Abdias hatte ihm eher Lohn als Strafe zugedacht, indem er der erste war, der wiedergekommen.

»Uram«, sagte er, »wo sind denn die andern?« – »Ich weiß es nicht«, antwortete der Sklave, indem er im Näherkriechen innehielt. »Seid ihr denn nicht miteinander fortgelaufen?« – »Ja, aber es haben sich alle zerstreut. Und wie ich gehört habe, dass du zurückgekehrt bist, bin ich wiedergekommen, und habe gemeint, die andern werden auch schon da sein, weil du uns schützen wirst.« – »Nein, sie sind nicht da«, sagte Abdias, »kein einziger ist da. – Knabe Uram«, fuhr er dann sehr sanft fort, »komm' näher und höre, was ich dir sagen werde.«

Der Jüngling sprang empor und starrte Abdias an. Dieser aber sprach: »Ich werde dir einen sehr schönen roten Bund geben mit einem weißen Reiherbusch [Aigrette; Kopfschmuck aus Silberreiherfedern] darauf, ich werde dich zum Aufseher über alle anderen machen, wenn du genau ausführst, was ich dir sage. Du musst, solange ich fort bin – denn ich werde ein wenig weggehen – deine kranke Herrin und dieses Kind bewachen. Setz' dich hierher auf diesen Erdhaufen – so – hier hast du eine Waffe, es ist eine Pistole – so musst du sie halten – « – – »Das weiß ich schon«, sagte der Knabe. »Gut«, fuhr Abdias fort, »wenn nun einer hereinkommt und die schlummernde Frau und das Kind anrühren will, so sag ihm, er solle gehen, sonst wirst du ihn töten. Geht er nicht, halte die Öffnung gegen ihn, drück' an der eisernen Zunge und schieß' ihn tot. Verstehst du alles?« Uram nickte und setzte sich in der verlangten Stellung auf den Boden.

Abdias sah ihn noch ein Weilchen an, und ging dann, den Griff der andern Pistole mit seiner Hand im Kaftan haltend, durch den Gang in die äußere Stube hinaus. Es lag alles so herumgestreut, wie er es verlassen hatte, und kein Mensch war in der weitläufigen Höhle. Da er sich überall umgesehen hatte, beschloss er vollends hinauszugehen. Er musste sich wegen der vielen Schmerzen in den Lenden noch einmal dehnen, und stieg dann über die Schwelle der Tür zu den Palmen hinaus. Es war hier wirklich ganz öde, wie er es vorausgedacht hatte; denn die Nachbarn mochten in ihre entfernten Behausungen, oder wohin es ihnen sonst gefallen hat, gegangen sein. Als er zum Sandhaufen kam, wo er mit den Lanzen geschlagen worden war, war das Kamel nicht mehr da sie hatten es samt den Lumpen als Ersatz mitgenommen. Er bog um den Triumphbogen und abgelegene Trümmer herum, und als er auf den hohen Schutthaufen, der über seinem Haus lag, gekommen war, stieg er auf den noch höheren hinan, der sich hinter demselben befand, wo Sand und weitgedehnte Blöcke lagen und eine große Umsicht auf alle Dinge und auf das Dämmerrund der Wüste sich eröffnete. Dort hob er einen Stein auf und zog einen goldenen Ring unter demselben hervor. Dann stand er, und sah ein wenig herum. Die Sonne, welche früher ein trüber, roter Glutpunkt gewesen war, war nun gar nicht mehr sichtbar, sondern ein verschleierter, grauer, heißer Himmel stand über der Gegend. Wir würden in unsern Ländern eine solche Luft sehr heiß nennen, aber dort war sie im

Vergleich mit Tagen, wo die Sonne unausgesetzt niederscheint, bedeutend kühler geworden. Abdias atmete sie wie eine Labung, und strich sich mit der flachen Hand ein paar Mal über die Seiten seines Körpers herab. Er schaute durch das schweigende Getrümmer, das unter ihm lag, und stieg dann hinab. Als er bei der zerrissenen Aloe war, begannen kleine Tropfen zu fallen, und was in diesem Erdstrich eine Seltenheit ist, ein grauer, sanfter Landregen hing nach und nach über der ganzen ruhigen Ebene; denn auch das ist selten, dass die Regenzeit so still und ohne heftige Stürme herannaht.

Abdias stieg auf der entgegengesetzten Seite, als er heraufgegangen war, hinab, wanderte durch allerlei wohlbekannte Irrgänge und Windungen der Trümmer und hatte ziemlich weit zu gehen, bis er das Ziel, wohin er wollte, erreichte, nämlich die Wohnung des vorzüglichsten seiner Nachbarn, wo er glaubte, dass er auch einige andere antreffen würde. Wirklich waren mehrere da, und als sich das Gerücht verbreitete, er sei über die Schwelle des Gaal hineingegangen, kamen noch immer mehrere herbei. – Er sagte zu ihnen: »Wenn ich durch die schöneren Kleider, die ich trug, und durch den größeren Handel, den ich trieb, unsern Aufenthalt verraten, die Plünderer hergelockt und euch Schaden verursacht habe, so will ich auch denselben ersetzen, so gut ich kann. Ihr werdet nicht alles verloren haben; denn ihr seid weise, und habt Kleinodien geborgen. Bringt ein Papier oder Pergament und Tinte herbei. Ich habe manche Schuldforderungen draußen ausstehen, die mir meine Freunde bezahlen müssen, sobald die Zeit um ist. Ich werde sie euch hier aufschreiben, und werde die Erlaubnis dazu schreiben, dass ihr das Geld als euer Eigentum einnehmen dürft.« – »Wer weiß, ob es wahr ist, dass er etwas zu fordern hat«, sagte einer der Anwesenden. »Wenn es nicht wahr ist«, antwortete Abdias, »so habt ihr mich immer hier und könnt mich steinigen, oder sonst mit mir tun, was euch gefällt.« – »Das ist richtig, lasst ihn nur schreiben«, riefen andere, während das herbeigebrachte Pergament und die Tinte hingeschoben wurden. – »Er ist so weise wie Salomo«, sagten diejenigen, welche ihn heute am meisten verschimpft und verspottet hatten.

Und als er auf dem Pergament eine lange Reihe aufgeschrieben, sie ihnen dargereicht und sie alle gesagt hatten, dass sie einstweilen zufrieden sein wollen, bis er sich erholt habe und auch das andere ersetzen kann, zog er den Ring aus seinem Kaftan hervor und sagte: »Du hast eine Milcheselin, Gaal, wenn du mir dieselbe ablassen willst, so bin ich geneigt, dir diesen Ring dafür zu geben, der einen großen Wert hat.« – »Den Ring bist du als Ersatz schuldig, wir werden ihn dir nehmen«, riefen sogleich mehrere. – »Wenn ihr mir den Ring nehmt«, antwortete er, »so werde ich den Mund zuschließen und euch in Zukunft niemals mehr sagen, wo ich Geld habe, wer mir etwas schuldig ist, wo ich im Handel etwas erworben habe, und ihr werdet nie mehr etwas von mir bekommen, das euch eueren Schaden vermindern könnte.« – »Das ist wahr«, sagte einer, »lasst ihm den Ring, und, Gaal, gib ihm die Eselin dafür.«

Den Ring hatten sie unterdessen angeschaut, und da sie erkannt hatten, dass er viel kostbarer sei, als der Preis der Eselin beträgt, sagte Gaal, er werde ihm die Eselin geben, wenn er zu dem Ring noch ein Stück Geld hinzu legen könne. »Ich kann nichts mehr hinzulegen«, antwortete Abdias, »denn sie haben mir alles genommen, wie ihr selber gesehen habt. Gib mir den Ring, ich werde ohne die Eselin fortgehen.« – »Lass' den Ring«, sagte Gaal, »ich werde dir die Eselin senden.« – »Nein«, antwortete Abdias, »du darfst sie mir nicht senden, sondern du musst mir einen Riemen geben, an welchem ich sie fortführen werde. Oder gib den Ring.« »Ich werde den Riemen und die Eselin geben«, sagte Gaal. »Sogleich«, sagte Abdias. – »Sogleich«, antwortete Gaal. »Geh hinaus, Jephrem, und führe sie aus der Grube herauf, in welcher sie steht.« Während der Diener ging, um die Eselin zu holen, fragte Abdias die Leute, ob sie keinen seiner Diener oder keine der Zofen seines Weibes gesehen haben; »denn«, sagte er, »sie sind alle fortgegangen.« – »Sind alle deine Diener fort?« fragte man, »nein, wir haben sie nicht gesehen.« – »Ist vielleicht eines davon bei dir, Gad, oder bei dir, Simon, oder bei einem andern?« – »Nein, nein, wir sind selber alle fortgelaufen, und haben nichts von ihnen gesehen.«

Indessen war Jephrem mit der Eselin gekommen, Abdias trat aus der Schwelle der Höhle Gaals heraus, man gab ihm den Riemen in die Hand, und er führte die Eselin über den Schutt davon. Aus den Fenstern streckten sich die Köpfe und schauten ihm nach. – Er ging durch die Wege der Trümmer und dachte eine Stelle aufzusuchen, die abgelegen war, die er recht wohl kannte, und die öfter als Zufluchtsort gedient hatte, ob er denn nicht eins oder das andere seiner Diener dort finden könnte, wohin sie sich vielleicht geflüchtet haben möchten. Der Regen hatte unterdessen überhandgenommen, und war zwar fein geblieben, aber ganz allgemein geworden. Er ging durch den Brei des Sandes oder an den Schlinggewächsen vorbei, die aus verschiedenen Spalten hervorkamen und die liegenden Baustücke überwuchsen, er ging neben nickenden Aloeblüten und an triefenden Myrten vorüber. Kein Mensch begegnete ihm auf dem Weg, und es war kein Mensch ringsum zu sehen. – Als er an die Stelle kam, die er sich gedacht hatte, ging er durch die niedrige, flache Pforte, die bis auf ihre Mitte im Sand stand, hinein und zog die Eselin hinter sich her. Er ging durch alle Räume des versteckten Gewölbes; aber er fand es ganz leer. Dann ging er wieder heraus und stieg noch auf ein Mauerstück um sich umzusehen, ob er vielleicht eines erblicken könnte – aber es war nichts zu sehen als überall dasselbe Bild uralter Trümmer, über welche allseitig und emsig das feine, hier so kostbare Wasser rieselte, dass sie wie in einem düsteren Firnis glänzten; er sah keinen einzigen Menschen darin, auch hörte er nichts als das sanfte Rieseln der rinnenden Gewässer. Er wollte seine Stimme nicht erheben, um zu rufen; denn wollte ihm eins eine Antwort geben, das ihn höre, so konnte es ja auch den Weg in seine Behausung finden und dort seine Anordnungen erwarten. Sie werden gewiss bei einem der Leute versteckt sein, der sie nicht verraten will. Er dachte sich, sie mögen ihn nun für einen Bettler halten und ihn fliehen – und er erkannte dies Benehmen als natürlich. Er stieg wieder von dem Mauerstück herab, nahm den Riemen der Eselin, den er unterdessen um einen Knauf gewunden hatte, und trat den Weg zu dem Triumphbogen an. Obwohl er, da er das Oberkleid abgelegt hatte, um es über Deborah zu breiten, ganz durchnässt war, so achtete er nicht darauf, und zog das Tier hinter sich her. Als er zu Hause angekommen war, ging er durch die Tür in die Vorderstube, führte die Eselin mit und band sie dort an. Er hatte in der Stube niemanden gefunden. Im Hineingehen durch den schmalen Gang dachte er, wenn drinnen auch noch niemand sei, so werde er selber Deborahs Diener sein und sie pflegen, soweit er es in seiner jetzigen Lage könne.

Aber sie hatte einer Pflege nicht mehr Not; denn da er außer Haus war, hatte sie nicht geschlummert, sondern sie war gestorben. Das unerfahrene Weib war, wie ein hilfloses Tier, verblutet. Sie wusste es selber nicht, dass sie sterbe, sondern da ihr Abdias die stärkende Brühe gegeben hatte, tat sie wie eines, das recht ermüdet ist und sanft einschläft. Sie schlief auch ein, nur dass sie nicht mehr erwachte.

Als Abdias eintrat, war das Gemach noch immer einsam, es war auch hierher noch niemand zurückgekehrt. Uram, wie ein Bild aus dunklem Erz gegossen, saß an Deborahs Lager und wachte noch immer, Augen und Pistolen gegen die Tür gerichtet; sie aber lag, wie ein Bild von Wachs, bleich und schön und starr hinter ihm – und das Kind lag an ihrer Seite, schlummerte süß und regte im Traum die kleinen Lippen, als sauge es. – – Abdias tat einen furchtsamen Blick hin und schlich näher; – mit eins wurde ihm die Gefahr klar, und er dachte an das, worauf er früher vergessen hatte – er stieß vor Überraschung einen schwachen Schrei aus – dann aber nahm er das Oberkleid, das er früher auf sie gebreitet hatte, und andere Lappen, die da lagen, weg, um zu sehen: es war deutlich, auf was er nicht geachtet, und was sie gar nicht gewusst hatte. Er zupfte aus einem Kleid eine Faser heraus, die so fein und leichter war, als es eine Flaumfeder sein konnte, und hielt sie vor ihren Mund; – aber sie rührte sich nicht. Er legte die Hand auf ihr Herz; er fühlte es nicht. Er griff ihre nackten Arme an: sie begannen schon kühler zu werden. Er hatte bei Karawanen, in Wüsten und im Hospital Menschen sterben gesehen, und erkannte das Angesicht. Er stand auf und ging in den nassen Kleidern, die an seinem Körper klebten, in der Stube herum. Der Knabe Uram blieb in gleicher Stellung auf dem Boden sitzen und ließ die Augen den Bewegungen seines Herrn folgen. Dieser ging endlich in die Zimmer daneben, warf die nassen Kleider von seinem Leib auf einen Haufen und suchte sich aus den Dingen, die herumwaren, einen Anzug zusammen. Dann ging er in die Vorderstube hinaus, nahm von der Eselin etwas Milch in eine Schale, trug die Milch herein, wickelte einen kleinen Lappen zusammen, tat ihn in die Milch, dass er sich ansauge, und brachte ihn dann an den Mund des Kindes. Dieses saugte daran, wie es am Busen einer Mutter getan hätte. Als es die Lippen immer schwächer regte, aufhörte und wieder fortschlief, legte er es weg von der Seite der Mutter in ein Bettlein, das er aus Kleidern in eine Mauernische gemacht hatte. Dann setzte er sich auf eine Bank, welche von Steinen gebildet wurde, die zufällig aus der Mauerecke hervorstanden. Wie er saß, flossen aus seinen Augen Tränen, wie geschmolzenes Erz. Es stand nämlich Deborah vor ihm, wie er sie zuerst in Balbek gesehen hatte, da er zufällig an ihrem Haus vorüberging und das Gold des Abends nicht nur um die Zinnen ihres Hauses, sondern auch um die aller übrigen floss. Von einem weißen Mauerstücke flog ein Paradiesvogel auf und tauchte sein Gefieder in die gelbe Glut. Wie er sie dann abgeholt hatte, wie sie, von den Ihrigen über die Terrasse herabgeleitet, gesegnet worden war, und wie er sie dann von allen Angehörigen weggenommen und auf sein Kamel gehoben hatte. – Jetzt wird sie bei ihrem verstorbenen Vater sein und ihm erzählen, wie es bei Abdias gewesen ist. – Er blieb immerfort auf den Steinen sitzen, auf die er sich niedergelassen hatte. Es war in dem stillen Gemach niemand bei ihm als Uram, der ihm zuschaute.

Als endlich dieser Tag zur Neige ging und es in der Höhle allgemach so dunkel geworden war, dass man kaum mehr etwas sehen konnte, stand er auf und sagte: »Uram, lieber Knabe, leg' diese Waffe weg, es ist hier niemand zu bewachen, zünde die Hornlaterne an, geh' zu den Nachbarinnen und Klageweibern, sage ihnen, dass deine Herrin gestorben ist, und dass sie kommen sollen, um sie zu waschen und mit andern Kleidern anzukleiden. Sag' ihnen, dass ich noch zwei Goldstücke habe, die ich ihnen geben werde.«

Der Knabe legte die Pistole auf die lockere Erde, stand auf, suchte die Zündsachen auf dem ihm wohlbekannten Platz, zündete die Laterne an, die Abdias, als er aus dem Keller gekommen war, hingestellt hatte, und ging hinaus. Der Lichtstreifen der mitgenommenen Laterne zog sich durch den Gang davon, und es war hierinnen jetzt finsterer, als es früher gewesen ist, weil das Licht den Gegensatz erzeugt hatte. Abdias zündete sich nichts an, sondern suchte nach der Wange des Weibes, kniete nieder und küsste sie zum Abschied. Aber sie war jetzt schon kalt. Dann ging er zum Zündplatz, wo ein Stück einer Wachskerze lag, fachte dieselbe an und leuchtete gegen das Weib. Das Gesicht war das nämliche, mit dem sie ihn angesehen hatte, als er ihr Labung gereicht, und mit dem sie dann eingeschlafen war. Er meinte, wenn er nur genauer hinschaute, so müsste er sehen, wie es sich regte und die Brust sich im Atmen hebe. Aber es atmete nichts, und das Starren der toten Glieder dauerte fort. Auch das Kind regte sich nicht. Als sei es gleichfalls gestorben. Er ging zu demselben hin, um darnach zu sehen. Aber es lag in tiefem Schlaf, und sehr viele kleine Tröpflein standen auf der Stirn desselben. Er hatte es nämlich aus Übervorsicht zu stark mit Tüchern bedeckt. Daher nahm er etwas davon weg, um die Hülle leichter zu machen. Wahrend er dieses tat, fiel sein langer Schatten von seinem Rücken weg über die Leiche des toten Weibes. Vielleicht schaute er auf das kleine Gesichtchen, ob er in demselben nicht Spuren von Zügen der Verstorbenen entdecken könnte. Aber er entdeckte sie nicht, denn das Kind war noch zu klein. – Der Sklave Uram kehrte sehr lange nicht zurück, gleichsam als fürchtete er sich und wolle nicht mehr kommen, aber da schon das Stück Wachskerze fast zu Ende gebrannt war und Abdias bereits ein anderes angezündet hatte, näherte sich der Tür ein verworrenes Murmeln und Rufen, und Uram trat an der Spitze eines Menschenhaufens in das Zimmer. Er bestand größtenteils aus Weibern. Einige davon waren gekommen, um zu klagen und zu jammern, wie es ihr Geschäft war, andere, sich an dem Unglück zu erregen; und wieder andere, um es anzuschauen. Unter den Angekommenen war auch Mirtha, die Leibdienerin Deborahs, die sie immer am meisten geliebt hatte, und der sie vollends alle ihre Neigung zuwendete, da sie dieselbe ihrem Mann abgewendet hatte. Sie war ebenfalls aus Furcht davongerannt wie die andern, als die Plünderer hereingebrochen waren, und war dann aus Hass gegen Abdias nicht mehr zurückgekehrt. Als sie aber am Abend gehört hatte, dass ihre Herrin ein Kind geboren habe und dann gestorben sei, schloss sie sich an den Menschenhaufen an, den man neben einer Laterne auf den regendurchweichten Wegen durch die dichten Trümmer gegen die Behausung des Abdias hin gehen sah. Sie wollte sehen, ob beide Dinge wahr seien. Als sie in dem Gemach angekommen war und den Gebieter ihrer Herrin stehen sah, drang sie schreiend und weinend aus dem Haufen hervor, warf sich vor ihm nieder, umschlang seine Füße und verlangte Bestrafung von ihm. Er aber sagte nichts als die Worte: »Steh' auf, und achte nur auf Deborahs Kind und beschütze es, da dasselbe dort liegt und gar niemanden zur Pflege hat.« – Als sie sich auch von der Leiche der Herrin aufgerichtet und sich ein wenig beruhigt hatte, nahm er sie an der Hand und führte sie zum Kind. Sie, die Augen immer auf ihn gerichtet, setzte sich neben demselben nieder, um es zu beschützen, und sie deckte sein Angesicht mit einem Tuch zu, damit es keine bezaubernden Augen anschauen könnten.

Die andern Leute, die herbeigekommen waren, riefen durch einander: »Ach der Jammer – ach das Elend – ach das Unglück!« – Abdias aber schrie ihnen zu: »Lasst sie ruhen, die sie nichts angeht; – ihr aber, deren Beschäftigung diese Sache ist, klagt um sie, badet sie, salbt sie und gebt ihr ihren Schmuck. – Aber sie hat keinen Schmuck mehr nehmt nur von dem, was da herumliegt, das Beste, und kleidet sie an, wie sie begraben werden soll.« Diejenigen, die sich über sie gebeugt hatten und sie an allen Stellen betasten wollten, gingen auseinander – aber die andern legten Hand an sie, um ihre Pflicht zu tun, derentwillen sie hergekommen waren. Abdias setzte sich in dem Schatten nieder, den der Menschenknäuel in die hintere Ecke warf; denn man hatte zwei alte Lampen angezündet, um zu allem besser sehen zu können, was man zu tun hatte. – »Das ist ein verstockter Mann«, murmelten einige untereinander. – Die Totenweiber hatten indessen die oberflächlichsten Kleider von der Leiche getan, hoben sie dann auf und trugen sie in das Gemach nebenan, um sie vollends entkleiden zu können. Dann holten sie Wasser aus den vom heutigen Regen angefüllten Zisternen, machten in der Küche Feuer, um es zu erwärmen, taten es dann in eine Wanne, und badeten und wuschen mit demselben den Leichnam, der noch nicht starr war, und namentlich in der Wärme des Wassers die Glieder aufgelöst hernieder hängen ließ. Als er rein war, legten sie ihn auf ein Tuch und salbten ihn überall mit Salben, die sie zu diesem Zweck mit sich herbei gebracht hatten. Dann rissen sie aus den offenen Schreinen und lasen vom Boden auf, was da geblieben war, und kleideten die Leiche vollständig an. Was nach diesem Geschäft von Hüllen noch übrig geblieben war, packten sie zusammen und trugen es nach Hause.

Die Leiche war wieder in das Gemach, in dem sie früher gewesen war, herausgetragen und auf die Erde gelegt worden. Deborah lag nun da, angekleidet wie das Weib eines armen Mannes. Es bildeten sich Gruppen, um in der Nacht zu wachen, die Totenweiber waren auch wieder zurückgekehrt, manche Menschen gingen auf den nächtlichen Trümmerwegen zu Abdias' Höhle ab und zu, und in dem Vorgemach, das nach auswärts führte, klagten und heulten die Weiber, die um Lohn herbeigekommen waren. – Am andern Tag begrub Abdias sein Weib in dem steinernen Grab und zahlte die zwei versprochenen Goldstücke.

Sie hatte wenig Glück in dieser Ehe gehabt, und als es angefangen hätte, musste sie sterben. – Die Nachbarn segneten sie mit ihren Lippen in das Grab hinein, als dasselbe mit den nämlichen Steinen geschlossen wurde, unter denen Aron und Esther schliefen, und sagten, Abdias sei es eigentlich gewesen, der sie ums Leben gebracht habe.

III. Ditha

Als Deborah begraben worden war und sich der letzte Stein über ihrem Leib zu dem Nachbarstein gefügt hatte, gleichsam als lägen sie zufällig da und bärgen nicht so kostbare Dinge wie die Körper verstorbener Angehörigen, und da sie auch so schwer befunden worden waren und so fest aufeinander lastend, dass keine etwa begierig schweifende Hyäne die Glieder auszuscharren vermochte, ging Abdias nach Hause, und stand vor dem kleinen Kind. Mirtha hatte in einem anderen Gemach eine bessere und tiefere Mauernische gefunden. Sie war einst mit Seide ausgefüttert und mit seidenen Polstern bedeckt gewesen. Esther hatte gern das schöne Kind Abdias, darauf gelegt, damit sich sein süßes Lächeln recht heiter von der schönen, dunkelgrünen Seide hervorhebe. Jetzt waren aber keine solchen Dinge in der Nische vorhanden; denn die Vorhänge und Überzüge aus Seide waren herabgerissen und auf Saumtieren verpackt worden, die Kissen lagen allein da und waren zerfetzt, sodass das, womit sie gefüllt waren, ein zartes, dünnes Gras, gleichsam das Haar der Wüste, herausquoll, wie das Innere eines menschlichen Körpers. Mirtha zog dieses feine Gefüllsel gar heraus, lockerte es mit ihren Fingern auf und polsterte damit den nackten, von spitzigen Steinen unterbrochenen Boden der Nische. Dann suchte sie unter den herumliegenden Lumpen etwas zusammen, was sie darauf breitete, um das Kind auf dieses Bettlein legen zu können. Von Linnen war überhaupt wenig in der Wüste, und das Beste dieses Wenigen hatten die Reiter mitgenommen. Daher machte sie aus Wolle, aus andern Stoffen, ja aus seidenen Lappen, deren Farbe nicht mehr zu erkennen war, Windel und legte sie auf einen Haufen neben die Nische. Da das neugeborne Mädchen auf diesem Bettlein schlief, war es, dass Abdias von dem Begräbnis heimkam und sich vor dasselbe hinstellte. »Es ist so gut«, sagte er, »Mirtha; wir müssen nun weiter sorgen.« – Er ging hinaus, und führte die Eselin, die er gekauft hatte, und die noch immer in dem Gemach angebunden war, in dem er sie gelassen hatte, herein. Er stellte sie, damit sie recht gut verwahrt sei, in das Gewölbe, welches sonst das Prunkgemach Esthers gewesen war, und in das von oben herab durch das vergitterte Fenster das Licht fiel. Dort band er sie sorgsam an und richtete den hölzernen Riegel, mit welchem die Tür inwendig versehen war, wieder her, dass man ihn nachts, da man herinnen schlief, immer vorschieben könne. Von dem Vorrat dürren Wüstenheues, mit dem er sonst immer seine Kamele gefüttert hatte, war genug vorhanden, indem das Heu nicht in seiner Behausung, deren Äußeres, insofern es brennbar war, von den Soldaten abgebrannt worden war, sondern in einer nicht weit davon befindlichen trockenen Höhle der Trümmer aufbewahrt worden war. Die Plünderer hatten es wohl gefunden, hatten auch versucht, es anzuzünden, aber wegen Mangel an Luftzug, und weil es so dicht gepackt war, hatte es nicht in Flammen geraten können. Sie rissen daher so viel heraus, als ihnen der Übermut eingab, nahmen mit, was sie für die nächsten Augenblicke brauchten und auf ihren Tieren unterbringen konnten, und ließen das übrige zerstreut liegen. Als sich Abdias des Heues und seiner Brauchbarkeit versichert hatte, ging er wieder in seine Wohnung zurück und suchte dort sehr lange unter all dem vielen Plunder die reinsten und womöglich aus Linnen verfertigten Lappen heraus, damit sie dem Kind zum Saugen dienten, wenn man ihm die frische, warm aus dem Körper der Eselin kommende Milch zur Nahrung gab. Diese Lappen legte er alle auf einem Stein zusammen, der sich in dem Gemach des Kindes befand. Sodann sah er nach den Zisternen. Er hatte in früherer Zeit hinter dem hohen Schutt, der auf seiner Wohnung lag, dort, wo ein sehr großes Fries und darauf liegende Felsenstücke immerwährenden Schatten gaben, zwei Zisternen graben lassen. Gewöhnlich aber war nur in einer derselben Wasser, die andere war leer. Dies rührte daher, weil die Zisterne mittels eines Schlauches, den man absperren konnte, mit einer Wassergrube im Keller, die künstlich eingesäumt und dicht gepflastert war, in Verbindung stand, in welche Grube Abdias immer größere Wasserteile, wenn sie sich oben sammelten, abließ, damit das Wasser im Keller frischer werde und keine so große Menge durch Verdünstung verliere, als wenn es oben in der warmen Luft gestanden wäre, der es noch dazu eine größere Oberfläche darbot als im Keller. Beide Zisternen fand Abdias nach dem gestrigen Regen ganz voll, und er ließ die eine, wie gewöhnlich, unter die Erde ablaufen.

Das dürre, schlechte Kamel, auf welchem er gestern gekommen war, das er auf dem Sand vor seinem Haus gelassen hatte, hatte er ganz vergessen. Er erinnerte sich jetzt desselben und wollte darnach sehen. Es war zwar nicht mehr auf der Stelle, auf welcher es noch kniete, da Abdias die Pistolen herausgerissen hatte, aber es war doch schon in dem Stall. Der Knabe Uram hatte es dem Mann, der es gestern, gleichsam um sich für seinen Verlust ein wenig zu entschädigen, fortgeführt hatte, wieder genommen, er hatte es durch die Mauertrümmer fortgeführt, hatte es zu einer gelben Lache, die er recht wohl wusste und die er niemandem andern gönnte, geführt, ließ es die ganze Lache austrinken, damit das Wasser nicht, wenn wieder die heiße Sonne käme, verloren ginge, dann hatte er es in den Stall gebracht, nachdem er ihm noch zuvor das Geschirr und Riemzeug, welches noch auf ihm war, herabgenommen hatte. In dem Stall fand es Abdias stehen. Es war das einzige, wo noch vor kurzem mehrere und weit edlere und bessere gestanden waren. Es hatte ein wenig von dem durch die Plünderer herumgestreuten, halb versengten Heu vor sich und fraß begierig von demselben. Abdias ließ etwas Mais, davon auch ein Vorrat dageblieben war, hinzugeben und von der Höhle frischeres Heu holen. Dann sagte er zu Uram, den er in dem Stall getroffen, und durch den er diese letzteren Dinge hatte besorgen lassen: »Uram, geh' noch heute, solange die Sonne scheint, hinaus über den Sandkamm und such' die Herde, sie muss dort herum wo sein – und wenn du sie gefunden hast, so zeig' dich dem Hirtenrichter und sage, dass er dir von dem Anteil des Einwohners Abdias einen mit dessen Namen gezeichneten Hammel gebe. Diesen nimm an den Strick und führe ihn noch vor Abend hierher, dass wir ihn schlachten, etwas braten und etwas durch Meersalz aufbewahren, damit wir so lange durchkommen, bis die Karawane, die morgen fortgehen wird, wieder zurückkehrt und so viel mit bringt, dass wir das gewöhnliche Leben zum Teil wieder anfangen können. Wenn du die Herde nicht bald findest, such' nicht sehr lang, sondern kehr' um und komm' noch bei Tage nach Hause, dass wir uns um etwas anderes umsehen können. Hörst du? Hast du alles wohl verstanden?« – »Ja«, sagte der Knabe, »ich werde die Herde schon finden.« – »Hast du aber auch etwas zu essen?« fragte Abdias. »Ja, ich habe in der oberen Stadt ein Täschchen voll Weizen genommen«, antwortete der Knabe. – »Nun gut«, sagte Abdias. – Nach diesen Worten langte Uram einen Strick von einem Haken des Stalles herunter, wo er gewöhnlich zu dem Behuf des aufgetragenen Geschäftes hing, nahm noch einen langen Stab von sehr schwerem Holz und lief über das Trümmerwerk davon, das in großen Haufen von dem Stall des Abdias gegen die Wüste hinaus ging. – Abdias sah ihm ein Weilchen nach, bis er die hüpfende Gestalt nicht mehr erblicken konnte. Dann wendete er sich um und begab sich wieder in seine Wohnung. Zum Mittagsmahl nahm er ein paar Hände voll Maiskörner und trank vom warmen Wasser der oberen Zisterne. Mirtha ließ er eine Schale voll Milch von der Eselin nehmen und gab ihr vom dürren Brot, das da war; denn das bessere war zum Teil weggenommen, zum Teil verschleppt und verschleudert worden, auch konnte wegen dem zu starken Austrocknen in der heißen Wüste niemals ein großer Vorrat auf einmal gebacken werden. – Den ganzen Nachmittag brachte Abdias damit zu, die Wohnung in einen solchen Stand zu setzen, dass sie von außen vor jedem nicht gar zu gewaltigen Angriff gesichert war. Er schleppte die Lappen und was von guten Dingen zerrissen herumlag, in zwei Gemächer zusammen, die jetzt zur Wohnung bestimmt waren, das andere verrammelte er zum Teil, zum Teil band er es mit vorgefundenen Stricken zusammen, sodass es hielt und die Eingänge, die etwa zu den Gemächern sein könnten, verwahrt waren. Teilweise hatte er auch ganz neue Riegel angebracht, er hatte die Klammern und Arben [Zirbelkiefern] mit guten Nägeln angenagelt. Als er fertig war, saß er auf der Steinbank und ruhte ein kleines Weilchen.

Die Schmerzen, welche von der gestrigen Misshandlung durch die Soldaten herrührten, waren heute viel heftiger geworden, als sie gestern in der ersten Aufregung waren, und hatten den Körper weit ungelenker gemacht. Er war einige Male in den Keller gegangen, hatte von dem kostbaren kalten Wasser eine Schale voll genommen, hatte ein Tuch eingetaucht und sich mit demselben die Lenden und andere schmerzende Stellen befeuchtet.

Gegen Abend kam ein Bote, welcher von den Dienern und Dienerinnen, die sonst in Abdias' Hause waren, abgesandt war. Uram und Mirtha waren die einzigen, die sich wieder eingefunden hatten und bei Abdias den Tag über geblieben waren. Der Bote forderte im Namen der Leute, deren Kennzeichen er mitbrachte, den rückständigen Lohn, den sie trotzig begehrten, weil sie meinten, er sei nunmehr ein Bettler. Abdias sah die Forderungen an, und gab dann dem Boten das Geld, das er in lauter sehr kleinen Münzen aus dem schlechten Kaftan zog, den er nun an hatte. Er sagte, dass er die Nachbarn grüßen lasse, und dass er, wenn sie wollten, noch einige schlechte seidene Dinge um sehr billiges Geld zu verkaufen hätte, sie möchten morgen kommen, wenn es ihnen genehm wäre, etwas davon zu erstehen. – Der Bote nahm das Geld, ließ die Papiere, welche von Seiten der Diener den Empfang bestätigten, in Abdias' Hand und ging fort.

Als schon die in jenen Ländern sehr kurze Dämmerung eingebrochen war, und als Abdias, welcher recht gut wusste, wie schnell eine sehr finstere Nacht auf sie folge, bereits mehrere Mal über die Trümmer nach Uram ausgeschaut hatte, dessen Verirren in der gegenstandslosen Wüste er fürchtete, kam der Knabe, als noch die letzten schwachen Strahlen leuchteten, hinter den dunkeln Mauerstücken, durch herabhängendes Buschwerk noch dunkler gemacht, hervor, den Hammel, welcher Widerstand leistete, mehr hinter sich herzerrend als ihn führend. Abdias gewahrte ihn bald, trat zu ihm und geleitete ihn zum Eingang des äußeren Gemachs, das in seine Wohnung führte. Dort ward der Hammel angebunden, und nachdem Uram gelobt worden war, wurde ihm ferner aufgetragen, dass er wieder die Hornlaterne anzünden und nach einem Mann, etwa dem Fleischer Asser, suchen möchte, welcher gegen Geld den Hammel schlachte und teile. Abdias war nämlich wegen der vielen Schmerzen, die er in seinem Leib hatte, und die denselben immer ungefügiger machten, gleichsam als rieben sich die Muskeln, die er bewegen wollte, schmerzhaft aneinander, oder als trotzten sie, nicht leicht im Stande, bei der Sache zu helfen, noch weniger aber, sie selber zu verrichten, wie er wohl sonst öfter getan hatte. Der Knabe zündete die Laterne an und eilte fort. Nach gar nicht langer Zeit kam er wieder zurück und führte den Fleischer Asser neben sich. Dieser trat zu Abdias ein, und als man nach einigem Handeln einig geworden war, erklärte er sich, dass er den Hammel schlachten, ausweiden und nach der gesetzmäßigen Art teilen wolle. Abdias nahm die Laterne, leuchtete zum Hammel hin, um dessen Zeichen zu sehen und sich zu versichern, dass er der seine sei und er nicht etwa einen fremden schlachte. Nachdem er über diesen Punkt in Richtigkeit war, sagte er, das Geschäft möge beginnen. Der Fleischer band sich das Tier, wie er es brauchte, legte es gegen eine Grube, in die das Blut abfließen konnte, und tötete es Dann zog er die Haut ab und teilte das Fleisch in Teile, wie es bedungen worden war, und wie es bei den Bewohnern der verwüsteten Stadt in Gebrauch gekommen. Der Knabe musste ihm mit einer Kerze, die angezündet worden war, leuchten. Nachdem all das verrichtet war und der Fleischer, wie man ausgemacht hatte, die Eingeweide genommen und seinen Lohn erhalten hatte, musste ihn Uram wieder mit der Hornlaterne in seine Wohnung zurückgeleiten. Als er von diesem Gang abermals nach Hause gekommen war, verscharrten er und Abdias die blutige Grube mit Erde, taten dann Wasser, Reis und ein Stück Fleisch nebst Salz und Kräutern in einen Topf, machten Feuer und kochten das Ganze bei Kamelmist und einigen Resten von Myrtenreisigbündeln, welche nicht verbrannt worden waren. Als diese Speise bereitet war, aßen Abdias und der Knabe davon, und trugen auch Mirtha, welche immer innen bei dem Kind sitzen geblieben war, einen Teil hinein. Zum Trinken bekamen sie Wasser aus der oberen Zisterne; denn das im Keller wurde gespart. Nachdem alles dieses vorüber war, ging Abdias zu dem äußern Eingang der Wohnung und verwahrte und verschloss ihn von innen, und nachdem er mit dem Knaben noch die Reste des Fleisches teils eingesalzen, teils frisch zum morgigen Gebrauch in die tief unter die Erde gegrabene Grube gebracht hatte, die zur Aufbewahrung von derlei Gegenständen da war, verschloss und verband er auch alle übrigen Türen, die in der Behausung waren, von innen, und die Bewohner dieser Gemächer begaben sich zur Ruhe. Wo sonst beinahe ein Gewühl von Dienern und Leuten gewesen war, schliefen nun statt vieler Menschen Abdias, der Knabe Uram, die Magd Mirtha und das kleine Kind Ditha. Judith war es nach Esthers Mutter genannt worden; Mirtha hatte es aber den ganzen Tag über mit der Verkleinerung Ditha angeredet. Abdias hatte sich auf dem Boden des Gemaches gebettet, in dem das Kind war, Mirtha schlief neben der Nische, in der Ditha lag, eine Lampe brannte in dem Zimmer, und im Nebengemach war die eingekaufte Eselin. Uram lag draußen im Vorgemach in trocknen Palmenblättern.

Als am andern Tag die Sonne aufgegangen war, kamen viele Nachbarn und wollten von Abdias die seidenen Sachen, von denen er ihnen hatte Meldung tun lassen, kaufen. Er lag von den vielen Schmerzen seines Körpers halb zurückgelehnt in einem Haufen Wüstenstroh. Uram hatte alle die Lappen, die ihm Abdias bezeichnet hatte, herbeigetragen und hatte sie aufeinander geschichtet. Es waren teils alte Kleider, welche von noch älteren, völlig unbrauchbaren herausgesucht worden waren, teils waren es Überreste in größeren und kleineren Stücken Stoffes, mit dem er sonst gehandelt hatte, teils waren es Fetzen seiner eigenen Geräte und Matten, welche von den Plünderern zerrissen und wegen ihrer Unbedeutendheit so wie die Stoffreste hingeworfen worden waren. Die Nachbarn handelten um alle Dinge, selbst die unbedeutendsten, und kauften alle Flecke, die ihnen Abdias vorlegte, ein. Als nach vielem Handeln und Herabdrücken der Preise alle Sachen verkauft und die dafür ausgedungenen Preise gezahlt waren, nahmen die Käufer ihr Erstandenes zusammen und gingen fort. Der übrige Teil des Tages verging wie der gestrige unter Verrichtungen zur Verbesserung der Lage. Abdias stand zu Mittag wieder auf, ging zu dem Landesfleck neben seiner Wohnung hinaus, wo er sonst seine Gemüse stehen hatte, und sah nach. Es war manches da, manches war wegen Nichtbeachtung zu Grunde gegangen. Was am besten den Himmelsstrich vertragen konnte, wollte er stehen lassen und besorgen. Er kargte sich ein wenig Wasser von der oberen Zisterne ab und befeuchtete die am meisten bedürftigen damit. Er glaubte, es umso eher tun zu können, weil die Regenzeit bevorstand und wieder Wasser bringen würde. Die Eselin versorgte er selber mit Heu, welches er aus der Mitte des Stockes herausnahm, wo es am wenigsten von dem Brandgeruch des Hauses eingesaugt hatte. Er gab ihr Wasser, worunter sogar ein Teil des kühlen aus dem Keller gemischt wurde; er ließ sie durch Uram abends hinaus in die Luft führen und, während er selber dabeistand, von den verschiedenen Gräsern, Disteln und Gesträuchen fressen, die in dem Sand, dem Lehm und dem Schutt des Trümmerwerks wuchsen. Das schlechte Kamel, welches allein im Stall stand, versorgte Uram. Draußen in der Herde, welche gemeinschaftlich in der Wüste gehalten wurde, waren noch einige, aber wenige Tiere sein, diejenigen, welche in den Wohnungen der Trümmer waren, waren von den Plünderern fortgetrieben worden. – Nach wenigen Tagen kam ein Teil der fortgegangenen Karawane zurück und brachte solche Dinge und Sachen mit, welche zum täglichen Verkehr gehörten und dazu dienten, dass sie das Leben, wie es vor dem Einbruch der Plünderer geherrscht hatte, wieder nach und nach anfangen konnten. Abdias kaufte in den darauf folgenden Tagen allgemach ein, was er brauchte, und in kurzer Zeit stellte sich das tägliche Hin- und Herhandeln wieder ein, welches unter Menschen in einer Gemeinde notwendig ist, dass sie gesellig leben und ihren Zustand, er sei noch so niedrig, wie er will, einrichten können. Die Nachbarn wunderten sich nicht, dass Abdias Geld habe, und zwar mehr, als er durch den Verkauf der Waren erlöst haben konnte; denn sie selber hatten ja auch welches, das sie im Sand vergraben gehalten.

So verging gemach eine Zeit nach der andern. Abdias lebte still fort, an jedem Tag so wie an dem vorhergegangenen. Den Nachbarn fiel es auf, und sie dachten, er warte nur auf seine Zeit, welche den Augenblick bringen würde, an dem er sich für alle vergangenen Unbilden rächen könnte. Er aber stand in seiner Wohnung und betrachtete das kleine Kind. Es hatte winzige Fingerchen, die es noch nicht zu regen verstand, es hatte kleine, unkennbare Züge in dem unentwickelten Angesichtchen, das sich noch kaum zu entfalten begann, und in diesem Gesichtchen hatte es blaue Augen. Diese Augen standen in der sehr schönen Bläue offen, aber regten sich noch nicht, weil sie noch das Sehen nicht verstanden, sondern die Außenwelt lag gewaltig, gleichsam wie ein totgeborner Riese, darauf. Die blauen Augen waren Ditha allein eigentümlich, da weder Abdias noch Deborah blaue Augen hatten, sondern tief schwarze, wie es ihrem Stamm und jenem Land, in dem sie lebten, eigen zu sein pflegt. Er hatte nie vorher besonders Kinder betrachtet. Dieses aber betrachtete er. Er reiste auch nicht fort, wie er sonst getan hatte, um Handel zu treiben und zu erwerben, sondern blieb immer da. Er dankte oft Jehova, dass er einen solchen Strom sanften Fühlens in das Herz des Menschen zu leiten vermöge. Wenn es Nacht war, saß er zuweilen wieder, wie er es früher auch getan, auf dem hochgetürmten Schutt seines Hauses, dort, wo die zerrissene Aloe stand, und betrachtete die Gestirne, die tiefen, funkelnden Augen des Südens, die hier täglich zahllos und feurig hernieder sehen. Abdias wusste aus seinen unzähligen Wanderungen sehr gut, dass im fortlaufenden Jahr immer andere Sterne am Himmel prangen, der einzige Schmuck, der in der Wüste, wo keine Jahreszeiten sind, in dem einen Jahre hinum sich erneuert.

Endlich, nach sehr langer Zeit, kam auch der zweite Überrest der gleich nach der Zerstörung in die Welt hinausgeschickten Karawane. Die verbrannten und zerlumpten Leute derselben brachten alle Dinge, die man noch vollends brauchte; sie brachten Waren und Kleinode, um wieder damit zu handeln, und endlich brachten sie den Eigentümern jenen Teil der von Abdias abgetretenen Summe, der eben zur Zeit des Karawanenzuges fällig gewesen war. Die Nachbarn waren nun zufrieden, sie achteten ihren Genossen Abdias, und dachten, wie er wieder hinausginge und Handel treibe, so würde er bald wieder so reich sein, dass er ihnen allen Schaden ersetzen könnte, den sie erlitten hatten, und den er ihnen doch eigentlich nur allein durch sein unvorsichtiges und kühnes Leben zugefügt hatte. Sie rüsteten bald wieder einen Zug, und gaben ihm alles mit, was zur Einrichtung eines Handels und Tausches, wie sie ihn vor der Plünderung zu führen gewohnt waren, nötig war. Abdias hatte an dem Unternehmen keinen Teil genommen. Es schien, als schütze er nur das kleine Wesen, welches noch kein Mensch, ja noch nicht einmal ein Tier war.

Die Regenzeit hatte sich indessen eingestellt, und wie es alljährlich bei derselben der Brauch war, verkroch sich alles in seine Häuser und Höhlen, was nicht unmittelbar von dem Lose getroffen war, hinaus in die Ferne zu müssen, um die Geschäfte zu besorgen. Die Zeit des Regens, wussten sie, so vorteilhaft sie ihren wenigen Gemüsestellen, dann den Gesträuchen und den Weideplätzen der Wüste ist, so nachteilig ist sie den Menschen, und erzeugt die in ihrer Lage und ihrem Wohnort ohnedem so gerne hereinbrechenden Krankheiten. Auch Abdias mit seinen wenigen Untergebenen hielt sich so gut als möglich verschlossen.

Die Zisternen füllten sich und gingen über, die einzige Quelle, welche in der Stadt in einem tiefen Brunnen floss, und zu der alle Bewohner ihre Zuflucht nahmen, wenn die lange Dürre herrschte und jede Zisterne versiegt war, rauschte, und füllte fast den Brunnen bis oben; die Gesträuche und Gräser und Palmen troffen, und wenn wieder die einzelnen unsäglich heißen Blicke der Sonne kamen, freuten sich die Gewächse, wuchsen in einer Nacht ins Unglaubliche, und sie schauerten und zitterten gleichsam in Wonne, wenn das furchtbare Krachen des Himmels über ihnen rollte und sich fast täglich und stündlich in mehreren abwechselnden Stärken wiederholte. Der Schutt der Trümmer wurde zu Brei, die Felsenmauern wurden abgewaschen, oder sie, so wie die kahlen und sandigen Hügel, überzogen sich mit Grün, dass sie nicht mehr zu erkennen waren.

Nach einer Zeit hörten diese Erscheinungen allmählich wieder auf. Sie hörten in diesem Trümmerwerk um so eher auf, weil dasselbe in der Wüste gelegen war, in welcher sonst der viele ringsherum liegende Sand aus den Strahlen der Sonne eine solche Wärme brütete, dass sie jede Wolke, wenn sie nicht übermäßig dicht und wasserreich war, aufsaugte und in unsichtbaren Dunst löste. Die dichten, hängenden, grauen Massen, aus welchen nur zuzeiten weiße, wässrige, schimmernde Stellen leuchteten, und die die geschlungenen furchtbaren Blitze jenes Himmelsstriches brachten, wurden nach und nach höher, trennten sich, dass einzelne Ballen am Himmel standen, die sich dunkler und blauer färbten, weiße, schimmernde Ränder hatten und den klaren Äther und die scheinende Sonne in immer längeren Zeiträumen herabblicken ließen, – endlich war schon über dem Trümmerwerk und der Wüste ganz heiterer Himmel, nur dass am Rand draußen noch durch ein paar Wochen aus Dunkelblau und Weiß gemischte Ballen und Massen zogen, aus denen Blitze leuchteten, bis auch dieses allgemach aufhörte und der beginnende und nun fortdauernde reine Himmel und die reine Sonne leer und gefegt über dem funkelnden Geschmeide des regendurchnässten Landes stand.

Die Scheibe der Sonne und die ewigen Sterne lösten sich nun täglich ab. An der Oberfläche des Bodens waren die Wirkungen des Regens bald verschwunden, er war dürr und staubig, dass die Bewohner an den Regen wie an ein Märchen zurückdachten; nur die tiefer gelegenen Wurzeln und Brunnen empfanden noch die Güte der unendlichen, zu einem aufzubewahrenden Schatze hineingesunkenen Menge des Wassers. Aber auch das minderte sich immer mehr und mehr, die kurzlebigen grünen Hügel wurden rötlich, und an vielen Stellen blickte Weiß aus ihnen hervor, was den täglich heiteren Himmel immer dunkler und blauer und die Sonne immer geschnittener und feuriger machte.

Abdias lebte zu dieser Zeit in seinem Haus immer fort wie seither. Der Augenblick zur Rache schien noch nicht gekommen zu sein.

Als aber seit dem Regen schon eine lange Zeit vergangen, als die flachen Hügel Sandes auch nicht mehr rot, sondern weiß waren, als die Hitze gleichsam blendend über dem Sand stand, trüber, rötlicher Schein an dem Gesichtskreis schwebte, jedes Lüftchen draußen, wenn das Auge in die Ferne dringen wollte, den sanften, undurchdringlichen Höhenrauch des Staubes führte, als die Trümmer, die Myrten und Palmen grau waren, die Luft täglich heiter, als sollte das ewig währen, und die Erde trocken, als sei Wasser ein in diesem Land unbekanntes Gut – da das Mädchen Ditha recht gesund und stark war, ging Abdias einmal hinter sein Haus um die verdorrten Palmen und den Triumphbogen herum zu einer Stelle, die neben schwarzen, gleichsam versengten Steinen lag, und grub in der Abgelegenheit der Felsen, wo er wenig erblickt werden konnte, mit einer Handkelle im Sand und in der Erde. Es kamen, da er geschickt arbeitete, mehrere Goldstücke zum Vorschein, und dann wieder mehrere. Er zählte sie. Dann grub er wieder und fand noch manche. Als er sie, auf seinen Füßen sitzend, endlich noch einmal alle gezählt hatte und wahrscheinlich genügend fand, hörte er zu graben auf und wühlte den trockenen Sand wieder über die flachen einzelnen, gar nicht großen Steine, unter denen eigentlich das Gold gelegen war, bis die Stelle aussah, als wäre nur jemand zufällig hier gewesen und hätte zufällig den Sand mit seinen Füßen in Unruhe gebracht. Er trat noch auf der Stelle mit seinen Sohlen hin und her, wie wenn jemand gestanden wäre, sich umgekehrt und nach verschiedenen Richtungen hinausgeschaut hätte. Dann ging er fort und ging ziemlich weit von hier zu einer andern Stelle, auf welcher er es ebenso machte. Zu Mittag ging er nach Hause, um etwas zu essen. Dann ging er sogleich wieder hinaus, suchte noch mehrere solche Plätze, und tat an jedem wie an dem ersten. Wo ihm der Sand, vom Wind angeregt, große Hügel über den Schatz gelagert hatte, grub er immer fort, wie viel Zeit auch dabei vergehen mochte, er häufte Berge Schutt neben sich an, kniete tief in demselben und sah nach – und überall kam ihm das edle, von keinem Rost angegriffene Gold entgegen, wie er es zur Aufbewahrung anvertraut hatte. Gegen Abend kam er rückwärts um den hochgetürmten Schutt auf seinem Haus, von dem wir öfter gesprochen haben, heran. Er schien mit seiner Arbeit fertig zu sein. Er stieg auf den Gipfel hinauf und sah herum – und nachdem er die unendliche Leere, gleichsam als müsste er von einem Paradiese scheiden, lange angeschaut hatte, stieg er nieder, ging in seine Gewölbe und begab sich bald zur Nachtruhe.

Am andern Tag, als das Licht anbrach, sagte er zu Uram: »Lieber Knabe, geh' hinaus in die Wüste, ob du nicht die Herde finden kannst, zähl' die Hammel und die andern Tiere, die mir gehören, und komm' dann und sage, wie viel ich noch habe.« Der Knabe richtete sich und ging fort.

Abdias aber, als er den Knaben nicht mehr sah, begab sich in das Gemach, in welchem Deborah gestorben war, und in welchem sie ihm die kleine Ditha geboren hatte. Dort sperrte er sich ein, so gut er konnte, dass Mirtha nicht hereinkäme und auch kein Nachbar ihn etwa zufällig besuchte. Als er sich so versichert hatte, ging er in die anstoßende Höhle – denn das Gewölbe war eigentlich ein Doppelgemach –, zog kleine, spitzige eiserne Brechwerkzeuge aus seinem Busen heraus, näherte sich einer Ecke der Mauer und begann dort einen der Steine aus seinen Fugen zu lösen. Als ihm dieses gelungen war, zeigte sich hinter dem herausgenommenen Stein in dem dicken Mauerwerk eine Höhlung, in welcher ein flaches Kästchen aus Kupfer stand, ganz mit Grünspan überzogen. Er nahm das Kästchen heraus und öffnete den Deckel. Im Innern lagen, in Seide und Wolle eingewickelt, einige Papiere. Er nahm sie heraus, setzte sich nieder und zählte sie einzeln auf seinen Kaftan. Sodann legte er sie zusammen auf eine Stelle hin, zog eine hölzerne Büchse aus seiner Tasche, in welcher der Staub eines geschmeidigen, seifenförmigen Steines war, und rieb mit dem Staub jedes Papier so lange, bis es nicht mehr rauschte. Dann tat er sie einzeln jedes in ein flaches Täschchen von feiner, wasserdichter Wachsseide und nähte die Täschchen an verschiedenen Stellen seines Kaftans ein, der mit vielen und allerlei Flecken bedeckt war. Als er dieses Geschäft zu Ende gebracht hatte, legte er das leere Kästchen, die Brechwerkzeuge und die Büchse, in der der geschmeidige Staub gewesen war, in die Höhlung der Mauer und fügte den herausgenommenen Stein mit seinen Händen wieder ein. Die Fugen verklebte er mit einer eigenen Art von Mörtel, der sehr schnell trocknete, die Farbe der Mauer hatte und machte, dass man die bestrichene Stelle von jeder andern nicht unterscheiden konnte.

Da diese Dinge vollendet waren, machte er die Türen wieder auf und ging hinaus. Die Zeit neigte sich bereits gegen Mittag. Er aß ein wenig und gab auch Mirtha zu essen. Hierauf begab er sich in das Gemach, in welchem die Eselin stand, und schirrte dieselbe vollständig zu einer Reise an. Er erklärte dann Mirtha, dass er fortziehen wolle, um einen andern Wohnplatz zu suchen, sie möchte sich richten und zu der Reise in Bereitschaft sein. Das Mädchen willigte ein und begann sogleich, weil er sagte, dass es sein müsse, sich und das Kind zu dem

Zuge so zu richten, wie sie es am zweckdienlichsten erachtete. Das hagere Kamel hatte Abdias schon mehrere Tage vorher verkauft, damit seine Nachbarn nicht glaubten, dass er Geld habe. Er zog also nach einer Stunde die Eselin hervor, hob Mirtha, die sich vollständig ausgerüstet hatte, auf dieselbe hinauf, gab ihr das Kind und führte sie fort. Sie zogen durch verschiedene Teile der Trümmerstadt, die nicht bewohnt waren, hin und her, an hohen Klumpen vorüber, von denen Kräuter und dürre Stängel herabschauten, bis sie endlich am Rand der Stadt ankamen Dort führte sie Abdias über graue Rasen und Steppen, dann über Flächen, und endlich in einer geraden Linie in das ebene Land, in welchem kein Gras war und unendlich viele kleine Steinchen am Boden lagen. Hier ging er darüber, und bald hatte sie die rote goldene Sandluft der Wüste eingeschlungen, dass sie von der Trümmerstadt nicht mehr hätten gesehen werden können, so wie sie den grauen Streifen der Stadt nicht mehr sahen.

Abdias hatte sich Sohlen unter die Füße gebunden und leitete die Eselin an dem ledernen Riemen hinter sich her. Für sich und Mirtha hatte er die Büchse mit dem verdichteten Brühstoff eingesteckt, nebst Weingeist und Geschirr, um zu kochen; das Tier trug Wasser und sein Futter. Den ursprünglich weißen Arabermantel, der aber jetzt vom Schmutz völlig vergilbt war, nahm er selber auf seine Schultern, ebenso trug er ein Bündel gedörrter Früchte, damit die Eselin nicht zu sehr überladen wäre. Seitens Mirthas, auf der Gegenseite, damit das Gleichgewicht des Sattels hergestellt sei, war ein Körbchen angebracht, darin ein Bettlein war, dass man das Kind, wenn es für Mirtha zu schwer würde und derselben die Arme weh täten, hineinlegen könne. Über das Körbchen war ein Schirmtuch zu spannen.

Die Eselin ging geduldig und gehorsam im Sand, der ihre Hufe röstete. Abdias reichte ihr mehrmals Wasser, auch musste sie einmal, da die mitgenommene Milch in der Hitze des Tages sich zu säuern begann, für Ditha gemolken werden.

So zog man fort. Die Sonne senkte sich nach und nach dem Rande der Erde zu. Mirtha redete nichts, da sie den Mann Abdias hasste, weil er sein Weib umgebracht hatte. Er schwieg auch beständig und ging vor der Eselin her, dass ihm die Haut von den wunden Füßen hing. Zuweilen sah er nur in das Körbchen hinein, in welchem das Kind schlief, und sah, ob noch der Schatten auf dem Gesichtchen desselben wäre.

Als es Abend wurde und die Sonne als eine riesengroße, blutrote Scheibe am Rande der Erde lag, die sich gleichfalls als ein vollkommenes flaches Rund aus dem Himmel schnitt, wurde Halt gemacht, um die Nachtruhe zu genießen. Abdias breitete ein großes Tuch aus, welches unter dem Sattel auf dem Rücken der Eselin lag, ließ sich Mirtha auf das Tuch setzen, stellte das Körbchen mit dem Kind daneben, und gab den weißen Mantel her, dass sich beide damit zudecken könnten, wenn die Nacht gekommen wäre und sie schlafen würden. Dann tränkte er die Eselin und legte ihr Heu vor, auch einige Händevoll Reis hielt er in Bereitschaft, um sie ihr später zu geben. Hierauf packte er seine Kochvorrichtungen aus, das heißt eine Weingeistlampe, eine Wasserkanne und den Brühstoff. Als er angezündet, Wasser erhitzt und die Suppe bereitet hatte, gab er Mirtha zu essen, aß selber, trank vom schlechten lauen Wasser des Schlauches und gab Mirtha zu trinken. Zum Nachtisch wurden einige der getrockneten Früchte aus dem Sack genommen. Da alles dieses geschehen war, legte sich Mirtha zur Ruhe, beschwichtigte das am ganzen heutigen Tag erst jetzt zum ersten Mal weinende Kind, und in kurzem schliefen beide fest und gut. Abdias benützte, als er gegessen hatte, den noch kleinen Überrest der Tageshelle, um einige von den Goldstücken, welche er gestern aus dem Sand gegraben hatte, in die Pistolenhalfter und in den Sattel, der einige kleine Höhlungen in dem Holz hatte, zu tun und zuzunähen. Er tat die Münzen in gehöhlte Stellen, wo sie sich nicht rühren und nicht klappern konnten, und heftete alte Lederflecke darauf, oder er trennte hie und da das schon vorhandene Flickwerk und schob die Geldstücke hinein, worauf er das Getrennte wieder herstellte. Als bei diesem Geschäft die Nacht hereinbrach und schnell ihre in jenen Ländern so tiefe Dunkelheit auf die Erde breitete, legte er alles seitwärts und rüstete sich zur Ruhe. Er breitete vorerst noch ganz einhüllend den Mantel über Ditha und Mirtha, dass sie vor den giftigen Dünsten der Wüste beschützt würden. Sodann legte er sich selber auf den bloßen Sand nieder, den Kaftan, den er ausgezogen und mit dem er sich zugedeckt hatte, über sein Gesicht ziehend. Um den einen Arm hatte er den Riemen der Eselin geschlungen, welche müde war und sich gleichfalls schon im Sand niedergelegt hatte. An dem andern lagen handgerecht zwei Pistolen, jede vierläufig, die untertags im Halfter gesteckt waren, und die er auf alle Fälle zu sich nahm, obwohl in diesem weiten Sand weder Tiere und kaum auch Menschen zu fürchten waren.

Die Nacht verging ruhig, und mit Anbruch des nächsten Tages wurde die Reise fortgesetzt. Abdias war, als sich der erste Saum des leeren Himmels in Osten anzündete, aufgestanden, hatte das Heu und die Lappen, die er auf das Riemwerk gebreitet hatte, dass es sich nicht nässe und dann in der Hitze leide, weggeräumt und gesammelt, worauf er dann Kola, die Eselin, sattelte und alle die andern Dinge an ihren Platz tat. Nachdem er und Mirtha gegessen hatten und Ditha mit der Milch des Tieres getränkt worden war, brach man auf.

Ehe noch ein kleiner Teil dieses ihres zweiten Reisetages vergangen war, standen schon die blauen Berge, Abdias' nächstes Ziel, sehr groß und deutlich am Rande der Wüste, aber sie standen stundenlang so klar und deutlich da, ohne dass es schien, dass man sich ihnen nur zollbreit genähert hätte. Abdias hatte für seinen Zweck mit Absicht einen Weg eingeschlagen, der zwar ein bedeutend längerer war als jeder andere, aber den Vorteil hatte, dass er kürzere Zeit in der Wüste führte, indem er nur eine Bucht derselben durchschnitt und auf die benannten blauen Gebirge zulief. Abdias hatte dies getan, um die Wüstenluft zu vermeiden, die Mirtha und Ditha noch nie geatmet hatten. Aber nicht bloß durch einige Stunden standen die wunderschönen, blauen, lockenden Berge aufrecht vor ihnen am Rande der Ebene, gleichsam zum Greifen nahe, sondern sie standen den ganzen Tag so, obwohl man sich ihnen in gerader Richtung näherte, und änderten weder ihre Farbe noch ihre Größe. Erst als das kurze Abenddämmern jenes Himmelsstriches kam, erreichte man zwar nicht sie selber, wohl aber ein grünes Eiland, gleichsam ein Vorland derselben, auf welchem für Kola, die Eselin, frische Pflanzen, für alle drei aber eine klare Quelle war. Als man sich auf die Insel begeben und dort, was sie bot, namentlich das kühle Wasser, genossen hatte, zog Abdias die Reisegesellschaft wieder zurück zur Wüste und ließ sie auf einem Platz zum Nachtlager stille halten, auf welchem Sand war und Disteln und Kaktuspflanzen in großen Zwischenräumen zerstreut standen. Er tat dies des Taues willen, der auf Wüsteninseln in sehr großer Menge zu fallen pflegt und für diejenigen, die dort unter freiem Himmel schlafen, ungesund ist Er machte genau die nämlichen Vorbereitungen wie in der vergangenen Nacht, und verbarg den noch übrig gebliebenen Rest der Goldstücke in jene Stellen des Sattels, der Gurten und des andern Geschirres der Eselin, welche zu diesem Zweck noch da waren. Einen Teil des Goldes aber steckte er zu sich in verschiedene Fächer seiner Kleider, dass, wenn Räuber über ihn kämen, sie dasselbe fänden und in der Meinung, dass es sein gesamtes Geld sei, nicht weiter suchten. Wie in der vergangenen Nacht legte er sich wieder auf den bloßen Sand und schlief.

Da der Morgen dämmerte, wurde er, der heute viel besser geschlafen hatte als gestern, durch seltsame Töne geweckt. Es war ihm, als träumte er sich um dreißig Jahre zurück, als läge er mit seinem Haupt wieder am Hals seines Kamels und höre das Schnaufen desselben, mitten in der ringsum ruhenden Karawane liegend. Er rieb sich seine von dem feinen Wüstensand schmerzenden Augen, und als er sie öffnete, sah er wirklich ein Kamel vor sich stehen, das der Morgenglut der Wüste entgegenschnaufte und seinen kleinen Kopf hochgehoben hatte. Auch einen Mann erblickte er, einen Schlafgenossen, den sie in der Nacht bekommen haben mussten. Derselbe lag auf dem Boden im tiefsten Schlaf begraben und den Riemen des

Kamels um seinen Arm geschlungen, wie es Abdias gerne machte. Abdias sprang empor, ging näher zur Gruppe der zwei Wesen, die in einer kleinen Entfernung von ihm war, und da er hinzugekommen, traute er seinen Augen kaum – es war der furchtbar abgehetzte Knabe Uram, der da vor dem Kamel auf dem Boden lag. Derselbe schlief auf dem Rücken liegend und das Antlitz gerade gegen den Himmel emporzeigend. Dieses Antlitz, das sonst so jugendlich heiter und frisch war, war aber jetzt so entstellt, als sei der Knabe in diesen zwei Tagen um zehn Jahre älter geworden. Als ihn Abdias aufgeweckt hatte und die inzwischen aufgestandene Mirtha auch herzu gekommen war, erfuhr man den Zusammenhang der Sache. Da der Knabe die Herde gefunden und unter den vielen Tieren, die den Bewohnern der Trümmerstadt gehörten, die des Juden Abdias gezählt und, um keinen Irrtum zu begehen, noch einmal gezählt hatte, ging er wieder nach Hause, während er auf dem Weg das Brot und die Datteln aß, die er sich als Mittagsmahl mitgenommen hatte, und die herausbekommene Zahl, damit er sie nicht vergäße, immer wiederholte. Zu Hause, wo er nachmittags angekommen war, habe er seinen Herrn Abdias gesucht – er suchte ihn in allen Gewölben, im Stall, beim Heu, bei den Zisternen, an der Aloe – und fand ihn nicht; erst, als er auch bemerkte, dass Mirtha und Ditha ebenfalls fehlen und die Eselin auch nicht da sei, sei ihm Abdias' Auswanderung klar geworden. Er habe nun dem Juden Gad ein Kamel gestohlen und sei nachgejagt. Zuerst hat er die Spuren der Eselin gesucht und dieselben wirklich in den Tälern zwischen den Trümmern gefunden, wie sie in Umwegen gegen die Wüste hinausgingen. Dann erst hat er das Kamel genommen, ist darauf gestiegen und zu dem Punkt in aller Schnelligkeit hingeritten, wo die Spur in die Wüste mündete. Allein so deutlich die Tritte des Hufs, dessen kleine Gestalt er recht gut kannte, in dem Trümmerwerk und vorzüglich auf lockerem Grasboden waren, so sehr waren sie im weichen Sand der Wüste verschwunden. Er sah gar nichts mehr, das einem Tritt ähnlich war, sondern nur die feinen Schneiden des gewehten Sandes, und da musste er gegen die mutmaßliche Richtung zu beiden Seiten immer hin und her jagen, ob er auf der fahlen Fläche, die da schimmerte und noch unzählig viele andere Sternchen und Flimmerchen hatte, die glänzten, nicht einen schwarzen Punkt sähe, der die Hinziehenden vorstelle, oder etwa zufällig die Reisespuren wiederfände. Dann sei er so durstig geworden und so erhitzt, dass er nichts mehr sehen konnte, weil der Boden vor seinen Augen zu wallen angefangen habe. Hierauf habe er sich mit beiden Händen am Kamel gehalten, weil es doch viel stärker gewesen sei als er – und dieses sei heute Nacht geraden Wegs hierher gerannt. Es muss die Reisenden oder die Quelle gewittert haben; denn es hat, ehe sich beide zur Ruhe begeben, eine ungeheure Menge Wasser aus der Quelle getrunken.

Abdias streichelte die Haare und das Angesicht des Jünglings und sagte, er dürfe nun schon bei ihm bleiben. Dann bereitete er die Suppe und gab ihm zu essen. Auch von den Früchten reichte er ihm einen kleinen Teil und sagte, er solle wenig essen, dass es ihm nicht schade; denn nach seiner Rechnung musste der Knabe an fünfzig Stunden nichts genossen haben. Dann ließ Abdias die beiden Tiere, das Kamel und die Eselin, von dem frischen Futter, welches auf der Insel war, so viel fressen, als er glaubte, dass ihnen zuträglich sei, die eigentlich mehr an das trockene Futter gewohnt waren. Von diesem trockenen Futter bekamen sie dann noch einen geringen Rest; denn es musste jetzt geschont werden, weil Uram gar keinen Vorrat mit sich genommen hatte und das Land und die Gebirge noch fern waren, wo man wieder einen bekommen konnte.

»Hast du denn nicht daran gedacht, dass das Kamel matt werden und dich nicht mehr weiter tragen könnte, ehe du uns fändest?« fragte Abdias. »Freilich habe ich daran gedacht«, antwortete der Knabe, »deshalb habe ich es so lange trinken lassen, als es nur wollte, ehe ich fortritt, auch habe ich ihm von den Körnern zu fressen gegeben, die in unserer Wohnung lagen, und wovon du einen Teil ausgeschüttet hast.« – »Hast du einem unserer Nachbarn gesagt, dass du die Meinung gefasst hast, dass ich fortgezogen sei?« fragte Abdias weiter. – »Nein, ich habe keinem Menschen ein Wort gesagt, dass sie uns nicht nachfolgen und uns etwa finden«, sagte der Knabe. – »Gut«, antwortete Abdias, während er an der Aufzäumung der Eselin weiterarbeitete.

Uram hatte indessen die elende Ausrüstung, die das Kamel hatte, in den Stand gesetzt, dessen sie fähig war. Man traf die Verabredung, dass Abdias und der Knabe, je nachdem einer oder der andere von ihnen müder würde, in der Benützung des Kamels abwechseln sollten. Mirtha und Ditha wurden auf der Eselin untergebracht, wie gewöhnlich. Als alles in Ordnung war, brachen sie auf. So zog nun die auf diese Weise vergrößerte Reisegesellschaft weiter, und wie die ersten zwei Tage gewesen waren, waren alle folgenden. Nachdem man von der Insel weg noch drei volle Tage gezogen war, kam man erst in fruchtbares Land und in das gegen sie heranschreitende Gebirge. Abdias hatte hier in ein einziges schlechtes Dorf abgelenkt, um sich dort mit allem Nötigen zu versehen, was man brauchte, und was auszugehen drohte. Dann bog er wieder zu den Einöden ab, die hier ganz anders waren als in der Wüste, aber gewiss nicht minder schön, erhaben und furchtbar. Die Menschen, Hütten und Dörfer meidend, zog man weiter, entweder durch Schluchten, oder auf einsamen Bergrücken, oder gegen sachte steigendes, mit würzigem Gras versehenes Staffelland. Die Vorsichten, welche man im Weiterziehen und hauptsächlich beim Nachtlager anwendete, waren jetzt weit mehr als in der Wüste. Abdias hatte auch den Knaben bewaffnet; denn er hatte in dem Rüstzeug der Eselin weit mehr Waffen in Fächern angebracht, als die zwei vierläufigen Pistolen, die er bisher in der Wüste bei seinem Nachtlager immer an seiner Seite gehabt hatte. Er trug jetzt bei Tag vier Pistolen in seinem Gürtel und hatte einen schuhlangen Dolch in der Gürtelscheide stecken. Dem Knaben gab er drei Pistolen und ebenfalls einen Dolch. Jeden Morgen wurden die Ladungen neu untersucht und neu gemacht. Bei der Nachtruhe lagen die Pistolen neben den Schlafenden; die Kleider blieben, wie natürlich ist, auf dem Leib. Auch wurde jetzt alle Nacht zur Verscheuchung der Löwen und anderer Tiere ein Feuer gemacht, wozu die Brennstoffe mühselig unter Tag gesammelt und auf dem Kamel weiterbefördert wurden. Zur Unterhaltung des Feuers und zur Wache mussten Abdias und der Knabe abwechseln, und immer einer aufrecht am Feuer sitzen und herumschauen.

Aber es traf keine der gefürchteten Gefahren ein. Die Nächte vergingen still und lautlos, mit den feurigen, scharfen Sternen aus dem dunkelblauen Himmel jenes Landes herniederschauend, die Tage waren schimmernd und heiter, und jeder so schön und wolkenlos, oder scheinbar noch schöner und klarer als sein Vorgänger. Die Glieder der Gesellschaft waren wohl, die kleine Ditha war gesund, und die freie Luft, welche immer unter dem Tüchelchen ihres Körbchens strich, rötete ihre Wänglein, wie an einem zarten Apfel. Man hatte auf dem Zug weder Menschen noch Tiere gesehen, manchen einsamen Adler ausgenommen, der zuweilen, wie sie weitergingen, hoch über ihnen in den leeren Lüften hing. Es hatte sie ein schönes Glück geleitet, gleichsam als zöge ein glänzender Engel über ihren Häuptern mit.

Am frühen Morgen des neunundzwanzigsten Tages ihres Zuges, da sie über eine strauchlose, sacht ansteigende Fläche zogen, riss plötzlich die Farbe des Landes, die lieblich dämmernde, die sie nun so viele Wochen gesehen hatten, ab, und am perlenlichten Morgenhimmel draußen lag ein unbekanntes Ungeheuer. Uram riss die Augen auf. Es war ein dunkelblauer, fast schwarzer Streifen, in furchtbar gerader, langer Linie sich aus der Luft schneidend, nicht wie die gerade Linie der Wüste, die in sanfter Schönheit, oft in fast rosenfarbner Dämmerung unerkennbar im Himmel lag; sondern es war wie ein Strom, und seine Breite stand so gerade empor, als müsste er augenblicklich über die Berge hereinschlagen. »Das ist das Mittelmeer«, sagte Abdias, »jenseits dessen das Land Europa liegt, in welches wir ziehen.« – Seine zwei Gefährten staunten das neue Wunderwerk an, und je weiter sie kamen, desto mehr entfaltete sich der vorher schmal scheinende Strom, Farben und Lichterspiele waren auf ihm, und am Mittag desselben Tages, als sie am Rand des Tafellandes angekommen, riss die feste Erde jäh ab, sie stürzte vor ihnen hinunter und legte in der Tiefe die Fläche des Meeres vor ihre Füße. Ein dunkler, waldreicher Streifen der afrikanischen Küste lief am nassen Saum hin, eine weiße Stadt blickte aus ihm auf, und unzählige weiße Punkte von Landhäusern waren im Grün zu sehen, gleichsam Segel, die aus dem Grün ebenso wie die andern aus dem schreckhaft dunklen Blau des Meeres leuchteten. – So schön ist der Scheidegruß, den das traurige Sandland seinem Sohne nachruft, der es verlässt, um die feuchten Küsten Europas aufzusuchen. –

Abdias stieg mit den Seinigen in die Stadt hinunter, aber nicht in der eigentlichen Stadt hielt er sich auf, sondern weiter draußen, wo ein weißer Damm in die blauen Wogen lief, viele Schiffe standen und ihr Stangenwerk, wie die Äste eines dürren Waldes, in die Lüfte hoben. Hier mietete er sich in ein Häuschen ein, um zu warten, bis ein Schiff reisefertig wäre, nach Europa zu gehen und ihn mitzunehmen. Er ging fast gar nicht aus, außer wenn er sich im Hafen erkundigte, und Uram blieb immer bei ihm. Das Kamel hatten sie verkauft, weil es ihnen fortan unnütz war, die Eselin aber musste in dem Häuschen untergebracht werden. So lebten sie sehr abgeschieden drei Wochen, bis eines Tages ein Schiff ausgerüstet war und im Begriffe stand, nach Europa abzugehen, und zwar nach dem Punkt, wohin Abdias am meisten zielte. Er hatte mit dem Herrn desselben eine Übereinkunft getroffen, und infolge derselben schiffte er sich mit dem Kind, mit Uram und mit der Eselin auf das Fahrzeug ein. Mirtha hatte ihn einer Liebe halber, die sie in der weißen Stadt gefunden hatte, verlassen, und war nicht zu bewegen gewesen, ihm zu folgen. Auch eine andere Wärterin hatte er nicht bekommen; denn wie große Angebote er auch machte, die er in Europa zahlen wollte, sobald sie angekommen sein würden, mochte doch keine einzige mit ihm gehen, weil sie ihm nicht traute. Selbst auf das Schiff, wo er dann Geld zu zahlen versprach, folgte ihm keine, und auf dem Land Geld zu zeigen, hielt er selber nicht für gut; auch wusste er recht wohl, dass es nur dazu gedient hätte, dass ihn dann nur ein solches Weib verraten hätte, ohne doch mitzugehen, weil er diese Leute kannte, dass sie an ihrem Flecke Aufenthaltes, wie schlecht er auch sei, haften, und in keinen andern, am wenigsten in das verdächtige und gehasste Europa gehen, wo die Ungläubigen wohnen. Also stieg er allein mit Uram ins Schiff.

Als endlich der Zeitpunkt der Abfahrt gekommen war, und als sie beide auf dem schwimmenden Hause standen, wurden nun die großen eisernen Anker aus dem Wasser hervorgezogen, die Waldesküste begann vor ihnen zu schwanken und zurückzusinken. Wie sie immer mehr hinausrückten, kam weiter unten noch ein Küstenstrich zum Vorschein, aus welchem das weiße Haus Meleks leuchtete. Abdias schaute darauf hin, aber wie der Streifen der Küste immer weiter und weiter zurückwich, das Land endlich gleichsam wie ein törichtes Märchen eingesunken war, und um das ganze Schiff sich nichts regte als die Wellen, wie unzählige glänzende Silberschuppen: saß er nieder und versenkte die Augen in die Züge seines Kindes.

Das Schiff fuhr nun fort und fort – und er saß und hielt das Kind in seinen Armen. Sooft diejenigen, die noch mitreisten, hinblickten, sahen sie dasselbe Bild des Mannes, wie er saß und das Kind auf seinen Armen hielt. Er stand bloß dann auf und ging abseits, wenn er es nährte, oder reinigte, oder den Lappen, in die es eingewickelt war, eine andere Lage gab, dass es leichter liege. Uram lag zwischen hingeworfenen hölzernen Geräten und neben einem gerungenen kreisförmigen Haufen von Tauen.

Es gibt Menschen, die vielerlei lieben und ihre Liebe teilen – sie werden von vielen Dingen sanft gezogen: andere haben nur eines, und müssen das Gefühl dafür steigern, dass sie die übrigen tausend linden Seidenfäden des Wohles entbehren lernen, womit das Herz der ersteren täglich süß umhüllet und abgezogen wird.

Abdias und Uram waren immer auf dem Verdeck. Die Fahrt war sehr schön, der Himmel stets heiter, und ein sanfter Zug spielte in den Segeln. Wenn ein Wölklein am Himmel erschien, sahen die Reisenden darauf hin, ob es nicht einen Sturm bringen werde – aber es brachte keinen, das Wölklein verschwand immer wieder, ein Tag war so ruhig wie der andere, die Wellen waren klein, als dienten sie bloß, die Fläche, die sonst eben wäre, zu unterbrechen und heiter zu beleben – und so lag eines Nachmittags die schimmernde, freundliche Küste Europas auf dem blauen Wasser – die Küste Europas, nach welchem Lande Abdias sich einst gesehnt hatte. Mit schmeichelnden Wogen trug der Ozean das Schiff, während die Sonne gemach nach Westen sank, dem nördlichen Land immer näher und näher – ein glänzender Punkt nach dem andern hob sich aus der dunkeln Fläche, leuchtende Streifen standen endlich aufwärts, und als die Sonne zuletzt hinter den Westrand gesunken war, lag ein ganzer Gürtel von Palästen um die schwarze Bucht geschlungen.

Das Schiff musste nun vor seinen Ankern liegend harren und seine Menschen und seine Sachen behalten, bis die Zeit um wäre, in der es sich zeigen sollte, dass es keine böse Seuche gebracht habe. – Als nun diese Zeit vergangen war und die Menschen und die Waren gelandet wurden, wunderten sich einige, und andere lachten, als ein hagerer, hässlicher Jude über das Brett des Bootes schritt, statt Päcken von Waren ein kleines Kind an seinem Busen tragend, und wie hinter ihm ein fast nackter, gelenker Knabe, gleichsam ein schönes dunkles Erzbild, folgte, eine halb verhungerte Eselin nach sich ziehend; – auf allen dreien lag dasselbe Grau der Wüste und der Ferne, wie auf den Tieren der Wildnis eine fremde, verwitterte Farbe zu liegen pflegt. Einen Augenblick staunten die vielen, die da standen und zuschauten, die Fremdlinge an – im nächsten waren dieselben vom Strom des menschenwimmelnden Weltteils verschlungen und in seinen Wogen fortgeführt. Das Bild zeigte wieder sonst nichts, als was es den ganzen Tag zeigt: eine unruhige, durcheinandergehende Menge, die nach ihrem Vorteil, nach ihrer Lust oder nach andern Dingen rennt, umstanden von den ruhigen, großen, glänzenden, oft prachtvoll gebauten Häusern.

Wir aber wollen den fremden Ankömmlingen einen Augenblick vorauseilen, um die Stelle anzuzeigen, wo wir sie wiederfinden werden: Es liegt ein sehr vereinsamtes Tal in einem fernen und abgelegenen Teil unseres schönen Vaterlandes. Sehr viele werden das Tal nicht kennen, da es eigentlich nicht einmal einen Namen hat und, wie wir sagten, so sehr vereinsamt ist. Es führt keine Straße durch, auf der Wagen und Wanderer kämen, es hat keinen Strom, auf dem Schiffe erschienen, es hat keine Reichtümer und Schönheiten, um die Reiselust zu locken, und so mag es oft Jahrzehnte daliegen, ohne dass irgendein irrender Wanderer über seinen Rasen ginge. Aber ein sanfter Reiz der Öde und Stille liegt darüber ausgegossen, ein freundlich Spinnen der Sonnenstrahlen längs der grünen Flache, als schienen sie mit vorzugsweiser Liebe und Milde auf diesen Ort, da er gegen Mitternacht [Norden] durch einen starken und breiten Landrücken geschützt ist und so die Strahlen günstig aufnimmt. Zur Zeit, da sich das zutrug, was wir hier erzählt haben, war das Tal ganz und gar unbewohnt: jetzt steht ein nettes weißes Haus auf seinem Weidegrund, und einige Hütten ringsherum, sonst ist es noch fast öde wie vorher. Einst war nur der weiche Rasengrund, beinahe ganz ohne Bäume, nur hie und da von einem grauen Steinblock unterbrochen. Der Rasengrund schwingt sich zu einer sanften Wiege herum, die, wie wir sagten, gegen Mitternacht durch einen ansteigenden Landrücken geschlossen ist, auf dessen Höhe ein Föhrenwald, wie ein mattes Band, am Himmel hinzieht; im Mittage aber hat es eine Aussicht, die durch das hereinschauende Blau entfernter Berge umschlungen ist. Sonst bietet die Wiege auf ihrem Grunde nichts dar als das Grün des Bodens und das Grau der Steine; denn die schmale Schlange des Baches, der in ihrer Tiefe fließt, ist dem betrachtenden Auge von mäßiger Entfernung aus nicht mehr sichtbar. – An der Mitternachtsseite dieses Tales, jenseits des Föhrenwaldes, beginnen wieder die von

Menschen gepflegten Gegenden, namentlich stehen die Felder gern in großen Strichen hin mit der blauen Blume des Flachses bepflanzt. Auch gegen Mittag [Süden] in nicht gar großer Entfernung sind wieder bebaute Fluren. Nur die Talwiege, wie das oft bei Landbebauern geschieht, weil sie in der Tat dem Anbauer größere Hindernisse entgegensetzte, stand im Ruf der gänzlichen Unfruchtbarkeit. Es ward nie ein Versuch gemacht, zu ergründen, ob sich dieser Ruf bestätige, sondern man nahm ihn im Vorhinein als wahr an, und so lag die Wiege Jahrhunderte hindurch unbenützt da. Es ging nur ein sehr schmaler, an den meisten Stellen bloß durch das niedergetretene Gras erkennbarer Pfad durch das Tal, auf welchem Pfade regelmäßig im Frühling und Herbst einzelne Bewohner eines ziemlich entfernten Bergdorfes zu einer weit jenseits des Tales liegenden Gnadenkirche pilgerten, weil zur Kirche durch das unfruchtbare Tal der nächste Weg ging.

Als Abdias in sehr vielen Ländern Europas herumgewandert war, um eine Stelle zu finden, an der er sich niederlassen könnte, und zufällig auch in das oben beschriebene Tal kam, beschloss er sogleich, hier zu bleiben. Was die meisten abgeschreckt hatte, das Tal zur Wohnung zu nehmen, die Öde und Unfruchtbarkeit: das zog ihn vielmehr an, weil es eine Ähnlichkeit mit der Lieblichkeit der Wüste hatte. Vorzüglich erinnerte ihn unsere beschriebene Wiege an einen Talbogen, der im Gras Mossuls seitwärts jener Stelle herum ging, an der der Sage nach die uralte Stadt Ninive gestanden haben soll. Der Talbogen hatte ebenfalls wie unsere Wiege nur Gras ohne Bäume, nur dass im Talbogen Mossuls auch nicht einmal graue Steine aus dem Gras herausragten und die einzige dämmernde Farbe desselben unterbrachen, und dass auch kein so schönes Bergesblau hereinblickte, wie in unsere Wiege.

Abdias hatte sich von mehreren Fürsten und Herren Briefe verschafft, welche ihm erlaubten, in ihren Ländern zu reisen und sich in denselben aufzuhalten. Er hatte auch einen Handelsfreund, den er bisher nicht von Angesicht, sondern nur durch Briefe gekannt hatte. Er suchte denselben auf und verabredete mit ihm den Plan, dass, wenn er sich gern einen Fleck Landes erwürbe, auf dem er seine künftige Wohnung gründen möchte, der Handelsfreund dazu den Namen geben würde, als hätte er selber das Land gekauft, als bebaute er es selber, als führe er eine Wohnung auf, und als ließe er nur gegen Entgelt den Juden im Genuss all' dieser Dinge. Um den noch möglichen Missbrauch des Kauf- und Eintragbriefes zu vermeiden, würde Abdias seinen Freund durch eine ausgestellte Gegenforderung gleichen Wertes binden, die er gegen denselben geltend machen könne. Als er in das öde Tal gekommen war, beschloss er, da zu bleiben, sich ein Haus zu bauen, etwas Felder anzulegen und sich einzurichten. Er nahm sich deshalb vor, den noch übrigen Rest der Goldstücke aus dem Riemzeuge der Eselin zu lösen und die englischen Papiere, welche so gut in den wasserdichten Wachsseidentäschchen verborgen waren, aus seinem Kaftan zu schneiden. Er wollte alles recht wohl herrichten und in Gang bringen, damit, wenn er nach Afrika reiste, um Melek ein Messer in das Herz zu rennen – und wenn er etwa dabei erwischt und umgebracht würde, Ditha versorgt sei. Er musste sie vorher auch ein bisschen erziehen, dass sie groß genug wäre und sich schon selber forthelfen könne, wenn er nicht mehr erschiene.

Es wunderten sich die Bewohner des entfernten Bergdorfes, als einmal einer durch das unfruchtbare Tal zu der Gnadenkirche wallfahrten ging und die Nachricht zurückbrachte, dass an einem Platz des Tales das Land aufgerissen sei und Balken und Steine und Vorrichtungen herumlägen, als würde hier zu einem Häuserbau geschritten. Und wie wieder einmal ein anderer zur Kirche ging, stand schon Mauerwerk, und es arbeiteten Leute daran. Ein fernerer brachte Nachricht vom weiteren Fortschreiten des Baues, manche gingen nur dieser neuen Sache wegen in die Kirche, da sie sonst vielleicht zu einer andern Zeit gegangen sein würden – man redete davon, bis endlich ein blankes weißes Haus von mäßiger Größe aus dem Grün des Bodens schimmerte und daneben der Anfang eines Gartens gelegt wurde. Auf die Fragen, wie und was das sei, kam immer die Antwort: ein fremder absonderlich und seltsam aussehender Mann lasse das alles bauen und habe den Grund daneben gekauft.

Als das weiße Haus einmal länger stand, als der Garten fertig war und die hohen, festen Planken um denselben herum liefen, gewöhnten sich die seltenen Vorübergehenden daran, als an ein Ding, das einmal so sei, insbesondere da der Besitzer nie zu ihnen hinauskam und mit ihnen redete, sie also auch nichts von ihm zu reden hatten – und sie sahen die Dinge so an wie die Steine, die hie und da aus dem Gras hervorstanden, oder wie die Gegenstände, die zufällig am Weg lagen.

Abdias ging nun daran, da das Mauerwerk fertig und nach dem Rat seines Bauherrn vollständig ausgetrocknet war, das Innere des Hauses einzurichten. Er ließ doppelte Riegel hinter alle Türen machen, er ließ starke Eisengitter vor die Fenster stellen, und er ließ statt der früheren Planken sogar noch eine hohe, feste Mauer um den Garten führen. Dann kamen Geräte, wie sie in Europa gebräuchlich waren, und darunter mischte er Einrichtungen, wie er sie in Afrika gehabt hatte; er legte nämlich überall Teppiche nicht bloß auf den Boden, sondern auch auf solche Geräte, die für keine verfertigt waren, er machte aus Teppichen und weichen Fellen, die er kaufte, Betten zum Ruhen, und dass man darauf in der Kühle der Zimmer sitzen könne. Um diese Kühle zu erzeugen, ließ er, wie er es ebenfalls in Afrika gelernt hatte, Gemächer mit sehr dicken Mauern verfertigen, in den Gemächern hatte er nur in großen Zwischenräumen ein paar kleine Fenster, die doppelte gegliederte Fensterbalken der Art hatten, dass ihre Dächelchen übereinander gelegt oder zur Hereinlassung von mehr Licht waagrecht gestellt werden konnten. Er hatte diese Balken in Europa kennen gelernt und wendete sie statt der Myrten an, welche in der Wüstenstadt sein oben gelegenes Fenster umrankt und überwuchert hatten, dass die brennenden Strahlen der dortigen Sonne nicht eindringen konnten. Die kleinen Fenster der Gemächer aber gingen nicht unmittelbar in die freie Luft, sondern in einen andern Raum, der ebenfalls eine Art Gemach oder Vorhaus bildete, und durch dicke Türen und ebenfalls durch gegliederte Fensterbalken zu schließen war, damit die Strahlen der Sonne und der Durchzug der äußern heißen Luft abgehalten würden. Lauter Anstalten, die er in Europa nicht nötig hatte. Was ihn schier am meisten freute, war ein Brunnen, den ihm ein Meister an einem stets schattigen Teil seines eigenen Hofes gemacht hatte, wo man nur an einem Metallknopf hin und her zu ziehen brauchte, dass kristallhelles, eiskaltes Wasser in das steinerne Becken herausfloss. Anfangs wollte er das häufige Ziehen nicht zulassen und den großen Verbrauch des Wassers hindern, dass es nicht vielleicht zu schnell zu Ende gehe, aber da das Wasser durch zwei Jahre unvermindert und gleich frisch dem Zuge des Metallknopfes folgte, erkannte er, dass hier ein Schatz sei, den man nicht leeren, den sie hier nicht schätzen können, und den man in der Wüstenstadt für das höchste Gut gehalten hätte. Überhaupt waren er und Uram in der ersten Zeit ihres Wanderns in Europa über die prächtigen Quellen, die es hat, entzückt, wunderten sich, wie die Leute, die da leben, sich nichts daraus machten, und tranken oft, vorzüglich wenn sie im Gebirge waren und ein recht glasklarer Strahl aus Steinen hervorschoss, mit Lust und dem Wasser zu Ehren, selbst wenn sie nicht durstig waren. Sie priesen die Wässer des Gebirges vor denen der Ebene, wenn ihnen auch das Gebirge selber nicht besonders gefiel, da es sie beengte und ihnen die Weite und Unendlichkeit benahm, an die sie gewohnt waren. Im Garten, den er bereits mit einer hohen Mauer umfangen hatte, war aber noch nichts als Gras; allein auf künftigen Schatten bedacht, ließ er Bäume pflanzen, und nahm sich vor, sie selber zu pflegen und zu betreuen, dass sie schnell wüchsen und doch in wenigen Jahren schon Schatten auf den Rasen und auf die weiße Mauer des Hauses würfen. Für eine Abteilung, wo Gemüse und andere nützliche Dinge wüchsen, würde er in der Zukunft schon sorgen, jetzt müsse er, dachte er, nur das Notwendigste zuerst in vollkommenen Stand setzen.

Die inneren Gemächer waren nun alle eingerichtet, das Haus war fertig und von außen gegen Angriffe geschützt. Diener und Dienerinnen hatte er vom Volke seines Glaubens bekommen.

Als der ganze Bau in wohnlichem Zustand war, wozu er beinahe drei ganze Jahre gebraucht hatte, ging er daran, ihn zu beziehen. Er nahm Ditha aus dem hölzernen Häuschen, welches mit doppelten Holzwänden für das Kind und ihn als Notwohnung errichtet worden war, heraus und ließ es in die steinerne Wohnung in das für dasselbe eigens eingerichtete Gemach tragen. Er folgte, indem er die ganz wenigen Dinge, die er in dem Holzhäuschen gehabt hatte, mit sich nahm. Das Häuschen wurde nun sofort abgerissen.

Ein Ziel, welches er in dem Lande Europa angestrebt hatte, hatte er nun erreicht, nämlich einen Wohnplatz. In diesem saß er nun mit Ditha ganz allein; denn Uram war schon im Verlauf des ersten Jahres ihrer europäischen Wanderung, obwohl er vermöge seiner Jugend alles, was ihm aufgestoßen war, mit Neugierde und oft mit Entzücken betrachtet hatte, an dem fremden Klima verschmachtet. Abdias saß mit Ditha allein. Dieser wollte er nun alle Aufmerksamkeit zuwenden, dass sie, wie er sich vorgenommen hatte, ein wenig erzogen würde, indem er bisher, da er eine Wohnung für sie baute, nicht viel Zeit gehabt hatte, sich nach ihr umzusehen, und auch die Diener, die ihr beigegeben worden waren, sie bloß nährten, pflegten und schützten, und im Andern sie liegen ließen, wie sie nur wollte. Sie war aber übrigens in ihrem Körperchen gesund und blühend. Und so lag sie nun vor ihm da, ein ehrwürdig Rätsel, aus seinem Wesen hervorgegangen und einer unbekannten Enthüllung harrend.

Abdias ging nun mit demselben Eifer, mit dem er bisher alles betrieben hatte, daran, sich mit Ditha zu beschäftigen, obwohl er eigentlich nicht wusste, wie er es anfangen sollte, sie zu entfalten und vorwärts zu bringen. Er hielt sich schier immer in ihrem Zimmer auf. Er berührte sie, er redete mit ihr, er setzte sie in ihrem Bettchen auf, er setzte sie auf den Teppich des Fußbodens, er stellte sie auf ihre Füße, er versuchte, ob sie gehen könne, er wollte sehen, ob sie nicht eine kleine Strecke laufe, wenn er ihr einen lockenden Gegenstand vorhalte, und sehr viele Dinge der gleichen Art; aber sehr bald sah er, dass das Mädchen nicht sei, wie es sein sollte. Er schob die Schuld auf die zwei Dienerinnen, die er in Europa bloß zu dem einzigen Dienst für Ditha genommen hatte, und welche nur für ihren Körper gesorgt hatten, dass er gesund sei und gedeihe, für die sonstige Entwicklung aber nichts getan zu haben schienen.

Das Kind war jetzt schon um vier Jahre herum alt, aber es hatte nicht die Art und Weise eines vierjährigen Kindes. Sein Angesichtchen war unsäglich lieb und schön, und es entfaltete sich täglich mehr als das reizende Ebenbild des Vaters, wie er aussah, als er noch jung und schön gewesen war; nur war die Kraft des Vaters durch leise Züge der Mutter gemildert, die in der Bildung des Gesichtes zum Vorschein kamen. Der Körper war fast der eines vierjährigen Kindes, nur schien er viel zarter und nicht so stark für die Bewegungen zu sein, welche Kinder in diesem Alter schon zu machen pflegen. Aber es lagen auch diese Bewegungen nicht in ihren Gliedern, der Vater wusste nicht, wegen bisheriger Vernachlässigung derselben, oder weil sie überhaupt noch nicht da waren. Sie konnte noch nicht gehen und zeigte auch keinen Drang dazu, wie er sich doch sonst schon in viel jüngeren Kindern äußert, wenn sie nach Gegenständen ihres Wohlgefallens hinstreben. Ja sogar sie kroch auch nicht einmal, wie doch die unentwickeltsten Kinder versuchen, sobald sie sich nur sitzend zu erhalten vermögen. Wenn man sie auf den Boden niedersetzte, blieb sie auf demselben Platz sitzen, man mochte noch so reizende Gegenstände oder Naschwerk, das sie sehr lieb hatte, in ihre Nähe legen. Stehen konnte sie schon, aber wenn man sie auf die Füße stellte, blieb sie unbeweglich stehen, klammerte sich an die sie haltende Hand, und wenn man diese wegzog, stand sie einsam in der Luft da, strebte nach keiner Richtung weiter, ihre Füßchen zitterten, und in den Mienen sprach sich Angst und die Bitte um Hilfe aus. Wenn man ihr dann die Hand gab und damit einen ihrer Finger berührte, so hielt sie sich schnell daran, fasste mit beiden Händchen darnach und zeigte Neigung, niederzusitzen. Wenn man ihr aber das verweigerte, blieb sie stehen, sich an der dargereichten Hand festhaltend und nichts weiter versuchend. Am vergnügtesten schien sie zu sein, wenn sie in ihrem Bettchen lag. Da fühlte sie den meisten Halt um sich, war, wie es sonst auch ihre Weise war, sehr fromm, fast nie weinend, langte nach nichts, sondern hielt gern eine Hand in der andern, und tastete und spielte mit den Fingern der einen in denen der andern. Auch das Gesichtchen zeigte noch nicht die Erregtheit, die sonst Kinder haben, wenn sie durch die ersten und vermöge ihres hilflosen Körperchens sehr heftigen Verlangungen bewegt werden. Nicht einmal, wenn der Vater, den sie recht gut kannte, mit ihr redete, sie liebkoste oder streichelte, zeigte sie die Belebung, die sonst die kleinsten Kinder haben. Die Züge des unaussprechlich schönen Angesichtes blieben immer ruhig, die Augen mit dem lieblichsten, von Abdias oft so bewunderten Blau standen offen, gingen nicht hin und her und waren leer und leblos. Die Seele schien noch nicht auf den schönen Körper herunter gekommen zu sein. Ihre Zunge redete auch noch nicht, sondern wenn es sehr gut ging, lallte sie seltsame Töne, die keiner der menschlichen Sprachen ähnlich waren, und von denen man auch nicht wusste, was sie bedeuteten.

Abdias konnte sich nicht helfen, er musste denken, dass Ditha blödsinnig sei.

Nun war er eigentlich ganz allein in seinem Haus; denn Ditha war noch niemand, und Uram war gestorben. Er hatte Ditha nach Europa gebracht, um sie zu bergen. Sie war eine Lüge – ewig mit derselben reglosen Miene und mit den ruhigen Augen. Er dachte sich, er werde viele Jahre so bei ihr sitzen, dann werde er sterben, ihre Züge werden sich auch nicht regen, denn sie wird nicht wissen, dass jemand gestorben ist – und wenn sein Antlitz starr geworden, dann wird erst recht der alte tote Vater der jungen schönen Tochter gleichen, so wie sie jetzt schon fern der sanften vor Jahren gestorbenen Mutter gleicht. – Er wollte wenigstens aus dem blödsinnigen Körper so viel entwickeln, als aus ihm zu entwickeln wäre. Er dachte, wenn er den Körper recht gesund und recht stark machte, wenn er ihn zu außerordentlichen Tätigkeiten reize – vielleicht könnte er eine Art Seele hervorlocken, wie jetzt gar keine vorhanden sei. – Er brachte Ditha in eine andere Räumlichkeit; denn sie war bisher in einem jener kühlen Gemächer gewesen, wie wir sie oben beschrieben haben. Die neue Wohnung war luftig und licht, sie bestand aus zwei Zimmern, deren Fenster geradezu ins Freie gingen, und deren Türen sich auf Gänge öffneten, die viele Fenster hatten. Er ließ nun oft ganze Ströme Luft herein, ließ sie durch die Zimmer streichen und setzte Ditha darein, dass alle Teile ihres Körpers diese labende Flüssigkeit genießen könnten. Er reichte ihr ihre Nahrung selber und bestimmte immer, worin sie zu bestehen hätte. Er wollte sie nämlich recht leicht und nährend haben, und sie musste in einer ganz bestimmten Ordnung fertig werden. Die Kleider, die sie anhaben sollte, gab er ebenfalls selbst an, sie sollten keinen Teil des Körpers drücken, sollten nicht zu heiß und nicht zu kühl sein und den Zutritt der Luft und der Sonne nicht zu stark hemmen. Sooft es nur wegen des in diesen Ländern so ungleichen Wetters anging, musste sie ins Freie gebracht werden und oft ganze Tage darin zubringen. Er nahm sie an der Hand, er führte sie herum, und hörte nicht eher auf, als bis er an ihrer immer mehr und immer schwerer ziehenden Hand merkte, dass sie schon sehr müde geworden sei und nur mehr den Körper armselig schleppe. Wenn die Strahlen der Mittagssonne zwar nicht steilrecht, wie es in seinem Vaterland jährlich einmal beinahe genau der Fall gewesen war, aber doch sehr warm hernieder schienen, wurde sie leicht bedeckt in das Gras des Gartens unter den Schein der heißen Sonne gesetzt und lange da gelassen, dass auf dem Gesicht, auf der Stirn und auf dem Nacken große Tropfen standen und das feine Linnen, das gerne ihren Körper bedeckte, anzukleben begann. Dann ward sie anders angekleidet, in die Zimmer gebracht, und dort ging er mit ihr, sie an der Hand haltend, herum, sie auch öfter in den langen Gang hinausführend und dort auf und ab ziehend. Die Füßchen – das sah er bald – wurden zunehmend stärker. Ihr Gesicht musste täglich mit Seife und frischem Wasser gewaschen werden, die schönen blauen Augen bekamen jeden Morgen ein Bad von reinem Brunnenwasser, und die Haare, so gelb und klar wie goldener Flachs, mussten gekämmt und gebürstet und gewaschen werden, dass auf dem Boden des Hauptes nicht ein Stäubchen und nicht ein Faserchen von Unrat lag, sondern die Haut so rein und eben glänzte wie auf dem Bug des sanft hinab gehenden Nackens. Wenn er oft im Garten oder sonst wo vor ihr auf den Knien kniend sich heiser rief: »Ditha komm' her – Ditha komm' her!« so ward sie dann in ein kaltes Bad getan, dessen Wasser man im Augenblicke erst aus dem Brunnen geschöpft hatte. Ihre entkleideten Glieder wurden von der reinen Flut, die in einem marmornen, sehr großen Becken spielte, umflossen, nasse Tücher rieben den Körper, und in den hinaufgebundenen gelben Haaren hingen die klaren Tropfen wie Diamanten. Wenn es ihr manchmal zu kalt geworden war, oder wenn man sie zu stark gebürstet hatte, da sie heraus gestellt worden war, so zitterten ihre Glieder, und das Gesichtchen verzog sich sanft zum Weinen.

So verging eine Zeit, Abdias war fast unablässig bei ihr und beobachtete die Äußerungen ihres Körpers. – Die meiste Regung einer Seele, ja eigentlich die einzige, glaubte er, gebe sie gegen Klänge; denn er redete recht oft und Mannigfaltiges zu ihr. Er hatte ein feines Silberglöckchen – dieses brachte er herbei und ließ es leise vor ihren Ohren tönen. Sie merkte darauf hin, das sah man deutlich. Und wie man den Klang die Tage fort öfter vor ihren Ohren wiederholte, lächelte sie – und immer deutlicher und immer süßer wurde dieses Lächeln, je öfter man den schmeichelnden Klang vor sie brachte. Ja später begehrte sie ihn sogar selber; denn sie ward unruhig und sprach ihre unbekannten Worte, bis er begann; dann ward sie still, und ein Ding, wie Freude, ja sogar wie ein sehr verständiges Mienenspiel, schimmerte in ihren Zügen. Abdias kam bei dieser Entdeckung auf einen Gedanken, der sich wie ein Blitz, wie eine leuchtende Lufterscheinung durch sein Haupt jagte, er dachte: das arme, gemarterte Kind könne bloß blind sein. – Sogleich begann er, als ihm dieser Gedanke gekommen war, Versuche, um zu prüfen, ob es wahr sei oder nicht. Er ließ das Mädchen leicht gekleidet auf sein Bettchen legen. Dann holte er eine lange, sehr spitzige Nadel, und mit derselben stach er sie in die Hand. Die Hand zuckte zurück. Er stach wieder, und sie zuckte wieder. Dann berührte er bloß die Hand mit der Spitze der Nadel, und siehe, sie zog sich auch zurück. Das Kind musste, wenn es sah, nun die Nadel kennen und musste wissen, dass die feine Spitze derselben das Schmerzende sei. Er näherte nun die Nadelspitze dem schönen, großen, blauen Augapfel – immer mehr – immer mehr fast bis zur Berührung: es erfolgte keine Regung, in ruhigem Vertrauen stand das Auge offen. Er holte nun noch aus der Küche eine glühende Kohle, nahm sie in eine Zange und näherte sie dem Auge – er schwang sie stille, aber dicht vor dem Antlitze in Kreisen, dass sie flammende Linien zog; aber es erfolgte ebenfalls keine Bewegung in dem Angesicht, welche zeigte, dass das Kind die feurigen Kreise gesehen hatte. In derselben sprachlosen Ruhe blieb das schöne Auge. Er versuchte noch eins: er schlug mit seinen Fingerspitzen sehr schnell, aber lautlos nahe oberhalb der Wimpern durch die Luft, bei welchem Verfahren fast alle Menschen und um so viel mehr die Kinder blinzen müssen; aber Ditha wusste nichts, dass diese Bewegungen so nah' an ihren Augenlidern vor sich gingen.

Es war für ihn nun richtig, und alle bisherigen Erscheinungen an dem Mädchen waren ihm klar. Es war blind. In der andauernden Nacht war die junge, verkannte, über das Wesen der Welt ahnungslose Seele bloß hilflos gebunden gewesen, und hatte nicht gewusst, was sie entbehre. – Noch in demselben Augenblick, als Abdias diese Entdeckung gemacht hatte, wurde in die entfernte Stadt um den Arzt geschickt. Er kam erst am nächsten Tag und bestätigte mit seinen Kenntnissen, was Abdias vermutet hatte. Sofort wurde nun wieder ein ganz anderes Verfahren mit dem Kind eingeschlagen. Es wurde wieder in ein Zimmer verbannt, es wurde ihm ein kleiner Sessel gemacht, auf dessen Lehne es das Haupt zurücklegen konnte, dass die Augen, die schönen, aber unnützen Augen, aufwärts gerichtet wären, dass der Arzt und der Vater in dieselben hineinschauen konnten. Abdias schaute oft hinein, aber nicht das Geringste, nicht die kleinste Kleinigkeit war zu entdecken, wodurch sich diese Augen von andern gewöhnlichen Menschenaugen unterschieden, außer, dass sie schöner waren als andere, dass sie klar und mild waren, wie man selten menschliche Augen finden würde.

Es begannen nun, obwohl der Arzt gesagt hatte, dass er wenig Hoffnung geben könnte, mehrere Versuche, die Augen zu heilen, und wurden lange Zeit fortgesetzt. Abdias tat alles pünktlich, was der Arzt vorschrieb, und Ditha litt schier alles geduldig, obwohl das Kind keine Ahnung haben konnte, was man mit ihm vorhatte, und welche Kleinode man ihm zu geben bemüht war. Als endlich der Arzt erklärte, dass seine Mittel erschöpft seien und er das wiederholen müsse, was er gleich anfangs gesagt habe, dass nämlich das Kind wahrscheinlich nie würde hergestellt werden, sondern Zeit seines Lebens blind bleiben müsste, belohnte Abdias den Arzt für seine bisher gehabten Bemühungen und nahm einen andern. Allein auch dieser tat nach einiger Zeit dieselbe Erklärung – und so kam ein dritter, ein vierter, und mehrere. Da alle übereinstimmten, dem Kind sei das Licht der Augen nicht zu geben, da die Ratschläge der verschiedensten Menschen, die von dem Übel hörten und sich herzu drängten, vergebens angewendet wurden, da Abdias bei jedem neuen fehlgeschlagenen Versuch seine Hoffnung auf eine tiefere Stufe herabstimmte, gab er den Rest derselben endlich ganz auf, insbesondere da keine Ärzte mehr waren, die man fragen konnte, und selten ein Mensch kam, der einen Ratschlag erteilte, oder wenn es geschah, derselbe schon von vornherein alle Spuren der Unvernunft an der Stirn trug. Er gewöhnte sich daran und nahm den Gedanken in sein Eigentum auf, dass er ein blindes Kind habe, und dass dasselbe blind bleiben müsse.

Statt nun eine Erziehung zu beginnen, die so viel an Geist und Leben entwickelt hätte, als nur immer zu entwickeln war, verfiel Abdias auf einen ganz andern Gedanken, nämlich einen ungeheuren Reichtum auf das Kind zu laden, damit es sich durch denselben einstens, wenn er stürbe, Hände kaufen könnte, die es pflegen, und Herzen, die es lieben würden. Einen großen Reichtum wollte er auf das Kind häufen, dass es sich dereinst mit jedem Genuss seiner anderen Sinne umringen könnte, wenn es schon den des einen entbehren müsste.

Infolge dieses Entschlusses wurde nun Abdias geizig. Er entließ alle Diener bis auf eine Magd, eine Wärterin Dithas und einen Wächter des Hauses. Er selbst versagte sich alles und jedes, er ging in schlechten Kleidern, nährte sich schlecht, ja wie einst in seiner fünfzehnjährigen Lehrzeit fing er jetzt bei grauen Haaren an zu lernen, wie man wieder Geld und Gut erringen könne, er fing an zu jagen und zu rennen und Gewinn und Zinsen zu sammeln, er fing an zu wuchern, namentlich mit der Zeit, und dies alles um so mehr, gleichsam mit der Angst eines Raubtieres, da ihn der Gedanke an sein Alter und an seinen nahen Tod verfolgte. Er ließ sich daher keine Ruhe – das Geschäft, welches er kannte, und welches ihm in Afrika Reichtümer eingetragen hatte, nahm er wieder vor, nämlich den Handel, er trieb ihn so, wie er ihn in Afrika getrieben hatte – und wenn es in mancher Nacht stürmte und toste, dass der Hund in seine Hütte kroch und der Iltis in seinen Bau, dass kein Mensch auf der Straße war, ging der gebeugte schwarze Schatten des Juden über die Felder, oder er klopfte, wenn er sich verirrt hatte, an ein kleines Fenster, um ein Nachtlager bittend, das man ihm oft widerwillig gab, öfter verweigerte; denn da er jetzt viel unter die Menschen kam, lernte man ihn kennen, und er ist ein Gegenstand des Hasses und des Abscheus geworden. Das Unglück, in welchem sein Mädchen gefangen war, schrieb man dem gerechten Urteil Gottes zu, der den maßlosen Geiz des Vaters strafen wollte. Die Diener, welche er aus seinem Volk genommen hatte, hielten es nicht für verfehlt, wenn sie ihn betrogen, und sie hätten dieses, wenn er nur nicht so scharfsichtig gewesen wäre, gerne in noch größerem Maßstab getan. – Wenn er zu Hause war, saß er immer in Dithas Zimmer, sobald er nur seine Rechnungen und seine Geschäfte abgetan hatte. Der kleine Sessel mit der Hinterlehne für ihr schönes Haupt war ihr lieb geworden, sie saß jetzt gern darinnen, obwohl er für die aufblühenden und emporstrebenden Glieder zu klein geworden war. Da kauerte der Jude auf einem kleinen Schemel neben ihr und sprach immerwährend zu ihr. Er lehrte sie Worte sagen, deren Bedeutung sie nicht hatte – sie sagte die Worte nach und erfand andere, welche aus ihrem inneren Zustand genommen waren, die er nicht verstand, und die er wieder lernte. So sprachen sie stundenlange miteinander, und jedes wusste, was das andere wollte. Sie streichelte öfter mit ihren kunstreichen Händen, nachdem sie ein wenig in der Luft gesucht hatte, seine harten Wangen und seine schlichten, dünner werdenden Haare. Zuweilen legte er Geschenke in ihre Hand, ein Stückchen Stoff zu einem Kleid, dessen Feinheit sie greifen konnte und verstand; namentlich Linnen, das sie sehr liebte, dessen Glätte, Weiche und Reinheit sie besonders zu beurteilen verstand, und das, weil sie nie unter Menschen kam und Putz brauchte, nicht nur das ihrem Körper zunächstliegende, sondern meistens auch einzige Kleidungsstück war. Wenn sie ihr linnenes Überkleid über das untere getan hatte, um damit im Hause zu sein, legte sie seine Falten so schön und machte vorn die Spange zu, dass Sehende geglaubt haben würden, sie hätte das Werk vor dem Spiegel gemacht. Und dann strich sie mit der Hand längs des Stoffes hinab und fasste ihn zwischen Daumen und Zeigefinger und sagte: »Vater, das ist noch weicher als das andere.« – Die Füßchen, an denen Schuhe waren, stellte sie nebeneinander auf den Schemel und griff die Weichheit desselben. Manchmal gab er ihr Esswaren, die er gebracht, Früchte und dergleichen – und wenn sie den Kern oder anderes, das wegzulegen war, zwischen den Fingern hielt, suchte sie nach der daneben stehenden Tasse, damit ja nichts beschmutzt würde.

Ihr Gliederbau bildete sich allgemach höher, und wenn sie im Gras des Gartens ging, oder die weiße Gestalt neben der weißen Mauer desselben, gab sie das Bild eines erwachsenen Mädchens. Unter den sehenden Wesen war Asu, der Hund, von dem Abdias am meisten geliebt wurde. Er hatte ihn einstens, weil man seine Mutter erschlagen hatte und er noch blind war, aufgelesen und erzogen. Dieser Hund, da er erwachsen war, begleitete Abdias überall, und wenn er halbe Tage lang bei Ditha im Zimmer oder manchmal auch im Gras des Gartens saß, so saß der Hund immer dabei, wendete kein Auge von den beiden, als verstünde er, was sie sagten, und als liebte er sie beide. Wenn Abdias nachts in sein Zimmer ging, um zu schlafen, legte er dem Hund unter dem Tisch seinen Teppich zurecht und richtete ihn, dass er weich sei.

Mit diesem Hund hatte Abdias ein Unglück, als wenn es mit dem Mann immer hätte so sein müssen, dass sich die Dinge zu den seltensten Widrigkeiten verketten. – Es war zu einer Zeit, da sich eben in vielen Teilen der Gegend Fälle von Hundswut [Tollwut; Rabies, Lyssa] ergeben hatten, dass Abdias eine Reise nach Hause machte, und zwar auf einem Maultier reitend und wie gewöhnlich von Asu begleitet. In einem Wald, der nur mehr einige Meilen von seinem Haus entfernt war und der Länge nach gegen jenen Föhrenwald mündete, von dem wir oben gesprochen haben, merkte er an dem Tier eine besondere Unruhe, die sich ihm aufdrang, weil er sonst nicht viel hingeschaut hatte. Der Hund gab unwillige Töne, er lief dem Maultier vor, bäumte sich, und wenn Abdias hielt, kehrte er plötzlich um und schoss des Weges fort, woher sie gekommen waren. Ritt Abdias nun wieder weiter, so kam das Tier in einigen Sekunden wieder neuerdings vorwärts und trieb das alte Spiel. Dabei glänzten seine Augen so widerwärtig, wie Abdias es nie gesehen hatte, so dass ihm ängstliche Besorgnisse aufzusteigen begannen. Über eine Weile kamen sie zu einem kleinen, flachen Wässerlein, durch welches man hindurchreiten musste. Hier wollte der Hund nun gar nicht hinein. An seinen Lippen zeigte sich ein leichter Schaum, er stellte sich vor, und mit heiserem Schluchzen schnappte er nach den Füßen des Maultieres, da es dieselben ins Wasser setzen wollte. Abdias nahm eine seiner berberischen Pistolen aus dem Halfter, hielt das Maultier einen Augenblick zurück und drückte das Gewehr gegen den Hund ab. Er sah durch den Rauch, wie das Tier taumelte und blutete. Dann ritt er in der Verwirrung durch das Wasser und jenseits weiter. Nachdem er eine halbe Stunde Weges zurückgelegt hatte, bemerkte er plötzlich, dass er einen Gürtel mit Silbermünze, den er zu diesem Zweck immer umhatte, nicht mehr habe – und er erkannte den ungeheuren Irrtum in Hinsicht des Hundes. Er hatte den Gürtel an einer Waldstelle, an welcher er sich eine Weile aufgehalten hatte, hingelegt, und sah nun, dass er ihn dort vergessen habe. Sogleich jagte er zurück. In Schnelligkeit war das Wässerlein erreicht, aber Asu war nicht dort, er lag nicht an der Stelle, auf welcher er erschossen worden war, sondern es zeigten sich nur Blutspuren da. Abdias jagte weiter zurück, und auf dem Weg sah er überall Blut. Endlich kam er an die Waldstelle, er fand dort den Gürtel – und den sterbenden Hund vor demselben liegend. Das Tier machte vor Freuden unbeholfene Versuche zu wedeln und richtete das gläserne Auge auf Abdias. Da dieser auf den Hund niederstürzte, ihm Liebkosungen sagte und die Wunde untersuchte, wollte das Tier mit matter Zunge seine Hand lecken aber es war nicht mehr möglich, und nach einigen Augenblicken war es tot. Abdias sprang nun auf und wollte sich die weißen Haare ausraufen – er heulte – er stieß ungeheure Verwünschungen aus – er lief zum Maultier hin und riss die zweite Pistole aus dem Halfter, und krampfte seine Finger darum. Nach einer Weile warf er sie ins Gras des Waldes. Den Gürtel nahm er zehnmal auf, warf ihn zehnmal hin und stampfte ihn mit den Füßen. Endlich, als schon beinahe die Nacht hereingebrochen war, da er doch den Hund kaum in der Hälfte des Nachmittags erschossen hatte, nahm er den Gürtel mit Dithas Geld wieder auf und band ihn um. Er suchte die hingeworfene Pistole im Gras und steckte sie in das Halfter. Dann bestieg er das Maultier und schlug wieder den Weg nach Hause ein. Als schon das Morgengrauen aufs öde Tal niederschien, kam er an seinem Haus an, alle Kleider mit dem Blut des ermordeten Tieres besudelt; denn er hatte es beinahe in seinen Schoß gelegt, als er die Wunde untersuchte. Er hatte wohl wenig Glauben an die Rettung gehabt, da er wusste, wie gut er in der Wüste schießen gelernt hatte. Den Tag, als er angekommen war, gönnte er sich Ruhe, am nächsten aber mietete er sich zwei Männer, reiste mit ihnen zu der Waldesstelle, und sie mussten den Hund vor seinen Augen in die Erde verscharren.

Dann kam er zurück und betrieb seine Geschäfte fort, wie er sie vordem betrieben hatte.

Einige Zeit nach diesem Ereignis verfiel er in eine Krankheit. Man weiß nicht, war es die Erregung, die er von dieser Tatsache hatte, oder war es der ihm ungewohnte, feindselige Landstrich, was ihn darnieder warf: genug, die Krankheit war gefährlich, und er konnte sehr lange nicht von derselben genesen. – Aber gerade in dieser Krankheit, wo man meinte, dass alles in einfacher Ruhe nun fortgehen werde, geschah es auch wieder, dass eine jener Wendungen in dem Geschick dieses Mannes eintrat, wie wir schon öfter Gelegenheit hatten sie in seinem Leben zu bemerken. Es geschah eine wundervolle Begebenheit – eine Begebenheit, die so lange wundervoll bleiben wird, bis man nicht jene großen, verbreiteten Kräfte der Natur wird ergründet haben, in denen unser Leben schwimmt, und bis man nicht das Liebesband zwischen diesen Kräften und unserm Leben wird freundlich binden und lösen können. Bisher sind sie uns kaum noch mehr als bloß wunderlich, und ihr Wesen ist uns fast noch nicht einmal in Ahnungen bekannt.

Ditha war beinahe völlig herangewachsen – ein schlankes Mädchen mit blühenden Gliedern, die sich auszubilden versprachen und eine große Schönheit zu hoffen berechtigten. Abdias war während seiner Krankheit nicht zu ihr in ihr Zimmer gekommen; aber auch sie war in dieser Zeit nicht gesund gewesen: ein seltsames Zittern war an ihren Gliedern, das öfter verschwand, öfter kam und anhielt, zu verschiedenen Zeiten erschien, und namentlich, wenn heiße, dunstige Tage waren. Der Arzt konnte es nicht recht erkennen, und sagte, es sei vom Wachsen, weil sie in letzter Zeit ganz vorzüglich in die Höhe gegangen sei und sich die Glieder wider Vermögen gedehnt hätten. Bis sie sich voller rundeten, würden die Erscheinungen verschwinden. Abdias war in den Tagen der Wiedergenesung, wo man schon in den Zimmern und in den Grenzen des Hauses herumgehen kann, aber noch nicht weiter fort, und seinen Beschäftigungen nicht nachzukommen vermag. Als er in diesem Zustand eines Tages auf seiner Stube saß und mit Rechnungen und Entwürfen beschäftigt war, insbesondere darüber nachdachte, wie er es beginnen müsse, um die Zeit, die er jetzt krank war, hereinzubringen, dass sie im ganzen Verlauf nicht zum Nachteil wäre: geschah es, dass ein Gewitter heraufzog. Er achtete nicht weiter darauf, da die Gewitter, die er hier erlebt hatte, sich nicht von ferne an Heftigkeit und Stärke mit denen vergleichen ließen, die er in der Wüstenstadt und sonst in Afrika gesehen hatte. Aber mit einem Mal, wie er wieder so rechnete, und da der Regen noch kaum leise auf die Dächer niederträufelte, geschah ein schmetternder Schlag, von Feuer begleitet, das das ganze Haus in einen blendenden Schein setzte. Abdias erkannte augenblicklich, dass der Blitz in sein Haus gefahren sei. Sein erster Gedanke war Ditha. Obgleich in den Gliedern noch ermüdet, eilte er sogleich in ihr Zimmer. Der Blitz war durch dasselbe gegangen, er hatte die Decke und den Boden durchschlagen, dass dicker Staub in der Stube war, er hatte die eisernen Drähte des Käfigs, in dem das Schwarzkehlchen war, dessen Singen Ditha so erfreute, niedergeschmolzen, ohne den Vogel zu verletzen; denn derselbe saß gesund auf seinen Sprossen – auch Ditha war unbeschädigt; denn sie saß aufrecht in ihrem Bett, in das sie sich gelegt hatte, weil sie heute ganz besonders mit dem Zittern behaftet gewesen war. Abdias, der gewitterkundige Wüstenbewohner, sah das alles mit einem Blick, er stieß nun schnell ein Fenster auf, um den heftigen, widrigen Phosphorgeruch zu verscheuchen, dann sah er zu Ditha – und wie er genau hinblickte, bemerkte er, dass eine fürchterliche Erregung auf ihrem Antlitz lag, wie Entsetzen, wie Todesschreck. Als er näher ging, um zu sehen, wie es sei, kreischte sie, als drohte sich ein Ungeheuer über sie zu legen, und sie regte die Hände wie abwehrend entgegen – es war das erste Mal, dass sie die Hände nach etwas geradezu ausstreckte. – – Eine wahnsinnige Vermutung stieg in Abdias auf: er rannte zum Herd, auf welchem man eben ein Feuer hatte, riss einen glühenden Stumpf heraus, lief in Dithas Zimmer und schwang ihn vor ihren Augen. Sie aber tat wieder einen Schrei, arbeitete dann heftig mit den Gesichtszügen, als wollte sie etwas beginnen, was sie nicht konnte – endlich, als hätte sie es plötzlich gefunden, regten sich mit einmal ihre Augen im Haupte, indem sie den funkelnden Kreisen des Feuerbrandes folgten. Der Arzt war nicht anwesend. Abdias rannte zum Hauswächter und sagte, er gebe ihm hundert Goldstücke, wenn er reite, was ein Pferd zu rennen vermöge, und den Arzt bringe. Der Wächter zog ein Pferd aus dem Stall, sattelte es in Schnelligkeit und ritt davon. Abdias sah ihm von einem Fenster aus, das er schnell aufgerissen hatte, zu. Indessen der Mann das Pferd sattelte, hatte Abdias die Eingebung gehabt, alle Fensterbalken in Dithas Zimmer zuzumachen und noch dazu die Vorhänge herabzulassen, damit die Augen vorerst in der ihnen holden Finsternis blieben und von dem plötzlich eindringenden Licht nicht verletzt würden. Als er dieses getan hatte, wobei Ditha immer still gewesen war, hatte er, wie wir oben sagten, das Fenster des Ganges aufgerissen, um dem abreitenden Boten zuzusehen, dann ging er leise wieder in ihr Zimmer zu ihrem Bett, setzte sich zu ihr, und fing über eine Weile zu reden an. Die Stimme war das Gewisseste, was sie an ihm kannte, und sie übte nach und nach ihren gewöhnlichen Einfluss aus. Das erschreckte Kind beruhigte sich nach einiger Zeit – und in der Finsternis vergaß es gemach den furchtbar herrlichen Sturm des ersten Sehens. Nach mehreren Augenblicken fing es sogar selber zu reden an und erzählte ihm von fernen bohrenden Klängen, die da gewesen, von schneidenden, stummen, aufrechten Tönen, die im Zimmer gestanden seien. Er antwortete ihr auf alles und sagte recht freundliche Worte der Liebe. Bisweilen, wenn ein kurzer Stillstand des Gespräches war, stand er auf, rang in der Finsternis die Hände über seinem Haupt, oder er krampfte sie ineinander, wie man in Holz oder Eisen knirscht, um die innere Erregung abzuleiten. – Dann setzte er sich doch wieder zum Bett, und blieb längere Zeit sitzen, indem er sich mehr und mehr beruhigen lernte. Ditha, welche zu der Stimme noch ein anderes Merkmal hinzugeben wollte, fasste nach seinen Händen, und als sie dieselben hatte, streichelte sie darüber hin, um sich zu überzeugen, dass er es wirklich sei den sie habe. Er blieb nun ganz bei ihr sitzen, und sie fing nach und nach an, die gewöhnlichen Dinge, wie sie bei ihr alle Tage vorkamen, zu bereden. Sie schien hierbei immer müder zu werden, insbesondere, da sie ihm auf sein Befragen erzählte, dass das Zittern ganz aufgehört habe, was recht gut sei. Nach einer Weile sagte sie gar nichts mehr, nachdem sie noch einige zutrauliche unzusammenhängende Worte geredet hatte, richtete ihr Köpfchen auf dem Kissen zurecht, und es schlossen sich im Schlafe die Augenlider über die neuen, gerade erst bekommenen und von ihr noch nicht gekannten Juwelen. Abdias löste, als sie ruhig schlief, sachte seine Hand aus der ihrigen, und ging in den Garten hinaus, um zu schauen, wie denn jetzt der Tag draußen beschaffen wäre. Es war Abend. Dasselbe Gewitter, welches Ditha sehend gemacht hatte, hatte ihm mit Hagel das Hausdach und seinen Nachbarn die Ernte zerschlagen – er aber hatte davon nichts gemerkt. Jetzt, da er im nassen Gras stand, war alles vorüber. Die Gegend war sehr still, die Sonne ging eben im tiefen Abend unter und spannte im Morgen, wohin eben das Gewitter hinauszog, einen weiten schimmernden Regenbogen über den ganzen dunkeln Grund desselben.

Nach Mitternacht kam endlich der ersehnte Arzt. Er hielt es aber nicht für gut, das sanft schlummernde Mädchen zu wecken, sondern ordnete an, dass die Untersuchung erst bei Tageslicht zu geschehen habe. Er billigte übrigens, was Abdias getan hatte.

Als am andern Morgen die Sonne aufgegangen war, wurde Dithas Zimmer nur insoweit gelichtet, dass man den Versuch mit ihr anstelle, ob sie sehe oder nicht; denn ihr das volle Licht zu geben, hielt man für schädlich. Der Versuch war kurz, und der Arzt erklärte, dass sie sehe. Man beschloss nun, dass das Zimmer, das sie nicht verlassen durfte, nur allmählich gelichtet werde, damit sie sich an die Gegenstände, die nach und nach hervortauchten, gewöhne und das Auge durch allzu großen und ungewohnten Lichtreiz nicht erkranke. Man sagte ihr, sie sei unwohl und müsse das Zimmer hüten, aber die Krankheit würde bald vorübergehen, und dann würde sie mit ihren Augen sehen. Sie wusste nicht, was Sehen sei, aber sie blieb geduldig auf ihrem kleinen Sessel sitzen, lehnte das Haupt auf die Lehne desselben zurück, und hatte einen grünen Schirm über den Augen, den sie bloß griff. Eine Verhüllung nach der andern wurde von den Fenstern zurückgetan, ein Raum kam nach und nach um sie zum Vorschein, sie wusste aber nicht, was es sei – die Fensterbalken wurden allgemach gelichtet – endlich wurden die letzten Vorhänge der Fenster emporgezogen – – und die ganze große Erde und der ungeheure Himmel schlug in das winzig kleine Auge hinein. – – Sie aber wusste nicht, dass das alles nicht sie sei, sondern ein anderes, außer ihr Befindliches, das sie zum Teil bisher gegriffen habe, und das sie auch ganz greifen könnte, wenn sie nur durch die Räume in unendlich vielen Tagen dahin zu gelangen vermöchte.

Abdias fing nun an, Ditha sehen zu lehren. Er nahm sie bei der Hand, dass sie fühle, dass das dieselbe Hand sei, die sie so oft an der ihrigen im Zimmer oder im Garten herumgeführt hatte. Er hob sie von dem kleinen Sessel empor. Der Arzt und die drei Diener des Hauses standen dabei. Er führte sie einen Schritt vom Sessel weg, dann ließ er sie die Lehne greifen, die ihr so lieb geworden war, dann die Seitenarme des Stuhles, die Füße, und anderes – und sagte, das sei ihr Sessel, auf dem sie immer gerne gesessen sei. Dann hob er den Schemel empor und ließ sie ihn fühlen und sagte, hierauf habe sie die Füße gehabt. Dann ließ er sie ihre eigene Hand, ihren Arm, die Spitze ihres Fußes sehen – er gab ihr den Stab, dessen sie sich gerne zum Fühlen bedient hatte, ließ sie ihn nehmen und die Finger sichtbar um ihn herumschlingen – er ließ sie sein Gewand greifen, gab ihr ein Stückchen Leinwand, führte ihre Hand darüber hin, und sagte, das sei das Linnen, welches sie so liebe und gerne befühlt habe. Dann setzte er sie wieder in den Sessel zurück, kauerte vor sie hin, zeigte mit den zwei Zeigefingern seiner Hände auf seine Augen, und sagte, das seien die Dinge, mit denen sie nun alles, was um sie herum sei, sehe, wenn auch hundert Arme aneinander gefügt zu kurz seien, es zu greifen. Er ließ sie die Augenlider schließen und mit ihren Fingern die durch sie verhüllten Äpfel greifen. Sie kannte – tat aber die Finger schnell weg und öffnete die Lider wieder. Er wies ihr nun, da sie saß, alle Dinge des Zimmers, die sie sehr gut kannte, und sagte ihr, wie sie dieselben gebraucht habe. Um ihr dann den Raum zu weisen, führte er das widerstrebende Mädchen, weil es anzustoßen fürchtete, durch das Zimmer zu den verschiedenen Gegenständen, von einem zum andern und zeigte, wie man Zeit brauche, um zu jedem zu gelangen, obgleich sie alle auf einmal im Auge seien. Er blieb den ganzen Tag bei ihr im Zimmer. Die äußeren Gegenstände des Gartens und der Fluren wollte er ihr noch nicht zeigen, damit sie nicht mit zu viel auf einmal überladen werde und es ihr schade. Beim Essen zeigte er ihr die Speisen, nannte ihr den Löffel; denn Messer und Gabel hatte sie bisher nie gehandhabt, und sie fuhr ebenso ungeschickt zum Munde, wie sie es getan, als sie noch blind gewesen war. – Am Abend dieses Tages hatte das Kind ein bedeutend heftiges Fieber. Man brachte es zu Bett. – Als es immer dunkler geworden und endlich die Nacht hereingebrochen war, meinte das Kind, es sei wieder blind geworden, und sagte es dem Vater. Dieser aber antwortete ihm, das sei die Nacht, wo, wie sie es wissen müsse, sich bisher immer alle zu Bett gelegt hatten, um zu schlafen, weil das Tageslicht, bei dem allein die Augen sehen, vergangen sei, und erst nach einiger Zeit wiederkommen würde, während welcher sich die Augen schließen und die Menschen schlummern. Dass sie aber nicht blind sei, könne er ihr gleich zeigen. Er zündete eine große Lampe an und stellte sie auf den Tisch. Sofort zeigten sich wieder alle Gegenstände, aber anders als bei Tag, grell hervortretend und von tiefen und breiten Schatten unterbrochen. Die Flamme der Lampe erinnerte Ditha an den Blitz, und sie sagte, ein solcher Hauch sei bei ihr gewesen, als es gestern so gekracht habe und der Vater dann zu ihrem Bett hereingestürzt sei. Abdias löschte die Lampe wieder aus, setzte sich zu ihrem Bett, nahm sie bei der Hand, wie in den Tagen der Blindheit, und redete mit ihr, bis sie, wie gewöhnlich, entschlummerte. – Als sie am andern Tag ruhig und gestärkt erwachte und die Dinge im Zimmer schon mit viel mehr Fassung betrachtete als gestern, ließ er sie ankleiden, und da gegen die Hälfte des Vormittags hin der Tau auf den Gräsern vergangen war, führte er sie in den Garten, und nicht nur in den Garten, sondern auch ins Freie hinaus, in das Tal. Er zeigte ihr hier den Himmel, das unendliche tiefe Blau, in dem die silbernen Länder, die Wolken, schwammen, und sagte ihr, das sei blau, das weiß. Dann zeigte er auf die Erde, wie die sanfte, weiche Wiege des Tals so von ihnen hinausging, und sagte, das sei das Land, auf dem sie wandeln, das Weiche unter ihren Füßen sei das grüne Gras, das Blendende, das ihre Augen nicht vertragen, und das noch einschneidender sei als gestern die Lampe, sei die Sonne, die Lampe des Tages, die nach dem Schlummer immer komme, den Tag mache und den Augen die Kraft gebe, alles sehen zu können. Dann führte er sie in den Hof zum Brunnen, zog vor ihren Augen an dem Metallknopf, dass der Strahl hervorschoss, und zeigte ihr das ihm so merkwürdige Wasser, und ließ sie von der hellen, kristallenen, frischen Flut einen Trunk tun, den er mit einem Glas schöpfte. Er zeigte ihr am Tag hinüber die Bäume, die Blumen, er erklärte ihr die Farben, was namentlich ein ganz Neues für sie war, und was sie beim Nachsagen nicht nur durcheinanderwarf, sondern auch ganz unrichtig anwendete, insbesondere wenn Farben und Klänge zugleich sich in ihrem Haupt drängten. Zwischen den Gräsern waren oft Tierchen, die er ihr zeigte, und wenn ein Vogel durch die Luft strich, suchte er ihre Augen auf ihn hin zu lenken. Auch das Gehen musste er ihr erst beibringen und angewöhnen, wenn sie so vom Garten weg auf den Anger des öden Tales hinauswandelten; denn sie griff den Boden gleichsam mit den Fühlfäden ihrer Füße und getraute sich nicht, die Spitze schnell und sicher vor sich ins Gras zu setzen, weil sie nicht wusste, wie groß oder klein der Abgrund zwischen diesem und dem nächsten Tritte sei, wodurch es kam, dass sie jetzt im Sehen weit unsicherer ging als früher in der Blindheit; denn da hatte sie den Fuß jederzeit im Bewusstsein des festen Bodens, den sie bisher immer gegriffen, vorwärtsgestellt, und hatte nicht gewusst, welche ungeheure Menge von Gegenständen auf dem nächsten Schritte liege. Ditha hatte an allem, was sie sah, Freude, schaute immer herum, und bewunderte insbesondere das Haus, in dem sie wohnten, das einzige, merkwürdigste Ding dieser Art, das sie auf dem öden Grund des Grases erblickte. Sie wollte beinahe nicht in die Stube gehen, dass sie das Blau des Himmels, das ihr besonders gefiel, und das lange, immer fortgehende Grün des Grundes nicht verliere. Sie schaute in einem fort, und begriff nicht, wie ihr ein Baum, ein Stück Mauer des Gartens oder ein flatternder Zipfel des Gewandes ihres Vaters gleich einen so großen Teil der Welt nehmen könne, und wie sie mit der kleinen Hand, wenn sie sie unter die Stirn lege, gleich alles, alles bedecke. – Der Abend kam wie am vorigen Tag mit Erschöpfung in seinem Geleit, und der Vater schläferte die Tochter wie gestern ein, um morgen in dem begonnenen Geschäft fortzufahren.

Abdias gab nun den Handel, den er die Zeit her so eifrig betrieben hatte, auf, und beschäftigte sich bloß mit Ditha, sie in dem neuen Reiche des Sehens fortzuführen.

Was den andern Eltern weit auseinandergerückt, gleichsam in Millionen Augenblicke verdünnt erscheint, das wurde ihm jetzt gewissermaßen auf einmal zugeteilt. Elf Jahre waren Dithas Augen zugehüllt gewesen, elf Jahre war sie auf der Welt gewesen und hatte auf das Sehen warten müssen, nachdem ihr diese Welt schon auf einer andern Seite, auf der Seite des engen, dunkeln, einsamen Tastens zugeteilt gewesen; aber wie man von jener fabelhaften Blume erzählt, die viele Jahre braucht, um im öden grauen Kraut zu wachsen, dann aber in wenigen Tagen einen schlanken Schaft emportreibt und gleichsam mit Knallen in einem prächtigen Turm von Blumen aufbricht; – so schien es mit Ditha; seit die zwei Blumen ihres Hauptes aufgegangen waren, schoss ein ganz anderer Frühling rings um sie herum mit Blitzesschnelle empor; aber nicht allein die äußere Welt war ihr gegeben, sondern auch ihre Seele begann sich zu heben. Gleichsam wie die Flatterflügel wachsen, dass man sie sieht, wenn der junge Vogel noch an der Stelle sitzt, an welcher er aus der Puppe gekommen war, die die Fittiche so lange eingefaltet gehalten hatte, so dehnte das junge Innere Dithas die neuen, eben erst erhaltenen Schwingen – denn die Sekunden flogen mit Kleinodien herbei, auf den Augenblicken lagen Weltteile, und jeder Tag endete mit einer Last, die er ihr auflud. So wunderbar ist das Licht, dass auch ihr Körper in sehr kurzer Zeit ein anderer ward; die Wangen wurden rot, die Lippen blühten, und nach wenigen Wochen war sie in ihren Gliedern voller und stärker. Abdias hatte lauter weiße Haare, sein Gesicht war schwarz, von gekreuzten Narben durchzogen, und in den Zügen war Verfall eingegraben. So ging er neben der Tochter, die jetzt schon schlank und sicher wandelte; denn sie waren schier immer im Freien, das Ditha so liebte, und er nicht minder.

Aber nicht nur schöner ward das Antlitz des Mädchens, sondern es begann auch zu leben und sichtlich immer mehr das Schönste zu zeigen, was der Mensch vermag, das Herz.

Wie Abdias vor mehreren Jahren angefangen hatte, plötzlich geizig zu werden, so wusste man jetzt nicht mehr, ist er es noch, oder nicht. Er ging immer neben dem Mädchen. Alle, die den Juden hassten, sahen mit sichtbarlichem Wohlgefallen in das unschuldige Angesicht seiner Tochter. – – – Auch die Augen, die einst so starren, unheimlichen Bilder, wurden nun menschlich lieb und traulich; denn sie fingen zu reden an, wie Menschenaugen reden – und Fröhlichkeit oder Neugierde oder Staunen malte sich darinnen – auch Liebe malte sich, wenn sie plaudernd und schmeichelnd auf Abdias' Züge schaute, die nur ihr allein nicht hässlich erschienen; denn was die Außenwelt für ihre Augen war, das war er für ihr Herz – ja er war ihr noch mehr als die Außenwelt; denn sie glaubte immer, er sei es, der ihr diese ganze äußere Welt gegeben habe. – So verging der Sommer, so der für das Mädchen sehr traurige Winter, und wieder ein Sommer und ein Winter. Ditha gedieh immer mehr, und blühte immer schöner. – In zwei Dingen war sie eigentümlich und von den gewöhnlichen Menschen abweichend. – Das erste betraf ein Naturwunder, das wohl zuweilen, aber selten vorkommt. Abdias hatte es in jüngeren Jahren auch gehabt, aber mit dem Alter hatte es sich allmählich verloren. Man bemerkte nämlich an Ditha seit dem Tag, an welchem der Blitz in ihr Zimmer geschlagen und ihre Nerven umgestimmt hatte, dass sie an Gewittertagen, oder auch nur an solchen, wo Gewitter drohten und an dem entfernten Gesichtskreis hinauszogen, ganz besonders lebhaft, sogar heiter und freudig gestimmt sei, unähnlich den andern Mädchen und Frauen, welche Gewitter gewöhnlich fürchten. Sie liebte dieselben, und wenn eines wo immer am Himmel stand, ging sie hinaus, um zu sehen, ob es komme. Einmal in der Dämmerung einer sehr gewitterschwülen Nacht, da sie eben am offenen Fenster stand und dem entfernten Blitzen zusah, bemerkte Abdias, der hinter ihr in einem Stuhl saß, dass ein leichter, schwacher, blasser Lichtschein um ihr Haupt zu schweben beginne, und dass die Enden der Seidenbändchen, womit ihr Haar gebunden war, sich sträuben und gerade emporständen. Er erschrak nicht, denn gerade dieses war auch die Erscheinung gewesen, die bei ihm in der Jugend öfters ohne Veranlassung und in späteren männlichen Jahren bei starker Erregung wahrgenommen und ihm von seiner Mutter mehr als einmal erzählt worden war. Er ist gewöhnlich, wie die Mutter sagte, zu solchen Zeiten sehr heiter gewesen, oder ist sehr stark gewachsen. Einen Nachteil aber hatte die Erscheinung für seinen Körper nie gehabt. Abdias blieb ganz still hinter Ditha im Stuhl sitzen und sagte ihr nichts von dem, was er an ihr sehe. Er hatte ohnedem gleich nach dem Tag, an welchem der Blitz in Dithas Zimmer gefahren war, ihre Schlafstelle in ein anderes Gemach verlegt, jetzt, da er diese Erscheinung wahrgenommen hatte, ließ er auch sogleich Blitzableiter aufs Haus setzen, wie er sie an mehreren Orten Europas gesehen hatte. Er erinnerte sich jetzt auch, dass ihm einmal im Morgenland erzählt worden war, dass, wenn es nachts am Himmel blitzte und ein Gewitter nicht auszubrechen vermöge, die Blumen unten manchmal eine leichte Flamme aus ihrem Kelch entlassen, oder dass gar ein fester, ruhiger Schein darübersteht, der nicht weicht und doch nicht die Blätter und die zarten Fäden verbrennt. Ja diese Blumen sind dann gar die schönsten.

Abdias beobachtete nun Ditha genauer, und sah die Erscheinung in diesem Sommer noch zweimal an ihr. Im Winter war nichts zu bemerken.

Das zweite, was Ditha eigentümlich und von andern Menschen abweichend hatte, war wohl nur eine natürliche Folge ihrer Verhältnisse, die von allem verschieden waren, was Menschen gewöhnlich begegnen kann, es war die Folge ihres früheren Zustandes und ihrer einsamen Entwicklung. Wie nämlich bei andern Menschen das Tag- und Traumleben gesondert ist, war es bei ihr vermischt. Bei andern ist der Tag die Regel, die Nacht die Ausnahme: bei ihr war der Tag vielmehr das Ausgenommene. Ihre vergangene, lange, vertraute Nacht reichte nun in ihren Tag herüber, und jene willkürlichen, von andern Menschen nicht verstandenen Bilder ihrer innern Welt, die sie sich damals gemacht hatte, mischten sich nun unter ihre äußeren, und so entstand ein träumend sinnendes Wesen, nur zuweilen von einem schnell handelnden unterbrochen, wie es eigentlich Abdias' Natur war, es entstand eine Denk- und Redeweise, die den andern, welche sie gar nicht kannten, so fremd war, wie wenn etwa eine redende Blume vor ihnen stände. Sonst einsam in ihrer Nacht sitzend, war sie auch jetzt gern allein, oder mit ihrem Vater, der sie sehr gut verstand. Aus jener langen Nacht mochte es auch herkommen, dass sie nicht die brennenden, sondern die kühlen und dämmernden Farben vorzugsweise liebte, und darunter wieder das Blau. Als sie einmal etwas weit von ihrem Hause waren, durch den Föhrenwald gingen, von dem wir oben geredet haben, und jenseits desselben an einem großen blühenden Flachsfeld standen, rief sie aus: »Vater, sieh nur, wie der ganze Himmel auf den Spitzen dieser grünen, stehenden Fäden klingt!« – Sie verlangte hierauf, dass ein Stock davon nach Hause genommen würde. Er aber führte sie näher, zog einige Fäden aus, zeigte ihr die feinen kleinen Blumen, und machte ihr so klar, dass man nicht gleich ein ganzes Stück von diesem Blau wegnehmen könne. Dafür versprach er ihr, dass sie bald zu Hause ein solches blaues Feld haben werde. So sprach sie auch von violetten Klängen, und sagte, dass sie ihr lieber seien als die, welche aufrecht stehen und widerwärtig seien, wie glühende Stäbe. Ihre Stimme, die sie in der letzten Zeit ihrer Blindheit immer lieber zum Singen als zum Sprechen erhoben hatte, wendete sich frühzeitig einem sanften, klaren Alt zu. So lebte sie einer Welt aus Sehen und Blindheit, und so war ja auch das Blau ihrer Augen, so wie das unseres Himmels, aus Licht und Nacht gewoben.

Als sie den Gebrauch ihrer Augen bekommen hatte und Abdias, wie wir schon oben bemerkten, aufgehört hatte, seine Zeit dem Handel und dem Herumreisen zuzuwenden, fing er etwas anderes an. Er hatte zugleich mit dem Platz, auf welchem das Haus und der Garten stand, einen nicht gar kleinen Landteil des unfruchtbaren Tales erworben. Er hatte diesen Teil bisher unbenützt liegen lassen und nur, wenn er mit seinen Füßen darüber wandelte, gedacht: dies gehört mir. Jetzt fing er an, diesen Teil zu bebauen, und wollte ihn nach und nach in Felder umwandeln, wie er hinter den verdorrten Palmen in der Wüstenstadt auch ein Feld gehabt hatte, auf dem ihm etwas Gemüse und dünn stehender, niedriger Mais wuchs. Er dingte Knechte, kaufte die gehörigen Gerätschaften und fing an. Zum ersten Umgraben und zur Klärung der Erde, dass sie eine Saat annehme, hatte er eine große Zahl Taglöhner aus entfernten Gegenden kommen lassen. Zugleich fing er den Bau der Scheuern und anderer Gebäude an, welche bestimmt waren, die Ernte aufzunehmen. Als alles in zureichendem Stande war, entließ er die fremden Arbeiter und führte die Sache durch seine Knechte fort. In dem Garten hatte er wohl schon bei seiner Ankunft des Schattens wegen Bäume gesetzt, nun aber gab er noch allerlei Gesträuch hinzu, er lockerte einen Teil des Bodens, der früher bloß mit Gras bewachsen gewesen war, auf und legte Blumenbeete an. Auf einer andern Seite des Hauses wurde Erde für Gemüse aufgegraben.

Schon im ersten Frühling, an welchem Ditha sah, wogte ein schöner grüner Kornwald an einer Stelle, an welcher früher nur kurzes, fahlgrünes Gras gewesen war und graue Steine aus dem Boden hervorgesehen hatten. Als die Halme gelb geworden waren, standen gleichsam für Ditha die blauen Zyanen [Kornblumen] darin. Abdias ging unter all dem herum, und oft, wenn der mäßige Vormittagswind die reifenden Ähren zu silbernen Wogen mischte, stand seine Gestalt aus dem Rohrfeld hervorragend da, wie er den weißen Turban um seine schwarze Stirn geschlungen hatte, der dunkle Kaftan im Wind sich regte, und der große Bart, der vom Antlitz niederhing, noch weißer war als der Turban.

Gleich im ersten Sommer wurde ein Stück Feld hergerichtet und mit Flachs besät. Als er blühte, wurde Ditha hinausgeführt, und Abdias sagte ihr, der ganze Himmel, der da auf den Spitzen dieser grünen, stehenden Fäden klinge, gehöre ihr. Ditha stand nun recht oft vor dem blauen Tuch des Feldes und sah es an. Auf dem Heimweg pflückte sie sich einen Strauß von Zyanen, die im Korn standen.

Gegen die Mitte dieses Sommers ging ein mit dem gelben Getreide des Abdias hoch beladener Wagen in die neugebaute Scheuer und widerlegte den Wahn der in der Entfernung wohnenden Nachbarn, dass das grüne, mit Steinen besäte Wiesental unfruchtbar sei. Diesem

Wagen folgte bald ein zweiter, ein dritter – und er wurde so lange beladen, bis alles Ausgesäte als Ernte zu Hause war. An einem andern Platz wurde schon wieder zur Vergrößerung der Felder für das nächste Jahr gereutet.

So lebte Abdias wieder in einer andern ihm vollkommen neuen Tätigkeit, und er betrieb sie immer weiter. Nachdem mehrere Jahre vergangen waren, hatte er schon alles Land, welches ihm gehörte, umgegraben, und er sann bereits darüber nach, an seinen Handelsfreund zu schreiben, dass er durch dessen Vermittlung wieder ein neues Stück dazu bekomme, welches er bearbeiten wollte. Seinen Garten hatte er erweitert und die Mauer um das Stück ziehen lassen. Die Gebäude, die er zum Wirtschaftsbetriebe aufgeführt hatte, wurden zu klein, und er baute immer an der Erweiterung. Auch sann er über neue Dinge, die er unternehmen, und über Anlagen und Baulichkeiten, die er erfinden wollte.

Er hatte wieder mehrere Diener und Mägde genommen. Das Innere des Hauses richtete er fast so her, wie die Wohnung der Wüstenstadt zur Zeit der Esther gewesen war. Er legte weiche Teppiche, er baute durch Bretter und seidene Überzüge Nischen, ließ Ruhebetten in dieselben stellen und gelbseidene Vorhänge vor sie niederhängen, die man auseinander ziehen konnte. In mehrere Fächer tat er Dinge, dass sie einst Ditha, wenn er tot wäre und sie die Schlüssel bekäme, finden möge. Im Hofraum und draußen im Tal pflanzte er Bäumchen, die ihr Schatten geben, wenn sie eine Matrone sein würde. Wenn er nach Art des Alters nicht schlafen konnte, oder wenn ihm die lange europäische Dämmerung zu lange wurde, stand er auf und ging zu ihrem Bett, in dem sie meistens rot und gesund, wie eine Rose, schlummerte. Dann sah man ihn im Garten herumgehen und dies und jenes anschauen und befestigen.

Aus Büchern lesen oder sonst etwas lernen hatte er Ditha nicht lassen; es war ihm nicht eingefallen. Von fremden Menschen kam nie einer in das Haus des Abdias herein, und wenn ein Wanderer ins Tal kam, so sah man ihn höchstens mit der hohlen Hand aus dem Bach trinken und dann weitergehen. Die Knechte des Abdias bearbeiteten seine Felder, taten, wie er anordnete, führten das Getreide auf den Markt und brachten das bestimmte Geld heim, das Abdias immer vorauswusste, wie viel es sein musste, weil er die Marktpreise kannte. Sonst waren sie meistens unter sich und im Gesindehaus, das am andern Ende des Gartens stand; denn obwohl sie hier aus dem Volke seines Glaubens genommen worden waren, hatten sie doch eine Scheu vor ihm und seinem abenteuerlichen Wesen. So waren auch die andern Diener. Die Zofe Dithas saß schier immer in der Stube, weil man sie hatte aus der Stadt kommen lassen, sie nähte Kleider oder las; denn sie hasste die Luft und die Sonne. Abdias und Ditha waren immer draußen. Als er Bäume gepflanzt hatte, damit sie Schatten geben, hatte er den Himmel Europas nicht gekannt, oder nicht an ihn gedacht; denn sie brauchten hier kaum einen Schatten. Wenn eine heiße Sonne schien, dass jedes Wesen ermattet war und Wohnung oder Kühle suchte, saß Ditha gerne auf dem Sandweg des Gartens unter abgefallener Bohnenblüte und ließ die Mittagsstrahlen auf sich niederregnen, indem sie leise eine Weise sang, die sie selber erfunden hatte. Abdias aber, im weiten Talar, mit den funkelnden Augen, weißem Haupt und Bart, saß auf dem Bänkchen an dem Hause und glänzte im Mittagsschein. So wuchs Ditha auf, gleichsam neben Erlen, Wachholder und anderm Gesträuch der schlanke Schaft einer Wüstenaloe – so waren sie allein, und auf dem Tal lag gleichsam eine öde afrikanische Sonne.

Er hatte nach Europa verlangt, er war nun da. In Europa wurde er nicht mehr geschlagen, sein Eigentum wurde ihm nicht genommen, allein er hatte den afrikanischen Geist und die Natur der Einsamkeit nach Europa gebracht.

Öfter saß Ditha oben am Getreideabhang, bis wohin Abdias ganz nahe am Föhrenwald seine Anlagen ausgedehnt hatte, und betrachtete die Halme des Getreides oder der Gräser, die darin wuchsen, oder die Wolken, die am Himmel zogen, oder sie ließ Gräsersamen über die graue Seide ihres Kleides rieseln und sah zu, wie er rieselte. Abdias kleidete sie nämlich gerne reich, und wenn sie nicht in dem von ihr noch immer sehr geliebten Linnen ging, so ging sie in dunkelfarbiger Seide, entweder blau, oder grau, oder violett, oder schwach braun – aber niemals schwarz. Der Schnitt ihres Kleides war wohl von fern dem europäischen ähnlich, da die Kleider von ihrer Zofe gemacht wurden, aber er musste immer so sein, dass die Kleider weit und faltig um sie hingen, da sie von ihrer Heimat her an keinen Druck gewöhnt war und keinen litt. Öfter stand sie auf, wenn sie lang am Rande des Kornes gesessen war und wandelte allein am Saum des Getreides dahin, dass ihre Gestalt weit im Tal gesehen wurde, wie sie entweder in Linnen leuchtete oder schwach und unbestimmt in Seide glänzte. Abdias holte sie dann gewöhnlich ab, und sie gingen miteinander nach Hause. Er dachte, er müsse mit ihr verständig reden, dass sie selber verständig würde und fortleben könnte, wenn er tot sei. Und wenn sie so gingen, redete er mit ihr: er erzählte ihr arabische Wüstenmärchen, dichtete ihr südliche Bilder und warf seine Beduinengedanken gleichsam wie ein Geier des Atlasses an ihr Herz. Er bediente sich hierzu meistens der arabischen Sprache, welche die seines Vaters war. Er hatte wohl, wie er es in seinen jugendlichen Wanderjahren sich angewöhnt hatte, sehr schnell die Sprache des Landes gelernt, und hatte sie mit denen, mit welchen er früher im Handel umgegangen war, geredet, und redete sie mit denen, die er jetzt im Dienste hatte; aber mit Ditha sprach er am liebsten Arabisch. Da er aber auch zuweilen eine andere Sprache des Morgenlandes gegen sie gebrauchte, da sie auch sowohl von seinem Mund als auch von dem der Dienstleute die Landessprache lernte; so kannte sie eigentlich ein Gemisch von allem, drückte sich darin aus und hatte eine Gedankenweise, die dieser Sprache angemessen war.

Wenn Abdias nun so vorausdachte, wie alles werden würde; wenn er an einen künftigen Bräutigam dachte, so fiel ihm die schöne, dunkle, freundliche Gestalt Urams ein, dem er sie gegeben hätte – aber da Uram tot war, konnte er sich nichts anderes denken, als dass Ditha immer schöner und blühender werde und so fortleben würde.

Und in der Tat schien es, dass dieser Wunsch in Erfüllung gehen sollte. Sie war in der letzten Zeit bedeutend vollkommener geworden. Ihr Körper war stärker, das Auge ward schöner, dunkler, sehnsüchtiger, die Lippe reifer und ihr Wesen kräftiger, wie sie denn überhaupt in ihrer Art das Traumhafte ihrer Mutter mit dem Feurigen ihres Vaters verband. Sie liebte diesen Vater unsäglich, und wenn sie oft gedrängt war von der wilden, ungebändigten Liebe, dann nahm sie seine alte Hand und drückte deren Finger gegen ihre Augen, ihre Stirn, ihr Herz – den Kuss kannte sie nicht, weil sie keine Mutter hatte – er aber gab nie einen, da er hässlich war.

Weil Ditha während ihrer Blindheit fast immer gesessen war, oder ihre Füße nur schwach in Bewegung hatte setzen können, wenn sie ging, ja weil sie einen bei weitem größeren Teil ihrer Zeit im Bett zubrachte, als außerhalb desselben, so war ihre Entwicklung sehr langsam gegangen, und obwohl sie, da ihr das Licht der Augen zuteil geworden war, schneller als früher fortschritt, so kam doch die Zeit der Reife bei ihr später, als sie sonst zu kommen pflegt. Sie war schon sechzehn Jahre alt, als sie an jenem Zeitpunkt angelangt zu sein schien. Ihr früheres drängendes Wesen stillte sich, das Auge wurde milder und schmachtender, und die Glieder waren schlank und freudig, wie bei jedem vollkommenen Wesen dieser Erde.

Abdias tat sich absichtlich einen Schmerz an, oder er opferte etwas Liebes, damit nicht das Schicksal ein Größeres begehre.

Wie bei allen Mädchen in dieser Zeit große Veränderungen vor sich gehen, wie namentlich in Dithas Stamm eine ruhige Schlankheit des Leibes und ein zartes Scheuen des Blickes das Hereintreten des Jungfrauenalters anzeigen, so war dieses bei Ditha ganz besonders der Fall. Ihr körperliches Wesen schien in der Tat in einer Art Spannung zu sein, und obwohl sie freudig und heiter und fast so kühn war wie früher, so war es doch, als sei ein Ausdruck süßen Leidens über sie ausgegossen.

Es war eben Sommer und die Zeit der Ernte. – Ditha ging zu dieser Zeit an einem Nachmittag, der den andern Leuten recht heiß vorkam, über den Hügelsaum eines Kornfelds empor, das der Vater am Tag vorher hatte abmähen lassen. Sie ging so lange, bis sie am oberen Rand angekommen war; denn sie hatte dort ein Feld mit Flachs, den sie spät gesät hatte, zu dem sie sonst, da das Korn stand, immer mit Umwegen hatte gelangen müssen, und der jetzt alle Tage in Blüte zu brechen versprach. Sie war ganz allein durch die Stoppeln emporgegangen, und stand ganz allein, die höchste Gestalt, auf dem Saum der Anhöhe, wenn man den weiter draußen stehenden Föhrenwald ausnimmt, dessen Wipfel noch näher am Himmel hinzuziehen schienen. Auf dem Kornfeld hatten sie die Knechte des Abdias hinaufgehen gesehen, die eben über dasselbe Kornfeld nach Hause kehrten, weil sie ein Gewitter fürchteten. Sie kümmerten sich aber nicht weiter um sie. Nur einer, da er ein wenig später den Vater sah, der Ditha zu suchen schien, sagte, wenn er seine Tochter suche, sie sei oben auf dem Bühel. Wirklich hatte sie Abdias gesucht; denn die zarte Wolkenwand war dichter geworden und schob sich über den Himmel empor, obgleich an dem größeren Teil desselben noch das reine Blau herrschte und die Sonne noch heißer niederschien als früher. Er stieg also, da er von dem Knecht die Nachricht erhalten hatte, über dasselbe Kornfeld, das wir erwähnten, empor, sah Ditha am Rande des Flachses stehen, und ging ganz zu ihr hinzu. Das Feld war über und über in blauer Blüte, und auf den kleinen zitternden Blättchen, über die kein Lüftchen ging, war eine große Anzahl von Tierchen. »Was tust du denn hier, Ditha?« fragte Abdias. »Ich schaue meinen Flachs an«, antwortete das Mädchen, »sieh', gestern war keine einzige Blume offen, und heute sind sie alle da. Ich glaube, die Stille und die Wärme haben sie hervorgetrieben.« – »Siehst du nicht die Wolken am Himmel«, sagte Abdias, »sie kommen herauf, und wir müssen nach Hause gehen, sonst wirst du nass und krank.« – »Ich sehe die Wolken«, antwortete Ditha, »aber sie kommen noch nicht so bald, wir können schon noch hinuntergehen. Wenn sie aber auch eher kommen, als sie versprechen, so werde ich doch nicht nass, denn ich will in ein solches Haus, wie sie hier aus Garben gemacht haben, hineingehen, will dort niedersitzen und zusehen, wie die silbernen Regenkugeln in die Halme niederschießen, davon von jedem nur ein abgemähtes Stückchen emporsteht. Bei mir drinnen aber wird es warm und trocken sein.« – Abdias schaute zum Abendhimmel, und in der Tat schien die Vermutung des Kindes wahr zu werden, dass die Wolken eher kommen würden, als sie versprachen; denn die gleiche und schwachfarbige Wand, die noch vor kurzem am Abendhimmel stand, hatte sich gelöst und in Ballen gesondert, die mit weißen Rändern überhingen und alle Augenblicke die Farbe änderten. Gegen unten, am Gesichtskreis hin, war rötliches Grau.

Abdias erkannte, dass sie vor dem Regen kaum mehr das Haus erreichen würden, und dass vielleicht der Rat Dithas der beste wäre. Da er aber der Leichtigkeit des Garbenhauses nicht traute, wenn etwa ein Wind käme, so fing er an, mit eigenen Händen noch mehr Garben herbeizutragen. Als Ditha seine Absicht begriff, half sie ihm, bis ein solcher Vorrat beisammen war, dass er die Wetterseite mit einer dichten Garbenmauer besetzen und dem Ganzen eine solche Festigkeit geben konnte, dass es nicht leicht vom Wind zu zerreißen war. Gegen Morgen ließ er die Öffnung frei, dass sie auf das Spiel des Regens hinaussehen und eine Übersicht auf den Abzug des Gewitters haben könnten. Das Obdach wurde endlich fertig, aber es rührte sich noch immer kein Lüftchen, und es fiel kein Tropfen. Die gelben Stoppeln lagen vor ihnen, die zarten, von dem Schirm der weggenommenen Halme entblößten Gräschen regten sich nicht, und über dem blauen Feld des Flachses hoch in der Luft sang eine Lerche, von dem fernen, tiefen Donner zuweilen unterbrochen. – Ditha hatte ihre Gewitterfreudigkeit, sie wendete sich gegen Abend und sagte: »Wie es so herrlich ist, wie es so unsäglich herrlich ist. Weil du nun auch da bist, o Vater, so ist es mir noch lieber.« – Sie standen vor ihrer aus Garben aufgebauten Behausung, schauten die Wolken an, und waren in jedem Augenblick bereit, wenn der Regen beginne, sich in die Hütte hineinzusetzen. In den oberen Teilen des Himmels musste schon der Wind herrschen; denn die grauen Schleier, welche dem Gewitter vorherzugehen pflegen, liefen sichtlich dahin, sie hatten schon die Sonne überholt, standen bereits über den Häuptern der Zuschauenden und eilten gegen Morgen.

Abdias hatte im Innern des gebauten Obdaches mehrere Garben zu einem Sitz zurecht gelegt und setzte sich hinein. Ditha, mit der den Kindern eigentümlichen Liebe zur Heimlichkeit, setzte sich in dem kleinen gelben Häuschen zu ihm. Der vor ihnen gegen Morgen offen gelassene Raum nützte gerade so viel, dass sie zu ihren Füßen ein Teilchen Stoppelfeld sahen, dann ein Stückchen Flachs, und oben die grauen, luftigen Schleier, die am Himmel hinzogen, auch konnten sie die Lerche hören, die oberhalb des Flachses sang. Die Donner waren noch immer fern, obgleich die Wolken schon den ganzen Himmel angefüllt hatten und nicht nur über ihre Häupter, sondern auch schon weit gegen Morgen hinausgegangen waren.

In diesem Versteck saßen sie und sprachen miteinander. »Glaubst du nicht auch«, sagte Ditha, »dass die Wolken gar nicht dicht sind, und dass sie gewiss nicht große und gar schwere Tropfen werden fallen lassen? Es wäre mir leid, wenn sie die feinen, schönen Linnenblüten herabschlügen, die heute erst aufgebrochen sind.« – »Ich denke, dass sogar schwere Tropfen die blauen Blätter nicht abzuschlagen vermögen, weil sie erst heute aufgeblüht sind und noch strenge haften«, sagte Abdias. – »Ich liebe die Flachspflanzen sehr«, fing nach einer Weile Schweigens Ditha wieder an, »es hat mir Sara auf mein Befragen vor langer Zeit, da noch das traurige schwarze Tuch in meinem Haupte war, vieles von dem Flachs erzählt, aber ich habe es damals nicht verstanden. Jetzt aber verstehe ich es und habe es selbst beobachtet. Sie ist ein Freund des Menschen, diese Pflanze, hat Sara gesagt, sie hat den Menschen lieb. Ich weiß es jetzt, dass es so ist. Zuerst hat sie die schöne Blüte auf dem grünen Säulchen, dann, wenn sie tot ist und durch die Luft und das Wasser zubereitet wird, gibt sie uns die weichen silbergrauen Fasern, aus denen die Menschen das Gewebe machen, welches, wie schon Sara sagte, ihre eigentlichste Wohnung ist, von der Wiege bis zum Grabe. Siehst du, das ist auch wahr; – wie sie nur so wunderbar, diese Pflanze, zu dem weißen, lichten Schnee zu bleichen ist dann legt man die Kinder, wenn sie recht klein sind, wie ich war, hinein und hüllt die Glieder zu – ihrer Tochter hat Sara viel Linnen mitgegeben, da sie fort zog, um den fremden Mann zu heiraten, der sie wollte; sie war eine Braut, und je größere Berge dieses Schnees man einer Braut mitgeben kann, desto reicher ist sie – unsere Knechte tragen die weißen Linnenärmel auf den bloßen Armen und wenn wir tot sind, hüllen sie die weißen Tücher um uns, weißt du.« –

Sie schwieg plötzlich. Ihm war es, als hätte er seitwärts an der Garbe einen sanften Schein lodern gesehen. Er dachte, sie habe wieder ihren Schimmer; denn er hatte schon früher alle Spitzen von Bändchen und Haaren an ihr aufwärts stehen gesehen. – Aber sie hatte ihren Schimmer nicht gehabt. Da er hinblickte, war schon alles vorüber. Es war auf den Schein ein kurzes heiseres Krachen gefolgt, und Ditha lehnte gegen eine Garbe zurück, und war tot.

Kein Tropfen Regen fiel, nur die dünnen Wolken rieselten, wie schnell gezogene Schleier, über den Himmel.

Der Greis gab nicht einen Laut von sich, sondern er starrte das Wesen vor sich an, und glaubte es nicht, dass dies Ding seine Tochter sei. Ihre Augen waren geschlossen, und der redende Mund stand still.

Er schüttelte sie und redete ihr zu – – aber sie sank aus seiner Hand und war tot. – – – Er selber hatte nicht die geringste Erschütterung empfunden. Draußen war es, als sei auch noch kein Gewitter an die Stelle gekommen. Die folgenden Donner waren wieder fern, es ging kein

Lüftchen, und zeitweise sang noch die Lerche. – – – Dann stand der Mann auf, lud das tote Mädchen mechanisch auf seine Schulter und trug sie nach Hause.

Zwei Hirten, die ihm begegneten, entsetzten sich, wie sie ihn so im Winde, der mittlerweile aufgestanden war, schreiten sahen, und wie das Haupt und der Arm des Kindes rückwärts seiner Schulter herabhing.

Das neue Wunder und Strafgericht, wie sie es nannten, flog sogleich durch das Land. Am dritten Tag nach dem Unglück kamen Brüder seines Volkes und legten die Lilie in die Erde.

Das Gewitter, welches dem Kind mit seiner weichen Flamme das Leben vom Haupte geküsst hatte, schüttete an dem Tag noch auf alle Wesen reichlichen Segen herab, und hatte, wie jenes, das ihr das Augenlicht gegeben, mit einem schönen Regenbogen im weiten Morgen geschlossen.

Abdias saß nach diesem Ereignis auf dem Bänkchen vor seinem Haus, und sagte nichts, sondern er schaute die Sonne an. Er saß viele Jahre, die Knechte besorgten auf Anordnung des Handelsfreundes, von dem wir öfter geredet hatten, die Felder – aus Dithas Gliedern sprossten Blumen und Gras – eine Sonne nach der andern verging, ein Sommer nach dem andern – und er wusste nicht, wie lange er gesessen war, denn nach glaublichen Aussagen war er wahnsinnig gewesen.

Auf einmal erwachte er wieder und wollte jetzt nach Afrika reisen, um Melek ein Messer in das Herz zu stoßen; aber er konnte nicht mehr; denn seine Diener mussten ihn am Morgen aus dem Hause bringen, und mittags und abends wieder hinein.

Dreißig Jahre nach dem Tode Dithas lebte Abdias noch. Wie lange nachher, weiß man nicht. In hohem Alter hatte er die schwarze Farbe verloren, und war wieder gebleicht worden, wie er in seiner Jugend gewesen war. Viele Menschen haben ihn auf der Bank seines Hauses sitzen gesehen.

Eines Tages saß er nicht mehr dort, die Sonne schien auf den leeren Platz und auf seinen frischen Grabhügel, aus dem bereits Spitzen von Gräsern hervorsahen.

Wie alt er geworden war, wusste man nicht. Manche sagten, es seien weit über hundert Jahre gewesen.

Das öde Tal ist seit der Zeit ein fruchtbares, das weiße Haus steht noch, ja es ist nach der Zeit noch verschönert und vergrößert worden, und das Ganze ist das Eigentum der Söhne des Handelsfreundes des Abdias. So endete das Leben und die Laufbahn des Juden Abdias.

Bunte Steine

[Gustav Heckenast, Pest / Leipzig 1853]

Ein Festgeschenk

Vorrede

Es ist einmal gegen mich bemerkt worden, dass ich nur das Kleine bilde, und dass meine Menschen stets gewöhnliche Menschen seien. Wenn das wahr ist, bin ich heute in der Lage, den Lesern ein noch Kleineres und Unbedeutenderes anzubieten, nämlich allerlei Spielereien für junge Herzen. Es soll sogar in denselben nicht einmal Tugend und Sitte gepredigt werden, wie es gebräuchlich ist, sondern sie sollen nur durch das wirken, was sie sind. Wenn etwas Edles und Gutes in mir ist, so wird es von selber in meinen Schriften liegen; wenn aber dasselbe nicht in meinem Gemüte ist, so werde ich mich vergeblich bemühen, Hohes und Schönes darzustellen, es wird doch immer das Niedrige und Unedle durchscheinen. Großes oder Kleines zu bilden, hatte ich bei meinen Schriften überhaupt nie im Sinn, ich wurde von ganz anderen Gesetzen geleitet. Die Kunst ist mir ein so Hohes und Erhabenes, sie ist mir, wie ich schon einmal an einem anderen Orte gesagt habe, nach der Religion das Höchste auf Erden, so dass ich meine Schriften nie für Dichtungen gehalten habe, noch mich je vermessen werde, sie für Dichtungen zu halten. Dichter gibt es sehr wenige auf der Welt, sie sind die hohen Priester, sie sind die Wohltäter des menschlichen Geschlechts; falsche Propheten aber gibt es sehr viele. Allein wenn auch nicht jede gesprochenen Worte Dichtung sein können, so können sie doch etwas anderes sein, dem nicht alle Berechtigung des Daseins abgeht. Gleichgestimmten Freunden eine vergnügte Stunde zu machen, ihnen allen, bekannten wie unbekannten, einen Gruß zu schicken, und ein Körnlein Gutes zu dem Bau des Ewigen beizutragen, das war die Absicht bei meinen Schriften, und wird auch die Absicht bleiben. Ich wäre sehr glücklich, wenn ich mit Gewissheit wüsste, dass ich nur diese Absicht erreicht hätte. Weil wir aber schon einmal vom Großen und Kleinen reden, so will ich meine Ansichten darlegen, die wahrscheinlich von denen vieler anderer Menschen abweichen. Das Wehen der Luft, das Rieseln des Wassers, das Wachsen der Getreide, das Wogen des Meeres, das Grünen der Erde, das Glänzen des Himmels, das Schimmern der Gestirne halte ich für groß; das prächtig einherziehende Gewitter, den Blitz, welcher Häuser spaltet, den Sturm, der die Brandung treibt, den feuerspeienden Berg, das Erdbeben, welches Länder verschüttet, halte ich nicht für größer als obige Erscheinungen, ja ich halte sie für kleiner, weil sie nur Wirkungen viel höherer Gesetze sind. Sie kommen auf einzelnen Stellen vor, und sind die Ergebnisse einseitiger Ursachen. Die Kraft, welche die Milch im Töpfchen der armen Frau emporschwellen und übergehen macht, ist es auch, die die Lava in dem feuerspeienden Berg emportreibt und auf den Flächen der Berge hinabgleiten lässt. Nur augenfälliger sind diese Erscheinungen und reißen den Blick des Unkundigen und Unaufmerksamen mehr an sich, während der Geisteszug des Forschers vorzüglich auf das Ganze und Allgemeine geht und nur in ihm allein Großartigkeit zu erkennen vermag, weil es allein das Welterhaltende ist. Die Einzelheiten gehen vorüber, und ihre Wirkungen sind nach kurzem kaum noch erkennbar. Wir wollen das Gesagte durch ein Beispiel erläutern. Wenn ein Mann durch Jahre hindurch die Magnetnadel, deren eine Spitze immer nach Norden weist, tagtäglich zu festgesetzten Stunden beobachtete und sich die Veränderungen, wie die Nadel bald mehr bald weniger klar nach Norden zeigt, in einem Buch aufschriebe, so würde gewiss ein Unkundiger dieses Beginnen für ein kleines und für Spielerei ansehen; aber wie ehrfurchterregend wird dieses Kleine und wie begeisterungerweckend diese Spielerei, wenn wir nun erfahren, dass diese Beobachtungen wirklich auf dem ganzen Erdboden angestellt werden, und dass aus den daraus zusammengestellten Tafeln ersichtlich wird, dass manche kleine Veränderungen an der Magnetnadel oft auf allen Punkten der Erde gleichzeitig und in gleichem Maße vor sich gehen, dass also ein magnetisches Gewitter über die ganze Erde geht, dass die ganze Erdoberfläche gleichzeitig gleichsam ein magnetisches Schauern empfindet. Wenn wir, so wie wir für das Licht die Augen haben, auch für die Elektrizität und den aus ihr kommenden Magnetismus ein Sinneswerkzeug hätten, welche große Welt, welche Fülle von unermesslichen Erscheinungen würde uns da aufgetan sein. Wenn wir aber auch dieses leibliche Auge nicht haben, so haben wir dafür das geistige der Wissenschaft, und diese lehrt uns, dass die elektrische und magnetische Kraft auf einem ungeheuren Schauplatz wirke, dass sie auf der ganzen Erde und durch den ganzen Himmel verbreitet sei, dass sie alles umfließe und sanft und unablässig verändernd, bildend und lebenerzeugend sich darstelle. Der Blitz ist nur ein ganz kleines Merkmal dieser Kraft, sie selber aber ist ein Großes in der Natur. Weil aber die Wissenschaft nur Körnchen nach Körnchen erringt, nur Beobachtung nach Beobachtung macht, nur aus Einzelnem das Allgemeine zusammenträgt, und weil endlich die Menge der Erscheinungen und das Feld des Gegebenen unendlich groß ist, Gott also die Freude und die Glückseligkeit des Forschens unversieglich gemacht hat, wir auch in unseren Werkstätten immer nur das Einzelne darstellen können, nie das Allgemeine, denn dies wäre die Schöpfung, so ist auch die Geschichte des in der Natur Großen in einer immerwährenden Umwandlung der Ansichten über dieses Große bestanden. Da die Menschen in der Kindheit waren, ihr geistiges Auge von der Wissenschaft noch nicht berührt war, wurden sie von dem Nahestehenden und Auffälligen ergriffen und zu Furcht und Bewunderung hingerissen; aber als ihr Sinn geöffnet wurde, da der Blick sich auf den Zusammenhang zu richten begann, sanken die einzelnen Erscheinungen immer tiefer, und es erhob sich das Gesetz immer höher, die Wunderbarkeiten hörten auf, das Wunder nahm zu.

So wie es in der äußeren Natur ist, so ist es auch in der inneren, in der des menschlichen Geschlechts. Ein ganzes Leben voll Gerechtigkeit, Einfachheit, Bezwingung seiner selbst, Verstandesgemäßheit, Wirksamkeit in seinem Kreise, Bewunderung des Schönen, verbunden mit einem heiteren, gelassenen Sterben, halte ich für groß: mächtige Bewegungen des Gemütes, furchtbar einherrollenden Zorn, die Begier nach Rache, den entzündeten Geist, der nach Tätigkeit strebt, umreißt, ändert, zerstört, und in der Erregung oft das eigene Leben hinwirft, halte ich nicht für größer, sondern für kleiner, da diese Dinge so gut nur Hervorbringungen einzelner und einseitiger Kräfte sind, wie Stürme, feuerspeiende Berge, Erdbeben. Wir wollen das sanfte Gesetz zu erblicken suchen, wodurch das menschliche Geschlecht geleitet wird. Es gibt Kräfte, die nach dem Bestehen des Einzelnen zielen. Sie nehmen alles und verwenden es, was zum Bestehen und zum Entwickeln desselben notwendig ist. Sie sichern den Bestand des einen und dadurch den aller. Wenn aber jemand jedes Ding unbedingt an sich reißt, was sein Wesen braucht, wenn er die Bedingungen des Daseins eines anderen zerstört, so ergrimmt etwas Höheres in uns, wir helfen dem Schwachen und Unterdrückten, wir stellen den Stand wieder her, dass er ein Mensch neben dem andern bestehe und seine menschliche Bahn gehen könne, und wenn wir das getan haben, so fühlen wir uns befriedigt, wir fühlen uns noch viel höher und inniger, als wir uns als Einzelne fühlen, wir fühlen uns als ganze Menschheit. Es gibt daher Kräfte, die auf das Bestehen der gesamten Menschheit hinwirken, die durch die Einzelkräfte nicht beschränkt werden dürfen, ja im Gegenteil beschränkend auf sie selber einwirken. Es ist das Gesetz dieser Kräfte, das Gesetz der Gerechtigkeit, das Gesetz der Sitte, das Gesetz, das will, dass jeder geachtet, geehrt, ungefährdet neben dem anderen bestehe, dass er seine höhere menschliche Laufbahn gehen könne, sich Liebe und Bewunderung seiner Mitmenschen erwerbe, dass er als Kleinod gehütet werde, wie jeder Mensch ein Kleinod für alle andern Menschen ist. Dieses Gesetz liegt überall, wo Menschen neben Menschen wohnen, und es zeigt sich, wenn Menschen gegen Menschen wirken. Es liegt in der Liebe der Ehegatten zueinander, in der Liebe der Eltern zu den Kindern, der Kinder zu den Eltern, in der Liebe der Geschwister, der Freunde zueinander, in der süßen Neigung beider Geschlechter, in der Arbeitsamkeit, wodurch wir erhalten werden, in der Tätigkeit, wodurch man für seinen Kreis, für die Ferne, für die Menschheit wirkt, und endlich in der Ordnung und Gestalt, womit ganze Gesellschaften und Staaten ihr Dasein umgeben und zum Abschluss bringen. Darum haben alte und neue Dichter vielfach diese Gegenstände benützt, um ihre Dichtungen dem Mitgefühl naher und ferner Geschlechter anheimzugeben. Darum sieht der Menschenforscher, wohin er seinen Fuß setzt, überall nur dieses Gesetz allein, weil es das einzige Allgemeine, das einzige Erhaltende und nie Endende ist. Er sieht es ebenso gut in der niedersten Hütte wie im höchsten Palaste, er sieht es in der Hingabe eines armen Weibes und in der ruhigen Todesverachtung des Helden für das Vaterland und die Menschheit. – Es hat Bewegungen in dem menschlichen Geschlecht gegeben, wodurch den Gemütern eine Richtung nach einem Ziel hin eingeprägt worden ist, wodurch ganze Zeiträume auf die Dauer eine andere Gestalt gewonnen haben. Wenn in diesen Bewegungen das Gesetz der Gerechtigkeit und Sitte erkennbar ist, wenn sie von demselben eingeleitet und fortgeführt worden sind, so fühlen wir uns in der ganzen Menschheit erhoben, wir fühlen uns menschlich verallgemeinert, wir empfinden das Erhabene, wie es sich überall in die Seele senkt, wo durch unmessbar große Kräfte in der Zeit oder im Raum auf ein gestaltvolles, vernunftgemäßes Ganzes zusammengewirkt wird. Wenn aber in diesen Bewegungen das Gesetz des Rechtes und der Sitte nicht ersichtlich ist, wenn sie nach einseitigen und selbstsüchtigen Zwecken ringen, dann wendet sich der Menschenforscher, wie gewaltig und furchtbar sie auch sein mögen, mit Ekel von ihnen ab, und betrachtet sie als ein Kleines, als ein des Menschen Unwürdiges. So groß ist die Gewalt dieses Rechts- und Sittengesetzes, dass es überall, wo es immer bekämpft worden ist, doch endlich allezeit siegreich und herrlich aus dem Kampf hervorgegangen ist. Ja, wenn sogar der einzelne oder ganze Geschlechter für Recht und Sitte untergegangen sind, so fühlen wir sie nicht als besiegt, wir fühlen sie als triumphierend, in unser Mitleid mischt sich ein Jauchzen und Entzücken, weil das Ganze höher steht als der Teil, weil das Gute größer ist als der Tod, wir sagen da, wir empfinden das Tragische, und werden mit Schauern in den reineren Äther des Sittengesetzes emporgehoben. Wenn wir die Menschheit in der Geschichte wie einen ruhigen Silberstrom einem großen, ewigen Ziel entgegengehen sehen, so empfinden wir das Erhabene, das vorzugsweise Epische. Aber wie gewaltig und in großen Zügen auch das Tragische und Epische wirken, wie ausgezeichnete Hebel sie auch in der Kunst sind, so sind es hauptsächlich doch immer die gewöhnlichen, alltäglichen, in Unzahl wiederkehrenden Handlungen der Menschen, in denen dieses Gesetz am sichersten als Schwerpunkt liegt, weil diese Handlungen die dauernden, die gründenden sind, gleichsam die Millionen Wurzelfasern des Baums des Lebens. So wie in der Natur die allgemeinen Gesetze still und unaufhörlich wirken, und das Auffällige nur eine einzelne Äußerung dieser Gesetze ist, so wirkt das Sittengesetz still und seelenbelebend durch den unendlichen Verkehr der Menschen mit Menschen, und die Wunder des Augenblickes bei vorgefallenen Taten sind nur kleine Merkmale dieser allgemeinen Kraft. So ist dieses Gesetz, so wie das der Natur das welterhaltende ist, das menschenerhaltende.

Wie in der Geschichte der Natur die Ansichten über das Große sich stets geändert haben, so ist es auch in der sittlichen Geschichte der Menschen gewesen. Anfangs wurden sie von dem Nächstliegenden berührt, körperliche Stärke und ihre Siege im Ringkampf wurden gepriesen, dann kamen Tapferkeit und Kriegsmut, dahin zielend, heftige Empfindungen und Leidenschaften gegen feindselige Haufen und Verbindungen auszudrücken und auszuführen, dann wurde Stammeshoheit und Familienherrschaft besungen, inzwischen auch Schönheit und Liebe sowie Freundschaft und Aufopferung gefeiert, dann aber erschien ein Überblick über ein Größeres: ganze menschliche Abteilungen und Verhältnisse wurden geordnet, das Recht des Ganzen vereint mit dem des Teiles, und Großmut gegen den Feind und Unterdrückung seiner Empfindungen und Leidenschaften zum Besten der Gerechtigkeit hoch und herrlich gehalten, wie ja Mäßigung schon den Alten als die erste männliche Tugend galt, und endlich wurde ein völkerumschlingendes Band als ein Wünschenswertes gedacht, ein Band, das alle Gaben des einen Volks mit denen des andern tauscht, die Wissenschaft fördert, ihre Schätze für alle Menschen darlegt, und in der Kunst und Religion zu dem einfach Hohen und Himmlischen leitet.

Wie es mit dem Aufwärtssteigen des menschlichen Geschlechtes ist, so ist es auch mit seinem Abwärtssteigen. Untergehenden Völkern verschwindet zuerst das Maß. Sie gehen nach Einzelnem aus, sie werfen sich mit kurzem Blick auf das Beschränkte und Unbedeutende, sie setzen das Bedingte über das Allgemeine; dann suchen sie den Genuss und das Sinnliche, sie suchen Befriedigung ihres Hasses und Neides gegen den Nachbar, in ihrer Kunst wird das Einseitige geschildert, das nur von einem Standpunkt Gültige, dann das Zerfahrene, Unstimmende, Abenteuerliche, endlich das Sinnenreizende, Aufregende und zuletzt die Unsitte und das Laster; in der Religion sinkt das Innere zur bloßen Gestalt oder zur üppigen Schwärmerei herab, der Unterschied zwischen Gut und Böse verliert sich, der Einzelne verachtet das Ganze und geht seiner Lust und seinem Verderben nach, und so wird das Volk eine Beute seiner inneren Zerwirrung oder die eines äußeren, wilderen, aber kräftigeren Feindes. – – –

Da ich in dieser Vorrede in meinen Ansichten über Großes und Kleines so weit gegangen bin, so sei es mir auch erlaubt zu sagen, dass ich in der Geschichte des menschlichen Geschlechts manche Erfahrungen zu sammeln bemüht gewesen bin, und dass ich Einzelnes aus diesen Erfahrungen zu dichtenden Versuchen zusammengestellt habe; aber meine eben entwickelten Ansichten und die Erlebnisse der letztvergangenen Jahre lehrten mich, meiner Kraft zu misstrauen, daher jene Versuche liegen bleiben mögen, bis sie besser ausgearbeitet oder als unerheblich vernichtet werden.

Diejenigen aber, die mir durch diese keineswegs für junge Zuhörer passende Vorrede gefolgt sind, mögen es auch nicht verschmähen, die Hervorbringungen bescheidenerer Kräfte zu genießen, und mit mir zu den harmlosen folgenden Dingen übergehen.

Einleitung

Als Knabe trug ich außer Ruten, Gesträuchen und Blüten, die mich ergötzten, auch noch andere Dinge nach Hause, die mich fast noch mehr freuten, weil sie nicht so schnell Farbe und Bestand verloren wie die Pflanzen, nämlich allerlei Steine und Erddinge. Auf Feldern, an Rainen, auf Heiden und Hutweiden [Hutung, Magerweide; Gemeindeweide, auf die das Vieh täglich getrieben wird], ja sogar auf Wiesen, auf denen doch nur das hohe Gras steht, liegen die mannigfaltigsten dieser Dinge herum. Da ich nun viel im Freien herumschweifen durfte, konnte es nicht fehlen, dass ich bald die Plätze entdeckte, auf denen die Dinge zu treffen waren, und dass ich die, welche ich fand, mit nach Hause nahm.

Da ist an dem Wege, der von Oberplan nach Hossenreuth führt, ein geräumiges Stück Rasen, welches in die Felder hinein geht und mit einer Mauer aus losen Steinen eingefasst ist.

In diesen Steinen stecken kleine Blättchen, die wie Silber und Diamanten funkeln, und die man mit einem Messer oder mit einer Ahle herausbrechen kann. Wir Kinder hießen diese Blättchen Katzensilber, und hatten eine sehr große Freude an ihnen.

Auf dem Berglein des Altrichters befindet sich ein Stein, der so fein und weich ist, dass man ihn mit einem Messer schneiden kann. Die Bewohner unserer Gegend nennen ihn Taufstein. Ich machte Täfelchen, Würfel, Ringe und Petschafte aus dem Steine, bis mir ein Mann, der Uhren, Barometer und Stammbäume verfertigte und Bilder lackierte, zeigte, dass man den Stein mit einem zarten Firnis anstreichen müsse, und dass dann die schönsten blauen, grünen und rötlichen Linien zum Vorschein kämen.

Wenn ich Zeit hatte, legte ich meine Schätze in eine Reihe, betrachtete sie, und hatte mein Vergnügen an ihnen. Besonders hatte die Verwunderung kein Ende, wenn es auf einem Stein so geheimnisvoll glänzte und leuchtete und äugelte, dass man es gar nicht ergründen konnte, woher denn das käme. Freilich war manchmal auch ein Stück Glas darunter, das ich auf den Feldern gefunden hatte, und das in allerlei Regenbogenfarben schimmerte. Wenn sie dann sagten, das sei ja nur ein Glas, und noch dazu ein verwitterndes, wodurch es eben diese schimmernden Farben erhalten habe, so dachte ich: Ei, wenn es auch nur ein Glas ist, so hat es doch die schönen Farben, und es ist zum Staunen, wie es in der kühlen, feuchten Erde diese Farben empfangen konnte, und ich ließ es unter den Steinen liegen.

Dieser Sammelgeist nun ist noch immer nicht von mir gewichen. Nicht nur trage ich noch heutzutage buchstäblich Steine in der Tasche nach Hause, um sie zu zeichnen oder zu malen, und ihre Abbilder dann weiterzuverwenden, sondern ich lege ja auch hier eine Sammlung von allerlei Spielereien und Kram für die Jugend an, an dem sie eine Freude haben, und den sie sich zur Betrachtung zurecht richten möge. Freilich müssen meine jungen Freunde zu dieser Sammlung bedeutend älter sein als ich, da ich mir meine seltsamen Feldsteine zur Ergötzung nach Hause trug. Es wird der Fall nicht eintreten, dass ein Juwel in der Sammlung sei, so wie kaum die Gefahr vorhanden ist, dass ich unter meinen Steinen einstens etwa einen ungeschliffenen Diamant oder Rubin gehabt habe und ohne mein Wissen unermesslich reich gewesen sei. Wenn aber manches Glasstück unter diesen Dingen ist, so bitte ich meine Freunde, zu denken, wie ich bei meinem Glase gedacht habe: es hat doch allerlei Farben, und mag bei den Steinen belassen bleiben.

Wenn man einem Verstorbenen eine Sammlung widmen könnte, würde ich diese meinem verstorbenen jungen Freund Gustav widmen. Ich hatte ihn zufällig kennengelernt, ihn lieb gewonnen, und er hatte mir wie einem Vater vertraut. Er hatte Freude an Spielereien, so wie er auch gleich einem Mädchen noch immer gelegentlich ein Stückchen Naschwerk liebte, und, wenn er bei mir zu Tische war, auch stets bekam. Möge er in seiner lichteren Heimat manchmal an den älteren Freund denken, der noch immer in dieser Welt ist, und noch ein Stückchen Zeit da zu bleiben wünscht.

Weil es unermesslich viele Steine gibt, so kann ich gar nicht voraussagen, wie groß diese Sammlung werden wird.

Adalbert Stifter, im Herbste 1852

2. Kalkstein

Ich erzähle hier eine Geschichte, die uns einmal ein Freund erzählt hat, in der nichts Ungewöhnliches vorkommt, und die ich doch nicht habe vergessen können. Unter zehn Zuhörern werden neun den Mann, der in der Geschichte vorkommt, tadeln, der zehnte wird oft an ihn denken. Die Gelegenheit zu der Geschichte kam von einem Streite, der sich in der Gesellschaft von uns Freunden darüber entspann, wie die Geistesgaben an einem Menschen verteilt sein können. Einige behaupten, es könne ein Mensch mit einer gewissen Gabe außerordentlich bedacht sein, und die andern doch nur in einem geringen Maße besitzen. Man wies dabei auf die sogenannten Virtuosen hin. Andere sagten, die Gaben der Seele seien immer im gleichen Maße vorhanden, entweder alle gleich groß oder gleich mittelmäßig oder gleich klein, nur hänge es von dem Geschick ab, welche Gabe vorzüglich ausgebildet wurde, und dies rufe den Anschein einer Ungleichheit hervor. Raffael hätte unter andern Jugendeindrücken und Zeitverhältnissen statt eines großen Malers ein großer Feldherr werden können. Wieder andere meinten, wo die Vernunft als das übersinnliche Vermögen und als das höchste Vermögen des Menschen überhaupt in großer Fülle vorhanden sei, da seien es auch die übrigen, untergeordneten Fähigkeiten. Das Umgekehrte gelte jedoch nicht; es könne eine niedere Fähigkeit besonders hervorragen, die höhern aber nicht. Wohl aber, wenn was immer für eine Begabung, sie sei selber hoch oder niedrig, bedeutend ist, müssen es auch die ihr untergeordneten sein. Als Grund gaben sie an, dass die niedere Fähigkeit immer die Dienerin der höhern sei, und dass es ein Widersinn wäre, die höhere, gebietende Gabe zu besitzen und die niedere, dienende nicht. Endlich waren noch einige, die sagten, Gott habe die Menschen erschaffen, wie er sie erschaffen habe, man könne nicht wissen, wie er die Gaben verteilt habe, und könne darüber nicht hadern, weil es ungewiss sei, was in der Zukunft in dieser Beziehung noch zum Vorschein kommen könne. Da erzählte mein Freund seine Geschichte.

Ihr wisst alle, sagte er, dass ich mich schon seit vielen Jahren mit der Messkunst beschäftige, dass ich in Staatsdiensten bin, und dass ich mit Aufträgen dieser Art von der Regierung bald hierhin, bald dorthin gesendet wurde. Da habe ich verschiedene Landesteile und verschiedene Menschen kennen gelernt. Einmal war ich in der kleinen Stadt Wengen, und hatte die Aussicht, noch recht lange dort bleiben zu müssen, weil sich die Geschäfte in die Länge zogen, und noch dazu mehrten. Da kam ich öfter in das nahe gelegene Dorf Schauendorf, und lernte dessen Pfarrer kennen, einen vortrefflichen Mann, der die Obstbaumzucht eingeführt, und gemacht hatte, dass das Dorf, das früher mit Hecken, Dickicht und Geniste umgeben war, jetzt einem Garten glich, und in einer Fülle freundlicher Obstbäume dalag. Einmal war ich von ihm zu einer Kirchenfeierlichkeit geladen, und ich sagte, dass ich später kommen würde, da ich einige notwendige Arbeiten abzutun hätte. Als ich mit meinen Arbeiten fertig war, begab ich mich auf den Weg nach Schauendorf. Ich ging über die Feldhöhen hin, ich ging durch die Obstbäume, und da ich mich dem Pfarrhof näherte, sah ich, dass das Mittagsmahl bereits begonnen haben müsse. In dem Garten, der wie bei vielen katholischen Pfarrhöfen vor dem Haus lag, war kein Mensch, die gegen den Garten gehenden Fenster waren offen, in der Küche, in die mir ein Einblick gegönnt war, waren die Mägde um das Feuer vollauf beschäftigt, und aus der Stube drang einzelnes Klappern der Teller und Klirren der Essgeräte. Da ich eintrat, sah ich die Gäste um den Tisch sitzen, und ein unberührtes Gedeck für mich aufbewahrt. Der Pfarrer führte mich zu demselben hin, und nötigte mich zum Sitzen. Er sagte, er wolle mir die anwesenden Mitglieder nicht vorstellen und ihre Namen nicht nennen, einige seien mir ohnehin bekannt, andere würde ich im Verlauf des Essens schon kennen lernen, und die übrigen würde er mir, wenn wir aufgestanden wären, nennen. Ich setzte mich also nieder, und was der Pfarrer vorausgesagt hatte, geschah. Ich wurde mit manchem Anwesenden bekannt, von manchem erfuhr ich Namen und Verhältnisse, und da die Gerichte sich ablösten, und der Wein die Zungen öffnete, war manche junge Bekanntschaft schon wie eine alte. Nur ein einziger Gast war nicht zu erkennen. Lächelnd und freundlich saß er da, er hörte aufmerksam alles an, er wandte immer das Angesicht der Gegend, wo eifrig gesprochen wurde, zu, als ob ihn eine Pflicht dazu antriebe; seine Mienen gaben allen Redenden recht, und wenn an einem andern Ort das Gespräch wieder lebhafter wurde, wandte er sich dorthin, und hörte zu. Selber aber sprach er kein Wort. Er saß ziemlich weit unten, und seine schwarze Gestalt ragte über das weiße Linnengedeck der Tafel empor, und obwohl er nicht groß war, richtete er sich nie vollends auf, als hielte er das für unschicklich. Er hatte den Anzug eines armen Landgeistlichen. Sein Rock war sehr abgetragen, die Fäden waren daran sichtbar, er glänzte an manchen Stellen, und an andern hatte er die schwarze Farbe verloren und war rötlich oder fahl. Die Knöpfe daran waren von starkem Bein. Die schwarze Weste war sehr lang, und hatte ebenfalls beinerne Knöpfe. Die zwei winzig kleinen Läppchen von weißer Farbe – das einzige Weiße, das er an sich hatte –, die über sein schwarzes Halstuch herabgingen, bezeugten seine Würde. Bei den Ärmeln gingen, wie er so saß, manchmal ein ganz klein wenig eine Art Handkrausen hervor, die er immer bemüht war wieder heimlich zurückzuschieben. Vielleicht waren sie in einem Zustand, dass er sich ihrer ein wenig hätte schämen müssen. Ich sah, dass er von keiner Speise viel nahm und dem Aufwärter, der sie darreichte, immer höflich dankte. Als der Nachtisch kam, nippte er kaum von dem besseren Wein, nahm vom Zuckerwerk nur kleine Stückchen, und legte nichts auf seinen Teller heraus, wie doch die andern taten, um nach der Sitte ihren Angehörigen eine kleine Erinnerung zu bringen.

Dieser Eigenheiten willen fiel mir der Mann auf.

Als das Mahl vorüber war, und die Gäste sich erhoben hatten, konnte ich auch den übrigen Teil seines Körpers betrachten. Die Beinkleider waren von demselben Stoff und in demselben Zustand wie der Rock, sie reichten bis unter die Knie, und waren dort durch Schnallen zusammengehalten. Dann folgten schwarze Strümpfe, die aber fast grau waren. Die Füße standen in weiten Schuhen, die große Schnallen hatten. Sie waren von starkem Leder, und hatten dicke Sohlen. So angezogen stand der Mann, als sich Gruppen zu Gesprächen gebildet hatten, fast allein da, und sein Rücken berührte beinahe den Fensterpfeiler. Sein körperliches Aussehen stimmte zu seinem Anzug. Er hatte ein längliches, sanftes, fast eingeschüchtertes Angesicht mit sehr schönen, klaren blauen Augen. Die braunen Haare gingen schlicht gegen hinten zusammen, es zogen sich schon weiße Fäden durch sie, die anzeigten, dass er sich bereits den fünfzig Jahren nähere, oder dass er Sorge und Kummer gehabt haben müsse.

Nach kurzer Zeit suchte er aus einem Winkel ein spanisches Rohr hervor, das einen schwarzen Beinknopf hatte, wie die an seinen Kleidern waren, näherte sich dem Hausherrn, und begann Abschied zu nehmen. Der Hausherr fragte ihn, ob er denn schon gehen wolle, worauf er antwortete, es sei für ihn schon Zeit, er habe vier Stunden nach seinem Pfarrhof zu gehen, und seine Füße seien nicht mehr so gut wie in jüngeren Jahren. Der Pfarrer hielt ihn nicht auf. Er empfahl sich allseitig, ging zur Tür hinaus, und gleich darauf sahen wir ihn durch die Kornfelder dahinwandeln, den Hügel, der das Dorf gegen Sonnenuntergang begrenzte, hinansteigen, und dort gleichsam in die glänzende Nachmittagsluft verschwinden.

Ich fragte, wer der Mann wäre, und erfuhr, dass er in einer armen Gegend Pfarrer sei, dass er schon sehr lange dort sei, dass er nicht weg verlange, und dass er selten das Haus verlasse, außer bei einer sehr dringenden Veranlassung. –

Es waren seit jenem Gastmahle viele Jahre vergangen, und ich hatte den Mann vollständig vergessen, als mich mein Beruf einmal in eine fürchterliche Gegend rief. Nicht dass Wildnisse, Schlünde, Abgründe, Felsen und stürzende Wässer dort gewesen wären – das alles zieht mich eigentlich an –, sondern es waren nur sehr viele kleine Hügel da, jeder Hügel bestand aus nacktem grauem Kalkstein, der aber nicht, wie es oft bei diesem Gestein der Fall ist, zerrissen war oder steil abfiel, sondern in rundlichen, breiten Gestalten auseinanderging, und an seinem Fuß eine lange gestreckte Sandbank um sich herum hatte. Durch diese Hügel ging in großen Windungen ein kleiner Fluss namens Zirder. Das Wasser des Flusses, das in der grauen und gelben Farbe des Steines und Sandes durch den Widerschein des Himmels oft dunkelblau erschien, dann die schmalen grünen Streifen, die oft am Saum des Wassers hingingen, und die andern einzelnen Rasenflecke, die in dem Gestein hie und da lagen, bildeten die ganze Abwechslung und Erquickung in dieser Gegend.

Ich wohnte in einem Gasthof, der in einem etwas besseren und darum sehr entfernten Teil der Gegend lag. Es ging dort eine Straße über eine Anhöhe, und führte, wie das in manchen Gegenden der Fall ist, den Namen Hochstraße, welchen Namen auch der Gasthof hatte. Um nicht durch Hin- und Hergehen zu viele Zeit zu verlieren, nahm ich mir immer kalte Speisen und Wein auf meinen Arbeitsplatz mit, und aß erst am Abend mein Mittagsmahl. Einige meiner Leute wohnten auch in dem Gasthof, die andern richteten sich ein, wie es ging, und bauten sich kleine hölzerne Hüttchen in dem Steinland.

Die Gegend namens Steinkar, obwohl sie im Grunde nicht außerordentlich abgelegen ist, wird doch wenigen Menschen bekannt sein, weil keine Veranlassung ist, dorthin zu reisen.

Eines Abends, als ich von meinen Arbeiten allein nach Hause ging, weil ich meine Leute vorausgeschickt hatte, sah ich meinen armen Pfarrer auf einem Sandhaufen sitzen. Er hatte seine großen Schuhe fast in den Sand vergraben, und auf den Schößen seines Rockes lag Sand. Ich erkannte ihn im Augenblick. Er war ungefähr so gekleidet wie damals, als ich ihn zum ersten Mal gesehen hatte. Seine Haare waren jetzt viel grauer, als hätten sie sich beeilt, diese Farbe anzunehmen, sein längliches Angesicht hatte deutliche Falten bekommen, und nur die Augen waren blau und klar wie früher. An seiner Seite lehnte das Rohr mit dem schwarzen Beinknopf. Ich hielt in meinem Gang inne, trat näher zu ihm, und grüßte ihn.

Er hatte keinen Gruß erwartet, daher stand er eilfertig auf und bedankte sich. In seinen Mienen war keine Spur vorhanden, dass er mich erkenne; es konnte auch nicht sein; denn bei jenem Gastmahl hat er mich gewiss viel weniger betrachtet als ich ihn. Er blieb nur so vor mir stehen, und sah mich an. Ich sagte daher, um ein Gespräch einzuleiten: »Euer Ehrwürden werden mich nicht mehr kennen.« – »Ich bin nicht der Ehre teilhaftig«, antwortete er. »Aber ich habe die Ehre gehabt«, sagte ich, auf den Ton einer Höflichkeit eingehend, »mit Euer Ehrwürden an ein und derselben Tafel zu speisen.« – »Ich kann mich nicht mehr erinnern«, erwiderte er. – »Euer Ehrwürden sind doch derselbe Mann«, sagte ich, »der einmal vor mehreren Jahren auf einem Kirchenfest bei dem Pfarrer zu Schauendorf war, und nach dem Speisen als Erster fortging, weil er, wie er sagte, vier Stunden bis zu seinem Pfarrhof zu gehen hätte?« – »Ja, ich bin derselbe Mann«, antwortete er, »ich bin vor acht Jahren zu der hundertjährigen Jubelfeier der Kircheneinweihung nach Schauendorf gegangen, weil es sich gebührt hat, ich bin beim Mittagsessen geblieben, weil mich der Pfarrer eingeladen hat, und bin als Erster nach dem Essen fortgegangen, weil ich vier Stunden nach Hause zurückzulegen hatte. Ich bin seither nicht mehr nach Schauendorf gekommen.« – »Nun, an jener Tafel bin ich auch gesessen«, sagte ich, »und habe Euer Ehrwürden heute sogleich erkannt.« – »Das ist zu verwundern – nach so vielen Jahren«, sagte er. »Mein Beruf bringt es mit sich«, erwiderte ich, »dass ich mit vielen Menschen verkehre, und sie mir merke, und da habe ich denn im Merken eine solche Fertigkeit erlangt, dass ich auch Menschen wiedererkenne, die ich vor Jahren und auch nur ein einziges Mal gesehen habe. Und in dieser abscheulichen Gegend haben wir uns wiedergefunden.« – »Sie ist, wie sie Gott erschaffen hat«, antwortete er, »es wachsen hier nicht so viele Bäume wie in Schauendorf, aber manches Mal ist sie auch schön, und zuweilen ist sie schöner als alle andern in der Welt.« – Ich fragte ihn, ob er in der Gegend ansässig sei, und er antwortete, dass er siebenundzwanzig Jahre Pfarrer im Kar [Mulde oder Kessel zwischen Steilwänden im Hochgebirge, dessen früher vergletscherter Boden mit Geröll bedeckt ist] sei. Ich erzählte ihm, dass ich hierher gesendet worden sei, um die Gegend zu vermessen, dass ich die Hügel und Täler aufnehme, um sie auf dem Papier verkleinert darzustellen, und dass ich in der Hochstraße draußen wohne. Als ich ihn fragte, ob er oft hierher komme, erwiderte er: »Ich gehe gerne heraus, um meine Füße zu üben, und sitze dann auf einem Stein, um die Dinge zu betrachten.« – Wir waren während dieses Gesprächs ins Gehen gekommen, er ging an meiner Seite, und wir redeten noch von manchen gleichgültigen Dingen, vom Wetter, von der Jahreszeit, wie diese Steine besonders geeignet seien, die Sonnenstrahlen einzusaugen, und von anderem.

Waren seine Kleider schon bei jenem Gastmahl schlecht gewesen, so waren sie jetzt womöglich noch schlechter. Ich konnte mich nicht erinnern, seinen Hut damals gesehen zu haben, jetzt aber musste ich wiederholt auf ihn hinblicken; denn es war nicht ein einziges Härchen auf ihm.

Als wir an die Stelle gelangt waren, wo sein Weg sich vom meinigen trennte und zu seinem Pfarrhof ins Kar hinabführte, nahmen wir Abschied, und sprachen die Hoffnung aus, dass wir uns nun öfter treffen würden.

Ich ging auf meinem Weg zur Hochstraße dahin, und dachte immer an den Pfarrer. Die ungemeine Armut, wie ich sie noch niemals bei einem Menschen oberhalb des Bettlerstandes angetroffen habe, namentlich nicht bei solchen, die andern als Muster der Reinlichkeit und Ordnung vorzuleuchten haben, schwebte mir beständig vor. Zwar war der Pfarrer beinahe ängstlich reinlich, aber gerade diese Reinlichkeit hob die Armut noch peinlicher hervor, und zeigte die Lockerheit der Fäden, das Unhaltbare und Wesenlose dieser Kleidung. Ich sah noch auf die Hügel, welche nur mit Stein bedeckt waren, ich sah noch auf die Täler, in welchen sich nur die langen Sandbänke dahinzogen, und ging dann in meinen Gasthof, um den Ziegenbraten zu verzehren, den sie mir dort öfter vorsetzten.

Ich fragte nicht nach dem Pfarrer, um keine rohe Antwort zu bekommen.

Von nun an kam ich öfter mit dem Pfarrer zusammen. Da ich den ganzen Tag im Steinkar war, und abends noch öfter in demselben herumschlenderte, um verschiedene Richtungen und Abteilungen kennen zu lernen, da er auch zuweilen herauskam, so konnte es nicht fehlen, dass wir uns trafen. Wir kamen auch einige Male zu Gesprächen. Er schien nicht ungerne mit mir zusammenzutreffen, und ich sah es auch gern, wenn ich mit ihm zusammenkam. Wir gingen später öfter miteinander in den Steinen herum, oder saßen auf einem und betrachteten die andern. Er zeigte mir manches Tierchen, manche Pflanze, die der Gegend eigentümlich waren, er zeigte mir die Besonderheiten der Gegend, und machte mich auf die Verschiedenheiten mancher Steinhügel aufmerksam, die der sorgfältigste Beobachter für ganz gleich gebildet angesehen haben würde. Ich erzählte ihm von meinen Reisen, zeigte ihm unsere Werkzeuge, und erklärte ihm bei Gelegenheit unserer Arbeiten manchmal deren Gebrauch.

Ich kam nach der Zeit auch einige Male mit ihm in seinen Pfarrhof hinunter. Wo das stärkste Gestein sich ein wenig auflöst, gingen wir über eine sanftere Abdachung in das Kar hinab. Am Rand der Gesteine lag eine Wiese, es standen mehrere Bäume darauf, unter ihnen eine schöne, große Linde, und hinter der Linde stand der Pfarrhof. Er war damals ein weißes Gebäude mit einem Stockwerk, das sich von dem freundlicheren Grün der Wiese, von den Bäumen und vom Grau der Steine schön abhob. Das Dach war mit Schindeln gedeckt. Die Dachfenster waren mit Türchen versehen, und die Fenster des Hauses waren mit grünen Flügelbalken zu schließen. Weiter zurück, wo die Landschaft einen Winkel macht, stand gleichsam in die Felsen versteckt die Kirche mit dem rot angestrichenen Kirchturmdach. In einem anderen Teil des Kar stand in einem dürftigen Garten die Schule. Diese drei einzigen Gebäude waren das ganze Kar. Die übrigen Behausungen waren in der Gegend zerstreut. An manchem Stein gleichsam angeklebt lag eine Hütte mit einem Gärtchen mit Kartoffeln oder Ziegenfutter. Weit draußen gegen das Land hin lag auch ein fruchtbarerer Teil, der zu der Gemeinde gehörte, und der auch Acker-, Wiesen- und Kleegrund hatte.

Im Angesicht der Fenster des Pfarrhofs ging am Rand der Wiese die Zirder vorüber, und über den Fluss führte ein hoher Steg, der sich gegen die Wiese herabsenkte. Die Wiesenfläche war nicht viel höher als das Flussbett. Dieses Bild des hohen Steges über den einsamen Fluss war nebst der Steingegend das Einzige, das man vom Pfarrhof sehen konnte.

Wenn ich mit dem Pfarrer in sein Haus ging, führte er mich nie in das obere Stockwerk, sondern er geleitete mich stets durch ein geräumiges Vorhaus in ein kleines Stüblein. Das Vorhaus war ganz leer, nur in einer Mauervertiefung, die sehr breit, aber seicht war, stand eine lange hölzerne Bank. Auf der Bank lag immer, sooft ich den Pfarrhof besuchte, eine Bibel, ein großes, in starkes Leder gebundenes Buch. In dem Stüblein war nur ein weicher, unangestrichener Tisch, um ihn einige Sesseln derselben Art, dann an der Wand eine hölzerne Bank und zwei gelbangestrichene Schreine. Sonst war nichts vorhanden, man müsste nur ein kleines, sehr schön aus Birnenholz geschnitztes mittelalterliches Kruzifix hierher rechnen, das über dem ebenfalls kleinen Weihbrunnenkessel an dem Türpfosten hing.

Bei diesen Besuchen machte ich eine seltsame Entdeckung. Ich hatte schon in Schauendorf bemerkt, dass der arme Pfarrer immer heimlich die Handkrausen seines Hemdes in die Rockärmel zurückschiebe, als hätte er sich ihrer zu schämen. Dasselbe tat er auch jetzt immer. Ich machte daher genauere Beobachtungen, und kam darauf, dass er sich seiner Handkrausen keineswegs zu schämen habe, sondern dass er, wie mich auch andere Einblicke in seine Kleidung belehrten, die feinste und schönste Wäsche trug, welche ich jemals auf Erden gesehen hatte. Diese Wäsche war auch immer in der untadelhaftesten Weiße und Reinheit, wie man es nach dem Zustand seiner Kleider nie vermutet hätte. Er musste also auf die Besorgung dieses Teiles die größte Sorgfalt verwenden. Da er nie davon sprach, schwieg ich auch darüber, wie sich wohl von selber versteht.

Unter diesem Verkehr ging ein Teil des Sommers dahin. Eines Tages war in den Steinen eine besondere Hitze. Die Sonne hatte zwar den ganzen Tag nicht ausgeschienen, aber dennoch hatte sie den matten Schleier, der den ganzen Himmel bedeckte, so weit durchdrungen, dass man ihr blasses Bild immer sehen konnte, dass um alle Gegenstände des Steinlandes ein wesenloses Licht lag, dem kein Schatten beigegeben war, und dass die Blätter der wenigen Gewächse, die zu sehen waren, herabhingen; denn obgleich kaum ein halbes Sonnenlicht durch die Nebelschicht der Kuppel drang, war doch eine Hitze, als wären drei Tropensonnen an heiterem Himmel, und brennten alle drei nieder. Wir hatten sehr viel gelitten, sodass ich meine Leute kurz nach zwei Uhr entließ. Ich setzte mich unter einen Steinüberhang, der eine Art Höhle bildete, in welcher es bedeutend kühler war als draußen in der freien Luft. Ich verzehrte dort mein Mittagsmahl, trank meinen eingekühlten Wein, und las dann. Gegen Abend wurde die Wolkenschicht nicht zerrissen, wie es doch an solchen Tagen sehr häufig geschieht, sie wurde auch nicht dichter, sondern lag in derselben gleichmäßigen Art wie den ganzen Tag über den Himmel. Ich ging daher sehr spät aus der Höhle; denn so wie die Schleierdecke am Himmel sich nicht geändert hatte, so war die Hitze auch kaum minder geworden, und man hatte in der Nacht keinen Tau zu erwarten. Ich wandelte sehr langsam durch die Hügel dahin, da sah ich den Pfarrer in den Sandlehnen daherkommen und den Himmel betrachten. Wir näherten uns, und grüßten uns Er fragte mich, wo wir heute gearbeitet hätten, und ich sagte es ihm. Ich erzählte ihm auch, dass ich in der Höhle gelesen habe, und zeigte ihm das Buch. Hierauf gingen wir miteinander im Sand weiter. – Nach einer Weile sagte er: »Es wird nicht mehr möglich sein, dass Sie die Hochstraße erreichen.« – »Wieso?« fragte ich. – »Weil das

Gewitter ausbrechen wird«, antwortete er. – Ich sah nach dem Himmel. Die Wolkendecke war eher dichter geworden, und auf allen kahlen Steinflächen, die wir sehen konnten, lag ein sehr sonderbares bleifarbenes Licht. – »Dass ein Gewitter kommen wird«, sagte ich, »war wohl den ganzen Tag zu erwarten, allein wie bald die Dunstschicht sich verdichten, erkühlen, den Wind und die Elektrizität erzeugen und sich herabschütten wird, kann man, glaube ich, nicht ermessen.« – »Man kann es wohl nicht genau sagen«, antwortete er, »allein ich habe siebenundzwanzig Jahre in der Gegend gelebt, habe Erfahrungen gesammelt, und nach ihnen wird das Gewitter eher ausbrechen, als man denkt, und wird sehr stark sein. Ich glaube daher, dass es das Beste wäre, wenn Sie mit mir in meinen Pfarrhof gingen und die Nacht heute dort zubrächten. Der Pfarrhof ist so nahe, dass wir ihn noch leicht erreichen, wenn wir auch das Gewitter schon deutlich am Himmel sehen, dort sind Sie sicher, und können morgen an Ihre Geschäfte gehen, sobald es Ihnen beliebt.«

Ich erwiderte, dass es desungeachtet nicht unmöglich sei, dass aus der Dunstschicht sich auch nur ein Landregen entwickle. In diesem Fall sei ich geborgen; ich habe ein Mäntelchen aus Wachstaffet bei mir, das dürfe ich nur aus der Tasche ziehen und umhängen, und der Regen könne mir nichts anhaben. Ja, wenn ich auch ohne diesen Schutz wäre, so sei ich in meinem Amte schon so oft vom Regen durchnässt worden, dass ich, um ein derartiges Ereignis zu vermeiden, nicht jemanden zur Last sein und Unordnung in sein Hauswesen bringen möchte. Sollte aber wirklich ein Gewitter bevorstehen, das Platzregen oder Hagel oder gar einen Wolkenbruch bringen könnte, dann nähme ich sein Anerbieten dankbar an, und bitte um einen Unterstand für die Nacht, aber ich mache die Bedingung, dass es wirklich nichts weiter sei als ein Unterstand, dass er sich in seinem Haus nicht beirren lasse, und sich weiter keine Last auferlege, als dass er mir ein Plätzchen unter Dach und Fach gäbe; denn ich bedürfe nichts als ein solches Plätzchen. Übrigens führe unser Weg noch ein gutes Stück auf demselben gemeinschaftlichen Pfad fort, da könnten wir die Frage verschieben, indessen den Himmel betrachten, und zuletzt nach der Gestalt der Sache entscheiden.

Er willigte ein, und sagte, dass, wenn ich bei ihm bliebe, ich nicht zu fürchten hätte, dass er sich eine Last auflege, ich wisse, dass es bei ihm einfach sei, und es werde keine andere Anstalt gemacht werden, als die notwendig sei, dass ich die Nacht bei ihm zubringen könnte.

Nachdem wir diesen Vertrag geschlossen hatten, gingen wir auf unserem Weg weiter. Wir gingen sehr langsam, teils der Hitze wegen, teils weil es von jeher schon so unsere Gewohnheit war. Plötzlich flog ein schwacher Schein um uns, unter dem die Felsen erröteten. Es war der erste Blitz gewesen, der aber stumm war, und dem kein Donner folgte. Wir gingen weiter. Nach einer Weile folgten mehrere Blitze, und da der Abend bereits ziemlich dunkel geworden war, und da die Wolkenschicht auch einen dämmernden Einfluss ausübte, stand unter jedem Blitz der Kalkstein in rosenroter Farbe vor uns.

Als wir zu der Stelle gelangt waren, an welcher unsere Wege sich teilten, blieb der Pfarrer stehen, und sah mich an. Ich gab zu, dass ein Gewitter komme, und sagte, dass ich mit ihm in seinen Pfarrhof gehen wolle. Wir schlugen also den Weg in das Kar ein, und gingen über den sanften Steinabhang in die Wiese hinunter.

Als wir bei dem Pfarrhof angelangt waren, setzten wir uns noch ein wenig auf das hölzerne Bänklein, das vor dem Haus stand. Das Gewitter hatte sich nun vollständig entwickelt, und stand als dunkle Mauer am Himmel. Nach einer Weile entstanden auf der gleichmäßigen dunkelfarbigen Gewitterwand weiße, laufende Nebel, die in langen, wulstigen Streifen die untern Teile der Wolkenwand säumten. Dort war also vielleicht schon Sturm, während bei uns sich noch kein Gräschen und kein Laub rührte. Solche laufende, gedunsene Nebel sind bei Gewittern oft schlimme Anzeichen, sie verkünden immer Windausbrüche, oft Hagel und Wasserstürze. – Den Blitzen folgten nun auch schon deutliche Donner. Endlich gingen wir ins Haus. – Der Pfarrer sagte, dass es seine Gewohnheit sei, bei nächtlichen Gewittern ein Kerzenlicht auf den Tisch zu stellen, und bei dem Licht ruhig sitzen zu bleiben, solange das Gewitter dauere. Bei Tag sitze er ohne Licht am Tisch. Er fragte mich, ob er auch heute seiner Sitte treu bleiben dürfe. Ich erinnerte ihn an sein Versprechen, sich meinetwegen nicht die geringste Last aufzuerlegen. Er führte mich also durchs Vorhaus in das bekannte Stüblein, und sagte, dass ich meine Sachen ablegen möchte.

Ich trug gewöhnlich an einem ledernen Riemen ein Fach über die Schulter, in welchem Werkzeuge zum Zeichnen, Zeichnungen und zum Teil auch Messwerkzeuge waren. Neben dem Fach war eine Tasche befestigt, in der sich meine kalten Speisen, mein Wein, mein Trinkglas und meine Vorrichtung zum Kühlen des Weines befanden. Diese Dinge legte ich ab und hing sie über die Lehne eines in einer Ecke stehenden Stuhles. Meinen langen Messstab lehnte ich an einen der gelben Schreine.

Der Pfarrer war indessen hinausgegangen, und kam nun mit einem Licht in der Hand herein. Es war ein Talglicht, welches in einem messingnen Leuchter stak. Er stellte den Leuchter auf den Tisch und legte eine messingne Lichtschere dazu. Dann setzten wir uns beide an den Tisch, blieben sitzen, und erwarteten das Gewitter.

Dasselbe schien nicht mehr lange ausbleiben zu wollen. Als der Pfarrer das Licht gebracht hatte, war die wenige Helle, die von draußen noch durch die Fenster hereingekommen war, verschwunden, die Fenster standen wie schwarze Tafeln da, und die völlige Nacht war hereingebrochen. Die Blitze waren schärfer, und erleuchteten trotz des Kerzenlichts bei jedem Aufflammen die Winkel des Stübleins. Die Donner wurden ernster und dringender. So blieb es eine lange Weile. Endlich kam der erste Stoß des Gewitterwindes. Der Baum, welcher vor dem Haus stand, schauerte einen Augenblick leise, wie von einem kurz abgebrochenen Lüftchen getroffen, dann war es wieder still. Über ein kleines kam das Schauern abermals, jedoch länger und tiefer. Nach einem kurzen Zeitraum geschah ein starker Stoß, alle Blätter rauschten, die Äste mochten zittern, nach der Art zu urteilen, wie wir den Schall herein vernahmen, und nun hörte das Tönen gar nicht mehr auf. Der Baum des Hauses, die Hecken um dasselbe und alle Gebüsche und Bäume der Nachbarschaft waren in einem einzigen Brausen befangen, das nur abwechselnd abnahm und schwoll. Dazwischen schallten die Donner. Sie schallten immer schneller und immer heller. Doch war das Gewitter noch nicht da. Zwischen Blitz und Donner war noch eine Zeit, und die Blitze, so hell sie waren, waren doch keine Schlangen, sondern nur ein ausgebreitetes allgemeines Aufleuchten. – Endlich schlugen die ersten Tropfen an die Fenster. Sie schlugen stark und einzeln gegen das Glas, aber bald kamen Genossen, und in kurzem strömte der Regen in Fülle herunter. Er wuchs schnell, gleichsam rauschend und jagend, und wurde endlich dergestalt, dass man meinte, ganze zusammenhängende Wassermengen fielen auf das Haus hernieder, das Haus dröhne unter dem Gewicht, und man empfinde das Dröhnen und Ächzen herein. Kaum das Rollen des Donners konnte man vor dem Strömen des Wassers hören, das Strömen des Wassers wurde ein zweites Donnern. Das Gewitter war endlich über unserem Haupt. Die Blitze fuhren wie feurige Schnüre hernieder, und den Blitzen folgten schnell und heiser die Donner, die jetzt alles andere Brüllen besiegten, und in ihren tieferen Enden und Ausläufen das Fensterglas erzittern und klirren machten. – Ich war nun froh, dass ich dem Rat des Pfarrers gefolgt hatte. Ich hatte selten ein solches Gewitter erlebt. Der Pfarrer saß ruhig und einfach am Tisch des Stübleins, und das Licht der Talgkerze beleuchtete seine Gestalt.

Zuletzt geschah ein Schlag, als ob er das ganze Haus aus seinen Fugen heben und niederstürzen wollte, und gleich darauf wieder einer. Dann war ein Weilchen Anhalten, wie es oft bei solchen Erscheinungen der Fall ist, der Regen zuckte einen Augenblick ab, als ob er erschrocken wäre, selbst der Wind hielt inne. Aber es wurde bald wieder wie früher; allein die

Hauptmacht war doch gebrochen, und alles ging gleichmäßiger fort. Nach und nach milderte sich das Gewitter, der Sturm war nur mehr ein gleichartiger Wind, der Regen war schwächer, die Blitze leuchteten blässer, und der Donner rollte matter, gleichsam landauswärts gehend.

Als endlich das Regnen nur ein einfaches Niederrinnen war, und das Blitzen ein Nachleuchten, stand der Pfarrer auf und sagte: »Es ist vorüber.« Er zündete sich ein Stümpfchen Licht an, und ging hinaus. Nach einer Weile kam er wieder herein, und trug auf einem Essbrett mehrere Dinge, die zum Abendmahl bestimmt waren. Er setzte vom Essbrett ein Krüglein mit Milch auf den Tisch und goss aus demselben zwei Gläser voll. Dann setzte er auf einem grünglasierten Schüsselchen Erdheeren auf und auf einem Teller mehrere Stücke schwarzen Brotes. Als Bestecke legte er auf jeden Platz ein Messer und ein kleines Löffelchen, dann trug er das Essbrett wieder hinaus.

Als er hereingekommen war, sagte er: »Das ist unser Abendmahl, lassen Sie es sich genügen.« Er trat zum Tisch, faltete die Hände und sprach bei sich einen Segen, ich tat desgleichen, und nun setzten wir uns zu unserem Abendessen nieder. Die Milch tranken wir aus den Gläsern, von dem schwarzen Brot schnitten wir uns Stückchen mit dem Messer, und aßen die Erdbeeren mit dem Löffelchen. Als wir fertig waren, sprach er wieder mit gefalteten Händen ein Dankgebet, holte das Essbrett, und trug die Reste wieder fort.

Ich hatte in meiner Tasche noch Teile von meinem Mittagmahl und in meiner Flasche noch Wein. Ich sagte daher: »Wenn Euer Ehrwürden erlauben, so nehme ich die Überbleibsel meines heutigen Mittagessens aus meinem Ränzchen heraus, weil sie sonst verderben würden.« – »Tun Sie nur nach Ihrem Gefallen«, antwortete er. Ich nahm daher meine Tasche und sagte »Da sehen Euer Ehrwürden auch zugleich, wie ich bei meinem Wanderleben Tafel halte, und wie mein Trink- und Essgeschirr beschaffen ist.« – »Sie müssen wissen«, fahr ich fort, »dass, so sehr man das Wasser und insbesondere das Gebirgswasser lobt, und so nützlich und herrlich dieser Stoff auch in dem großen Haushalt der Natur ist, dennoch, wenn man tagelang auf offenem Feld im Sonnenschein arbeitet, oder in heißen Steinen und heißem Sand herumgeht, oder in Klippen klettert, ein Trunk Wein mit Wasser ungleich mehr labt und Kraft gibt als das lautere, auserlesenste Wasser der Welt. Das lernte ich bei meinem Amt bald kennen, und versah mich daher stets bei allen meinen Reisen mit Wein. Aber nur guter Wein ist es, der gute Dienste leistet. Ich hatte mir daher auch auf die Hochstraße einen reinen, guten Wein kommen lassen, und nehme täglich einen Teil mit in meine Steinhügel.«

Der arme Pfarrer sah mir zu, wie ich meine Vorrichtungen auseinander packte. Er betrachtete die kleinen blechernen Tellerchen, deren mehrere in eine unbedeutende flache Scheibe zusammenzupacken waren. Ich stellte die Tellerchen auf den Tisch. Dazu tat ich von meinem Fach Messer und Gabeln. Dann schnitt ich Scheibchen von feinem weißen Weizenbrot, das ich wöchentlich zweimal kommen ließ, dann Scheibchen von Schinken, von kaltem Braten und Käse. Das breitete ich auf den Tellern aus. Hierauf bat ich ihn um eine Flasche Wassers; denn das allein, sagte ich, führe ich nicht mit mir, da ich es in der Natur überall finden müsse. Als er in einem Krug Wasser gebracht hatte, legte ich meine Trinkvorrichtungen auseinander. Ich tat die Flasche, die noch halb voll Wein war, heraus, ich stellte die zwei Gläser – eines habe ich immer zum Vorrate – auf den Tisch, und dann zeigte ich ihm, wie ich den Wein kühle. Das Glas wird in ein Fach von sehr lockerem Stoff gestellt, der Stoff mit einer sehr dünnen Flüssigkeit, die Äther heißt, und die ich in einem Fläschchen immer mitführe, befeuchtet, welche Flüssigkeit sehr schnell und heftig verdunstet und dabei eine Kälte erzeugt, dass der Wein frischer wird, als wenn er eben aus dem Keller käme, ja als ob er sogar in Eis stünde. Da ich auf diese Weise zwei Gläser Wein aufgefrischt, mit Wasser vermischt, und eins auf seinen Platz gestellt hatte, lud ich ihn ein, mit mir zu speisen. – Er nahm, gleichsam um meiner Einladung die Ehre anzutun, ein winziges Bisschen von den Dingen, nippte am

Glas, und war nicht mehr zu bewegen, etwas Weiteres zu nehmen. – Ich aß von den aufgestellten Speisen nun auch nur sehr weniges, und packte dann alles wieder zusammen, indem ich mich der Unhöflichkeit, die ich eigentlich in der Übereilung begangen hatte, schämte.

Ich tat schnell einen Blick ins Angesicht des Pfarrers; aber es sprach sich nicht der kleinste Zug von Unfreundlichkeit aus.

Da der Tisch leer war, saßen wir noch eine Zeit bei der Talgkerze und sprachen. Dann schritt der Pfarrer daran, mein Bett zu bereiten. Er trug eine große wollene Decke herein, legte sie vierfach zusammen und tat sie auf die Bank, die an der Mauer stand. Aus einer ähnlichen Decke machte er ein Kissen. Dann öffnete er einen der gelben Schreine, nahm ein Leintuch von außerordentlicher Schönheit, Feinheit und Weiße heraus, tat es auseinander, und breitete es über mein Lager. Als ich bei dem schwachen Schein der Kerze die ungemeine Trefflichkeit des Linnenstückes gesehen, und dann unwillkürlich meine Augen auf ihn gewendet hatte, errötete er in seinem Angesicht. – Als Hülle für meinen Körper legte er eine dritte Wolldecke auf das Lager. »Das ist Ihr Bett, so gut ich es machen kann«, sagte er, »Sie dürfen nur sagen, wann Sie bereit sind, die Ruhe zu suchen.« – »Das lasse ich Euer Ehrwürden über«, antwortete ich, »wann Sie zum Schlafen Ihre Zeit haben, richten Sie sich nach derselben. Ich bin an keine Stunde gebunden, meine Lebensweise bringt es mit sich, dass ich bald kurz, bald lang schlafe, bald früher, bald später mein Lager aufsuche.« – »Auch ich bin keiner Zeit untertan«, erwiderte er, »und kann den Schlummer nach meinen Pflichten einrichten; aber da es wegen des Gewitters heute später geworden ist als sonst, da Sie morgen gewiss sehr bald aufstehen und wahrscheinlich in die Hochstraße gehen werden, um manches zu holen, dächte ich, wäre Ruhe das Beste, und wir sollten sie suchen.« – »Ich stimme Ihnen vollständig bei, Herr Pfarrer«, sagte ich.

Nach diesem Gespräch verließ er das Stüblein, und ich dachte, er habe sich in seine Schlafkammer begeben. Ich entkleidete mich daher, so weit ich es immer gewohnt bin, und legte mich auf mein Bett. Eben wollte ich das Licht, das ich auf einen Stuhl neben meinem Bett gestellt hatte, auslöschen, als der Pfarrer wieder hereintrat. Er hatte sich umgekleidet, und trug jetzt grauwollene Strümpfe, grauwollene Beinkleider und eine grauwollene Jacke. Schuhe hatte er nicht, sondern er ging auf den Strümpfen. So trat er ins Stüblein. »Sie haben sich schon zur Ruhe gelegt«, sagte er, »ich bin gekommen, Ihnen eine gute Nacht zu sagen, und dann auch den Schlaf zu suchen. Also schlummern Sie wohl, wie es in dem Bett möglich ist.« – »Ich werde gut schlafen«, erwiderte ich, »und wünsche Ihnen ein Gleiches.« Nach diesen Worten ging er zum Weihbrunnenkessel, der unter dem kleinen, schön geschnitzten Kruzifix hing, besprengte sich mit Tropfen des Wassers, und verließ das Stüblein. Ich sah beim Licht meiner Kerze, wie er in dem geräumigen Vorhaus sich auf die hölzerne Bank, die in der flachen Nische stand, legte, und die Bibel sich als Kissen unters Haupt tat. Als ich dieses gesehen hatte, sprang ich von meinem Lager auf, ging in den Nachtkleidern ins Vorhaus hinaus, und sagte: »Mitnichten, Euer Ehrwürden, so ist es nicht gemeint, Sie dürfen nicht auf dieser nackten Bank schlafen, während Sie mir das bessere Bett einräumen. Ich bin gewohnt, auf allen Lagern zu schlafen, selbst im Freien unter einem Baum, lassen Sie mich diese Bank benützen, und begeben Sie sich in das Bett, das Sie mir abtreten wollten.« – »Nein, lieber Herr«, antwortete er, »ich habe Ihnen kein Bett abgetreten, wo das Ihrige ist, wird sonst nie eines gemacht, und wo ich jetzt liege, schlafe ich alle Nächte.« – »Auf dieser harten Bank und mit diesem Buch als Kissen schlafen Sie alle Nächte?« fragte ich. »Wie Sie durch Ihren Stand an alle Lager gewohnt sind, selbst an eines im Freien«, erwiderte er, »so bin ich auch durch meinen Stand gewohnt, auf dieser Bank zu schlafen, und dieses Buch als Kissen zu haben.« – »Ist das wirklich möglich?« fragte ich. – »Ja, es ist so«, antwortete er, »ich sage keine Lüge. Ich hätte mir ja auch auf dieser Bank ein Bett machen können, wie ich Ihnen eines auf der Ihrigen gemacht habe; allein ich habe schon vor sehr langer Zeit angefangen, in diesen Kleidern und auf dieser Bank hier, wie Sie mich sehen, zu schlafen, und tue es auch heute.« Da ich noch immer misstrauisch zögerte, sagte er: »Sie können in Ihrem Herzen ganz beruhigt sein, ganz beruhigt.« Ich wendete gegen dieses nichts mehr ein, namentlich war der Grund, dass er sich ja auch ein Bett hätte machen können, überzeugend. – Nach einer Weile, während welcher ich noch immer dagestanden war, sagte ich: »Wenn es eine alte Gewohnheit ist, hochwürdiger Herr, so habe ich freilich nichts mehr einzuwenden; aber Sie werden es auch begreifen, dass ich anfänglich dagegen sprach, weil man gewöhnlich überall ein gebettetes Lager hat.« – »Ja, man hat es«, sagte er, »und gewöhnt sich daran, und meint, es müsse so sein. Aber es kann auch anders sein. An alles gewöhnt sich der Mensch, und die Gewohnheit wird dann sehr leicht, sehr leicht.« Nach diesen Worten ging ich wieder, nachdem ich ihm zum zweiten Mal eine gute Nacht gewünscht hatte, in mein Stüblein, und legte mich wieder in mein Bett. Ich erinnerte mich nun auch, dass ich wirklich nie ein Bett gesehen habe, sooft ich früher in der Behausung des Pfarrers gewesen war. Ich dachte noch eine Zeit lang an die Sache, und konnte nicht umhin, die äußerste Feinheit des Linnens des Pfarrers sehr wohltätig an meinem Körper zu empfinden. Nach einer kurzen Zeit lieferte der Pfarrer den tatsächlichen Beweis, dass er an sein Lager gewohnt sei; denn ich hörte aus dem sanften, regelmäßigen Atmen, dass er bereits in tiefen Schlummer gesunken sei. Da ich nun auch ruhig war, da alles im Pfarrhaus totenstill war, da der Wind aufgehört hatte, der Regen kaum nur leise zu vernehmen war, und die Blitze wie verloren nur mehr selten mit mattem Schein das Fenster berührten, senkte sich auch auf meine Augen der Schlummer, und nachdem ich die Kerze ausgelöscht hatte, vernahm ich noch einige Male das Fallen eines Tropfens ans Fenster, dann war mirs, als ob daran der schwache Aufblick eines Leuchtens geschähe, und dann war nichts mehr. –

Ich schlief sehr gut, erwachte spät, und es war schon völliger Tag, als ich die Augen öffnete. Es war, als ob es ein zartes Geräusch gewesen wäre, das mein völliges Aufwachen veranlasst hatte. Als ich die Augen vollkommen öffnete und herumsah, erblickte ich im Vorhaus den Pfarrer in seinen grauen Nachtkleidern, wie er eben beschäftigt war, meine Kleider mit einer Bürste vom Staub zu reinigen. Ich erhob mich schnell von meinem Lager, ging hinaus, und störte ihn in seinem Beginnen, indem ich sagte, das dürfe nicht sein, so etwas könne ich von ihm nicht annehmen, es liege nicht in seinem Stande, es mache der Staub nichts, und wenn ich ihn fort wollte, so könnte ich ihn ja selber mit einer Bürste schnell abstreifen.

»Es liegt nicht in meinem Stand als Priester, aber es liegt in meinem Stand als Gastfreund«, sagte er, »ich habe nur eine einzige alte Dienerin, die nicht im Haus wohnt, sie kommt zu gewissen Stunden, um meine kleinen Dienste zu verrichten, und ist heute noch nicht da.« – »Nein, nein, das tut nichts«, antwortete ich, »ich erinnere Sie an Ihr Versprechen, sich keine Last aufzulegen.« – »Ich lege mir keine Last auf«, erwiderte er, »und es ist schon bald gut.«

Mit diesen Worten tat er noch ein paar Striche mit der Bürste auf dem Rock, und ließ sich dann beides, Bürste und Kleider, nehmen. Er ging aus dem Vorhaus in ein anderes, mir bis dahin unbekanntes Gemach. Ich kleidete mich indessen an. Nach einer Zeit kam auch er vollständig angekleidet herein. Er hatte die alten schwarzen Kleider an, die er am Tage und alle vorhergehenden Tage angehabt hatte. Wir traten ans Fenster. Der Schauplatz hatte sich vollkommen geändert. Es war ein durchaus schöner Tag, und die Sonne erhob sich strahlend in einem unermesslichen Blau. Was doch so ein Gewitter ist! Das Zarteste, das Weichste der Natur ist es, wodurch ein solcher Aufruhr veranlasst wird. Die feinen, unsichtbaren Dünste des Himmels, die in der Hitze des Tages oder in der Hitze mehrerer Tage unschädlich im unermesslichen Raum aufgehängt sind, mehren sich immer, bis die Luft an der Erde so erhitzt und verdünnt ist, dass die oberen Lasten derselben niedersinken, dass die tieferen Dünste durch sie erkühlt werden, oder dass sie auch von einem andern kalten Hauch angeweht werden, wodurch sie sich sogleich zu Nebelballen bilden, das elektrische Feuer erzeugen und den Sturm wachrufen, neue Kälte bewirken, neue Nebel erregen, sodann mit dem Sturm daherfahren, und ihre Mengen, die zusammenschießen, sei es in Eis, sei es in geschlossenen Tropfen, auf die Erde niederschütten. Und haben sie sie niedergeschüttet, und hat die Luft sich gemischt, so steht sie bald wieder in ihrer Reinheit und Klarheit, oft schon am andern Tag da, um wieder die Dünste aufzunehmen, die in der Hitze erzeugt werden, wieder allmählich dasselbe Spiel zu beginnen, und so die Abwechslung von Regen und Sonnenschein zu bewirken, welche die Freude und das Gedeihen von Menschen, Tieren und Gewächsen ist.

Der unermessliche Regen der Nacht hatte die Kalksteinhügel glatt gewaschen, und sie standen weiß und glänzend unter dem Blau des Himmels und unter den Strahlen der Sonne da. Wie sie hintereinander zurückwichen, wiesen sie in zarten Abstufungen ihre gebrochenen Glanzfarben in Grau, Gelblich, Rötlich, Rosenfarbig, und dazwischen lagen die länglichen, nach rückwärts immer schöneren luftblauen Schatten. Die Wiese vor dem Pfarrhof war frisch und grün, die Linde, die ihre älteren und schwächeren Blätter durch den Sturm verloren hatte, stand neugeboren da, und die andern Bäume und die Büsche um den Pfarrhof hoben ihre nassen, glänzenden Äste und Zweige gegen die Sonne. Nur in der Nähe des Steges war auch ein anderes, minder angenehmes Schauspiel des Gewitters. Die Zirder war ausgetreten, und setzte einen Teil der Wiese, von der ich gesagt habe, dass sie um wenig höher liegt als das Flussbett, unter Wasser. Der hohe Steg senkte sich mit seinem abwärtsgehenden Teil unmittelbar in dieses Wasser. Allein, wenn man von dem Schaden absieht, den die Überschwemmung durch Anführung von Sand auf der Wiese verursacht haben mochte, war auch diese Erscheinung schön. Die große Wasserfläche glänzte unter den Strahlen der Sonne, sie machte zum Grün der Wiese und dem Grau der Steine den dritten, stimmenden und schimmernden Klang, und der Steg stand abenteuerlich wie eine dunkle Linie über dem silbernen Spiegel.

Der Pfarrer zeigte mir mehrere Stellen sehr entfernter Gegenden, die man sonst nicht sehen konnte, die aber heute deutlich in der gereinigten Luft wie klare Bilder zu erblicken waren.

Nachdem wir eine kleine Zeit das Morgenschauspiel, das die Augen unwillkürlich auf sich gezogen hatte, betrachtet hatten, brachte der Pfarrer kalte Milch und schwarzes Brot zum Frühmahl. Wir verzehrten beides, und ich schickte mich dann zum Fortgehen an. Ich nahm mein Fach und meine Tasche mit dem Lederriemen über die Schulter, nahm meinen Stab von der Ecke neben dem gelben Schrein, nahm meinen weißen Wanderhut, und sagte dem Pfarrer herzlichen Dank für meine Beherbergung während des starken Gewitters. »Wenn es nur nicht zu schlecht gewesen ist«, sagte er. »Nein, nein, Euer Ehrwürden«, erwiderte ich, »es war alles lieb und gut von Ihnen, ich bedaure nur, dass ich Ihnen Störung und Unruhe verursacht habe, ich werde künftig genau auf das Wetter und den Himmel sehen, dass meine Unvorsichtigkeit nicht wieder ein anderer büßen muss.« – »Ich habe gegeben, was ich gehabt habe«, sagte er. »Und ich wünsche sehr, einen Gegendienst leisten zu können«, erwiderte ich. – »Menschen leben nebeneinander, und können sich manchen Gefallen tun«, sagte er. Mit diesen Worten waren wir ins Vorhaus hinaus gelangt. »Ich muss Ihnen noch meine dritte Stube zeigen«, sagte er, »hier habe ich ein Gemach, in welchem ich mich auskleide und ankleide, dass mich niemand sieht, und in welchem ich noch mancherlei Sachen aufbewahrt habe.«

Mit diesen Worten führte er mich aus dem Vorhaus in ein Seitenzimmer oder eigentlich in ein Gewölbe, dessen Tür ich früher nicht beachtet hatte. In dem Gewölbe waren wieder sehr schlechte Geräte. Ein großer weicher, stehender Schrein, in dem Kleider und andere solche Dinge, wahrscheinlich auch die Wolldecken meines Lagers, aufbewahrt wurden, ein paar Stühle, und ein Brett, auf dem schwarze Brote lagen und ein Topf mit Milch stand: das war die ganze Gerätschaft. Als wir wieder aus dem Zimmer herausgetreten waren, schloss er es zu, wir nahmen Abschied, und versprachen, uns bald wieder zu sehen. – Ich trat in die kühle, reine Luft und auf die nasse Wiese hinaus. Ich hatte wohl noch den Gedanken, wie es sonderbar sei, dass wir immer nur im Erdgeschoss gewesen seien, und dass ich doch in der Nacht und am Morgen deutlich Tritte oberhalb unser in dem Pfarrhof vernommen hatte; allein ich ließ mich den Gedanken nicht weiter anfechten, und schritt vorwärts.

Ich ging nicht auf meinem eigentlichen Weg, sondern ich schlug die Richtung zur Zirder ein. Wenn man ein Land vermisst, wenn man viele Jahre lang Länder und ihre Gestalten auf Papier zeichnet, so nimmt man auch Anteil an der Beschaffenheit der Länder, und gewinnt sie lieb. Ich ging zur Zirder, weil ich sehen wollte, welche Wirkungen ihr Austritt hervorgebracht hatte, und welche Veränderungen er in der unmittelbaren Nähe eingeleitet haben möge. Als ich eine Weile vor dem Wasser stand und sein Walten betrachtete, ohne dass ich eben andere Wirkungen als den bloßen Austritt wahrnehmen konnte, so erlebte ich plötzlich ein Schauspiel, welches ich bisher nicht gehabt hatte, und bekam eine Gesellschaft, die mir bisher im Steinland nicht zuteil geworden war. Außer meinen Arbeitern, mit denen ich so bekannt war, und die mit mir so bekannt waren, dass wir uns wechselweise wie Werkzeuge vorkommen mussten, hatte ich nur einige Menschen in meinem Gasthaus, manchen Wanderer auf dem Weg und den armen Pfarrer in den Gesteinen gesehen. Jetzt sollte es anders werden. Als ich hinblickte, sah ich vom jenseitigen Ufer, welches höher und nicht überschwemmt war, einen lustigen, fröhlichen Knaben über den Steg daherlaufen. Als er zum Ende des Steges kam, welches sich in das Überschwemmungswasser der Zirder hinabsenkte, kauerte er sich nieder, und soviel ich durch mein Handfernrohr wahrnehmen konnte, nestelte er sich die Schuhriemen auf und zog Schuhe und Strümpfe aus. Allein nachdem er beides ausgezogen hatte, ging er nicht in das Wasser herab, wie ich vermutet hatte, sondern blieb an der Stelle. Gleich darauf kam ein zweiter Knabe und tat dasselbe. Dann kam ein barfüßiger, der auch stehen blieb, dann mehrere andere. Endlich kam ein ganzer Schwarm Kinder über den Steg gelaufen, und als sie gegen das Ende desselben gekommen waren, duckten sie sich nieder, gleichsam wie ein Schwarm Vögel, der durch die Luft geflogen kommt und an einer kleinen Stelle einfällt, und ich konnte unschwer wahrnehmen, dass sie sämtlich damit beschäftigt waren, Schuhe und Strümpfe auszuziehen.

Als sie damit fertig waren, ging ein Knabe über den Steg herab und behutsam in das Wasser. Ihm folgten die andern. Sie nahmen auf ihre Höschen keine Rücksicht, sondern gingen damit tief ins Wasser, und die Röckchen der Mädchen schwammen um ihre Füße im Wasser herum. Zu meinem Erstaunen erblickte ich jetzt auch mitten im Wasser eine größere schwarze Gestalt, die niemand anderer als der arme Pfarrer im Kar war. Er stand bis auf die Hüften im Wasser. Ich hatte ihn früher nicht gesehen und auch nicht wahrgenommen, wie er hinein gekommen war, weil ich mit meinen Augen immer weiterhin zum Steg geblickt hatte, und sie erst jetzt mehr nach vorn richtete, wie die Kinder zu meinem Standpunkt heranschritten. Alle Kinder gingen auf den Pfarrer zu, und nachdem sie eine Weile bei ihm verweilt und mit ihm gesprochen hatten, traten sie den Weg zu dem Ufer an, an dem ich stand. Da sie ungleich vorsichtig auftraten, erstreuten sie sich im Hergehen durchs Wasser, erschienen wie schwarze Punkte auf der glänzenden Fläche, und kamen einzeln bei mir an. Da ich sah, dass keine Gefahr in dem überall seichten Überschwemmungswasser vorhanden sei, blieb ich an meiner Stelle stehen und ließ sie kommen. Die Kinder kamen heran, und blieben bei mir stehen. Sie sahen mich anfangs mit trotzigen und scheuen Gesichtern an; aber da ich von Jugend auf ein Kinderfreund gewesen bin, da ich stets die Kinder als Knospen der Menschheit außerordentlich geliebt habe, und seit meiner Verehelichung selbst mit einer Anzahl davon gesegnet worden bin, da zuletzt auch keine Art von Geschöpfen so schnell erkennt, wer ihnen gut ist, und auf diesem Boden ebenso schnell Vertrauen gewinnt, wie Kinder, war ich bald von einem

Kreis plaudernder und rühriger Kinder umringt, die sich bemühten, Fragen zu stellen und Fragen zu beantworten. Es war leicht zu erraten, auf welchem Weg sie sich befanden, da sie sämtlich an ledernen oder leinenen Bändern ihre Schultaschen um die Schultern gehängt hatten. Weil aber auch ich meine Tasche und mein Fach an einem ledernen Riemen um meine Schultern trug, so mochte es ein lächerlicher Anblick gewesen sein, mich gleichsam wie ein großes Schulkind unter den kleinen stehen zu sehen. Einige bückten sich und waren bemüht, ihre Schuhe und Strümpfe wieder anzuziehen, andere hielten sie noch in den Händen, sahen zu mir auf, und redeten mit mir.

Ich fragte sie, woher sie kämen, und erhielt zur Antwort, dass sie aus den Karhäusern und Steinhäusern seien, und dass sie in die Schule in das Kar gehen.

Als ich sie fragte, warum sie auf dem Steg zusammen gewartet hätten, und nicht einzeln, wie sie gekommen wären, in das Wasser gestiegen seien, sagten sie, weil die Eltern befohlen hätten, sie sollten sehr vorsichtig sein, und nicht allein, sondern alle zusammen in das Wasser gehen, wenn ein solches jenseits des Steges auf der Zirderwiese sei.

»Wenn aber das Wasser auf der Wiese so tief wäre, dass es über das Haupt eines großen Menschen hinausginge?« fragte ich. »So kehren wir wieder um«, antworteten sie. »Wenn aber erst das Wasser mit Gewalt daherkäme, wenn ihr bereits über den Steg gegangen wäret und euch auf der Wiese befändet, was tätet ihr dann?« – »Das wissen wir nicht.« Ich fragte sie, wie lange sie von den Steinhäusern und Karhäusern hierher brauchten, und erhielt die Antwort: eine Stunde. So weit mochten auch die genannten Häuser wirklich entfernt sein. Sie liegen jenseits der Zirder in einem ebenso unfruchtbaren Boden wie das Kar, aber ihre Bewohner treiben viele Geschäfte, namentlich brennen sie Kalk aus ihren Steinen, und verschicken ihn weit. Ich fragte sie, ob ihnen die Eltern auch aufgetragen hätten, die Schuhe und Strümpfe zu schonen, erhielt die Antwort ja, und bewunderte die Unfolgerichtigkeit, indem sie die trockenen Schuhe und Strümpfe in den Händen hielten und mit bitterlich nassen Höschen und Röckchen vor mir standen. Ich fragte, was sie im Winter täten. »Da gehen wir auch herüber«, sagten sie. »Wenn aber Schneewasser auf der Wiese ist?« – »Da ziehen wir die Schuhe nicht aus, sondern gehen mit ihnen durch.« – »Und wenn der Steg eisig ist?« – »Da müssen wir acht geben.« – »Und wenn außerordentliches Schneegestöber ist?« – »Das macht nichts.« – »Und wenn ungeheuer viel Schnee liegt und kein Weg ist?« – »Dann bleiben wir zu Hause.« In diesem Augenblick kam der Pfarrer mit den letzten Kindern zu mir heran. Es war auch Zeit; denn die Kinder waren bereits so zutraulich geworden, dass mir ein winzig kleiner Knabe, der den Grund und Anfang aller Wissenschaften auf einem kleinen Papptäfelchen trug, seine Buchstaben aufsagen wollte. Da mich der Pfarrer in der Mitte der Kinder ansichtig wurde, grüßte er sehr freundlich und sagte, das sei schön von mir, dass ich auch zur Hilfe herbeigeeilt wäre. Ich erschrak über diese Zumutung, sagte aber gleich, ich sei eben nicht zur Hilfe herbeigeeilt, da ich nicht gewusst hätte, dass Kinder über den Steg kommen würden, aber wenn Hilfe nötig geworden wäre, so würde ich sie gewiss auch geleistet haben.

Bei dieser Gelegenheit, als ich ihn so unter den Kindern stehen sah, bemerkte ich, dass er bei weitem tiefer im Wasser gewesen sein müsse als die Kinder; denn er war bis über die Hüften nass, und dies hätte bei manchem Kind beinahe an den Hals gereicht. Ich begriff den Widerspruch nicht und fragte ihn deshalb. Er sagte, das sei leicht zu erklären. Der Wennerbauer, dem das überschwemmte Stück Wiese gehöre, auf dem er eben im Wasser gestanden sei, habe vorgestern Steine aus der Wiese graben und wegführen lassen. Die Grube sei geblieben. Da er nun heute die Wiese gegen die Zirder mit Wasser überdeckt gesehen hätte, habe er geglaubt, dass der Weg der Kinder etwa nah an dieser Grube vorbeigehen, und dass eines in derselben verunglücken könnte. Deshalb habe er sich zu der Grube stellen wollen, um alle Gefahr zu verhindern. Da sie aber abschüssig war, sei er selber in die Grube geglitten, und einmal darin stehend, sei er auch darin stehen geblieben. Eines der kleineren Kinder hätte in der Grube sogar ertrinken können, so tief sei sie gegraben worden. Man müsse Sorge tragen, dass die Wiese wieder abgeebnet werde, denn das Wasser bei Überschwemmungen sei trüb, und lasse die Tiefe und Ungleichheit des Bodens unter sich nicht bemerken.

Die nassen Kinder drängten sich um den nassen Pfarrer, sie küssten ihm die Hand, sie redeten mit ihm, er redete mit ihnen, oder sie standen da, und sahen zutraulich zu ihm hinauf.

Er aber sagte endlich, sie sollten jetzt die nassen Röckchen auswinden, das Wasser aus allen Kleidern drücken oder abstreifen, und wer Schuhe und Strümpfe habe, solle sie anziehen, dann sollen sie gehen, dass sie sich nicht erkälten, sie sollen sich in die Sonne stellen, dass sie eher trocken würden, und sollen dann in die Schule gehen und dort sehr sittsam sein.

»Ja, das werden wir tun«, sagten sie. Sie folgten der Weisung auch sogleich, sie duckten oder kauerten sich nieder, sie wrangen die Röckchen aus, sie drückten das Wasser aus den Füßen der Höschen, oder sie drängten und streiften es aus Falten und Läppchen, und ich sah, dass sie darin eine große Geschicklichkeit hatten. Auch war die Sache nicht so bedeutend; denn sie hatten alle entweder ungebleichte oder rot- oder blaugestreifte leinene Kleidchen an, die bald trocken werden würden, und denen man dann kaum ansehen würde, dass sie nass gewesen seien; und in Hinsicht der Gesundheit, dachte ich, würde der jugendliche Körper leicht die Feuchtigkeit überwinden. Da sie mit dem Auspressen des Wassers fertig waren, gingen sie an das Anziehen der Schuhe und Strümpfe. Als sie auch dieses Geschäft beendigt hatten, nahm der Pfarrer wieder von mir Abschied, dankte mir noch einmal, dass ich hierher gekommen sei, und begab sich mit den Kindern auf den Weg in das Kar.

Ich rief den Kindern zu, sie sollten recht fleißig sein, sie riefen zurück: »Ja, ja«, und gingen mit dem Pfarrer davon. Ich sah die Gestalt des Pfarrers unter dem Kinderhaufen über die nasse Wiese der Karschule zugehen, wendete mich dann auch und schlug den Weg in meine Steine ein. Ich wollte nicht mehr in die Hochstraße gehen, sondern gleich meine Leute und meinen Arbeitsplatz aufsuchen, teils weil ich keine Zeit zu verlieren hatte, teils weil ich ohnedies noch mit den Resten von Lebensmitteln versehen war, die der Pfarrer gestern Abend verschmäht hatte. Auch wollte ich meine Leute beruhigen, die gewiss erfahren haben würden, dass ich in der Nacht nicht in der Hochstraße gewesen sei, und deshalb meinetwillen besorgt sein könnten.

Als ich in die Höhe der Kalksteinhügel hinaufstieg, dachte ich an die Kinder. Wie groß doch die Unerfahrenheit und Unschuld ist. Sie gehen auf das Ansehn der Eltern dahin, wo sie den Tod haben können; denn die Gefahr ist bei den Überschwemmungen der Zirder sehr groß, und kann bei der Unwissenheit der Kinder unberechenbar groß werden. Aber sie kennen den Tod nicht. Wenn sie auch seinen Namen auf den Lippen führen, so kennen sie seine Wesenheit nicht, und ihr emporstrebendes Leben hat keine Empfindung von Vernichtung. Wenn sie selbst in den Tod gerieten, würden sie es nicht wissen, und sie würden eher sterben, ehe sie es erfahren.

Als ich so dachte, hörte ich das Glöcklein vom Turm der Karkirche in meine Steine hereinklingen, das eben zu der Morgenmesse rief, die der Pfarrer abhalten, und der die Kinder beiwohnen würden.

Ich ging tiefer in die Steine hinein und fand meine Leute, die sich freuten, mich zu sehen, und die mir Lebensmittel gebracht hatten. –

Da ich lange in der Gegend verweilte, konnte ich es nicht vermeiden, auch aus dem Mund der Menschen manches über den Pfarrer zu hören. Da erfuhr ich, dass es wirklich wahr sei, woran ich vermöge seiner Aussage ohnehin nicht mehr gezweifelt hatte, dass er schon seit vielen Jahren in seinem Vorhaus auf der hölzernen Bank schlafe und die Bibel unter dem Kopf habe; dass er hierbei im Sommer nur die grauen Wollkleider anhabe, und im Winter sich auch einer Decke bediene. Seine Kleider trage er so lange und erhalte sie so beisammen, dass sich niemand erinnern könne, wann er sich einmal neue angeschafft hätte. Das obere Stockwerk seines Pfarrhofes habe er vermietet. Es sei ein Mann gekommen, der in einem Amte gestanden, dann in den Ruhestand versetzt worden war, und der sein Gehalt nun in der Gegend verzehre, in welcher er geboren worden sei. Er habe den Umstand, dass der Pfarrer seine Zimmer vermiete, benützt, um sich mit seiner Tochter da einzumieten, dass er immer den Schauplatz vor Augen habe, in dem er seine Kindheit zugebracht hatte. Es war mir diese Tatsache wieder ein Beweis, wie süß uns nach den Worten des Dichters der Geburtsboden zieht, und seiner nicht vergessen lässt, dass hier ein Mann eine Gegend als ein Labsal und als eine Erheiterung seines Alters aufsucht, aus der jeder andere fortzukommen trachten würde. Der Pfarrer, sagte man, esse zum Frühmahl und am Abend nur ein Stück schwarzen Brotes, und sein Mittagessen bereite ihm seine Dienerin Sabine, welche es in ihrer Wohnung koche und es ihm in den Pfarrhof bringe. Es bestehe häufig aus warmer Milch oder einer Suppe oder im Sommer selbst aus kalten Dingen. Wenn er krank sei, lasse er keinen Arzt und keine Arznei kommen, sondern liege und enthalte sich der Speisen, bis er gesund werde. Von den Einkünften seiner Miete und seines Amtes tue er Gutes, und zwar an Leute, die er sorgsam aussuche. Er habe keine Verwandten und Bekannten. Seit den Jahren, seit denen er da sei, sei niemand bei ihm auf Besuch gewesen. Alle seine Vorgänger seien nur kurze Zeit Pfarrer in dem Kar gewesen, und seien dann fortgekommen; er aber sei schon sehr lange da, und es habe den Anschein, dass er bis an sein Lebensende da bleiben werde. Er gehe auch nicht auf Besuche in die Nachbarschaft, ja er gehe nicht viel mit Menschen um, und wenn er nicht in seinen Amtsgeschäften oder in der Schule sei, so lese er in seinem Stüblein, oder er gehe über die Wiese in das Steinkar, gehe dort im Sand herum, oder sitze dort einsam mit seinen Gedanken.

Es hatte sich in der Gegend der Ruf verbreitet, dass er wegen seiner Lebensweise Geld habe, und er ist deshalb schon dreimal beraubt worden.

Ich konnte von diesen Dingen weder wissen, was wahr sei, noch was nicht wahr sei. Sooft ich zu ihm kam, sah ich die ruhigen, klaren blauen Augen, das einfache Wesen, und die bittere, ungeheuchelte Armut. Was seine Vergangenheit gewesen sei, in das drang ich nicht ein, und mochte nicht eindringen.

Ich hatte auch mehrere Predigten von ihm gehört. Sie waren einfach christlich, und wenn auch von Seite der Beredsamkeit manches einzuwenden gewesen wäre, so waren sie doch klar und ruhig, und es war eine solche Güte in ihnen, dass sie in das Herz gingen.

Die Zeit meiner Arbeiten in jener Gegend zog sich in die Länge. Die Steinnester jener unwirtlichen Landschaften setzten uns solche Hindernisse entgegen, dass wir Aussicht hatten, doppelt so viele Zeit zu brauchen, als auf einem gleichen Flächenraum einer gezähmten und fruchtbaren Gegend. Dazu kam noch, dass uns von den Behörden gleichsam eine Frist gesetzt wurde, in der wir fertig sein sollten, indem wir die Bestimmung bekamen, zu einer gewissen Zeit in einem anderen Teil des Reiches beschäftigt zu werden. Ich wollte mir die Schande nicht antun, mich saumselig finden zu lassen. Ich bot daher alles auf, das Geschäft in einen lebhaften Gang zu bringen. Ich verließ die Hochstraße, ich ließ mir in dem Teil des Steinkars, in dem wir arbeiteten, eine Bretterhütte als Wohnung aufschlagen, ich wohnte dort, und ließ mir mit meinen Leuten gemeinschaftlich an einem Feuer kochen. Ich zog auch alle Leute zu mir, dass sie auf dem Arbeitsschauplatz oder in der Nähe in errichteten Hüttchen wohnten, und ich nahm noch mehrere fremde Menschen als Handlanger auf, um nun alles recht tüchtig und lebendig zu fördern.

Da ging es nun an ein Hämmern, Messen, Pflöckeschlagen, Kettenziehen, an ein Aufstellen der Messtische, an ein Absehen durch die Gläser, an ein Bestimmen der Linien, Winkelmessen, Rechnen und dergleichen. Wir rückten durch die Steinhügel vor, und unsere Zeichen verbreiteten sich auf dem Kalkgebiet. Da es eine Auszeichnung war, diesen schwierigen Erdwinkel aufzunehmen, so war ich stolz darauf, es recht schön und ansehnlich zu tun, und arbeitete oft noch bis tief in die Nacht hinein in meiner Hütte. Ich zeichnete manche Blätter doppelt, und verwarf die minder gelungenen. Der Stoff wurde sachgemäß eingereiht.

Dass mir bei diesen Arbeiten der Pfarrer in den Hintergrund trat, ist begreiflich. Allein da ich ihn einmal schon längere Zeit nicht im Steinkar sah, wurde ich unruhig. Ich war gewöhnt, seine schwarze Gestalt in den Steinen zu sehen, von weitem sichtbar, weil er der einzige dunkle Punkt in der graulich dämmernden oder unter dem Strahl der hinabsinkenden Sonne rötlich beleuchteten Kalkflur war. Ich fragte deshalb nach ihm und erfuhr, dass er krank sei. Sogleich beschloss ich, ihn zu besuchen. Ich benutzte die erste freie Zeit dazu, oder vielmehr, ich machte mir den ersten Abend frei, und ging zu ihm.

Ich fand ihn nicht auf seinem gewöhnlichen Lager im Vorhaus, sondern in dem Stüblein auf der hölzernen Bank, auf welcher er mir in der Gewitternacht ein Bett gemacht hatte. Man hatte ihm die Wolldecken unter den Leib gegeben, die ich damals gehabt hatte, und er hatte es zugelassen, weil er krank war. Man hatte ihm auch eine Hülle gegeben, um seinen Körper zudecken zu können, und man hatte den fichtenen Tisch an sein Bett gerückt, dass er Bücher darauf legen und andere Dinge darauf stellen konnte. – So fand ich ihn. –

Er lag ruhig da und war auch jetzt nicht zu bewegen gewesen, einen Arzt oder eine Arznei anzunehmen, selbst nicht die einfachsten Mittel zuzulassen, die man ihm in sein Zimmer brachte. Er hatte den seltsamen Grund, dass es eher eine Versuchung Gottes sei, eingreifen zu wollen, da Gott die Krankheit sende, da Gott sie entferne, oder den beschlossenen Tod folgen lasse. Endlich glaubte er auch nicht so sehr an die gute Wirkung der Arzneien und an das Geschick der Ärzte.

Da er mich sah, zeigte er eine sehr heitere Miene, es war offenbar, dass er darüber erfreut war, dass ich gekommen sei. Ich sagte ihm, dass er verzeihen möge, dass ich erst jetzt komme, ich hätte es nicht gewusst, dass er krank sei, ich wäre wegen der vielen Arbeiten nicht von meiner Hütte im Steinkar herausgekommen, ich hätte ihn aber vermisst, hätte ihm nachgefragt und sei nun gekommen. »Das ist schön, das ist recht schön«, sagte er. Ich versprach, dass ich nun schon öfter kommen werde.

Ich erkannte bei näheren Fragen über seinen Zustand, dass seine Krankheit weniger eine bedenkliche, als vielmehr eine längere sein dürfte, und ging daher mit Beruhigung weg. Desungeachtet fuhr ich eines Tages mit hereinbestellten Postpferden in die Stadt hinaus, und beriet mich mit einem mir bekannten Arzte daselbst, indem ich ihm alle Zustände, die ich dem Pfarrer in mehreren Besuchen abgefragt hatte, darlegte. Er gab mir die Versicherung, dass ich recht gesehen hätte, dass das Übel kein gefährliches sei, dass die Natur da mehr tun könne als der Mensch, und dass der Pfarrer in etwas längerer Zeit schon genesen werde.

Da ich nun öfter zu dem Pfarrer kam, wurde ich es so gewöhnt, abends ein wenig auf dem Stuhl neben seinem Bett zu sitzen und mit ihm zu plaudern, dass ich es nach und nach alle Tage tat. Ich ging nach meiner Tagesarbeit aus dem Steinkar über die Wiese in den Pfarrhof, und verrichtete meine Hausarbeit später bei Licht in meiner Hütte. Ich konnte es umso leichter tun, da ich jetzt ziemlich nah am Pfarrhof wohnte, was in der Hochstraße bei weitem nicht der Fall gewesen war. Ich war aber nicht der Einzige, der sich des Pfarrers annahm, Die alte Sabine, seine Aushelferin, kam nicht nur öfter in die Wohnung des Pfarrers herüber, als es eigentlich ihre Schuldigkeit gewesen wäre, sondern sie brachte die meiste Zeit, die sie von ihrem eigenen Hauswesen, das nur ihre einzige Person betraf, absparen konnte, im Pfarrhof zu, und verrichtete die kleinen Dienste, die bei einem Kranken notwendig waren. Außer dieser alten Frau kam auch noch ein junges Mädchen, die Tochter des Mannes, welcher in dem ersten Stockwerk des Pfarrhofes zur Miete war. Das Mädchen war bedeutend schön, es brachte dem Pfarrer entweder eine Suppe oder irgendetwas anderes, oder es erkundigte sich um sein Befinden, oder es hinterbrachte die Frage des Vaters, ob er dem Pfarrer in irgendeinem Stücke beistehen könne. Der Pfarrer hielt sich immer sehr still, wenn das Mädchen ins Zimmer trat, er regte sich unter seiner Hülle nicht, und zog die Decke bis an sein Kinn empor.

Auch der Schullehrer kam oft herüber, und auch ein paar Amtsbrüder aus der Nachbarschaft waren eingetroffen, um sich nach dem Befinden des Pfarrers zu erkundigen.

War es nun die Krankheit, welche den Mann weicher stimmte, oder war es der tägliche Umgang, der uns näher brachte, wir wurden seit der Krankheit des Pfarrers viel besser miteinander bekannt. Er sprach mehr und teilte sich mehr mit. Ich saß an dem fichtenen Tisch, der an seinem Bett stand, und kam pünktlich alle Tage an die Stelle. Da er nicht ausgehen konnte und nicht in das Steinkar kam, musste ich die Veränderungen, die dort vorkamen, berichten. Er fragte mich, ob die Brombeeren am Kulterloch schon zu reifen begännen, ob der Rasen gegen die Zirderhöhe, welchen der Frühling immer sehr schön grün färbe, schon im Vergilben und Ausdorren begriffen sei, ob die Hagebutten schon reiften, ob das Verwittern des Kalksteins vorwärtsgehe, ob die in die Zirder gefallenen Stücke sich vermehrten, und der Sand sich vervielfältigte, und dergleichen mehr. Ich sagte es ihm, ich erzählte ihm auch andere Dinge, ich sagte ihm, wo wir gearbeitet hätten, wie weit wir vorgerückt wären, und wo wir morgen beginnen würden. Ich erklärte ihm hierbei manches, was ihm an unsern Arbeiten dunkel war. Auch las ich ihm zuweilen etwas vor, namentlich aus den Zeitungen, die ich mir wöchentlich zweimal durch einen Boten in das Steinkar hereinbringen ließ.

Eines Tages, als die Krankheit sich schon bedeutend zum Besseren wendete, sagte er, er hätte eine Bitte an mich. – Als ich erwiderte, dass ich ihm sehr gerne jeden Dienst erweise, der nur immer in meiner Macht stehe, dass er nur sagen solle, was er wolle, ich würde es gewiss tun, antwortete er: »Ich muss Ihnen, ehe ich meine Bitte ausspreche, erst etwas erzählen. Bemerken Sie wohl, ich erzähle es nicht, weil es wichtig ist, sondern damit Sie sehen, wie alles so gekommen ist, was jetzt ist, und damit Sie vielleicht geneigter werden, meine Bitte zu erfüllen. Sie sind immer sehr gut zu mir gewesen, und Sie sind sogar neulich, wie ich erfahren habe, in die Stadt hinausgefahren, um einen Arzt über meine Zustände zu befragen. Dies gibt mir nun den Mut, mich an Sie zu wenden. – Ich bin der Sohn eines wohlhabenden Gerbers in unserer Hauptstadt. Mein Urgroßvater war ein Findling aus Schwaben, und wanderte mit dem Stab in der Hand in unsere Stadt ein. Er lernte das Gerbergewerbe aus Güte mildtätiger Menschen, er besuchte dann mehrere Werkstätten, um in ihnen zu arbeiten, er ging in verschiedene Länder, um sich mit seinen Händen sein Brot zu verdienen, und dann die Art kennenzulernen, wie überall das Geschäft betrieben wird. Unterrichtet kehrte er wieder in unsere Stadt zurück, und arbeitete in einer ansehnlichen Lederei. Dort zeichnete er sich durch seine Kenntnisse aus, er ward endlich Werkführer, und der Herr des Gewerbes vertraute ihm mehrere Geschäfte an, und übertrug ihm die Ausführung mancher Versuche zu neuen Bereitungen. Dabei versuchte sich der Urgroßvater in kleinen Handelsgeschäften, er kaufte mit geringen Mitteln Rohstoffe und verkaufte sie wieder. So erwarb er sich ein kleines Vermögen. Da er schon an Jahren zunahm, kaufte er sich in der entfernten Vorstadt einen großen Garten, an den noch unbenützte Gründe stießen. Er baute auf diesen eine Werkstätte und ein Häuschen, heiratete ein armes Mädchen, und trieb nun als eigener Herr sein Gewerbe und seine Handelsschaft. Er brachte es vorwärts, und starb als ein geachteter, bei den Geschäftsleuten angesehener Mann. Er hatte einen einzigen Sohn, meinen Großvater. – Der Großvater trieb das Geschäft seines Vaters fort. Er dehnte es noch weiter aus. Er baute ein großes Haus am Rande des Gartens, dass die Fenster dahin gingen, wo in Zukunft eine Straße mit Häusern sein würde. Rückwärts des Hauses baute er die Werkstätten und Aufbewahrungsplätze. Der Großvater war überhaupt ein Freund des Bauens. Er baute außer dem Haus noch einen großen Hof, der zu weiteren Werkstätten und zu verschiedenen Teilen unseres Geschäftes benützt wurde. Die öden Gründe neben unserem Garten verkaufte er, und weil die Stadt einen großen Aufschwung nahm, waren diese Gründe sehr teuer. Den Garten umgab er mit einer Mauer, die wieder regelmäßige Unterbrechungen mit Eisengittern hatte. Er brachte das Geschäft sehr empor, und legte die großen Kaufgewölbe an, in welchen die Waren, die wir selbst erzeugten, und die, mit welchen wir Handel trieben, niedergelegt wurden. Der Großvater hatte wieder nur einen Sohn, der das Gewerbe weiterführte, meinen und meines Bruders Vater.

Der Vater baute nur noch die Trockenböden auf das Stockwerk der Werkstätte, er baute an das Haus einen kleinen Flügel gegen den Garten und baute ein Gewächshaus. Zu seiner Zeit war schon vor den Fenstern des Hauptgebäudes eine Straße entstanden, welche mit Häusern gesäumt, mit Steinen gepflastert und von Gehenden und Fahrenden besetzt war. Ich erinnere mich noch aus meiner Kindheit, dass unser Haus sehr groß und geräumig war, dass es viele Höfe und Fächer hatte, die zur Betreibung des Gewerbes dienten. Am liebsten erinnere ich mich noch des schönen Gartens, in dem Bäume und Blumen, Kräuter und Gemüse standen. In den Räumen der Gebäude und der Höfe gingen die von ihrer Arbeit in ihren Leinenkleidern fast gelbbraun gefärbten Gesellen umher, in dem großen Gewölbe zu ebener Erde und in den zwei kleinen daran stoßenden lagen Lederballen aufgetürmt, auf den Stangen des Trockenbodens hingen Häute, und in den großen Austeilzimmern wurden sie gesondert und geordnet. Im Verkaufsgewölbe lagen sie zierlich in den Fächern. Im Rinderstall standen Kühe, im Pferdestall waren sechs Pferde und in dem Wagenbehältnis Kutschen und Wagen, ich erinnere mich sogar noch an den großen schwarzen Hund Hassan, der im großen Hof war und bei dem Tore desselben jedermann hineinließ, aber niemand hinaus.

Unser Vater war ein großer, starker Mann, der in den weitläufigen Räumen des Hauses herumging, alles besah und alles anordnete. Er ging fast nie aus dem Haus, außer wenn er Geschäfte hatte oder in die Kirche ging; und wenn er zu Hause war, und nicht eben bei der Arbeit nachsah, saß er am Schreibtisch und schrieb. Öfter wurde er auch im Garten gesehen, wie er mit den Händen auf dem Rücken dahinging, oder wie er so dastand und auf einen Baum hinaufsah, oder wie er die Wolken betrachtete. Er hatte eine Freude an der Obstzucht, hatte einen eigenen Gärtner hierfür genommenn und hatte Pfropfreiser aus allen Gegenden Europas verschrieben. Er war zu seinen Leuten sehr gut, er hielt sie ausreichend, sah, dass einem jeden sein Teil werde, dass er aber auch tue, was ihm obliege. Wenn einer krank war, ging er selber zu seinem Bett, fragte ihn, wie er sich befinde, und reichte ihm oft selber die Arznei. Er hatte im Hause nur den allgemeinen Namen ‚Vater'. Dem Prunk war er abgeneigt, dass er eher zu schlicht und unscheinbar daherging als zu ansehnlich, seine Wohnung war einfach, und wenn er in einem Wagen ausfuhr, musste es ein sehr bürgerlich aussehender sein. – Wir waren zwei Brüder, Zwillinge, und die Mutter hatte bei unserer Geburt ihr Leben verloren. Der Vater hatte sie sehr hoch verehrt und daher keine Frau mehr genommen; denn er hat sie nie vergessen können. Weil auf der Gasse zu viel Lärm war, wurden wir in den hintern Flügel gegen den Garten getan, den der Vater an das Haus angebaut hatte. Es war eine große Stube, in der wir waren, die Fenster gingen zum Garten hinaus, die Stube war durch einen langen Gang von der übrigen Wohnung getrennt, und damit wir nicht bei jedem Ausgang durch den vordern Teil des Hauses gehen mussten, ließ der Vater im Gartenflügel eine Treppe bauen, auf welcher man unmittelbar in den Garten und von ihm ins Freie gelangen konnte.

Nach dem Tode der Mutter hatte der Vater die Leitung des Hauswesens einer Dienerin anvertraut, welche schon bei der Mutter, ehe sie Braut wurde, in Diensten gestanden und gleichsam ihre Erzieherin gewesen war. Die Mutter hatte sie auf ihrem Totenbett dem Vater empfohlen. Sie hieß Luise. Sie führte über alles die Leitung und Aufsicht, was die Speise und den

Trank betraf, was sich auf die Wäsche, auf die Geschirre, auf die Geräte des Hauses, auf Reinigung der Treppen und Stuben, auf Beheizung und Lüftung bezog, kurz, über alles, was das innere Hauswesen anbelangt. Sie stand an der Spitze der Mägde. Sie besorgte auch die Bedürfnisse von uns beiden Knaben.

Da wir größer geworden waren, bekamen wir einen Lehrer, der bei uns im Hause wohnte. Es wurden ihm zwei schöne Zimmer hergerichtet, die sich neben unserer Stube befanden, und mit dieser Stube den ganzen hintern Teil des Flügels ausmachten, der den Namen Gartenflügel führte. Wir lernten von ihm, was alle Kinder zu Anfang ihres Lernens vornehmen müssen: Buchstaben kennen, Lesen, Rechnen, Schreiben. Der Bruder war viel geschickter als ich, er konnte sich die Buchstaben merken, er konnte sie zu Silben verbinden, er konnte deutlich und in Absätzen lesen, ihm kam in der Rechnung immer die rechte Zahl, und seine Buchstaben standen in der Schrift gleich und auf der nämlichen Linie. Bei mir war das anders. Die Buchstabennamen wollten mir nicht einfallen, dann konnte ich die Silbe nicht sagen, die sie mir vorstellten, und beim Lesen waren die großen Wörter sehr schwer, und es war eine Pein, wenn sehr lange kein Beistrich erschien. In der Rechnung befolgte ich die Regeln, aber es standen am Ende meistens ganz andere Zahlen da, als herauskommen mussten. Beim Schreiben hielt ich die Feder sehr genau, sah fest auf die Linie, fuhr gleichmäßig auf und nieder, und doch standen die Buchstaben nicht gleich, sie senkten sich unter die Linie, sie sahen nach verschiedenen Richtungen, und die Feder konnte keinen Haarstrich machen. Der Lehrer war sehr eifrig, der Bruder zeigte mir auch vieles, bis ich die Sachen machen konnte. Wir hatten in der Stube einen großen eichenen Tisch, auf welchem wir lernten. An jeder der zwei Langseiten des Tisches waren mehrere Fächer angebracht, die herauszuziehen waren, wovon die eine Reihe dem Bruder diente, seine Schulsachen hineinzulegen, die andere mir. In jeder der hintern Ecken der Stube stand ein Bett, und neben dem Bett ein Nachttischchen. Die Tür unseres Zimmers stand nachts in das Schlafzimmer des Lehrers offen.

Wir gingen sehr häufig in den Garten und beschäftigten uns dort. Wir fuhren oft mit unseren Schimmeln durch die Stadt, wir fuhren auch aufs Land, oder sonst irgendwo herum, und der Lehrer saß immer bei uns im Wagen. Wir gingen mit ihm auch aus, wir gingen entweder auf einer Bastei der Stadtmauer oder in einer Allee spazieren, und wenn etwas Besonderes in der Stadt ankam, das sehenswürdig war, und es der Vater erlaubte, gingen wir mit ihm hin, es zu sehen.

Als wir in den Gegenständen der unteren Schulen gut unterrichtet waren, kamen die Gegenstände der lateinischen Schule an die Reihe, und der Lehrer sagte uns, dass wir aus ihnen vor dem Direktor und vor den Professoren werden Prüfungen ablegen müssen. Wir lernten die lateinische und griechische Sprache, wir lernten die Naturgeschichte und Erdbeschreibung, das Rechnen, die schriftlichen Aufsätze und andere Dinge. In der Religion wurden wir von dem würdigen Kaplan unserer Pfarrkirche in unserem Haus unterrichtet, und der Vater ging uns in religiösen und sittlichen Dingen mit einem guten Beispiel voran. Aber wie es in dem früheren Unterricht gewesen war, so war es hier auch wieder. Der Bruder lernte alles recht gut, er machte seine Aufgaben gut, er konnte das Lateinische und Griechische deutsch sagen, er konnte die Buchstabenrechnungen machen, und seine Briefe und Aufsätze waren, als hätte sie ein erwachsener Mensch geschrieben. Ich konnte das nicht. Ich war zwar auch recht fleißig, und im Anfang eines jeden Dinges ging es nicht übel, ich verstand es, und konnte es sagen und machen; aber wenn wir weiter vorrückten, entstand eine Verwirrung, die Sachen kreuzten sich, ich konnte mich nicht zurechtfinden, und hatte keine Einsicht. In den Übertragungen aus der deutschen Sprache befolgte ich alle Regeln sehr genau, aber da waren immer bei einem Wort mehrere Regeln, die sich widersprachen, und wenn die Arbeit fertig war, so war sie voll Fehler. Ebenso ging es bei den Übertragungen ins Deutsche. Es standen in dem lateinischen oder griechischen Buch immer so fremde Worte, die sich nicht fügen wollten, und wenn ich sie im Wörterbuch nachschlug, waren sie nicht darin, und die Regeln, die wir in unserer Sprachlehre lernten, waren in den griechischen und lateinischen Büchern nicht befolgt. Am besten ging es noch in zwei Nebengegenständen, die der Vater zu lernen befohlen hatte, weil wir sie in unserer Zukunft brauchen könnten, in der französischen und italienischen Sprache, für welche in jeder Woche zweimal ein Lehrer ins Haus kam. Der Bruder und unser Lehrer nahmen sich meiner sehr an, und suchten mir beizustehen. Aber da die Prüfungen kamen, genügte ich nicht, und meine Zeugnisse waren nicht gut.

So vergingen mehrere Jahre. Da die Zeit vorüber war, welche der Vater zur Erlernung dieser Dinge bestimmt hatte, sagte er, dass wir jetzt unser Gewerbe lernen müssten, das er uns nach seinem Tod übergeben würde, und das wir gemeinsam so ehrenwert und ansehnlich fortzuführen hätten, wie es unsere und seine Vorfahren getan hätten. Er sagte, wir müssten auf die nämliche Weise unterrichtet werden wie unsere Voreltern, damit wir auf die nämliche Weise zu handeln verstünden wie sie. Wir müssten alle Handgriffe und Kenntnisse unseres Geschäftes von unten hinauf lernen, wir müssten zuerst arbeiten können, wie jeder gute und der beste Arbeiter in unserem Handwerk, damit wir den Arbeiter und die Arbeit beurteilen könnten, damit wir wüssten, wie die Arbeiter behandelt werden sollen, und damit wir von den Arbeitern geachtet würden. Dann erst sollten wir zur Erlernung der weiteren in der Handelsschaft nötigen Dinge übergehen.

Der Vater wollte, dass wir auch so leben sollten, wie unsere Arbeiter lebten, dass wir ihre Lage verstünden und ihnen nicht fremd wären. Er wollte daher, dass wir mit ihnen essen, wohnen und schlafen sollten. Unser bisheriger Lehrer verließ uns, indem er jedem von uns ein Buch zum Andenken hinterließ, wir zogen aus der Studierstube fort und gingen in die Arbeiterwohnung hinüber.

Der Vater hatte den besten Gesellen unseres Geschäftes, der zugleich Werkführer war, zu unserem Lehrmeister bestimmt, und uns überhaupt seiner Aufsicht übergeben. Wir bekamen jeder unsern Platz in seiner Werkstätte, waren mit dem Handwerkszeug versehen, und mussten beginnen, wie jeder Lehrling. Zum Speisen kamen wir an den nämlichen Tisch, an dem alle unsere Arbeiter saßen, aber wir kamen an die untersten Plätze, wo sich die Lehrlinge befanden. Als Schlafgemach hatten wir auch das der Lehrlinge, an welches das Schlafzimmer des Werkführers stieß, der der Einzige war, welcher ein eigenes Zimmer zum Schlafen hatte. Deshalb musste er immer nicht nur ein sehr geschickter Arbeiter sein, sondern auch durch Rechtlichkeit, Sitte und Lebenswandel sich auszeichnen. Ein anderer wurde in unserem Hause zu dieser Stelle gar nicht genommen. Er hatte die besondere Aufsicht über die Lehrlinge, weil diese noch einer Erziehung bedurften. Zum Lager erhielten wir ein Bett wie die Lehrlinge, und zur Bekleidung hatten wir das Kleid aller unserer Arbeiter.

So begann die Sache. Aber auch hier war es genau wieder so, wie es in allen vorhergegangenen Dingen gewesen war. Der Bruder arbeitete schnell, und seine Arbeitsstücke waren schön. Ich machte es genau so, wie der Lehrmeister es angab, aber meine Stücke wurden nicht so, wie sie sein mussten, und wurden nicht so schön wie die meines Bruders. Ich war aber außerordentlich fleißig. Abends saßen wir oft in der großen Gesprächsstube der Arbeiter, und hörten ihren Reden zu. Es kamen auch böse Beispiele von Arbeitern vor, aber sie sollten uns nicht verlocken, sondern sie sollten uns befestigen und einen Abscheu einflößen. Der Vater sagte, wer leben soll, muss das Leben kennen, das Gute und das Böse davon, muss aber von dem Letzteren nicht angegriffen, sondern gestärkt werden. An solchen Abenden holte ich den Arbeitern gerne Dinge, um welche sie mich schickten, Wein, Käse und andere Gegenstände. Sie hatten mich deshalb auch sehr lieb. – Wenn wir in einer Werkstätte unterrichtet waren und die Sachen machen konnten, kamen wir in eine andere, bis wir endlich freigesprochen wurden und als Lehrlinge in die Handelsschaft traten. Als wir auch da fertig waren, kamen wir in die Schreibstube zu den Schreibereien unseres Geschäftes. – Da endlich nach geraumer Zeit unsere Lehrjahre vorüber waren, kamen wir in das Zimmer der Söhne vom Haus und erhielten die einfachen Kleider, wie sie unser Vater zu tragen pflegte.

Nicht lange nach der Zeit der Vollendung der Lehre, und da der Bruder schon überall zu den Geschäften beigezogen wurde, erkrankte der Vater. Er erkrankte nicht so ernstlich, dass eine Gefahr zu befürchten gewesen wäre, so wie er auch nicht im Bett liegen musste, aber seine starke Gestalt nahm ab, sie wurde leichter, er ging viel im Haus und im Garten herum und nahm sich nicht mehr so der Geschäfte an, wie es früher seine Gewohnheit und seine Freude gewesen war. – Der Bruder kümmerte sich um die Führung des Gewerbes, ich brauchte mich nicht einzumischen, und der Vater blieb endlich den größten Teil des Tages, wenn er nicht eben im Garten war, in seinem Wohnzimmer. –

Um jene Zeit tat ich die Bitte, dass man erlauben möge, dass ich wieder unsere alte Studierstube beziehen und dort wohnen dürfe. Man gewährte die Bitte, und ich schaffte meine Habseligkeiten durch den langen Gang in die Stube. Weil der Vater in dem Geschäft keine Anordnungen und keine Befehle erteilte, und weil mir der Bruder keine Arbeit auftrug, hatte ich Muße, zu tun, was ich wollte. Da man mir damals, als ich in unseren Lehrgegenständen keine genügenden Zeugnisse erhalten hatte, keinen Vorwurf gemacht hatte, beschloss ich, jetzt alles nachzuholen und alles so zu lernen, wie es sich gebührte. Ich nahm ein Buch aus der Lade, setzte mich dazu und las den Anfang. Ich verstand alles und lernte es und merkte es mir. Am nächsten Tag wiederholte ich das, was ich am vorigen Tage gelernt hatte, versuchte, ob ich es noch wisse, und lernte ein neues Stück dazu. Ich gab mir nur Weniges zur Aufgabe, aber ich suchte, es zu verstehen und es gründlich in meinem Gedächtnis aufzubewahren. Ich gab mir auch Aufgaben zur Ausarbeitung, und sie gelangen. Ich suchte die Aufgaben hervor, welche uns damals von unserem Lehrer gegeben worden waren, machte sie noch einmal und machte jetzt keinen Fehler. Wie ich es mit dem einen Buch gemacht hatte, machte ich es auch mit den andern. Ich lernte sehr fleißig, und nach und nach war ich schier den ganzen Tag in der Stube beschäftigt. Wenn ich eine freie Zeit hatte, saß ich gerne nieder, nahm das Buch in die Hand, welches mir mein Lehrer zum Andenken gegeben hatte, und dachte an den Mann, der damals bei uns gewesen war. – In der Stube war alles geblieben, wie es einst gewesen war. Der große eichene Tisch stand noch in der Mitte, er hatte noch die Male, die wir entweder absichtlich mit dem Messer oder zufällig mit andern Werkzeugen in sein Holz gebracht hatten, er zeigte noch die vertrockneten Tintenbäche, welche entstanden waren, wenn mit dem Tintengefäß ein Unglück geschehen war, und wenn mit allem Waschen und Reiben keine Abhilfe mehr gebracht werden konnte. Ich zog die Fächer heraus. Da lagen noch in den meinigen meine Lehrbücher mit dem Rötel- oder Bleifederzeichen in ihrem Innern, wie weit wir zu lernen hätten; es lagen noch die Papierhefte darinnen, in welchen die Ausarbeitungen unserer Aufgaben geschrieben waren, und es leuchteten die mit roter Tinte gemachten Striche des Lehrers hervor, die unsere Fehler bedeuteten; es lagen noch die veralteten, bestaubten Federn und Bleistifte darinnen. Ebenso war es in den Fächern des Bruders. Auch in ihnen lagen seine alten Lerngeräte in bester Ordnung beisammen. Ich lernte jetzt an demselben Tisch meine Aufgaben, an welchem ich sie vor ziemlich vielen Jahren gelernt hatte. Ich schlief in dem nämlichen Bett, und hatte das Nachttischchen mit dem Licht daneben. Das Bett des Bruders aber blieb leer, und war immer zugedeckt. In den zwei Zimmern, in welchen damals der Lehrer gewohnt hatte, hatte ich einige Kästen mit Kleidern und andern Sachen, sonst waren sie auch unbewohnt, und hatten nur noch die alten Geräte. So war ich der einzige Bewohner des hintern Gartenflügels, und dieser Zustand dauerte mehrere Jahre. – Plötzlich starb unser Vater. Mein Schreck war fürchterlich. Kein Mensch hatte geglaubt, dass es so nah sei, und dass es überhaupt eine Gefahr geben könnte. Er hatte sich zwar in der letzten Zeit immer mehr zurückgezogen, seine Gestalt war etwas verfallen, auch brachte er oft mehrere Tage im Bett zu; allein wir hatten uns an diesen Zustand so gewöhnt, dass er uns zuletzt auch als ein regelmäßiger erschien, jeder Hausbewohner sah ihn als den Vater an, der Vater gehörte so notwendig zu dem Haus, dass man sich seinen Abgang nicht denken konnte, und ich habe mir wirklich nie gedacht, dass er sterben könnte, und dass er so krank sei. Im ersten Augenblick war alles in Verwirrung, dann aber wurden die Leichenvorbereitungen gemacht. Mit seinem Leichenzug gingen alle Armen des Stadtbezirks, es gingen die Männer seines Geschäftes mit, seine Freunde, viele Fremde, die Arbeiter seines Hauses und seine zwei Söhne. Es wurden sehr viele Tränen geweint, wie man um wenige Menschen des Landes weint, und die Leute sagten, dass ein vortrefflicher Mann, ein auserlesener Bürger und ein ehrenvoller Geschäftsmann begraben worden sei. Nach einigen Tagen wurde das Testament eröffnet, und in demselben stand, dass wir beiden Brüder als Erben eingesetzt seien, und uns das Geschäft gemeinschaftlich zugefallen sei.

Der Bruder sagte mir nach einiger Zeit, dass die ganze Last des Geschäftes nun auf unsern Schultern liege, und ich eröffnete ihm hierbei, dass ich das Lateinische, Griechische, die Naturgeschichte, die Erdbeschreibung und die Rechenkunst, worin ich damals, als wir unterrichtet wurden, geringe Fortschritte gemacht hatte, nachgelernt hätte, und dass ich jetzt beinahe vollkommen in diesen Dingen bewandert wäre. Er aber antwortete mir, dass Lateinisch, Griechisch und die übrigen Fächer zu unserem Beruf nicht geradehin notwendig seien, und dass ich zu spät diese Mühe verwendet hätte. Ich erwiderte ihm, dass, so wie ich diese Lernfächer nachgelernt hätte, ich auch alle die Arbeiten und Kenntnisse, die zu unserem Geschäft unmittelbar notwendig wären, allmählich nachlernen würde. Hierauf sagte er wieder, dass, wenn das Geschäft auf mich warten müsste, ich zu einer Zeit fertig werden würde, wenn es bereits zu Grunde gegangen wäre. Er versprach aber, dass er sich so kümmern werde, wie es in seinen Kräften möglich sei, und dass er mir überlasse zu tun, wie es mir gefalle, dass ich Einsicht nehmen könne, dass ich mithelfen könne, dass ich noch lernen könne, und dass mein Teil mir aber in jedem Falle unverkümmert bewahrt werden solle.

Ich ging wieder in die Studierstube zurück, mischte mich in die Geschäfte nicht, weil ich sie wohl nicht verstand, und er ließ mich dort. Ja er schickte mir sogar bessere Geräte, und versah mich mit mehreren Bequemlichkeiten, dass der Aufenthalt in der Stube mir nicht unangenehm würde. Nach einiger Zeit erschien er mit dem Rechtsanwalt unseres Hauses, mit Personen des Gerichtes und mit Zeugen, welche Freunde unseres Vaters gewesen waren, und gab mir ein gerichtliches Papier, auf welchem verzeichnet war, was ich für Ansprüche an die Erbschaft habe, welcher mein Teil sei, und was mir in der Zukunft gebühre. Der Bruder, die Zeugen und ich unterschrieben die Schrift.

Ich fuhr nun mit dem Lernen fort, der Bruder leitete den ganzen Umfang des Geschäftes. Nach einem Vierteljahr brachte er mir eine Summe Geldes und sagte, das seien die Zinsen, welche mir von meinem Anteil an der Erbschaft, der in dem Gewerbe tätig sei, gebühren. Er sagte, dass er mir alle Vierteljahre diese Summe einhändigen werde. Er fragte mich, ob ich zufrieden sei, und ich antwortete, dass ich sehr zufrieden sei.

Nachdem so wieder eine Zeit vergangen war, stellte er mir einmal vor, dass mein Lernen doch zu etwas führen müsse, und er fragte mich, ob ich nicht geneigt wäre, zu einem der gelehrten Stände hinzuarbeiten, zu denen die Dinge, mit welchen ich mich jetzt beschäftige, die Vorarbeit seien. Als ich ihm antwortete, dass ich nie darüber nachgedacht habe, und dass ich nicht wisse, welcher Stand sich für mich ziemen könnte, sagte er, das sei jetzt auch nicht notwendig, ich möchte nur aus den Kenntnissen, die ich mir jetzt erworben hätte, nach und nach die Prüfungen ablegen, damit ich beglaubigte Schriften über meine Anwartschaft in den Händen hätte, ich möchte mir die fehlenden Wissenschaften noch zu erwerben trachten und mich über sie gleichfalls Prüfungen unterziehen, und wenn dann der Zeitpunkt gekommen wäre, mich für einen besondern Stand zu entscheiden, hätte ich wieder mehr Erfahrungen gesammelt und sei dann leichter in der Lage, mich zu bestimmen, wohin ich mich zu wenden hätte.

Mir gefiel der Vorschlag recht gut, und ich sagte zu. Nach einiger Zeit machte ich die ersten Prüfungen in den unteren Fächern, und sie fielen außerordentlich gut aus. Dies machte mir Mut, und ich ging mit Eifer an die Erlernung der weiteren Kenntnisse. Mir zitterte innerlich das Herz vor Freude, dass ich einmal einem jener Stände, die ich immer mit so vieler Ehrfurcht betrachtet hatte, die der Welt mit ihren Wissenschaften und mit ihrer Geschicklichkeit dienen, angehören sollte. Ich arbeitete sehr fleißig, ich kargte mir die Zeit ab, ich kam wenig in die andern Räume des Hauses hinüber, und nachdem wieder eine Zeit vergangen war, konnte ich abermals eine Prüfung mit gutem Erfolg ablegen. – So war ich vollständig ein Bewohner des hintern Gartenflügels geworden, durfte es bleiben, und konnte mich mit gutem Gewissen meinen Bestrebungen hingeben. –

An unsern hinteren Gartenteil stieß ein zweiter Garten, der aber eigentlich kein Garten war, sondern mehr ein Anger, auf dem hie und da ein Baum stand, den niemand pflegte. Hart an einem Eisengitter unseres Gartens ging der Weg vorüber, der in dem fremden Garten war. Ich sah in jenem Garten immer sehr schöne weiße Tücher und andere Wäsche auf langen Schnüren aufgehängt. Ich blickte oft teils aus meinen Fenstern, teils durch das Eisengitter, wenn ich eben im Garten war, darauf hin. Wenn sie trocken waren, wurden sie in einen Korb gesammelt, während eine Frau dabeistand und es anordnete. Dann wurden wieder nasse aufgehängt, nachdem die Frau die zwischen Pflöcken gespannten Schnüre mit einem Tuch abgewischt hatte. Diese Frau war eine Witwe. Ihr Gatte hatte ein Amt gehabt, das ihn gut nährte. Kurz nach seinem Tod war auch sein alter gütiger Herr gestorben, und der Sohn desselben hatte ein so hartes Herz, dass er der Witwe nur so viel gab, dass sie nicht gerade verhungerte. Sie mietete daher das Gärtchen, das an unsern Garten stieß, sie mietete auch das kleine Häuschen, welches im Garten stand. Mit dem Geld, das ihr ihr Gatte hinterlassen hatte, richtete sie nun das Häuschen und den Garten dazu ein, dass sie für die Leute, welche ihr das Vertrauen schenken würden, Wäsche besorgte, feine und jede andere. Sie ließ in dem Häuschen Kessel einmauern und andere Vorrichtungen machen, um die Wäsche zu sieden und die Laugen zu bereiten. Sie ließ Waschstuben herrichten, sie bereitete Orte, wo geglättet und gefaltet wurde, und für Zeiten des schlechten Wetters und des Winters ließ sie einen Trockenboden aufführen. Im Garten ließ sie Pflöcke in gleichen Entfernungen voneinander einschlagen, an den Pflöcken Ringe befestigen und durch die Ringe Schnüre ziehen, welche oft gewechselt wurden. Hinter dem Häuschen ging ein Bach vorüber, welcher die Witwe verleitet hatte, hier ihre Waschanstalt zu errichten. Von dem Bach führten Pumprinnen in die Kessel, und über dem Wasser des Baches war eine Waschhütte erbaut. Die Frau hatte viele Mägde genommen, welche arbeiten und die Sache gehörig bereiten mussten, sie stand dabei, ordnete an, zeigte, wie alles richtig zu tun sei, und da sie die Wäsche nicht mit Bürsten und groben Dingen behandeln ließ und darauf sah, dass sie sehr weiß sei, und dass das Schlechte ausgebessert wurde, bekam sie sehr viel Kundschaft, sie musste ihre Anstalt erweitern und mehr Arbeiterinnen nehmen, und nicht selten kam manche vornehme Frau und saß mit ihr unter dem großen Birnbaum des Gartens.

Diese Frau hatte auch ein Töchterlein, ein Kind, nein, es war doch kein Kind mehr – ich wusste eigentlich damals nicht, ob es noch ein Kind sei oder nicht. Das Töchterlein hatte feine rote Wangen, es hatte feine rote Lippen, unschuldige Augen, die braun waren und freundlich um sich schauten. Über die Augen hatte es Lider, die groß und sanft waren, und von denen lange Wimpern niedergingen, die zart und sittsam aussahen. Die dunkeln Haare waren von der Mutter glatt und rein gescheitelt, und lagen schön am Haupt. Das Mädchen trug manchmal ein längliches Körbchen von feinem Rohr; über dem Körbchen war ein weißes, sehr feines Tuch gespannt, und in dem Körbchen mochte ganz auserlesene Wäsche liegen, welche das Kind zu der einen oder anderen Frau zu tragen hatte.

Ich sah es gar so gern an. Manchmal stand ich am Fenster und sah auf den Garten hinüber, in welchem immer ohne Unterbrechung, außer wenn es Nacht wurde oder schlechtes Wetter kam, Wäsche an den Schnüren hing, und ich hatte die weißen Dinge sehr lieb. Da kam zuweilen das Mädchen heraus, ging auf dem Anger hin und her, und hatte mancherlei zu tun, oder ich sah es, obwohl das Häuschen sehr unter Zweigen versteckt war, am Fenster stehen und lernen. Ich wusste bald auch die Zeit, an welcher es die Wäsche forttrug, und da ging ich manchmal in den Garten hinunter und stand am eisernen Gitter. Da der Weg am Gitter vorüberging, musste das Mädchen an mir vorbeikommen. Es wusste recht wohl, dass ich da stehe; denn es schämte sich immer, und nahm sich im Gange zusammen.

Eines Tages, da ich die Wäscheträgerin von ferne kommen sah, legte ich schnell einen sehr schönen Pfirsich, den ich zu diesem Zweck schon vorher gepflückt hatte, durch die Öffnung der Gitterstäbe hinaus auf ihren Weg, und ging ins Gebüsch. Ich ging so tief hinein, dass ich sie nicht sehen konnte. Als schon so viele Zeit vergangen war, dass sie lange vorübergekommen sein musste, ging ich wieder hervor; allein der Pfirsich lag noch auf dem Weg. Ich wartete nun die Zeit ab, wann sie wieder zurückkommen würde. Aber da sie schon zurück gekommen war, und ich nachsah, lag der Pfirsich noch auf dem Weg. Ich nahm ihn wieder herein. Das nämliche geschah nach einer Zeit noch einmal. Beim dritten Mal blieb ich stehen, als der Pfirsich mit seiner sanften roten Wange auf dem Sand lag, und sagte, da sie in die Nähe kam: ›Nimm ihn.‹ Sie blickte mich an, zögerte ein Weilchen, bückte sich dann, und nahm die Frucht. Ich weiß nicht mehr, wo sie dieselbe hingesteckt hatte, aber das weiß ich gewiss, dass sie sie genommen hatte. Nach Verlauf von einiger Zeit tat ich dasselbe wieder, und sie nahm wieder die Frucht. So geschah es mehrere Male, und endlich reichte ich ihr den Pfirsich mit der Hand durch das Gitter.

Zuletzt kamen wir auch zum Sprechen. Was wir gesprochen haben, weiß ich nicht mehr. Es muss gewöhnliches Ding gewesen sein, wir nahmen uns auch bei den Händen.

Mit der Zeit konnte ich es nicht mehr erwarten, bis sie mit dem Körbchen kam. Ich stand alle Mal am Gitter. Sie blieb stehen, wenn sie zu mir gekommen war, und wir redeten miteinander. Einmal bat ich sie, mir die Dinge in dem Körbchen zu zeigen. Sie zog den linnenen Deckel mit kleinen Schnürchen auseinander und zeigte mir die Sachen. Da lagen Krausen, feine Ärmel und andere geglättete Dinge. Sie nannte mir die Namen, und als ich sagte, wie schön das sei, erwiderte sie: ›Die Wäsche gehört einer alten Gräfin, einer vornehmen Frau, ich muss sie ihr immer selber hintragen, dass ihr nichts geschieht, weil sie so schön ist.‹ Da ich wieder sagte: ›Ja, das ist schön, das ist außerordentlich schön‹, antwortete sie: ›Freilich ist es schön, meine Mutter sagt: die Wäsche ist nach dem Silber das erste Gut in einem Hause, sie ist auch feines weißes Silber und kann, wenn sie unrein ist, immer wieder zu feinem weißen Silber gereinigt werden. Sie gibt unser vornehmstes und nächstes Kleid. Darum hat die Mutter auch so viele Wäsche gesammelt, dass wir nach dem Tode des Vaters genug hatten, und darum hat sie auch die Reinigung der Wäsche für andere Leute übernommen, und lässt nicht zu, dass sie mit rauen und unrechten Dingen angefasst werde. Das Gold ist zwar auch kostbar, aber es ist kein Hausgerät mehr, sondern nur ein Schmuck.‹ Ich erinnerte mich bei diesen Worten wirklich, dass ich am Körper der Sprechenden immer am Rand des Halses oder an den Ärmeln die feinste weiße Wäsche gesehen hatte, und dass ihre Mutter immer eine schneeweiße Haube mit feiner Krause ums Angesicht trug. – Von diesem Augenblick an begann ich von dem Geld, welches mir der Bruder alle Vierteljahre zustellte, sehr schöne

Wäsche, wie die der vornehmen Gräfin, anzuschaffen, und mir alle Arten silberne Hausgeräte zu kaufen.

Einmal, da wir so beieinander standen, kam die Mutter in der Nähe vorüber und rief: ›Johanna, schäm' dich.‹ Wir schämten uns wirklich, und liefen auseinander. Mir brannten die Wangen vor Scham, und ich wäre erschrocken, wenn mir jemand im Garten begegnet wäre. – Von der Zeit an sahen wir uns nicht mehr am Gitter. Ich ging jedes Mal in den Garten, wenn sie vorüberkam, aber ich blieb im Gebüsch, dass sie mich nicht sehen konnte. Sie ging mit geröteten Wangen und mit niedergeschlagenen Augen vorüber.

Ich ließ nun in die zwei Zimmer, die an meine Wohnstube stießen, Kästen stellen, von denen ich die oberen Fächer hatte schmal machen lassen, in welche ich das Silber hineinlegte, die unteren aber breit, in welche ich die Wäsche tat. Ich legte das Zusammengehörige zusammen, und umwand es mit rotseidenen Bändern.

Nach geraumer Zeit sah ich das Mädchen lange nicht an dem eisernen Gitter vorübergehen, ich getraute mich nicht zu fragen, und als ich endlich doch fragte, erfuhr ich, dass es in eine andere Stadt gegeben worden sei, und dass es die Braut eines fernen Anverwandten werden würde. – Ich meinte damals, dass ich mir die Seele aus dem Körper weinen müsse. –

Aber nach einer Zeit ereignete sich etwas Furchtbares. Mein Bruder hatte einen großen Wechsler, der ihm stets auf Treu und Glauben das Geld für laufende Ausgaben bis zu einer festgesetzten Summe lieferte, um sich nach Umständen immer wieder auszugleichen. Ich weiß es nicht, haben andere Leute meinem Bruder den Glauben untergraben, oder hat der Wechsler selber, weil zwei Handelsschaften, die uns bedeutend schuldeten, gefallen waren und uns um unsern Reichtum brachten, Misstrauen geschöpft: er weigerte sich fortan, die Wechsel unseres Hauses zu zahlen. Der Bruder sollte mehrere mit Summen decken, und es fehlte hinlängliches bares Geld dazu. Die Freunde, an welche er sich wendete, schöpften selber Misstrauen, und so kam es, dass die Wechselgläubiger die Klage anstellten, dass unser Haus, unsere andern Besitzungen und unsere Waren abgeschätzt wurden, ob sie hinreichen, ohne dass man an unsere ausstehenden Forderungen zu greifen hätte. Da nun dies bekannt wurde, kamen alle, welche eine Forderung hatten, und wollten sie erfüllt haben; aber die, welche uns schuldeten, kamen nicht. Der Bruder wollte mir nichts entdecken, damit ich mich nicht kränkte, er gedachte es noch vorüberzuführen. Allein da der Verkauf unseres Hauses zu sofortiger Deckung der Wechselschulden angeordnet wurde, konnte er es mir nicht mehr verbergen. Er kam auf meine Stube und sagte mir alles. Ich gab ihm das Geld, das ich hatte; denn meine Bedürfnisse waren sehr gering gewesen, und ich hatte einen großen Teil meiner Einkünfte ersparen können. Ich öffnete die schmalen oberen Fächer meiner Kästen, und legte all mein Silber auf unseren eichenen Lerntisch heraus und bot es ihm an. Er sagte, dass das nicht reiche, um das Haus und das Geschäft zu retten, und er weigerte sich, es anzunehmen. Auch das Gericht machte keine Forderung an mich, aber ich konnte es nicht leiden, dass mein Bruder etwas unerfüllt ließe und sein Gewissen belastete, ich tat daher alles zu den andern Werten. Es reichte zusammen hin, dass allen Gläubigern ihre Forderungen ausgezahlt und sie bis aufs Genaueste befriedigt werden konnten. Allein unser schönes Haus mit seinem hinteren Flügel und unser schöner Garten war verloren.

Ich weiß nicht, welche andere Schläge noch kamen; aber auch die Aussicht, mit dem ausstehenden Gelde noch ein kleines Geschäft einzuleiten, und uns nach und nach wieder emporzuschwingen, war in kurzer Zeit vereitelt. Mein Bruder, welcher unverheiratet war, grämte sich so, dass er in ein Fieber verfiel und starb. Ich allein und mehrere Menschen, denen er Gutes getan hatte, gingen mit der Leiche. Da vom Urgroßvater her immer nur ein Sohn als einziges Kind und Nachfolger bis auf uns beide Brüder gewesen war, da auch die Haushälterin Luise schon länger vorher mit Tod abgegangen war, so hatte ich keinen Verwandten und keinen Bekannten mehr. – Ich hatte den Gedanken gefasst, ein Verkünder des Wortes des Herrn, ein Priester, zu werden. Wenn ich auch unwürdig wäre, dachte ich, so könnte mir doch Gott seine Gnade verleihen, zu erringen, dass ich nicht ein ganz verwerflicher Diener und Vertreter seines Wortes und seiner Werke sein könnte.

Ich nahm meine Zeugnisse und Schriften zusammen, ging in die Priesterbildungsanstalt und bat beklemmt um Aufnahme. Sie wurde mir gewährt. Ich zog zur festgesetzten Zeit in die Räume ein, und begann meine Lernzeit. Sie ging gut vorüber, und als ich fertig war, wurde ich zum Diener Gottes geweiht. Ich tat meine ersten Dienste bei älteren Pfarrern als Mitarbeiter in der Seelsorge, die ihnen anvertraut war. Da kam ich in verschiedene Lagen, und lernte Menschen kennen. Von den Pfarrern lernte ich in geistlichen und weltlichen Eigenschaften. Als eine solche Reihe von Jahren vergangen war, dass man es mir nicht mehr zu arg deuten konnte, wenn ich um eine Pfarre einkäme, bat ich um die jetzige und erhielt sie. Ich bin nun über siebenundzwanzig Jahre hier und werde auch nicht mehr weggehen. Die Leute sagen, die Pfarre sei schlecht, aber sie trägt schon, wovon ein Verkünder des Evangeliums leben kann. Sie sagen, die Gegend sei hässlich, aber auch das ist nicht wahr, man muss sie nur gehörig anschauen. Meine Vorgänger sind von hier auf andere Pfarrhöfe versetzt worden. Da aber meine jetzt lebenden Mitbrüder, die in meinen Jahren und etwas jünger sind, sich während ihrer Vorbereitungszeit sehr auszeichneten und mir in allen Eigenschaften überlegen sind, so werde ich nie bitten, von hier auf einen anderen Platz befördert zu werden. Meine Pfarrkinder sind gut, sie haben sich manchem meiner lehrenden Worte nicht verschlossen, und werden sich auch ferner nicht verschließen. – Dann habe ich noch einen anderen, weltlicheren und einzelneren Grund, weshalb ich auf dieser Stelle bleibe. Sie werden denselben schon einmal später erfahren, wenn Sie nämlich die Bitte, die ich an Sie stellen will, erhören. Ich komme nun zu dieser Bitte, aber ich muss noch etwas sagen, ehe ich sie ausspreche. Ich habe zu einem Zweck in diesem Pfarrhof zu sparen angefangen, der Zweck ist kein schlechter, er betrifft nicht bloß ein zeitliches Wohl, sondern auch ein anderes. Ich sage ihn jetzt nicht, er wird schon einmal kundwerden; aber ich habe um seinetwillen zu sparen begonnen. Von dem Vaterhaus habe ich kein Vermögen mitgebracht; was noch an Geld eingegangen ist, wurde zu verschiedenen Dingen verwendet, und seit Jahren ist nichts mehr eingegangen. Ich habe vom väterlichen Erbe nur das einzige Kruzifix, welches an meiner Tür dort über dem Weihbrunngefäße hängt. Der Großvater hat es einmal in Nürnberg gekauft, und der Vater hat es mir, weil es mir stets gefiel, geschenkt. So fing ich also an, von den Mitteln meines Pfarrhofes zu sparen. Ich legte einfache Kleider an, und suche sie lange zu erhalten, ich verabschiedete das Bett und legte mich auf die Bank im Vorhaus und tat die Bibel zum Zeugen und zur Hilfe unter mein Haupt. Ich hielt keine Bedienung mehr und mietete mir die Dienste der alten Sabine, die für mich hinreichen. Ich esse, was für den menschlichen Körper gut und zuträglich ist. Den oberen Teil des Pfarrhofes habe ich vermietet. Ich habe schon zweimal darüber einen Verweis vom hochwürdigen bischöflichen Konsistorium erhalten, aber jetzt lassen sie es geschehen. Weil die Leute bei mir bares Geld vermuteten, was auch wahr gewesen ist, so bin ich dreimal desselben beraubt worden, aber ich habe wieder von vorn angefangen. Da die Diebe nur das Geld genommen hatten, so suchte ich es ihnen zu entrücken. Ich habe es gegen Waisensicherheit angelegt, und wenn kleine Zinsen anwachsen, so tue ich sie stets zu dem Kapital. So bin ich nun seit vielen Jahren nicht behelligt worden. In der langen Zeit ist mir mein Zustand zur Gewohnheit geworden, und ich liebe ihn. Nur habe ich eine Sünde gegen dieses Sparen auf dem Gewissen: ich habe nämlich noch immer das schöne Linnen, das ich mir in der Stube in unserem Gartenflügel angeschafft hatte. Es ist ein sehr großer Fehler, aber ich habe versucht, ihn durch noch größeres Sparen an meinem Körper und an anderen Dingen gut zu machen. Ich bin so schwach, ihn mir nicht abgewöhnen zu können. Es wäre gar zu traurig, wenn ich die Wäsche weggeben müsste. Nach meinem Tode wird sie ja auch etwas eintragen, und den ansehnlicheren Teil gebrauche ich ja gar nicht.«

Ich wusste nun, weshalb er sich seiner herrlichen Wäsche schämte.

»Es ist mir nicht lieb«, fuhr er fort, »dass ich hier den Menschen nicht so helfen kann, wie ich möchte; aber ich kann es dem Zweck nicht entziehen, und es können ja nicht alle Menschen im ganzen Umfang wohltun, wie sie wünschten, dazu wäre der größte Reichtum nicht groß genug. – Sehen Sie, nun habe ich Ihnen alles gesagt, wie es mit mir gewesen ist, und wie es noch mit mir ist. Jetzt kommt meine Bitte, Sie werden sie mir vielleicht, wenn Sie an alles denken, was ich Ihnen erzählt habe, gewähren. Sie ist aber beschwerlich zu erfüllen, und nur Ihre Freundlichkeit und Güte erlaubt mir sie vorzubringen. Ich habe mein Testament bei dem Gericht zu Karsberg in dem Schloss niedergelegt. Ich vermute, dass es dort sicher ist, und ich habe den Empfangsschein hier in meinem Haus. Aber alle menschlichen Dinge sind wandelbar, es kann Feuer, Verwüstung, Feindeseinbruch oder sonst ein Unglück kommen und das Testament gefährden. Ich habe daher noch zwei gleichlautende Abschriften verfasst, um sie so sicher als möglich niederzulegen, dass sie nach meinem Tod zum Vorschein kommen mögen und ihr Zweck erfüllt werde. Da wäre nun meine Bitte, dass Sie eine Abschrift in Ihre Hände nähmen und aufbewahrten. Die andere behalte ich entweder hier, oder ich gebe sie auch jemanden, dass er sie ebenfalls zu ihrem Zweck aufbewahre. Freilich müssten Sie da erlauben, dass ich Ihnen, wenn Sie von dieser Gegend scheiden, von Zeit zu Zeit einen kleinen Brief schreibe, worin ich Ihnen sage, dass ich noch lebe. Wenn die Briefe ausbleiben, so wissen Sie, dass ich gestorben bin. Dann müssten Sie das Testament durch ganz sichere Hände und gegen Bescheinigung nach Karsberg gelangen lassen, oder überhaupt dorthin, wo die Ämter sind, die es in Erfüllung bringen können. Es ist das alles nur zur Vorsicht, wenn das gerichtlich niedergelegte verloren gehen sollte. Das Testament ist zugesiegelt, und den Inhalt werden Sie nach meinem Tod erfahren, wenn Sie nämlich nicht abgeneigt sind, meine Bitte zu erfüllen.« – Ich sagte dem Pfarrer, dass ich mit Freuden in seinen Wunsch eingehe, dass ich das Papier so sorgfältig bewahren wolle, wie meine eigenen besten Sachen, deren Vernichtung mir unersetzlich wäre, und dass ich allen seinen Weisungen gerne nachkommen wolle. Übrigens hoffe ich, dass der Zeitpunkt noch sehr ferne sei, wo das Testament und seine zwei andern Genossen entsiegelt werden würden.

»Wir stehen alle in Gottes Hand«, sagte er, »es kann heute sein, es kann morgen sein, es kann noch viele Jahre dauern. Zum Zweck, den ich neben meinen Seelsorgerpflichten verfolge, wünsche ich, dass es nicht so bald sei; aber Gott weiß, wie es gut ist, und er bedarf zuletzt auch zur Krönung dieses Werkes meiner nicht.« – »Da aber auch ich vor Ihnen sterben könnte«, erwiderte ich, »so werde ich zur Sicherheit eine geschriebene Verfügung zu dem Testament legen, wodurch meine Verpflichtung in andere Hände übergehen soll.« – »Sie sind sehr gut«, antwortete er, »ich habe gewusst, dass Sie so freundschaftlich sein werden, ich habe es gewiss gewusst. Hier wäre das Papier.« Mit diesen Worten zog er unter seinem Hauptkissen ein Papier hervor. Dasselbe war gefaltet und mit drei Siegeln gesiegelt. Er reichte es in meine Hand. – Ich betrachtete die Siegel, sie waren rein und unverletzt und trugen ein einfaches Kreuz. Auf der obern Seite des Papiers standen die Worte: Letzter Wille des Pfarrers im Kar. Ich ging an den Tisch, nahm ein Blatt aus meiner Brieftasche, schrieb darauf, dass ich von dem Pfarrer im Kar an dem bezeichneten Tag ein mit drei Siegeln, die ein Kreuz enthalten, versiegeltes Papier empfangen habe, das die Aufschrift ›Letzter Wille des Pfarrers im Kar‹ trage. Diese Bescheinigung reichte ich ihm dar, und er schob sie ebenfalls unter das Kissen seines Hauptes. Das Testament tat ich einstweilen in die Tasche, in welcher ich meine Zeichnungen und Arbeiten hatte. – Nach dieser Unterredung blieb ich noch eine geraume Zeit bei dem Pfarrer, und das Gespräch wendete sich auf andere, gleichgültigere Gegenstände. Es kam

Sabine herein, um ihm Speise zu bringen, es kam das Mädchen aus dem ersten Stockwerk herunter, um sich nach seinem Befinden zu erkundigen. Da die Sterne am hohen Himmel standen, ging ich durch das bleiche Gestein und den weichen Sand in meine Hütte, und dachte an den Pfarrer. Ich tat das Testament vorerst in meinen Koffer, wo ich meine besten Sachen hatte, um es später in meinem Hause gut zu verwahren.

Die Zeit nach der Erzählung des Pfarrers ging mir in meinem Steingewirre dahin, wie sie mir vorher dahingegangen war. Wir maßen, und arbeiteten, und zeichneten; ich sammelte mir untertags Stoff, besuchte gegen Abend den Pfarrer, saß ein paar Stunden an seinem Bett, und arbeitete dann in der Nacht in meiner Hütte, während mir einer meiner Leute auf einem Notherd derselben einen schmalen Braten briet.

Nach und nach wurde der Pfarrer besser, endlich stand er auf, wie es der Arzt in der Stadt vorausgesagt hatte, dann ging er vor sein Haus, er ging wieder in die Kirche, und zuletzt kam er auch wieder in das Steinkar, wandelte in den Hügeln herum, oder stand bei uns und schaute unsern Arbeiten zu.

Wie aber endlich alles ein Ende nimmt, so war es auch mit unserem langen Aufenthalt im Steinkar. Wir waren immer weiter vorgerückt, wir näherten uns der Grenzlinie unseres angewiesenen Bezirks immer mehr und mehr, endlich waren die Pflöcke auf ihr aufgestellt, es war bis dahin gemessen, und nach geringen schriftlichen Arbeiten war das Steinkar in seinem ganzen Abbild in vielen Blättern in unserer Mappe. Die Stangen, die Pflöcke, die Werke wurden sofort weggeschafft, die Hütten abgebrochen, meine Leute gingen nach ihren Bestimmungen auseinander, und das Steinkar war wieder von diesen Bewohnern frei und leer.

Ich packte meinen Koffer, nahm von dem Pfarrer, vom Schullehrer, von Sabine, von dem Mietsmann und seiner Tochter und von anderen Leuten Abschied, ließ den Koffer in die Hochstraße bringen, ging zu Fuß dahin, bestellte mir Postpferde, und da diese angelangt waren, fuhr ich von dem Schauplatz meiner bisherigen Tätigkeit fort.

Eines sehr seltsamen Gefühles muss ich Erwähnung tun, das ich damals hatte. Es ergriff mich nämlich beinahe eine tiefe Wehmut, als ich von der Gegend schied, welche mir, da ich sie zum ersten Mal betreten hatte, abscheulich erschienen war. Wie ich immer mehr und mehr in die bewohnteren Teile hinauskam, musste ich mich in meinem Wagen umdrehen und nach den Steinen zurückschauen, deren Lichter so sanft und matt schimmerten, und in deren Vertiefungen die schönen blauen Schatten waren, wo ich so lange verweilt hatte, während ich jetzt zu grünenden Wiesen, zu geteilten Feldern und unter hohe, strebende Bäume hinausfuhr.

Nach fünf Jahren ergriff ich eine Gelegenheit, die mich in die Nähe brachte, das Steinkar wieder zu besuchen. Ich fand den Pfarrer in demselben zuweilen herumgehen, wie früher, oder gelegentlich auf einem der Steine sitzen und herumschauen. Seine klaren blauen Augen waren die nämlichen geblieben. Ich zeigte ihm die Briefe, die ich von ihm empfangen, und die ich aufbewahrt hatte. Er bedankte sich sehr schön, dass ich auf jeden der Briefe ihm eine Antwort gesendet hätte, er freue sich der Briefe und lese oft in denselben. Er zeigte sie mir, da wir in seinem Stübchen wieder an dem fichtenen Tisch beisammen saßen.

Die Zirder floss mit ihrem himmelblauen Band durch die Steine, diese hatten die graue Farbe, und der Sand lagerte zu ihren Füßen. Die grünen Streifen und die wenigen Gesträuche waren wie immer. In der Hochstraße war der Wirt, die Wirtin und fast auch ihre Kinder wie früher, ja die alten Gäste schienen an den Tischen zu sitzen, so sehr bleiben die Menschen die nämlichen, die in jenen Gegenden den Verkehr über die Anhöhe treiben.

Nach diesem Besuch in jener Gegend führte mich weder ein Geschäft mehr dahin, noch fand ich Zeit, aus freiem Antrieb wieder einmal das Kar zu besuchen. Viele Jahre gingen vorüber, und der Wunsch des Pfarrers, dass ihn Gott seines Zweckes willen lange leben lassen möchte, schien in Erfüllung gehen zu wollen. Alle Jahre bekam ich mehrere Briefe von ihm, die ich regelmäßig beantwortete, und die regelmäßig im nächsten Jahre wieder anlangten. Nur eins glaubte ich zu bemerken, dass die Buchstaben nämlich etwas zeigten, als zittere die Hand.

Nach langen Jahren kam einmal ein Brief vom Schullehrer. In demselben schrieb er, dass der Pfarrer erkrankt sei, dass er von mir rede, und dass er gesagt habe: ›Wenn er es wüsste, dass ich krank bin.‹ Er nehme sich daher die Erlaubnis, mir dieses zu melden, weil er doch nicht erkennen könne, ob es nicht zu etwas gut sei, und er bitte mich deshalb um Verzeihung, dass er so zudringlich gewesen. Ich antwortete ihm, dass ich seinen Brief als keine Zudringlichkeit ansehen könne, sondern dass er mir einen Dienst damit erwiesen habe, indem ich an dem Pfarrer im Kar großen Anteil nähme. Ich bitte ihn, er möge mir öfter über das Befinden des Pfarrers schreiben, und wenn es schlechter würde, mir dieses sogleich anzeigen. Und sollte Gott wider Vermuten schnell etwas Menschliches über ihn verhängen, so solle er mir auch dieses ohne geringstes Versäumen melden.

An den Pfarrer schrieb ich auch zu seiner Beruhigung, dass ich von seiner Erkrankung gehört habe, dass ich den Schullehrer gebeten habe, er möge mir über sein Befinden öfter schreiben; ich ersuchte ihn, dass er sich nicht selber anstrengen möchte, an mich zu schreiben, dass er sich ein Bett in das Stübchen machen lassen solle, und dass sich, wie es ja auch in früheren Jahren geschehen sei, sein Unwohlsein in kurzer Zeit wieder heben könnte. Mein Beruf gestatte für den Augenblick keinen Besuch. Er antwortete mir desungeachtet in einigen Zeilen, dass er sehr, sehr alt sei, dass er geduldig harre, und sich nicht fürchte.

Da der Schullehrer zwei Briefe geschrieben hatte, in denen er sagte, dass mit dem Pfarrer keine Veränderung vorgegangen sei, kam ein dritter, der meldete, dass derselbe nach Empfang der heiligen Sterbesakramente verschieden sei.

Ich machte mir Vorwürfe, setzte jetzt alles beiseite, und machte mich reisefertig. Ich zog das versiegelte Papier aus meinem Schrein hervor, ich nahm auch die Briefe des Pfarrers mit, die zur Erweisung der Handschrift dienen könnten, und begab mich auf den Weg nach Karsberg.

Als ich daselbst angekommen war, erhielt ich die Auskunft, dass ein Testament des Pfarrers in dem Schloss gerichtlich niedergelegt worden sei, dass man ein zweites in seiner Verlassenschaft gefunden habe, und dass ich mich in zwei Tagen im Schloss einfinden solle, um mein Testament vorzuzeigen, worauf die Öffnung und Prüfung der Testamente statthaben würde.

Ich begab mich während dieser zwei Tage in das Kar. Der Schullehrer erzählte mir über die letzten Tage des Pfarrers. Er sei ruhig in seiner Krankheit gelegen, wie in jener, da ich ihn so oft besucht habe. Er habe wieder keine Arznei genommen, bis der Pfarrer aus der Wenn, ein Nachbar des Pfarrers im Kar, welcher ihm die Sterbesakramente gereicht hatte, ihm dargetan hätte, dass er auch irdische Mittel gebrauchen, und es Gott überlassen müsse, ob sie wirkten oder nicht. Von dem Augenblick an nahm er alles, was man ihm gab, und ließ alles mit sich tun, was man tun wollte. Er lag wieder in seinem Stübchen, wo man ihm wieder aus den Wolldecken ein Bett gemacht hatte. Sabine war immer bei ihm. Als es zum Sterben kam, machte er keine besondere Vorbereitung, sondern er lag wie alle Tage. Man konnte nicht abnehmen [beurteilen], ob er es wisse, dass er jetzt sterbe, oder nicht. Er war wie gewöhnlich, und redete gewöhnliche Worte. Endlich schlief er sanft ein, und es war vorüber. – Man entkleidete ihn, um ihn für die Bahre anzuziehen. Man legte ihm das Schönste seiner Wäsche an. Dann zog man ihm sein fadenscheiniges Kleid an, und über das Kleid den Priesterchorrock. So wurde er auf der Bahre ausgestellt. Die Leute kamen sehr zahlreich, um ihn anzuschauen, denn sie hatten so etwas nie gesehen; er war der erste Pfarrer gewesen, der in dem

Kar gestorben war. Er lag mit seinen weißen Haaren da, sein Angesicht war mild, nur viel blässer als sonst, und die blauen Augen waren von den Lidern gedeckt. Mehrere seiner Amtsbrüder kamen, ihn zur Erde zu bestatten. Bei der Einsenkung haben viele der herbeigekommenen Menschen geweint.

Ich erkundigte mich nun auch nach dem Mietmann im ersten Stockwerk. Er kam selbst ins Vorhaus des Pfarrhofes herunter, in dem ich mich befand, und sprach mit mir. Er hatte fast keine Haare mehr und trug daher ein schwarzes Käppchen auf seinem Haupt. Ich fragte nach seiner schönen Tochter, die damals, als sie in meiner Gegenwart öfter in das Krankenzimmer des Pfarrers gekommen war, ein junges, rasches Mädchen gewesen war. Sie war in der Hauptstadt verheiratet und war Mutter von beinahe erwachsenen Kindern. Auch diese war in den letzten Tagen des Pfarrers nicht um ihn gewesen. Der Mietmann sagte mir, dass er jetzt wohl zu seiner Tochter werde ziehen müssen, da er bei der Wiederbesetzung der Pfarre gewiss seine Wohnung verlieren und im Kar keine andere finden werde.

Die alte Sabine war die einzige, die sich nicht geändert hatte, sie sah gerade so aus wie damals, als sie bei meiner ersten Anwesenheit den Pfarrer in seiner Krankheit gepflegt hatte. Niemand wusste, wie alt sie sei, und sie wusste es selbst nicht.

Ich musste deshalb im Vorhaus des Pfarrhofes stehen bleiben, weil das Stüblein und das neben dem Vorhaus befindliche Gewölbe versiegelt waren. Die einzige hölzerne Bank, die Schlafstätte des Pfarrers, stand an ihrer Stelle, und niemand hatte an sie gedacht. Die Bibel aber lag nicht mehr auf der Bank, man sagte, sie sei in das Stüblein gebracht worden.

Als die zwei Tage vorüber waren, die man als Frist zur Eröffnung des Testamentes anberaumt hatte, begab ich mich nach Karsberg und verfügte mich zur festgesetzten Stunde in den Gerichtssaal. Es waren mehrere Menschen zusammengekommen, und es waren die Vorstände der Pfarrgemeinde und die Zeugen geladen worden. Die zwei Testamente und das Verzeichnis der Verlassenschaft des Pfarrers lagen auf dem Tisch. Man wies mir meine Bescheinigung über den Empfang des Testamentes des Pfarrers vor, die in der Verlassenschaft des Pfarrers gefunden worden war, und forderte mich zur Vorzeigung des Testamentes auf. Ich überreichte es. Man untersuchte Schrift und Siegel und erkannte die Richtigkeit des Testamentes an. – Nach herkömmlicher Art wurde nun das gerichtlich niedergelegte Testament zuerst eröffnet und verlesen. Dann folgte das von mir übergebene. Es lautete Wort für Wort wie das erste. Endlich wurde das in der Wohnung des Pfarrers vorgefundene eröffnet, und es lautete ebenfalls Wort für Wort wie die beiden ersten. Die Zeitangabe und die Unterschrift war in allen drei Urkunden dieselbe. Sofort wurden alle drei Testamente als ein einziges, in drei Abschriften vorhandenes Testament erklärt. Der Inhalt des Testamentes aber überraschte alle. Die Worte des Pfarrers, wenn man den Eingang hinweglässt, in dem er die Hilfe Gottes anruft, die Verfügung unter seinen Schutz stellt und erklärt, dass er bei vollkommnem Gebrauch seines Verstandes und Willens sei, lauten so: ›Wie ein jeder Mensch außer seinem Amt und Beruf noch etwas findet oder suchen soll, das er zu verrichten hat, damit er alles tue, was er in seinem Leben zu tun hat, habe auch ich etwas gefunden, was ich neben meiner Seelsorge verrichten muss: ich muss die Gefahr der Kinder der Steinhäuser und Karhäuser aufheben. Die Zirder schwillt oft an, und kann dann ein reißendes Wasser sein, das in Schnelle daherkommt, wie es ja in den ersten Jahren meiner Pfarre zweimal durch Wolkenbrüche alle Stege und Brücken weggenommen hat. Die Ufer sind niedrig, und das am Kar ist noch niedriger als das Steinhäuser Ufer. Da sind drei Fälle möglich: entweder ist das Karufer überschwemmt, oder es ist auch das Steinhäuser Ufer überschwemmt, oder es wird sogar der Steg hinweggetragen. Die Kinder aus den Steinhäusern und Karhäusern müssen aber über den Steg ins Kar in die Schule gehen. Wenn nun das Karufer überschwemmt ist, und sie vom Steg ins Wasser gehen, so können manche in eine Grube oder in eine Vertiefung geraten und dort verunglücken; denn das kotige Wasser der Überschwemmung lässt den Boden nicht sehen, oder es kann das Wasser, während die Kinder in ihm waten, so schnell steigen, dass sie das Trockene nicht mehr erreichen können und alle verloren sind, oder sie können noch vom Steinhäuser Ufer auf den Steg kommen, können das Wasser auf dem Karufer zu tief finden, können sich durch Beratschlagen oder Zaudern so lange aufhalten, dass indessen auch das Steinhäuser Ufer mit zu tiefem Wasser bedeckt wird; dann ist der Steg eine Insel, die Kinder stehen auf ihm, und können mit ihm fortgeschwemmt werden. Und wenn auch dieses alles nicht geschieht, so gehen sie mit ihren Füßlein im Winter in das Schneewasser, das auch Eisschollen hat, und fügen ihrer Gesundheit großen Schaden zu. – Damit diese Gefahr in Zukunft aufhöre, habe ich zu sparen begonnen, und verordne, wie folgt: von der Geldsumme, welche nach meinem Tod als mein Eigentum gefunden wird, vermehrt um die Geldsumme, welche aus dem Verkauf meiner hinterlassenen Habe entsteht, soll in der Mitte der Schulkinder der Steinhäuser und Karhäuser ein Schulhaus gebaut werden, dann soll ein solcher Teil der Geldsumme auf Zinsen angelegt werden, dass durch den Ertrag die Lehrer der Schule erhalten werden können, ferner soll noch ein Teil nutzbringend gemacht werden, dass aus den Zinsen die jährliche Vergütung des Schadens entrichtet werden könne, welchen der Schullehrer im Kar durch den Abgang der Kinder erleidet, und endlich, wenn noch etwas übrig bleibt, soll es meiner Dienerin Sabine gehören. – Ich habe drei gleiche Testamente geschrieben, dass sie sicherer seien, und wenn noch was immer für eine Verfügung oder Meinung in meinem Nachlass sollte gefunden werden, welche nicht den Inhalt und Jahres- und Monatstag dieser Testamente trägt, so soll sie ungültig sein. – Damit aber in der Zeit schon die Gefahr vermindert werde, gehe ich alle Tage auf die Wiese am Karufer und sehe, ob keine Gräben, Gruben und Vertiefungen sind, und stecke eine Stange dazu. Den Eigentümer der Wiese bitte ich dass er entstandene Gruben und Vertiefungen so bald ausebnen lasse, als es angeht, und er hat meine Bitten immer erfüllt. Ich gehe hinaus, wenn die Wiese überschwemmt ist, und versuche den Kindern zu helfen. Ich lerne das Wetter kennen, um eine Überschwemmung voraussehen zu können und die Kinder zu warnen. Ich entferne mich nicht weit vom Kar, um keine Versäumnis zu begehen. Und so werde ich es auch in der Zukunft immer tun.‹

Diesen Testamenten war die Geldrechnung bis zu dem Zeitpunkt ihrer Abfassung beigelegt. Die Rechnung, die von dieser Zeit an bis gegen die Sterbetage des Pfarrers lief, fand man in seinen Schriften. Die Rechnungen waren mit großer Genauigkeit gemacht. Man ersah auch aus ihnen, wie sorgsam der Pfarrer im Sparen war. Die kleinsten Beträge, selbst Pfennige, wurden zugelegt, und neue Quellen, die unscheinbarsten, eröffnet, daraus ein kleines Fädlein floss.

Zur Versteigerung des Nachlasses des Pfarrers wurde der fünfte Tag nach Eröffnung des Testamentes bestimmt.

Als wir vom Gerichtshaus fortgingen, sagte der Mietmann des Pfarrers unter Tränen zu mir: »O wie habe ich den Mann verkannt, ich hielt ihn beinahe für geizig: da hat ihn meine Tochter viel besser gekannt, sie hat den Pfarrer immer sehr lieb gehabt. Ich muss ihr die Begebenheit sogleich schreiben.«

Der Schullehrer im Kar segnete den Pfarrer, der immer so gut gegen ihn gewesen sei, und der sich so gern in der Schule aufgehalten habe. Auch die andern Leute erfuhren den Inhalt des Testamentes. Nur die einzigen, die er am nächsten anging, die Kinder in den Steinhäusern und Karhäusern, wussten nichts davon, oder wenn sie es auch erfuhren, so verstanden sie es nicht, und wussten nicht, was ihnen zugedacht worden sei.

Weil ich auch bei der Versteigerung gegenwärtig sein wollte, ging ich wieder in das Kar zurück und beschloss, die vier Tage dazu anzuwenden, um manche Plätze im Steinkar und andern Gegenden zu besuchen, wo ich einstens gearbeitet hatte. Es war alles unverändert, als ob diese Gegend zu ihrem Merkmal der Einfachheit auch das der Unveränderlichkeit erhalten hätte.

Als der fünfte Tag herangekommen war, wurden die Siegel von den Türen der Pfarrerswohnung abgenommen, und die hinterlassenen Stücke des Pfarrers versteigert. Es hatten sich viele Menschen eingefunden, und die Versteigerung war in Hinsicht des Testamentes eine merkwürdige geworden. Es trugen sich auffallende Begebenheiten bei derselben zu. Ein Pfarrer kaufte einen unter den Kleidern des Verstorbenen gefundenen Rock, der das Schlechteste war, was man unter nicht zerrissenen Kleidern finden kann, um einen ansehnlichen Kaufschilling. Die Gemeinde des Kar erstand die Bibel, um sie ihrer Kirche zu stiften. Selbst die hölzerne Bank, die man nicht einmal eingesperrt hatte, fand einen Käufer. – Auch ich erwarb etwas in der Versteigerung, nämlich das kleine, aus Holz geschnitzte Kruzifix von Nürnberg und sämtliche noch übrigen so schönen und feinen Leintücher und Tischtücher. Ich und meine Gattin besitzen die Sachen noch bis auf den heutigen Tag, und haben die Wäsche sehr selten gebraucht. Wir bewahren sie als ein Denkmal auf, dass der arme Pfarrer diese Dinge aus einem tiefen dauernden und zarten Gefühl behalten und nie benutzt hat. Zuweilen lässt meine Gattin die Linnen durchwaschen und glätten, dann ergötzt sie sich an der unbeschreiblichen Schönheit und Reinheit, und dann werden die zusammengelegten Stücke mit den alten, ausgebleichten rotseidenen Bändchen, die noch vorhanden sind, umbunden und wieder in den Schrein gelegt. – – – Nun stellt sich die Frage, was die Wirkung von all diesen Dingen gewesen sei. – – Die Summe, welche der Pfarrer erspart hatte, und die, welche aus der Versteigerung seines Nachlasses gelöst worden war, waren zusammengenommen viel zu klein, als dass eine Schule daraus hätte gegründet werden können. Sie waren zu klein, um nur ein mittleres Haus, wie sie in jener Gegend gebräuchlich sind, zu bauen, geschweige denn ein Schulhaus mit den Lehrzimmern und den Lehrerswohnungen, ferner das Gehalt der Lehrer festzustellen und den früheren Lehrer zu entschädigen. – Es lag das in der Natur des Pfarrers, der die Weltdinge nicht verstand, und dreimal beraubt werden musste, bis er das ersparte Geld auf Zinsen anlegte. – Aber wie das Böse stets in sich selber zwecklos ist und im Weltplan keine Wirkung hat, das Gute aber Früchte trägt, wenn es auch mit mangelhaften Mitteln begonnen wird, so war es auch hier: ›Gott bedurfte zur Krönung dieses Werkes des Pfarrers nicht.‹ Als die Sache mit dem Testament und dessen Unzulänglichkeit bekannt wurde, traten gleich die Wohlhabenden und Reichen im Umkreis zusammen, und unterschrieben in Kurzem eine Summe, die hinlänglich schien, alle Absichten des Pfarrers vollziehen zu können. Und sollte noch etwas nötig sein, so erklärte jeder, dass er eine Nachzahlung leisten würde. Ich habe auch mein Scherflein dazu beigetragen.

War ich das erste Mal mit Wehmut von der Gegend geschieden, so flossen jetzt Tränen aus meinen Augen, als ich die einsamen Steine verließ. –

Jetzt, da ich rede, steht die Schule längst in den Steinhäusern und Karhäusern, sie steht in der Mitte der Schulkinder auf einem gesunden und luftigen Platz. Der Lehrer wohnt mit seiner Familie und dem Gehilfen im Gebäude, der Lehrer im Kar erhält seine jährliche Entschädigung, und selbst Sabine ist noch mit einem Teil bedacht worden. Sie wollte ihn aber nicht, und bestimmte ihn im vorhinein für die Tochter des Schullehrers, die sie immer lieb hatte.

Das einzige Kreuz, das für einen Pfarrer im Kirchhof des Kar steht, steht auf dem Hügel des Gründers dieser Dinge. Es mag manchmal ein Gebet dabei verrichtet werden, und mancher wird mit einem Gefühl davor stehen, das dem Pfarrer nicht gewidmet worden ist, als er noch lebte.

4. Bergkristall

Unsere Kirche feiert verschiedene Feste, welche zum Herzen dringen. Man kann sich kaum etwas Lieblicheres denken als Pfingsten und kaum etwas Ernsteres und Heiligeres als Ostern. Das Traurige und Schwermütige der Karwoche und darauf das Feierliche des Sonntags begleiten uns durch das Leben. Eines der schönsten Feste feiert die Kirche fast mitten im Winter, wo beinahe die längsten Nächte und kürzesten Tage sind, wo die Sonne am schiefsten gegen unsere Gefilde steht, und Schnee alle Fluren deckt, das Fest der Weihnacht. Wie in vielen Ländern der Tag vor dem Geburtsfest des Herrn der Christabend heißt, so heißt er bei uns der heilige Abend, der darauffolgende Tag der heilige Tag und die dazwischenliegende Nacht die Weihnacht. Die katholische Kirche begeht den Christtag als den Tag der Geburt des Heilandes mit ihrer allergrößten kirchlichen Feier, in den meisten Gegenden wird schon die Mitternachtsstunde als die Geburtsstunde des Herrn mit prangender Nachtfeier geheiligt, zu der die Glocken durch die stille, finstere winterliche Mitternachtluft laden, zu der die Bewohner mit Lichtern oder auf dunkeln, wohlbekannten Pfaden aus schneeigen Bergen an bereiften Wäldern vorbei und durch knarrende Obstgärten zu der Kirche eilen, aus der die feierlichen Töne kommen, und die aus der Mitte des in beeiste Bäume gehüllten Dorfes mit den langen beleuchteten Fenstern emporragt.

Mit dem Kirchenfest ist auch ein häusliches verbunden. Es hat sich fast in allen christlichen Ländern verbreitet, dass man den Kindern die Ankunft des Christkindleins- auch eines Kindes, des wunderbarsten, das je auf der Welt war – als ein heiteres, glänzendes, feierliches Ding zeigt, das durch das ganze Leben fortwirkt, und manchmal noch spät im Alter bei trüben, schwermütigen oder rührenden Erinnerungen gleichsam als Rückblick in die einstige Zeit mit den bunten, schimmernden Fittichen durch den öden, traurigen und ausgeleerten Nachthimmel fliegt. Man pflegt den Kindern die Geschenke zu geben, die das heilige Christkindlein gebracht hat, um ihnen Freude zu machen. Das tut man gewöhnlich am heiligen Abend, wenn die tiefe Dämmerung eingetreten ist. Man zündet Lichter, und meistens sehr viele, an, die oft mit den kleinen Kerzlein auf den schönen grünen Ästen eines Tannen oder Fichtenbäumchens schweben, das mitten in der Stube steht. Die Kinder dürfen nicht eher kommen, als bis das Zeichen gegeben wird, dass der heilige Christ zugegen gewesen ist, und die Geschenke, die er mitgebracht, hinterlassen hat. Dann geht die Tür auf, die Kleinen dürfen hinein, und bei dem herrlichen, schimmernden Lichterglanz sehen sie Dinge auf dem Baume hängen oder auf dem Tische herum gebreitet, die alle Vorstellungen ihrer Einbildungskraft weit übertreffen, die sie sich nicht anzurühren getrauen, und die sie endlich, wenn sie sie bekommen haben, den ganzen Abend in ihren Ärmchen herumtragen und mit sich ins Bett nehmen. Wenn sie dann zuweilen in ihre Träume hinein die Glockentöne der Mitternacht hören, durch welche die Großen in die Kirche zur Andacht gerufen werden, dann mag es ihnen sein, als zögen jetzt die Englein durch den Himmel, oder als kehre der heilige Christ nach Hause, welcher nunmehr bei allen Kindern gewesen ist und jedem von ihnen ein herrliches Geschenk hinterbracht hat.

Wenn dann der folgende Tag, der Christtag, kommt, ist er ihnen so feierlich, wenn sie früh morgens mit ihren schönsten Kleidern angetan in der warmen Stube stehen, wenn der Vater und die Mutter sich zum Kirchgang schmücken, wenn zu Mittag ein feierliches Mahl ist, ein besseres als in jedem Tage des ganzen Jahres, und wenn nachmittags oder gegen den Abend hin Freunde und Bekannte kommen, auf den Stühlen und Bänken herum sitzen, miteinander reden, und behaglich durch die Fenster in die Wintergegend hinausschauen können, wo entweder die langsamen Flocken niederfallen, oder ein trübender Nebel um die Berge steht, oder die blutrote, kalte Sonne hinabsinkt. An verschiedenen Stellen der Stube, entweder auf einem

Stühlchen oder auf der Bank oder auf dem Fensterbrettchen, liegen die zaubrischen, nun aber schon bekannteren und vertrauteren Geschenke von gestern Abend herum.

Hierauf vergeht der lange Winter, es kommt der Frühling und der unendlich dauernde Sommer – und wenn die Mutter wieder vom heiligen Christe erzählt, dass nun bald sein Festtag sein wird, und dass er auch diesmal herabkommen werde, ist es den Kindern, als sei seit seinem letzten Erscheinen eine ewige Zeit vergangen, und als liege die damalige Freude in einer weiten nebelgrauen Ferne.

Weil dieses Fest so lange nachhält, weil sein Abglanz so hoch ins Alter hinaufreicht, stehen wir so gern dabei, wenn die Kinder dasselbe begehen und sich darüber freuen. – – –

In den hohen Gebirgen unsers Vaterlandes steht ein Dörfchen mit einem kleinen, aber sehr spitzigen Kirchturm, der mit seiner roten Farbe, mit welcher die Schindeln bemalt sind, aus dem Grün vieler Obstbäume hervorragt, und wegen derselben roten Farbe in dem duftigen und blauen Dämmern der Berge weithin ersichtlich ist. Das Dörfchen liegt gerade mitten in einem ziemlich weiten Tal, das fast wie ein länglicher Kreis gestaltet ist. Es enthält außer der Kirche eine Schule, ein Gemeindehaus und noch mehrere stattliche Häuser, die einen Platz gestalten, auf welchem vier Linden stehen, die ein steinernes Kreuz in ihrer Mitte haben. Diese Häuser sind nicht bloße Landwirtschaftshäuser, sondern sie bergen auch noch diejenigen Handwerke in ihrem Schoß, die dem menschlichen Geschlecht unentbehrlich sind, und die bestimmt sind, den Gebirgsbewohnern ihren einzigen Bedarf an Kunsterzeugnissen zu decken. Im Tal und an den Bergen herum sind noch sehr viele zerstreute Hütten, wie das in Gebirgsgegenden sehr oft der Fall ist, welche alle nicht nur zur Kirche und Schule gehören, sondern auch jenen Handwerken, von denen gesprochen wurde, durch Abnahme der Erzeugnisse ihren Zoll entrichten. Es gehören sogar noch weitere Hütten zu dem Dörfchen, die man vom Tal aus gar nicht sehen kann, die noch tiefer in den Gebirgen stecken, deren Bewohner selten zu ihren Gemeindemitbrüdern herauskommen, und die im Winter oft ihre Toten aufbewahren müssen, um sie nach dem Wegschmelzen des Schnees zum Begräbnisse bringen zu können. Der größte Herr, den die Dörfler im Laufe des Jahres zu sehen bekommen, ist der Pfarrer. Sie verehren ihn sehr, und es geschieht gewöhnlich, dass derselbe durch längeren Aufenthalt im Dörfchen ein der Einsamkeit gewöhnter Mann wird, dass er nicht ungerne bleibt, und einfach fortlebt. Wenigstens hat man seit Menschengedenken nicht erlebt, dass der Pfarrer des Dörfchens ein auswärtssüchtiger oder seines Standes unwürdiger Mann gewesen wäre.

Es gehen keine Straßen durch das Tal, sie haben ihre zweigleisigen Wege, auf denen sie ihre Felderzeugnisse mit einspännigen Wäglein nach Hause bringen, es kommen daher wenig Menschen in das Tal, unter diesen manchmal ein einsamer Fußreisender, der ein Liebhaber der Natur ist, eine Weile in der bemalten Oberstube des Wirtes wohnt und die Berge betrachtet, oder gar ein Maler, der den kleinen spitzen Kirchturm und die schönen Gipfel der Felsen in seine Mappe zeichnet. Daher bilden die Bewohner eine eigene Welt, sie kennen einander alle mit Namen und mit den einzelnen Geschichten von Großvater und Urgroßvater her, trauern alle, wenn einer stirbt, wissen, wie er heißt, wenn einer geboren wird, haben eine Sprache, die von der der Ebene draußen abweicht, haben ihre Streitigkeiten, die sie schlichten, stehen einander bei, und laufen zusammen, wenn sich etwas Außerordentliches begibt.

Sie sind sehr stetig, und es bleibt immer beim Alten. Wenn ein Stein aus einer Mauer fällt, wird derselbe wieder hineingesetzt, die neuen Häuser werden wie die alten gebaut, die schadhaften Dächer werden mit gleichen Schindeln ausgebessert, und wenn in einem Haus scheckige Kühe sind, so werden immer solche Kälber aufgezogen, und die Farbe bleibt bei dem Haus. – Gegen Mittag sieht man vm Dorf einen Schneeberg, der mit seinen glänzenden Hörnern fast oberhalb der Hausdächer zu sein scheint, aber in der Tat doch nicht so nah ist. Er sieht das ganze Jahr, Sommer und Winter, mit seinen vorstehenden Felsen und mit seinen weißen Flächen ins Tal herab. Als das Auffallendste, was sie in ihrer Umgebung haben, ist der Berg der Gegenstand der Betrachtung der Bewohner, und er ist der Mittelpunkt vieler Geschichten geworden. Es lebt kein Mann und Greis in dem Dorf, der nicht von den Zacken und Spitzen des Berges, von seinen Eisspalten und Höhlen, von seinen Wässern und Geröllströmen etwas zu erzählen wüsste, was er entweder selbst erfahren oder von andern erzählen gehört hat. Dieser Berg ist auch der Stolz des Dorfes, als hätten sie ihn selber gemacht, und es ist nicht so ganz entschieden, wenn man auch die Biederkeit und Wahrheitsliebe der Talbewohner hoch anschlägt, ob sie nicht zuweilen zur Ehre und zum Ruhm des Berges lügen. Der Berg gibt den Bewohnern außer dem, dass er ihre Merkwürdigkeit ist, auch wirklichen Nutzen; denn wenn eine Gesellschaft von Gebirgsreisenden hereinkommt, um vom Tal aus den Berg zu besteigen, dienen die Bewohner des Dorfes als Führer, und einmal Führer gewesen zu sein, dieses und jenes erlebt zu haben, diese und jene Stelle zu kennen, ist eine Auszeichnung, die jeder gerne von sich darlegt. Sie reden oft davon, wenn sie in der Wirtsstube beieinander sitzen, und erzählen ihre Wagnisse und ihre wunderbaren Erfahrungen, und versäumen aber auch nie zu sagen, was dieser oder jener Reisende gesprochen habe, und was sie von ihm als Lohn für ihre Bemühungen empfangen hätten. Dann sendet der Berg von seinen Schneeflächen die Wasser ab, welche einen See in seinen Hochwäldern speisen, und den Bach erzeugen, der lustig durchs Tal strömt, die Brettersäge, die Mahlmühle und andere kleine Werke treibt, das Dorf reinigt und das Vieh tränkt. Von den Wäldern des Berges kommt das Holz, und sie halten die Lawinen auf. Durch die innern Gänge und Lockerheiten der Höhen sinken die Wasser durch, die dann in Adern durchs Tal gehen, und in Brünnlein und Quellen hervorkommen, daraus die Menschen trinken und ihr herrliches, oft gelobtes Wasser dem Fremden reichen. Allein an letzteren Nutzen denken sie nicht und meinen, das sei immer so gewesen.

Wenn man auf die Jahresgeschichte des Berges sieht, so sind im Winter die zwei Zacken seines Gipfels, die sie Hörner heißen, schneeweiß, und stehen, wenn sie an hellen Tagen sichtbar sind, blendend in der finstern Bläue der Luft; alle Bergfelder, die um diese Gipfel herum lagern, sind dann weiß; alle Abhänge sind so; selbst die steilrechten Wände, die die Bewohner Mauern heißen, sind mit einem angeflogenen weißen Reif bedeckt und mit zartem Eis wie mit einem Firnisse belegt, sodass die ganze Masse wie ein Zauberpalast aus dem bereiften Grau der Wälderlast emporragt, welche schwer um ihre Füße herum ausgebreitet ist. Im Sommer, wo Sonne und warmer Wind den Schnee von den Steilseiten wegnimmt, ragen die Hörner nach dem Ausdruck der Bewohner schwarz in den Himmel, und haben nur schöne weiße Äderchen und Sprenkel auf ihrem Rücken, in der Tat aber sind sie zart fernblau, und was sie Äderchen und Sprenkel heißen, das ist nicht weiß, sondern hat das schöne Milchblau des fernen Schnees gegen das dunklere der Felsen. Die Bergfelder um die Hörner aber verlieren, wenn es recht heiß ist, an ihren höheren Teilen wohl den Firn nicht, der gerade dann recht weiß auf das Grün der Talbäume herabsieht, aber es weicht von ihren unteren Teilen der Winterschnee, der nur einen Flaum machte, und es wird das unbestimmte Schillern von Bläulich und Grünlich sichtbar, das das Geschiebe von Eis ist, das dann bloß liegt und auf die Bewohner unten hinabgrüßt. Am Rande dieses Schillerns, wo es von ferne wie ein Saum von Edelsteinsplittern aussieht, ist es in der Nähe ein Gemenge wilder, riesenhafter Blöcke, Platten und Trümmer, die sich drängen und verwirrt ineinander geschoben sind. Wenn ein Sommer gar heiß und lang ist, werden die Eisfelder weit hinauf entblößt, und dann schaut eine viel größere Fläche von Grün und Blau in das Tal, manche Kuppen und Räume werden entkleidet, die man sonst nur weiß erblickt hatte, der schmutzige Saum des Eises wird sichtbar, wo es Felsen, Erde und Schlamm schiebt, und viel reichlichere Wasser als sonst fließen in das

Tal. Dies geht fort, bis es nach und nach wieder Herbst wird, das Wasser sich verringert, zu einer Zeit einmal ein grauer Landregen die ganze Ebene des Tals bedeckt, worauf, wenn sich die Nebel von den Höhen wieder lösen, der Berg seine weiche Hülle abermals umgetan hat, und alle Felsen, Kegel und Zacken in weißem Kleide dastehen. So spinnt es sich ein Jahr um das andere mit geringen Abwechslungen ab, und wird sich fortspinnen, solange die Natur so bleibt, und auf den Bergen Schnee und in den Tälern Menschen sind. Die Bewohner des Tales heißen die geringen Veränderungen große, bemerken sie wohl, und berechnen an ihnen den Fortschritt des Jahres. Sie bezeichnen an den Entblößungen die Hitze und die Ausnahmen der Sommer.

Was nun noch die Besteigung des Berges betrifft, so geschieht dieselbe von dem Tal aus. Man geht nach der Mittagsrichtung zu auf einem guten, schönen Weg, der über einen sogenannten Hals in ein anderes Tal führt. Hals heißen sie einen mäßig hohen Bergrücken, der zwei größere und bedeutendere Gebirge miteinander verbindet, und über den man zwischen den Gebirgen von einem Tal in ein anderes gelangen kann. Auf dem Hals, der den Schneeberg mit einem gegenüberliegenden großen Gebirgszug verbindet, ist lauter Tannenwald. Etwa auf der größten Erhöhung desselben, wo nach und nach sich der Weg in das jenseitige Tal hinabzusenken beginnt, steht eine sogenannte Unglückssäule. Es ist einmal ein Bäcker, welcher Brot in seinem Korb über den Hals trug, an jener Stelle tot gefunden worden. Man hat den toten Bäcker mit dem Korb und mit den umringenden Tannenbäumen auf ein Bild gemalt, darunter eine Erklärung und eine Bitte um ein Gebet geschrieben, das Bild auf eine rot angestrichene hölzerne Säule getan, und die Säule an der Stelle des Unglückes aufgerichtet. Bei dieser Säule biegt man vom Weg ab und geht auf der Länge des Halses fort, statt über seine Breite in das jenseitige Tal hinüberzuwandern. Die Tannen bilden dort einen Durchlass, als ob eine Straße zwischen ihnen hinginge Es führt auch manchmal ein Weg in dieser Richtung hin, der dazu dient, das Holz von den höheren Gegenden zu der Unglückssäule herabzubringen, der aber dann wieder mit Gras verwächst. Wenn man auf diesem Wege fortgeht, der sachte bergan führt, so gelangt man endlich auf eine freie, von Bäumen entblößte Stelle. Dieselbe ist dürrer Heideboden, hat nicht einmal einen Strauch, sondern ist mit schwachem Heidekraut, mit trockenen Moosen und mit Dürrbodenpflanzen bewachsen. Die Stelle wird immer steiler, und man geht lange hinan; man geht aber immer in einer Rinne, gleichsam wie in einem ausgerundeten Graben, hinan, was den Nutzen hat, dass man auf der großen, baumlosen und überall gleichen Stelle nicht leicht irren kann. Nach einer Zeit erscheinen Felsen, die wie Kirchen gerade aus dem Grasboden aufsteigen, und zwischen deren Mauern man längere Zeit hinan gehen kann. Dann erscheinen wieder kahle, fast pflanzenlose Rücken, die bereits in die Lufträume der höhern Gegenden ragen und gerade zum Eis führen. Zu beiden Seiten dieses Weges sind steile Wände, und durch diesen Damm hängt der Schneeberg mit dem Hals zusammen. Um das Eis zu überwinden, geht man eine geraume Zeit an der Grenze desselben, wo es von den Felsen umstanden ist, dahin, bis man zu dem ältern Firn gelangt, der die Eisspalten überbaut und in den meisten Zeiten des Jahres den Wanderer trägt. An der höchsten Stelle des Firns erheben sich die zwei Hörner aus dem Schnee, wovon eines das höhere, mithin die Spitze des Berges ist. Diese Kuppen sind sehr schwer zu erklimmen; da sie mit einem oft breiteren, oft engeren Schneegraben – dem Firnschrund – umgeben sind, der übersprungen werden muss, und da ihre steilrechten Wände nur kleine Absätze haben, in welche der Fuß eingesetzt werden muss, so begnügen sich die meisten Besteiger des Berges damit, bis zum Firnschrund gelangt zu sein, und dort die Rundsicht, soweit sie nicht durch das Horn verdeckt ist, zu genießen. Die den Gipfel besteigen wollen, müssen dies mit Hilfe von Steigeisen, Stricken und Klammern tun. – Außer diesem Berg stehen an derselben Mittagsseite noch andere, aber keiner ist so hoch, wenn sie sich auch früh im Herbst mit Schnee bedecken und ihn bis tief in den Frühling hinein behalten. Der Sommer aber nimmt denselben immer weg, und die Felsen glänzen freundlich im Sonnenschein, und die tiefer gelegenen Wälder zeigen ihr sanftes Grün von breiten blauen Schatten durchschnitten, die so schön sind, dass man sich in seinem Leben nicht satt daran sehen kann.

An den andern Seiten des Tales, nämlich von Mitternacht [Norden], Morgen [Osten] und Abend [Westen] her, sind die Berge langgestreckt und niederer, manche Felder und Wiesen steigen ziemlich hoch hinauf, und oberhalb ihrer sieht man verschiedene Waldblößen, Alpenhütten und dergleichen, bis sie an ihrem Rande mit feingezacktem Wald am Himmel hingehen, welche Auszackung eben ihre geringe Höhe anzeigt, während die mittäglichen Berge, obwohl sie noch großartigere Wälder hegen, doch mit einem ganz glatten Rand an dem glänzenden Himmel hinstreichen. Wenn man so ziemlich mitten im Tal steht, so hat man die Empfindung, als ginge nirgends ein Weg in dieses Becken herein und keiner daraus hinaus; allein diejenigen, welche öfter im Gebirge gewesen sind, kennen diese Täuschung gar wohl: in der Tat führen nicht nur verschiedene Wege, und darunter sogar manche durch die Verschiebungen der Berge fast auf ebenem Boden, in die nördlichen Flächen hinaus, sondern gegen Mittag, wo das Tal durch steilrechte Mauern fast geschlossen scheint, geht sogar ein Weg über den obgenannten Hals. – Das Dörflein heißt Gschaid, und der Schneeberg, der auf seine Häuser herabschaut, heißt Gars. –

Jenseits des Halses liegt ein viel schöneres und blühenderes Tal, als das von Gschaid ist, und es führt von der Unglückssäule der gebahnte Weg hinab. Es hat an seinem Eingang einen stattlichen Marktflecken, Millsdorf, der sehr groß ist, verschiedene Werke hat, und in manchen Häusern städtische Gewerbe und Nahrung treibt. Die Bewohner sind viel wohlhabender als die in Gschaid, und obwohl nur drei Wegstunden zwischen den beiden Tälern liegen, was für die an große Entfernungen gewöhnten und Mühseligkeiten liebenden Gebirgsbewohner eine unbedeutende Kleinigkeit ist, so sind doch Sitten und Gewohnheiten in den beiden Tälern so verschieden, selbst der äußere Anblick derselben ist so ungleich, als ob eine große Anzahl Meilen zwischen ihnen läge. Das ist in Gebirgen sehr oft der Fall, und hängt nicht nur von der verschiedenen Lage der Täler gegen die Sonne ab, die sie oft mehr oder weniger begünstigt, sondern auch vom Geist der Bewohner, der durch gewisse Beschäftigungen nach dieser oder jener Richtung gezogen wird. Darin stimmen aber alle überein, dass sie an Herkömmlichkeiten und Väterweise hängen, großen Verkehr leicht entbehren, ihr Tal außerordentlich lieben, und ohne demselben kaum leben können.

Es vergehen oft Monate, oft fast ein Jahr, ehe ein Bewohner von Gschaid in das jenseitige Tal hinüberkommt und den großen Marktflecken Millsdorf besucht. Die Millsdorfer halten es ebenso, obwohl sie ihrerseits doch Verkehr mit dem Land draußen pflegen, und daher nicht so abgeschieden sind wie die Gschaider. Es geht sogar ein Weg, der eine Straße heißen könnte, längs ihres Tales, und mancher Reisende und mancher Wanderer geht hindurch, ohne nur im Geringsten zu ahnen dass mitternachtwärts seines Weges jenseits des hohen herabblickenden Schneebergs noch ein Tal sei, in dem viele Häuser zerstreut sind, und in dem das Dörflein mit dem spitzigen Kirchturm steht.

Unter den Gewerben des Dorfes, welche bestimmt sind, den Bedarf des Tales zu decken, ist auch das eines Schusters, das nirgends entbehrt werden kann, wo die Menschen nicht in ihrem Urzustande sind. Die Gschaider aber sind so weit über diesem Stande, dass sie recht gute und tüchtige Gebirgsfußbekleidung brauchen. Der Schuster ist mit einer kleinen Ausnahme der einzige im Tal. Sein Haus steht auf dem Platz in Gschaid, wo überhaupt die besseren stehen, und schaut mit seinen grauen Mauern, weißen Fenstersimsen und grün angestrichenen Fensterläden auf die vier Linden hinaus. Es hat im Erdgeschoss die Arbeitsstube, die Gesellenstube, eine größere und kleinere Wohnstube, ein Verkaufsstübchen, nebst Küche und Speisekammer und allen zugehörigen Gelassen; im ersten Stockwerk oder eigentlich im Raum des Giebels hat es die Oberstube oder eigentliche Prunkstube. Zwei Prachtbetten, schöne geglättete Kästen mit Kleidern stehen da, dann ein Gläserkästchen mit Geschirren, ein Tisch mit eingelegter Arbeit, gepolsterte Sessel, ein Mauerkästchen mit den Ersparnissen, dann hängen an den Wänden Heiligenbilder, zwei schöne Sackuhren, gewonnene Preise im Schießen, und endlich sind auch Scheibengewehre und Jagdbüchsen nebst ihrem Zubehör in einem eigenen, mit Glastafeln versehenen Kasten aufgehängt. An das Schusterhaus ist ein kleineres Häuschen, nur durch den Einfahrtsschwibbogen getrennt, angebaut, welches genau dieselbe Bauart hat und zum Schusterhaus wie ein Teil zum Ganzen gehört. Es hat nur eine Stube mit den dazu gehörigen Wohnteilen. Es hat die Bestimmung, dem Hausbesitzer, sobald er das Anwesen seinem Sohn oder Nachfolger übergeben hat, als sogenanntes Ausnahmstübchen zu dienen, in welchem er mit seinem Weibe so lange haust, bis beide gestorben sind, die Stube wieder leer steht und auf einen neuen Bewohner wartet. Das Schusterhaus hat nach rückwärts Stall und Scheune; denn jeder Talbewohner ist, selbst wenn er ein Gewerbe treibt, auch Landbebauer, und zieht hieraus seine gute und nachhaltige Nahrung. Hinter diesen Gebäuden ist endlich der Garten, der fast bei keinem besseren Haus in Gschaid fehlt, und von dem sie ihre Gemüse, ihr Obst und für festliche Gelegenheiten ihre Blumen ziehen. Wie oft im Gebirge, so ist auch in Gschaid die Bienenzucht in diesen Gärten sehr verbreitet.

Die kleine Ausnahme, deren oben Erwähnung geschah, und die Nebenbuhlerschaft der Alleinherrlichkeit des Schusters ist ein anderer Schuster, der alte Tobias, der aber eigentlich kein Nebenbuhler ist, weil er nur mehr flickt, hierin viel zu tun hat, und es sich nicht im entferntesten beikommen lässt, mit dem vornehmen Platzschuster in einen Wettstreit einzugehen, insbesondere, da der Platzschuster ihn häufig mit Lederflecken, Sohlenabschnitten und dergleichen Dingen unentgeltlich versieht. Der alte Tobias sitzt im Sommer am Ende des Dörfchens unter Holunderbüschen und arbeitet. Er ist umringt von Schuhen und Bundschuhen, die aber sämtlich alt, grau, kotig und zerrissen sind. Stiefel mit langen Röhren sind nicht da, weil sie im Dorf und in der Gegend nicht getragen werden; nur zwei Personen haben solche, der Pfarrer und der Schullehrer, welche aber beides, flicken und neue Ware machen, nur beim Platzschuster lassen. Im Winter sitzt der alte Tobias in seinem Stübchen hinter den Holunderstauden und hat warm geheizt, weil das Holz in Gschaid nicht teuer ist.

Der Platzschuster ist, ehe er das Haus angetreten hat, ein Gemsenwildschütz gewesen, und hat überhaupt in seiner Jugend, wie die Gschaider sagen, nicht gut getan. Er war in der Schule immer einer der besten Schüler gewesen, hatte dann von seinem Vater das Handwerk gelernt, ist auf Wanderung gegangen, und ist endlich wieder zurückgekehrt. Statt, wie es sich für einen Gewerbsmann ziemt, und wie sein Vater es zeitlebens getan, einen schwarzen Hut zu tragen, tat er einen grünen auf, steckte noch alle bestehenden Federn darauf, und stolzierte mit ihm und mit dem kürzesten Lodenrock, den es im Tal gab, herum, während sein Vater immer einen Rock von dunkler, womöglich schwarzer Farbe hatte, der auch, weil er einem Gewerbsmann angehörte, immer sehr weit herabgeschnitten sein musste. Der junge Schuster war auf allen Tanzplätzen und Kegelbahnen zu sehen. Wenn ihm jemand eine gute Lehre gab, so pfiff er ein Liedlein. Er ging mit seinem Scheibengewehr zu allen Schießen der Nachbarschaft, und brachte manchmal einen Preis nach Hause, was er für einen großen Sieg hielt. Der Preis bestand meistens aus Münzen, die künstlich gefasst waren, und zu deren Gewinnung der Schuster mehr gleiche Münzen ausgeben musste, als der Preis enthielt, besonders, da er wenig haushälterisch mit dem Geld war. Er ging auf alle Jagden, die in der Gegend abgehalten wurden, und hatte sich den Namen eines guten Schützen erworben. Er ging aber auch manchmal allein mit seiner Doppelbüchse und mit Steigeisen fort, und einmal sagte man, dass er eine schwere Wunde am Kopf erhalten habe. – In Millsdorf war ein Färber, welcher gleich am Anfang des Marktfleckens, wenn man auf dem Weg von Gschaid hinüber kam, ein sehr ansehnliches Gewerbe hatte, mit vielen Leuten und sogar, was im Tal etwas Unerhörtes war, mit Maschinen arbeitete. Außerdem besaß er noch eine ausgebreitete Feldwirtschaft. Zu der Tochter dieses reichen Färbers ging der Schuster über das Gebirge, um sie zu gewinnen. Sie war wegen ihrer Schönheit weit und breit berühmt, aber auch wegen ihrer Eingezogenheit, Sittsamkeit und Häuslichkeit gelobt. Dennoch, hieß es, soll der Schuster ihre Aufmerksamkeit erregt haben. Der Färber ließ ihn nicht in sein Haus kommen; und hatte die schöne Tochter schon früher keine öffentlichen Plätze und Lustbarkeiten besucht und war selten außer Haus ihrer Eltern zu sehen gewesen: so ging sie jetzt schon gar nirgends mehr hin als in die Kirche oder in ihrem Garten oder in den Räumen des Hauses herum.

Einige Zeit nach dem Tod seiner Eltern, durch welchen ihm das Haus derselben zugefallen war, das er nun allein bewohnte, änderte sich der Schuster gänzlich. So wie er früher getollt hatte, so saß er jetzt in seiner Stube und hämmerte Tag und Nacht an seinen Sohlen. Er setzte prahlend einen Preis darauf, wenn es jemand gäbe, der bessere Schuhe und Fußbekleidungen machen könne. Er nahm keine andern Arbeiter als die besten, und drillte sie noch sehr herum, wenn sie in seiner Werkstätte arbeiteten, dass sie ihm folgten und die Sache so einrichteten, wie er befahl. Wirklich brachte er es jetzt auch dahin, dass nicht nur das ganze Dorf Gschaid, das zum größten Teile die Schusterarbeit aus benachbarten Tälern bezogen hatte, bei ihm arbeiten ließ, dass das ganze Tal bei ihm arbeiten ließ, und dass endlich sogar einzelne von Millsdorf und andern Tälern hereinkamen und sich ihre Fußbekleidungen von dem Schuster in Gschaid machen ließen. Sogar in die Ebene hinaus verbreitete sich sein Ruhm, dass manche, die in die Gebirge gehen wollten, sich die Schuhe dazu von ihm machen ließen.

Er richtete das Haus sehr schön zusammen, und in dem Warengewölbe glänzten auf den Brettern die Schuhe, Bundstiefel und Stiefel; und wenn am Sonntag die ganze Bevölkerung des Tales hereinkam, und man bei den vier Linden des Platzes stand, ging man gerne zum Schusterhaus hin und sah durch die Gläser in die Warenstube, wo die Käufer und Besteller waren. – Nach seiner Vorliebe zu den Bergen machte er auch jetzt die Gebirgsbundschuhe am besten. Er pflegte in der Wirtsstube zu sagen: es gäbe keinen, der ihm einen fremden Gebirgsbundschuh zeigen könne, der sich mit einem seinigen vergleichen lasse. »Sie wissen es nicht«, pflegte er beizufügen, »sie haben es in ihrem Leben nicht erfahren, wie ein solcher Schuh sein muss, dass der gestirnte Himmel der Nägel recht auf der Sohle sitze und das gebührende Eisen enthalte, dass der Schuh außen hart sei, damit kein Geröllstein, wie scharf er auch sei, empfunden werde, und dass er sich von innen doch weich und zärtlich wie ein Handschuh an die Füße lege.« – Der Schuster hatte sich ein sehr großes Buch machen lassen, in welches er alle verfertigte Ware eintrug, die Namen derer beifügte, die den Stoff geliefert und die Ware gekauft hatten, und eine kurze Bemerkung über die Güte des Erzeugnisses beischrieb. Die gleichartigen Fußbekleidungen hatten ihre fortlaufenden Zahlen, und das Buch lag in der großen Lade seines Gewölbes.

Wenn die schöne Färberstochter von Millsdorf auch nicht aus der Eltern Hause kam, wenn sie auch weder Freunde noch Verwandte besuchte, so konnte es der Schuster von Gschaid doch so machen, dass sie ihn von ferne sah, wenn sie in die Kirche ging, wenn sie im Garten war, und wenn sie aus den Fenstern ihres Zimmers auf die Matten blickte. Wegen dieses unausgesetzten Sehens hatte es die Färberin durch langes, inständiges und ausdauerndes Flehen für ihre Tochter dahin gebracht, dass der halsstarrige Färber nachgab, und dass der Schuster, weil er denn nun doch besser geworden, die schöne, reiche Millsdorferin als Eheweib nach Gschaid führte. Aber der Färber war desungeachtet auch ein Mann, der seinen Kopf hatte. Ein rechter Mensch, sagte er, müsse sein Gewerbe treiben, dass es blühe und vorwärts komme, er müsse daher sein Weib, seine Kinder, sich und sein Gesinde ernähren, Hof und Haus im Stande des Glanzes halten, und sich noch ein Erkleckliches erübrigen, welches letztere doch allein im Stande sei, ihm Ansehen und Ehre in der Welt zu geben; darum erhalte seine Tochter nichts als eine vortreffliche Ausstattung, das andere ist Sache des Ehemanns, dass er es mache und für alle Zukunft es besorge. Die Färberei in Millsdorf und die Landwirtschaft auf dem Färberhaus sei für sich ein ansehnliches und ehrenwertes Gewerbe, das seiner Ehre willen bestehen, und wozu alles, was da sei, als Grundstock dienen müsse, daher er nichts weggebe. Wenn einmal er und sein Eheweib, die Färberin, tot seien, dann gehöre Färberei und Landwirtschaft in Millsdorf ihrer einzigen Tochter, nämlich der Schusterin in Gschaid, und Schuster und Schusterin könnten damit tun, was sie wollten; aber alles dieses nur, wenn die Erben es wert wären, das Erbe zu empfangen; wären sie es nicht wert, so ginge das Erbe auf die Kinder derselben, und wenn keine vorhanden wären, mit Ausnahme des lediglichen Pflichtteiles auf andere Verwandte über. Der Schuster verlangte auch nichts, er zeigte im Stolze, dass es ihm nur um die schöne Färberstochter in Millsdorf zu tun gewesen, und dass er sie schon ernähren und erhalten könne, wie sie zu Hause ernährt und erhalten worden ist. Er kleidete sie als sein Eheweib nicht nur schöner als alle Gschaiderinnen und alle Bewohnerinnen des Tales, sondern auch schöner, als sie sich je zu Hause getragen hatte, und Speise, Trank und übrige Behandlung musste besser und rücksichtsvoller sein, als sie das Gleiche im väterlichen Haus genossen hatte. Und um dem Schwiegervater zu trotzen, kaufte er mit erübrigten Summen nach und nach immer mehr Grundstücke so ein, dass er einen tüchtigen Besitz beisammen hatte.

Weil die Bewohner von Gschaid so selten aus ihrem Tal kommen, und nicht einmal oft nach Millsdorf hinübergehen, von dem sie durch Bergrücken und durch Sitten geschieden sind, weil ferner ihnen gar kein Fall vorkommt, dass ein Mann sein Tal verlässt und sich in dem benachbarten ansiedelt (Ansiedlungen in großen Entfernungen kommen öfter vor), weil endlich auch kein Weib oder Mädchen gerne von einem Tal in ein anderes auswandert, außer in dem ziemlich seltenen Fall, wenn sie der Liebe folgt und als Eheweib und zum Ehemann in ein anderes Tal kömmt: so geschah es, dass die schöne Färberstochter von Millsdorf, da sie Schusterin in Gschaid geworden war, doch immer von allen Gschaidern als Fremde angesehen wurde, und wenn man ihr auch nichts Übles antat, ja wenn man sie ihres schönen Wesens und ihrer Sitten wegen sogar liebte, doch immer etwas vorhanden war, das wie Scheu oder, wenn man will, wie Rücksicht aussah, und nicht zu dem Innigen und Gleichartigen kommen ließ, wie Gschaiderinnen gegen Gschaiderinnen, Gschaider gegen Gschaider hatten. Es war so, ließ sich nicht abstellen und wurde durch die bessere Tracht und durch das erleichtertere häusliche Leben der Schusterin noch vermehrt.

Sie hatte ihrem Mann nach dem ersten Jahr einen Sohn und in einigen Jahren darauf ein Töchterlein geboren. Sie glaubte aber, dass er die Kinder nicht so liebe, wie sie sich vorstellte, dass es sein solle, und wie sie sich bewusst war, dass sie dieselben liebe; denn sein Angesicht war meistens ernsthaft und mit seinen Arbeiten beschäftigt. Er spielte und tändelte selten mit den Kindern und sprach stets ruhig mit ihnen, gleichsam so, wie man mit Erwachsenen spricht. Was Nahrung und Kleidung und andere äußere Dinge anbelangte, hielt er die Kinder untadelig.

In der ersten Zeit der Ehe kam die Färberin öfter nach Gschaid, und die jungen Eheleute besuchten auch Millsdorf zuweilen bei Kirchweihen oder anderen festlichen Gelegenheiten. Als aber die Kinder auf der Welt waren, war die Sache anders geworden. Wenn schon Mütter ihre Kinder lieben und sich nach ihnen sehnen, so ist dieses von Großmüttern öfter in noch höherem Grade der Fall: sie verlangen zuweilen mit wahrlich krankhafter Sehnsucht nach ihren Enkeln. Die Färberin kam sehr oft nach Gschaid herüber, um die Kinder zu sehen, ihnen Geschenke zu bringen, eine Weile dazubleiben, und dann mit guten Ermahnungen zu scheiden. Da aber das Alter und die Gesundheitsumstände der Färberin die öfteren Fahrten nicht mehr so möglich machten, und der Färber aus dieser Ursache Einsprache tat, wurde auf etwas anderes gesonnen, die Sache wurde umgekehrt, und die Kinder kamen jetzt zur Großmutter. Die Mutter brachte sie selber öfter in einem Wagen, öfter aber wurden sie, da sie noch im zarten Alter waren, eingemummt einer Magd mitgegeben, die sie in einem Fuhrwerke über den Hals brachte. Als sie aber größer waren, gingen sie zu Fuß entweder mit der Mutter oder mit einer Magd nach Millsdorf, ja da der Knabe geschickt, stark und klug geworden war, ließ man ihn allein den bekannten Weg über den Hals gehen, und wenn es sehr schön war, und er bat, erlaubte man auch, dass ihn die kleine Schwester begleite. Dies ist bei den Gschaidern gebräuchlich, weil sie an starkes Fußgehen gewöhnt sind, und die Eltern überhaupt, namentlich aber ein Mann wie der Schuster, es gerne sehen und eine Freude daran haben, wenn ihre Kinder tüchtig werden.

So geschah es, dass die zwei Kinder den Weg über den Hals öfter zurücklegten als die übrigen Dörfler zusammengenommen, und da schon ihre Mutter in Gschaid immer gewissermaßen wie eine Fremde behandelt wurde, so wurden durch diesen Umstand auch die Kinder fremd, sie waren kaum Gschaider, und gehörten halb nach Millsdorf hinüber.

Der Knabe Konrad hatte schon das ernste Wesen seines Vaters, und das Mädchen Susanna, nach ihrer Mutter so genannt, oder, wie man es zur Abkürzung nannte, Sanna, hatte viel Glauben zu seinen Kenntnissen, seiner Einsicht und seiner Macht, und gab sich unbedingt unter seine Leitung, geradeso wie die Mutter sich unbedingt unter die Leitung des Vaters gab, dem sie alle Einsicht und Geschicklichkeit zutraute.

An schönen Tagen konnte man morgens die Kinder durch das Tal gegen Mittag wandern sehen, über die Wiese gehen und dort anlangen, wo der Wald des Halses gegen sie her schaut. Sie näherten sich dem Wald, gingen auf seinem Weg allgemach über die Erhöhung hinan, und kamen, ehe der Mittag eingetreten war, auf den offenen Wiesen auf der anderen Seite gegen Millsdorf hinunter. Konrad zeigte Sanna die Wiesen, die dem Großvater gehörten, dann gingen sie durch seine Felder, auf denen er ihr die Getreidearten erklärte, dann sahen sie auf Stangen unter dem Vorsprung des Daches die langen Tücher zum Trocknen herabhängen, die sich im Winde schlängelten oder närrische Gesichter machten, dann hörten sie seine Walkmühle und seinen Lohstampf [Lohmühle; wo Baumrinde zu Gerbstoff verarbeitet wird], die er an seinem Bach für Tuchmacher und Gerber angelegt hatte, dann bogen sie noch um eine Ecke der Felder, und gingen im Kurzen durch die Hintertür in den Garten der Färberei, wo sie von der Großmutter empfangen wurden. Diese ahnte immer, wenn die Kinder kamen, sah zu den Fenstern hinaus, und erkannte sie von weitem, wenn Sannas rotes Tuch recht in der Sonne leuchtete.

Sie führte die Kinder dann durch die Waschstube und Presse in das Zimmer, ließ sie niedersetzen, ließ nicht zu, dass sie Halstücher oder Jäckchen lüfteten, damit sie sich nicht verkühlten, und behielt sie beim Essen da. Nach dem Essen durften sie sich lüften, spielen, durften in den Räumen des großväterlichen Hauses herumgehen, oder sonst tun, was sie wollten, wenn es nur nicht unschicklich oder verboten war. Der Färber, welcher immer beim Essen war, fragte sie um ihre Schulgegenstände aus und schärfte ihnen besonders ein, was sie lernen sollten. Nachmittags wurden sie von der Großmutter schon, ehe die Zeit kam, zum Aufbruch getrieben, dass sie ja nicht zu spät kämen. Obgleich der Färber keine Mitgift gegeben und vor seinem Tod von seinem Vermögen nichts wegzugeben gelobt hatte, glaubte sich die Färberin an diese Dinge doch nicht so strenge gebunden, und sie gab den Kindern nicht allein während ihrer Anwesenheit allerlei, worunter nicht selten ein Münzstück und zuweilen gar von ansehnlichem Wert war, sondern sie band ihnen auch immer zwei Bündelchen zusammen, in denen sich Dinge befanden, von denen sie glaubte, dass sie notwendig waren, oder dass sie den Kindern Freude machen könnten. Und wenn oft die nämlichen Dinge im Schusterhaus in Gschaid ohnedies in aller Trefflichkeit vorhanden waren, so gab sie die Großmutter in der Freude des Gebens doch, und die Kinder trugen sie als etwas Besonderes nach Hause. So geschah es nun, dass die Kinder am Heiligabend schon unwissend die Geschenke in Schachteln gut versiegelt und verwahrt nach Hause trugen, die ihnen in der Nacht beschert werden sollten.

Weil die Großmutter die Kinder immer schon vor der Zeit zum Fortgehen drängte, damit sie nicht zu spät nach Hause kämen, erzielte sie hierdurch, dass die Kinder gerade auf dem Weg bald an dieser, bald an jener Stelle sich aufhielten. Sie saßen gern am Haselnussgehege, das auf dem Halse ist, und schlugen mit Steinen Nüsse auf oder spielten, wenn keine Nüsse waren, mit Blättern oder mit Hölzlein oder mit den weichen braunen Zäpfchen, die im ersten Frühjahr von den Zweigen der Nadelbäume herabfielen. Manchmal erzählte Konrad dem Schwesterchen Geschichten, oder wenn sie zu der roten Unglückssäule kamen, führte er sie ein Stück auf dem Seitenweg links gegen die Höhen hinan und sagte ihr, dass man da auf den Schneeberg gelange, dass dort Felsen und Steine seien, dass die Gemsen herumspringen und große Vögel fliegen. Er führte sie oft über den Wald hinaus, sie betrachteten dann den dürren Rasen und die kleinen Sträucher der Heidekräuter; aber er führte sie wieder zurück und brachte sie immer vor der Abenddämmerung nach Hause, was ihm stets Lob eintrug.

Einmal war am Heiligen Abend, da die erste Morgendämmerung im Tal von Gschaid in Helle übergegangen war, ein dünner, trockener Schleier über den ganzen Himmel gebreitet, sodass man die ohnedem schiefe und ferne Sonne im Südosten nur als undeutlichen roten Fleck sah, überdies war an diesem Tag eine milde, beinahe laulichte Luft unbeweglich im ganzen Tal und auch am Himmel, wie die unveränderte und ruhige Gestalt der Wolken zeigte. Da sagte die Schustersfrau zu ihren Kindern: »Weil ein so angenehmer Tag ist, weil es so lange nicht geregnet hat und die Wege fest sind, und weil es auch der Vater gestern unter der Bedingung erlaubt hat, wenn der heutige Tag dazu geeignet ist, dürft ihr zur Großmutter nach Millsdorf gehen; aber ihr müsst den Vater noch vorher fragen.« Die Kinder, welche noch in ihren Nachtkleidchen dastanden, liefen in die Nebenstube, in welcher der Vater mit einem Kunden sprach, und baten um die Wiederholung der gestrigen Erlaubnis, weil ein so schöner Tag sei. Sie wurde ihnen erteilt, und sie liefen wieder zur Mutter zurück.

Die Schustersfrau zog nun ihre Kinder vorsorglich an, oder eigentlich, sie zog das Mädchen mit dichten, gut verwahrenden Kleidern an; denn der Knabe begann sich selber anzukleiden und stand viel früher fertig da, als die Mutter mit dem Mädchen hatte ins Reine kommen können. Als sie dieses Geschäft vollendet hatte, sagte sie: »Konrad, gib wohl Acht: weil ich das Mädchen mit dir gehen lasse, müsst ihr beizeiten fortgehen, ihr müsst an keinem Platz stehenbleiben, und wenn ihr bei der Großmutter gegessen habt, so müsst ihr gleich wieder umkehren und nach Hause trachten; denn die Tage sind jetzt sehr kurz, und die Sonne geht gar bald unter.« – »Ich weiß es schon, Mutter«, sagte Konrad. »Und sieh' gut auf Sanna, dass sie nicht fällt oder sich erhitzt.« – »Ja, Mutter.« – »So, Gott behüte euch, und geht noch zum Vater und sagt, dass ihr jetzt fortgeht.« – Der Knabe nahm eine von seinem Vater kunstvoll aus Kalbfellen genähte Tasche an einem Riemen um die Schulter, und die Kinder gingen in die Nebenstube, um dem Vater Lebewohl zu sagen. Aus dieser kamen sie bald heraus und hüpften, von der Mutter mit einem Kreuze gesegnet, fröhlich auf die Gasse. – Sie gingen schleunig längs des Dorfplatzes hinab, und dann durch die Häusergasse und endlich zwischen den Planken der Obstgärten ins Freie hinaus. Die Sonne stand schon über dem mit milchigen Wolkenstreifen durchwobenen Wald der morgendlichen Anhöhen, und ihr trübes rötliches Bild schritt durch die laublosen Zweige der Holzapfelbäume mit den Kindern fort. – Im ganzen Tal war kein Schnee, die größeren Berge, von denen er schon viele Wochen herabgeglänzt hatte, waren damit bedeckt, die kleineren standen in dem Mantel ihrer Tannenwälder und im Fahlrot ihrer entblößten Zweige unbeschneit und ruhig da. Der Boden war noch nicht gefroren, und er wäre vermöge der vorhergegangenen langen regenlosen Zeit ganz trocken gewesen, wenn ihn nicht die Jahreszeit mit einer zarten Feuchtigkeit überzogen hätte, die ihn aber nicht schlüpfrig, sondern eher fest und widerprallend machte, dass sie leicht und gering darauf fortgingen. Das wenige Gras, welches noch auf den Wiesen und vorzüglich an den Wassergräben derselben war, stand in herbstlichem Ansehen. Es lag kein Reif und bei näherem Anblick nicht einmal ein Tau, was nach Meinung der Landleute baldigen Regen bedeutet.

Gegen die Grenzen der Wiesen zu war ein Gebirgsbach, über welchen ein hoher Steg führte. Die Kinder gingen auf den Steg und schauten hinab. Im Bach war schier kein Wasser, ein dünner Faden von sehr starkblauer Farbe ging durch die trockenen Kiesel des Gerölls, die wegen Regenlosigkeit ganz weiß geworden waren, und sowohl die Wenigkeit als auch die Farbe des Wassers zeigten an, dass in den größeren Höhen schon Kälte herrschen müsse, die den Boden verschließe, dass er mit seiner Erde das Wasser nicht trübe, und die das Eis erhärte, dass es in seinem Innern nur wenige klare Tropfen abgeben könne.

Von dem Steg liefen die Kinder durch die Gründe fort, und näherten sich immer mehr den Waldungen. Sie trafen endlich die Grenze des Holzes, und gingen in demselben weiter.

Als sie in die höheren Wälder des Halses hinaufgekommen waren, zeigten sich die langen Furchen des Fahrweges nicht mehr weich, wie es unten im Tal der Fall gewesen war, sondern sie waren fest, und zwar nicht aus Trockenheit, sondern, wie die Kinder sich bald überzeugten, weil sie gefroren waren. An manchen Stellen waren sie so überfroren, dass sie die Körper der Kinder trugen. Nach der Natur der Kinder gingen sie nun nicht mehr auf dem glatten Pfad neben dem Fahrweg, sondern in den Gleisen, und versuchten, ob dieser oder jener Furchenaufwurf sie schon trage. Als sie nach Verlauf einer Stunde auf der Höhe des Halses angekommen waren, war der Boden bereits so hart, dass er klang und Schollen wie Steine hatte. – An der roten Unglückssäule des Bäckers bemerkte Sanna zuerst, dass sie heute gar nicht da stehe. Sie gingen zu dem Platz und sahen, dass der runde, rot angestrichene Balken, der das Bild trug, im dürren Gras liege, das wie dünnes Stroh an der Stelle stand und den Anblick der liegenden Säule verdeckte. Sie sahen zwar nicht ein, warum die Säule liege, ob sie umgeworfen worden, oder ob sie von selber umgefallen sei, das sahen sie, dass sie an der Stelle, wo sie in die Erde ragte, sehr morsch war, und dass sie daher sehr leicht habe umfallen können; aber da sie einmal lag, so machte es ihnen Freude, dass sie das Bild und die Schrift so nahe betrachten konnten, wie es sonst nie der Fall gewesen war. Als sie alles, den Korb mit den Semmeln, die bleichen Hände des Bäckers, seine geschlossenen Augen, seinen grauen Rock und die umstehenden Tannen – betrachtet hatten, als sie die Schrift gelesen und laut gesagt hatten, gingen sie wieder weiter. – Abermals nach einer Stunde wichen die dunkeln Wälder zu beiden Seiten zurück, dünnstehende Bäume, teils einzelne Eichen, teils Birken und Gebüschgruppen empfingen sie, geleiteten sie weiter, und nach kurzem liefen sie auf den Wiesen in das Millsdorfer Tal hinab.

Obwohl dieses Tal bedeutend tiefer liegt als das von Gschaid, und auch um so viel wärmer war, dass man die Ernte immer um vierzehn Tage früher beginnen konnte als in Gschaid, so war doch auch hier der Boden gefroren, und als die Kinder bis zu den Loh- und Walkwerken des Großvaters gekommen waren, lagen auf dem Weg, auf den die Räder oft Tropfen herausspritzten, schöne Eistäfelchen. Den Kindern ist das gewöhnlich ein sehr großes Vergnügen.

Die Großmutter hatte sie kommen gesehen, war ihnen entgegengegangen, nahm Sanna bei den erfrornen Händchen, und führte sie in die Stube. Sie nahm ihnen die wärmeren Kleider ab, sie ließ in dem Ofen nachlegen, und fragte sie, wie es ihnen im Herübergehen gegangen sei. – Als sie hierauf die Antwort erhalten hatte, sagte sie: »Das ist schon recht, das ist gut, es freut mich gar sehr, dass ihr wieder gekommen seid; aber heute müsst ihr bald fort, der Tag ist kurz, und es wird auch kälter, am Morgen war es in Millsdorf nicht gefroren.« – – »In Gschaid auch nicht«, sagte der Knabe. »Siehst du, darum müsst ihr euch sputen, dass euch gegen Abend nicht zu kalt wird«, antwortete die Großmutter. Hierauf fragte sie, was die Mutter mache, was der Vater mache, und ob nichts Besonderes in Gschaid geschehen sei. – Nach diesen Fragen kümmerte sie sich um das Essen, sorgte, dass es früher bereitet wurde als gewöhnlich, und richtete selber den Kindern kleine Leckerbissen zusammen, von denen sie wusste, dass sie eine Freude damit erregen würde. Dann wurde der Färber gerufen, die Kinder bekamen am Tische aufgedeckt wie große Personen und aßen nun mit Großvater und Großmutter, und die letzte legte ihnen hierbei besonders Gutes vor. Nach dem Essen streichelte sie Sannas unterdessen sehr rot gewordene Wangen.

Hierauf ging sie geschäftig hin und her, und steckte das Kalbfellränzchen des Knaben voll, und steckte ihm noch allerlei in die Taschen. Auch in die Täschchen von Sanna tat sie allerlei Dinge. Sie gab jedem ein Stück Brot, es auf dem Wege zu verzehren, und in dem Ränzchen, sagte sie, seien noch zwei Weißbrote, wenn etwa der Hunger zu groß würde. »Für die Mutter habe ich einen guten gebrannten Kaffee mitgegeben«, sagte sie, »und in dem Fläschchen, das zugestopft und gut verbunden ist, befindet sich auch ein schwarzer Kaffeeaufguss, ein besserer, als die Mutter bei euch gewöhnlich macht, sie soll ihn nur kosten, wie er ist, er ist eine wahre Arznei, so kräftig, dass nur ein Schlückchen den Magen so wärmt, dass es den Körper in den kältesten Wintertagen nicht frieren kann. Die anderen Sachen, die in der Schachtel und in den Papieren im Ränzchen sind, bringt unversehrt nach Hause.«

Da sie noch ein Weilchen mit den Kindern geredet hatte, sagte sie, dass sie gehen sollten. »Hab' Acht, Sanna«, sagte sie, »dass du nicht frierst, erhitz' dich nicht; und dass ihr nicht über die Wiesen hinauf und unter den Bäumen lauft. Vielleicht kommt gegen Abend ein Wind, da müsst ihr langsamer gehen. Grüßt Vater und Mutter und sagt, sie sollen recht glückliche Feiertage haben.« Die Großmutter küsste beide Kinder auf die Wangen, und schob sie durch die Tür hinaus. Nichtsdestoweniger ging sie aber auch selber mit, geleitete sie durch den Garten, ließ sie durch das Hinterpförtchen hinaus, schloss wieder und kehrte in das Haus zurück.

Die Kinder gingen an den Eistäfelchen neben den Werken des Großvaters vorbei, sie gingen durch die Millsdorfer Felder, und wendeten sich gegen die Wiesen hinan. Als sie auf den Anhöhen gingen, wo, wie gesagt wurde, zerstreute Bäume und Gebüschgruppen standen, fielen äußerst langsam einzelne Schneeflocken. »Siehst du, Sanna«, sagte der Knabe, »ich habe es gleich gedacht, dass wir Schnee bekommen; weißt du, als wir von zu Hause weggingen, sahen wir noch die Sonne, die so blutrot war wie eine Lampe beim heiligen Grab, und jetzt ist nichts mehr von ihr zu erblicken, und nur der graue Nebel ist über den Baumwipfeln oben. Das bedeutet allemal Schnee.« – Die Kinder gingen freudiger fort, und Sanna war recht froh, wenn sie mit dem dunkeln Ärmel ihres Röckchens eine der fallenden Flocken auffangen konnte, und wenn dieselbe recht lange nicht auf dem Ärmel zerfloss. Als sie endlich am äußersten Rand der Millsdorfer Höhen angekommen waren, wo es gegen die dunkeln Tannen des Halses hineingeht, war die dichte Waldwand schon recht lieblich gesprenkelt von den immer reichlicher herabfallenden Flocken. Sie gingen nunmehr in den dicken Wald hinein, der den größten Teil ihrer noch bevorstehenden Wanderung einnahm.

Es geht vom Waldrand noch immer aufwärts, und zwar bis man zur roten Unglückssäule kömmt, von wo sich, wie schon oben angedeutet wurde, der Weg gegen das Tal von Gschaid hinabwendet. Die Erhebung des Waldes von der Millsdorfer Seite aus ist sogar so steil, dass der Weg nicht gerade hinangeht, sondern dass er in sehr langen Abweichungen von Abend nach Morgen und von Morgen nach Abend hinanklimmt. An der ganzen Länge des Weges hinauf zur Säule und hinab bis zu den Wiesen von Gschaid sind hohe, dichte, ungelichtete Waldbestände, und sie werden erst ein wenig dünner, wenn man in die Ebene gelangt ist und gegen die Wiesen des Tales von Gschaid hinauskommt. Der Hals ist auch, wenn er gleich nur eine kleine Verbindung zwischen zwei großen Gebirgshäuptern abgibt, doch selbst so groß, dass er, in die Ebene gelegt, einen bedeutenden Gebirgsrücken abgeben würde.

Das erste, was die Kinder sahen, als sie die Waldung betraten, war, dass der gefrorne Boden sich grau zeigte, als ob er mit Mehl besät wäre, dass die Fahne manches dünnen Halmes des am Wege hin und zwischen den Bäumen stehenden dürren Grases mit Flocken beschwert war, und dass auf den verschiedenen grünen Zweigen der Tannen und Fichten, die sich wie Hände öffneten, schon weiße Fläumchen saßen. »Schneit es denn jetzt bei dem Vater zu Hause auch?« fragte Sanna. »Freilich«, antwortete der Knabe, »es wird auch kälter, und du wirst sehen, dass morgen der ganze Teich gefroren ist.« – »Ja, Konrad«, sagte das Mädchen. Es verdoppelte beinahe seine kleinen Schritte, um mit denen des dahinschreitenden Knaben gleichbleiben zu können. – Sie gingen nun rüstig in den Windungen fort, jetzt von Abend nach Morgen, jetzt von Morgen nach Abend. Der von der Großmutter vorausgesagte Wind stellte sich nicht ein, im Gegenteil war es so still, dass sich nicht ein Ästchen oder Zweig rührte, ja sogar es schien im Wald wärmer, wie es in lockeren Körpern, dergleichen ein Wald auch ist, immer im Winter zu sein pflegt, und die Schneeflocken fielen stets reichlicher, sodass der ganze Boden schon weiß war, dass der Wald sich grau zu bestäuben anfing, und dass auf dem Hut und den Kleidern des Knaben so wie auf denen des Mädchens der Schnee lag.

Die Freude der Kinder war sehr groß. Sie traten auf den weichen Flaum, suchten mit dem Fuß absichtlich solche Stellen, wo er dichter zu liegen schien, um dorthin zu treten und sich den Anschein zu geben, als warteten sie bereits. Sie schüttelten den Schnee nicht von den Kleidern ab. – Es war große Ruhe eingetreten. Von den Vögeln, deren doch manche auch zuweilen im Winter im Wald hin- und herfliegen, und von denen die Kinder im Herübergehen sogar mehrere zwitschern gehört hatten, war nichts zu vernehmen, sie sahen auch keine auf irgendeinem Zweig sitzen oder fliegen, und der ganze Wald war gleichsam ausgestorben.

Weil nur die bloßen Fußstapfen der Kinder hinter ihnen blieben, und weil vor ihnen der Schnee rein und unverletzt war, so war daraus zu erkennen, dass sie die Einzigen waren, die heute über den Hals gingen.

Sie gingen in ihrer Richtung fort, sie näherten sich öfter den Bäumen, öfter entfernten sie sich, und wo dichtes Unterholz war, konnten sie den Schnee auf den Zweigen liegen sehen.

Ihre Freude wuchs noch immer; denn die Flocken fielen stets dichter, und nach kurzer Zeit brauchten sie nicht mehr den Schnee aufzusuchen, um in ihm zu waten; denn er lag schon so dicht, dass sie ihn überall weich unter den Sohlen empfanden, und dass er sich bereits um ihre Schuhe zu legen begann; und wenn es so ruhig und heimlich war, so war es, als ob sie das Knistern des in die Nadeln herabfallenden Schnees vernehmen könnten. »Werden wir heute auch die Unglückssäule sehen?« fragte das Mädchen, »sie ist ja umgefallen, und da wird es darauf schneien, und da wird die rote Farbe weiß sein.« – »Darum können wir sie doch sehen«, antwortete der Knabe, »wenn auch der Schnee auf sie fällt, und wenn sie auch weiß ist, so müssen wir sie liegen sehen, weil sie eine dicke Säule ist, und weil sie das schwarze eiserne Kreuz auf der Spitze hat, das doch immer herausragen wird.« – »Ja, Konrad.« – Indessen, da sie noch weitergegangen waren, war der Schneefall so dicht geworden, dass sie nur mehr die allernächsten Bäume sehen konnten.

Von der Härte des Weges oder gar von Furchenaufwerfungen war nichts zu empfinden, der Weg war vom Schnee überall gleich weich, und war überhaupt nur daran zu erkennen, dass er als ein gleichmäßiger weißer Streifen in dem Wald fort lief. Auf allen Zweigen lag schon die schöne weiße Hülle.

Die Kinder gingen jetzt mitten auf dem Weg, sie furchten den Schnee mit ihren Füßlein, und gingen langsamer, weil das Gehen beschwerlicher ward. Der Knabe zog seine Jacke empor am Hals zusammen, damit ihm nicht der Schnee in den Nacken falle, und er setzte den Hut tiefer in das Haupt, dass er geschützter sei. Er zog auch seinem Schwesterlein das Tuch, das ihm die Mutter um die Schulter gegeben hatte, besser zusammen, und zog es ihm mehr vorwärts in die Stirn, dass es ein Dach bilde.

Der von der Großmutter vorausgesagte Wind war noch immer nicht gekommen; aber dafür wurde der Schneefall nach und nach so dicht, dass auch nicht mehr die nächsten Bäume zu erkennen waren, sondern dass sie wie neblige Säcke in der Luft standen.

Die Kinder gingen fort. Sie duckten die Köpfe dichter in ihre Kleider, und gingen fort.

Sanna nahm den Riemen, an welchem Konrad die Kalbfelltasche um die Schulter hängen hatte, mit den Händchen, hielt sich daran, und so gingen sie ihres Weges.

Die Unglückssäule hatten sie noch immer nicht erreicht. Der Knabe konnte die Zeit nicht ermessen, weil keine Sonne am Himmel stand, und weil es immer gleichmäßig grau war.

»Werden wir bald zu der Unglücksäule kommen?« fragte Sanna. »Ich weiß es nicht«, antwortete der Knabe, »ich kann heute die Bäume nicht sehen und den Weg nicht erkennen, weil er so weiß ist. Die Unglückssäule werden wir wohl gar nicht sehen, weil so viel Schnee liegen wird, dass sie verhüllt sein wird, und dass kaum ein Gräschen oder ein Arm des schwarzen Kreuzes hervorragen wird. Aber es macht nichts. Wir gehen immer auf dem Wege fort, der Weg geht zwischen den Bäumen, und wenn er zum Platz der Unglückssäule kommt, dann wird er abwärtsgehen, wir gehen auf ihm fort, und wenn er aus den Bäumen hinausgeht, dann sind wir schon auf den Wiesen von Gschaid, dann kommt der Steg, und dann haben wir nicht mehr weit nach Hause.« – »Ja, Konrad«, sagte das Mädchen. – Sie gingen auf ihrem aufwärtsführenden Wege fort. Die hinter ihnen liegenden Fußstapfen waren jetzt nicht mehr lange sichtbar; denn die ungemeine Fülle des herabfallenden Schnees deckte sie bald zu, dass sie verschwanden. – Der Schnee knisterte in seinem Fall nun auch nicht mehr in den Nadeln, sondern legte sich eilig und heimlich auf die weiße, schon daliegende Decke nieder. Die Kinder nahmen die Kleider noch fester, um das immerwährende allseitige Hineinrieseln abzuhalten. Sie gingen sehr schleunig, und der Weg führte noch stets aufwärts. Nach langer Zeit war noch immer die Höhe nicht erreicht, auf welcher die Unglückssäule stehen sollte, und von wo der Weg gegen die Gschaider Seite sich hinunterwenden musste.

Endlich kamen die Kinder in eine Gegend, in welcher keine Bäume standen. »Ich sehe keine Bäume mehr«, sagte Sanna. »Vielleicht ist nur der Weg so breit, dass wir sie wegen des Schneiens nicht sehen können«, antwortete der Knabe. »Ja, Konrad«, sagte das Mädchen.

Nach einer Weile blieb der Knabe stehen und sagte: »Ich sehe selber keine Bäume mehr, wir müssen aus dem Wald gekommen sein, auch geht der Weg immer bergan. Wir wollen ein wenig stehenbleiben und herumsehen, vielleicht erblicken wir etwas.« Aber sie erblickten nichts. Sie sahen durch einen trüben Raum in den Himmel. Wie bei dem Hagel über die weißen oder grünlich gedunsenen Wolken die finsteren fransenartigen Streifen herabstarren, so war es hier, und das stumme Schütten dauerte fort. Auf der Erde sahen sie nur einen runden Fleck Weiß und dann nichts mehr. – »Weißt du, Sanna«, sagte der Knabe, »wir sind auf dem dürren Gras, auf welches ich dich oft im Sommer heraufgeführt habe, wo wir saßen, und wo wir den Rasen betrachteten, der nacheinander hinaufgeht, und wo die schönen Kräuterbüschel wachsen. Wir werden da jetzt gleich rechts hinabgehen!« – »Ja, Konrad.« – »Der Tag ist kurz, wie die Großmutter gesagt hat, und wie du auch wissen wirst, wir müssen uns daher sputen.« – »Ja, Konrad«, sagte das Mädchen. »Warte ein wenig, ich will dich besser einrichten«, erwiderte der Knabe. – Er nahm seinen Hut ab, setzte ihn Sanna aufs Haupt, und befestigte ihn mit den beiden Bändchen unter ihrem Kinn. Das Tüchlein, welches sie um hatte, schützte sie zu wenig, während auf seinem Haupt eine solche Menge dichter Locken war, dass noch lange Schnee darauffallen konnte, ehe Nässe und Kälte durchzudringen vermochten. Dann zog er sein Pelzjäckchen aus und zog dasselbe über die Ärmelein der Schwester. Um seine eigenen Schultern und Arme, die jetzt das bloße Hemd zeigten, band er das kleinere Tüchlein, das Sanna über die Brust, und das größere, das sie über die Schultern gehabt hatte. Das sei für ihn genug, dachte er, wenn er nur stark auftrete, werde ihn nicht frieren.

Er nahm das Mädchen bei der Hand, und so gingen sie jetzt fort. Das Mädchen schaute mit den willigen Äuglein in das ringsum herrschende Grau, und folgte ihm gerne, nur dass es mit den kleinen eilenden Füßlein nicht so nachkommen konnte, wie er vorwärtsstrebte gleich einem, der es zur Entscheidung bringen wollte.

Sie gingen nun mit der Unablässigkeit und Kraft, die Kinder und Tiere haben, weil sie nicht wissen, wie viel ihnen beschieden ist, und wann ihr Vorrat erschöpft ist. Aber wie sie gingen, so konnten sie nicht merken, ob sie über den Berg hinabkämen oder nicht. Sie hatten gleich rechts nach abwärts gebogen, allein sie kamen wieder in Richtungen, die bergan führten, bergab und wieder bergan. Oft begegneten ihnen Steilheiten denen sie ausweichen mussten, und ein Graben, in dem sie fortgingen, führte sie in einer Krümmung herum. Sie erklommen Höhen, die sich unter ihren Füßen steiler gestalteten, als sie dachten, und was sie für abwärts hielten, war wieder eben, oder es war eine Höhlung, oder es ging immer gedehnt fort. »Wo sind wir denn, Konrad?« fragte das Mädchen. »Ich weiß es nicht«, antwortete er. »Wenn ich nur mit diesen meinen Augen etwas zu erblicken im Stande wäre«, fuhr er fort, »dass ich mich darnach richten könnte.« Aber es war ringsum sie nichts als das blendende Weiß, überall das Weiß, das aber selber nur einen immer kleineren Kreis um sie zog, und dann in einen lichten, streifenweise niederfallenden Nebel überging, der jedes Weitere verzehrte und verhüllte, und zuletzt nichts anderes war als der unersättlich niederfallende Schnee.

»Warte, Sanna«, sagte der Knabe, »wir wollen ein wenig stehenbleiben und horchen, ob wir nicht etwas hören können, was sich im Tale meldet, sei es nun ein Hund oder eine Glocke oder die Mühle, oder sei es ein Ruf, der sich hören lässt, hören müssen wir etwas, und dann werden wir wissen, wohin wir zu gehen haben.« Sie blieben nun stehen, aber sie hörten nichts. Sie blieben noch ein wenig länger stehen, aber es meldete sich nichts, es war nicht ein einziger Laut, auch nicht der leiseste, außer ihrem Atem zu vernehmen, ja in der Stille, die herrschte, war es, als sollten sie den Schnee hören, der auf ihre Wimpern fiel. Die Voraussage der Großmutter hatte sich noch immer nicht erfüllt, der Wind war nicht gekommen, ja, was in diesen Gegenden selten ist, nicht das leiseste Lüftchen rührte sich an dem ganzen Himmel.

Nachdem sie lange gewartet hatten, gingen sie wieder weiter. »Es tut auch nichts, Sanna«, sagte der Knabe, »sei nur nicht verzagt, folge mir, ich werde dich doch noch hinüberführen. – Wenn nur das Schneien aufhörte!« – Sie war nicht verzagt, sondern hob die Füßchen, so gut es gehen wollte, und folgte ihm. Er führte sie in dem weißen, lichten, regsamen, undurchsichtigen Raume fort. Nach einer Weile sahen sie Felsen. Sie hoben sich dunkel und undeutlich aus dem weißen und undurchsichtigen Licht empor. Da die Kinder sich näherten, stießen sie fast daran. Sie stiegen wie eine Mauer hinauf und waren ganz gerade, sodass kaum ein Schnee an ihrer Seite haften konnte. »Sanna, Sanna«, sagte er, »da sind die Felsen, gehen wir nur weiter, gehen wir weiter.« Sie gingen weiter, sie mussten zwischen die Felsen hinein und unter ihnen fort. Die Felsen ließen sie nicht rechts und nicht links ausweichen und führten sie in einem engen Wege dahin. Nach einer Zeit verloren sie dieselben wieder und konnten sie nicht mehr erblicken. So wie sie unversehens unter sie gekommen waren, kamen sie wieder unversehens von ihnen. Es war wieder nichts um sie als das Weiß, und ringsum war kein unterbrechendes Dunkel zu schauen. Es schien eine große Lichtfülle zu sein, und doch konnte man nicht drei Schritte vor sich sehen; alles war, wenn man so sagen darf, in eine einzige weiße

Finsternis gehüllt, und weil kein Schatten war, so war kein Urteil über die Größe der Dinge, und die Kinder konnten nicht wissen, ob sie aufwärts- oder abwärtsgehen würden, bis eine Steilheit ihren Fuß fasste und ihn aufwärts zu gehen zwang.

»Mir tun die Augen weh«, sagte Sanna. »Schau' nicht auf den Schnee«, antwortete der Knabe, »sondern in die Wolken. Mir tun sie schon lange weh; aber es tut nichts, ich muss doch auf den Schnee schauen, weil ich auf den Weg zu achten habe. Fürchte dich nur nicht, ich führe dich doch hinunter ins Gschaid.« – »Ja, Konrad.«

Sie gingen wieder fort; aber wie sie auch gehen mochten, wie sie sich auch wenden mochten, es wollte kein Anfang zum Hinabwärtsgehen kommen. An beiden Seiten waren steile Dachlehnen nach aufwärts, mitten gingen sie fort, aber auch immer aufwärts. Wenn sie den Dachlehnen entrannen, und sie nach abwärts beugten, wurde es gleich so steil, dass sie wieder umkehren mussten, die Füßlein stießen oft auf Unebenheiten, und sie mussten häufig Büheln ausweichen. Sie merkten auch, dass ihr Fuß, wo er tiefer durch den jungen Schnee einsank, nicht erdigen Boden unter sich empfand, sondern etwas anderes, das wie älterer, gefrorner Schnee war; aber sie gingen immer fort, und sie liefen mit Hast und Ausdauer. Wenn sie stehen blieben, war alles still, unermesslich still; wenn sie gingen, hörten sie das Rascheln ihrer Füße, sonst nichts; denn die Hüllen des Himmels sanken ohne Laut hernieder, und so reich, dass man den Schnee hätte wachsen sehen können. Sie selber waren so bedeckt, dass sie sich von dem allgemeinen Weiß nicht hervorhoben und sich, wenn sie um ein paar Schritte getrennt worden wären, nicht mehr gesehen hätten.

Eine Wohltat war es, dass der Schnee so trocken war wie Sand, sodass er von ihren Füßen und den Bundschühlein und Strümpfen daran leicht abglitt und abrieselte, ohne Ballen und Nässe zu machen.

Endlich gelangten sie wieder zu Gegenständen. Es waren riesenhaft große, sehr durcheinander liegende Trümmer, die mit Schnee bedeckt waren, der überall in die Klüfte hineinrieselte, und an die sie sich ebenfalls fast anstießen, ehe sie sie sahen. Sie gingen ganz hinzu, die Dinge anzublicken. – Es war Eis – lauter Eis. –

Es lagen Platten da, die mit Schnee bedeckt waren, an deren Seitenwänden aber das glatte grünliche Eis sichtbar war, es lagen Hügel da, die wie zusammengeschobener Schaum aussahen, an deren Seiten es aber matt nach einwärts flimmerte und glänzte, als wären Balken und Stangen von Edelsteinen durcheinander geworfen worden, es lagen ferner gerundete Kugeln da, die ganz mit Schnee umhüllt waren, es standen Platten und andere Körper auch schief oder gerade aufwärts, so hoch wie der Kirchturm in Gschaid oder wie Häuser. In einigen waren Höhlen eingefressen, durch die man mit einem Arm durchfahren konnte, mit einem Kopf, mit einem Körper, mit einem ganzen großen Wagen voll Heu. Alle diese Stücke waren zusammen- oder emporgedrängt, und starrten, sodass sie oft Dächer bildeten, oder Überhänge, über deren Ränder sich der Schnee herüberlegte und herabgriff wie lange weiße Tatzen. Selbst ein großer, schreckhaft schwarzer Stein, wie ein Haus, lag unter dem Eis, und war emporgestellt, dass er auf der Spitze stand, dass kein Schnee an seinen Seiten liegenbleiben konnte. Und nicht dieser Stein allein – noch mehrere und größere staken in dem Eis, die man erst später sah, und die wie eine Trümmermauer an ihm hingingen. »Da muss recht viel Wasser gewesen sein, weil so viel Eis ist«, sagte Sanna. »Nein, das ist von keinem Wasser«, antwortete der Bruder, »das ist das Eis des Berges, das immer oben ist, weil es so eingerichtet ist.« – »Ja, Konrad«, sagte Sanna. »Wir sind jetzt bis zu dem Eis gekommen«, sagte der Knabe, »wir sind auf dem Berg, Sanna, weißt du, den man von unserm Garten aus im Sonnenschein so weiß sieht. Merke gut auf, was ich dir sagen werde. Erinnerst du dich noch, wie wir oft nachmittags im Garten saßen, wie es recht schön war, wie die Bienen um uns summten, die Linden dufteten, und die Sonne vom Himmel schien?« – »Ja, Konrad, ich erinnere mich.«

»Da sahen wir auch den Berg. Wir sahen, wie er so blau war, so blau wie das sanfte Firmament, wir sahen den Schnee, der oben ist, wenn auch bei uns Sommer war, eine Hitze herrschte, und die Getreide reif wurden.« – »Ja, Konrad.« – »Und unten, wo der Schnee aufhört, da sieht man allerlei Farben, wenn man genau schaut, grün, blau, weißlich – das ist das Eis, das unten nur so klein ausschaut, weil man sehr weit entfernt ist, und das, wie der Vater sagte, nicht weggeht bis ans Ende der Welt. Und da habe ich oft gesehen, dass unterhalb des Eises die blaue Farbe noch fortgeht, das werden Steine sein, dachte ich, oder es wird Erde und Weidegrund sein, und dann fangen die Wälder an, die gehen herab und immer weiter herab, man sieht auch allerlei Felsen in ihnen, dann folgen die Wiesen, die schon grün sind, und dann die grünen Laubwälder, und dann kommen unsere Wiesen und Felder, die im Tal von Gschaid sind. Siehst du nun, Sanna, weil wir jetzt beim Eise sind, so werden wir über die blaue Farbe hinabgehen, dann durch die Wälder, in denen die Felsen sind, dann über die Wiesen, und dann durch die grünen Laubwälder, und dann werden wir in dem Tale von Gschaid sein und recht leicht unser Dorf finden.« – »Ja, Konrad«, sagte das Mädchen. Die Kinder gingen nun ins Eis hinein, wo es zugänglich war. Sie waren winzig kleine wandelnde Punkte in diesen ungeheuern Stücken. Wie sie so unter die Überhänge hineinsahen, gleichsam als gäbe ihnen ein Trieb ein, ein Obdach zu suchen, gelangten sie in einen Graben, in einen breiten, tiefgefurchten Graben, der gerade aus dem Eise hervorging. Er sah aus wie das Bett eines Stroms, der aber jetzt ausgetrocknet und überall mit frischem Schnee bedeckt war. Wo er aus dem Eis hervorkam, ging er gerade unter einem Kellergewölbe heraus, das recht schön aus Eis über ihn gespannt war. Die Kinder gingen in dem Graben fort, und gingen in das Gewölbe hinein, und immer tiefer hinein. Es war ganz trocken, und unter ihren Füßen hatten sie glattes Eis. In der ganzen Höhlung aber war es blau, so blau, wie gar nichts in der Welt ist, viel tiefer und viel schöner blau als das Firmament, gleichsam wie himmelblau gefärbtes Glas, durch welches lichter Schein hineinsinkt. Es waren dickere und dünnere Bogen, es hingen Zacken, Spitzen und Troddeln herab, der Gang wäre noch tiefer zurückgegangen, sie wussten nicht wie tief, aber sie gingen nicht mehr weiter. Es wäre auch sehr gut in der Höhle gewesen, es war warm, es fiel kein Schnee, aber es war so schreckhaft blau, die Kinder fürchteten sich und gingen wieder hinaus. Sie gingen eine Weile in dem Graben fort und kletterten dann über seinen Rand hinaus. Sie gingen am Eise hin, sofern es möglich war, durch das Getrümmer und zwischen den Platten durchzudringen. »Wir werden jetzt da noch hinübergehen, und dann vom Eise abwärts laufen«, sagte Konrad. – »Ja«, sagte Sanna, und klammerte sich an ihn an.

Sie schlugen vom Eise eine Richtung durch den Schnee abwärts ein, die sie in das Tal führen sollte. Aber sie kamen nicht weit hinab. Ein neuer Strom von Eis, gleichsam ein riesenhaft aufgetürmter und aufgewölbter Wall, lag quer durch den weichen Schnee, und griff gleichsam mit Armen rechts und links um sie herum. Unter der weißen Decke, die ihn verhüllte, glimmerte es seitwärts grünlich und bläulich und dunkel und schwarz und selbst gelblich und rötlich heraus. Sie konnten es nun auf weitere Strecken sehen, weil das ungeheure und unermüdliche Schneien sich gemildert hatte und nur mehr wie an gewöhnlichen Schneetagen vom Himmel fiel. Mit dem Starkmut der Unwissenheit kletterten sie in das Eis hinein, um den vorgeschobenen Strom desselben zu überschreiten und dann jenseits weiter hinab zu kommen. Sie schoben sich in die Zwischenräume hinein, sie setzten den Fuß auf jedes Körperstück, das mit einer weißen Schneehaube versehen war, war es Fels oder Eis, sie nahmen die Hände zur Hilfe, krochen, wo sie nicht gehen konnten, und arbeiteten sich mit ihren leichten Körpern hinauf, bis sie die Seite des Walles überwunden hatten und oben waren.

Jenseits wollten sie wieder hinabklettern. Aber es gab kein Jenseits. – So weit die Augen der Kinder reichen konnten, war lauter Eis. Es standen Spitzen und Unebenheiten und Schollen empor wie lauter furchtbares überschneites Eis. Statt ein Wall zu sein, über den man hinübergehen könnte, und der dann wieder von Schnee abgelöst würde, wie sie sich unten dachten, stiegen aus der Wölbung neue Wände von Eis empor, geborsten und geklüftet, mit unzähligen blauen, geschlängelten Linien versehen, und hinter ihnen waren wieder solche Wände, und hinter diesen wieder solche, bis der Schneefall das Weitere mit seinem Grau verdeckte. »Sanna, da können wir nicht gehen«, sagte der Knabe. »Nein«, antwortete die Schwester. »Da werden wir wieder umkehren und anderswo hinabzukommen suchen.« – »Ja, Konrad.«

Die Kinder versuchten nun vom Eiswall wieder da hinabzukommen, wo sie hinaufgeklettert waren, aber sie kamen nicht hinab. Es war lauter Eis, als hätten sie die Richtung, in der sie gekommen waren, verfehlt. Sie wandten sich hierhin und dorthin, und konnten aus dem Eise nicht herauskommen, als wären sie von ihm umschlungen. Sie kletterten abwärts, und kamen wieder in Eis. Endlich, da der Knabe die Richtung immer verfolgte, in der sie nach seiner Meinung gekommen waren, gelangten sie in zerstreutere Trümmer, aber sie waren auch größer und furchtbarer, wie sie gern am Rande des Eises zu sein pflegen, und die Kinder gelangten kriechend und kletternd hinaus. An dem Eisessaum waren ungeheure Steine, sie waren gehäuft, wie sie die Kinder ihr Leben lang nicht gesehen hatten. Viele waren in Weiß gehüllt, viele zeigten die unteren, schiefen Wände sehr glatt und fein geschliffen, als wären sie darauf geschoben worden, viele waren wie Hütten und Dächer gegeneinandergestellt, viele lagen aufeinander wie ungeschlachte Knollen. Nicht weit vom Standort der Kinder standen mehrere mit den Köpfen gegeneinander gelehnt, und über sie lagen breite, gelagerte Blöcke wie ein Dach. Es war ein Häuschen, das gebildet war, das gegen vorn offen, rückwärts und an den Seiten aber geschützt war. Im Innern war es trocken, da der steilrechte Schneefall keine einzige Flocke hineingetragen hatte. Die Kinder waren recht froh, dass sie nicht mehr im Eise waren und auf ihrer Erde standen.

Aber es war auch endlich finster geworden.

»Sanna«, sagte der Knabe, »wir können nicht mehr hinabgehen, weil es Nacht geworden ist, und weil wir fallen oder gar in eine Grube geraten könnten. Wir werden da unter die Steine hineingehen, wo es so trocken und so warm ist, und da werden wir warten. Die Sonne geht bald wieder auf, dann laufen wir hinunter. Weine nicht, ich bitte dich recht schön, weine nicht, ich geb' dir alle Dinge zu essen, welche uns die Großmutter mitgegeben hat.«

Sie weinte auch nicht, sondern nachdem sie beide unter das steinerne Überdach hineingegangen waren, wo sie nicht nur bequem sitzen, sondern auch stehen und herumgehen konnten, setzte sie sich recht dicht an ihn, und war mäuschenstill.

»Die Mutter«, sagte Konrad, »wird nicht böse sein, wir werden ihr von dem vielen Schnee erzählen, der uns aufgehalten hat, und sie wird nichts sagen; der Vater auch nicht. Wenn uns kalt wird – weißt du – dann musst du mit den Händen an deinen Leib schlagen, wie die Holzhauer getan haben, und dann wird dir wärmer werden.« – »Ja, Konrad«, sagte das Mädchen.

Sanna war nicht gar so untröstlich, dass sie heute nicht mehr über den Berg hinabgingen und nach Hause liefen, wie er etwa glauben mochte; denn die unermessliche Anstrengung, von der die Kinder nicht einmal gewusst hatten, wie groß sie gewesen sei, ließ ihnen das Sitzen süß, unsäglich süß erscheinen, und sie gaben sich hin.

Jetzt machte sich aber auch der Hunger gelten. Beide nahmen fast zu gleicher Zeit ihre Brote aus den Taschen und aßen sie. Sie aßen auch die Dinge – kleine Stückchen Kuchen, Mandeln und Nüsse und andere Kleinigkeiten, die die Großmutter ihnen in die Tasche gesteckt hatte.

»Sanna, jetzt müssen wir aber auch den Schnee von unsern Kleidern tun«, sagte der Knabe, »dass wir nicht nass werden.« – »Ja, Konrad«, erwiderte Sanna. – Die Kinder gingen aus ihrem Häuschen, und zuerst reinigte Konrad das Schwesterlein von Schnee. Er nahm die

Kleiderzipfel, schüttelte sie, nahm ihr den Hut ab, den er ihr aufgesetzt hatte, entleerte ihn von Schnee, und was noch zurückgeblieben war, das stäubte er mit einem Tuch ab. Dann entledigte er auch sich, so gut es ging, des auf ihm liegenden Schnees.

Der Schneefall hatte zu dieser Stunde ganz aufgehört. Die Kinder spürten keine Flocke.

Sie gingen wieder in die Steinhütte und setzten sich nieder. Das Aufstehen hatte ihnen ihre Müdigkeit erst recht gezeigt, und sie freuten sich auf das Sitzen. Konrad legte die Tasche aus Kalbfell ab. Er nahm das Tuch heraus, in welches die Großmutter eine Schachtel und mehrere Papierpäckchen gewickelt hatte, und tat es zu größerer Wärme um seine Schultern. Auch die zwei Weißbrote nahm er aus dem Ränzchen und reichte sie beide Sanna. das Kind aß begierig. Es aß eines der Brote und von dem zweiten auch noch einen Teil. Den Rest reichte es aber Konrad, da es sah, dass er nicht aß. Er nahm es und verzehrte es.

Von da an saßen die Kinder und schauten. Soweit sie in der Dämmerung zu sehen vermochten, lag überall der flimmernde Schnee hinab, dessen einzelne winzige Täfelchen hie und da in der Finsternis seltsam zu funkeln begannen, als hätte er bei Tag das Licht eingesogen, und gäbe es jetzt von sich. – Die Nacht brach mit der in großen Höhen gewöhnlichen Schnelligkeit herein. Bald war es ringsherum finster, nur der Schnee fuhr fort, mit seinem bleichen Licht zu leuchten. Der Schneefall hatte nicht nur aufgehört, sondern der Schleier am Himmel fing auch an, sich zu verdünnen und zu verteilen; denn die Kinder sahen ein Sternlein blitzen. Weil der Schnee wirklich gleichsam ein Licht von sich gab, und weil von den Wolken kein Schleier mehr herabhing, konnten die Kinder von ihrer Höhle aus die Schneehügel sehen, wie sie sich in Linien von dem dunkeln Himmel abschnitten. Weil es in der Höhle viel wärmer war, als es an jedem andern Platz am ganzen Tag gewesen war, so ruhten die Kinder eng aneinander sitzend, und vergaßen sogar die Finsternis zu fürchten. Bald vermehrten sich auch die Sterne, jetzt kam hier einer zum Vorschein, jetzt dort, bis es schien, als wäre am ganzen Himmel keine Wolke mehr.

Das war der Zeitpunkt, in welchem man in den Tälern die Lichter anzuzünden pflegt. Zuerst wird eines angezündet und auf den Tisch gestellt, um die Stube zu erleuchten, oder es brennt auch nur ein Span, oder es brennt das Feuer auf der Leuchte, und es erhellen sich alle Fenster von bewohnten Stuben und glänzen in die Schneenacht hinaus – aber heute erst – am Heiligen Abend – da wurden viel mehr angezündet, um die Gaben zu beleuchten, welche für die Kinder auf den Tischen lagen oder an den Bäumen hingen, es wurden wohl unzählige angezündet; denn beinahe in jedem Haus, in jeder Hütte, jedem Zimmer war eines oder mehrere Kinder, denen der heilige Christ etwas gebracht hatte, und wozu man Lichter stellen musste. Der Knabe hatte geglaubt, dass man sehr bald vom Berg hinabkommen könne, und doch, von den vielen Lichtern, die heute im Tal brannten, kam nicht ein einziges zu ihnen herauf; sie sahen nichts als den blassen Schnee und den dunkeln Himmel, alles andere war ihnen in die unsichtbare Ferne hinabgerückt. In allen Tälern bekamen die Kinder in dieser Stunde die Geschenke des heiligen Christ; nur die zwei saßen oben am Rande des Eises, und die vorzüglichsten Geschenke, die sie heute hätten bekommen sollen, lagen in versiegelten Päckchen in der Kalbfelltasche im Hintergrund der Höhle.

Die Schneewolken waren ringsum hinter die Berge hinabgesunken, und ein ganz dunkelblaues, fast schwarzes Gewölbe spannte sich um die Kinder voll von dichten brennenden Sternen, und mitten durch diese Sterne war ein schimmerndes, breites milchiges Band gewoben, das sie wohl auch unten im Tal, aber nie so deutlich gesehen hatten. Die Nacht rückte vor. Die Kinder wussten nicht, dass die Sterne gegen Westen rücken und weiterwandeln, sonst hätten sie an ihrem Vorschreiten den Stand der Nacht erkennen können; aber es kamen neue und gingen die alten, sie aber glaubten, es seien immer dieselben. Es wurde von dem Schein der Sterne auch lichter um die Kinder; aber sie sahen kein Tal, keine Gegend, sondern überall nur Weiß – lauter Weiß. Bloß ein dunkles Horn, ein dunkles Haupt, ein dunkler Arm wurde sichtbar, und ragte dort und hier aus dem Schimmer empor. Der Mond war nirgends am Himmel zu erblicken, vielleicht war er schon früh mit der Sonne untergegangen, oder er ist noch nicht erschienen. – Als eine lange Zeit vergangen war, sagte der Knabe: »Sanna, du musst nicht schlafen; denn weißt du, wie der Vater gesagt hat, wenn man im Gebirge schläft, muss man erfrieren, so wie der alte Eschenjäger auch geschlafen hat und vier Monate tot auf dem Stein gesessen ist, ohne dass jemand gewusst hatte, wo er sei.« – »Nein, ich werde nicht schlafen«, sagte das Mädchen matt. Konrad hatte es an dem Zipfel des Kleides geschüttelt, um es zu jenen Worten zu wecken. Nun war es wieder still. Nach einer Zeit empfand der Knabe ein sanftes Drücken gegen seinen Arm, das immer schwerer wurde. Sanna war eingeschlafen, und war gegen ihn herüber gesunken. »Sanna, schlaf' nicht, ich bitte dich, schlafe nicht«, sagte er. »Nein«, lallte sie schlaftrunken, »ich schlafe nicht.«

Er rückte weiter von ihr, um sie in Bewegung zu bringen, allein sie sank um, und hätte auf der Erde liegend fortgeschlafen. Er nahm sie an der Schulter und rüttelte sie. Da er sich dabei selber etwas stärker bewegte, merkte er, dass ihn friere, und dass sein Arm schwerer sei. Er erschrak und sprang auf. Er ergriff die Schwester, schüttelte sie stärker und sagte: »Sanna, steh' ein wenig auf, wir wollen eine Zeit stehen, dass es besser wird.« – »Mich friert nicht, Konrad«, antwortete sie. »Ja, ja, es friert dich, Sanna, steh' auf«, rief er. »Die Pelzjacke ist warm«, sagte sie. »Ich werde dir emporhelfen«, sagte er. »Nein«, erwiderte sie, und war still.

Da fiel dem Knaben etwas anderes ein. Die Großmutter hatte gesagt: Nur ein Schlückchen wärmt den Magen so, dass es den Körper in den kältesten Wintertagen nicht frieren kann.

Er nahm das Kalbfellränzchen, öffnete es und griff so lange, bis er das Fläschchen fand, in welchem die Großmutter der Mutter einen schwarzen Kaffeeabsud schicken wollte. Er nahm das Fläschchen heraus, tat den Verband weg und öffnete mit Anstrengung den Kork. Dann bückte er sich zu Sanna und sagte: »Da ist der Kaffee, den die Großmutter der Mutter schickt, koste ihn ein wenig, er wird dir warm machen. Die Mutter gibt ihn uns, wenn sie nur weiß, wozu wir ihn nötig gehabt haben.« Das Mädchen, dessen Natur zur Ruhe zog, antwortete: »Mich friert nicht.« – »Nimm nur etwas«, sagte der Knabe, »dann darfst du schlafen.«

Diese Aussicht verlockte Sanna, sie bewältigte sich so weit, dass sie das fast eingegossene Getränk verschluckte. Hierauf trank der Knabe auch etwas. Der ungemein starke Auszug wirkte sogleich und zwar umso heftiger, da die Kinder in ihrem Leben keinen Kaffee gekostet hatten. Statt zu schlafen, wurde Sanna nun lebhafter und sagte selber, dass sie friere, dass es aber von innen recht warm sei und auch schon so in die Hände und Füße gehe. Die Kinder redeten sogar eine Weile miteinander. So tranken sie trotz der Bitterkeit immer wieder von dem Getränk, sobald die Wirkung nachzulassen begann, und steigerten ihre unschuldigen Nerven zu einem Fieber, das im Stande war, den zum Schlummer ziehenden Gewichten entgegenzuwirken.

Es war nun Mitternacht gekommen. Weil sie noch so jung waren, und an jedem Heiligen Abend in höchstem Drang der Freude stets erst sehr spät entschlummerten, wenn sie nämlich der körperliche Drang übermannt hatte, so hatten sie nie das mitternächtliche Läuten der Glocken, nie die Orgel der Kirche gehört, wenn das Fest gefeiert wurde, obwohl sie nah an der Kirche wohnten. In diesem Augenblick der heutigen Nacht wurde nun mit allen Glocken geläutet, es läuteten die Glocken in Millsdorf, es läuteten die Glocken in Gschaid, und hinter dem Berg war noch ein Kirchlein mit drei hellen, klingenden Glocken, die läuteten. In den fernen Ländern draußen waren unzählige Kirchen und Glocken, und mit allen wurde zu dieser Zeit geläutet, von Dorf zu Dorf ging die Tonwelle, ja man konnte wohl zuweilen von einem Dorf zum andern durch die blätterlosen Zweige das Läuten hören: nur zu den Kindern herauf kam kein Laut, hier wurde nichts vernommen; denn hier war nichts zu verkündigen. In den Talkrümmen gingen jetzt an den Berghängen die Lichter der Laternen hin, und von manchem Hof tönte das Hausglöcklein, um die Leute zu erinnern; aber dieses konnte umso weniger heraufgesehen und gehört werden, es glänzten nur die Sterne, und sie leuchteten und funkelten ruhig fort. – Wenn auch Konrad sich das Schicksal des erfrornen Eschenjägers vor Augen hielt, wenn auch die Kinder das Fläschchen mit dem schwarzen Kaffee fast ausgeleert hatten, wodurch sie ihr Blut zu größerer Tätigkeit brachten, aber gerade dadurch eine folgende Ermattung herbeizogen: so würden sie den Schlaf nicht haben überwinden können, dessen verführende Süßigkeit alle Gründe überwiegt, wenn nicht die Natur in ihrer Größe ihnen beigestanden wäre und in ihrem Innern eine Kraft aufgerufen hätte, welche im Stande war, dem Schlaf zu widerstehen.

In der ungeheueren Stille, die herrschte, in der Stille, in der sich kein Schneespitzchen zu rühren schien, hörten die Kinder dreimal das Krachen des Eises. Was das Starrste scheint, und doch das Regsamste und Lebendigste ist, der Gletscher, hatte die Töne hervorgebracht. Dreimal hörten sie hinter sich den Schall, der entsetzlich war, als ob die Erde entzweigesprungen wäre, der sich nach allen Richtungen im Eis verbreitete, und gleichsam durch alle Äderchen des Eises lief. Die Kinder blieben mit offenen Augen sitzen und schauten in die Sterne hinaus. – Auch für die Augen begann sich etwas zu entwickeln. Wie die Kinder so saßen, erblühte am Himmel vor ihnen ein bleiches Licht mitten unter den Sternen, und spannte einen schwachen Bogen durch dieselben. Es hatte einen grünlichen Schimmer, der sich sachte nach unten zog. Aber der Bogen wurde immer heller und heller, bis sich die Sterne vor ihm zurück zogen und erblassten. Auch in andere Gegenden des Himmels sandte er einen Schein, der schimmergrün sachte und lebendig unter die Sterne floss. Dann standen Garben verschiedenen Lichtes auf der Höhe des Bogens, wie Zacken einer Krone, und brannten. Es floss hell durch die benachbarten Himmelsgegenden, es sprühte leise, und ging in sanftem Zucken durch lange Räume. Hatte sich nun der Gewitterstoff des Himmels durch den unerhörten Schneefall so gespannt, dass er in diesen stummen, herrlichen Strömen des Lichtes ausfloss, oder war es eine andere Ursache der unergründlichen Natur? Nach und nach wurde es schwächer und immer schwächer, die Garben erloschen zuerst, bis es allmählich und unmerklich immer geringer wurde, und wieder nichts am Himmel war als die tausend und tausend einfachen Sterne.

Die Kinder sagten keines zum andern ein Wort, sie blieben fort und fort sitzen, und schauten mit offenen Augen in den Himmel. Es geschah nun nichts Besonderes mehr. Die Sterne glänzten, funkelten und zitterten, nur manche schießende Schnuppe fuhr durch sie. Endlich, nachdem die Sterne lange allein geschienen hatten, und nie ein Stückchen Mond am Himmel zu erblicken gewesen war, geschah etwas anderes. Es fing der Himmel an, heller zu werden, langsam heller, aber doch zu erkennen; es wurde seine Farbe sichtbar, die bleichsten Sterne erloschen, und die anderen standen nicht mehr so dicht. Endlich wichen auch die stärkeren, und der Schnee vor den Höhen wurde deutlicher sichtbar. Zuletzt färbte sich eine Himmelsgegend gelb, und ein Wolkenstreifen, der in derselben war, wurde zu einem leuchtenden Faden entzündet. Alle Dinge waren klar zu sehen, und die entfernten Schneehagel zeichneten sich scharf in die Luft.

»Sanna, der Tag bricht an«, sagte der Knabe. »Ja, Konrad«, antwortete das Mädchen. – »Wenn es nur noch ein bisschen heller wird, dann gehen wir aus der Höhle und laufen über den Berg hinunter.« Es wurde heller, am ganzen Himmel war kein Stern mehr sichtbar, und alle Gegenstände standen in der Morgendämmerung da. »Nun, jetzt gehen wir«, sagte der Knabe. »Ja, wir gehen«, antwortete Sanna. Die Kinder standen auf und versuchten ihre erst heute recht müden Glieder. Obwohl sie nichts geschlafen hatten, waren sie doch durch den Morgen gestärkt, wie das immer so ist. Der Knabe hing sich das Kalbfellränzchen um und machte das Pelzjäckchen an Sanna fester zu. Dann führte er sie aus der Höhle. Weil sie nach ihrer Meinung nur über den Berg hinabzulaufen hatten, dachten sie an kein Essen, und untersuchten das Ränzchen nicht, ob noch Weißbrote oder andere Esswaren darinnen seien.

Von dem Berg wollte nun Konrad, weil der Himmel ganz heiter war, in die Täler hinabschauen, um das Gschaider Tal zu erkennen und in dasselbe hinunterzugehen. Aber er sah gar keine Täler. Es war nicht, als ob sie sich auf einem Berge befänden, von dem man hinabsieht, sondern in einer fremden, seltsamen Gegend, in der lauter unbekannte Gegenstände sind. Sie sahen heute auch in größerer Entfernung furchtbare Felsen aus dem Schnee emporstehen, die sie gestern nicht gesehen hatten, sie sahen das Eis, sie sahen Hügel und Schneelehnen emporstarren, und hinter diesen war entweder der Himmel, oder es ragte die blaue Spitze eines sehr fernen Berges am Schneerand hervor.

In diesem Augenblick ging die Sonne auf. Eine riesengroße blutrote Scheibe erhob sich am Schneesaum in den Himmel, und in dem Augenblick errötete der Schnee um die Kinder, als wäre er mit Millionen Rosen überstreut worden. Die Kuppen und die Hörner warfen sehr lange grünliche Schatten längs des Schnees. »Sanna, wir werden jetzt da weiter vorwärtsgehen, bis wir an den Rand des Berges kommen und hinuntersehen«, sagte der Knabe.

Sie gingen nun in den Schnee hinaus. Er war in der heiteren Nacht noch trockener geworden und wich den Tritten noch besser aus. Sie wateten rüstig fort. Ihre Glieder wurden sogar geschmeidiger und stärker, da sie gingen. Allein sie kamen an keinen Rand und sahen nicht hinunter. Schneefeld entwickelte sich aus Schneefeld, und am Saum eines jeden stand alle Male wieder der Himmel.

Sie gingen desungeachtet fort. Da kamen sie wieder ins Eis. Sie wussten nicht, wie das Eis daher gekommen sei, aber unter den Füßen empfanden sie den glatten Boden, und waren gleich nicht die fürchterlichen Trümmer, wie an jenem Rand, an dem sie die Nacht zugebracht hatten, so sahen sie doch, dass sie auf glattem Eise fortgingen, sie sahen hie und da Stücke, die immer mehr wurden, die sich näher an sie drängten, und die sie wieder zu klettern zwangen. Aber sie verfolgten doch ihre Richtung. Sie kletterten neuerdings an Blöcken empor. Da standen sie wieder auf dem Eisfeld. Heute bei der hellen Sonne konnten sie erst erblicken, was es ist. Es war ungeheuer groß, und jenseits standen wieder schwarze Felsen empor, es ragte gleichsam Welle hinter Welle auf, das beschneite Eis war gedrängt, gequollen, emporgehoben, gleichsam als schöbe es sich noch vorwärts und flösse gegen die Brust der Kinder heran. In dem Weiß sahen sie unzählige vorwärtsgehende geschlängelte blaue Linien. Zwischen jenen Stellen, wo die Eiskörper gleichsam wie aneinandergeschmettert starrten, gingen auch Linien wie Wege, aber sie waren weiß und waren Streifen, wo sich fester Eisboden vorfand, oder die Stücke doch nicht gar so sehr verschoben waren. In diese Pfade gingen die Kinder hinein, weil sie doch einen Teil des Eises überschreiten wollten, um an den Bergrand zu gelangen und endlich einmal hinunterzusehen. Sie sagten kein Wörtlein. Das Mädchen folgte dem Knaben. Aber es war auch heute wieder Eis, lauter Eis. Wo sie hinübergelangen wollten, wurde es gleichsam immer breiter und breiter. Da schlugen sie, ihre Richtung aufgebend, den Rückweg ein. Wo sie nicht gehen konnten, griffen sie sich durch die Mengen des Schnees hindurch, der oft dicht vor ihrem Auge wegbrach und den sehr blauen Streifen einer Eisspalte zeigte, wo doch früher alles weiß gewesen war; aber sie kümmerten sich nicht darum, sie arbeiteten sich fort, bis sie wieder irgendwo aus dem Eise herauskamen. – »Sanna«, sagte der Knabe, »wir werden gar nicht mehr ins Eis hineingehen, weil wir in demselben nicht fortkommen. Und weil wir schon in unser Tal gar nicht hinabsehen können, werden wir gerade über den Berg hinabgehen. Wir müssen in ein Tal kommen, dort werden wir den Leuten sagen, dass wir aus Gschaid sind, die werden uns einen Wegweiser nach Hause mitgeben.« – »Ja, Konrad«, sagte das Mädchen. –

So begannen sie nun im Schnee in jener Richtung abwärtszugehen, welche sich ihnen eben darbot. Der Knabe führte das Mädchen an der Hand. Allein nachdem sie eine Weile abwärtsgegangen waren, hörte in dieser Richtung das Gehänge auf, und der Schnee stieg wieder empor. Also änderten die Kinder die Richtung, und gingen nach der Länge einer Mulde hinab. Aber da fanden sie wieder Eis. Sie stiegen also an der Seite der Mulde empor, um nach einer andern Richtung ein Abwärts zu suchen. Es führte sie eine Fläche hinab, allein die wurde nach und nach so steil, dass sie kaum noch einen Fuß einsetzen konnten und abwärts zu gleiten fürchteten. Sie klommen also wieder empor, um wieder einen andern Weg abwärts zu suchen. Nachdem sie lange im Schnee emporgekommen und dann auf einem ebenen Rücken fortgelaufen waren, war es wie früher; entweder ging der Schnee so steil ab, dass sie gestürzt wären, oder er stieg wieder hinan, dass sie auf den Berggipfel zu kommen fürchteten. Und so ging es immer fort.

Da wollten sie die Richtung suchen, in der sie gekommen waren, und zur roten Unglückssäule hinabgehen. Weil es nicht schneit und der Himmel so hell ist, würden sie, dachte der Knabe, die Stelle schon erkennen, wo die Säule sein solle, und würden von dort nach Gschaid hinabgehenkönnen.

Der Knabe sagte diesen Gedanken dem Schwesterchen, und diese folgte. Allein auch der Weg auf den Hals hinab war nicht zu finden. So klar die Sonne schien, so schön die Schneehöhen dastanden und die Schneefelder dalagen, so konnten sie doch die Gegenden nicht erkennen, durch die sie gestern heraufgegangen waren. Gestern war alles durch den fürchterlichen Schneefall verhängt gewesen, dass sie kaum einige Schritte vor sich gesehen hatten, und da war alles ein einziges Weiß und Grau durcheinander gewesen. Nur die Felsen hatten sie gesehen, an denen und zwischen denen sie gegangen waren; allein auch heute hatten sie bereits viele Felsen gesehen, die alle den nämlichen Anschein gehabt hatten wie die gestern gesehenen. Heute ließen sie frische Spuren im Schnee zurück; aber gestern sind alle Spuren von dem fallenden Schnee verdeckt worden. Auch aus dem bloßen Anblick konnten sie nicht erraten, welche Gegend auf den Hals führe, da alle Gegenden gleich waren. Schnee, lauter Schnee. Sie gingen aber doch immer fort, und meinten, es zu erringen. Sie wichen den steilen Abstürzen aus, und kletterten keine steilen Anhöhen hinauf. Auch heute blieben sie öfter stehen, um zu horchen; aber sie vernahmen auch heute nichts, nicht den geringsten Laut. Zu sehen war auch nichts als der Schnee, der helle, weiße Schnee, aus dem hie und da die schwarzen Hörner und die schwarzen Steinrippen emporstanden.

Endlich war es dem Knaben, als sähe er auf einem fernen schiefen Schneefeld ein hüpfendes Feuer. Es tauchte auf, es tauchte nieder. Jetzt sahen sie es, jetzt sahen sie es nicht. Sie blieben stehen, und blickten unverwandt auf jene Gegend hin. Das Feuer hüpfte immer fort, und es schien, als ob es näher käme; denn sie sahen es größer und sahen das Hüpfen deutlicher. Es verschwand nicht mehr so oft und nicht mehr auf so lange Zeit wie früher Nach einer Weile vernahmen sie in der stillen blauen Luft schwach, sehr schwach etwas wie einen lang anhaltenden Ton aus einem Hirtenhorn. Wie aus Instinkt schrien beide Kinder laut. Nach einer Zeit hörten sie den Ton wieder. Sie schrien wieder, und blieben auf der nämlichen Stelle stehen. Das Feuer näherte sich auch. Der Ton wurde zum dritten Mal vernommen, und dieses Mal deutlicher. Die Kinder antworteten wieder durch lautes Schreien. Nach einer geraumen Weile erkannten sie auch das Feuer. Es war kein Feuer, es war eine rote Fahne, die geschwungen wurde. Zugleich ertönte das Hirtenhorn näher, und die Kinder antworteten.

»Sanna«, rief der Knabe, »da kommen Leute aus Gschaid, ich kenne die Fahne, es ist die rote Fahne, welche der fremde Herr, der mit dem jungen Eschenjäger den Gars bestiegen hatte, auf dem Gipfel aufpflanzte, dass sie der Herr Pfarrer mit dem Fernrohr sähe, was als Zeichen gälte, dass sie oben seien, und welche Fahne damals der fremde Herr dem Herrn Pfarrer geschenkt hat. Du warst noch ein recht kleines Kind.« – »Ja, Konrad.« – Nach einer Zeit sahen die Kinder auch die Menschen, die bei der Fahne waren, kleine schwarze Stellen, die sich zu bewegen schienen. Der Ruf des Horns wiederholte sich von Zeit zu Zeit, und kam immer näher. Die Kinder antworteten jedes Mal. Endlich sahen sie über den Schneeabhang zu sich her mehrere Männer mit ihren Stöcken herabfahren, die die Fahne in ihrer Mitte hatten. Da sie näherkamen, erkannten sie dieselben. Es war der Hirt Philipp mit dem Horn, seine zwei Söhne, dann der junge Eschenjäger, und mehrere Bewohner von Gschaid.

»Gebenedeit sei Gott«, schrie Philipp, »da seid ihr ja. Der ganze Berg ist voll Leute. Laufe doch einer gleich in die Sideralpe hinab, und läute die Glocke, dass die dort hören, dass wir sie gefunden haben, und einer muss auf den Krebsstein gehen und die Fahne dort aufpflanzen, dass sie dieselbe im Tale sehen, und die Böller abschießen, damit die es wissen, die im Millsdorfer Wald suchen, und damit sie in Gschaid die Rauchfeuer anzünden, die in der Luft gesehen werden, und alle, die noch auf dem Berg sind, in die Sideralpe hinab bedeuten. Das sind Weihnachten!«

»Ich laufe in die Alpe hinab«, sagte einer. – »Ich trage die Fahne auf den Krebsstein«, sagte ein anderer. »Und wir werden die Kinder in die Sideralpe hinabbringen, so gut wir es vermögen und so gut uns Gott helfe«, sagte Philipp.

Ein Sohn Philipps schlug den Weg abwärts ein, und der andere ging mit der Fahne durch den Schnee dahin. Der Eschenjäger nahm das Mädchen bei der Hand, der Hirt Philipp den Knaben. Die andern halfen, wie sie konnten. So begann man den Weg. Er ging in Windungen. Bald gingen sie nach einer Richtung, bald schlugen sie die entgegengesetzte ein, bald gingen sie abwärts, bald aufwärts. Immer ging es durch Schnee, immer durch Schnee, und die Gegend blieb sich beständig gleich. Über sehr schiefe Flächen taten sie Steigeisen an die Füße und trugen die Kinder. Endlich nach langer Zeit hörten sie ein Glöcklein, das sanft und fein zu ihnen heraufkam und das erste Zeichen war, das ihnen die niederen Gegenden wieder zusandten. Sie mussten wirklich sehr tief herabgekommen sein; denn sie sahen ein Schneehaupt recht hoch und recht blau über sich ragen. Das Glöcklein aber, das sie hörten, war das der Sideralpe, das geläutet wurde, weil dort die Zusammenkunft verabredet war. Als sie noch weiterkamen, hörten sie auch schwach in die stille Luft die Böllerschüsse herauf, die infolge der ausgesteckten Fahne abgefeuert wurden, und sahen dann in die Luft feine Rauchsäulen aufsteigen. Da sie nach einer Weile über eine sanfte schiefe Fläche abgingen, erblickten sie die Sideralphütte. Sie gingen auf sie zu. In der Hütte brannte ein Feuer, die Mutter der Kinder war da, und mit einem furchtbaren Schrei sank sie in den Schnee zurück, als sie die Kinder mit dem Eschenjäger kommen sah. Dann lief sie herzu, betrachtete sie überall, wollte ihnen zu essen geben, wollte sie wärmen, wollte sie in vorhandenes Heu legen; aber bald überzeugte sie sich, dass die Kinder durch die Freude stärker seien, als sie gedacht hatte, dass sie nur einiger warmer Speise bedurften, die sie bekamen, und dass sie nur ein wenig ausruhen mussten, was ihnen ebenfalls zuteil werden sollte.

Da nach einer Zeit der Ruhe wieder eine Gruppe Männer über die Schneefläche herabkam, während das Hüttenglöcklein immer fortläutete, liefen die Kinder selber mit den andern hinaus, um zu sehen, wer es sei. Der Schuster war es, der einstige Alpensteiger, mit Alpenstock und Steigeisen, begleitet von seinen Freunden und Kameraden.

»Sebastian, da sind sie«, schrie das Weib. Er aber war stumm, zitterte, und lief auf sie zu. Dann rührte er die Lippen, als wollte er etwas sagen, sagte aber nichts, riss die Kinder an sich und hielt sie lange. Dann wandte er sich zu seinem Weib, schloss es an sich, und rief: »Sanna, Sanna!« – Nach einer Weile nahm er den Hut, der ihm in den Schnee gefallen war, auf, trat unter die Männer und wollte reden. Er sagte aber nur: »Nachbarn, Freunde, ich danke euch.« – Da man noch gewartet hatte, bis die Kinder sich zur Beruhigung erholt hatten, sagte er: »Wenn wir alle beisammen sind, so können wir in Gottes Namen aufbrechen.« – »Es sind wohl noch nicht alle«, sagte der Hirt Philipp, »aber die noch abgehen, wissen aus dem Rauch, dass wir die Kinder haben, und sie werden schon nach Hause gehen, wenn sie die Alphütte leer finden.« Man machte sich zum Aufbruch bereit. Man war auf der Sideralphütte nicht gar weit von Gschaid entfernt, aus dessen Fenstern man im Sommer recht gut die grüne Matte sehen konnte, auf der die graue Hütte mit dem kleinen Glockentürmlein stand; aber es war unterhalb eine fallrechte Wand, die viele Klaftern hoch hinabging, und auf der man im Sommer nur mit Steigeisen, im Winter gar nicht hinabkommen konnte. Man musste daher den Umweg zum Halse machen, um von der Unglückssäule aus nach Gschaid hinabzukommen. Auf dem Weg gelangte man über die Siderwiese, die noch näher an Gschaid ist, sodass man die Fenster des Dörfleins zu erblicken meinte.

Als man über diese Wiese ging, tönte hell und deutlich das Glöcklein der Gschaider Kirche herauf, die Wandlung des heiligen Hochamtes verkündend. Der Pfarrer hatte wegen der allgemeinen Bewegung, die am Morgen in Gschaid war, die Abhaltung des Hochamtes verschoben, da er dachte, dass die Kinder zum Vorschein kommen würden. Allein endlich, da noch immer keine Nachricht eintraf, musste die heilige Handlung doch vollzogen werden.

Als das Wandlungsglöcklein tönte, sanken alle, die über die Siderwiese gingen, auf die Knie in den Schnee, und beteten. Als der Klang des Glöckleins aus war, standen sie auf und gingen weiter.

Der Schuster trug meistens das Mädchen, und ließ sich von ihm alles erzählen.

Als sie schon gegen den Wald des Halses kamen, trafen sie Spuren, von denen der Schuster sagte: »Das sind keine Fußstapfen von Schuhen meiner Arbeit.« Die Sache klärte sich bald auf. Wahrscheinlich durch die vielen Stimmen, die auf dem Platz tönten, angelockt, kam wieder eine Abteilung Männer auf die Herabgehenden zu. Es war der aus Angst aschenhaft entfärbte Färber, der an der Spitze seiner Knechte, seiner Gesellen und mehrerer Millsdorfer bergab kam. »Sie sind über das Gletschereis und über die Schründe gegangen, ohne es zu wissen«, rief der Schuster seinem Schwiegervater zu. »Da sind sie ja – da sind sie ja – Gott sei Dank«, antwortete der Färber, »ich weiß es schon, dass sie oben waren, als dein Bote in der Nacht zu uns kam, und wir mit Lichtern den ganzen Wald durchsucht und nichts gefunden hatten – und als dann das Morgengrauen anbrach, bemerkte ich an dem Weg, der von der roten Unglückssäule links gegen den Schneeberg hinanführt, dass dort, wo man eben von der Säule weg geht, hin und wieder mehrere Reiserchen und Rütchen geknickt sind, wie Kinder gerne tun, wo sie eines Weges gehen – da wusste ich es – die Richtung ließ sie nicht mehr aus, weil sie in der Höhlung gingen, weil sie zwischen den Felsen gingen und weil sie dann auf dem Grat gingen, der rechts und links so steil ist, dass sie nicht hinabkommen konnten. Sie mussten hinauf. Ich schickte nach dieser Beobachtung gleich nach Gschaid, aber der Holzknecht Michael, der hinüberging, sagte bei der Rückkunft, da er uns fast am Eise oben traf, dass ihr sie schon habt, weshalb wir wieder heruntergingen.« – »Ja«, sagte Michael, »ich habe es gesagt, weil die rote Fahne schon auf dem Krebsstein steckt, und die Gschaider dieses als Zeichen erkannten, das verabredet worden war. Ich sagte euch, dass auf diesem Weg da alle herabkommen müssen, weil man über die Wand nicht gehen kann.« – »Und knie nieder und danke Gott auf den Knien, mein Schwiegersohn«, fuhr der Färber fort, »dass kein Wind gegangen ist. Hundert Jahre werden wieder vergehen, dass ein so wunderbarer Schneefall niederfällt und dass er gerade niederfällt, wie nasse Schnüre von einer Stange hängen. Wäre ein Wind gegangen, so wären die Kinder verloren gewesen.« – »Ja, danken wir Gott, danken wir Gott«, sagte der Schuster.

Der Färber, der seit der Ehe seiner Tochter nie in Gschaid gewesen war, beschloss, die Leute nach Gschaid zu begleiten.

Da man schon auf die rote Unglückssäule zukam, wo der Holzweg begann, wartete ein Schlitten, den der Schuster auf alle Fälle dahin bestellt hatte. Man tat die Mutter und die Kinder hinein, versah sie hinreichend mit Decken und Pelzen, die im Schlitten waren, und ließ sie nach Gschaid vorausfahren.

Die andern folgten, und kamen am Nachmittag in Gschaid an.

Die, welche noch auf dem Berg gewesen waren und erst durch den Rauch das Rückzugszeichen erfahren hatten, fanden sich auch nach und nach ein Der letzte, welcher erst am Abend kam, war der Sohn des Hirten Philipp, der die rote Fahne auf den Krebsstein getragen und sie dort aufgepflanzt hatte.

In Gschaid wartete die Großmutter, welche herübergefahren war.

»Nie, nie«, rief sie aus, »dürfen die Kinder in ihrem ganzen Leben mehr im Winter über den Hals gehen.«

Die Kinder waren von dem Getriebe betäubt. Sie hatten noch etwas zu essen bekommen, und man hatte sie ins Bett gebracht. Spät gegen Abend, da sie sich ein wenig erholt hatten, da einige Nachbarn und Freunde sich in der Stube eingefunden hatten und dort von dem Ereignis redeten, die Mutter aber in der Kammer am Bettchen Sannas saß und sie streichelte, sagte das Mädchen: »Mutter, ich habe heute nachts, als wir auf dem Berg saßen, den heiligen Christ gesehen.« – »O du mein geduldiges, du mein liebes, du mein herziges Kind«, antwortete die Mutter, »er hat dir auch Gaben gesendet, die du bald bekommen wirst.«

Die Schachteln waren ausgepackt worden, die Lichter waren angezündet, die Tür in die Stube wurde geöffnet, und die Kinder sahen vom Bett auf den verspäteten hell leuchtenden, freundlichen Christbaum hinaus. Trotz der Erschöpfung musste man sie noch ein wenig ankleiden, dass sie hinausgingen, die Gaben empfingen, bewunderten und endlich mit ihnen entschliefen.

Im Wirtshaus in Gschaid war es an diesem Abend lebhafter als je. Alle, die nicht in der Kirche gewesen waren, waren jetzt dort, und die andern auch. Jeder erzählte, was er gesehen und gehört, was er getan, was er geraten, und was für Begegnisse und Gefahren er erlebt hatte. Besonders aber wurde hervorgehoben, wie man alles hätte anders und besser machen können.

Das Ereignis hat einen Abschnitt in die Geschichte von Gschaid gebracht, es hat auf lange den Stoff zu Gesprächen gegeben, und man wird noch nach Jahren davon reden, wenn man den Berg an heitern Tagen besonders deutlich sieht, oder wenn man den Fremden von seinen Merkwürdigkeiten erzählt.

Die Kinder waren von dem Tag an erst recht das Eigentum des Dorfes geworden, sie wurden von nun an nicht mehr als Auswärtige, sondern als Eingeborne betrachtet, die man sich von dem Berg herabgeholt hatte.

Auch ihre Mutter Sanna war nun eine Eingeborne von Gschaid.

Die Kinder aber werden den Berg nicht vergessen und werden ihn jetzt noch ernster betrachten, wenn sie im Garten sind, wenn wie in der Vergangenheit die Sonne sehr schön scheint, der Lindenbaum duftet, die Bienen summen, und er so schön und so blau wie das sanfte Firmament auf sie hernieder schaut.

5. *Katzensilber*

In einem abgelegenen, aber sehr schönen Teil unseres Vaterlandes steht ein stattlicher Hof. Er steht auf einem kleinen Hügel und ist auf einer Seite von seinen Feldern und seinen Wiesen und auf der andern von seinem kleinen Wald umgeben. Man sollte eigentlich auch einen Garten hierher rechnen; aber es würde doch eine unrechte Benennung sein; denn Gärten der Art, wie sie in allen Ländern im Brauche sind, gibt es in jenem hochgelegenen, mit Hügeln und Waldesspitzen besetzten Landesteil nicht, weil die Stürme des Winters und die Fröste des Frühlings und Herbstes allen jenen Gewächsen übel mitspielen, die man vorzugsweise in Gärten hegt; aber der Besitzer des Hofes hat gegen eine Sandlehne hin, die steil abfällt und in den warmen Lagen die Sonnenstrahlen recht heiß zurückwirft, Bäume gepflanzt, die auf weichem, schönem Rasen stehen, vor den Abend-, Mitternacht- und Morgenwinden geschützt sind, durch die höhere und eingeschlossene Lage vor dem Reif bewahrt werden, und auf ihrem warmen Platz so schnell gewachsen sind, dass sie auf ihren Edelreisern, die ihnen eingesetzt worden und zu bedeutenden Ästen gediehen sind, jährlich die großen schwarzen Kirschen, die Weichseln [Weichselkirschen, Sauerkirschen], die Birnen und die rotwangigen Äpfel tragen. Von den kleineren Gewächsen, als Johannisbeeren, Stachelbeeren, Erdbeeren, rede ich nicht. Sogar Pfirsiche und Aprikosen reifen an einer an der Sandlehne aufgeführten Mauer dann, wenn sich ein heißer Sommer ereignet, und wenn man das Zuhüllen durch eine Rohrmappe an kühlen Frühlingsabenden nicht vergessen hat. Seine Blumen hegt der Besitzer in verschiedenen gläsernen Häusern, stellt sie an schönen Tagen und in den warmen Sommermonaten auf die hölzernen Gestelle vor dem Haus oder in die Fenster. Selbst in den Zimmern sieht man die schönsten auf dazu eingerichteten Tischen stehen. Diejenigen, welche für die Luft und das Wetter des Landes eingerichtet sind, stehen in dem freien Grunde.

Wenn man über die Sandlehne emporgegangen ist, steigt noch ein Felsen auf, der dem Berg Festigkeit gibt, dessen Geschiebe nicht gegen den Garten absinken lässt und zur Vermehrung der Wärme nicht wenig beiträgt. Der Besitzer des Hofes hat einen Weg mit festem Geländer durch die Sandlehne und um den Felsen empor anlegen lassen, weil man von dort recht schön auf das Haus, auf den Garten und auf die Landschaft niedersieht. Er hat an einigen Stellen Bänkchen anbringen lassen, dass man da sitzen und die Dinge mit Ruhe betrachten kann. Hinter dem Felsen gegen mitternachtwärts geht Gebüsch, dann folgen noch auf dem immer ansteigenden Boden einzelne Eichen und Birken, dann der Nadelwald, der den Gipfel einnimmt und das Schauspiel beschließt.

Um das Haus liegen, wie es in jenem Land immer vorkommt, in nähern und fernern Kreisen Hügel, die mit Feldern und Wiesen bedeckt sind, manches Bauerhaus, manchen Meierhof zeigen und auf dem Gipfel jedes Mal den Wald tragen, der wie nach einem verabredeten Gesetz alle Gipfel jenes hügligen Landes besetzt. Zwischen den Hügeln, die oft, ohne dass man es ahnt, in steile Schluchten abfallen, gehen Bäche, ja zuweilen Gießbäche, über welche Stege und in abgelegenen Teilen gar nur Baumstämme führen. Regelmäßige Brücken haben nur die Fahrwege, wo sie über einen solchen Bach gehen müssen. Das ganze Land geht gegen Mitternacht immer mehr empor, bis die größeren, düsteren, weitgedehnten Wälder kommen, die den Beginn der böhmischen Länder bezeichnen Gegen Mittag sieht man die freundliche blaue Kette der Hochgebirge am Himmel dahinstreichen.

Der Besitzer des Hofes war einmal als ein sehr junger Mensch in die Welt gegangen, und hatte viele Dinge erfahren und viele Menschen kennengelernt. Als er herangereift, als ihm der Vater gestorben war, und er von ihm und zwei unverehlichten Oheimen eine hinreichende Habe geerbt hatte, ging er mit der Erbschaft und dem, was er sich selber erworben hatte, auf beständig in das Land seiner Geburt zurück, das er früher nur zuweilen besucht hatte, und baute dort die Gebäude des Vaterhauses um und noch so viel daran, bis der liebliche Hof da stand. Dann holte er sich aus der entfernten Hauptstadt ein sehr schönes Mädchen und wurde mit demselben in der kleinen Pfarrkirche eingesegnet. Er wollte lieber in der traulichen Einöde seiner Heimat als beständig unter dem Geräusche der vielen und fremden Menschen der Hauptstadt leben. Wenn es aber Winter wurde, dann ging er mit der Gattin in ihre Geburtsstadt, um eine Weile dort zu sein und zu sehen, was die Menschen indessen wieder gefördert, was auf geistigem Feld sich zugetragen und im Zusammenleben sich geändert hat. Mit der Rückkehr der Sonne kam er wieder auf seinen Hof.

Auf demselben lebte auch seine Mutter, welche nie aus ihrer Heimat entfernt gewesen war, nur die nächsten Orte kannte, und bloß ein einziges Mal in der Hauptstadt des Landes gewesen war. Sie nahm die Tochter liebreich auf, und es war reizend, wenn die schöne junge Gattin neben der ältlichen Frau ging, die die Tracht des Landes trug. Während des Aufenthaltes der Eheleute in der Hauptstadt hütete sie den Hof und besorgte und ordnete alles. Wenn sie kommen sollten, sandte sie den Knecht mit den Pferden entgegen, und sah ihm nach, wenn der Wagen den Hügel hinabfuhr.

Sogleich ging der tätige Sohn wieder an die unterbrochene Arbeit. Anlagen wurden erweitert, neue begonnen, das Haus verbessert und verschönert, und die Geschäfte des Feldes geführt. Man sah ihn unter seinem Gesinde und unter seinen Leuten.

Nach zwei Jahren schickte der Himmel einen Zuwachs der Familie, es erschien das Töchterlein Emma. Gatte und Gattin, die bisher Sohn und Tochter geheißen hatten, wurden jetzt Vater und Mutter, und die Mutter wurde Großmutter.

Sie nahm das Kindlein, und lehrte die Tochter manche Dinge, wie es zu behandeln sei.

Als dem Mädchen die Härlein auf dem Haupte sich zu ringeln begannen und in schöner blonder Farbe herabfielen, erschien das zweite, dunkle Schwesterlein, Clementia, dessen Haupt schon bei der Geburt beschattet war, und an dem sich bald die schwarzen Ringlein bildeten.

Wenn nun nicht mehr der Vater und die Mutter allein im Winter wegfuhren, sondern auch die Kindlein, hatte die Großmutter nun mehr zu sorgen, sie hatte für viere zu fürchten, und wenn sie kamen, fanden sie die Gelasse für viere noch wohnlicher eingerichtet.

Die Kindlein wuchsen empor. Sie hatten einen unschuldigen Mund, rote Wänglein, große Augen und eine reine Stirn, und das eine hatte um dieselbe die blonden, seidenweichen Locken des Vaters, das andere die schwarzen der Mutter.

Großmutter war ihre Gespielin, sie lockte sie in ihr Gemach, sie siedelte sich mit ihnen im Garten an, in der schattigen Laube am Stamm des Apfelbaums oder in den Glashäusern oder an der Lehne des Sandes.

Da sie schon größer waren, da sie mit den Füßlein über Hügel und Täler gehen konnten, da die Körperchen schlanker und behänder emporzielten, gingen sie mit der Großmutter auf den hohen Nussberg. Wenn der Haber [Hafer] bleichte, und das Korn und die Gerste in der Scheune zur Ruhe war, dann färbten sich die Haselnüsse mit braunen oder rosenfarbenen Wänglein.

Die Kinder hatten breite Strohhüte auf, sie hatten Kleider, aus deren Ärmeln die Arme hervorgingen, sie hatten weiße Höschen und hatten Schuhe, die so stark waren, dass sie das Geröll des Berges nicht empfanden. An der Hand trugen sie ein Körblein, in der andern eine weiße Rute mit einem Haken, dass sie die Haselzweige herabbeugen konnten. Die Rute war selber von einem Haselstrauch genommen und war abgeschält worden. Sie gingen unter den Obstbäumen hin, sie gingen hinter den Glashäusern in der Sandlehne empor, sie hielten sich mit den Händchen am Geländer und sie rasteten auf den Sitzen. Wenn sie in den Felsen hinaufgekommen waren, saßen sie auf einem Bänklein oder auf einem Stück Stein, nahmen eine

Stecknadel aus den Bändern ihres Hutes oder baten die Großmutter um ein spitzes Messerlein, das sie in ihrer Armtasche hatte, und gruben die kleinen, feinen Blättchen und Flinserchen aus den Steinen, die da staken und so funkelten und glänzten. Sie taten dieselben in ein Papierchen und hoben sie im Schürzensäckchen oder in der Armtasche der Großmutter auf. Die Großmutter wartete auf sie oder half ihnen oder erzählte Geschichten. Wenn sie noch höher hinaufkamen, da war wieder die Erde und auf ihr war das Heidekraut und die Gräser und Kräuter, und da stand auch ein Wachholderstrauch oder der Strunk einer Birke oder eine Distel. Und bei denselben saßen sie wieder nieder und ruhten wieder. Sie waren die einzigen weißen Punkte, und um sie waren die Hügel, die von den lichten Stoppeln der Ernte glänzten oder von den gepflügten Feldern braunten, oder vom Grün der Gewächse, die man nach der Ernte gebaut hatte, mannigfach gefärbt waren, da lagen die Täler, die Wiesen mit dem zweiten Grün oder ein glänzendes Wasser, es erklommen die Wäldchen die Gipfel der Hügel, ein Erdbruch leuchtete, ein Häuschen oder ein Gemäuer von Höfen schimmerte, und weit, weit draußen lagen die blauen Berge, die mit den schwachen Felsen durchwirkt waren und die kleinen Täfelchen von Schnee zeigten.

Da sie einmal in dem dürren Grase saßen, und die hohen Halme wankten, erzählte die Großmutter folgende Geschichte: »Wo dort hinter dem spitzigen Walde die weißen Wolken ziehen, liegt das Hagenbucher Haus. Der Hagenbucher war ein strenger Mann, und es konnte kein Dienstbote bei ihm aushalten, und kein Knecht und keine Magd konnte die Arbeit verrichten, die das große Haus verlangte. Sie gingen immer davon, oder er schickte sie fort. Einmal erschien eine große Magd mit braunem Angesicht und starken Armen und sagte, sie wolle ihm dienen, wenn er ihr nur die Nahrung gäbe, und manchmal ein Tuch auf einen Rock und ein Linnen auf ein Hemd. Der Bauer dachte, er könne es versuchen. Die braune Magd waltete und wirtschaftete nun, als ob zwei gekommen wären, und aß doch nur für eine und lernte immer besser schaffen und arbeiten. Der Bauer dachte, er habe es getroffen, und die Magd war Jahre in dem Haus. Einmal, da der Bauer zwei Ochsen zu verkaufen hatte, und da er sie in einem Joche den Gallbrunerwald hinunter nach Rohrach auf den Viehmarkt getrieben und verkauft hatte, nahm er das ledige Joch auf seine Schultern und ging durch den Wald nach Hause zurück. Da hörte er eine Stimme, die rief: ›Jochträger, Jochträger, sag der Sture Mure, die Rau-Rinde sei tot – Jochträger, Jochträger, sag der Sture Mure, die Rau-Rinde sei tot.‹ Der Bauer sah unter die Bäume, er konnte aber nichts sehen und erblicken, und da fürchtete er sich und fing so schnell zu gehen an, als er konnte, und kam nach Hause, da ihm der Schweiß über die Stirne rann. Als er beim Abendessen die Sache erzählte, heulte das große Mädchen, lief davon und wurde niemals wieder gesehen.«

Ein anderes Mal erzählte die Großmutter: »Seht, ihr Kinder, wo der Gallbrunerwald aufhört, da geht ein fahles Ding empor, das sind die Karesberge, und dort sind die Karesbergerhäuser auf dem Gras und zwischen den Steinen. Zu den Karesbergern kam einmal ein Wichtelchen und sagte, es wolle ihnen die Ziegen hüten, sie dürften ihm keinen Lohn geben; aber abends, wenn die Ziegen im Stall wären, müssten sie ihm ein weißes Brot auf den hohlen Stein legen, der außerhalb der Karesberge ist, und es werde es sich holen. Die Karesberger willigten ein, und das Wichtelchen wurde bei ihnen Geißer. Die Ziegen liefen des Morgens fort, sie liefen auf die Weide hinaus und holten sich das Futter, sie kamen mittags mit den gefüllten Eutern und liefen wieder fort und kamen am Abend mit gefüllten Eutern und gediehen und wurden immer schöner und vermehrten sich, sowohl weiße als schwarze, sowohl scheckige als braune. Die Karesberger freuten sich und legten das weiße Brot, das sie eigens backen ließen, auf den Stein. Da dachten sie, sie müssten dem Geißer eine Freude machen, und ließen ihm ein rotes Röcklein machen. Sie legten das Röcklein abends auf den Stein, da die Ziegen schon zu Hause waren. Das Wichtelchen legte das rote Röcklein an und sprang damit, es sprang wie toll vor Freude unter den grauen Steinen, sie sahen es immer weiter abwärtsspringen, wie ein Feuer, das auf dem grünen Rasen hüpft, und da der andere Morgen gekommen war, und die Ziegen auf die Weide liefen, war das Wichtelchen nicht da, und es kam gar nie wieder zum Vorschein.« So erzählte die Großmutter, und wenn sie aufgehört hatte, so standen sie auf und gingen wieder weiter. Sie gingen an den Gebüschen der Schlehen und Erlen dahin: da waren die Käfer, die Fliegen, die Schmetterlinge um sie, es war der Ton der Ammer zu hören oder das Zwitschern des Zaunkönigs und Goldhähnchens. Sie sahen weit herum und sahen den Hühnergeier in der Luft schweben. Dann kamen sie zu den weißen Birken, die die schönen Stämme haben, von denen sich die weißen Häutchen lösen und die braune, feine Rinde zeigen, und sie kamen endlich zu den Eichen, die die dunkeln, starren Blätter und die knorrigen, starken Äste haben, und sie kamen zuletzt in den Nadelwald, wo die Föhren sausen, die Fichten mit den herabhängenden grünen Haaren stehen, und die Tannen die flachzeiligen, glänzenden Nadeln auseinanderbreiten. Am Rande des Waldes sahen sie zurück, um das Haus und den Garten zu sehen. Diese lagen winzig unter ihnen, und die Scheiben der Glashäuser glänzten wie die Täfelchen, die sie mit einer Stecknadel oder mit dem spitzigen Messerlein der Großmutter aus dem Stein gebrochen hatten.

Dann gingen sie in den Wald, wo es dunkel war, wo die Beeren und Schwämme standen, die Moossteine lagen und ein Vogel durch die Stämme und Zweige schoss. Sie pflückten keine Beeren, weil sie nicht Zeit hatten und weil schon der Sommer so weit vorgerückt war, dass die Heidelbeere nicht mehr gut war, die Himbeere schon aufgehört hatte, die Brombeere noch nicht reif war und die Erdbeere auf dem Erdbeerenberge stand. Sie gingen auf dem sandigen Wege fort, den der Vater an vielen Stellen hatte ausbessern lassen. Und als sie bei dem Holze vorbei waren, das im Sommer geschlagen worden war, und noch ein Weilchen auf dem Sandwege gegangen waren, kamen sie wieder aus dem Walde hinaus.

Sie sahen nun einen grauen Rasen vor sich, auf dem viele Steine lagen, dann war ein Tal, und dann stand der hohe Nussberg empor. Da gingen sie nun auf dem Rasen abwärts, der eine Mulde hatte, in dem ein Wässerlein floss. Sie gingen zwischen den grauen Steinen, auf denen ein verdorrtes Reis oder eine Feder lag, oder die Bachstelze hüpfte und mit den Steuerfedern den Takt schlug. Und als sie zu dem Bächlein gekommen waren, in welchem die grauen, flinken Fischlein schwimmen, und um welches die blauen, schönen Wasserjungfern flattern, und als sie über den breiten Stein gegangen waren, den ihnen der Vater als Brücke über das Bächlein hatte legen lassen, kamen sie gegen den hohen Nussberg empor.

Sie gingen auf den Nussberg, der ringsherum rund ist, der eine Spitze hat, an dessen Fuße die Steine liegen, der die vielen Gebüsche trägt – die Krüppelbirke, die Erle, die Esche und die vielen, vielen Haselnussstauden – und der weit herum sieht auf die Felder, auf denen fremde Menschen ackern, und auf weitere, unbekannte Gegenden.

Großmutter hatte Schwarzköpfchen an der Hand. Blondköpfchen ging allein und sprang über die Steine. Als sie zum Nussberg kamen, gingen sie unter das Gehege hinein, die Großmutter bückte sich, Blondköpfchen bückte sich auch, es bückte sich sogar Schwarzköpfchen, und sie kamen zu den Gebüschen der Nüsse. Da waren nun sie und viele andere Dinge auf dem Berg. Es waren die rötlichen Mäuslein, die auch Nüsse fressen, die unter den Wurzeln die trockenen Gänge bohren, in welche sie die Sämereien des Berges und andere Dinge zu Mahlzeiten tragen, in welche sie Halme und Heu für die Nester der Jungen tragen, und in welchen sie die Nüsse mit den Zähnen benagen, um zu dem süßen, kräftigen Kern zu gelangen – da war der flüchtige Häher, der mit den Flügeln, in die er die blaugestreiften Täfelchen eingesetzt hat, durch die Äste dahinflog – da war das Eichhörnchen, das über den Rasen schlüpfte und auf einem hohen, dicken Ast hielt, die Vorderpfoten an den Mund nahm und emsig nagte – und wer weiß, was noch da war, seine Freude und Lust auf dem hohen Nussberg zu suchen, was Flügel hat, oder wie die Wiesel und Iltisse in der Sandgrube lief. – Es standen die grünen Äste zu dem blauen Himmel empor, und Blätter und Nüsse starrten an ihnen, bald einzeln, bald zwei, bald drei, bald zu großen Knöpfen vereinigt und hatten blasse oder grünliche oder bräunliche oder rötliche Wangen. Die Kinder langten mit den Händlein in die Zweige, oder sie fassten dieselben mit dem Haken und zogen sie nieder, um die Nüsse zu pflücken. Und wenn sie sich geirrt und einen tauben Zweig herabgebogen hatten, ließen sie ihn gleich wieder los und suchten nach einem andern. So waren sie emsig und fleißig. Und wenn die Äste zu hoch waren, oder wenn sie zu stark waren, dass sie durch die Kraft der Kinder nicht gebogen werden konnten, half die Großmutter, sie langte den Zweig herunter und hielt ihn so lange, bis die Hände der Kinder die Nüsse gefunden und gepflückt hatten. Sie führte sie auch in Gegenden, wo die Zweige recht gefüllt waren und von Nüssen an Nüssen prangten. Wenn dann die Kinder recht viel gelesen hatten, wenn sie ihre Körblein voll hatten, wenn sie auch in ihre Täschlein noch gesteckt, ja sogar in ihre Tüchlein gebunden hatten, so blieben sie noch auf dem Berg, sie gingen herum, sie gingen auf den Gipfel empor und setzten sich an einer dicken und veralteten Haselwurzel, die sehr einladend war, nieder und verweilten in der weiten, glänzenden Luft.

Die Großmutter sagte ihnen, da sei es auch gewesen, wo das Hähnlein und das Hühnlein auf den Nussberg gegangen seien, wo das Hühnlein so viel gedurstet und das Hähnlein ihm Wasser gebracht habe, und wo auch noch andere Dinge geschehen seien. Sie zeigte ihnen dann herum und sagte ihnen die wunderlichen Namen der Berge, sie nannte manches Feld, das zu erblicken war, und erklärte die weißen Pünktlein, die kaum zu sehen waren, und ein Haus oder eine Ortschaft bedeuteten. Und wenn gar reine, schöne Himmelsferne war und die Gebirge deutlich standen, enträtselte sie die seltsamen Spitzen, die hinaufragten, und erzählte von manchem Rücken, der sich dehnte, und wenn schwache Wolken über dem Gebirge waren, so sagte sie, sie gleichen wirklichen Palästen oder Städten oder Ländern oder Dingen, die niemand kennt. Und gegen Mitternacht sahen sie auf den Gallbrunerwald und die Karesberge und dahinter auf den Streifen des Sesselwaldes, über dem oft eine lange matte Wolke war, die nicht so schön glänzte wie die gegen Mittag über dem Gebirge. Und wenn sie recht viel ins Land gesehen hatten, erzählte ihnen die Großmutter auch von den Männern, die in demselben gelebt hatten, von den Rittern, die herumgeritten, von den schönen Frauen und Mädchen, die auf Zeltern gesessen seien, von den Schäfern mit den klugen Schafen, und von den Fischern und von den Jägern.

Dann gingen sie zurück. Sie ordneten die zerdrückten Kleidchen, nahmen Korb und Rute, und gingen auf dem nämlichen Wege hinab, auf dem sie gekommen waren. Sie gingen an den Haselstauden abwärts, sie gingen über die Steine, sie gingen über das Bächlein mit den grauen Fischlein und den blauen Wasserjungfern, sie gingen über den Rasen, sie gingen durch den Wald, sie gingen in dem Felsen, in dem Gebüsch und in der Sandlehne nieder und kamen von den Glashäusern auf dem Rasen gegen den Hof vorwärts, wo die Mutter oft in ihrem schönen Gewand und mit dem Sonnenschirm wandelte und ihnen entgegenging.

Dann bekamen sie ein Essen, weil sie sehr hungerte. Sie hatten zwei Nussknacker, Blondköpfchen einen größeren und ernsteren, Schwarzköpfchen einen kleineren und närrischeren, der einen drolligen Mund hatte und fürchterliche Augen machte. In die Mäuler der Nussknacker taten sie die Nüsse, die sie gebracht und von den grünen Hülsen befreit hatten, drückten mit den Zünglein und zerbrachen die Nüsse, indem die Knacker gewaltig die Kinnladen zusammentaten und schreckliche Gesichter erzeugten. Sie gaben von den Kernen und von den Nüssen dem Vater und der Mutter und auch der Großmutter, die selten Nüsse von dem hohen Nussberg mitbrachte und dann immer nur wenige, die sie stets auf das Tischlein der Kinder legte, so wie sie auch die geschenkten ihnen immer wieder zurückschenkte.

Als Blondköpfchen schon recht groß geworden war und zu lernen anfing, als Schwarzköpfchen auch schon lernte, und ein freundlicher Lehrer aus der Stadt gekommen war und mit ihnen auf einem Tisch in der Kinderstube die schönen Bücher aufmachte und die Dinge in denselben deutete, wurde auch ein Brüderlein geboren, Sigismund. Und wie Blondköpfchen der Vater, Schwarzköpfchen die Mutter war, so war Sigismund Vater und Mutter, er war Blondköpfchen und Schwarzköpfchen; denn wie sich seine Haare zu entwickeln begannen, so wurden sie anfangs licht und bildeten sich dann zu braunen Ringeln, die Augen waren nicht blau oder schwarz, sondern braun. Jetzt konnten sie nicht mehr mit der Großmutter auf den hohen Nussberg gehen, weil sie bei dem kleinen Brüderlein bleiben musste. Mit jemand andern durften sie nicht gehen und mussten bei dem Hause verweilen. Da gingen sie nun im Garten herum, schauten die Obstbäume an, oder sie waren in den Glashäusern und betrachteten die Blumen.

Als aber das Brüderlein zweimal im Winter im großen Wagen mit in die Stadt gefahren und zweimal im Sommer wiedergekommen war, war es schon so stark geworden, dass es mit den Schwesterlein und mit der Großmutter herumgehen konnte. Sie gingen durch die Felder, sie gingen in den Wald und übten die Füße. Dann gingen sie wieder auch auf den hohen Nussberg. Die Schwesterlein hatten weiße Kleider an, sie hatten gelbe Strohhüte auf, von denen der eine sich mit Blondköpfchens Locken unkenntlich vermischte, der andere sich von Schwarzköpfchens Haupte wie ein Schein abhob, sie hatten rote Bänder an den Hüten und Kleidern, sie trugen Körblein am Arm und die weiße Haselrute mit dem Haken in der Hand. Der Knabe hatte weiße Höslein, ein blaues Jäckchen, auch ein Strohhütchen auf den braunen Locken und eine kleinere weiße Rute mit einem Haken. Statt des Körbleins hatte er ein Täschchen von gelbem Leder an grünen Bändern über seine Schulter hängen. Sie gingen viel langsamer, sie rasteten öfter, und die Schwesterlein zeigten dem Bruder viele Dinge am Weg, die sie schon kannten, und sie zeigten auch, wie schnell sie gehen könnten, wenn sie wollten, indem sie auf dem Rasen hüpften, auf den Steinen hüpften, vorwärts und wieder rückwärts liefen. Sie gingen durch die Sandlehne, das Gestrüpp, durch die Felsen, den Wald, über die graue Mulde und den hohen Nussberg hinan. Sie pflückten sich die Nüsse in ihre Körblein, das Brüderlein langte auch mit seinem kleinen Häklein, und alle halfen zusammen, bis es auch sein Täschchen voll hatte.

Als sie an der dicken, veralteten Haselwurzel saßen, erzählte die Großmutter wieder eine Geschichte. Sie sagte: »Bei dem Sesselwald an seinem steilen Mittagsfall war einstens auch ein Wald, aber er war nicht dicht, es standen Birken und Ahorne auf dem Rasen. Da war ein Schäfer, der die Schafe in das Gehölz führte, dass sie auf dem Rasen weideten, und dass sie ihm Milch und Wolle gaben. Da kam aus dem Sesselwald ein schwarzer Mann herunter, der sagte, dass in der Harthöhle, wo das Silber rinne, das blutige Licht sei. Der Schäfer wusste nicht, wer der Mann sei und was das Silber und das blutige Licht sei, und konnte ihn auch nicht fragen, weil er gleich fortging Aber er wartete, bis er wiederkäme. Allein der Mann kam nicht mehr. Da der Schäfer eines Tages ein verlorenes Lamm suchte, ging er dem Bach entgegen, wo er herabfließt, dass er die springenden Wellen in den Augen hatte. Da er das Lamm immer wieder weiter oben blöken hörte, ging er fort und fort. Er ging so weit hinauf, dass der Wald schon sehr dick war, dass der Bach über Steine und Kugeln floss, und dass an den beiden Seiten harte Felsenwände standen. Da sah er aus einem Stein ein Wasser herausfließen und herabfallen, als ob lauter silberne Bänder und Fransen über die Steine herabgebreitet wären. Da stieg er an dem Stein empor und suchte sich an dem glatten Felsen mit Füßen und Händen zu halten. Als er oben war, sah er, dass das Wasser aus einer Höhle herausrinne, und dass die Höhle sehr glänzend hart sei, als wäre sie aus einem kunstreichen Steine gehauen worden. Er ging in die Höhle hinein. Sie wurde immer enger und wurde immer finsterer, und das Wässerlein floss aus ihr hervor. Da sah er es plötzlich in einem Winkel leuchten, als ob ein roter, blutiger Tropfen dort läge. Er ging näher, und es leuchtete fort. Da gab es ihm ein, er solle die Hand ausstrecken und den Tropfen nehmen. Er nahm den Tropfen, aber es war ein kalter, rauer Stein, den er in der Hand spürte, und der Stein war so groß, dass er ihn kaum mit der Hand fassen konnte. Er trug den Stein hervor, bis er ans Tageslicht kam, und da sah er, dass es ein Feldstein war, wie man viele Tausende findet, und dass aus dem Feldstein ein rotes Äuglein hervorschaue, wie wenn es von den Lidern der harten Steinrinde bedeckt wäre und nur rosenfarb blinzen könne. Wenn man den Stein drehte, warf er Funken auf die Dinge. Der Schäfer stieg eilig die Felswand herab, er ging den fließenden Bach entlang und sputete sich, bis er zu seiner Herde kam. Das Lamm, das er verloren und nicht gefunden hatte, war zu Hause und trank an seiner Mutter. Er wickelte den Stein in ein Tuch und bewahrte ihn sorgsam. Da kam einmal ein Hochbauer, und er verkaufte ihm den Stein um fünf Schafe. Und der Hochbauer verkaufte ihn einem Arzt um ein Pferd, und der Arzt verkaufte ihn einem Lombarden um hundert Goldstücke, und der Lombarde ließ ihn von dem gemeinen Gesteine befreien und schleifen, und jetzt tragen ihn Fürsten und Könige in ihren Kronen, er ist sehr groß und leuchtend und ist ein Karfunkel oder ein anderer roter Stein, sie beneiden sich darum, und wenn sie das Land erobern, wird der Stein sorgsam fortgetragen, als ob man eine eroberte Stadt in einem Schächtelchen davontrüge.«

Zu einem anderen Male sagte die Großmutter: »In unsern Wässern, die braun und glänzend sind, weil sie den Eisenstaub aus den Bergen führen, ist nicht bloß das Eisen enthalten, es glänzet der Sand, als ob er lauter Gold wäre, und wenn man ihn nimmt, und wenn man ihn mit Wasser vorsichtig abschwemmt, so bleiben kleine Blättchen und Körner zurück, die eitel und wirkliches Gold sind. In früheren Jahren haben seltsame Menschen, die weit aus der Ferne gekommen sind, das Gold in unseren Bächen gewaschen und sind reich von dannen gezogen; es haben dann auch mehrere von uns in den Wässern gewaschen und manches gefunden; aber jetzt ist es wieder vergessen worden, und niemand achtet das Wasser weiter, als dass er sein Vieh darin tränkt. Dann liegen noch köstlichere Sachen in demselben. Wenn man eine Muschel findet, und sie die rechte ist, so liegt in ihr eine Perle, die so kostbar ist, dass man sie durchbohrt und, mit mehreren vereinigt, an einer Schnur gefasst den schönen Frauen als sanften Schmuck um den Hals tut oder Heiligenbilder umwindet und heilige Gefäße einfasst.« – Wenn die Kinder und die Großmutter lange gesessen waren, standen sie wieder auf und gingen nach Hause. – Aber auch auf andere Stellen gingen die Kinder mit der Großmutter, sie gingen auf die Wiesen, wo die Schmalz- und Butterblumen waren und besonders die Vergissmeinnicht, die wie klare Fischäuglein aus den Wellen schauen und auf einem Gefäß mit Wasser lange auf dem Tisch der Mutter blühen. Sie gingen auf den Erdbeerenberg, wo die würzigen Erdbeeren standen, die kleiner, aber besser waren als die, die der Vater in Beeten an der Sandlehne zog. Sie gingen in die Felder, wo der brennende Mohn, die blauen Kornblumen und die hellgelben Frauenschühlein blühten.

Für sich allein standen die Kinder gern am Bach, wo er sanft fließt und allerlei krause Linien zieht, und blickten auf den Sand, der wohl wie Gold war, wenn die Sonne durch das Wasser auf ihn schien, und der glänzende Blättchen und Körner zeigte. Wenn sie aber mit einem Schäufelchen Sand herausholten und gut wuschen und schwemmten, so waren die Blättchen Katzensilber, und die Körner waren schneeweiße Stückchen von Kiesel. Muscheln waren wenige zu sehen, und wenn sie eine fanden, war sie im Innern glatt, und es war keine Perle darin.

Als Blondköpfchen und Schwarzköpfchen schon schöner und wunderbarer geworden waren, als Sigismund schon groß geworden war, und sie wieder einmal auf dem hohen Nussberg an der dicken, veralteten Haselwurzel saßen, kam aus dem Gebüsch ein fremdes, braunes Kind heraus. Es war ein Mädchen, es war fast so groß und noch schlanker als Blondköpfchen, hatte nackte Arme, die es an der Seite herabhängen ließ, hatte einen nackten Hals und hatte ein grünes Wams und grüne Höschen an, an welchem viele rote Bänder waren. Im Angesicht hatte es schwarze Augen, Es blieb an dem Gebüsch der Haseln stehen und sah auf die Großmutter und auf die Kinder. Die Großmutter sagte nichts und fuhr fort zu reden. Die Kinder aber sahen auf das Mädchen. Als die Großmutter geendet hatte, redete sie das Mädchen an und fragte: »Wer bist du denn?« Das Mädchen aber antwortete nicht, es sprang in die Büsche und lief davon, dass man die Zweige sich rühren sah. Die Großmutter und die Kinder gingen von dem hohen Nussberg, ohne weiter von dem Mädchen etwas zu sehen oder zu hören.

Als sie wieder einmal an der dicken, veralteten Haselwurzel saßen und die Großmutter redete, kam das braune Mädchen wieder, trat wieder aus den Gebüschen, blieb stehen und sah die Kinder an. Als man es fragte, lief es nicht davon wie das erste Mal, zog sich aber gegen das Gebüsch zurück, dass die Blätter seine nackten Arme deckten, und sah auf die Kinder. Da man sich erhob, um wegzugehen, lief es wieder über den hohen Nussberg hinunter. Die Kinder verlangten nun öfter nach dem hohen Nussberg, um das braune Mädchen zu sehen.

Die Großmutter ging mit ihnen hinauf. Sie gingen wohl öfter, ohne das braune Mädchen zu erblicken, aber einmal, als sie ihre Körbchen mit Nüssen gefüllt hatten und an der Haselwurzel saßen, kam das Mädchen wieder aus den Gebüschen, blieb wieder stehen und sah auf Blondköpfchen hin. Es mochte wohl hinsehen, da es selber nicht die langen blonden Locken, sondern kurz abgeschnittene schwarze Haare hatte. Als man es nach langer Weile freundlich anredete, wich es nur ein wenig zurück, lächelte, zeigte wunderbare weiße Zähne, antwortete aber nicht. Die Kinder blieben länger sitzen, die Großmutter sprach allerlei, und das braune Mädchen stand und sah zu. Da man fortging, lief es nicht so eilig davon wie die zwei ersten Male, sondern ging auch langsam auf einem Weg, der den Kindern nahe war, den Berg hinunter, und konnte einige Male in den Gebüschen gesehen werden. Es hatte immer die nämlichen Kleider an, die es das erste Mal angehabt hatte.

Der Vater erlaubte den Kindern gerne, dass sie auf den hohen Nussberg gingen, sagte aber, dass sie dem fremden Kinde nichts zuleide tun sollten. Wenn sie oben waren, kam das Kind, blieb am Rande der Gebüsche stehen und sah zu. Es lächelte recht freundlich, wenn man zu ihm sprach, antwortete aber nicht. Wenn man fortging, ging es hinterher bis ans Ende der Gebüsche.

Einmal erschien es auch mit einer weißen abgeschälten Haselrute, wie die Kinder hatten, und hielt die Rute hoch empor. Ein anderes Mal, als die Kinder herabgingen und es hinter ihnen ging, und die Kinder etwas langsamer gingen, näherte es sich ihnen immer mehr und berührte endlich Blondköpfchen mit der Rute. Nach und nach legte es sich auch ins Gras, wenn die Großmutter erzählte, es stützte den braunen Arm auf den Ellenbogen, das Haupt auf die Hand, und richtete die schwarzen Augen auf die Großmutter. Es verstand die Worte, weil es im Angesicht die Empfindungen ausdrückte. Die Kinder hatten es recht lieb. Sie brachten ihm Spielzeug und Äpfel, legten sie zu ihm ins Gras, und es nahm dieselben und steckte sie zu sich.

Da es nach und nach tief in den Herbst gegangen war, da keine Nüsse mehr an den Zweigen hingen, da die Zweige sich schon mit Gelb färbten, die geackerten Felder der Ferne schon das Grün der Wintersaaten angenommen hatten und die Tage kurz waren, dass man bald nach Hause gehen musste, war einmal gar heißer, schöner Herbsttag, wie kaum seit Menschengedenken einer gewesen sein mochte. Die Kinder saßen wieder auf dem hohen Nussberg, das braune Mädchen saß im Gras, und die Großmutter saß auf einem Stein. – Es war ihnen wohl, in der späten, warmen Sonne sitzen zu können. Die Züge der alten Frau waren beleuchtet, die

Steine glänzten, an den Zacken und Hervorragungen hingen gespannte silberne Fäden, und die roten Bänder des braunen Mädchens schimmerten, wenn sie die Sonne an einer Stelle traf, und sie hingen herab wie glühende Streifen.

Die Großmutter erzählte wieder von einer schönen Gräfin, die auf dem Walle gestanden war und sich allein gegen die Bauern im Bauernkrieg verteidigte, als dieselben mit Gabeln, Dreschflegeln, Morgensternen und anderen Dingen das Schloss erbrechen und anzünden wollten, bis endlich von fernen Landen ihr Mann kam und wie ein Sturmwind die Aufrührer zerschmetterte und vertilgte. – Am Himmel, da sie sprach, standen Wolken, die eine Wand machten und mit den Bergen verschmolzen, dass alles in einem lieblichen Duft war, und die Stoppelfelder noch heller und glänzender schimmerten und leuchteten. – Die Kinder blieben auf dem Berg. Sie spielten, und hatten dem fremden Mädchen liebliche Dinge mitgebracht. – Die Wolken aber wurden nach und nach immer deutlicher, und an ihren oberen Rändern waren sie von der Sonne beschienen und glänzten, als ob geschmolzenes Silber herabflösse. Die Hitze wurde immer größer, und weil man in ihr im Herbste müder wird als im Sommer, blieben sie noch immer auf dem Berge sitzen.

Die Großmutter schaute nach den Wolken. Wenn es Sommer gewesen wäre, würde sie gedacht haben, dass ein Gewitter kommen könnte; aber in dieser Jahreszeit war das nicht möglich, und es war daran nicht zu denken. Das braune Mädchen sah auch nach den Wolken.

Wenn im üblen Fall ein leichter Herbststaubregen käme, dachte die Großmutter, so macht das nichts, da die Kinder gewohnt seien, nass zu werden, und da dies ihrer Gesundheit eher zuträglich ist. – Aber bald sollte sie anders denken. Man hörte aus den Wolken schwach donnern. Man wartete noch ein Weilchen, und der Donner wiederholte sich.

Die Großmutter überlegte nun, was zu tun sei. Zwischen dem hohen Nussberg und dem Hof ihres Sohnes war kein Haus und keine Hütte, man konnte also nirgends eine Unterkunft finden. Im Wald könnten wohl die Bäume einen Schutz vor dem Regen gewähren, aber dafür waren sie desto gefährlicher wegen des Blitzes, und man durfte dort keine Zuflucht suchen. Ob sie mit den Kindern noch vor Ausbruch des Gewitters nach Hause kommen könnte, war zweifelhaft. Aber sie dachte, wenn auch das Gewitter erschiene, so könne es auf keinen Fall in der späten Jahreszeit stark sein, der Regen werde nicht in Strömen herabfließen wie im Sommer, und so würde er leicht zu überstehen sein.

Indessen hatte sich die Gestalt der Wolken verändert. Sie bildeten eine dunkle Wand, und auf dem Grunde dieser Wand zeigten sich weißliche, leichte Flocken, die dahinzogen. Es wurden auch schon Blitze in den Wolken gesehen, aber die Donner, die ihnen folgten, waren noch so fern, als wären sie hinter den Bergen. Die Sonne schien noch immer auf den hohen Nussberg und die umringende Gegend.

Die Kinder fürchteten sich nicht. Sie hatten schon starke Gewitter gesehen, wie sie in ihrem Hügelland vorkomnen, und da Vater und Mutter ihre Geschäfte ruhig forttaten, so waren ihnen Gewitter nicht entsetzlich.

Das braune Mädchen war in der Nähe der Stelle, auf welcher sie gesessen waren, hin und her gegangen. Es hatte unter manche Haselbüsche hineingesehen, es hatte unter Wurzelgeflecht geblickt, oder in kleine Erdhöhlungen geschaut.

Die Wolken hatten nach und nach die Sonne verschlungen. Die vielen Haseln auf dem Berg lagen im Schatten, die anstoßende Gegend war im Schatten, und nur noch die fernen Stoppeln gegen Morgen waren beleuchtet und schimmerten. »Ich weiß nicht, liebe Kinder«, sagte die Großmutter, »ob es nun auch wirklich wahr ist, was meine Mutter oft erzählt hat, dass die heilige Mutter Maria, als sie zu ihrer Base Elisabeth übers Gebirge ging, unter einer Haselstaude untergestanden sei, und dass deshalb der Blitz niemals in eine Haselstaude schlage; aber wir wollen uns doch eine dichte Haselstaude suchen, deren Zweige gegen Morgen hängen und ein Überdach bilden, und deren Stämme gegen Abend stehen und den von daher kommenden Regen abhalten. Unter derselben wollen wir sitzen, solange der Regen dauert, dass er uns nicht so schaden kann, und dass wir nicht zu nass werden. Dann gehen wir nach Hause.« – »Ja, so tun wir, Großmutter«, riefen die Kinder, »so tun wir.« Sie gingen nun daran, eine solche Staude zu suchen. Das braune Mädchen aber schoss in die Gebüsche und lief davon. Nach einem Weilchen kam es wieder und trug ein Reisigbündel in den Händen, wie man sie aus dünnern und dickern Zweigen und Stäben macht, aufschichtet, trocken werden lässt, und gegen den Winter zum Brennen nach Hause bringt.

Es lief nun wieder fort und brachte zwei Bündel. Und so fuhr es mit großer Schnelligkeit fort, dass die braunblassen Wangen glühten und der Schweiß von der Stirne rann.

Während das braune Mädchen die Bündel trug, und die Kinder und die Großmutter eine Haselstaude suchten, waren die Wolken, die früher so langsam gewesen waren, nun viel schneller nähergekommen, und der Donner rollte klarer und deutlicher.

Das braune Mädchen hörte endlich mit dem Herbeitragen von Bündeln auf und begann aus denselben gleichsam ein Häuschen zu bauen. Es suchte eine Stelle aus, die gegen Abend mit dichten Haseln umstanden war, stellte Bündel gleichsam als Säulen auf, legte quer darüber Stangen und Stäbe, die es von dem Bündelstoß herbeigetragen hatte, bedeckte dieselben wieder mit Bündeln, und häufte immer mehr und mehr Bündel auf, dass im Innern eine Höhlung war, die Unterstand bot.

Als es fertig war, und da die Großmutter und die Kinder auch bereits eine taugliche Haselstaude gefunden hatten, unter derselben saßen und auf das Gewitter warteten, ging es zu ihnen hin und sagte etwas, das sie nicht verstanden. Darauf machte es ein Zeichen, weil es die Sache nicht mit Worten sagen konnte: Es hielt die linke Hand flach auf, hob die rechte hoch, machte eine Faust, und ließ dieselbe auf die geöffnete Hand niederfallen. Dann schaute es auf die Großmutter, und zeigte auf die Wolken. Die Großmutter ging unter der Haselstaude hervor, und stellte sich auf einen Platz, wo sie die Wolken sehen konnte. Dieselben waren grünlich und fast weißlich licht, aber trotz dieses Lichtes war unter ihnen auf den Hügeln eine Finsternis, als wolle die Nacht anbrechen. So wogten sie näher, und bei der Stille des Nussberges hörte man in ihnen ein Murmeln, als ob tausend Kessel sötten [siedeten].

»Heiliger Himmel, Hagel!« schrie die Großmutter. Sie begriff nun sogleich, was das Mädchen wollte, sie begriff die Kenntnis und Vorsicht des braunen Mädchens, die es mit den Reisigbündeln gezeigt hatte, sie lief zur Haselstaude, riss die Kinder hervor, bedeutete ihnen zu folgen, das fremde Mädchen lief voran, die Großmutter eilte mit den Kindern hinterher, sie kamen zu den Bündeln, das Mädchen zeigte, dass hineinkriechen sollte, Sigismund wurde zuerst hineingetan, dann folgte Clementia, dann folgten Emma und die Großmutter nebeneinander, und am äußersten Rand schmiegte sich das braune Mädchen an, und hielt die blonden Locken Emmas in der Hand.

Die Kinder hatten kaum Zeit gehabt, sich unter die Bündel zu legen, und eben wollten sie lauschen, was geschehen würde, als sie in den Haselstauden einen Schall vernahmen, als würde ein Stein durchs Laub geworfen. Sie hörten später das noch einmal, dann nichts mehr. Endlich sahen sie wie ein weißes, blinkendes Geschoss einen Hagelkern vor ihrem Bündelhaus aufs Gras niederfallen, sie sahen ihn hoch emporspringen und wieder niederfallen und weiterkollern. Dasselbe geschah in der Nähe mit einem zweiten. Im Augenblick kam auch der Sturm, er fasste die Büsche, dass sie rauschten, ließ einen Atemzug lang nach, dass alles totenstill stand, dann fasste er die Büsche neuerdings, legte sie um, dass das Weiße der Blätter sichtbar wurde, und jagte den Hagel auf sie nieder, dass es wie weiße herabsausende Blitze war. Es schlug aufs Laub, es schlug gegen das Holz, schlug gegen die Erde, die Körner schlugen gegeneinander, dass ein Gebrülle wurde, dass man die Blitze sah, welche den Nussberg entflammten, aber keinen Donner zu hören vermochte. Das Laub wurde herabgeschlagen, die Zweige wurden herabgeschlagen, die Äste wurden abgebrochen, der Rasen wurde gefurcht, als wären eiserne Eggenzähne über ihn gegangen. Die Hagelkörner waren so groß, dass sie einen erwachsenen Menschen hätten töten können. Sie zerschlugen auch die Haseln, die hinter den Bündeln waren, dass man ihren Schlag auf die Bündel vernahm.

Und auf den ganzen Berg und auf die Täler fiel es so nieder. Was Widerstand leistete, wurde zermalmt, was fest war, wurde zerschmettert, was Leben hatte, wurde getötet. Nur weiche Dinge widerstanden, wie die durch die Schloßen [Hagelkörner] zerstampfte Erde und die Reisigbündel. Wie weiße Pfeile fuhr das Eis in der finstern Luft gegen die schwarze Erde, dass man ihre Dinge nicht mehr erkennen konnte.

Was die Kinder fühlten, weiß man nicht, sie wussten es selber nicht. Sie lagen eng aneinander gedrückt, und drückten sich noch immer enger aneinander, die Bündel waren bereits durch den Hagelfall niedergesunken und lagen auf den Kindern, und die Großmutter sah, dass bei jedem heftigeren Schlag, den eine Schloße gegen die Bündel tat, ihre leichten Körperchen zuckten. Die Großmutter betete. Die Kinder schwiegen, und das braune Mädchen rührte sich nicht. – Die Stumpfen der Haselnussstauden, die hinter den Bündeln waren, machten, dass der Wind nicht in die Bündel fahren und sie auseinanderwerfen konnte.

Nach längerer Zeit hörte es ein wenig auf, dass man den Donner wieder hören konnte, der jetzt als ein mildes Rollen erschien. Die Schloßen fielen dichter, waren aber kleiner, und endlich kam ein Regen, der ein Wolkenbruch war. Er fiel nicht wie gewöhnlich in Tropfen oder Schnüren, sondern es war, als ob ganze Tücher von Wasser niedergingen. Dasselbe drang durch die Fugen und Zwischenräume der Bündel auf die Kinder hinein.

Nach und nach milderte es sich, der Wind wurde leichter, und der Donner war entfernter zu hören. Das braune Mädchen kroch aus den Bündeln hervor, stand auf, und sah mit den schwarzen Augen unter die Bündel hinein.

Die Großmutter stand auch auf, und sah nach dem Himmel. Die Wolken hatten sich gegen Aufgang [Osten] gezogen, dort war es finster, und man hörte das Niederfallen des Wassers und Eises herüber. Aber auf den Bergen gegen Untergang [Westen] war es lichter, lichtere, graue Wolken zogen herüber und zeigten, dass der Hagel nicht mehr zurückkehren werde.

Die Großmutter zog nun zuerst Blondköpfchen hervor, dann Schwarzköpfchen, dann Braunköpfchen. Die nassen Kinder gingen unter den Bündeln hervor, und die Kleider klebten an ihren Körpern. Das braune Mädchen hatte auch sein schönes Gewand verdorben, es war nass und beschmutzt an seinem Körper. Das Mädchen blutete an dem nackten rechten Arm. Weil es sich nicht ganz unter das Reisig hatte hinein legen können, war es von einem Eisstück gestreift und geritzt worden. Da die Kinder hinzugingen, um es zu betrachten, da die Großmutter es untersuchen wollte, wandte es sich ab und machte eine Bewegung, als ob es sagen wollte, dass die Sache keiner Mühe wert sei. – Man richtete sich zum Fortgehen. – Die Großmutter nahm die zwei Körbchen der Mädchen und das Ledertäschchen des Knaben, band alles mit einem nassen Tuch zusammen, und trug es selber, damit die Kinder leichter wären, damit sie sich beim Fortgehen an sie halten und ihre Kleidchen aufheben konnten. Sie hielt sie bei sich, dass sie nicht auf der nassen Erde und in den Hagelkörnern ausgleiten und fallen könnten. Das braune Mädchen ging mit ihnen. – Die Kinder sahen, wie der Wind das dürre Gras, die Blätter und andere Dinge in die Stämme der Haseln hineingeblasen hatte, sie sahen, wie keine Büsche mehr auf dem Berg standen, sondern nur lauter dicke Strünke, sie sahen, wie schier kein Gras war, sondern nur beinahe schwarze Erde, die mit dem Wasser einen Brei machte. Und wo die Erde nicht zu sehen war, dort lagen lauter weiße Haufen von Schloßen, wie im Frühling die Schneelehnen liegen, wenn er auf den sonnigeren Stellen schon weggeschmolzen war. Wenn die Kinder eine Schloße anrührten, war sie sehr kalt, und wenn sie dieselbe genau ansahen, war sie so schön wie eine Glaskugel und hatte im Innern eine kleine Flocke von Schnee. Auf allen Seiten des Berges rannen die Wasser des Regens nieder.

Die Großmutter gab sehr Acht, dass die Kinder nicht ausglitten.

Der Regen hatte aufgehört, und es fiel nur mehr ein nasser Staub vom Himmel.

Sie kamen an den Rand des hohen Nussberges, und das braune Mädchen ging dieses Mal mit ihnen auf den grauen Rasen hinaus. Aber es war kein grauer Rasen mehr. Er war zerschlagen worden und war schwarze Erde, so wie die Steine, die durch den Regen nass geworden waren, schwarz erschienen. Da lagen große weiße Strecken von Hagel.

Als sie zu dem Bächlein gekommen waren, war kein Bächlein da, in welchem die grauen Fischlein schwimmen und um welches die Wasserjungfern flattern, sondern es war ein großes, schmutziges Wasser, auf welchem Hölzer und viele, viele grüne Blätter und Gräser schwammen, die von dem Hagel zerschlagen worden waren. Es standen sonst immer kleine Gesträuche an dem Bach, die im Sommer rote Blüten hatten, und dann, wenn die Blüten abgefallen waren, schöne weiße Kätzchen bekamen. Von diesen Gesträuchen schauten die Spitzen aus dem Wasser. Die Großmutter ging zu dem kleinen steinernen Brücklein, allein dasselbe war nicht zu sehen, und man konnte die Stelle nicht erkennen, an welcher es sei.

Da die Großmutter zauderte und sich bemühte, den Platz des Brückleins aufzufinden, zeigte das braune Mädchen auf eine Stelle, und als man noch immer zögerte, ging es ruhig und entschlossen zum Wasser. Es ging in dasselbe hinein, ging durch dasselbe hindurch und ging wieder zurück, gleichsam um den sichtbaren Beweis zu geben, dass man hindurchgelangen könne. Weil ihm das Wasser nur gegen die Hüften reichte, sah man deutlich, dass es auf dem Brücklein gehe.

Als es zurückgekommen war, bückte es sich sanft und freundlich gegen Sigismund und streckte ihm die Arme entgegen. Der Knabe verstand die Bewegung, er ließ die Hand der Großmutter los und begab sich in den Schutz des braunen Mädchens. Dieses nahm ihn auf den Arm, er schlug beide Ärmchen um den Hals desselben, und es trug ihn fest und sicher schreitend auf das jenseitige Ufer. Die Großmutter hatte Schwarzköpfchen auf den Arm genommen, hatte Blondköpfchen fest an der Hand gefasst, und ging hinter dem braunen Mädchen. Sie empfand bald an den Füßen, dass sie das Brücklein unter sich habe, und kam auch an das andere Ufer. Als das fremde Mädchen Sigismund und die Großmutter Schwarzköpfchen auf die Erde gestellt hatten, mussten sie weitergehen. Sie sahen auf das Wasser zurück. Die Spitzen der Gesträuche waren nicht mehr zu sehen, und das Wasser war viel breiter geworden. Es eilte mit dem Holz, mit dem Laub und mit den fremden schwarzen Dingen, die auf ihm schwammen, dahin.

Sie gingen nun auf dem Rasen aufwärts zum Wald. Sie mussten den weißen Haufen von Schloßen ausweichen, sie mussten den Wässern ausweichen, die in den Vertiefungen standen, und sie mussten den Bächen ausweichen, die überall herabflossen. Daher mussten sie öfter von einem Stein auf den andern springen, um fortzukommen, und öfter durch ein fließendes Wässerlein gehen. Die Großmutter gab ihre eigenen Gewänder dem Wasser und dem Schmutz der Erde preis, um die der Kinder zu bewahren und zu helfen, dass die Kleinen leichter fortkommen könnten. Das braune Mädchen ging mit. Als sie in die Nähe des Waldes kamen, sahen sie aus demselben Männer heraustreten und über den Rasen herabeilen. Da dieselben zu ihnen herankamen, erkannten sie den Vater, der an der Spitze aller seiner Knechte und Männer daherkam. Sie trugen Stangen, Stricke und trockene Kleider.

Als der Vater näherkam, rief er: »Da sind ja die Kinder, Gott sei gedankt, sie leben. Mutter, wo habt Ihr sie denn geborgen?« – »Unter Bündeln dürren Reisigs«, antwortete die Großmutter. – Schwarzköpfchen und Braunköpfchen gingen in ihrem durch und durch nassen Anzug zu ihm hin, wie sie es am Morgen vor ihrem Frühmahl zu tun gewohnt waren, und küssten ihm die Hand. Blondköpfchen blieb stehen, weil es schon begriff, dass das sich hier nicht schicke. – Der Vater nahm die Kinder zu sich, küsste sie auf die Wangen, untersuchte sie und sagte: »Ihr armen Dinger!« – Das fremde Mädchen stand in der Ferne, wie es sonst am Rande der Haselbüsche zu stehen gewohnt war, aufrecht und steif. – »Mutter«, sagte der Vater, »wir haben geglaubt, dass ihr im Wald hinter einem dicken Stamm oder hinter einem Holzstoß werdet Sicherheit gesucht haben. Darum gingen wir gleich nach dem Hagel in den Wald, wir hatten trockene Kleider in einem Bündel mit, um die Kinder umzukleiden, und suchten auch an allen Stellen neben dem Weg und riefen nach euch. Da wir euch nicht fanden, und da keine Stimme antwortete, sandte ich schnell einige Knechte um Stangen und Stricke zurück, weil ich dachte, ihr könntet etwa jenseits des Baches sein, der bei solchen Anlässen immer sehr anschwillt, und wir könnten die Werkzeuge zum Durchdringen des Wassers brauchen. Als die Knechte gekommen waren, gingen wir weiter. Ich hatte große Angst, aber ich setzte auch große Hoffnung in Euch, liebe Mutter, dass Ihr eine Stelle gefunden haben werdet, euch alle zu sichern.« – »Ich werde dir gleich erzählen, wie es gekommen ist«, sagte die Mutter, »aber lass uns weitergehen. Die Kinder können hier nicht umgekleidet werden, und in den nassen Kleidern dürfen sie nicht stehenbleiben. Wenn sie gehen, wird ihnen wärmer, und die Nässe schadet nicht.« – »Und auch Ihr seid durchnässt, liebe Mutter«, sagte der Vater. »Ich bin ein Weib aus den alten Bergen unsres Landes«, antwortete die Großmutter, »mir schadet die Nässe nicht. Ich bin nass geworden, mein Kind, da ich kaum einige Jahre zählte, ich bin durchnässt gewesen, da ich ein Mädchen war, und wie oft habe ich tagelang nasse Kleider gehabt, da ich schaffen musste, weil du noch klein warst, und der Vater schon kränkelte. Aber schick' sogleich einen Knecht ab, dass er laufe, was er kann, und die arme Frau zu Hause beruhige, die um die Kinder in Angst vergehen wird.« Der Vater tat es sogleich. Die Knechte waren bisher in einem dichten Kreis um den Vater, die Kinder und die Großmutter gestanden. Nachdem einer abgeschickt worden war, setzte man sich in Bewegung. Der Vater, die Kinder und die Großmutter gingen voran, dann folgten die Knechte. Der Vater führte Blondköpfchen und Braunköpfchen an der Hand, die Großmutter Schwarzköpfchen. Sie erzählte ihm nun, was sich auf dem Nussberge begeben hatte, und wie sie bis zu der Stelle gelangt seien, an der er sie gefunden habe. »Aber du bist ja selber ganz nass«, schloss sie. – »Weil wir während des Wolkenbruchs in den Wald hinaufgegangen sind«, antwortete er, »da nur einmal der Hagel nachgelassen hatte.« Sie kamen nun in den Wald, und hier sah es zum Erschrecken aus. Wie man eine Streu aus Tannenreisern macht, wenn in einem Jahr wegen Dürre oder andern Unglücksfällen die Halme nicht geraten, so lagen auf dem ganzen Boden die Tannenzweige gehäuft, mancher starke Ast lag mehrere Male getroffen und also gebrochen darunter, an den Stämmen waren Risse der Rinde sichtbar, dass hie und da das weiße Holz hervorstand, und durch den Wald war ein feiner Harzgeruch verbreitet, wie er ist, wenn Nadelholz gesägt oder gespalten wird. Die Schloßen lagen mit der Tannenstreu untermischt und von ihr bedeckt und hauchten eine unsägliche Kälte unter den Stämmen aus, welche im Freien draußen nicht so empfunden worden war. Der Vater und die Knechte mussten den Weg suchen, weil er mit Streu bedeckt und nicht zu sehen war.

Aus dem Walde kam man wieder in das Freie, und ging bis zu den Felsen nieder, von denen aus man das Haus und die Felder sehen konnte. Der Garten war verschwunden, nur einzelne Stämme mit verstümmelten Armen standen empor. Das Grün war dahin, und die Felder jenseits des Gartens sahen aus, als wären sie schlecht geeggt worden.

Der Vater ging mit den Kindern in der Sandlehne nieder. Da sahen sie, dass alle Fenster der Glashäuser zerstört waren, und dass im Innern an der Stelle, wo die Blumen in Töpfchen und Kübeln gestanden waren, weiße Haufen von Schloßen lagen. Die Fenster des Hauses, welche gegen Abend schauten, waren zertrümmert, die Ziegeldächer und die Schindeldächer waren zerschlagen, dass sie teils wie ein Sieb aussahen, teils große ausgebrochene Stellen hatten, durch die das innere Bauholz hervorsah. Die Verzierungen und der Anwurf der Mauern waren an der Wetterseite heruntergeschlagen, dass die Mauern nicht etwa wie neu, ehe der Anwurf geschieht, sondern wie mit Hämmern ausgeschlagen dastanden.

Als sie gegen das Ende der Sandlehne kamen, sahen sie eine weiße Gestalt durch den ehemaligen Garten eilen, durch nasses Gras, durch Schloßen über die herabgestürzten Baumäste laufen und ihnen an der Ecke der Glashäuser begegnen. – Es war die Mutter. – Sie lief zu den Kindern und sah sie an. Auf den Wangen der Kinder war durch das Gehen ein schöner rosiger Hauch erblüht, und ihre Haare lagen wohl nass und zusammengeklebt, aber wunderschön um ihr Antlitz. »Vater, Vater«, schrie sie, »du hast sie mir gebracht.« – »Ja, ohne Makel, ohne Beschädigung«, erwiderte er. »Mein Gott, mein Gott, du bist gütig, dass du sie mir gegeben hast. O Clementia, o Emma, o Sigismund!« rief die Frau. Sie riss die Kinder an sich, sie drückte sie, herzte sie und hatte alle drei in ihren Armen.

»Mutter, wir haben keine Nüsse gebracht«, sagte der Knabe. – »Aber dich selbst, du kleines, unvernünftiges Kind«, sagte die Mutter, »das mir lieber ist als goldene Nüsse.«

»Schauerlich war es und beinahe prächtig«, sagte Emma.

»Lass' mir das Bild nicht vor die Augen, Vater, ich bitte dich, – – was hätte werden können!« sagte die Mutter. »Sie lagen unter Reisigbündeln«, antwortete der Vater, »aber lass' uns ins Haus gehen, ich werde dir alles erzählen, gib ihnen trockene Kleider und etwas zu essen, dass ihr Blut wieder in gleichmäßige Bewegung komme.« – »So kommt, ihr Kinder«, sagte die Mutter. Sie wendete sich, um durch den Garten ins Haus zu gehen. Die Kinder schlossen sich an. Sie führte alle drei, soweit dies möglich ist, an der Hand. Dann folgte die Großmutter und der Vater, dann die Knechte. Als man zum Haupteingang des Hauses gekommen war, wandte sich der Vater zu den Knechten, dankte ihnen, entließ sie, sagte, sie sollten das, was sie tragen, an die rechte Stelle tun, sollen sich umkleiden, sollen alle Arbeit ruhen lassen, und er werde ihnen ein Glas Wein zu ihrem Abendessen senden.

»Und ich danke euch auch«, sagte die Mutter, die mit den Kindern bei den Worten ihres Gatten vor dem Haus stehengeblieben war und sich umdrehte, »ich danke euch auch, und werde es euch gewiss vergelten.« – »Es ist nicht nötig«, sagte der Altknecht, »wir haben nichts Besonderes getan, als was unsere Schuldigkeit gewesen ist.« Die Knechte fingen nun an sich zu zerstreuen.

Als sie auseinandergegangen waren, und man die Aussicht auf den Weg hatte, auf dem man hergekommen war, sah man das braune Mädchen in einiger Entfernung im Garten stehen. Man hatte es beim ersten Anblick des Vaters und bei seinem Empfang, da man von den Knechten umstanden war, nicht beachtet, man hatte es im Nachhausegehen, da die Knechte gerade hinter dem Vater, den Kindern und der Großmutter gingen, nicht gesehen und hatte geglaubt, dass es nach seiner Art schon längst umgekehrt sein würde. Als die Kinder es sahen, ließen sie die Hände der Mutter los, hatten große Freude, dass das fremde Kind in ihrem Garten stehe, liefen zu ihm hin und sprachen mit ihm. Die Mutter aber fragte: »Wer ist denn das?« Der Vater sagte ihr, dass es das braune Mädchen von dem hohen Nussberg sei, und erzählte ihr, was es heute zum Schutz der Großmutter und der Kinder getan habe. Dann wendete er sich der Gruppe der Kinder zu und sagte: »Komm her, du liebes Kind, wir werden dir sehr viel Gutes tun.«

Das Mädchen zog sich bei diesen Worten langsam von den Kindern zurück, und als es ein Stückchen entfernt war, fing es zu laufen an, es lief durch den Garten zurück, es lief um die Glashäuser herum, und im nächsten Augenblick sah man es schon in der Sandlehne emporlaufen. – Die Kinder gingen wieder zu ihren Eltern zurück.

»Schade, dass das Kind nicht näherkommt und so scheu ist«, sagte der Vater.

»Ich fange das Ding«, sagte ein Knecht. Alle drei Kinder taten auf diese Äußerung einen Angstschrei der Abwehr. »Lass' das«, sagte der Vater, »das Mädchen hat meiner Mutter und meinen Kindern heute den größten Dienst erwiesen. Darf man es überhaupt nicht rau behandeln; so darf man es jetzt umso weniger, solange es sich nicht schädlich erweist. Wir werden es schon auszukundschaften und zu finden wissen, dann muss es gut behandelt werden, dass es Zutrauen gewinnt, und wir werden die Art schon finden, wie wir das Kind belohnen und ihm sein Leben vielleicht nützlicher machen können, als es jetzt ahnt.« Indessen war das Mädchen schon wie ein Hirsch auf die höchste Höhe gekommen, war noch einen Augenblick in den Klippen sichtbar und war dann verschwunden.

Der Tag neigte sich schon gegen Abend, und man war nicht ohne Besorgnis um das Kind, besonders, da die Großmutter erzählt hatte, dass es am rechten Arm blute. Aber der Himmel war lichter, ein schweigender Nebel stand an demselben, und es war kein Regen mehr zu befürchten. Man musste der Ansicht des Vaters beipflichten, dass das Mädchen am besten aufgehoben sei, wenn man es seinem eigenen Ermessen überlasse, dass es ein Waldgeschöpf sei, dem Berge und Hügel nichts anhaben, und dass ihm, wenn man es suchen oder beobachten ließe, ein größeres Ungemach zustieße, als ihm so bevorstehen könne.

Man ging nun ins Haus. Die Mutter hatte die Kinder in ein an der Morgenseite des Hauses gelegenes, gut erhaltenes und gut verwahrtes Zimmer gebracht, das sie auf die Nachricht des vorausgeschickten Knechtes in Anbetracht der eingetretenen Kälte sogar schwach hatte heizen lassen. Dort wurden die Kinder entkleidet, auf wenige Augenblicke in ein warmes Bad getan und hierauf mit wohlgetrockneten und durchwärmten Kleidern angetan. Weil sie durch die vorangegangene Begebenheit aufgeregt waren, gingen sie trotz der Müdigkeit selbst bei Kerzenschein und, als sie das Abendmahl eingenommen hatten, noch nicht zu Bett; und als die Großmutter sich umgekleidet hatte und wieder zu ihnen hereinkam, saßen sie um den Tisch und knackten mit ihren drei Nussknackern die Nüsse auf, die sie noch vorrätig hatten, und die ihnen die Großmutter gegeben hatte. Sie erzählten auch von dem Gewitter und erzählten so, dass man sah, dass sie auch nicht die entfernteste Ahnung von der Gefahr hatten, in der sie geschwebt waren. Sie nahmen die Reisigbündel als etwas an, das sich von selber verstehe und das so da sei, wie im Winter das warme Haus, dass sie nicht erfrieren.

Als man die Großmutter fragte, ob sie das Gewitter nicht hätte kommen gesehen, antwortete sie: »Ich habe die Wolken nicht für ein Gewitter gehalten, und da es zu regnen anfing, war es zu spät, den Wald zu erreichen.« Auf die Frage, ob sie die Wolken als Hagelwolken erkannt habe, antwortete sie: »Ich habe wohl eine kleine Vermutung gehabt, dass aus den Wolken Hagel kommen könnte; aber ich habe eine so dichte Haselstaude ausgesucht, dass ein gewöhnlicher Hagel nicht durchgedrungen wäre. Nur das braune Mädchen hat die Reisigbündel herbeigetragen.«

»Ich will den Anblick und das Bild dessen, was sich hätte zutragen können, wenn die Bündel früher nach Hause geführt worden wären, in den Hintergrund und in die Ferne rücken«, sagte der Vater zur Mutter, »da die Kinder den hohen Nussberg so lieben, da die Großmutter sie gerne dahin begleitet, und da es hart wäre, ihnen diese Freude zu rauben, so werde ich ein Stückchen Land dort kaufen, und werde auf demselben ein winziges kleines Häuschen zum Schutze bauen. Wenn es auch fast gewiss ist, dass die Kinder schon erwachsene Personen, ja vielleicht schon Greise sein werden, ehe sich ein Hagelwetter wiederholt, wie das heutige war, ja wenn auch in mehreren Menschenaltern, wie zu vermuten ist, kein solches mehr kommen wird, so wie in den vergangenen Menschenaltern keines verzeichnet ist, das so entsetzlich gewesen wäre, so würden in deinem und meinem Gemüt doch immer Hagelwolken heraufsteigen, sooft die Kinder auf dem hohen Nussberg wären. Bei einer Überraschung finden sie in dem Häuschen Schutz, und wenn sie auf dem Heimweg ein Gewitter sehen, gibt auch der Wald die notdürftige Unterkunft, und wir dürfen beruhigt sein, wenn sie auf jenem Wege gehen, besonders, wenn man fleißig auf die Wolken und den Himmel blickt.« – »Es ist häufig geblickt worden«, erwiderte die Großmutter, »aber wenn Gott zur Rettung kleiner Engel ein sichtbares Wunder tun will, dass wir uns daran erbauen, hilft alle menschliche Vorsicht nichts. Ich habe in siebzig Jahren alle Wolken gesehen, die in diesem Lande sind; aber wenn es heute nicht wie ein Nebel ausgesehen hat, der im Herbst blau auf allen fernen Wäldern liegt, an den Rändern weiß funkelt, gegen Abend in die Täler und auf das Land heruntersteigt, und morgens doch wieder weggeht und die helle Sonne scheinen lässt, so will ich eine sehr harte Strafe hier und dort erdulden. Und sind in dieser Zeit des Jahres schon öfter Gewitter gewesen? Ein altes Wort sagt: Um das Fest der Geburt der heiligen Jungfrau ziehen die Wetter heim, und heute ist es sechs Wochen nach jenem Fest. Dein alter Vater wird sich in der Ewigkeit wundern, wenn er es weiß, oder wenn ich komme und es ihm sage, dass nach Gallus [Namenstag des Heiligen am 16. Oktober] ein so großes, außerordentliches Gewitter gewesen sei, und dass es die Bäume und die Häuser zerschlagen habe. Es ist ein Wunder, wie Gott in dem Haupte des braunen, wilden Kindes die Gedanken weckte, dass es die Wolken sah und dass es die Bündel herbeitrug.« – »Ihr habt recht, teure Mutter«, antwortete der Vater, »es war das nicht zu erwarten, was gekommen ist. Kein Mensch konnte erraten, was geschehen würde, und es ist ein Glück, dass sich alles so gewendet hat. Wir waren im Garten, die Knechte arbeiteten in den nächsten Gemarken, als es donnerte. Als die ersten Hagelkörner fielen, konnten die Knechte nur verwundert in die Scheune springen und wir ins Haus, und als es mit Getöse niederging, die Fenster, die Mauern und das Dach zerschlagen wurde, fiel die Mutter ohnmächtig auf den Teppich des Fußbodens.« – »Der Mensch ist eine Blume«, sagte die Großmutter, »zuerst ist er ein Veilchen, dann eine Rose, dann eine Nelke, bis er eine Zeitlose wird. Und wer eine Zeitlose werden soll, der kann nicht als ein Veilchen zu Grunde gehen, darum war die dunkle Blume da, dass die lichten leben.« – »Nur die Annahme, dass es fast gewiss sei, dass ihr alle den dichten Wald als Schutz gesucht habt und hinter einem dicken Stamm desselben geborgen seid«, sagte der Vater, »konnte der Mutter und mir Trost geben und die Verzweiflung abhalten.« – »Es wäre die dichte Haselstaude hinreichend gewesen«, antwortete die Mutter, »aber weil sie nicht hinreichend war, waren die Bündel da, und es war die Hand schon bestimmt gewesen, welche sie einst schneiden musste.« – »Als wir euch im Walde nicht errufen konnten«, sagte der Vater, »da fasste auch mich das Entsetzen.«

»Ich sage dir ja«, erwiderte die Mutter, »dass die Hand schon bestimmt war, die Bündel zu tragen, so wie einmal der Fuß schon bestimmt war, dass er durch den Wald zwischen Jericho und Jerusalem gehe, damit der verwundete und geschlagene Mann, der dort lag, gepflegt und geheilt werde.« – »Amen, teure Schwiegermutter«, sagte die Frau, »das ist ein trostreicher, herzlindernder Glaube.« – »Gib dich ihm hin, und du wirst dein Leben lang gut fahren«, antwortete die alte Frau.

Die Kinder waren unterdessen in ihrem Geplauder fortgefahren, sie sagten allerlei zu den Erwachsenen und unter sich und verstanden nichts von dem ernsthaften Gespräch, das ihretwillen stattgefunden hatte.

Als es spät geworden war, als doch schon der Sand in die schönen Äuglein zu kommen anfing, wurden sie zu Bett gebracht. Blondköpfchen hatte sein Schlafgemach neben dem der Eltern, Braunköpfchen hatte es auf der entgegengesetzten Seite, und Schwarzköpfchen hatte sich noch von der Großmutter nicht trennen können; es schlief im Gemache derselben, und entschlummerte, wenn das Auge der alten Frau sein Bett behütete, und erwachte, wenn dasselbe Auge auf seine Lider schaute und ihr Öffnen erwartete. Die zwei ersten Kinder wurden in ihre Schlafkämmerlein geführt, Schwarzköpfchen wurde von der Großmutter auf den Arm genommen und, nachdem man gute Nacht gesagt hatte, über den Gang in die gemeinschaftliche Schlafstube getragen. Was die beiden Eltern vor dem Bilde des Gekreuzigten gebetet haben, weiß niemand, weil es nur ein eheliches Geheimnis ist, wenn sie ihre Freude oder ihren Schmerz vor Gott ausschütten.

Am andern Morgen war ein kühler Tag. Wolkenhaufen zogen beständig von der Gegend des Sonnenuntergangs nach der des Sonnenaufgangs, und wenn man oft meinte, die Sonne werde jetzt durchbrechen, die Wolken sich zerteilen und dem blauen Himmel Platz machen, so entstanden wieder neue, deckten wieder die früher lichteren Stellen und zogen wieder gegen Morgen. Es regnete aber nicht. Die ungeheuern Mengen von Schloßen, welche auf die Gegend niedergefallen waren, verbrauchten Wärme, die Kälte verdichtete daher beständig die in der Luft befindlichen Dünste und erzeugte die unaufhörlichen Wolken.

Das erste, was der Vater am Morgen vornehmen ließ, war, dass er das Innere der Glashäuser reinigen ließ. Die Schloßen wurden mit Schaufeln auf Karren getan und in eine Grube gefahren, aus der einst Steine gebrochen worden waren, und die der Vater wieder dadurch ausfüllen wollte, dass er alle festen Abfälle des Hauses, wie Geschirrtrümmer, oder des Feldes, wie ausgelesene Steine, in dieselbe werfen ließ. Der Hagel wurde dorthin geführt, weil nirgends ein passender Ort für ihn war. Die Gewächse, von denen man hoffen konnte, dass sie noch zu retten sein könnten, wurden ausgelesen, die übrigen und die Scherben der Töpfe wurden in obbesagte Grube gebracht. Auch wurden Knechte auf den Boden des Hauses geschickt, um den Schaden dort zu untersuchen, und andere mussten in Verbindung mit Mägden das Reisig von den zerschlagenen Obstbäumen aus dem Garten wegräumen. Ein Bote wurde zu dem Glasarbeiter geschickt. Der Vater besah die Bäume, ob manchen von ihnen noch zu helfen sei. Wenn dieses wäre, so müsste bald dazu geschritten werden, weil sonst der Herbst zu weit vorrückte, und die Kälte die Wiederbelebungskraft der Bäume nicht wirksam werden ließe. – Die Kinder gingen in der Kühle mit der Großmutter an die Luft. Die ungeheuer vielen kleinen Glastäfelchen, die an der Abendseite des Hauses lagen, waren wie die kleinen flimmernden Täfelchen, welche sie gern aus den Steinen der Sandlehne und aus anderen auslösten. Die Bäume des Gartens erkannten sie aus den Stümpfen nicht und konnten sich nicht erinnern, was der Stamm einst getragen habe. Im Freien sahen sie, wie Menschen damit beschäftigt waren, die noch immer hie und da liegenden Schloßenhaufen von den Vertiefungen der Felder wegzuschaffen. An dem Wiesenbach, der zurückgetreten war, dessen Wasser sich aber noch immer nicht geklärt hatte, sahen sie, dass die Weidenruten zerschlagen und weggeschwemmt waren, dass sich Schlamm und Steine auf den Wiesenrändern befanden, und dass tote Fische dalagen, die das Weiße des Bauches emporzeigten.

Am Tage zuvor war es wie Sommer gewesen, jetzt war tiefer Herbst eingetreten.

Nachmittags ging der Vater zu dem eine halbe Stunde Wegs entfernten Pfarrer hinüber, dessen Pfarrhaus neben der kleinen Pfarrkirche war, und fragte ihn wegen des braunen Mädchens. Der Pfarrer wusste nichts. Es war kein Ding dieser Art in die Pfarr- oder Schulbücher eingetragen und war auch nie unter den Pfarrkindern zu sehen gewesen.

Der Vater ging nun zu dem Jäger, der oft durch Felder, Wälder und Fluren strich und alle Dinge derselben kennen musste. Allein auch dieser wusste nichts. Es seien Banden gewesen, sagte er, aber sie seien immer in den höheren Wäldern, die gegen Bayern hinüberziehen, gewesen und hätten sich längs des Saumes aufgehalten, an dem sie durch die Länder gewandert sind. Sein Nachbar aus den jenseitigen Gegenden wisse auch nichts.

Der Vater kehrte unverrichteter Dinge wieder heim.

Die folgenden Tage waren ebenso kalt und unfreundlich wie der vergangene. Immer kamen Wolken, selten waren Sonnenblicke, und der Wind wehte zwar nicht stark, aber rau. Auf den Dächern waren die Arbeiter und hämmerten die Latten und Schindeln fest oder setzten die Ziegel ein. Die Glasarbeiter, die anfangs durch die viele Arbeit verhindert waren, kamen endlich doch, und es wurde ihnen zur Herstellung aller Fenster des Hauses und der Gewächshäuser der große Saal eingeräumt. Die Maurer arbeiteten an der Außenseite des Hauses, damit noch alles in vollkommenen Stand gesetzt würde, ehe die kalte Zeit käme und die meisten Hausbewohner fortzögen. Der Vater war mit Beihilfe von Arbeitern beschäftigt, die verwundeten Bäume zu verbinden oder die Stämme zu überstreichen. Die Mägde mussten die Plätze vor dem Hause reinigen.

Endlich, da lange die Nachwehen des Gewitters angehalten hatten, kamen noch tief im Herbste schönere Tage, die im Verhältnis zur Jahreszeit sehr warm genannt werden konnten.

Der Vater ermunterte die Kinder selber, auf den hohen Nussberg zu gehen. Er sagte, er werde mitgehen, um etwa das braune Mädchen zu sehen. Er möchte sich ihm gerne dankbar beweisen. Die Kinder gingen mit der Großmutter wie immer auf den hohen Nussberg. Der Vater begleitete sie. Sie gingen durch den Saum der Stumpfen hinein, die traurig dastanden, und die wohl den ganzen Winter so bleiben würden. – Das braune Mädchen sahen sie nicht. –

Sie gingen bis zum Gipfel, sie gingen zu der alten, dicken Haselwurzel, sie gingen endlich zur Stelle, wo sie Schutz vor dem Hagel gefunden hatten. Die Reisigbündel lagen noch da. Der Vater schlug vor, die Bündel mit vereinten Kräften auf den Platz zurückzutragen, von dem sie genommen worden waren. Er fand den Platz nach einigem Suchen, und man schaffte die Bündel wieder zu denen, von denen sie genommen worden waren. Blondköpfchen konnte ein ganzes tragen, und Schwarzköpfchen und Braunköpfchen trugen eins miteinander, bei dem auch die Großmutter half. Als alles geschehen war, blieb man noch lange auf dem Berg, man ging zu dieser und jener Stelle, und wartete. Aber das braune Mädchen erschien nicht. Da ging man nach Hause.

Der Vater ging ein zweites Mal mit den Kindern auf den hohen Nussberg, er zeigte ihnen die Stelle, wo er das Schutzhäuschen bauen wollte, und wartete; aber das braune Mädchen kam auch dieses Mal nicht. Und so ging er mehrere Male; aber das braune Mädchen war nicht zu sehen.

Da gingen die Kinder allein auf den hohen Nussberg, und die Großmutter ging mit ihnen.

Die Sonne schien warm, der Himmel war blau, das Heidebächlein war klar, die grauen, flinken Fischlein spielten darin, und da die Kinder zu der Grenze des Geheges kamen, lief das braune Mädchen durch die laub- und zweiglosen Stümpfe der Haseln, Birken und Eschen daher und gesellte sich zu den Kindern. Alle schauten sich mit freudigen Augen an, und da die Kinder hingingen und den Arm des Mädchens und seine Bänder berührten, da nahm es Blondköpfchens Haare in die Hände und drückte sie fest und nahm dann Schwarzköpfchens Locken und hielt sie. Braunköpfchen, das mehr Mut bekommen hatte, weil es von dem braunen Mädchen getragen worden war, nahm dessen Finger und hielt ihn, und das braune Mädchen ließ es geschehen, es nahm dessen Hand, und es ließ es auch geschehen. Es ging mit ihnen auf den hohen Nussberg empor, und sie schauten ins Weite und Breite, und die Großmutter erzählte. Es redete Worte, und die Kinder verstanden sie. Sie gaben ihm Kuchen, Brot, und was sie sonst mitgebracht hatten. Das Mädchen hatte ihnen nichts zu geben und hielt die leeren Hände hin.

Das braune Mädchen hatte denselben Anzug, den es immer gehabt hatte, aber er war in jenem Gewitter sehr verdorben worden, er war unrein und verknittert.

Die Großmutter erzählte ihnen von den Bäumen, die vom Berg herabgefallen waren und doch nicht aufgehört hatten zu leben – dann erzählte sie ihnen von den Königen mit den drei Sesseln – dann von dem Weizen, der nicht hatte blühen können – dann sprach sie von den fernen Ländern, deren hohe Gebirge man gar nicht mehr sehen könne – und endlich von den unbeschlagenen Wagen und Ackerwerkzeugen, mit denen man vor Zeiten die Felder bestellt hatte. – Hierauf traten sie den Rückweg nach Hause an.

Die Sonne schien auch im Herabgehen warm, der Himmel war blau, die Schatten waren lang, weil es schon tief in den Herbst ging, die Gräser wurden gelb, und die grauen, flinken Fischlein in dem klaren Bächlein der Mulde spielten so lustig wie im Sommer.

Das braune Mädchen war mit ihnen gegangen. Es war mit ihnen den hohen Nussberg herabgegangen, es war mit ihnen über das Bächlein der Mulde gegangen und ging mit ihnen über den grauen Rasen, durch den Wald, durch die Klippen und über die Sandlehne herab. Und als man zu den Glashäusern des Gartens gekommen war, da sagte es anmutige Worte, und lief dann wieder über die Sandlehne empor und ward nicht mehr gesehen.

Die Kinder erzählten den Eltern, dass das braune Mädchen nun dagewesen, und dass es mit ihnen gegangen sei.

Sie gingen nun, sooft es möglich war, auf den hohen Nussberg, das fremde Mädchen kam immer, und sie spielten und kosten. Sie brachten dem braunen Mädchen schöne Sachen. Das braune Mädchen brachte ihnen auch bunte Steine, es brachte ihnen verspätete Brombeeren, es trug in seinem Wamse Haselnüsse herbei, die es im Sommer gesammelt hatte, oder brachte ihnen die gefleckte Feder eines Geiers oder die schwarze eines Raben.

Wenn die Kinder nach Hause gingen, ging das braune Mädchen immer mit ihnen bis zu den Glashäusern, man hielt sich bei den Händen und scherzte. Bei den Glashäusern liebkosten sie sich, und das fremde Mädchen lief dann immer über die Sandlehne zurück.

Wenn es Nacht war, und wenn die Kinder am Tisch mit den Lichtern saßen, da sprachen sie von dem fremden Mädchen, und stritten, wer es lieber habe.

Die Großmutter erzählte den Eltern von dem braunen Mädchen, und Vater und Mutter achteten auf das, was sie sagte, und merkten es sich in ihrem Sinne gar wohl.

Es wurde immer später und später im Jahr. Die Fäden, die auf dem Rasen und zwischen dem Wachholder gesponnen hatten, waren verschwunden, die Beeren der Moore, die im Sumpfgras oder neben der schwarzen Erde so rot und weiß geglänzt hatten, waren vergangen, die späte Preiselbeere, die unter dem Schutz eines Steins oder eines Baumes vom Hagel verschont worden war, war dahin, ihr Kraut und das kräftige der Heidelbeere war ein dürres Stängelbüschlein, der Wald wurde sehr durchsichtig, die Berge waren rot, an den Morgen lag der weiße Reif auf der Gegend, oder es war der lange Nebel da, und die Sonne, die spät kam, konnte ihn kaum zerstreuen, die Hügelgipfel etwas blicken lassen und dann untergehen; oder es kamen die frostigen Wolken, schütteten den Regen in kleinen Tröpflein herunter, und wenn sie vergingen, war der hohe, ferne Wald weiß bestäubt.

Da wurde eines Tages der große Wagen herausgeschoben, er wurde gepackt, alles Nötige hineingetan, und, in Mäntel und warme Kleider gehüllt, stiegen der Vater und die Mutter ein, es stiegen die Kinder ein und fuhren davon.

Die Kinder weinten, als ob ihnen ein tiefer Schmerz und ein tiefer Kummer angetan worden wäre. Erst als sie schon weit gefahren waren, als sie schon durch Dörfer, Marktflecken und Städte gekommen waren und Wälder und Flüsse gesehen hatten, milderte sich die Trauer, sie sprachen und redeten untereinander, bis sie in die große Stadt einfuhren, die hohen Häuser mit den glänzenden Fenstern dastanden, dicht gedrängt die schön gekleideten Menschen gingen, prächtige Wägen fuhren, und vor den Verkaufsläden die schönen Waren und Kleinodien unter Glastafeln funkelten.

Da die weißen Hüllen über die Berge und Täler vergangen waren, da der Himmel wieder öfter blau lächelte, als er trüb verhüllt war, da die Sonne schon höher stieg und kräftiger niederleuchtete, kam der Wagen wieder zu dem Hof im Hügelland gefahren, und Vater und Mutter und die Kinder stiegen aus.

Es war noch kein Gräslein, es war kein Blättchen, die Felder waren nackt, nur die Wintersaaten, die sich schon regten, legten grüne Tafeln auf die braune Erde, und an manchem Morgen war es noch ein wenig gefroren, dass der Weg zähe war und an dem Rand vom Wässerlein Eisspitzen glänzten; aber die Sonne schien sehr freundlich, sie siegte alle Tage mehr und füllte alle Tage schöner die Zimmer der Kinder und der Großmutter auf dem ländlichen Hofe mit Licht und mit Wärme.

Als man die Kleider der Stadt eingepackt hatte, als man die Kleider des Landes aus den Kästen des Hauses hervorgetan hatte, fand sich, dass manches geändert werden musste. Die Säume der Kleider der Mädchen mussten aufgelassen werden, dass die Kleider tiefer reichten, die Jacken von Braunköpfchen mussten erweitert werden, und die Strohhütchen von Blondköpfchen, von Schwarzköpfchen und von Braunköpfchen mussten weggetan, und es musste um neue geschrieben werden.

Da die Sonne schon sehr warm schien, da man schon begann, die Sommerfrucht in die geeggte Erde zu säen, da es schon trocken war und in der Frühlingssonne die Flimmer der Steine und Felder funkelten, begehrten die Kinder auf den hohen Nussberg. Die Großmutter legte ihnen wärmere Kleider an, als sie sonst im Sommer hatten, tat selbst wärmere Gewänder an, und führte sie auf den hohen Nussberg. Sie hatten ihre Haselruten mit den Haken nicht mit, wie sie dieselben überhaupt nie mitnahmen, als wenn die Nüsse reif waren. Sie trugen nur ihre Körbchen am Arm. Sie gingen über die Sandlehne empor, sie gingen durch die Felsen und den Wald. Als sie über die graue Heide gingen, lief ihnen das braune Mädchen von weitem entgegen. Sie freuten sich, sie jubelten, sie liebkosten sich, und Braunköpfchen schlang seine zwei Ärmlein um den Nacken des braunen Mädchens und hielt ihn fest.

Aber nicht bloß an den Kindern war, während sie abwesend gewesen waren, eine Veränderung vorgegangen, sondern auch das braune Mädchen hatte sich verändert. So wie man bei ihnen die Säume der Kleider hatte auflassen müssen, dass sie ihnen wieder recht wären, so waren dem braunen Mädchen seine grünen Höschen zu kurz geworden; es war größer und schlanker geworden und ließ seine nackten Arme dicht an seinem Körper hinabhängen. Die vielen schwarzen Haare, die ihm immer abgeschoren waren, trug es jetzt nicht mehr so, sondern es hatte auch Locken bis auf den Nacken hinab, wie sie die Kinder bisher gehabt hatten.

Sie gingen auf den Nussberg, sie gingen weit und breit herum, sie sahen alle Stellen und sahen auf die Berge des Landes hinaus. Auf der Erde war noch kein neues Gras, aber sie war trocken; an den zerschlagenen Ästen war kein Laublein, aber die reine Luft war um sie, und die Sonne schien hold auf sie hernieder.

Als die Kinder nach Hause gingen, ging das fremde Mädchen bis zu den Glashäusern mit ihnen und lief dann zurück.

Die Kinder kamen nun wie immer oft auf den hohen Nussberg, und das fremde Mädchen erschien häufig.

Nach und nach lockte die Sonne die grüne Farbe auf die Erde. Die Wiesen wurden grün, und die Unzahl der gelben, weißen, roten, blauen Blümlein mischte sich darunter. Die Felder wurden grün, weil die junge Saat hervor sprosste und die hellgrüne Farbe zeigte, und weil die Wintersaat weiter wuchs und die dunkelgrüne beigesellte. Der Vater hat viele Pflanzen und Gewächse kommen lassen, und sie standen jetzt neben den noch erhaltenen in den Glashäusern, und es war, als ob nie ein Schaden angerichtet worden wäre. An den verstümmelten Bäumen wuchsen zahlreiche kleine Zweige hervor, die so schön waren und so lebhaft wuchsen, als wäre das Abschlagen der Zweige kein Unglück gewesen, sondern als hätte ein weiser Gärtner dieselben beschnitten, dass sie nur desto besser emportrieben. An den Zweiglein, die der Vater vielen abgeschnittenen Ästen eingepfropft und die er mit Pflastern verbunden hatte, prangten zwei oder vier große Blätter. Im Wald, im Gestrüpp oberhalb der Sandlehne, ja sogar auf der grauen Heidemulde war alles tätig. Die Zweige sprossten, als müssten sie eine Versäumnis einbringen, sie drängten sich und strebten empor. Endlich, da die Erde weithin grün war, da die Zweige sich verlängert hatten, kamen auch Blüten, sie kamen später und waren weniger als in anderen Jahren, aber sie waren da, und waren fast noch zutraulicher und lieblicher als in früheren Zeiten.

Einmal in der Fülle des Frühlings, da alles blühte und duftete, und sich das menschliche Herz erfreute, da die Kinder von dem hohen Nussberg nach Hause gingen, das braune Mädchen sie begleitete, und man bis zu den Glashäusern gekommen war, hatte Blondköpfchen mit ernsten Augen die Hand des braunen Mädchens gefasst. Braunköpfchen hatte es am Arm genommen. Blondköpfchen sah dem braunen Mädchen ins Angesicht und sagte: »Komme mit, komme mit.« Braunköpfchen sagte auch: »Komme mit, komme mit.« Das braune Mädchen sah die Kinder an und tat einen Schritt vorwärts. Braunköpfchen war außerordentlich erfreut, es ging einen Schritt voraus und sagte lockend: »Komme mit, komme mit.«

Das braune Mädchen ging zögernd nach. Es ging von den Glashäusern gegen die Bäume vorwärts, es ging auf dem Kiesweg durch das Grün des Gartens, es ging über den Sandplatz vor dem Haus, es ging über die Treppe empor und stand auf dem Teppich des Besuchszimmers. Es war in dem Zimmer niemand zugegen. Die Großmutter ging gleich, da man die Treppe emporgekommen war, in ein anderes Gemach.

Das fremde Mädchen stand, und öffnete seine großen Augen noch mehr und schaute auf den Spiegel an der Wand, auf die Uhr, auf den Schrein, auf welchem schöne Gefäße standen, auf Tische und Stühle und Sessel und auf den wunderbaren Teppich. Die Kinder liefen und brachten süße Milch in einer Schale, und brachten feines Weizenbrot und silberne Löfflein. Das fremde Kind trank die Milch aus der Schale, nahm ein Stückchen Brot in die Hand, biss davon ab, und verzehrte es so. Die Kinder brachten ihre Spielzeuge und zeigten sie. Das braune Kind wusste damit nichts anzufangen. Die Kinder brachten auch ihre Nussknacker, ihre schöneren Kleider und ihre Bänder.

Endlich kam auch die Mutter in einem feinen weißen Anzug und trug gezuckerte eingemachte Früchte auf einer Tasse und bot dem fremden Mädchen davon an. Das braune Mädchen wich zurück, bis es mit dem Rücken aufrecht an der Wand stand. Es rührte keine Hand, es blickte die Früchte an und ließ die Arme am Körper herabhängen. Da drehte sich die Mutter wieder um und ging, ohne weiter ein Wort zu reden, aus dem Zimmer.

Die Kinder traten zu dem fremden Mädchen, liebkosten es, es gab die Liebkosungen zurück, und nachdem dies ein Weilchen gedauert hatte, nachdem man geredet, nachdem das fremde Kind geantwortet hatte, und da es die Augen immer auf die Tür geheftet hielt, liefen alle zur Tür hinaus, liefen über die Treppe hinab, liefen durch den Garten, und hinter den Glashäusern lief das fremde Mädchen dann allein über die Sandlehne empor.

So wie es an diesem Tag gewesen war, war es wieder einmal an einem andern. Da die Kinder auf dem Nussberg gewesen waren, da das fremde Mädchen zu ihnen gekommen war, da man nach Hause gegangen und bei den Glashäusern angekommen war, hielt Braunköpfchen das fremde Mädchen am Arm, zog es nach sich und bat, dass es mitgehen möchte. Das braune Mädchen ließ sich ziehen, es folgte dem Knaben willig, man ging durch den Garten, man ging über die Treppen, und man ging dieses Mal ins Spielzimmer der Kinder. Dort ließ sich das braune Mädchen gar bewegen, sich niederzusetzen. Es saß an der Seite des Knaben, es ließ sich von ihm Kuchen, gedörrte Pflaumen, Milch, Butter und Honig geben. Als man gegessen hatte, als man einen Kreisel gezeigt, als man einen Federball versucht und ein Bilderbuch aufgeschlagen hatte, ging man wieder fort, die Kinder begleiteten das braune Mädchen bis an die Glashäuser, küssten und herzten es dort wie immer, nahmen Abschied und ließen es über die Sandlehne emporgehen.

Indessen war der Sommer vorgerückt. Der hohe Nussberg hatte sich über und über mit grünen Zweigen bedeckt. Wie es im Garten des Vaters gewesen war, so geschah es auch hier.

Die zerschlagenen Stämme der Haseln, der Birken, der Eschen, der Erlen suchten durch ihren steigenden Saft die verlorenen Äste zu ersetzen und trieben Zweige, die schnell wuchsen, dick wurden, und Blätter hatten, deren Größe und dunkle Farbe nie vorher auf dem Nussberg gesehen worden war. Die wenigen Äste, welche von früher übrig geblieben waren, bedeckten sich mit Nüssen, die in dicken Knöpfen und eng geschart an den Zweigen saßen, als müssten diese die Pflicht der verloren gegangenen Äste übernehmen, und so viel Nüsse, als sie nur immer könnten, auf die Welt bringen. Dieselben waren noch grünlich und weißlich, fingen aber bereits an, sich mit einem sanften roten Hauch zu färben.

In dieser Zeit war auch das Schutzhäuschen des Vaters fertig geworden. Er hatte ein Stückchen Land gekauft, das an der Morgenseite des Berges gelegen war, woher am seltensten ein Gewitter zu kommen pflegte. Er hatte das Häuschen so gebaut, dass es gegen Mittag und Abend ein Fenster mit eisernen Fensterläden hatte und dass gegen Morgen die Tür war. Im Innern stand an der Mitternachtseite ein Bänklein an der Wand, davor ein Tischlein war. Es befanden sich noch Stühle und Schemel in dem Häuschen.

Die Kinder waren öfter, wenn sie auf dem Nussberg waren, zu der Stelle gegangen, an der man arbeitete, und hatten zugeschaut. Auch das braune Mädchen stand dabei und betrachtete, was da wurde. – Es war von außen nicht angestrichen oder angeworfen worden, sondern sah so aus, wie die Steine oder die Steinhaufen aussehen, die auf dem Nussberg liegen. Das Dach war mit dunkelbrauner Farbe bemalt. Im Innern hatte es der Vater sehr schön grün machen, und hatte in jeder Ecke ein Sträußlein von wilden Rosen, von Kamillen und Zyanen malen lassen. Als es fertig war, begleitete einmal der Vater die Kinder auf den hohen Nussberg, um das Häuschen einzuweihen. Sie traten hinein. Die Kinder waren außerordentlich erfreut, als sie das nette Zimmerchen und all' die netten Dinge sahen. Die Großmutter hatte in ihrer Tasche eine Flasche mit Milch, Kuchen, in einer Dose Butter und andere Dinge nebst dem Tischgerät mitgebracht. Sie deckte, wie das wohltätige Weiblein den Knappen Rolands, ein weißes Tuch über das Tischlein, das so glänzte wie die Blüten des Kirschbaums, sie legte an jedem Sitz ein Tellerchen auf das Tischlein, sie tat auf das Tellerchen ebenfalls ein weißes Tüchlein und legte ein Löffelchen, Messerlein und Gäbelchen zu jedem Teller. Dann tat sie aus der Flasche Milch in das Milchtöpflein und legte einen silbernen Schöpfer dazu, dann tat sie den reinen Honig auf die weißen Tassen, dass er wie Gold in denselben stand, dann legte sie Butter auf einen Teller und gab zu jedem Sitz ein feines weißes Brot. Die Kinder aßen nun in ihrem Hause, und der Vater war ihr Gast. Da gegessen war, wurden die Reste wieder weggeräumt und eingepackt. Die Kinder freuten sich über dieses Vesperbrot sehr. Das braune Mädchen war an diesem Tage nicht gekommen, und der Vater wunderte sich, warum denn das Mädchen immer nicht komme, wenn er auf dem hohen Nussberge sei.

Die Kinder gingen nun dem Häuschen zulieb auf den Berg. Sie waren immer in demselben, und wenn das braune Mädchen kam, musste es mit ins Häuschen gehen, auf einem Stühlchen sitzen und mit ihnen tafeln.

Es waren in der Zwischenzeit die Erdbeeren gekommen, und wenn die Kinder in ihre Birkenrindentäschchen im Wald, an Rainen und oberhalb der Sandlehne Erdbeeren gelesen hatten, so tat die Großmutter sie im Häuschen auf einen der Teller, die in der Tischlade aufbewahrt wurden, und man verzehrte vergnügt das Nachmittagsmahl.

Aber die Freude an dem Häuschen wurde nach und nach geringer. Die Kinder gingen stets weniger hinein, und als eine Zeit vergangen war, schien es gar nicht mehr da zu stehen. Sie saßen wieder an ihrer alten, dicken Haselwurzel, und wenn sie nicht dasaßen, so gingen sie herum, waren in den Gebüschen, lasen verschiedene Dinge und Steinchen zusammen, und sprachen mit der Großmutter. – Wenn das braune Mädchen kam, ging man früher als gewöhnlich nach Hause, weil das Mädchen mitging, weil es mit den Kindern in ihre Stube ging, und dort bei ihnen war und aß und sprach und gegen Abend wieder fortzog. – Die Mutter ging bei solchem Anlass öfter durch das Zimmer, aber sie näherte sich dem braunen Mädchen nicht und sprach nicht zu ihm. Sie hatte ein blasses Kleid angetan, wie Schwarzköpfchen eines anhatte, ihre Locken waren in den Nacken gekämmt, wie Schwarzköpfchen hatte, sodass sie ihm in allem glich und ein großes Schwarzköpfchen war. In dieser Weise brachte sie einmal auf einem Teller viele große, schöne Erdheeren, die im Wald und auf der Heide nicht wachsen, sondern die der Vater in eigenen Beeten, auf welche im Frühling Glas gelegt wird, zog. Die Mutter hatte früher auf alle Plätze der Kinder am Tisch Tellerchen legen lassen. Sie ging zu dem Tellerchen Blondköpfchens, tat mit einem Löffel Erdbeeren auf dasselbe, und Blondköpfchen begann zu essen. Sie ging zu dem Tellerchen Schwarzköpfchens, tat Erdbeeren darauf, und Schwarzköpfchen fing an zu essen. Sie ging zu dem Tellerchen Braunköpfchens, tat Erdbeeren darauf, und Braunköpfchen aß sie. Sie ging zu dem Tellerchen des braunen Mädchens, legte Erdbeeren darauf, und das braune Mädchen begann zu essen. Dann ging sie wieder zur Tür hinaus. Ein anderes Mal kam sie wieder, war wieder ein Schwarzköpfchen, brachte allerlei Dinge und war unter den Kindern. So tat sie nun öfter, bis das braune Mädchen auch mit ihr redete, sich immer mehr an das Haus gewöhnte, mit den Kindern in der Stube spielte und mit ihnen auch im Garten war. Da bekam es von der Mutter auch ein Kleid, welches wie das frühere war, nur dass es viel schöner war, und dass es Ärmel hatte, die bis zu den Ellenbogen herabgingen.

Der Vater bekümmerte sich jetzt wieder um die Herkunft des braunen Mädchens. Er fragte Nachbarn und Bekannte, sie wussten gar nichts von ihm. Er beschloss nun, die Landleute, die armen Häusler, die Holzhauer, die Pechbrenner, die Waldhüttler zu fragen. Er ging deshalb auf den Berg der Ahorne, der hinter der Grenze seiner Besitztümer emporsteigt, und wo eine Hütte mit zwei alten Leuten war, die einen jungen Sohn hatten, der Fässer und Bottiche machte und viel in die Wälder kam. Sie wussten nichts. Er ging an dem Steingehege aufwärts und fragte bei den Hütten der Steinbrecher. Das Kind wird wohl von weiter oben sein, war die Antwort. Er ging weiter hinauf, und fragte. Das Mädchen könne zu den Heideleuten gehören, sagten sie. Er fragte an der Heide, sie antworteten, das Mädchen komme etwa von den Moorhütten herab. Er fragte an den Mooren. Sie wussten dort nichts. Er kam nun zu den hohen Wäldern. Die Holzhauer und Pechbrenner sagten, es gäbe allerlei Leute. Und wenn er das Mädchen beschrieb, so sagten sie insgesamt, sie hätten es schon gesehen, und wenn sie das Mädchen beschrieben, so beschrieb es der eine so, der andere anders, ein jeder auf seine Weise. Der Vater kehrte wieder nach Hause. – Wenn die Mutter das Mädchen selber leise fragte, so war es still und sagte nichts. Die Kinder fragten nie. So verging nun die Zeit.

Das Mädchen kam jetzt auch zuweilen allein zu dem Haus. Wenn man an einem Morgen die Lehnen der Fenster öffnete, stand es nass in dem betauten Gras des Gartens und wartete.

Wenn die Kinder lernen mussten, stand es dabei und sah zu. Plötzlich konnte es einmal die Buchstaben sagen und konnte dann lesen. Es wurde öfter um das Gelernte gefragt und zu weiterem Lernen veranlasst. – Wenn die Großmutter mit den Kindern fortging, hing es sich so gut an die Schürze derselben wie die anderen Kinder und ging mit. Einmal über Nacht im Haus zu bleiben und sich in ein Bettlein zu legen, konnte es nicht bewogen werden.

Und wie der Sommer immer vorrückte, wie das Getreide reifte und in die Scheunen gesammelt wurde, und wie der Hafer goldig dastand, die leichten Fäden zitterten, und die Hülse den weißen Schnabel aufsperrte, was immer auch die Zeit der Reife der Haselnüsse ist, gingen die Kinder im Sonnenschein mit ihren Haselruten auf den hohen Nussberg. Sie gingen nachmittags, wenn sie ihre Aufgaben gelernt und ihre Schriften geschrieben hatten. Das braune Mädchen hatte einen langen Stab, an dem ein gut gerichteter Haken war. Sie gingen über die Sandlehne empor, sie gingen durch die Felsen, durch das Gestrüpp und Genist, sie gingen durch den Wald, über die graue Heide und durch die grauen Steine, wo wieder das Bächlein so lieb wie immer war, die Fischlein spielten, die Wasserjungfern flogen, und die roten Blumen standen, die ein Samenhaus voll weißer Wolle machen würden, sie gingen über das Steingeröll in das Gehege der Nüsse. Sie mussten heuer sehr mühsam suchen, um die wenigen Stellen zu finden, an denen jetzt Nüsse waren, sie riefen einander, wenn sie sie fanden, und sie langten mit ihren Haken nach den bedeckten Zweigen, und das braune Mädchen schwang sich empor und zog mit seinem Stab die höchsten Äste herab, dass Braunköpfchen die Nüsse sammeln und in seine lederne Tasche tun konnte. Dann suchte man noch die lieben Stellen des Nussberges, wo allerlei Dinge im Gestein, im Sand und im Gebüsch waren, und saß dann noch wie gewöhnlich an der alten Wurzel. – Und wie der Haber [Hafer] endlich von den Feldern verschwunden war, wie die Haselstauden sich entfärbten, und die Blätter sich runzelten und rollten, wie auf den Hügeln die weißen Flecke der Stoppeln sich in braune verwandelten, wie auf den Feldern nichts mehr war als die Kartoffeln, der Kohl und die Rüben, wie kein Apfel und keine Birne mehr in den Zweigen der Bäume war, ja wie die Blätter schon von diesen Bäumen abfielen, wie die Blumen, die der Vater vor dem Haus in Töpfen stehen hatte, wieder in die Glashäuser gesammelt wurden, wie die blauen Wachholderbeeren an den Wachholdersträuchen immer blauer wurden und die grünen schwollen und sich mit einem Tau überzogen, wie wieder der Fadensommer spann, und die Großmutter immer trauriger wurde und immer zärtlicher die Locken aller Kinder streichelte, wussten sie, dass die Zeit da sei, dass sie bald scheiden mussten, dass der traurige Herbst und die Nebel die Gegend bedecken werden, dass der Schnee und die Kälte kommen werde, und dass sie lange nicht werden beisammen sein können. – Als diese Zeit gekommen, als der letzte Tag vergangen war, an dem sie noch beisammen sein konnten, nahmen sie, da das braune Mädchen fortging, Abschied, sie umhalsten es und weinten, und Braunköpfchen schenkte dem fremden Mädchen seine Bilderbücher und seine Trompete. Und sie fuhren wieder fort, da die Großmutter voll Kümmernis bei dem Wagen stand, da die Knechte und Mägde bei dem Wagen waren, da der Vater noch mit weinenden Augen die faltenreichen Wangen der Großmutter küsste, ihre Hand küsste, wie er auch noch in seinen Mannestagen tat, in den Wagen stieg, und die Pferde die Räder in Bewegung setzten.

Es verging der lange Winter, und das Schneegestöber, das das Haus, den Garten, die Glashäuser, die Sandlehne, den Wald, die Felder, den hohen Nussberg, alle Berge und Wohnungen der Menschen eingehüllt hatte, hörte auf, die Sonne kam wieder, die harten Winde gingen in mildere Lüfte über, und der Vater, die Mutter und die Kinder kehrten wieder in ihr Haus auf dem Lande zurück. Sie fanden alles, wie sie es verlassen hatten. Die Großmutter war gesund, alle Knechte und Mägde waren gesund, und alle Tiere des Hauses lebten und waren fröhlich. Das braune Mädchen war wieder größer geworden, und die schönen schwarzen Haare gingen in noch größerer Fülle und noch dichter auf den Nacken hinab. Die Kinder liefen ihm entgegen, als es in das Haus kam, sie begrüßten es und gaben ihm die vielen Sachen, die sie ihm aus der Stadt mitgebracht hatten.

Es ging nun das Leben auf dem Lande wieder an, sie waren beisammen, sie lernten, sie arbeiteten, und da, wie es im vergangenen Jahre war, die Gräser auf den Wiesen und Rainen sprossten, da die Schwalben kamen und mit ihren braunen Kehlchen und dem weißen Bauch tief am Weg dahinfuhren und wieder hoch in die Lüfte schossen, da das Rotkehlchen im Gebüsche saß, mit dem Vorderleib nickte und seine Stimme schmettern ließ, da alle Bäume mit Blüten bedeckt waren, kleine Laubbüschel bekamen, und nichts mehr von dem Unglück des Hagels zu erblicken war, da die Felder grün waren, und die weißen Wolken darauf niederleuchteten, da ging man wieder herum und ergötzte sich, wie man sich in früheren Zeiten ergötzt hatte. – Das braune Mädchen war nun auch nicht scheu, wenn der Vater bei den Kindern war, und es wich vor den Knechten und den Mägden nicht zurück, welche im Haus, im Garten und auf den Feldern herumgingen und arbeiteten.

Da auf diese Weise der Sommer sehr weit vorgerückt war, da eines Tages die Sonne schon gegen Untergang neigte, da die Kinder von ihrer Wanderung heimgekehrt waren, ihr Vesperbrot gegessen hatten, das fremde Mädchen schon fortgegangen war, und die Kinder mit der Mutter allein in der Stube gegen den Garten hinaus saßen, weil der Vater verreist war, geschah es, dass Blondköpfchen wiederholt sagte, es rieche etwas unangenehm, als würden widrige Gegenstände verbrannt. Man sah überall nach. Auf dem Herd war kein Feuer, in den Kaminen war auch keines, da man in der Hitze des hohen Sommers keines brauchte. Auf den Feuerstellen der Dienstmädchen war ebenfalls kein Feuer, an dem sie etwa Eisen zum Glätten gehitzt oder irgend Wäsche oder dergleichen gesotten hätten. Man schaute aus den Fenstern, alles lag ruhig und freundlich da, und nicht einmal ein Rauch ging aus nahen und fernen Schornsteinen empor. – Die Mutter sprach mit den Kindern über die Sache, und man wunderte sich wie solche Eindrücke in die Sinne kommen können, Blondköpfchen verteidigte sich, andere griffen es an, und wie man so redete, geschah draußen ein Schrei, es geschahen sogleich mehrere, und wie alle an die Fenster liefen, um zu sehen, was es gäbe, stieg ein dicker, qualmender Rauchknäuel als schwarze, finstere Säule vom Scheuerdach empor, er wirbelte schnell, und gleich darauf schoss die blitzende Flamme zu ihm hinauf, und während die Kinder und die Mutter noch schauten, lief es geschäftig und prasselnd, als ob die Sommerhitze alles vorbereitet hätte, in lichten kleinen Flächen von der Scheuer längs des Dachfirstes der Stallungen und Wagenbehälter gegen das Haus hervor, mit eins geschah ein Knall, wie wenn ein auf glühende Kohlen gelegtes Papier plötzlich seiner ganzen Fläche nach Feuer fängt, und das ganze Dach der Ställe und Wagenbehälter stand unter einer einzigen breiten, nach aufwärts gehenden Flamme, das Scheuerdach aber war ein Körper von Glut und von Flamme. Knechte und Mägde rannten unten herum und schrien, und das Fichtenholz der Sparren und Latten krachte furchtbar unter dem Feuer. »Kinder! Um mich!«, schrie die Mutter. »Mutter, Mutter, Großmutter, Sigismund, Clementia, Emma!«, schrien die Kinder.

Sie schossen ins Zimmer zurück, sie ergriffen Dinge, sie zu retten, und wussten nicht, was sie taten. Sie nahmen eine Puppe, einen Lappen oder sonst etwas, das ihnen in die Hände kam, ob es Wert hatte oder nicht. Die Mutter hatte schnell einen Schreibtisch geöffnet, der in der Nebenstube stand, hatte ein Kästchen aus demselben genommen, stürzte wieder in die Stube zurück, raffte die Kinder, die mit Verschiedenem beladen waren, zusammen und führte sie die Vordertreppe, die vom Feuer weggewendet war, hinunter ins Freie. Da sie die Haustür hinter sich hatten, hörten sie erst recht das Brüllen, Wehen und Krachen der furchtbaren Macht, die hinter ihnen auf der andern Seite des Hauses in ihrem Eigentume herrschte. Die stille Luft drückte den Rauch nieder, der sich an der Abendseite des Hauses lagerte, und durch den die untergehende Sonne wie eine blutige Scheibe schien. Viele Leute, man konnte nicht unterscheiden, ob es eigene oder schon herzugelaufene waren, drängten sich wild durcheinander. Die Mutter führte die Kinder zur Morgenseite des Gartens. Da die Hitze den aufwärts strebenden Wind erzeugt hatte, und derselbe die feurigen Lappen, die aus brennenden Schindeln, aus Stroh, Heu oder Linnen und Gewändern der Leute herstammten, wie frevelnde Geister in die Luft hinauf und auseinander schleuderte, so musste die Mutter die Kinder vor dem fallenden Feuer zu sichern suchen, damit sich ihre Kleidchen nicht entzündeten. Sie führte daher dieselben unter dichten Bäumen und Gebüschen weg. Sie führte sie in die äußerste Laube an der Morgenseite des Gartens, vor der zwei reiche Linden standen, die sogar jeden Funken abhielten, der etwa in dieser Richtung hätte fallen können. »Kinder, bleibt nun hier, entfernt euch ja nicht«, sagte die Mutter, »was ihr auch hören mögt. Hier geschieht euch nichts, ich muss fort, ich komme aber bald wieder. Bewahrt indessen das Kästchen.« – »Ja«, sagten die Kinder, »wir werden bleiben.« Nach diesen Worten lief die Mutter aus der Laube und lief entschlossen in den Hof, und da ihr Gatte nicht anwesend war, übernahm sie seine Stelle und drang bei den Knechten, die fast den Verstand verloren hatten, darauf, dass sie in den Stall gingen und die Pferde herauszogen, damit sie nicht etwa ersticken, und dass sie dieselben an Bäume anbanden, dass sie nicht wieder ins Feuer liefen. Ein Teil der Leute hatte es mit dem Rindvieh schon so gemacht. Man rettete aus dem brennenden Stall ein Pferd nach dem andern, die Mutter leitete das Unternehmen und gab die Stellen an, wo die Pferde angebunden werden sollten. Den Haushund hatte jemand losgelassen. Er kam in großen Sprüngen auf die Frau zu, strebte an ihr empor und gab seine Freude zu erkennen, gleichsam als wüsste er, dass eine Gefahr vorhanden gewesen war und dass die Frau ihr glücklich entronnen sei.

In den Zwischenaugenblicken lief die Frau in den Garten, um sich nach den Kindern umzusehen, und wenn sie sich überzeugt hatte, dass dieselben in der Laube seien, kehrte sie wieder zu dem Feuer zurück. Endlich fand sie eine Magd, die sie zu den Kindern senden konnte, dass sie bei denselben in der Laube bliebe. – Die Knechte hatten indessen alle Tiere gerettet. –

Die Tauben kreuzten in der Luft und fielen wie die Mücken, die um ein Licht flattern, mit versengten Flügeln in die Flammen.

Die Wagenbehälter grenzten an die Holzlage, in welcher die großen Vorräte von Winterholz und Kochholz aufgehäuft waren. Wenn dieses Holz Feuer finge, wären die Wagen samt dem Wagenbehälter verloren. Darum ließ die Frau auch die Wagen aus ihren Behältern ziehen und ließ sie im Garten unter den Bäumen in Sicherheit bringen. Da die Leute bei dieser Beschäftigung waren, hörte man hoch oben ein neues plötzliches Krachen und Prasseln, und als man hinaufsah, erblickte man das Dach des Wohnhauses von den Flammen ergriffen. Es war wohl eine Feuerspritze im Haus, es war auch Wasservorrat teils im Haus, teils im nahen Bach, die Spritze hatte immer aufs Hausdach gespielt, die Hausleute und die Nachbarn, die schnell genug herbeigeeilt waren, hatten das Wasser stets in hinreichender Menge herangeschafft; aber die Hitze des Sommers hatte das Holzwerk zu sehr ausgetrocknet, die Gewalt des Feuers auf den angrenzenden Dächern war zu mächtig gewesen, der Wasserstrahl verdunstete fast in der Luft, die Tropfen auf dem Dach waren ohnmächtig, und da das Holzwerk einmal Feuer gefangen hatte, war das ganze Dach bald ein sausender, krachender, brodelnder Feuerberg. Das Spritzen in die Flamme war nun unnütz, ja es belebte dieselbe nur noch mehr. Die Frau befahl daher, jetzt die Feuerhaken zu gebrauchen, die vielfach im Haus vorhanden waren, und die brennenden Sparren vom Dach so viel als möglich herunterzureißen.

Für die Gemächer fürchtete die Frau nicht viel, weil ihre Decken mit sehr dickem Estrich belegt waren, und weil die Glut, die vom brennenden Dach auf den Estrich fiel, mittelst der Haken und später durch Schaufeln eher entfernt werden konnte, ehe der Estrich so erhitzt würde, dass die Tragbalken ergriffen würden, in Brand gerieten und die Decke einstürzen ließen. Daher hatte sie aus den Gemächern nichts herausräumen lassen, außer was Mägde bereitwillig und aus unbefohlenem Eifer herausgetragen hatten.

Da nun die Feuerhaken angelegt waren, und die Männer an ihnen bereitstanden, um die Sparren, sobald sie durch das Feuer ein wenig geledigt wären, herunterzureißen, glaubte die Frau, einen Augenblick für sich gewinnen zu können, weil nun kein Hausteil mehr war, der von der Flamme ergriffen werden konnte, und sie ging hinweg, um nach ihren Kindern in der Laube zu sehen. Als sie zur Laube kam, liefen ihr Emma und Clementia entgegen und riefen: »Mutter, wir sind nicht fortgegangen, und haben das Kästchen aufbewahrt.« – »Wo ist Sigismund?« rief die Mutter. »Er wird bei der Großmutter sein«, sagte Emma. »War die Großmutter bei euch in der Laube hier?«, fragte die Mutter. »Nein«, sagten die Kinder. »Ist die Großmutter nicht bei euch hier in der Laube gewesen und hat Sigismund mit sich fortgenommen?«, fragte die Mutter noch einmal. »Mutter, du hast ja Sigismund gar nicht mit uns über die Stiege mit herabgenommen«, riefen die beiden Mädchen einstimmig. »Dann muss er ja bei der Großmutter sein«, sagte die Mutter und rief in den Garten hinaus: »Großmutter, Großmutter!« – Die Großmutter kam in dem Augenblick, da sie so gerufen wurde, gegen die Laube herzu, entweder weil sie den Ruf gehört hatte oder weil sie zu den Kindern gehen wollte.

»Wo ist Sigismund?«, rief ihr die Mutter entgegen. »Ist er nicht bei dir?«, antwortete die Großmutter. »Nein«, sagte die Mutter. »Ich habe ihn in dem Augenblick, da Feuer gerufen wurde, gehört«, sagte die Großmutter, »ich habe ihn vor meinem Zimmer Großmutter rufen gehört, und da ich in dem nämlichen Augenblick auch deine Stimme vernahm, wie du die Kinder zusammenriefst, und da ich dich die vordere Treppe mit ihnen hinuntergehen hörte, meinte ich, er sei bei dir, sperrte die Tür, die vom Gang aus dem Kinderzimmer zu meinem Gemach führt, zu, ging durch die andere hinaus, sperrte sie ebenfalls hinter mir zu und ging über die hintere Treppe herab.« – Die Mutter durchzuckte ein Strahl. –

Vom Kinderzimmer führte eine Tür auf einen Gang, der ganz allein zu dem Zimmer der Großmutter ging. Die Tür vom Kinderzimmer in den Gang fiel gern ins Schloss, und dasselbe konnte Sigismund mit seiner schwachen Kraft nicht öffnen. Es war daher wahrscheinlich, dass er vom Kinderzimmer zum Zimmer der Großmutter geeilt war, sie zu warnen, dass hinter ihm das Schloss zugefallen war, dass er das Zimmer der Großmutter verschlossen fand, dass er zurückwollte, nicht mehr ins Kinderzimmer konnte und nun auf dem Gang eingesperrt sei. – Als diese Gedanken plötzlich durch den Kopf der Mutter liefen, schrie sie: »O du heilige himmlische Barmherzigkeit, dann ist er durch den Gang zu Euch gelaufen, um Euch zu helfen, hat hinter sich die Tür ins Schloss geworfen, konnte in Euer Zimmer nicht hinein und ist nun auf dem Gang eingeschlossen. Ich habe alle Kinder, wie sie mit ihren Lappen beladen waren, über die Treppe hinabgebracht, ohne zu achten, ob sie zwei oder drei seien. Er kann ersticken, es kann der Estrich einbrennen. Der Schlüssel steckt von innen in der Tür des Kinderzimmers, ich muss hinauf, ihn zu befreien.« Nachdem sie diese Worte gerufen hatte, lief sie, ohne auf die andern Kinder zu achten, zum brennenden Haus. Sie lief gerade durch alle Pflanzen und mitten durch den Funkenregen hindurch. Die Großmutter folgte ihr. Die Magd, die bei den Kindern war, konnte dieselben nicht zurückhalten, sie liefen auch zu dem Feuer, und die Magd lief mit ihnen. – Als die Mutter bei der Feuerstätte angekommen war, war es dort bei weitem nicht so gefahrlos für die Zimmer, als sie gedacht hatte. Der Dachstuhl war beinahe zusammengebrannt, wenigstens war er schon zusammengestürzt. Ein furchtbarer Gluthaufen, der die Luft vor Hitze zittern machte, lag auf der Decke der Zimmer. Von dieser Glut trennte nur eine Lage Estrich die Tragbalken, sie konnten sich erhitzen, brennen, und die Decke konnte einstürzen. Die Männer mit den Feuerhaken hatten außerordentlich gearbeitet. Einen großen Teil der Sparren hatten sie herabgerissen, und die Trümmer lagen um das Haus und brannten und rauchten; aber ein anderer Teil hing noch oben und konnte aus der Verbindung nicht gerissen werden. Die Nacht war mittlerweile eingebrochen, und in der düsteren Finsternis war das Leuchten des Feuers und des Rauchs, das Glühen der vorragenden Balken und das Glänzen der umstehenden Bäume doppelt unheimlich.

Die Mutter lief gerades Weges gegen die Tür zu, von welcher die Treppe zum Kinderzimmer emporführte. Sie wollte in das Zimmer gelangen, dort an der Tür zum Gang den Schlüssel umdrehen und den Knaben befreien. Aber als sie zur Tür kam, lag ein Haufen herabgerissener Balken vor derselben und brannte. Es war unmöglich durchzukommen. »Reißt das Holz weg, Sigismund ist im Haus«, schrie sie zu den Männern, die da waren. Die Männer verstanden sie. Sie näherten sich dem Feuerhaufen, schlugen die Haken ein und suchten die Balken wegzubringen. Aber es war vergeblich. Die Balken waren teils noch in Verbindung, teils hatten sich andere herabgestürzte mit ihnen verschlungen, sodass die angestrengteste Kraft aller

Männer nicht hinreichte, das zusammenhängende Gewirr eher hinwegzubringen, als bis es mehr ausgebrannt wäre, und die Verbindungen sich gelöst hätten.

»Das geht nicht«, rief die Mutter, »wir müssen durch die hintere Treppe in Euer Zimmer hinauf, Großmutter, um von demselben in den Gang zu kommen. Wo habt Ihr die Schlüssel?« – »Ich weiß es nicht, ich werde sie in meiner Armtasche haben, die ich vielleicht in den Glashäusern niedergelegt habe«, antwortete die Großmutter, »ich werde sie gleich holen.«

»Um Himmels willen, warum habt Ihr zugesperrt?« rief die Mutter. – »Der Diebe wegen«, schrie die Großmutter und eilte, von einem Knecht begleitet, davon.

Noch war es Zeit; denn alle Fenster des Hauses waren noch schwarz, zum Zeichen, dass das oberhalb herrschende Feuer noch nirgends in die Zimmer hineingebrochen war. Aber es kam der Knecht gelaufen und sagte, dass die Schlüssel der Großmutter nirgends zu finden seien. – Die Mutter änderte ihren Plan. Sie ging um die Ecke des Hauses und kam zu einer Seite, die mit Weingeländer bepflanzt war, die gegen den Garten sah und in welcher ein offenes Fenster der Kinderstube war. Sie zeigte zum Fenster empor und rief: »Eine Leiter, eine Leiter, da kann man ins Kinderzimmer einsteigen.« Die Knechte liefen nach einer Leiter. Andere schlossen sich an. Die Leitern waren unter einem eichenen Dächlein auf einem eigenen Gestell angehängt, das in der Nähe des Wagenbehälters war. Dort brannte aber jetzt in einer entsetzensvollen ruhigen Flamme, die majestätisch in die Höhe ging, der gesamte Vorrat des Holzes des Hauses Es war unmöglich, sich zu nähern. Ein Mann, der, in eine nasse Decke gehüllt, es gewagt hatte, war durch den heißen Atem umgeworfen worden, und man konnte ihn nur mittelst eines Feuerhakens retten, mit dem man ihn aus der heißen Luft zog. Im nächsten Augenblick hatte auch das Leiterdächlein Feuer gefangen, und dasselbe und die Leitern brannten. Die Knechte kamen zurück und meldeten es der Mutter. Da stürzte sie auf die Knie, breitete die Arme auseinander und schrie: »So rette du ihn, der die Macht und das Vollbringen hat und der ein unschuldvolles Leben nicht vernichten kann!« In diesem Augenblick tönte ein gellender Schrei: »Braunköpfchen, Braunköpfchen!« Und ehe man sichs versah, huschte eine dunkle Gestalt zum Haus und kletterte wie ein Eichhörnchen an dem Weingeländer empor und war im nächsten Augenblick durchs Fenster verschwunden. – Alle vergaßen ihre Arbeit, oder was sie immer im Herzen hatten, und richteten ihre Augen auf das Fenster.

Es dauerte nicht lange, so kamen zwei Gestalten am Fenster an. Sie waren durch brennende Balken, die oberhalb ihrer über die Mauer des Hauses hervorragten, wie von Fackeln beleuchtet. Es war das braune Mädchen und Sigismund. Ein Schrei ertönte einstimmig aus dem Munde aller Umstehenden bei diesem Anblick. Emma und Clementia kreischten vor Entsetzen und vor Freude. Aber die Kinder konnten nicht herunter. Das braune Mädchen hätte es gekonnt; allein den Knaben konnte es nicht auf das Weingeländer bringen. Wie ein Nachtbild, das ein Künstler gemalt und mit der äußeren Glut beleuchtet hat, standen sie in dem schwarzen Rahmen des Fensters. – »Leintücher, Leintücher, bindet Leintücher zusammen«, riefen mehrere Stimmen hinauf. »Da ist eine Leiter«, hörte man unten rufen, »die Leiter wird reichen, sie wird halten, für Kinder hält sie schon.« In dem Augenblick drängten sich der Altknecht und der Pferdeknecht durch die hier zusammengepressten Menschen und trugen eine Leiter herbei. Sie war von den Wagen, die aus Gottes Vorsicht und mit dem Willen der Frau gerettet worden waren, genommen und aus zwei Leitern eines Erntewagens zusammengebunden worden. Sie wurde angelehnt, und reichte.

Das braune Mädchen stieg zuerst aus dem Fenster. Es fasste festen Fuß auf den Sprossen, und half dann dem Knaben auch aus dem Fenster heraus. Die beiden Kinder kletterten nun schnell und geschickt über die Leiter herab. Als sie auf dem Gras waren, kniete das braune Mädchen vor dem Knaben nieder, setzte sich auf seine eigenen Fersen und sah den Knaben mit den schwarzen Augen an. – Man hätte in der dunkeln Nacht und bei dem Schein des Feuers sehen können, wie diese Augen freudesprühend waren, dass er gerettet sei. – Der Knabe konnte nicht reden, er schwindelte, und es war, als sollte er umfallen. Da eilte die Mutter herbei, nahm ihn in die Arme, wischte ihm die Stirn ab und suchte ihn zu trösten. In diesem Augenblick kam auch die Großmutter, so schnell sie in ihrem Alter laufen konnte, in von der Hast in Unordnung geratenen Kleidern und mit den Schlüsseln in der Hand herbei. Da sie den Knaben gerettet sah, bemühte sie sich mit der Mutter um ihn. Die anderen Kinder standen dabei, und viele Menschen drängten sich herzu. Da das Kind noch immer im halben Bewusstsein war, hoben es die Mutter und Großmutter auf, brachten es zum Brunnen im Garten und benetzten dort mit frischem Wasser seine Stirne und Schläfe. Als sich der Knabe hierauf erholt hatte, brachten sie ihn in die Laube, in welcher zu Anfang des Feuers die Kinder gewesen waren. Während dort die Mutter mit dem Knaben beschäftigt war, ihn zu untersuchen, ob er keine Beschädigung erlitten habe, ihn zu befragen und zu besänftigen, sah man die alte Frau am Stamme eines Obstbaumes knien und mit gefalteten Händen beten. – Das Kind ward nach und nach beruhigt. Die Mutter richtete ihm die Kleider und streichelte ihm die Wangen und die Haare. Die zwei Schwesterlein streichelten ihm auch Locken und Wangen und gaben ihm Liebkosungen. – Der Knabe hatte wirklich keine Beschädigung erlitten. Er war in der Tat von der Kinderstube in den Gang geeilt, der zum Zimmer der Großmutter führte, um zu ihr zu gehen und ihr zu sagen, dass Feuer in dem Hause sei, und dass sie fortgehen solle. Er hatte auch, wie es ihm öfter geschah, die Gangtür hinter sich zugeworfen, und der Riegel war in den Haken gesprungen. Da er bei der Tür der Großmutter nicht hineinkonnte, als er sie auch nicht zu errufen vermochte, wollte er zurück. Allein da sah er erst zu seinem Schreck, dass er die Tür zugesperrt habe. Er versuchte mit allen Kräften den Riegel aufzuziehen, aber die Feder war zu stark, und er konnte nichts ausrichten. Da klopfte er mit beiden Fäusten bald an die Tür der Kinderstube, bald an die der Großmutter. Er schrie auch aus allen Kräften, damit er gehört würde. Allein da er dies eine Weile getan, und ihn niemand vernommen hatte, setzte er sich im Gang auf den Boden und wartete, ob jemand kommen und ihm öffnen würde.

Er hörte da das Krachen und Sausen des Feuers oberhalb seiner. Da kam das braune Mädchen, führte ihn fort und stieg mit ihm die Leiter herab. – Als er sich schon ganz von seiner Angst erholt hatte, übergab ihn die Mutter der Großmutter und den Mägden, die in der Laube waren, und ging wieder fort, um beim Feuer nachzusehen.

Die Männer rissen die letzten Balken herab. Der Gluthaufe, der über den Zimmern des Herrn und der Seinigen stand, würde die Decke durchgebrannt haben, da alles Spritzen mit Wasser nichts fruchtete; allein es war in der Zeit, als die Mutter in der Laube war, der Pfarrer mit den Kirchenleitern gekommen. Sie waren mit ihren eisernen Haken an die Mauerränder des brennenden Hauses gelegt worden, die Männer stiegen hinauf und begannen mit Schürhaken die Glut hinabzuwerfen. Sie wechselten hierbei ab. Da die Glut immer weniger wurde, wurde das hinaufgespritzte Wasser immer wirksamer, indem es zum Teil die Glut dämpfte, zum Teil dem ausgedörrten und gelüfteten Estrich wieder Feuchtigkeit gab, dass es die Hitze nicht so durchlasse und den Tragbalken keinen Schaden zufüge. Auf diese Weise wurden die Zimmer gerettet.

Da man den Gesindezimmern nicht zugleich die nämliche Hilfe zuwenden konnte, brannten wirklich einige ein. Als man aber die Herrenzimmer in Sicherheit wusste, wendete man sich jetzt auch dorthin und tat dem Weitergreifen des Feuers Einhalt.

Hierauf wurden die Balken und Sparren, die rings um das Haus herumgestreut lagen und brannten, beiseite gebracht und gelöscht. Und ehe Mitternacht gekommen war, war die Hauptsache vorüber. Nur das vorrätige Brennholz brannte noch mit stiller, aber heftiger Glut und Lohe weiter. Die Spritze vermehrte nur den Brand, da sich das Wasser zersetzte und das Brennen beförderte. Man hätte mit Schaufeln Erde auf das Feuer werfen können; aber die

Hitze erlaubte nicht, sich so weit zu nähern, dass man mit Werfen das Feuer hätte erreichen können. Es blieb daher nur übrig, das Feuer zu umstehen, es zusammenbrennen zu lassen, und nur zu sorgen, dass es sich nicht neuerdings weiterverbreite. Auch um alle Teile des Hauses wurden Wachen gestellt, dass kein Funke sich neu belebe oder weitergetragen werde. Der in der niedergebrannten Scheune stehende und rauchende Stock von Heu konnte zwar nicht gelöscht werden, wurde aber durch die Spritze in einer Grenze gehalten, dass das Feuer nicht lebhafter werde, und dass es endlich unter seiner Asche ersticke.

Da nun alles so weit gesänftigt und in Ordnung gebracht war, dachte die Mutter auch daran, die Kinder zur Ruhe zu bringen, Sie ging in die Laube, nahm ihr Kästchen, nahm die Kinder bei der Hand und führte dieselben nach rückwärts in die Glashäuser. Weil man den Zustand der verschont gebliebenen Zimmer nicht kannte, hatte die Mutter die Glashäuser gewählt. Da Sommer war, und ein Teil der Blumen im Freien stand, war in einem der Glashäuser hinreichend Platz. Die Mutter ließ durch die Mägde Betten, Decken und alles Notwendige aus den Zimmern bringen. Sogar Tischchen, Stühle und Schemel wurden herbeigeschafft.

Bei dieser Gelegenheit sah man auch nach dem braunen Mädchen. In der Verwirrung und Angst und in der Tätigkeit, die die Mutter noch bei dem Feuer anwenden musste, hatte man an das Mädchen nicht gedacht. Jetzt aber war es nirgends zugegen. Man ängstigte sich aber nicht weiter, es werde wieder fortgegangen sein, weil es nie in der Nacht im Haus geblieben war. – Es wurden nun die Betten teils auf den Bänken des Glashauses, teils auf der Erde gemacht, und als die Kinder gebetet hatten, wurde jedes unter sein Decklein gebracht, und sie sahen noch, wie das Feuer des Holzstoßes in den Tafeln des Glashauses glänzte, und entschlummerten dann sanft und beruhigt. Auch die Mutter und Großmutter suchten auf kurze Zeit die Ruhe.

Mit der Morgenröte stand das braune Mädchen im Garten und wartete. Die Kinder gingen zu ihm hinaus, und auch die Großmutter und die Mutter gesellten sich dazu. Man ging an alle Stellen. Der Garten war ein Viehstall; denn an den Bäumen waren Pferde, Ochsen, Kühe und Kälber angebunden und hatten Heu vor sich; denn es waren schon vor Tagesanbruch Nachbarn und andere Leute mit Wagen gekommen und hatten Heu, Stroh und Lebensmittel gebracht; erschreckte Hühner liefen unter den Blumen und Gebüschen herum, und Schweine zerwühlten den Rasen. Die Mauern des Hauses waren schwarz und beschmutzt, der Sandplatz und der Rasen vor dem Hause waren schwarz wie ein Kohlenmeiler, die Stätte des Brennholzes war ein Haufen nasser Kohlen und Asche, und aus dem Heu stieg noch schwacher Rauch mit widrigem Geruch empor. – Als die Kinder alles gesehen hatten, ging die Mutter mit ihnen auf die Wiese hinaus, wo die Wagen standen, welche eine Beisteuer gebracht hatten, und bei denen noch die Leute waren, welche die Wagen hergeführt hatten. Die Mutter bedankte sich recht herzlich bei allen. Dann machte sie bei ihren Leuten und bei denen, die bereitwillig zu helfen gekommen waren, Anstalten, was getan werden sollte.

Die Kinder hatten ihre Wohnung im Glashaus, in welches man noch mehrere Sachen brachte, die gestern nicht notwendig gewesen waren.

Am Nachmittag kam der Vater. Er hatte in der Nacht die Feuerröte am Himmel gesehen. Er hatte gedacht, dass es bei ihm sein könnte, er gab seine Geschäfte einem Bevollmächtigten und reiste ab. In der Nähe hatte er erfahren, dass sein Hof abgebrannt sei, und er mietete ein Pferd zum Reiten, dass er auf Fußwegen und näheren Feldwegen schneller nach Hause kommen könnte. – Als er seine Mutter, die Gattin und die Kinder gesehen hatte, als er erfahren hatte, dass kein Mensch bei dem Brand verunglückt sei, war er sehr freudig und fragte nicht, was er noch weiter verloren habe. – Er schritt nun zur Ausbesserung des Schadens.

Zuerst mussten die Decken der Zimmer untersucht werden. Da sich die Tragbalken als gut auswiesen, und da sich gezeigt hatte, dass sie durch die Hitze und durch den zerklüfteten Estrich nicht schadhaft geworden waren, noch auch durch Nässe gelitten hatten, zogen die Mutter, die Kinder und die Großmutter wieder in ihre Zimmer ein. Am anderen Tag wurde zur einstweiligen Abhilfe ein Notdach aus Brettern über das Haus gemacht. Dann wurden alle Plätze vor dem Hause gereinigt, damit das Bild des Schmutzes und der Unordnung nicht mehr sichtbar wäre. Die Tiere wurden, da ihre wohlgewölbten und erhaltenen Ställe nun durch Lüftung vom Rauch und Gestank befreit waren, wieder in dieselben getan. Das Heu ließ er vollkommen löschen und dann in einem abgelegenen Ort auf einen Haufen tun, damit es sich zu Dünger verwandle. Er ließ auch die gebrochenen Fensterscheiben sogleich einschneiden und dem Gesinde ersetzte er seinen Verlust reichlich, weil es sich so sehr zur Rettung seiner Wohnung hatte verwenden lassen. – Nachdem alles dieses geschehen war, fing man zu bauen an.

Auf dem Hause wurden Sparren aufgezogen, und auf demselben waren Zimmerleute und hämmerten die Latten an, und waren Ziegeldecker und hingen die Ziegel ein. Der Vater ließ die Scheune völlig einwölben und die Zugfenster und Öffnungen mit eisernen Türen versehen, dass im Fall eines Feuers diese und die Tore geschlossen und das Feuer erstickt werden könne. Die Außenmauern wurden gereinigt, frisch angeworfen und getüncht. Das Weingelände, welches der Vater schon oft, weil die Reben in diesen Gegenden keine Trauben tragen, und die Ausschmückung des Hauses durch Weinlaub auch nicht so schön ist wie in anderen Ländern, hatte wegtun wollen, wurde jetzt nicht weggetan, sondern noch fester und schöner gemacht, und der Vorsatz gefasst, die Reben recht zu pflegen. Das Schloss an der Tür der Kinderstube, welche auf den Gang geht, wurde mit einem neuen vertauscht, dessen Riegel nicht mehr vorspringen konnte. Die Holzlage wurde ebenfalls ein Gewölbe, das von allen Seiten mit eisernen Türen und Fensterladen zu schließen war. Das Leiterhäuschen wurde an einer sehr zugänglichen Stelle im Garten aufgerichtet, sein Dächlein rot angestrichen, und unter ihm hingen die neuen Leitern waagerecht in allen Abstufungen der Länge.

Der ganze Sommer verging mit Bauen, und als der Herbst gekommen war, stand das Haus schöner und stattlicher da, als es je gewesen war.

Wie das Feuer entstanden war, konnte nicht ergründet werden. Wahrscheinlich war irgendeine Unvorsichtigkeit schuld, als es in der Scheune ausgebrochen war.

Sie gingen heuer früher als gewöhnlich in die Stadt, weil mehreres zu besorgen war, und gingen unruhiger dahin als zu anderen Zeiten. Aber keine Unruhe ging in Erfüllung. Als die Lenzlüfte wehten, kam man wieder zurück und traf alles gut und wohlbehalten an.

Die Mutter hatte dem braunen Mädchen Stoffe gebracht, um es recht schön zu kleiden, und gab ihm dieselben, indem sie es mit liebevollen und zärtlichen Augen ansah.

Der Vater und die Mutter hatten beschlossen, das braune Mädchen zu erziehen, und es demjenigen Glücke zuzuführen, dessen es nur immer fähig wäre. Man war sehr vorsichtig, dass man es nicht verscheuche, und man ließ es nur selbst gewähren, dass es immer mehr Zutrauen gewinne.

Es kam recht oft mit den Kindern, es kam von selber, und da es die neuen Kleider hatte, die dem Schnitt nach wie die alten gemacht waren, blieb es auch manchmal über Nacht da, wozu man ihm ein eigenes Bettchen hergerichtet hatte.

Von den Eltern des Mädchens vermutete man keinen Widerstand, weil man sah, dass sie sich so wenig um dasselbe kümmerten, weil sie es so in der Gegend herumgehen ließen, weil sie sich nie meldeten, da sie doch wissen mussten, dass das Kind oft in dem Hause sei, und da sie die neuen Kleider sehen mussten, die man ihm gegeben hatte.

An das Haus hoffte man es zu binden, indem man wie bisher die sanften Fäden der Liebe und Nachsicht walten ließ, bis sein Herz von selber in dem Hause sein würde, bis es nicht mehr fortginge und sein Gemüt ohne Rückhalt hingäbe. – Das Mädchen hatte früher schon vieles mit den Kindern gelernt, und man hatte es gefragt und ins Gespräch gezogen, ohne dass es eine Absicht merkte, und hatte das Gelernte geordnet und erweitert. Jetzt traf man die Einrichtung, dass der junge Priester, der den Religionsunterricht der Kinder besorgte, zwei Mal in der Woche von der Pfarre herüberkam, um das Mädchen Gott und die Gebräuche unserer heiligen Religion kennen zu lehren. Die Mutter wiederholte die Lehre und erzählte dem Kind von heiligen Dingen.

Das Mädchen lernte sehr feurig, und so wie es den Kindern in körperlicher Fertigkeit und Gewandtheit voraus war, und sie es nachahmten, besonders Sigismund, so lernte es von ihnen wieder andere Dinge, wenn sie in den Zimmern beschäftigt waren, oder wenn sie sich bei der Mutter befanden, oder wenn sie bei der Großmutter waren oder mit ihr in der Gegend herumgingen.

So verflossen mehrere Jahre. Das braune Mädchen gewöhnte sich immer mehr an das Haus, es blieb immer da und ging schier gar nicht mehr fort. Es lernte allerlei Arbeiten, wie sie die andern Mädchen machten, und verrichtete solche Dinge wie sie.

In die Stadt mitzugehen, konnte es nicht bewogen werden. Es blieb im Winter immer bei der Großmutter.

Endlich brachte man es auch dahin, dass es weibliche Kleider trug. Die Mutter hatte die Stoffe dazu gekauft, diese wurden zu Kleidern verarbeitet und mit Bändern nach dem Brauch verziert. – Als es weibliche Kleider trug, war es scheuer, und machte kürzere Schritte.

Nach und nach wuchsen die Kinder heran, dass sie so groß wie die Eltern waren. Es waren nun drei Schwarzköpfchen. Da die Mutter ihre dunkeln Haare noch immer schön und glänzend bewahrt hatte, war sie das eine, Clementia war das zweite und das braune Mädchen das dritte. Blondköpfchen waren der Vater und Emma. Braunköpfchen war Sigismund allein. Auch ein Weißköpfchen war unter den Kindern vorhanden – die Großmutter. Ihre Haare, die grau waren, waren endlich so weiß geworden, dass, wenn eine Locke neben der Krause der weißen Haare zufällig hervorschaute, sie von derselben nicht zu unterscheiden war.

Emma war eine schöne Jungfrau geworden, die ernsthaft blickte, blaue Augen im stillen Haupte trug, die Fülle der blonden Haare auf den Nacken gehen ließ und wie ein altdeutsches Bild war. Clementia war rosig und zart, und das süße Feuer der schwarzen Augen schaute unter den schwarzen Haaren aus der Tiefe der Seele. Sigismund war mutig, heiter und frei, er war wirklich ein Mund des Sieges; denn wenn seine Rede tönte, flogen ihm die Herzen zu.

Es kamen aus der Nachbarschaft Leute, Jünglinge und Mädchen, selbst aus der fernen Hauptstadt kamen Bekannte, die Bewohner des abgelegenen Hofes zu besuchen. Alle waren fröhlich, nur das braune Mädchen nicht. Seine Wangen waren, wie wenn es krank wäre, und sein Blick war traurig. Wenn alle freudig waren, saß es im Garten und schaute mit den einsamen Augen um sich.

Eines Sommers an einem sehr schönen Tag, da Fremde da waren, als man in dem großen Saal des Hauses Tanz, Klavierspiel, Pfänderspiele und städtische Vergnügen trieb, gingen Vater und Mutter zur Sandlehne zurück. Dort lag auf einem Sandhaufen in seinen schönen Kleidern das braune Mädchen und schaute mit verweinten Augen auf die Erde. Die Mutter näherte sich und fragte: »Was ist dir denn?« Das Mädchen erhob sich ein wenig, und da Vater und Mutter sich auf ein Bänkchen neben dem Sandhaufen niedergelassen hatten, saß es ihnen gleichsam zu Füßen. »Liebes, teures Mädchen«, sagte die Mutter, »betrübe dich nicht, alles wird gut werden, wir lieben dich, wir geben dir alles, was dein Herz begehrt. Du bist ja unser Kind, unser liebes Kind. Oder hast du noch Vater und Mutter, so zeige es uns an, dass wir auch für sie tun, was wir können.« – »Sture Mure ist tot, und der hohe Felsen ist tot«, sagte das Mädchen. »So bleibe bei uns«, fuhr die Mutter fort, »hier ist deine Mutter, hier ist dein Vater, wir teilen alles mit dir, was wir haben, wir teilen unser Herz mit dir.« – Bei diesen Worten brach das Mädchen in ein Schluchzen aus, das so heftig war, dass es dasselbe erschütterte, und dass es schien, als müsse es ihm das Herz zerstoßen. Es fiel plötzlich mit dem Gesicht auf den Sand nieder, es drückte mit den Händen ein Teilchen vom Saum des Gewandes der Frau in einen Knauf zusammen und presste diesen Knauf an seine Lippen. Da es nach einem Weilchen die Hand der Frau auf seinen dichten, dunkeln, schönen Locken spürte, die dort ruhte und freundlich drückte, sprang es auf, hob die Arme, die nun nicht mehr so voll und glänzend waren, auf, schlang sie fest um den Nacken der Frau, küsste sie auf die Wange, als müsste es Lippen und Zähne in dieselbe eindrücken, und weinte fort, dass die Tränen über die Wange der Frau herabflossen und ihr Kleid benetzten. Als sich dieses nach und nach löste, als das Mädchen das Haupt zurückbog und nach dem Vater sah, als es merkte, dass es dieser bei der Hand halte, dass er aber nicht sprechen könne, weil seine Augen in Wasser schwammen, da konnte es auch nicht mehr sprechen, seine Lippen bebten, sein Herz hob sich krampfhaft in kurzen Stößen, und so ging es hinter die Glashäuser zurück.

Der Vater und die Mutter wollten dem Mädchen nicht folgen, damit es sich einsam beruhigen könnte. Sie dachten, es werde sich geben.

Aber es gab sich nicht. Sie sahen das Mädchen über die Sandlehne emporgehen und sahen es seitdem nie wieder.

Da eine Zeit vergangen war, ohne dass das braune Mädchen erschien, meinten die Eltern und Kinder, es sei nur fortgegangen und bleibe länger aus, als man jetzt glauben sollte; aber als das Ausbleiben bedenklicher wurde, stellte der Vater Nachforschungen an, und da das Mädchen immer nicht kam, wurden diese Nachforschungen mit allen Mitteln, die es nur gab, betrieben. Aber sie waren wie die früheren ohne Erfolg. In der Nähe kannte man das Mädchen als ein solches, das immer zu den Kindern auf den Hof kam, und betrachtete es fast als ein Mitglied der Familie; in der Ferne wusste man gar nichts von ihm. Alle Bewohner des Hauses, Vater, Mutter, Kinder, Großmutter, waren betrübt, und die Wunde wurde immer heißer.

Aber als Monate und Jahre vergangen waren, milderte sich der Schmerz, und die Erscheinung sank wie andere immer tiefer in das Reich der Vergangenheit zurück.

Aber vergessen konnte man das Mädchen nie. Immer redeten alle, besonders die Kinder, von ihm, und als schon viele Jahre vergangen waren, als die Großmutter schon gestorben war, als der Vater schon gestorben war, als die Mutter eine Großmutter war, als die Schwestern Gattinnen in fernen Gegenden waren, war es Sigismund, wenn er auf den Anhöhen stand, wo jetzt das Bächlein mit den grauen Fischlein recht klein geworden war, wo der hohe Nussberg recht klein geworden war, als husche der Schatten des braunen Mädchens an ihm vorüber, er fühlte ein tiefes Weh im Herzen und dachte: wie oft musste es herüber gekommen sein, wie oft musste es einsam gewartet haben, ob seine Gespielen kämen, und wie hat es seinen Schmerz, den es sich in der neuen Welt geholt hatte, in seine alte zurückgetragen? Er dachte: wenn dem Mädchen nur recht, recht viel Gutes in der Welt beschieden wäre!

Biographischer Abriss Adalbert Stifters

Adalbert Stifter (Kohlezeichnung von JS, Februar 2015, nach einem Gemälde von Bartholomäus Székely,1835-1910)

Adalbert Stifter erblickt am 23. Oktober 1805 im südböhmischen Oberplan am Böhmerwald als ältester Sohn (von 5 Kindern) des Webers und Flachshändlers Johann Stifter und seiner Frau Magdalena, geb. Friepes, das Licht der Welt.
Im November 1817 wird sein Vater von einem umstürzenden Flachswagen erschlagen. Diesen frühen Verlust des Vaters wird er lebenslang nicht mehr verschmerzen.

Adalbert hilft in der Landwirtschaft des Großvaters Augustin Stifter, bis ihn 1818 sein Großvater mütterlicherseits, der Fleischhauer Franz Friepes, gegen den Rat des Pfarrers, in die Lateinschule des Benediktinerstifts Kremsmünster (Sternwarte aus dem 18. Jh. mit Naturalia, Scientifica und Artefacta Sammlungen, Observatorium und Kapelle; Physikotheologie, Auslegung des Buches der Natur) schickt, bis 1826 (Grammatikalklassen, Humanitätsklassen, philosophische Klassen). Josephinisch aufgeklärt-fromme Lehrer stimulieren seinen neugierigen Blick auf die Natur, regen ihn an zu Literatur, Wissenschaft und Kunst. Kaum kann er sich zwischen den Berufen des Landschaftsmalers (Zeichnungen, Aquarelle und Ölgemälde sind von ihm erhalten), Wissenschaftlers oder Schriftstellers (Vorbilder: Goethe, Herder, Jean Paul) entscheiden. Die glücklichste Zeit seines Lebens:

»Dort hatte ich über eine außerordentlich schöne Landschaft hin täglich den Blick auf die blauen Alpen und ihre Prachtgestalten, dort lernte ich zeichnen, genoss die Aufmerksamkeit trefflicher Lehrer, lernte alte und neue Dichter kennen und hörte zum ersten Male den Satz: das Schöne sei nichts anderes als das Göttliche im Kleide des Reizes dargestellt, das Göttliche aber sei in dem Herrn des Himmels ohne Schranken, im Menschen beschränkt; aber es sei sein eigentlichstes Wesen, und strebe überall und unbedingt nach beglückender Entfaltung, als Gutes, Wahres, Schönes, in Religion, Wissenschaft, Kunst, Lebenswandel.« (Brief an G. C. F. Richter, 21. Juni 1866)

1826-1830 mit Hilfe von Privatunterricht finanziertes Studium in Wien; zunächst Rechtswissenschaft, dann Mathematik, Naturwissenschaften und Geschichte. 1827 Beginn der lang andauernden, unglücklichen Liebe zu Fanny Greipl (1808-1839), der Tochter eines wohlhabenden Kaufmanns aus Friedberg. Bindungsbammel, Examensängste, Alkoholabusus. 1829/1830 Stifters erste Erzählung *»Julius«*. Stifter gibt sein Studium auf. Hauslehrer. Ergebnislose Bemühungen um amtliche Lehrstellen. Fanny Greipl beendet 1833 die locker gesäte Beziehung. Gekränkt und eifersüchtig hält Stifter sich ersatzweise an die Putzmacherin Amalia Mohaupt (1811-1883), Tochter eines pensionierten Fähnrichs, mit der er sich 1835 verlobt. Fanny heiratet 1836 den Finanzbeamten Fleischanderl, während Adalbert in einer inneren und äußeren Ordungsanstrengung 1837 Amalia ehelicht.

1840 erscheint erstmals eine Geschichte Stifters, *»Der Condor«*, in der Wiener *»Zeitschrift für Kunst, Literatur, Theater und Mode«*.
Bis 1847 folgen zahlreiche Erzählungen (Das Haidedorf, Die Mappe meines Urgroßvaters, Der Hochwald, Abdias, Die Narrenburg, Brigitta, Das alte Siegel, Der Hagestolz, Der Waldsteig, Die Schwestern, Der beschriebene Tännling, Der Waldgänger, Prokopus), die Stifter später in Sammelbänden herausgibt, zunächst in Zeitschriften und Almanachen.

1843 Hauslehrer des Sohns von Staatskanzler Fürst Metternich. 1847 Aufnahme einer Nichte Amalias, der sechsjährigen Juliana, als Pflegetochter. 1848 Flucht vor der Revolution, Umzug nach Linz. 1849 Redakteur der *»Linzer Zeitung«*, zeitweise auch des *»Wiener Boten«*. Abhandlungen über

Fragen der Pädagogik und des Schulwesens. 1850 Volksschulinspektor Oberösterreichs. Gründung einer Realschule in Linz. 1851 Mitglied des Oberösterreichischen Kunstvereins (bis 1862). 1853 ehrenamtlichen Tätigkeit als Konservator für die Denkmalschutzkommission. 1857 nach dem Vorbild von Goethes *»Wilhelm Meister«* verfasster Bildungsroman *»Der Nachsommer«*, Stifters Hauptwerk. 1858 stirbt seine Mutter. 1859 begeht seine Pflegetochter Juliana Selbstmord. Und 1863 erkrankt er unheilbar an Leberkrebs. 1864 Krankenurlaub und Erholungsurlaub im Rosenbergergut. 1865 Karlsbad. Stifter wird Hofrat und vorzeitig pensioniert. Aufenthalt in Kirchschlag. Sein großer historischer Roman *»Witiko«* wird publiziert. 1866 wieder in Karlsbad. 1867 verleiht ihm Großherzog Carl Alexander von Sachsen-Weimar-Eisenach das Ritterkreuz. Fortsetzung seiner Kur in Karlsbad.

Am 28. Januar 1868 stirbt Adalbert Stifter in Linz, nachdem er sich zwei Tage zuvor, von verheerenden Schmerzen gequält, die Halsschlagader aufgeschnitten hat.

Joerg K. Sommermeyer, Lahnstein, 3. März 2023

B u c h a n z e i g e

Nova Giulianiad
Saitenblätter für die Gitarre und Laute
Herausgegeben von Joerg Sommermeyer
i. V. m. d. Internationalen Gitarristischen Vereinigung
ISSN: 0254-9565
Orlando Syrg, Freiburg i. Brsg., 1983-1988

Josefa Gerhäuser
Leben will ich
Gedichte und Assoziationen
Herausgegeben von JS (Joerg Sommermeyer)
Orlando Syrg Taschenbuch, OrSyTa 12002, Freiburg i. Brsg. 2002

Joerg Sommermeyer
Anton Unbekannt
Pathoaphysischer Antiroman
Tragigroteskenfragment
Herausgegeben von Georg J. Feurig-Sorgenfrei
Orlando Syrg Taschenbuch, 1. Aufl., OrSyTa 12009, Berlin 2009

Joerg K. Sommermeyer (Hg.)
Balleinrubin: Ball, Einstein, Rubiner
Hugo Ball: Tenderenda der Phantast
Carl Einstein: Bebuquin oder die Dilettanten des Wunders
Ludwig Rubiner: Gedichte, Kritiken, Manifeste
Herausg. u. mit einem Nachwort versehen von Joerg K. Sommermeyer
Orlando Syrg Taschenbuch, 1. Aufl., OrSyTa 12017, Berlin 2017

Franz Treller
Nikunthas, König der Miami
Eine Abenteuererzählung aus Nordamerika
Anhang: **Indianer-Gedanken** von Oskar Panizza
und **Die blaue Schlange** von Fritz von Ostini
Vollst. rev. und neu bearb. von Georg J. Feurig-Sorgenfrei
Hrsg. und mit einem Nachw. vers. von Joerg Sommermeyer
Kollektion Abenteuer- & Reiseerzählungen / KAR 1
Orlando Syrg Taschenbuch, 1. Aufl., OrSyTa 22009, Berlin 2010
2. Aufl., OrSyTa 22017, Berlin 2017

Joerg K. Sommermeyer
Vernimm mein Schreien
Pathoaphysischer Antiroman
Tragigroteskenfragment
Herausgegeben von Georg J. Feurig-Sorgenfrei
Orlando Syrg Taschenbuch, 2. durchgesehene, verbesserte und um einen Anhang erweiterte Auflage von *Anton unbekannt*, OrSyTa 32017, Berlin 2017
3. Auflage, Neufassung, OrSyTa 112018, Berlin 2018

Joerg K. Sommermeyer
Lieblingsmärchen
[Andersen, 1001 Nacht, von Arnim, Bechstein, Brentano, de la Motte Fouqué, Brüder Grimm, Hauff, Hebel, Hoffmann, Hofmannsthal, Keller, Mörike, von Sternberg, Stevenson, JS, Storm]
Ausgewählt, zusammengestellt, durchgesehen und revidiert, herausgegeben und mit einem Nachwort versehen
von Joerg K. Sommermeyer
Kollektion Abenteuer- & Reiseerzählungen / KAR 2
Orlando Syrg Taschenbuch, 1. Aufl., OrSyTa 42017, Berlin 2017
2. erweiterte Auflage, OrSyTa 22018, Berlin 2018

Joerg K. Sommermeyer (Hg.)
Franz Kafkas Romane
Der Verschollene (Amerika), Der Prozess, Das Schloss
Durchgesehen, revidiert und herausgegeben
von Joerg K. Sommermeyer
Reihe alte Tradition Azurcelesteblueoscuro / RAT ACBO 1
Exemplarische Werke der Weltliteratur
Orlando Syrg Taschenbuch, 1. Aufl., OrSyTa 52017, Berlin 2017

Joerg K. Sommermeyer (Hg.)
Franz Kafkas Erzählungen
Durchgesehen, revidiert und und mit einem Nachwort herausgegeben
von Joerg K. Sommermeyer
Reihe alte Tradition Azurcelesteblueoscuro / RAT ACBO 2
Exemplarische Werke der Weltliteratur
Orlando Syrg Taschenbuch, 1. Aufl., OrSyTa 12018, Berlin 2018

Joerg K. Sommermeyer (Hg.)
Künstlerbetrachtungen
Diderot, Wackenroder, Hoffmann
Rameaus Neffe, Joseph Berglinger, Johannes Kreisler, Kater Murr
Durchgesehen, revidiert und mit einem Nachwort
herausgegeben von Joerg K. Sommermeyer
Reihe alte Tradition Azurcelesteblueoscuro / RAT ACBO 6
Exemplarische Werke der Weltliteratur
Orlando Syrg Taschenbuch, 1. Aufl., OrSyTa 72018, Berlin 2018

Joerg K. Sommermeyer (Hg.)
Rainer Maria Rilkes Gedichte
Stunden-Buch, Buch der Bilder, Neue Gedichte, Der neuen Gedichte anderer Teil,
Requiem, Das Marien-Leben, Duineser Elegien, Die Sonette an Orpheus
Durchgesehen, revidiert und mit einem Nachwort
herausgegeben von Joerg K. Sommermeyer
Reihe alte Tradition Azurcelesteblueoscuro / RAT ACBO 7
Exemplarische Werke der Weltliteratur
Orlando Syrg Taschenbuch, 1. Aufl., OrSyTa 92018, Berlin 2018

Joerg K. Sommermeyer (Hg.)
Rainer Maria Rilkes Prosa
Dichtungen in Prosa, Die Weise von Liebe und Tod des Cornets Christoph Rilke,
Die Aufzeichnungen des Malte Laurids Brigge, Erzählungen und Skizzen,
Geschichten vom lieben Gott, Auguste Rodin, Aufsätze und Besprechungen
Durchgesehen, revidiert und mit einem Nachwort
herausgegeben von Joerg K. Sommermeyer
Reihe alte Tradition Azurcelesteblueoscuro / RAT ACBO 8
Exemplarische Werke der Weltliteratur
Orlando Syrg Taschenbuch, 1. Aufl., OrSyTa 102018, Berlin 2018

Joerg K. Sommermeyer (Hg.)
Drei alte Erzählungen
Die Judenbuche (Droste-Hülshoff), Die schwarze Spinne (Gotthelf),
Krambambuli (Ebner-Eschenbach)
Durchgesehen, revidiert und mit einem Nachwort
herausgegeben von Joerg K. Sommermeyer
Reihe alte Tradition Azurcelesteblueoscuro / RAT ACBO 9
Exemplarische Werke der Weltliteratur
Orlando Syrg Taschenbuch, 1. Aufl., OrSyTa 122018, Berlin 2018

Joerg K. Sommermeyer (Hg.)

James Fenimore Coopers The Last of the Mohicans
Der letzte Mohikaner

A Narrative of 1757 / Eine Erzählung aus dem Jahre 1757
Deutsch nach der Übersetzung von J. F. L. Tafel,
revidiert und neu bearbeitet von Georg J. Feurig-Sorgenfrei
Herausgegeben und mit einem Nachwort versehen
von Joerg K. Sommermeyer
Kollektion Abenteuer- & Reiseerzählungen / KAR 4
Orlando Syrg Taschenbuch, 1. Aufl., OrSyTa 132018, Berlin 2018

Joerg K. Sommermeyer (Hg.)

Johann Wolfgang von Goethes
Reineke Fuchs

Durchgesehen, revidiert und mit einem Nachwort
herausgegeben von Joerg K. Sommermeyer
Reihe alte Tradition Azurcelesteblueoscuro / RAT ACBO 10
Exemplarische Werke der Weltliteratur
Orlando Syrg Taschenbuch, 1. Aufl., OrSyTa 142018, Berlin 2018

Joerg K. Sommermeyer (Hg.)

Heinrich Heines Romanzero nebst Lieblingsballaden
von Goethe, Schiller und anderen

Ausgewählt, durchgesehen, revidiert und mit einem Nachwort
herausgegeben von Joerg K. Sommermeyer
Reihe alte Tradition Azurcelesteblueoscuro / RAT ACBO 11
Exemplarische Werke der Weltliteratur
Orlando Syrg Taschenbuch, 1. Aufl., OrSyTa 152018, Berlin 2018

Joerg K. Sommermeyer (Hg.)

Eduard von Keyserlings Prosa
Ausgewählte Werke I

Beate und Mareile, Schwüle Tage, Dumala, Wellen, Abendliche Häuser
Durchgesehen, revidiert und mit einem biographischen Abriss
herausgegeben von Joerg K. Sommermeyer
Reihe alte Tradition Azurcelesteblueoscuro / RAT ACBO 12
Exemplarische Werke der Weltliteratur
Orlando Syrg Taschenbuch, 1. Aufl., OrSyTa 162018, Berlin 2018

Joerg K. Sommermeyer (Hg.)

August Stramms Gedichte

Du. Liebesgedichte; Die Menschheit; Weltwehe; Tropfblut. Gedichte aus dem Krieg

Durchgesehen, revidiert und mit einem biographischen Abriss herausgegeben von Joerg K. Sommermeyer
Reihe alte Tradition Azurcelesteblueoscuro / RAT ACBO 13
Exemplarische Werke der Weltliteratur
Orlando Syrg Taschenbuch, 1. Aufl., OrSyTa 172018, Berlin 2018

Joerg K. Sommermeyer (Hg.)

Joseph Conrads Heart of Darkness
Herz der Finsternis

Englisch und Deutsch

Deutsch nach der Übersetzung von Ernst Wolfgang Freißler, revidiert und neu bearbeitet von Georg J. Feurig-Sorgenfrei
Herausgegeben und mit einem Nachwort versehen von Joerg K. Sommermeyer
Kollektion Abenteuer- & Reiseerzählungen / KAR 5
Orlando Syrg Taschenbuch, 1. Aufl., OrSyTa 182018, Berlin 2018

Joerg K. Sommermeyer (Hg.)

Münchhausen und Lukian

Bürgers Münchhausen und Lukians Bericht phantastischer Begebenheiten

Durchgesehen, revidiert, neu bearbeitet
(Lukian basierend auf der Übersetzung von August Friedrich Pauly),
herausgegeben und mit einem Nachwort versehen,
von Joerg K. Sommermeyer
Kollektion Abenteuer- & Reiseerzählungen / KAR 6
Orlando Syrg Taschenbuch, 1. Aufl., OrSyTa 192018, Berlin 2018

Joerg K. Sommermeyer (Hg.)

Johann Wolfgang von Goethes Prosa
Ausgewählte Werke I

Die Leiden des jungen Werther, Briefe aus der Schweiz, Die Wahlverwandtschaften, Novelle

Durchgesehen, revidiert und mit einem Nachwort herausgegeben von Joerg K. Sommermeyer
Reihe alte Tradition Azurcelesteblueoscuro / RAT ACBO 14
Exemplarische Werke der Weltliteratur
Orlando Syrg Taschenbuch, 1. Aufl., OrSyTa 12019, Berlin 2019

Joerg K. Sommermeyer (Hg.)
Johann Wolfgang von Goethes Prosa
Ausgewählte Werke II
Wilhelm Meisters Lehrjahre
Durchgesehen, revidiert und herausgegeben
von Joerg K. Sommermeyer
Reihe alte Tradition Azurcelesteblueoscuro / RAT ACBO 15
Exemplarische Werke der Weltliteratur
Orlando Syrg Taschenbuch, 1. Aufl., OrSyTa 22019, Berlin 2019

Joerg K. Sommermeyer (Hg.)
Johann Wolfgang von Goethes Prosa
Ausgewählte Werke III
Unterhaltungen deutscher Ausgewanderten,
Wilhelm Meisters Wanderjahre
Durchgesehen, revidiert und herausgegeben
von Joerg K. Sommermeyer
Reihe alte Tradition Azurcelesteblueoscuro / RAT ACBO 16
Exemplarische Werke der Weltliteratur
Orlando Syrg Taschenbuch, 1. Aufl., OrSyTa 32019, Berlin 2019

Joerg K. Sommermeyer (Hg.)
Johann Wolfgang von Goethes Prosa
Ausgewählte Werke IV
Dichtung und Wahrheit,
Belagerung von Mainz
Durchgesehen, revidiert und herausgegeben
von Joerg K. Sommermeyer
Reihe alte Tradition Azurcelesteblueoscuro / RAT ACBO 17
Exemplarische Werke der Weltliteratur
Orlando Syrg Taschenbuch, 1. Aufl., OrSyTa 42019, Berlin 2019

Joerg K. Sommermeyer (Hg.)
August Klingemanns Nachtwachen
von Bonaventura
Durchgesehen, revidiert und herausgegeben
von Joerg K. Sommermeyer
Reihe alte Tradition Azurcelesteblueoscuro / RAT ACBO 18
Orlando Syrg Taschenbuch, 1. Aufl., OrSyTa 52019, Berlin 2019

Joerg K. Sommermeyer (Hg.)

Gustav Sacks Romane

Ein verbummelter Student, Paralyse, Ein Namenloser

Durchgesehen, revidiert und mit einem Nachwort
herausgegeben von Joerg K. Sommermeyer
Reihe alte Tradition Azurcelesteblueoscuro / RAT ACBO 19
Orlando Syrg Taschenbuch, 1. Aufl., OrSyTa 62019, Berlin 2019

Joerg K. Sommermeyer

Vernimm mein Schreien

Pathoaphysischer Antiroman
Tragigroteskenfragment
Herausgegeben von Georg J. Feurig-Sorgenfrei
Jubiläumsausgabe / Hardcover
[3. durchgesehene, verbesserte und um einen Anhang
erweiterte Auflage von *Anton unbekannt*]
OrSyTa 72019, Berlin 2019

Joerg K. Sommermeyer (Hg.)

Friedrich Schillers Prosa
Ausgewählte Werke I

Eine großmütige Handlung, Der Geisterseher,
Der Verbrecher aus verlorener Ehre, Spiel des Schicksals und anderes

Durchgesehen, revidiert und mit einem Nachwort
herausgegeben von Joerg K. Sommermeyer
Reihe alte Tradition Azurcelesteblueoscuro / RAT ACBO 20
Exemplarische Werke der Weltliteratur
Orlando Syrg Taschenbuch, 1. Aufl., OrSyTa 82019, Berlin 2019

Joerg K. Sommermeyer (Hg.)

Johann Karl Wezels Satiren

Kakerlak oder die Geschichte eines Rosenkreuzers,
Satirische Erzählungen

Durchgesehen, revidiert und herausgegeben
von Joerg K. Sommermeyer
Reihe alte Tradition Azurcelesteblueoscuro / RAT ACBO 21
Orlando Syrg Taschenbuch, 1. Aufl., OrSyTa 92019, Berlin 2019

Joerg K. Sommermeyer (Hg.)

Heinrich Heines Versepen, Erzählprosa und Memoiren
Ausgewählte Werke I

Atta Troll, Deutschland. Ein Wintermärchen, Aus den Memoiren des Herren von Schnabelewopski, Florentinische Nächte, Der Rabbi von Bacherach, Geständnisse, Memoiren

Durchgesehen, revidiert und mit einem Nachwort
herausgegeben von Joerg K. Sommermeyer
Reihe alte Tradition Azurcelesteblueoscuro / RAT ACBO 22
Exemplarische Werke der Weltliteratur
Orlando Syrg Taschenbuch, 1. Aufl., OrSyTa 102019, Berlin 2019

Joerg K. Sommermeyer (Hg.)

Heinrich Heines Reisebilder
Ausgewählte Werke II

Briefe aus Berlin, Über Polen, Reisebilder I-IV

Durchgesehen, revidiert und mit einem biographischen Abriss
herausgegeben von Joerg K. Sommermeyer
Reihe alte Tradition Azurcelesteblueoscuro / RAT ACBO 23
Exemplarische Werke der Weltliteratur
Orlando Syrg Taschenbuch, 1. Aufl., OrSyTa 112019, Berlin 2019

Joerg K. Sommermeyer (Hg.)

Heinrich Heines Gedichte
Ausgewählte Werke III

Buch der Lieder, Neue Gedichte,
Aus den Jahren 1853 und 1854, Sonstiges / Posthum

Durchgesehen, revidiert und mit einem Biographischen Abriss
herausgegeben von Joerg K. Sommermeyer
Reihe alte Tradition Azurcelesteblueoscuro / RAT ACBO 24
Exemplarische Werke der Weltliteratur
Orlando Syrg Taschenbuch, 1. Aufl., OrSyTa 122019, Berlin 2019

Joerg K. Sommermeyer (Hg.)

Heinrich Heines Über Deutschland, Essays und Pamphlete
Ausgewählte Werke IV

Die romantische Schule, Zur Geschichte der Religion und Philosophie in Deutschland, Elementargeister, Die Götter im Exil, Schwabenspiegel, Ludwig Börne

Durchgesehen, revidiert und mit einem Biographischen Abriss
herausgegeben von Joerg K. Sommermeyer
Reihe alte Tradition Azurcelesteblueoscuro / RAT ACBO 25
Exemplarische Werke der Weltliteratur
Orlando Syrg Taschenbuch, 1. Aufl., OrSyTa 132019, Berlin 2019

Joerg K. Sommermeyer (Hg.)

Heinrich Heines Essays über Frankreich
Ausgewählte Werke V

Französische Maler, Französische Zustände,
Über die Französische Bühne, Lutetia,

Durchgesehen, revidiert und mit einem Biographischen Abriss
herausgegeben von Joerg K. Sommermeyer
Reihe alte Tradition Azurcelesteblueoscuro / RAT ACBO 26
Exemplarische Werke der Weltliteratur
Orlando Syrg Taschenbuch, 1. Aufl., OrSyTa 142019, Berlin 2019

Joerg K. Sommermeyer (Hg.)

Johann Wolfgang von Goethes
West-östlicher Divan, Hermann und Dorothea
Ausgewählte Werke V

Durchgesehen, revidiert und herausgegeben
von Joerg K. Sommermeyer
Reihe alte Tradition Azurcelesteblueoscuro / RAT ACBO 27
Exemplarische Werke der Weltliteratur
Orlando Syrg Taschenbuch, 1. Aufl., OrSyTa 152019, Berlin 2019

Joerg K. Sommermeyer (Hg.)

Gottfried Kellers Prosa
Ausgewählte Werke I

Die Leute von Seldwyla, Sieben Legenden

Durchgesehen, revidiert und mit einem Biographischen Abriss
herausgegeben von Joerg K. Sommermeyer
Reihe alte Tradition Azurcelesteblueoscuro / RAT ACBO 28
Exemplarische Werke der Weltliteratur
Orlando Syrg Taschenbuch, 1. Aufl., OrSyTa 162019, Berlin 2019

Joerg K. Sommermeyer (Hg.)

Gottfried Kellers Prosa
Ausgewählte Werke II

Züricher Novellen, Das Sinngedicht

Durchgesehen, revidiert und mit einem Biographischen Abriss
herausgegeben von Joerg K. Sommermeyer
Reihe alte Tradition Azurcelesteblueoscuro / RAT ACBO 29
Exemplarische Werke der Weltliteratur
Orlando Syrg Taschenbuch, 1. Aufl., OrSyTa 172019, Berlin 2019

Joerg K. Sommermeyer (Hg.)

Gottfried Kellers Prosa
Ausgewählte Werke III

Der grüne Heinrich, Zwölf Gedichte, Autobiographisches

Durchgesehen, revidiert und mit einem Nachwort
herausgegeben von Joerg K. Sommermeyer
Reihe alte Tradition Azurcelesteblueoscuro / RAT ACBO 30
Exemplarische Werke der Weltliteratur
Orlando Syrg Taschenbuch, 1. Aufl., OrSyTa 182019, Berlin 2019

Joerg K. Sommermeyer (Hg.)

Friedrich Schillers Gedichte
Ausgewählte Werke II

Durchgesehen, revidiert und herausgegeben
von Joerg K. Sommermeyer
Reihe alte Tradition Azurcelesteblueoscuro / RAT ACBO 31
Exemplarische Werke der Weltliteratur
Orlando Syrg Taschenbuch, 1. Aufl., OrSyTa 192019, Berlin 2019

Joerg K. Sommermeyer (Hg.)

Johann Wolfgang von Goethes Gedichte
Ausgewählte Werke VI

Durchgesehen, revidiert und herausgegeben
von Joerg K. Sommermeyer
Reihe alte Tradition Azurcelesteblueoscuro / RAT ACBO 32
Exemplarische Werke der Weltliteratur
Orlando Syrg Taschenbuch, 1. Aufl., OrSyTa 202019, Berlin 2019

Joerg K. Sommermeyer (Hg.)

Charles Sealsfields Das Kajütenbuch
oder Nationale Charakteristiken

Die Prärie am Jacinto, Der Kapitän

Durchgesehen, revidiert, herausgegeben
und mit einem Nachwort versehen
von Joerg K. Sommermeyer
Kollektion Abenteuer- & Reiseerzählungen / KAR 7
Orlando Syrg Taschenbuch, 1. Aufl., OrSyTa 212019, Berlin und Lahnstein 2019

Joerg K. Sommermeyer (Hg.)

Paul Heyses Meisternovellen und Autobiographisches

L'Arrabbiata, Andrea Delfin, Die Einsamen, Der letzte Zentaur, Jugenderinnerungen und Bekenntnisse

Durchgesehen, revidiert, mit Anmerkungen herausgegeben von Joerg K. Sommermeyer

Reihe alte Tradition Azurcelesteblueoscuro / RAT ACBO 33

Exemplarische Werke der Weltliteratur

Orlando Syrg Taschenbuch, 1. Aufl., OrSyTa 12020, Berlin und Lahnstein 2020

Joerg K. Sommermeyer (Hg.)

Karl Mays Ardistan und Dschinnistan I

Ardistan

Revidiert, herausgegeben und mit einem Nachwort versehen von Joerg K. Sommermeyer

Kollektion Abenteuer- & Reiseerzählungen / KAR 8

Orlando Syrg Taschenbuch, 1. Aufl., OrSyTa 22020, Berlin und Lahnstein 2020

Joerg K. Sommermeyer (Hg.)

Karl Mays Ardistan und Dschinnistan II

Der Mir von Dschinnistan, Das Märchen von Sitara, Meine Werke, Merhameh

Revidiert, herausgegeben und mit einem Nachwort versehen von Joerg K. Sommermeyer

Kollektion Abenteuer- & Reiseerzählungen / KAR 9

Orlando Syrg Taschenbuch, 1. Aufl., OrSyTa 32020, Berlin und Lahnstein 2020

Joerg K. Sommermeyer (Hg.)

Anton Tschechows Ausgewählte Prosa I

Ein Zweikampf, Der Taugenichts, Die Dame mit dem Spitz, Eine Bagatelle, Der Kuss, Gram, Schatten des Todes und dreizehn weitere Meistererzählungen

Durchgesehen, revidiert, mit Anmerkungen herausgegeben von Joerg K. Sommermeyer

Reihe alte Tradition Azurcelesteblueoscuro / RAT ACBO 33

Exemplarische Werke der Weltliteratur

Orlando Syrg Taschenbuch, 1. Aufl., OrSyTa 12020, Berlin und Lahnstein 2020